中國社會科學院考古研究所編

殷周金文集成

修訂增補本

第四册

中華書局

本册目録

器號	器名	字數	拓片頁碼	説明頁碼
〇四二八四	師瘨毁蓋	一〇〇	二六二三	三四一八
〇四二八五	諫毁	一〇〇	二六二四	三四一八
〇四二八六	輔師嫠毁	一〇〇	二六二六	三四一八
〇四二八七	伊毁	一〇二	二六二八	三四一八
〇四二八八	師酉毁	一〇四	二六三〇	三四一八
〇四二八九	師酉毁	一〇四	二六三二	三四一八
〇四二九〇	師酉毁	一〇四	二六三四	三四一八
〇四二九一	師酉毁	一〇四	二六三五	三四一八
〇四二九二	五年召伯虎毁	一〇四	二六三六	三四一九
〇四二九三	六年召伯虎毁	一〇四	二六三八	三四一九
〇四二九四	揚毁	一〇四	二六四〇	三四一九
〇四二九五	揚毁	一〇四	二六四一	三四一九
〇四二九六	𨛭毁蓋	一〇四	二六四二	三四一九
〇四二九七	𨛭毁	一〇四	二六四四	三四一九
〇四二九八	大毁蓋	一〇五	二六四八	三四一九
〇四二九九	大毁蓋	一〇六	二六五〇	三四一九
〇四三〇〇	作册夨令毁	一〇七	二六五二	三四一九
〇四三〇一	作册夨令毁	一〇七	二六五四	三四二〇
〇四三〇二	彔伯𢦚毁蓋	一〇九	二六五六	三四二〇
〇四三〇三	此毁	一一〇	二六五七	三四二〇
〇四三〇四	此毁	一一〇	二六六〇	三四二〇
〇四三〇五	此毁	一一〇	二六六四	三四二〇

器號	器名	字數	拓片頁碼	説明頁碼
〇四三〇六	此毁	一一〇	二六六六	三四二〇
〇四三〇七	此毁	一一〇	二六六七	三四二〇
〇四三〇八	此毁	一一〇	二六六九	三四二〇
〇四三〇九	此毁	一一〇	二六七〇	三四二〇
〇四三一〇	此毁	一〇七	二六七二	三四二〇
〇四三一一	師猷毁	一一〇	二六七四	三四二〇
〇四三一二	師穎毁	一一〇	二六七五	三四二〇
〇四三一三	師寰毁	一一五	二六七六	三四二〇
〇四三一四	師寰毁	一一五	二六八〇	三四二一
〇四三一五	秦公毁	一二〇	二六八二	三四二一
〇四三一六	師虎毁	一二一	二六八六	三四二一
〇四三一七	㝬毁	一二二	二六八八	三四二一
〇四三一八	三年師兑毁	一二四	二六九〇	三四二一
〇四三一九	三年師兑毁	一二四	二六九三	三四二一
〇四三二〇	宜侯夨毁	一二六	二六九五	三四二一
〇四三二一	訇毁	一三一	二六九六	三四二二
〇四三二二	𢦚毁	一三二	二六九八	三四二二
〇四三二三	敔毁	一三四	二七〇〇	三四二二
〇四三二四	師嫠毁	一三八	二七〇一	三四二二
〇四三二五	師嫠毁	一三八	二七〇四	三四二二
〇四三二六	番生毁蓋	一三九	二七〇八	三四二二
〇四三二七	卯毁蓋	一四八	二七一〇	三四二二

器號	器名	字數	拓片頁碼	說明頁碼
〇四三二八	不嬰簋	一四八	二七一二	三四二二
〇四三二九	不嬰簋蓋	一四八	二七一四	三四二二
〇四三三〇	沈子它簋蓋	一四九	二七一六	三四二三
〇四三三一	𦎫伯歸夆簋	一四九	二七一八	三四二三
〇四三三二	頌簋	一五〇	二七二〇	三四二三
〇四三三三	頌簋	一五〇	二七二四	三四二三
〇四三三四	頌簋	一五〇	二七二八	三四二三
〇四三三五	頌簋	一五〇	二七三〇	三四二三
〇四三三六	頌簋蓋	一五〇	二七三二	三四二三
〇四三三七	頌簋	一五〇	二七三四	三四二三
〇四三三八	頌簋蓋	一五〇	二七三六	三四二四
〇四三三九	頌簋	一五〇	二七三八	三四二四
〇四三四〇	蔡簋	一五七	二七四〇	三四二四
〇四三四一	班簋	一九五	二七四二	三四二四
〇四三四二	師訇簋	二一〇	二七四六	三四二四
〇四三四三	牧簋	存二一九	二七四八	三四二四
〇四三四四	攸[illegible]盨	五	二七五〇	三四二四
〇四三四五	伯夸父盨	六	二七五〇	三四二四
〇四三四六	[illegible]伯盨	六	二七五一	三四二四
〇四三四七	[illegible]伯盨	六	二七五一	三四二四
〇四三四八	師奐父盨	六	二七五二	三四二五
〇四三四九	師奐父盨	六	二七五二	三四二五

器號	器名	字數	拓片頁碼	說明頁碼
〇四三五〇	伯筍父盨	六	二七五二	三四二五
〇四三五一	叔倉父盨	六	二七五三	三四二五
〇四三五二	昊女盨蓋	七	二七五三	三四二五
〇四三五三	矢賸盨	八	二七五四	三四二五
〇四三五四	師望盨	八	二七五四	三四二五
〇四三五五	中伯盨	八	二七五五	三四二五
〇四三五六	中伯盨	八	二七五五	三四二五
〇四三五七	彔盨	九	二七五六	三四二五
〇四三五八	彔盨	九	二七五六	三四二五
〇四三五九	彔盨	九	二七五七	三四二五
〇四三六〇	彔盨	九	二七五七	三四二五
〇四三六一	伯鮮盨	九	二七五八	三四二五
〇四三六二	伯鮮盨	九	二七五九	三四二六
〇四三六三	伯鮮盨	九	二七六〇	三四二六
〇四三六四	伯鮮盨	九	二七六〇	三四二六
〇四三六五	立盨	九	二七六一	三四二六
〇四三六六	史寏盨	九	二七六一	三四二六
〇四三六七	史寏盨	九	二七六二	三四二六
〇四三六八	伯多父盨	一〇	二七六三	三四二六
〇四三六九	伯多父盨	一〇	二七六四	三四二六
〇四三七〇	伯多父盨	一〇	二七六五	三四二六
〇四三七一	伯多父盨	一〇	二七六六	三四二六

器號	器名	字數	拓片頁碼	說明頁碼
〇四三七二	仲彡盨	一〇	二七六七	三四二六
〇四三七三	仲彡盨	一〇	二七六八	三四二六
〇四三七四	苗寏盨	一〇	二七六九	三四二六
〇四三七五	叔諜父盨	一〇	二七七〇	三四二七
〇四三七六	叔諜父盨	一〇	二七七一	三四二七
〇四三七七	叔賓父盨	一〇	二七七二	三四二七
〇四三七八	[illegible]叔盨	一〇	二七七二	三四二七
〇四三七九	敶姬小公子盨	一〇	二七七三	三四二七
〇四三八〇	周駱盨	一一	二七七四	三四二七
〇四三八一	京叔盨	一一	二七七四	三四二七
〇四三八二	伯車父盨	一一	二七七五	三四二七
〇四三八三	伯車父盨	一三	二七七六	三四二七
〇四三八四	伯公父盨蓋	一一	二七七七	三四二七
〇四三八五	弭叔盨	一一	二七七七	三四二七
〇四三八六	仲義父盨	一一	二七七八	三四二七
〇四三八七	仲義父盨	一一	二七七九	三四二七
〇四三八八	叔姞盨	一一	二七八〇	三四二七
〇四三八九	虢叔盨	一一	二七八〇	三四二八
〇四三九〇	昜叔盨	一二	二七八一	三四二八
〇四三九一	鄭義伯盨	一二	二七八二	三四二八
〇四三九二	鄭義羌父盨	一二	二七八三	三四二八
〇四三九三	鄭義羌父盨	一二	二七八三	三四二八

器號	器名	字數	拓片頁碼	說明頁碼
〇四三九四	伯大師盨	一二	二七八四	三四二八
〇四三九五	伯大師盨	一二	二七八五	三四二八
〇四三九六	鄭羿叔盨	一二	二七八五	三四二八
〇四三九七	仲大師小子休盨	一二	二七八六	三四二八
〇四三九八	仲閔父盨	一二	二七八六	三四二八
〇四三九九	仲鑠盨	一二	二七八七	三四二八
〇四四〇〇	鄭井叔康盨	一三	二七八八	三四二九
〇四四〇一	鄭井叔康盨	一三	二七八八	三四二九
〇四四〇二	圃盨	一三	二七八九	三四二九
〇四四〇三	圃盨	一三	二七九〇	三四二九
〇四四〇四	伯大師釐盨	一三	二七九一	三四二九
〇四四〇五	鬲叔興父盨	一三	二七九二	三四二九
〇四四〇六	為甫人盨	一三	二七九三	三四二九
〇四四〇七	伯孝[illegible]盨	一四	二七九四	三四二九
〇四四〇八	伯孝[illegible]盨	一四	二七九五	三四二九
〇四四〇九	叔良父盨	一四	二七九六	三四二九
〇四四一〇	伯庶父盨蓋	一四	二七九七	三四二九
〇四四一一	瓌𩠏盨	一四	二七九八	三四二九
〇四四一二	華季益盨	一四	二七九九	三四三〇
〇四四一三	諜季獻盨	一四	二八〇〇	三四三〇
〇四四一四	改盨	一五	二八〇一	三四三〇
〇四四一五	魯嗣徒伯吳盨	一五	二八〇二	三四三〇

器號	器名	字數	拓片頁碼	說明頁碼
〇四四一六	遣叔吉父盨	一五	二八〇三	三四三〇
〇四四一七	遣叔吉父盨	一五	二八〇三	三四三〇
〇四四一八	遣叔吉父盨	一五	二八〇四	三四三〇
〇四四一九	伯多父作成姬盨	一五	二八〇五	三四三〇
〇四四二〇	⿰鬲攴孟延盨	一六	二八〇六	三四三〇
〇四四二一	⿰鬲攴孟延盨	一六	二八〇七	三四三〇
〇四四二二	筍伯大父盨	一六	二八〇八	三四三一
〇四四二三	鑄子叔黑臣盨	一六	二八〇九	三四三一
〇四四二四	單子白盨	一六	二八一〇	三四三一
〇四四二五	⿱隹大叔盨	一八	二八一〇	三四三一
〇四四二六	兮伯吉父盨	一八	二八一一	三四三一
〇四四二七	食仲走父盨	一八	二八一二	三四三一
〇四四二八	滕侯穌盨	一九	二八一三	三四三一
〇四四二九	師趛盨	二二	二八一四	三四三一
〇四四三〇	弭叔作叔班盨蓋	二二	二八一六	三四三一
〇四四三一	曼龔父盨蓋	二二	二八一七	三四三一
〇四四三二	曼龔父盨	二二	二八一八	三四三一
〇四四三三	曼龔父盨	二〇	二八一八	三四三二
〇四四三四	曼龔父盨	二一	二八一九	三四三二
〇四四三五	虢仲盨蓋	二三	二八二〇	三四三二
〇四四三六	遅盨	二三	二八二一	三四三二
〇四四三七	乘父士杉盨	二三	二八二二	三四三二

器號	器名	字數	拓片頁碼	說明頁碼
〇四四三八	伯寬父盨	二五	二八二三	三四三二
〇四四三九	伯寬父盨	二五	二八二四	三四三二
〇四四四〇	魯𤔲徒仲齊盨	二六	二八二五	三四三二
〇四四四一	魯𤔲徒仲齊盨	二六	二八二七	三四三二
〇四四四二	㠱伯子宊父盨	二六	二八二九	三四三二
〇四四四三	㠱伯子宊父盨	二六	二八三一	三四三二
〇四四四四	㠱伯子宊父盨	二六	二八三三	三四三二
〇四四四五	㠱伯子宊父盨	二六	二八三五	三四三三
〇四四四六	伯汈其盨	二九	二八三七	三四三三
〇四四四七	伯汈其盨	二九	二八三九	三四三三
〇四四四八	杜伯盨	三〇	二八四一	三四三三
〇四四四九	杜伯盨	三〇	二八四二	三四三三
〇四四五〇	杜伯盨	三〇	二八四三	三四三三
〇四四五一	杜伯盨	三〇	二八四五	三四三三
〇四四五二	杜伯盨	三〇	二八四六	三四三三
〇四四五三	仲𠂤父盨	三三	二八四七	三四三三
〇四四五四	叔尃父盨	三七	二八四八	三四三三
〇四四五五	叔尃父盨	三七	二八五〇	三四三四
〇四四五六	叔尃父盨	三七	二八五二	三四三四
〇四四五七	叔尃父盨	三七	二八五四	三四三四
〇四四五八	魯伯悆盨	三七	二八五六	三四三四
〇四四五九	翏生盨	五〇	二八五八	三四三四

器號	器名	字數	拓片頁碼	說明頁碼
○四四六○	翏生盨	五○	二八六○	三四三四
○四四六一	翏生盨	五○	二八六一	三四三四
○四四六二	瘨盨	六二	二八六三	三四三四
○四四六三	瘨盨	六二	二八六四	三四三四
○四四六四	駒父盨蓋	八一	二八六五	三四三四
○四四六五	善夫克盨	一○○	二八六六	三四三四
○四四六六	𩰫比盨	一二一	二八七○	三四三四
○四四六七	師克盨	一四一	二八七二	三四三五
○四四六八	師克盨蓋	一四一	二八七六	三四三五
○四四六九	𡐦盨	一五四	二八七八	三四三五
○四四七○	鑄簠	一	二八七九	三四三五
○四四七一	倗之簠	三	二八七九	三四三五
○四四七二	口之簠蓋	三	二八八○	三四三五
○四四七三	史利簠	四	二八八○	三四三五
○四四七四	史利簠	四	二八八○	三四三五
○四四七五	[illegible]簠	四	二八八一	三四三五
○四四七六	大𢉭簠	四	二八八一	三四三五
○四四七七	左使車工簠	五	二八八二	三四三五
○四四七八	左使車工簠	五	二八八二	三四三五
○四四七九	射南簠	六	二八八二	三四三五
○四四八○	射南簠	六	二八八三	三四三五
○四四八一	史頌簠	六	二八八三	三四三六
○四四八二	仲其父簠	六	二八八四	三四三六
○四四八三	仲其父簠	六	二八八四	三四三六
○四四八四	劉伯簠	六	二八八四	三四三六
○四四八五	般仲𧇽簠	六	二八八五	三四三六
○四四八六	[illegible]簠	六	二八八六	三四三六
○四四八七	樊君簠	六	二八八六	三四三六
○四四八八	曾子遇簠	六	二八八七	三四三六
○四四八九	曾子遇簠		二八八七	三四三六
○四四九○	蔡侯簠	六	二八八八	三四三六
○四四九一	蔡侯簠	六	二八八九	三四三六
○四四九二	蔡侯簠	六	二八九○	三四三六
○四四九三	蔡侯簠	六	二八九一	三四三六
○四四九四	盛君縈簠	六	二八九二	三四三七
○四四九五	曾侯乙簠	七	二八九三	三四三七
○四四九六	曾侯乙簠	七	二八九三	三四三七
○四四九七	函交仲簠	八	二八九四	三四三七
○四四九八	虢叔作叔殷穀簠蓋	八	二八九四	三四三七
○四四九九	衛子叔口父簠	八	二八九五	三四三七
○四五○○	蔡公子義工簠	八	二八九五	三四三七
○四五○一	王孫霝簠	八	二八九六	三四三七
○四五○二	慶孫之子蛛簠	八	二八九七	三四三七
(○四五四二	鄀于子斯簠)		二九二○	三四四○

器號	器名	字數	拓片頁碼	說明頁碼
〇四五〇三	西替簋	八	二八九八	三四三七
〇四五〇四	京叔姬簋	九	二八九八	三四三七
〇四五〇五	大嗣馬簋	九	二八九九	三四三七
〇四五〇六	鑄客簋	九	二九〇〇	三四三七
〇四五〇七	鑄客簋	九	二九〇〇	三四三七
〇四五〇八	鑄客簋	九	二九〇〇	三四三八
〇四五〇九	鑄客簋	九	二九〇一	三四三八
〇四五一〇	鑄客簋	九	二九〇一	三四三八
〇四五一一	鑄客簋	九	二九〇一	三四三八
〇四五一二	鑄客簋	九	二九〇二	三四三八
〇四五一三	鑄客簋	九	二九〇二	三四三八
〇四五一四	虢叔簋	一〇	二九〇三	三四三八
〇四五一五	虢叔簋	一〇	二九〇三	三四三八
〇四五一六	[illegible][illegible]簋	一〇	二九〇三	三四三八
〇四五一七	魯士厍父簋	一〇	二九〇四	三四三八
〇四五一八	魯士厍父簋	一〇	二九〇五	三四三八
〇四五一九	魯士厍父簋	一〇	二九〇五	三四三九
〇四五二〇	魯士厍父簋	一〇	二九〇六	三四三九
〇四五二一	隮侯[illegible]逆簋	一〇	二九〇六	三四三九
〇四五二二	[illegible]姒簋	一一	二九〇七	三四三九
〇四五二三	史[illegible]簋	一一	二九〇七	三四三九
〇四五二四	塞簋	一一	二九〇八	三四三九

器號	器名	字數	拓片頁碼	說明頁碼
〇四五二五	伯旅魚父簋	一一	二九〇八	三四三九
〇四五二六	伯彊簋	一一	二九〇九	三四三九
〇四五二七	吳王御士叔繇簋	一一	二九〇九	三四三九
〇四五二八	曾子[illegible]簋	一一	二九一〇	三四三九
〇四五二九	曾子[illegible]簋	一一	二九一一	三四三九
(〇四五八七	番君召簋)		二九五四	三四四四
〇四五三〇	善夫吉父簋	一二	二九一二	三四四〇
〇四五三一	内公簋	一二	二九一二	三四四〇
〇四五三二	胄簋	一二	二九一三	三四四〇
〇四五三三	□[illegible]簋	一二	二九一三	三四四〇
〇四五三四	[illegible]仲簋	一二	二九一四	三四四〇
〇四五三五	伯□父簋	一二	二九一五	三四四〇
〇四五三六	伯[illegible]父簋	一三	二九一五	三四四〇
〇四五三七	内大子白簋蓋	一三	二九一六	三四四〇
〇四五三八	内大子白簋蓋	一三	二九一六	三四四〇
〇四五三九	奢虎簋	一三	二九一七	三四四〇
〇四五四〇	旅虎簋	一三	二九一八	三四四〇
〇四五四一	旅虎簋	一三	二九一九	三四四〇
〇四五四二	鄀于子斯簋	八	二九二〇	三四四〇
〇四五四三	鄀于子斯簋	一三	二九二〇	三四四〇
〇四五四四	叔[illegible]父簋蓋	一三	二九二一	三四四〇
〇四五四五	鄦子簋	一三	二九二一	三四四一

器號	器名	字數	拓片頁碼	說明頁碼
〇四五四六	薛子仲安簠	一四	二九二二	三四一
〇四五四七	薛子仲安簠	一四	二九二三	三四一
〇四五四八	薛子仲安簠	一四	二九二三	三四一
〇四五四九	楚王酓肯簠	一四	二九二四	三四一
〇四五五〇	楚王酓肯簠	一三	二九二五	三四一
〇四五五一	楚王酓肯簠	一三	二九二六	三四一
〇四五五二	⿰甚夫叔簠	一五	二九二七	三四一
〇四五五三	尹氏貯良簠	一五	二九二八	三四一
〇四五五四	伯勇父簠	一五	二九二九	三四一
〇四五五五	師麻[illegible]叔簠	一五	二九二九	三四一
〇四五五六	走馬薛仲赤簠	一五	二九三〇	三四一
〇四五五七	商丘叔簠	一五	二九三一	三四二
〇四五五八	商丘叔簠	一五	二九三二	三四二
〇四五五九	商丘叔簠	一五	二九三三	三四二
〇四五六〇	鑄叔作嬴氏簠	一五	二九三四	三四二
〇四五六一	[illegible]侯簠	一五	二九三五	三四二
〇四五六二	[illegible]侯簠	一五	二九三五	三四二
〇四五六三	季良父簠	一六	二九三六	三四二
〇四五六四	季良父簠	一六	二九三六	三四二
〇四五六五	交君子[illegible]簠	一六	二九三七	三四二
〇四五六六	魯伯俞父簠	一六	二九三八	三四二
〇四五六七	魯伯俞父簠	一六	二九三八	三四三

器號	器名	字數	拓片頁碼	說明頁碼
〇四五六八	魯伯俞父簠	一六	二九三九	三四三
〇四五六九	鄀公簠蓋	一六	二九三九	三四三
〇四五七〇	鑄子叔黑臣簠	一七	二九四〇	三四三
〇四五七一	鑄子叔黑臣簠	一七	二九四一	三四三
〇四五七二	季宮父簠	一八	二九四二	三四三
〇四五七三	曾子原彝簠	一八	二九四三	三四三
〇四五七四	鑄公簠蓋	一九	二九四四	三四三
〇四五七五	楚子暖簠	一九	二九四五	三四三
〇四五七六	楚子暖簠	一九	二九四五	三四四
〇四五七七	楚子暖簠	一九	二九四六	三四四
〇四五七八	羌仲虎簠	二〇	二九四七	三四四
〇四五七九	史免簠	二〇	二九四八	三四四
〇四五八〇	叔邦父簠	二〇	二九四九	三四四
〇四五八一	伯其父簠	二〇	二九四九	三四四
〇四五八二	番君召簠	一九	二九五〇	三四四
〇四五八三	番君召簠	二〇	二九五一	三四四
〇四五八四	番君召簠	二〇	二九五二	三四四
〇四五八五	番君召簠蓋	二〇	二九五三	三四四
〇四五八六	番君召簠	二〇	二九五四	三四四
〇四五八七	番君召簠	存二一	二九五四	三四四
〇四五八八	曾子□簠	二〇	二九五五	三四四
〇四五八九	宋公䜌簠	二〇	二九五六	三四五

器號	器名	字數	拓片頁碼	説明頁碼
04590	宋公䜌簋	20	2957	3445
04591	曾孫史夷簋	20	2958	3445
04592	鼄叔豸父簋	21	2959	3445
04593	曹公簋	21	2960	3445
04594	子季嬴青簋	22	2961	3445
04595	齊塦曼簋	22	2963	3445
04596	齊塦曼簋	22	2964	3445
04597	敶公子仲慶簋	23	2965	3445
04598	曾侯簋(叔姬霝簋)	24	2966	3445
04599	鄀伯受簋	24	2967	3446
04600	蛣公諴簋	25	2969	3446
04601	召叔山父簋	26	2970	3446
04602	召叔山父簋	26	2971	3446
04603	敶侯作王仲嬀𤖕簋	26	2972	3446
04604	敶侯作王仲嬀𤖕簋	26	2974	3446
04605	嘉子伯昜□簋	26	2975	3446
04606	敶侯作孟姜𡡉簋	27	2977	3446
04607	敶侯作孟姜𡡉簋	27	2978	3446
04608	考叔𤖁父簋	28	2979	3446
04609	考叔𤖁父簋	28	2981	3446
04610	𨞹公彭宇簋	29	2983	3446
04611	𨞹公彭宇簋	29	2984	3447

器號	器名	字數	拓片頁碼	説明頁碼
04612	楚屈子赤角簋蓋	29	2985	3447
04613	上都府簋	29	2986	3447
04614	曾□□簋	29	2988	3447
04615	叔家父簋	31	2989	3447
04616	鄦子妝簋	31	2990	3447
04617	鄦公買簋	32	2991	3447
04618	樂子簋	32	2993	3447
04619	孫叔左簋	32	2994	3447
04620	叔朕簋	34	2995	3447
04621	叔朕簋	34	2996	3447
04622	叔朕簋	存33	2997	3447
04623	鼄大宰簋	37	2998	3448
04624	鼄大宰簋	36	2999	3448
04625	長子沬臣簋	37	3000	3448
04626	免簋	44	3002	3448
04627	弭仲簋	51	3003	3448
04628	伯公父簋	59	3004	3448
04629	陳逆簋	75	3006	3448
04630	陳逆簋	75	3007	3448
04631	曾伯霥簋	88	3008	3448
04632	曾伯霥簋	86	3010	3449
04633	右冶君敦	3	3012	3449

器號	器名	字數	拓片頁碼	說明頁碼
〇四六三四	大⿸广貝盞	五	三〇一三	三四四九
〇四六三五	滕侯敦	六	三〇一三	三四四九
〇四六三六	⿰貝包于盞	六	三〇一四	三四四九
〇四六三七	楚子敦	七	三〇一四	三四四九
〇四六三八	齊侯敦	一一	三〇一五	三四四九
〇四六三九	齊侯敦	一一	三〇一五	三四四九
〇四六四〇	歸父敦	一一	三〇一六	三四四九
〇四六四一	[illegible]公克敦	一一	三〇一七	三四四九
〇四六四二	⿰犭刑公孫敦	一五	三〇一八	三四四九
〇四六四三	王子申盞	一七	三〇一九	三四四九
〇四六四四	拍敦	二六	三〇二〇	三四五〇
〇四六四五	齊侯作孟姜敦	三〇	三〇二一	三四五〇
〇四六四六	十四年塦侯午敦	三六	三〇二二	三四五〇
〇四六四七	十四年塦侯午敦	三六	三〇二三	三四五〇
〇四六四八	十年塦侯午敦	三八	三〇二四	三四五〇
〇四六四九	塦侯因資敦	七九	三〇二五	三四五〇
〇四六五〇	哀成叔鉚	五	三〇二六	三四五〇
〇四六五一	[illegible]豆	一	三〇二六	三四五〇
〇四六五二	[illegible]戲豆	二	三〇二六	三四五〇
〇四六五三	亞吴豆	二	三〇二六	三四五一
〇四六五四	公豆	二	三〇二七	三四五一
〇四六五五	公豆	二	三〇二七	三四五一

器號	器名	字數	拓片頁碼	說明頁碼
〇四六五六	公豆	二	三〇二七	三四五一
〇四六五七	公豆	二	三〇二七	三四五一
〇四六五八	[illegible][illegible]父丁豆	四	三〇二八	三四五一
〇四六五九	鮇貉⿱⺮甫	四	三〇二八	三四五一
〇四六六〇	邵方豆	四	三〇二八	三四五一
〇四六六一	邵方豆	四	三〇二八	三四五一
〇四六六二	[illegible]方豆	四	三〇二九	三四五一
〇四六六三	哀成叔豆	五	三〇二九	三四五一
〇四六六四	左使車工豆	五	三〇三〇	三四五一
〇四六六五	左使車工豆	五	三〇三〇	三四五一
〇四六六六	衛始豆	六	三〇三一	三四五一
〇四六六七	衛始豆	六	三〇三一	三四五一
〇四六六八	蒦圖窑里豆	六	三〇三二	三四五一
〇四六六九	[illegible]叔⿱⺮甫	七	三〇三二	三四五二
〇四六七〇	曾侯乙豆	七	三〇三三	三四五二
〇四六七一	曾侯乙豆	七	三〇三三	三四五二
〇四六七二	單吴生豆	八	三〇三四	三四五二
〇四六七三	曾仲斿父⿱⺮甫	八	三〇三五	三四五二
〇四六七四	曾仲斿父⿱⺮甫	八	三〇三六	三四五二
〇四六七五	鑄客豆	九	三〇三七	三四五二
〇四六七六	鑄克豆	九	三〇三七	三四五二
〇四六七七	鑄客豆	九	三〇三八	三四五二

器號	器名	字數	拓片頁碼	説明頁碼
〇四六七八	鑄客豆	九	三〇三八	三四五二
〇四六七九	鑄客豆	九	三〇三九	三四五二
〇四六八〇	鑄客豆	一〇	三〇三九	三四五二
〇四六八一	微伯瘓簠	一〇	三〇四〇	三四五二
〇四六八二	周生豆	一〇	三〇四一	三四五三
〇四六八三	周生豆	一〇	三〇四一	三四五三
〇四六八四	[illegible]公簠	一〇	三〇四二	三四五三
〇四六八五	康生豆	一〇	三〇四二	三四五三
〇四六八六	黃君孟豆	一三	三〇四三	三四五三
〇四六八七	黃子豆	一六	三〇四三	三四五三
〇四六八八	上官豆（富子登）	二二	三〇四四	三四五三
〇四六八九	魯大嗣徒厚氏元簠	二三	三〇四五	三四五三
〇四六九〇	魯大嗣徒厚氏元簠	二三	三〇四六	三四五三
〇四六九一	魯大嗣徒厚氏元簠	二三	三〇四八	三四五三
〇四六九二	大師盧豆	二八	三〇五〇	三四五三
〇四六九三	姬寏母豆	三〇	三〇五〇	三四五四
〇四六九四	郪陵君王子申豆	五三	三〇五一	三四五四
〇四六九五	郪陵君王子申豆	五三	三〇五三	三四五四
〇四七〇一	戈卣	一	三〇五五	三四五四
〇四七〇二	戈卣	一	三〇五五	三四五四
〇四七〇三	戈卣	一	三〇五六	三四五四
〇四七〇四	戈卣	一	三〇五六	三四五四

器號	器名	字數	拓片頁碼	説明頁碼
〇四七〇五	戈卣	一	三〇五六	三四五四
〇四七〇六	戈卣	一	三〇五七	三四五四
〇四七〇七	戈卣	一	三〇五七	三四五四
〇四七〇八	戈卣	一	三〇五七	三四五四
〇四七〇九	戈卣	一	三〇五八	三四五四
〇四七一〇	戈卣	一	三〇五八	三四五四
〇四七一一	[illegible]卣	一	三〇五九	三四五五
〇四七一二	[illegible]卣	一	三〇五九	三四五五
〇四七一三	[illegible]卣	一	三〇五九	三四五五
〇四七一四	[illegible]卣	一	三〇六〇	三四五五
〇四七一五	[illegible]卣	一	三〇六〇	三四五五
〇四七一六	[illegible]卣	一	三〇六一	三四五五
〇四七一七	[illegible]卣	一	三〇六一	三四五五
〇四七一八	[illegible]卣	一	三〇六一	三四五五
〇四七一九	[illegible]卣	一	三〇六一	三四五五
〇四七二〇	[illegible]卣	一	三〇六二	三四五五
〇四七二一	史卣	一	三〇六二	三四五五
〇四七二二	史卣	一	三〇六二	三四五五
〇四七二三	史卣	一	三〇六三	三四五五
〇四七二四	史卣	一	三〇六三	三四五五
〇四七二五	史卣蓋	一	三〇六四	三四五五
〇四七二六	史卣	一	三〇六四	三四五五

器號	器名	字數	拓片頁碼	説明頁碼
〇四七二七	冉卣	一	三〇六四	三四五五
〇四七二八	冉卣蓋	一	三〇六五	三四五五
〇四七二九	冉卣	一	三〇六五	三四五六
〇四七三〇	冉卣	一	三〇六五	三四五六
〇四七三一	冉卣	一	三〇六六	三四五六
〇四七三二	子卣	一	三〇六六	三四五六
〇四七三三	竝卣	一	三〇六六	三四五六
〇四七三四	奚卣	一	三〇六七	三四五六
〇四七三五	[illegible]卣	一	三〇六七	三四五六
〇四七三六	[illegible]卣	一	三〇六八	三四五六
〇四七三七	受卣	一	三〇六八	三四五六
〇四七三八	爰卣	一	三〇六八	三四五六
〇四七三九	守卣	一	三〇六九	三四五六
〇四七四〇	魚卣	一	三〇六九	三四五六
〇四七四一	弇卣	一	三〇六九	三四五六
〇四七四二	龏卣	一	三〇七〇	三四五七
〇四七四三	[illegible]卣	一	三〇七〇	三四五七
〇四七四四	[illegible]卣	一	三〇七一	三四五七
〇四七四五	鼎卣	一	三〇七一	三四五七
〇四七四六	鼎卣	一	三〇七二	三四五七
〇四七四七	[illegible]卣	一	三〇七二	三四五七
〇四七四八	[illegible]卣	一	三〇七三	三四五七
〇四七四九	[illegible]卣	一	三〇七三	三四五七
〇四七五〇	禾卣	一	三〇七三	三四五七
〇四七五一	[illegible]卣	一	三〇七四	三四五七
〇四七五二	萬卣	一	三〇七四	三四五七
〇四七五三	敉卣	一	三〇七五	三四五七
〇四七五四	嫂卣	一	三〇七五	三四五七
〇四七五五	嫂卣	一	三〇七六	三四五八
〇四七五六	[illegible]卣	一	三〇七六	三四五八
〇四七五七	[illegible]卣	一	三〇七六	三四五八
〇四七五八	辜卣	一	三〇七七	三四五八
〇四七五九	[illegible]卣	一	三〇七七	三四五八
〇四七六〇	黿卣	一	三〇七八	三四五八
〇四七六一	黿卣	一	三〇七八	三四五八
〇四七六二	嬬卣蓋	一	三〇七九	三四五八
〇四七六三	嬬卣	一	三〇七九	三四五八
〇四七六四	[illegible]卣	一	三〇七九	三四五八
〇四七六五	入卣	一	三〇七九	三四五八
〇四七六六	入卣	一	三〇八〇	三四五八
〇四七六七	舌卣	一	三〇八〇	三四五八
〇四七六八	舌卣	一	三〇八〇	三四五八
〇四七六九	天卣	一	三〇八一	三四五八
〇四七七〇	天卣	一	三〇八一	三四五九

器號	器名	字數	拓片頁碼	說明頁碼
〇四七七一	天卣	一	三〇八一	三四五九
〇四七七二	天卣	一	三〇八二	三四五九
〇四七七三	[illegible]卣	一	三〇八二	三四五九
〇四七七四	丮卣	一	三〇八二	三四五九
〇四七七五	[illegible]卣	一	三〇八三	三四五九
〇四七七六	[illegible]卣	一	三〇八三	三四五九
〇四七七七	戠卣	一	三〇八三	三四五九
〇四七七八	[illegible]卣	一	三〇八四	三四五九
〇四七七九	衛卣	一	三〇八四	三四五九
〇四七八〇	[illegible]卣	一	三〇八四	三四五九
〇四七八一	[illegible]卣	一	三〇八五	三四五九
〇四七八二	[illegible]卣	一	三〇八五	三四五九
〇四七八三	[illegible]卣	一	三〇八五	三四五九
〇四七八四	[illegible]卣	一	三〇八五	三四五九
〇四七八五	[illegible]卣	一	三〇八六	三四五九
〇四七八六	弔卣	一	三〇八六	三四六〇
〇四七八七	鳶卣	一	三〇八六	三四六〇
〇四七八八	隻卣	一	三〇八七	三四六〇
〇四七八九	豪卣	一	三〇八七	三四六〇
〇四七九〇	牛首形銘卣	一	三〇八八	三四六〇
〇四七九一	[illegible]卣	一	三〇八八	三四六〇
〇四七九二	臤卣	一	三〇八八	三四六〇

器號	器名	字數	拓片頁碼	說明頁碼
〇四七九三	[illegible]卣	一	三〇八九	三四六〇
〇四七九四	徙卣	一	三〇八九	三四六〇
〇四七九五	得卣	一	三〇九〇	三四六〇
〇四七九六	東卣	一	三〇九〇	三四六〇
〇四七九七	丁卣	一	三〇九〇	三四六〇
〇四七九八	霝卣	一	三〇九一	三四六〇
〇四七九九	[illegible]卣	一	三〇九一	三四六〇
〇四八〇〇	[illegible]卣	一	三〇九二	三四六〇
〇四八〇一	[illegible]卣	一	三〇九二	三四六〇
〇四八〇二	[illegible]卣	一	三〇九二	三四六〇
〇四八〇三	册卣	一	三〇九三	三四六一
〇四八〇四	[illegible]卣	一	三〇九三	三四六一
〇四八〇五	亞伐卣	存一	三〇九四	三四六一
〇四八〇六	亞醜卣	二	三〇九四	三四六一
〇四八〇七	亞醜卣	二	三〇九四	三四六一
〇四八〇八	亞醜卣	二	三〇九五	三四六一
〇四八〇九	亞醜卣	二	三〇九五	三四六一
〇四八一〇	亞醜卣	二	三〇九六	三四六一
〇四八一一	亞[illegible]卣	二	三〇九六	三四六一
〇四八一二	亞奚卣	二	三〇九六	三四六一
〇四八一三	亞矣卣	二	三〇九七	三四六一
〇四八一四	亞丏卣	二	三〇九七	三四六一

器號	器名	字數	拓片頁碼	說明頁碼
〇四八一五	亞屰卣	二	三〇九八	三四六一
〇四八一六	亞屰卣	二	三〇九八	三四六一
〇四八一七	亞異卣	二	三〇九九	三四六一
〇四八一八	亞口卣	二	三〇九九	三四六二
〇四八一九	亞[illegible]卣	二	三〇九九	三四六二
〇四八二〇	[illegible]亞卣	二	三一〇〇	三四六二
〇四八二一	且辛卣	二	三一〇〇	三四六二
〇四八二二	父乙卣	二	三一〇〇	三四六二
〇四八二三	冉乙卣	二	三一〇一	三四六二
〇四八二四	冉丙卣	二	三一〇一	三四六二
〇四八二五	丁丰卣	二	三一〇二	三四六二
〇四八二六	丁犬卣	二	三一〇二	三四六二
〇四八二七	丁冉卣	二	三一〇三	三四六二
〇四八二八	丁[illegible]卣	二	三一〇三	三四六二
〇四八二九	己[illegible]卣	二	三一〇四	三四六二
〇四八三〇	己[illegible]卣蓋	二	三一〇四	三四六二
〇四八三一	己[illegible]卣	二	三一〇四	三四六二
〇四八三二	[illegible]己卣	二	三一〇五	三四六三
〇四八三三	冉己卣	二	三一〇五	三四六三
〇四八三四	辛冉卣	二	三一〇六	三四六三
〇四八三五	父辛卣	二	三一〇六	三四六三
〇四八三六	父癸卣	二	三一〇七	三四六三

器號	器名	字數	拓片頁碼	說明頁碼
〇四八三七	父癸卣	二	三一〇七	三四六三
〇四八三八	癸冉卣	二	三一〇八	三四六三
〇四八三九	癸[illegible]卣	二	三一〇八	三四六三
〇四八四〇	癸[illegible]卣	二	三一〇九	三四六三
〇四八四一	豕癸卣	二	三一〇九	三四六三
〇四八四二	[illegible]卣	二	三一一〇	三四六三
〇四八四三	[illegible]母卣	二	三一一〇	三四六三
〇四八四四	冀婦卣	二	三一一〇	三四六三
〇四八四五	婦[illegible]卣	二	三一一一	三四六三
〇四八四六	婦[illegible]卣	二	三一一一	三四六三
〇四八四七	子侯卣	二	三一一二	三四六四
〇四八四八	子[illegible]卣	二	三一一二	三四六四
〇四八四九	子臭卣	二	三一一三	三四六四
〇四八五〇	子[illegible]卣	二	三一一三	三四六四
〇四八五一	女魚卣	二	三一一四	三四六四
〇四八五二	竹[illegible]卣	二	三一一四	三四六四
〇四八五三	魚從卣	二	三一一五	三四六四
〇四八五四	戈冈卣	二	三一一五	三四六四
〇四八五五	冉[illegible]卣	二	三一一五	三四六四
〇四八五六	冉[illegible]卣	二	三一一六	三四六四
〇四八五七	冉[illegible]卣	二	三一一六	三四六四
〇四八五八	[illegible]卣	二	三一一七	三四六四

器號	器名	字數	拓片頁碼	說明頁碼
〇四八五九	日目卣	二	三一七	三四六四
〇四八六〇	[illegible]卣	二	三一八	三四六五
〇四八六一	[illegible]卣	二	三一八	三四六五
〇四八六二	[illegible]卣	二	三一九	三四六五
〇四八六三	北[illegible]卣	二	三一九	三四六五
〇四八六四	丫木卣	二	三二〇	三四六五
〇四八六五	[illegible]刀卣	二	三二〇	三四六五
〇四八六六	[illegible]卣	二	三二一	三四六五
〇四八六七	[illegible]卣	二	三二一	三四六五
〇四八六八	[illegible]召卣	二	三二二	三四六五
〇四八六九	[illegible]戈卣	二	三二二	三四六五
〇四八七〇	册徙卣	二	三二二	三四六五
〇四八七一	[illegible]册卣	二	三二三	三四六五
〇四八七二	册告卣	二	三二三	三四六六
〇四八七三	[illegible]卣	二	三二四	三四六六
〇四八七四	買車卣	二	三二四	三四六六
〇四八七五	[illegible]卣	二	三二五	三四六六
〇四八七六	冀微卣	二	三二五	三四六六
〇四八七七	戲冀卣	二	三二六	三四六六
〇四八七八	戲冀卣	二	三二六	三四六六
〇四八七九	戲冀卣	二	三二六	三四六六
〇四八八〇	[illegible]卣	二	三二七	三四六六

器號	器名	字數	拓片頁碼	說明頁碼
〇四八八一	[illegible]安卣	二	三二七	三四六六
〇四八八二	匍貝卣	二	三二八	三四六六
〇四八八三	[illegible]卣	二	三二八	三四六六
〇四八八四	用征卣	二	三二九	三四六六
〇四八八五	馬永卣	二	三二九	三四六六
〇四八八六	作彝卣	二	三二九	三四六六
〇四八八七	作旅卣	二	三三〇	三四六六
〇四八八八	旅彝卣	二	三三〇	三四六六
〇四八八九	鳥且甲卣	三	三三一	三四六七
〇四八九〇	[illegible]且乙卣	三	三三二	三四六七
〇四八九一	子且丁卣蓋	三	三三三	三四六七
〇四八九二	[illegible]且戊卣	三	三三三	三四六七
〇四八九三	[illegible]且戊卣	三	三三三	三四六七
〇四八九四	子且己卣	三	三三四	三四六七
〇四八九五	史且庚卣蓋	三	三三四	三四六七
〇四八九六	竟且辛卣	三	三三四	三四六七
〇四八九七	[illegible]且辛卣	三	三三五	三四六七
〇四八九八	子且壬卣	三	三三五	三四六七
〇四八九九	且癸[illegible]卣	三	三三六	三四六七
〇四九〇〇	冀且癸卣	三	三三六	三四六八
〇四九〇一	子且癸卣	三	三三七	三四六八
〇四九〇二	鳥父甲卣	三	三三七	三四六八

器號	器名	字數	拓片頁碼	說明頁碼
〇四九〇三	甲父田卣	三	三一三七	三四六八
〇四九〇四	[illegible]父甲卣	三	三一三八	三四六八
〇四九〇五	[illegible]父甲卣	三	三一三八	三四六八
〇四九〇六	敄父甲卣	三	三一三九	三四六八
〇四九〇七	舟父甲卣	三	三一三九	三四六八
〇四九〇八	天父乙卣	三	三一三九	三四六八
〇四九〇九	天父乙卣	三	三一四〇	三四六八
〇四九一〇	何父乙卣	三	三一四〇	三四六八
〇四九一一	[illegible]父乙卣	三	三一四〇	三四六八
〇四九一二	束父乙卣	三	三一四〇	三四六八
〇四九一三	册父乙卣	三	三一四一	三四六八
〇四九一四	魚父乙卣	三	三一四一	三四六八
〇四九一五	魚父乙卣	三	三一四二	三四六九
〇四九一六	魚父乙卣	三	三一四二	三四六九
〇四九一七	魚父乙卣	三	三一四三	三四六九
〇四九一八	[illegible]父乙卣	三	三一四三	三四六九
〇四九一九	[illegible]父乙卣	三	三一四四	三四六九
〇四九二〇	[illegible]父乙卣蓋	三	三一四四	三四六九
〇四九二一	[illegible]父乙卣	三	三一四四	三四六九
〇四九二二	黿父乙卣	三	三一四五	三四六九
〇四九二三	黿父乙卣	三	三一四五	三四六九
〇四九二四	黿父乙卣	三	三一四六	三四六九
〇四九二五	[illegible]父乙卣	三	三一四六	三四六九
〇四九二六	冀父乙卣	三	三一四七	三四六九
〇四九二七	[illegible]父乙卣	三	三一四七	三四六九
〇四九二八	[illegible]父乙卣	三	三一四七	三四六九
〇四九二九	史父乙卣	三	三一四七	三四六九
〇四九三〇	[illegible]父乙卣	三	三一四八	三四七〇
〇四九三一	敄父乙卣	三	三一四八	三四七〇
〇四九三二	[illegible]父乙卣	三	三一四九	三四七〇
〇四九三三	亞父乙卣	三	三一四九	三四七〇
〇四九三四	[illegible]父乙卣	三	三一五〇	三四七〇
〇四九三五	[illegible]父乙卣	三	三一五〇	三四七〇
〇四九三六	枚父丙卣	三	三一五〇	三四七〇
〇四九三七	牧父丙卣	三	三一五〇	三四七〇
〇四九三八	冀父丁卣	三	三一五一	三四七〇
〇四九三九	冀父丁卣	三	三一五一	三四七〇
〇四九四〇	[illegible]父丁卣	三	三一五二	三四七〇
〇四九四一	史父丁卣	三	三一五二	三四七〇
〇四九四二	爵父丁卣	三	三一五二	三四七〇
〇四九四三	子父丁卣	三	三一五三	三四七〇
〇四九四四	束父丁卣	三	三一五三	三四七〇
〇四九四五	朿父丁卣	三	三一五三	三四七一
〇四九四六	朿父丁卣	三	三一五四	三四七一

器號	器名	字數	拓片頁碼	說明頁碼
〇四九四七	酉父丁卣	三	三一五四	三四七一
〇四九四八	父丁爻卣	三	三一五五	三四七一
〇四九四九	[illegible]父丁卣	三	三一五五	三四七一
〇四九五〇	黿父戊卣	三	三一五六	三四七一
〇四九五一	酉父己卣	三	三一五六	三四七一
〇四九五二	酉父己卣	三	三一五六	三四七一
〇四九五三	[illegible]父己卣	三	三一五七	三四七一
〇四九五四	戈父己卣	三	三一五七	三四七一
〇四九五五	戈父己卣	三	三一五七	三四七一
〇四九五六	[illegible]父己卣	三	三一五八	三四七一
〇四九五七	犬父己卣	三	三一五八	三四七一
〇四九五八	受父己卣	三	三一五九	三四七一
〇四九五九	遽父己卣	三	三一五九	三四七一
〇四九六〇	冀父己卣	三	三一六〇	三四七二
〇四九六一	冀父己卣	三	三一六〇	三四七二
〇四九六二	[illegible]父己卣	三	三一六一	三四七二
〇四九六三	[illegible]父己卣	三	三一六一	三四七二
〇四九六四	萬父己卣	三	三一六二	三四七二
〇四九六五	[illegible]父己卣	三	三一六二	三四七二
〇四九六六	[illegible]父己卣	三	三一六三	三四七二
〇四九六七	冀父庚卣	三	三一六三	三四七二
〇四九六八	弓父庚卣	三	三一六三	三四七二

器號	器名	字數	拓片頁碼	說明頁碼
〇四九六九	子父庚卣	三	三一六四	三四七二
〇四九七〇	父庚戠卣	三	三一六四	三四七二
〇四九七一	責父辛卣	三	三一六五	三四七二
〇四九七二	卸父辛卣	三	三一六五	三四七二
〇四九七三	[illegible]父辛卣	三	三一六六	三四七三
〇四九七四	[illegible]父辛卣蓋	三	三一六六	三四七三
〇四九七五	[illegible]父辛卣蓋	三	三一六六	三四七三
〇四九七六	天父辛卣	三	三一六七	三四七三
〇四九七七	[illegible]父辛卣	三	三一六七	三四七三
〇四九七八	黿父辛卣	三	三一六八	三四七三
〇四九七九	父辛黽卣	三	三一六八	三四七三
〇四九八〇	冀父辛卣蓋	三	三一六八	三四七三
〇四九八一	弔父辛卣	三	三一六九	三四七三
〇四九八二	[illegible]父辛卣	三	三一六九	三四七三
〇四九八三	辛父[illegible]卣	三	三一七〇	三四七三
〇四九八四	[illegible]父辛卣	三	三一七〇	三四七三
〇四九八五	[illegible]父辛卣	三	三一七〇	三四七三
〇四九八六	[illegible]父辛卣	三	三一七一	三四七四
〇四九八七	父辛酉卣	三	三一七一	三四七四
〇四九八八	爵父癸卣蓋	三	三一七一	三四七四
〇四九八九	[illegible]父癸卣	三	三一七二	三四七四
〇四九九〇	史父癸卣	三	三一七二	三四七四

器號	器名	字數	拓片頁碼	說明頁碼
〇四九九一	戉父癸卣	三	三一七三	三四七四
〇四九九二	串父癸卣	三	三一七三	三四七四
〇四九九三	黿父癸卣	三	三一七四	三四七四
〇四九九四	取父癸卣	三	三一七四	三四七四
〇四九九五	[illegible]父癸卣	三	三一七五	三四七四
〇四九九六	[illegible]父癸卣	三	三一七五	三四七四
〇四九九七	魚父癸卣	三	三一七五	三四七四
〇四九九八	[illegible]父癸卣	三	三一七六	三四七四
〇四九九九	魚母乙卣	三	三一七六	三四七四
〇五〇〇〇	冀母己卣	三	三一七六	三四七五
〇五〇〇一	[illegible]母辛卣	三	三一七七	三四七五
〇五〇〇二	[illegible]兄丁卣	三	三一七七	三四七五
〇五〇〇三	[illegible]兄丁卣	三	三一七八	三四七五
〇五〇〇四	子辛[illegible]卣	三	三一七八	三四七五
〇五〇〇五	子廠圖卣	三	三一七八	三四七五
〇五〇〇六	刕册竹卣	三	三一七九	三四七五
〇五〇〇七	西隻單卣	三	三一七九	三四七五
〇五〇〇八	秉毌丁卣	三	三一八〇	三四七五
〇五〇〇九	丁[illegible][illegible]卣	三	三一八〇	三四七五
〇五〇一〇	[illegible]册[illegible]癸卣	三	三一八〇	三四七五
〇五〇一一	冀[illegible]卣	三	三一八一	三四七五
〇五〇一二	詎其卣	三	三一八一	三四七五

器號	器名	字數	拓片頁碼	說明頁碼
〇五〇一三	林亞艅卣	三	三一八二	三四七六
〇五〇一四	亞壴衎卣	三	三一八二	三四七六
〇五〇一五	亞其卣	三	三一八三	三四七六
〇五〇一六	[illegible]屰卣	三	三一八三	三四七六
〇五〇一七	[illegible]弃卣	三	三一八三	三四七六
〇五〇一八	大保卣	三	三一八四	三四七六
〇五〇一九	七田舌卣	三	三一八五	三四七六
〇五〇二〇	[illegible]仲卣	三	三一八五	三四七六
〇五〇二一	公作彝卣	三	三一八六	三四七六
〇五〇二二	伯作彝卣	三	三一八六	三四七六
〇五〇二三	伯寶彝卣	三	三一八七	三四七六
〇五〇二四	員作夾卣	三	三一八七	三四七六
〇五〇二五	[illegible]作彝卣	三	三一八七	三四七六
〇五〇二六	從作彝卣	三	三一八八	三四七六
〇五〇二七	作從彝卣	三	三一八八	三四七六
〇五〇二八	作從彝卣	三	三一八九	三四七六
〇五〇二九	作旅彝卣	三	三一八九	三四七七
〇五〇三〇	作旅彝卣	三	三一八九	三四七七
〇五〇三一	作旅彝卣	三	三一九〇	三四七七
〇五〇三二	作旅彝卣	三	三一九〇	三四七七
〇五〇三三	作旅弓卣	三	三一九〇	三四七七
〇五〇三四	作寶彝卣	三	三一九一	三四七七

器號	器名	字數	拓片頁碼	説明頁碼
〇五〇三五	作寶彝卣	三	三一九一	三四七七
〇五〇三六	作寶彝卣	三	三一九二	三四七七
〇五〇三七	作寶彝卣	三	三一九二	三四七七
〇五〇三八	作寶彝卣蓋	三	三一九二	三四七七
〇五〇三九	作寶彝卣	三	三一九三	三四七七
〇五〇四〇	作[illegible]彝卣	三	三一九三	三四七七
〇五〇四一	作[illegible]彝卣	三	三一九四	三四七七
〇五〇四二	酉作旅卣	三	三一九四	三四七七
〇五〇四三	作宗彝卣	三	三一九四	三四七七
〇五〇四四	且丁父己卣	四	三一九五	三四七八
〇五〇四五	[illegible]册且丁卣	四	三一九五	三四七八
〇五〇四六	[illegible]册且丁卣	四	三一九五	三四七八
〇五〇四七	戉[illegible]且乙卣	四	三一九六	三四七八
〇五〇四八	[illegible]且己卣	四	三一九六	三四七八
〇五〇四九	亞巽父甲卣	四	三一九七	三四七八
〇五〇五〇	陸册父甲卣	四	三一九七	三四七八
〇五〇五一	父乙[illegible][illegible]卣	四	三一九七	三四七八
〇五〇五二	陸册父乙卣	四	三一九八	三四七八
〇五〇五三	亞[illegible]父乙卣	四	三一九八	三四七八
〇五〇五四	亞艅父乙卣	四	三一九九	三四七八
〇五〇五五	亞厷父乙卣	四	三一九九	三四七八
〇五〇五六	田告父乙卣	四	三二〇〇	三四七八

器號	器名	字數	拓片頁碼	説明頁碼
〇五〇五七	子[illegible]父乙卣	四	三二〇〇	三四七八
〇五〇五八	聑日父乙卣	四	三二〇〇	三四七八
〇五〇五九	[illegible]父乙卣	四	三二〇一	三四七八
〇五〇六〇	[illegible]父乙卣	四	三二〇一	三四七八
〇五〇六一	㚔旅父乙卣	四	三二〇二	三四七九
〇五〇六二	豙馬父丁卣	四	三二〇二	三四七九
〇五〇六三	豙馬父丁卣	四	三二〇二	三四七九
〇五〇六四	立[illegible]父丁卣	四	三二〇三	三四七九
〇五〇六五	立[illegible]父丁卣	四	三二〇三	三四七九
〇五〇六六	[illegible]作父丁卣	四	三二〇四	三四七九
〇五〇六七	[illegible]父丁卣	四	三二〇四	三四七九
〇五〇六八	串[illegible]父丁卣	四	三二〇五	三四七九
〇五〇六九	串雋父丁卣	四	三二〇五	三四七九
〇五〇七〇	子廟父丁卣	四	三二〇五	三四七九
〇五〇七一	[illegible][illegible]父丁卣	四	三二〇六	三四七九
〇五〇七二	[illegible][illegible]父丁卣	四	三二〇六	三四七九
〇五〇七三	舟丙父丁卣	四	三二〇七	三四八〇
〇五〇七四	帆公父丁卣	四	三二〇七	三四八〇
〇五〇七五	采作父丁卣	四	三二〇八	三四八〇
〇五〇七六	[illegible]父戊卣	四	三二〇八	三四八〇
〇五〇七七	又羖父己卣	四	三二〇八	三四八〇
〇五〇七八	亞[illegible]父己卣	四	三二〇九	三四八〇

器號	器名	字數	拓片頁碼	說明頁碼
〇五〇七九	亞[illegible]父己卣	四	三〇九	三四八〇
〇五〇八〇	子刀父庚卣	四	三一〇	三四八〇
〇五〇八一	陸册父庚卣	四	三一〇	三四八〇
〇五〇八二	家戈父庚卣	四	三一一	三四八〇
〇五〇八三	隻婦父庚卣蓋	四	三一一	三四八〇
〇五〇八四	㚔父辛卣蓋	四	三一一	三四八〇
〇五〇八五	亞醜父辛卣	四	三一二	三四八一
〇五〇八六	亞獏父辛卣	四	三一二	三四八一
〇五〇八七	令[illegible]父辛卣	四	三一三	三四八一
〇五〇八八	葡貝父辛卣	四	三一三	三四八一
〇五〇八九	[illegible][illegible]父辛卣	四	三一四	三四八一
〇五〇九〇	㚔旅父辛卣	四	三一五	三四八一
〇五〇九一	何父癸卣	四	三一五	三四八一
〇五〇九二	作父癸[illegible]卣	四	三一六	三四八一
〇五〇九三	行天父癸卣	四	三一六	三四八一
〇五〇九四	亞得父癸卣	四	三一七	三四八一
〇五〇九五	[illegible]册父癸卣	四	三一七	三四八一
〇五〇九六	[illegible]父癸卣	四	三一八	三四八一
〇五〇九七	亞醜杞婦卣	四	三一八	三四八一
〇五〇九八	聑[illegible]婦敕卣	四	三一九	三四八一
〇五〇九九	婦聿[illegible]卣	四	三一九	三四八一
〇五一〇〇	亞[illegible]皇旛卣	四	三二〇	三四八二

器號	器名	字數	拓片頁碼	說明頁碼
〇五一〇一	戉葡卣	四	三二一	三四八二
〇五一〇二	王作[illegible]弄卣	四	三二一	三四八二
〇五一〇三	伯壴父卣	四	三二二	三四八二
〇五一〇四	伯作隮彝卣	四	三二二	三四八二
〇五一〇五	伯作寶彝卣	四	三二二	三四八二
〇五一〇六	伯作寶彝卣	四	三二三	三四八二
〇五一〇七	伯作寶彝卣	四	三二三	三四八二
〇五一〇八	叔作旅彝卣	四	三二四	三四八二
〇五一〇九	叔作寶彝卣	四	三二四	三四八二
〇五一一〇	彭女卣	四	三二四	三四八二
〇五一一一	[illegible]母彝卣	四	三二五	三四八二
〇五一一二	戈罟卣	四	三二五	三四八二
〇五一一三	[illegible]作隮彝卣	四	三二六	三四八三
〇五一一四	[illegible]作隮彝卣	四	三二六	三四八三
〇五一一五	登作隮彝卣	四	三二六	三四八三
〇五一一六	辛作寶彝卣	四	三二七	三四八三
〇五一一七	耒作寶彝卣	四	三二七	三四八三
〇五一一八	䮂作旅彝卣	四	三二八	三四八三
〇五一一九	[illegible]作旅彝卣	四	三二八	三四八三
〇五一二〇	[illegible]作旅彝卣	四	三二九	三四八三
〇五一二一	作旅寶彝卣	四	三二九	三四八三
〇五一二二	作宗寶彝卣	四	三三〇	三四八三

器號	器名	字數	拓片頁碼	說明頁碼
〇五一二三	作從彝卣	四	三三三一	三四八三
〇五一二四	[illegible]作從彝卣	四	三三三一	三四八三
〇五一二五	[illegible][illegible]從彝卣	四	三三三二	三四八三
〇五一二六	作寶隮彝卣	四	三三三二	三四八四
〇五一二七	作寶隮彝卣	四	三三三三	三四八四
〇五一二八	作寶隮彝卣	四	三三三三	三四八四
〇五一二九	作寶隮彝卣	四	三三三四	三四八四
〇五一三〇	作寶隮彝卣	四	三三三四	三四八四
〇五一三一	作寶隮彝卣	四	三三三四	三四八四
〇五一三二	作寶隮彝卣	四	三三三五	三四八四
〇五一三三	作寶隮彝卣	四	三三三五	三四八四
〇五一三四	作寶隮彝卣	四	三三三六	三四八四
〇五一三五	作寶隮彝卣	四	三三三六	三四八四
〇五一三六	作寶隮彝卣	四	三三三七	三四八四
〇五一三七	作寶隮彝卣	四	三三三七	三四八四
〇五一三八	作寶隮彝卣	四	三三三七	三四八四
〇五一三九	作寶隮彝卣	四	三三三七	三四八四
〇五一四〇	作寶隮彝卣	四	三三三八	三四八四
〇五一四一	戈作旅彝卣	四	三三三八	三四八五
〇五一四二	[illegible]子弓箙卣	四	三三三八	三四八五
〇五一四三	遽冊卣	四	三三三九	三四八五
〇五一四四	作戲卣	四	三三三九	三四八五

器號	器名	字數	拓片頁碼	說明頁碼
〇五一四五	[illegible]且己父己卣	五	三三四〇	三四八五
〇五一四六	[illegible]且己父辛卣	五	三三四〇	三四八五
〇五一四七	柩父乙卣	五	三三四一	三四八五
〇五一四八	冀作父乙卣	五	三三四一	三四八五
〇五一四九	臣辰父乙卣	五	三三四二	三四八五
〇五一五〇	臣辰父乙卣	五	三三四二	三四八五
〇五一五一	臣辰父乙卣	五	三三四三	三四八五
〇五一五二	臣辰父乙卣	五	三三四三	三四八六
〇五一五三	父乙臣辰卣	五	三三四三	三四八六
〇五一五四	競作父乙卣	五	三三四四	三四八六
〇五一五五	[illegible][illegible]父丁卣	五	三三四四	三四八六
〇五一五六	西單中父丁卣	五	三三四五	三四八六
〇五一五七	口作旅父丁卣	五	三三四五	三四八六
〇五一五八	冊劦竹父丁卣	五	三三四五	三四八六
〇五一五九	作父戊卣	五	三三四六	三四八六
〇五一六〇	作父戊卣	五	三三四六	三四八六
〇五一六一	[illegible][illegible]父戊卣	五	三三四七	三四八六
〇五一六二	亞雀父己卣	五	三三四八	三四八六
〇五一六三	冀父己母癸卣蓋	五	三三四八	三四八六
〇五一六四	[illegible]作父己卣	五	三三四八	三四八六
〇五一六五	北子[illegible]父辛卣	五	三三四九	三四八七
〇五一六六	丙木父辛卣	五	三三四九	三四八七

器號	器名	字數	拓片頁碼	説明頁碼
〇五一六七	㠱叔父辛卣	五	三二五〇	三四八七
〇五一六八	亞其戈父辛卣	五	三二五一	三四八七
〇五一六九	匍冊戊父辛卣	五	三二五一	三四八七
〇五一七〇	守宮作父辛卣	五	三二五二	三四八七
〇五一七一	㠱作父辛卣	五	三二五二	三四八七
〇五一七二	㠱父癸母𠂤卣	五	三二五二	三四八七
〇五一七三	冊父癸卣	五	三二五三	三四八七
〇五一七四	又殺癸卣	五	三二五三	三四八七
〇五一七五	小子作母己卣	五	三二五四	三四八七
〇五一七六	小子作母己卣	五	三二五四	三四八七
〇五一七七	雁公卣	五	三二五五	三四八七
〇五一七八	伯作寶障彝卣	五	三二五五	三四八七
〇五一七九	伯作寶障彝卣	五	三二五六	三四八七
〇五一八〇	伯作寶障彝卣	五	三二五六	三四八七
〇五一八一	伯作寶障彝卣	五	三二五七	三四八八
〇五一八二	伯作寶障彝卣	五	三二五七	三四八八
〇五一八三	伯作寶障彝卣	五	三二五八	三四八八
〇五一八四	仲作寶障彝卣蓋	五	三二五八	三四八八
〇五一八五	叔作寶障彝卣	五	三二五八	三四八八
〇五一八六	允冊卣	五	三二五九	三四八八
〇五一八七	□卣	五	三二五九	三四八八
〇五一八八	頫卣	五	三二六〇	三四八八

器號	器名	字數	拓片頁碼	説明頁碼
〇五一八九	輦卣	五	三二六〇	三四八八
〇五一九〇	舀卣蓋	五	三二六〇	三四八八
〇五一九一	豐卣	五	三二六一	三四八八
〇五一九二	□□卣	五	三二六一	三四八八
〇五一九三	□姛卣	五	三二六一	三四八八
〇五一九四	師隻卣蓋	五	三二六二	三四八八
〇五一九五	單子卣	五	三二六二	三四八九
〇五一九六	見作寶障彝卣	五	三二六三	三四八九
〇五一九七	狽作寶障彝卣蓋	五	三二六三	三四八九
〇五一九八	□作寶障彝卣	五	三二六三	三四八九
〇五一九九	亞共且乙父己卣	六	三二六四	三四八九
〇五二〇〇	戠作且戊卣	六	三二六四	三四八九
〇五二〇一	㠱且辛卣	六	三二六五	三四八九
〇五二〇二	□作父乙卣	六	三二六六	三四八九
〇五二〇三	亞□父乙卣	六	三二六六	三四八九
〇五二〇四	□作父乙卣	六	三二六七	三四八九
〇五二〇五	□作父乙卣	六	三二六七	三四八九
〇五二〇六	亞矢望父乙卣	六	三二六八	三四八九
〇五二〇七	□作父乙卣	六	三二六八	三四八九
〇五二〇八	父丙卣	六	三二六九	三四八九
〇五二〇九	□作父丁卣	六	三二六九	三四九〇
〇五二一〇	作父丁卣	六	三二七〇	三四九〇

器號	器名	字數	拓片頁碼	說明頁碼
〇五二一一	作丁玭卣	六	三二七〇	三四九〇
〇五二一二	大中作父丁卣	六	三二七一	三四九〇
〇五二一三	[illegible]作父庚卣	六	三二七一	三四九〇
〇五二一四	戠作父戊卣	六	三二七一	三四九〇
〇五二一五	亞古父己卣	六	三二七二	三四九〇
〇五二一六	考作父辛卣	六	三二七三	三四九〇
〇五二一七	作父辛卣	六	三二七三	三四九〇
〇五二一八	集作父癸卣	六	三二七四	三四九〇
〇五二一九	作公隮彝卣	六	三二七四	三四九〇
〇五二二〇	雁公卣	六	三二七五	三四九〇
〇五二二一	龠伯卣	六	三二七五	三四九〇
〇五二二二	艅伯卣	六	三二七六	三四九一
〇五二二三	汪伯卣	六	三二七六	三四九一
〇五二二四	陵伯卣	六	三二七七	三四九一
〇五二二五	陵伯卣	六	三二七七	三四九一
〇五二二六	濕伯卣	六	三二七八	三四九一
〇五二二七	濕伯卣	六	三二七八	三四九一
〇五二二八	伯矩卣	六	三二七九	三四九一
〇五二二九	伯矩卣蓋	六	三二七九	三四九一
〇五二三〇	伯矩卣蓋	六	三二七九	三四九一
〇五二三一	伯各卣	六	三二八〇	三四九一
〇五二三二	伯各卣	六	三二八〇	三四九一

器號	器名	字數	拓片頁碼	說明頁碼
〇五二三三	伯貉卣	六	三二八一	三四九一
〇五二三四	伯魚卣	六	三二八一	三四九一
〇五二三五	乂伯卣	六	三二八二	三四九二
〇五二三六	仲織卣	六	三二八二	三四九二
〇五二三七	叔截卣	六	三二八三	三四九二
〇五二三八	亞醜作季卣	六	三二八三	三四九二
〇五二三九	井季㚸卣	六	三二八四	三四九二
〇五二四〇	嬴季卣	六	三二八四	三四九二
〇五二四一	㢽季卣	六	三二八五	三四九二
〇五二四二	衛父卣	六	三二八五	三四九二
〇五二四三	𩲃父卣	六	三二八六	三四九二
〇五二四四	正父卣	六	三二八六	三四九三
〇五二四五	夆莫父卣	六	三二八七	三四九三
〇五二四六	仲自父卣	六	三二八七	三四九三
〇五二四七	安父卣蓋	六	三二八八	三四九三
〇五二四八	[illegible]卣	六	三二八八	三四九三
〇五二四九	毆卣	六	三二八八	三四九三
〇五二五〇	向卣	六	三二八九	三四九三
〇五二五一	[illegible]益卣	六	三二八九	三四九三
〇五二五二	買王卣	六	三二九〇	三四九三
〇五二五三	竟卣	六	三二九〇	三四九三
〇五二五四	猷卣	六	三二九〇	三四九三

器號	器名	字數	拓片頁碼	說明頁碼
〇五二五五	米宮卣	六	三二九一	三四九三
〇五二五六	戔子旅卣	六	三二九一	三四九三
〇五二五七	[illegible]弘卣	六	三二九一	三四九三
〇五二五八	卿卣	六	三二九二	三四九四
〇五二五九	卿卣	七	三二九二	三四九四
〇五二六〇	遺作且乙卣	七	三二九三	三四九四
〇五二六一	飼作且乙卣	七	三二九三	三四九四
〇五二六二	[illegible]作且乙卣	七	三二九四	三四九四
〇五二六三	[illegible]作且丁卣	七	三二九四	三四九四
〇五二六四	[illegible]且辛卣	七	三二九五	三四九四
〇五二六五	且丁父癸卣	七	三二九五	三四九四
〇五二六六	輩作妣癸卣	七	三二九六	三四九四
〇五二六七	羊作父乙卣	七	三二九六	三四九四
〇五二六八	小臣作父乙卣	七	三二九七	三四九四
〇五二六九	[illegible]作父乙卣	七	三二九七	三四九五
〇五二七〇	[illegible]作父乙卣	七	三二九七	三四九五
〇五二七一	亞稟父丁卣	七	三二九八	三四九五
〇五二七二	戟作父丁卣	七	三二九九	三四九五
〇五二七三	田告父丁卣	七	三三〇〇	三四九五
〇五二七四	子[illegible]作父丁卣	七	三三〇〇	三四九五
〇五二七五	[illegible]作父丁卣	七	三三〇一	三四九五
〇五二七六	[illegible]作父丁卣	七	三三〇一	三四九五

器號	器名	字數	拓片頁碼	說明頁碼
〇五二七七	[illegible]作父戊卣	七	三三〇一	三四九五
〇五二七八	狽元作父戊卣	七	三三〇二	三四九五
〇五二七九	[illegible]作父己卣	七	三三〇三	三四九五
〇五二八〇	尸作父己卣	七	三三〇三	三四九五
〇五二八一	冀父己卣	七	三三〇四	三四九五
〇五二八二	[illegible]作父己卣	七	三三〇四	三四九六
〇五二八三	責作父辛卣	七	三三〇五	三四九六
〇五二八四	[illegible]作父辛卣	七	三三〇五	三四九六
〇五二八五	[illegible]作父辛卣	七	三三〇六	三四九六
〇五二八六	竟作父辛卣蓋	七	三三〇六	三四九六
〇五二八七	敦作父辛卣	七	三三〇六	三四九六
〇五二八八	史戍作父壬卣	七	三三〇七	三四九六
〇五二八九	作父壬卣	七	三三〇七	三四九六
〇五二九〇	責作父癸卣	七	三三〇八	三四九六
〇五二九一	矢伯隻作父癸卣	七	三三〇八	三四九六
〇五二九二	亞其矣作母辛卣	七	三三〇九	三四九六
〇五二九三	亞其矣作母辛卣	七	三三〇九	三四九七
〇五二九四	亞其矣作母辛卣	七	三三一〇	三四九七
〇五二九五	[illegible]作母癸卣	七	三三一〇	三四九七
〇五二九六	尹舟作兄癸卣	七	三三一一	三四九七
〇五二九七	閼作昏伯卣蓋	七	三三一一	三四九七
〇五二九八	閼作昏伯卣	七	三三一一	三四九七

器號	器名	字數	拓片頁碼	説明頁碼
〇五二九九	北伯戉卣	七	三三一二	三四九七
〇五三〇〇	散伯卣蓋	七	三三一二	三四九七
〇五三〇一	散伯卣	七	三三一二	三四九七
〇五三〇二	叔夫册卣	七	三三一三	三四九七
〇五三〇三	束叔卣	七	三三一三	三四九七
〇五三〇四	[illegible]夨卣	七	三三一四	三四九七
〇五三〇五	史見卣	七	三三一四	三四九七
〇五三〇六	乃子卣	七	三三一五	三四九八
〇五三〇七	[illegible]作且癸卣	八	三三一五	三四九八
〇五三〇八	[illegible]作父甲卣	八	三三一六	三四九八
〇五三〇九	無憂作父丁卣	八	三三一六	三四九八
〇五三一〇	枚家作父戊卣	八	三三一七	三四九八
〇五三一一	[illegible]作父戊卣	八	三三一七	三四九八
〇五三一二	鈇作父戊卣	八	三三一八	三四九八
〇五三一三	[illegible]作父辛卣	八	三三一八	三四九八
〇五三一四	夾作父辛卣	八	三三一八	三四九八
〇五三一五	[illegible]作父癸卣	八	三三一九	三四九八
〇五三一六	伯作文公卣	八	三三一九	三四九九
〇五三一七	[illegible]伯罰卣	八	三三二〇	三四九九
〇五三一八	𠂤丞卣	八	三三二〇	三四九九
〇五三一九	[illegible]高卣	八	三三二一	三四九九
〇五三二〇	小夫卣	八	三三二一	三四九九

器號	器名	字數	拓片頁碼	説明頁碼
〇五三二一	交卣	八	三三二二	三四九九
〇五三二二	[illegible]卣	八	三三二二	三四九九
〇五三二三	衛卣	八	三三二二	三四九九
〇五三二四	戎佩玉人卣	八	三三二三	三四九九
〇五三二五	[illegible]侯弟[illegible]季卣	八	三三二三	三四九九
〇五三二六	伯[illegible]卣	八	三三二四	三四九九
〇五三二七	伯[illegible]卣	八	三三二五	三四九九
〇五三二八	對作父乙卣	八	三三二六	三五〇〇
〇五三二九	[illegible]作父乙卣	八	三三二六	三五〇〇
〇五三三〇	奪作父丁卣	八	三三二七	三五〇〇
〇五三三一	奪作父丁卣	八	三三二七	三五〇〇
〇五三三二	[illegible]作父丁卣	八	三三二八	三五〇〇
〇五三三三	束作父辛卣	八	三三二八	三五〇〇
〇五三三四	[illegible]作父癸卣	八	三三二九	三五〇〇
〇五三三五	[illegible]作文考癸卣	八	三三二九	三五〇〇
〇五三三六	述作兄日乙卣	八	三三三〇	三五〇〇
〇五三三七	屯作兄辛卣	八	三三三〇	三五〇〇
〇五三三八	剌作兄日辛卣	八	三三三一	三五〇〇
〇五三三九	[illegible]作兄日壬卣	九	三三三二	三五〇〇
〇五三四〇	伯[illegible]卣	九	三三三二	三五〇一
〇五三四一	仲作好旅彝卣	九	三三三三	三五〇一
〇五三四二	仲作好旅彝卣	九	三三三三	三五〇一

器號	器名	字數	拓片頁碼	說明頁碼
〇五三四三	参卣蓋	九	三三四	三五〇一
〇五三四四	盠嗣土幽卣	九	三三四	三五〇一
〇五三四五	令莽高卣	九	三三五	三五〇一
〇五三四六	豐卣	九	三三五	三五〇一
〇五三四七	父乙告田卣	一〇	三三五	三五〇一
〇五三四八	庶父卣	九	三三六	三五〇一
〇五三四九	婦闟卣	一〇	三三七	三五〇一
〇五三五〇	婦闟卣	一〇	三三七	三五〇一
〇五三五一	小臣兒卣	一〇	三三八	三五〇一
〇五三五二	小臣豐卣	一〇	三三八	三五〇一
〇五三五三	寤卣	一〇	三三九	三五〇二
〇五三五四	[illegible]卣	一〇	三三九	三五〇二
〇五三五五	靴卣	一〇	三四〇	三五〇二
〇五三五六	[illegible]伯卣	一〇	三四〇	三五〇二
〇五三五七	幢季遽父卣	一〇	三四一	三五〇二
〇五三五八	幢季遽父卣	一〇	三四二	三五〇二
〇五三五九	守宫卣	一〇	三四二	三五〇二
〇五三六〇	竅[illegible]作父癸卣	一一	三四三	三五〇二
〇五三六一	腦作父辛卣蓋	一一	三四四	三五〇二
〇五三六二	戆卣	一一	三四四	三五〇二
〇五三六三	[illegible]濬伯逘卣	一一	三四五	三五〇二
〇五三六四	[illegible]濬伯逘卣	一〇	三四五	三五〇二

器號	器名	字數	拓片頁碼	說明頁碼
〇五三六五	豚卣	一一	三四六	三五〇二
〇五三六六	倗卣	一一	三四六	三五〇二
〇五三六七	[illegible]作母乙卣	一一	三四七	三五〇三
〇五三六八	[illegible]肇家卣	一二	三四七	三五〇三
〇五三六九	無仲卣	一二	三四七	三五〇三
〇五三七〇	作文考父丁卣	一二	三四八	三五〇三
〇五三七一	伯卣	一二	三四八	三五〇三
〇五三七二	異卣	一二	三四九	三五〇三
〇五三七三	戲霝卣	一三	三四九	三五〇三
〇五三七四	圉卣	一四	三五〇	三五〇三
〇五三七五	子作婦㜫卣	一五	三五一	三五〇三
〇五三七六	虢季子緩卣	一五	三五二	三五〇三
〇五三七七	孝卣	一五	三五三	三五〇三
〇五三七八	小臣[illegible]卣	一六	三五三	三五〇三
〇五三七九	小臣[illegible]卣	一六	三五四	三五〇三
〇五三八〇	駿卣	一六	三五五	三五〇四
〇五三八一	寓卣	一六	三五六	三五〇四
〇五三八二	縈叔卣	一六	三五六	三五〇四
〇五三八三	岡刼卣	一六	三五七	三五〇四
〇五三八四	耳卣	一七	三五七	三五〇四
〇五三八五	息伯卣蓋	一七	三五八	三五〇四
〇五三八六	息伯卣	一七	三五八	三五〇四

器號	器名	字數	拓片頁碼	說明頁碼
〇五三八七	員卣	一七	三三五九	三五〇四
〇五三八八	顯卣	一七	三三六〇	三五〇四
〇五三八九	顯卣	一七	三三六一	三五〇四
〇五三九〇	伯甬父卣	一七	三三六二	三五〇四
〇五三九一	軐卣	一七	三三六二	三五〇五
〇五三九二	寡子卣	一八	三三六三	三五〇五
〇五三九三	伯□作文考父辛卣	一九	三三六四	三五〇五
〇五三九四	小子省卣	二一	三三六四	三五〇五
〇五三九五	宰甫卣	二三	三三六五	三五〇五
〇五三九六	毓且丁卣	二四	三三六六	三五〇五
〇五三九七	巂𠂤作兄癸卣	二四	三三六七	三五〇五
〇五三九八	同卣	二五	三三六八	三五〇五
〇五三九九	孟卣	二五	三三六九	三五〇五
〇五四〇〇	作册䣄卣	二六	三三七〇	三五〇五
	六祀𠨘其卣	二七	三三八六	三五〇七
〇五四〇一	壴卣	二八	三三七一	三五〇六
〇五四〇二	遣卣	二八	三三七二	三五〇六
〇五四〇三	豐卣	二九	三三七三	三五〇六
〇五四〇四	商卣	三〇	三三七四	三五〇六
〇五四〇五	次卣	三〇	三三七五	三五〇六
〇五四〇六	周乎卣	三二	三三七六	三五〇六
〇五四〇七	作册睘卣	三三	三三七七	三五〇六

器號	器名	字數	拓片頁碼	說明頁碼
〇五四〇八	靜卣	三四	三三七八	三五〇六
	二祀𠨘其卣	三七	三三八二	三五〇七
〇五四〇九	貉子卣	三六	三三七九	三五〇七
〇五四一〇	啓卣	三九	三三八〇	三五〇七
〇五四一一	稆卣	四〇	三三八一	三五〇七
〇五四一二	二祀𠨘其卣	三五	三三八二	三五〇七
〇五四一三	四祀𠨘其卣	四五	三三八四	三五〇七
〇五四一四	六祀𠨘其卣	二七	三三八六	三五〇七
〇五四一五	保卣	四六	三三八七	三五〇七
〇五四一六	召卣	四六	三三八九	三五〇八
〇五四一七	小子䍙卣	四八	三三九一	三五〇八
〇五四一八	免卣	四九	三三九二	三五〇八
〇五四一九	彔𢦏卣	四九	三三九三	三五〇八
〇五四二〇	彔𢦏卣	五〇	三三九四	三五〇八
〇五四二一	士上卣	五〇	三三九六	三五〇八
〇五四二二	士上卣	五一	三三九七	三五〇八
〇五四二三	匡卣	五一	三三九八	三五〇八
〇五四二四	農卣	五一	三四〇〇	三五〇八
〇五四二五	競卣	五一	三四〇一	三五〇九
〇五四二六	庚嬴卣	五一	三四〇二	三五〇九
〇五四二七	作册益卣	六一	三四〇四	三五〇九
〇五四二八	叔䟻父卣	六二	三四〇五	三五〇九

器號	器名	字數	拓片頁碼	説明頁碼
〇五四二九	叔趯父卣	六二	三四〇七	三五〇九
〇五四三〇	繁卣	六二	三四〇九	三五〇九
〇五四三一	高卣	六二	三四一一	三五〇九
〇五四三二	作册魖卣	六三	三四一二	三五〇九
〇五四三三	效卣	六五	三四一三	三五〇九

弭伯師耤毁

唯八月初吉戊寅，王各于
大室，燮（榮）伯內（入）右（佑）師耤（藉），即立
中廷，王乎內史尹氏册命
師耤（藉），賜女（汝）玄衣黹屯（純）、鉥（素）芾、
金鈧（衡）、赤舄、戈琱戟、彤沙（蘇）、攸（鋚）
勒、䜌（鑾）旂五日，用事，弭伯用乍（作）
尊毁，其萬年，子子孫孫永寶用

04257

害毁

唯四月初吉，王在屖宮，宰
屖父右（佑）害立，王冊命害，曰：
賜女（汝）𠦪（賁）朱黄（衡）、玄衣黹屯（純）、㫃、
攸（鋚）革（勒），賜戈琱㦸、彤沙（蘇），用餴（籑）乃
祖考事，官嗣尸（夷）僕、小射、底魚，
害䭫首，對揚王休命，用乍（作）
文考寶毁，其孫孫子子永寶用

04258.1

04258.2

唯四月初吉，王在屖宮，宰
屖父右（佑）害立，王册命害，曰：
賜女（汝）𠦪（賁）朱黄（衡）、玄衣黹屯（純）、㫃、
攸（鋚）革（勒），賜戈琱㦰、彤沙（蘇），用餅（饔）乃
祖考事，官嗣尸（夷）僕、小射、底魚，
害䭫首，對揚王休命，用乍（作）
文考寶𣪘，其子子孫孫永寶用

害毁

唯四月初吉，王在犀宮，宰
犀父右（佑）害立，王册命害，曰：
賜女（汝）𠦪（賁）朱黄（衡）、玄衣黹屯（純）、㫃、
攸（鋚）革（勒），賜戈琱㦸、彤沙（蘇），用餴（饔）乃
祖考事，官嗣尸（夷）僕、小射、底
魚，害頶首，對揚王休命，用乍（作）
文考寶毁，其子子孫孫永寶用

04259.1

04259.2

唯四月初吉，王在屖宮，宰
屖父右（佑）害立，王册命害，曰：
賜女（汝）𠦪（賁）朱黄（衡）、玄衣黹屯（純）、㫃、
攸（鋚）革（勒），賜戈琱㦴、彤沙（蘇），用餴（饕）
乃祖考事，官𤔲尸（夷）僕、小射、底
魚，害頴首，對揚王休命，用乍（作）
文考寶𣪕，其子子孫孫永寶用

害毀

唯四月初吉，王在屖宮，宰
屖父右（佑）害立，王册命害，曰：
賜女（汝）𠦪（賁）朱黄（衡）、玄衣黹屯（純）、㫃、
攸（鋚）革（勒），賜戈琱㦸、彤沙（蘇），用餅（饔）乃
祖考事，官嗣尸（夷）僕、小射、
底魚，害𩒨首，對揚王休命，
用乍（作）文考寶毀，其子子孫孫永寶用

04260

天亡𣪕

乙亥，王又（有）大豐（禮），王凡三方，王
祀于天室，降，天亡又（宥）王，
衣祀于王不（丕）顯考文王，
事喜（饎）上帝，文王監在上，不（丕）
顯王乍（則）省，不（丕）緐（肆）王乍（則）麃（庸），不（丕）克
乞（訖）衣（殷）王祀，丁丑，王鄉（饗），大宜，王降
亡助（賀、嘉）爵、退（褪）囊，唯朕
又（有）蔑，每（敏）啟王休于尊皀（𣪕）

04261

格伯殷

04262.1

唯正月初吉癸巳，王在成
周，格伯爰良馬乘于倗
生（甥），厥貯（賈）卅田，則析，格伯遻
殹妊彶佤，厥從格伯厈（按）彶
佃（甸）：殷谷厥紉（絶）雩谷、杜木、邍谷、
旅菜，涉東門，厥書史戠武，
立（涖）盨（歃）成壂（䵼），鑄保（寶）殷，用典格
伯田，其邁（萬）年，子子孫孫永保用，

04262.2

唯正月初吉癸巳，王在成周，
格伯爰良馬乘于倗生（塴），厥貯（賈）
卅田，則析，格伯遻殹妊彶佤，
厥從格伯厈（按）彶佃（甸）：殷谷厥紉（絶）雩
谷、杜木、邍谷、旅菜，涉東門，厥
書史戠武，立（涖）盄（歃）成壂（壘），
鑄保（寶）毁，用典格伯田，其
邁（萬）年，子子孫孫永保用，

格伯毁

唯正月初吉癸巳，王在成周，格伯爰良馬乘于倗生（甥），厥貯（賈）卅田，則析，格谷、杜木、邍谷、旅菜，涉東門，厥書史戠武，立（莅）盫（歃）成壂（壘），鑄保毁，用典格伯田，其邁（萬）年，子子孫孫永保用，

04263

格伯𣪘

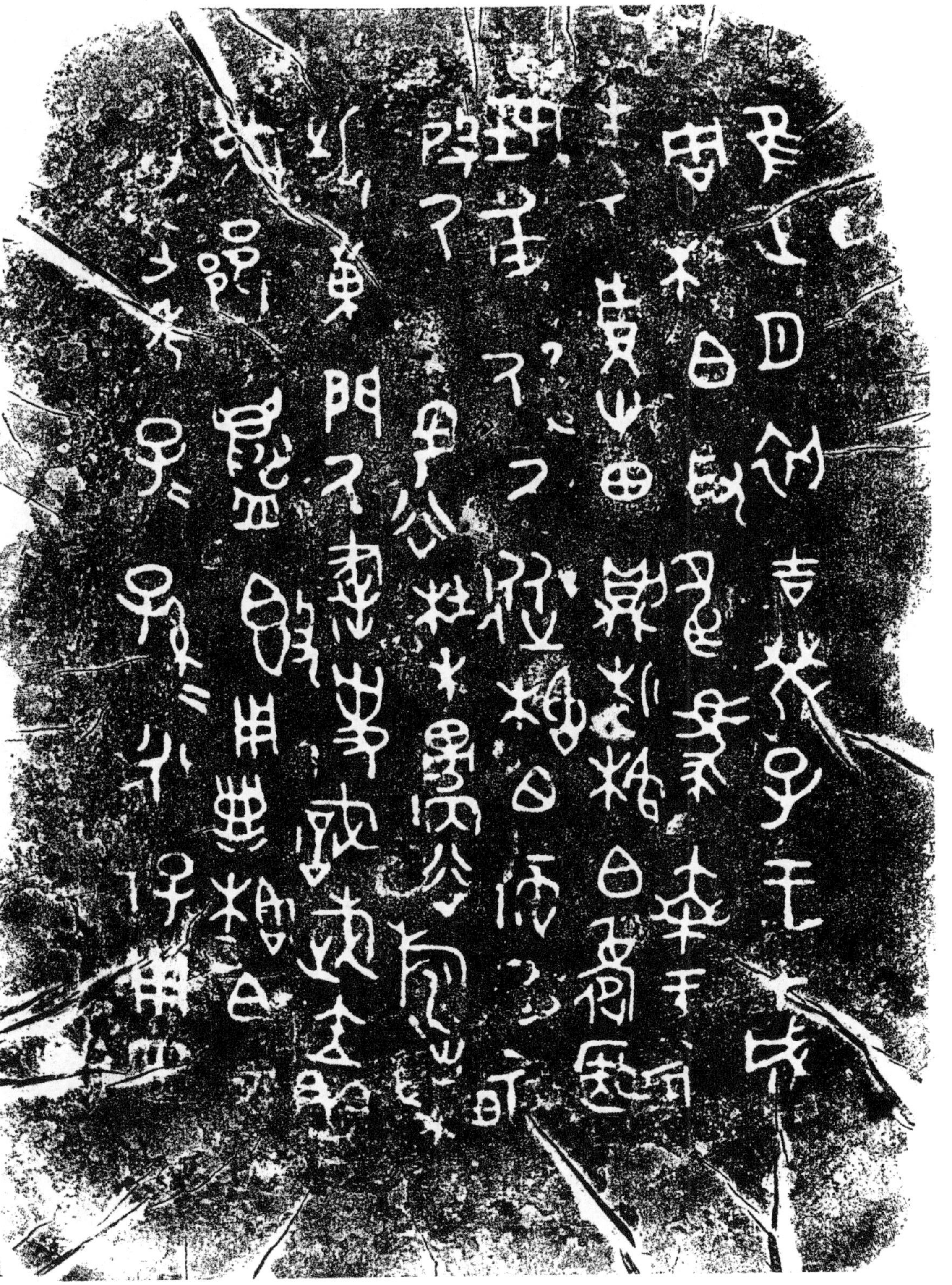

唯正月初吉癸巳，王在成
周，格伯爰良馬乘于倗
生（甥），厥貯（賈）卅田，則析，格伯遷殹
妊彶佤，厥從格伯𢓊（按）彶佃（甸）：
殷（谷）厥（絧）雩谷、杜木、遼谷、旅菜，
涉東門，厥書史戠武，立（涖）盄（歃）
成壁（䍙），鑄保𣪘，用典格伯田，
其邁（萬）年，子子孫孫永保用，

04264.1

唯正月初吉癸巳，王在成周，
格伯爰良馬乘于倗生（甥），厥貯（賈）
卅田，則析，格伯遷毆妊彶
佤，厥從格伯厈（按）彶佃（甸）：殷
谷杜木、邍谷、旅菜，涉東門，
厥書史戠武，立（涖）盇（歃）成壂（壘），
鑄保毁，用典格伯田，其
邁（萬）年，子子孫孫永保用，[illegible]

04264.2

格伯𣪘

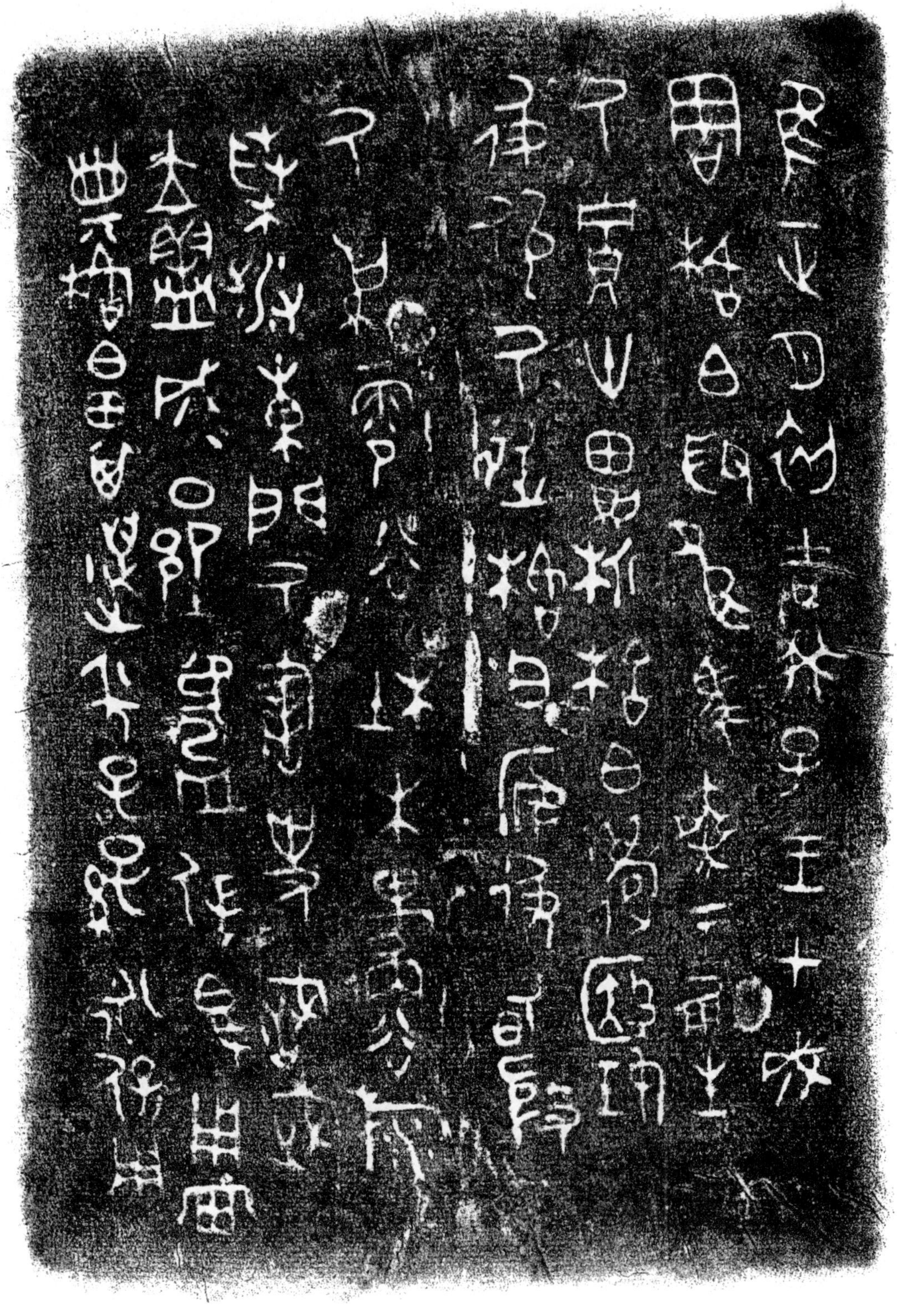

唯正月初吉癸巳，王在成
周，格伯爰良馬乘于倗生（甥），
厥貯（賈）卅田，則析，格伯遷殹妊
彶佤，厥從格伯厈（按）彶佃（甸）：殷（谷）
厥紉（絕）雫谷、杜木、邍谷、旅
菜，涉東門，厥書史戠武，
立（涖）盄（歃）成塈（壂），鑄保𣪘，用
典格伯田，其邁（萬）年，子子孫孫永保用，

04265

趩毁

唯三月，王在宗周，戊寅，王各
于大朝(廟)，密叔又(佑)趩，即立(位)，內
史即命，王若曰：趩，命女(汝)乍(作)
𢿢(豳)師、冢嗣馬，啻(嫡)官僕、射、
士，訊小大又(右)隣，取徵五寽(鋝)，賜
女(汝)赤巿、幽亢(衡)、䜌(鑾)旂，用事，
趩拜𩒨首，對揚王
休，用乍(作)季姜尊彝，其
子子孫孫邁(萬)年寶用

04266

申毁蓋

唯正月初吉丁卯，王在周康宮，
各大室，即立（位），益公內（入）右（佑）申，［立］
中廷，王命尹册命申：更乃
祖考疋（胥）大（太）祝，官嗣豐人眔
九盭祝，賜（賜）女（汝）赤芾、縈黄（衡）、䜌（鑾）旂，
用事，申敢對揚天子休令（命），
用乍（作）朕皇考孝孟尊毁，申
其邁（萬）年用，子子孫孫其永寶

04267

王臣毁

唯二年三月，初吉
庚寅，王各于大室，益公
入右（佑）王臣，即立中廷，北
鄉（嚮），乎內史寿（敖、侁）冊命王
臣：賜女（汝）朱黄（衡）𠦪（賁）親（襯）、
玄衣黹屯（純）、䜌（鑾）旂五日、
戈畫㦸、厴（墉）必（柲）、彤
沙（蘇），用事，王臣手（拜）䭫
首，不（丕）敢顯天子對揚
休，用乍（作）朕文考易仲
尊毁，王臣其永寶用

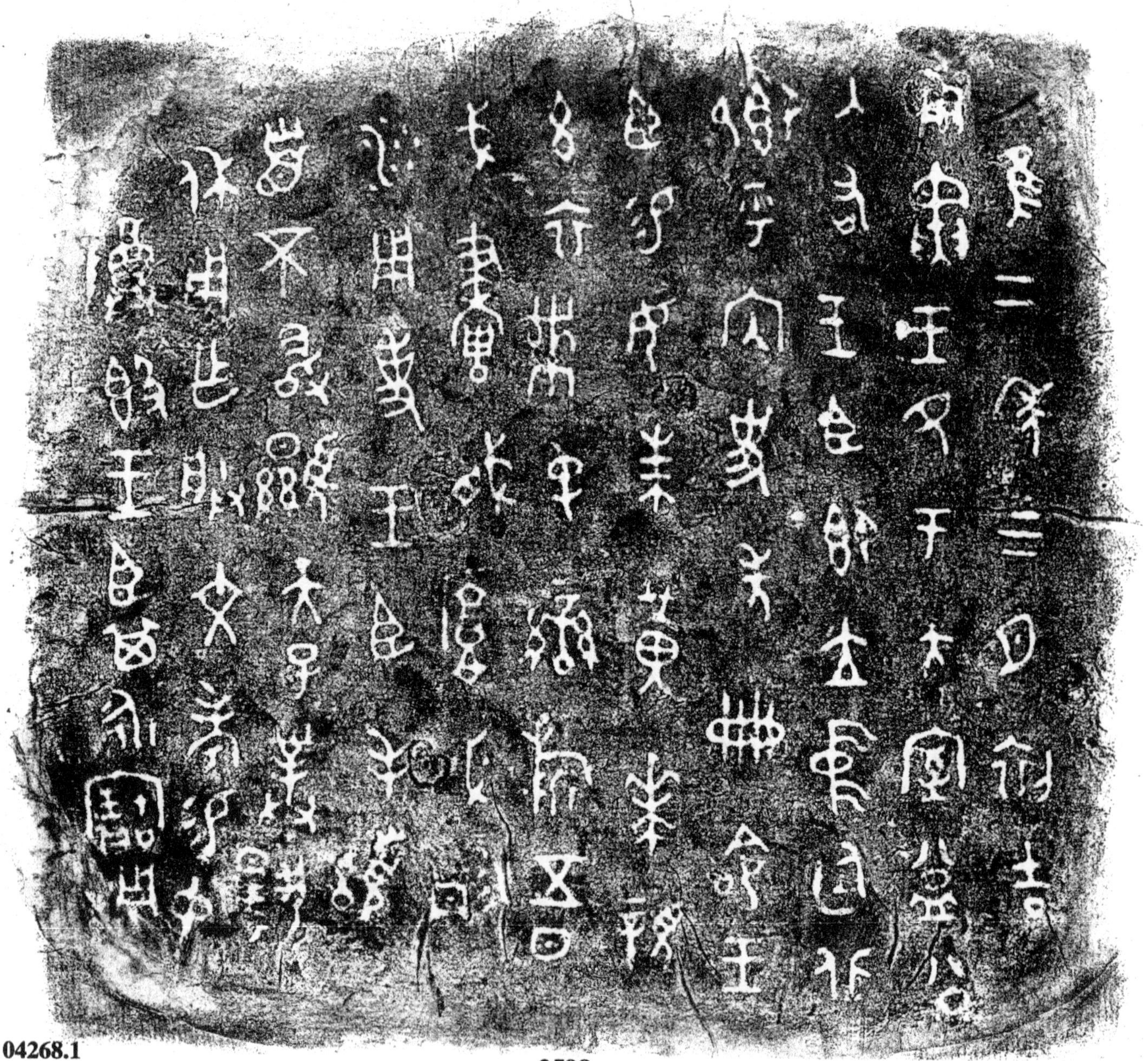

04268.1

唯二年三月，初吉庚寅，王
各于大室，益公入
右（佑）王臣，
即立中廷，北鄉（嚮），
乎內史𢻱（敖、佚）
册命王臣：賜女（汝）朱
黃（衡）𠦬（賁）親（襯）、
玄衣黹屯（純）、䜌（鑾）旂
五日、戈
畫𢧁、𢊧（墉）必（柲）、彤
沙（蘇），用事，王
臣手（拜）䭫首，不（丕）
敢顯天子
對揚休，用乍（作）朕文考易
仲尊𣪘，王臣其永寶用

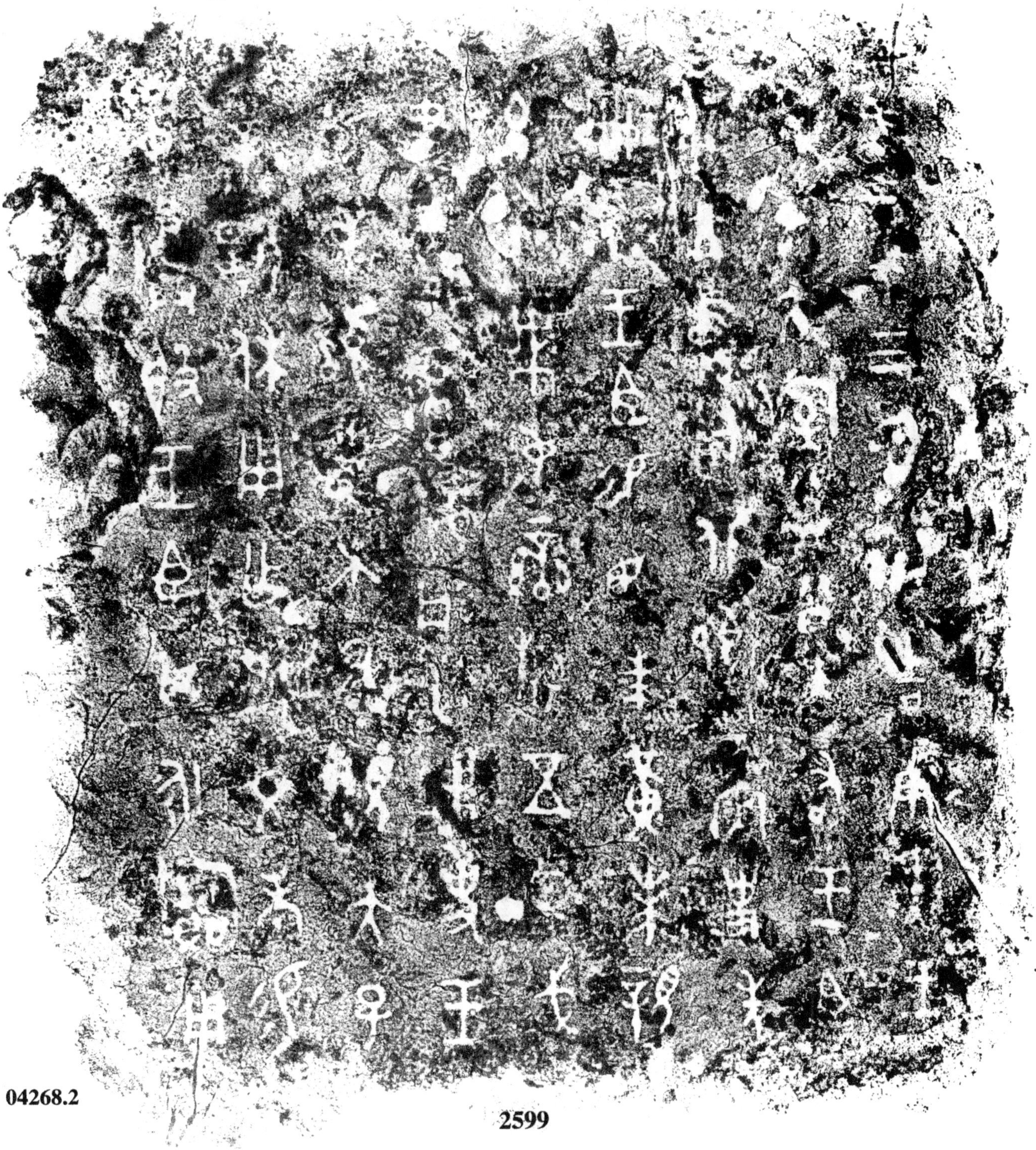

04268.2

縣妃毁

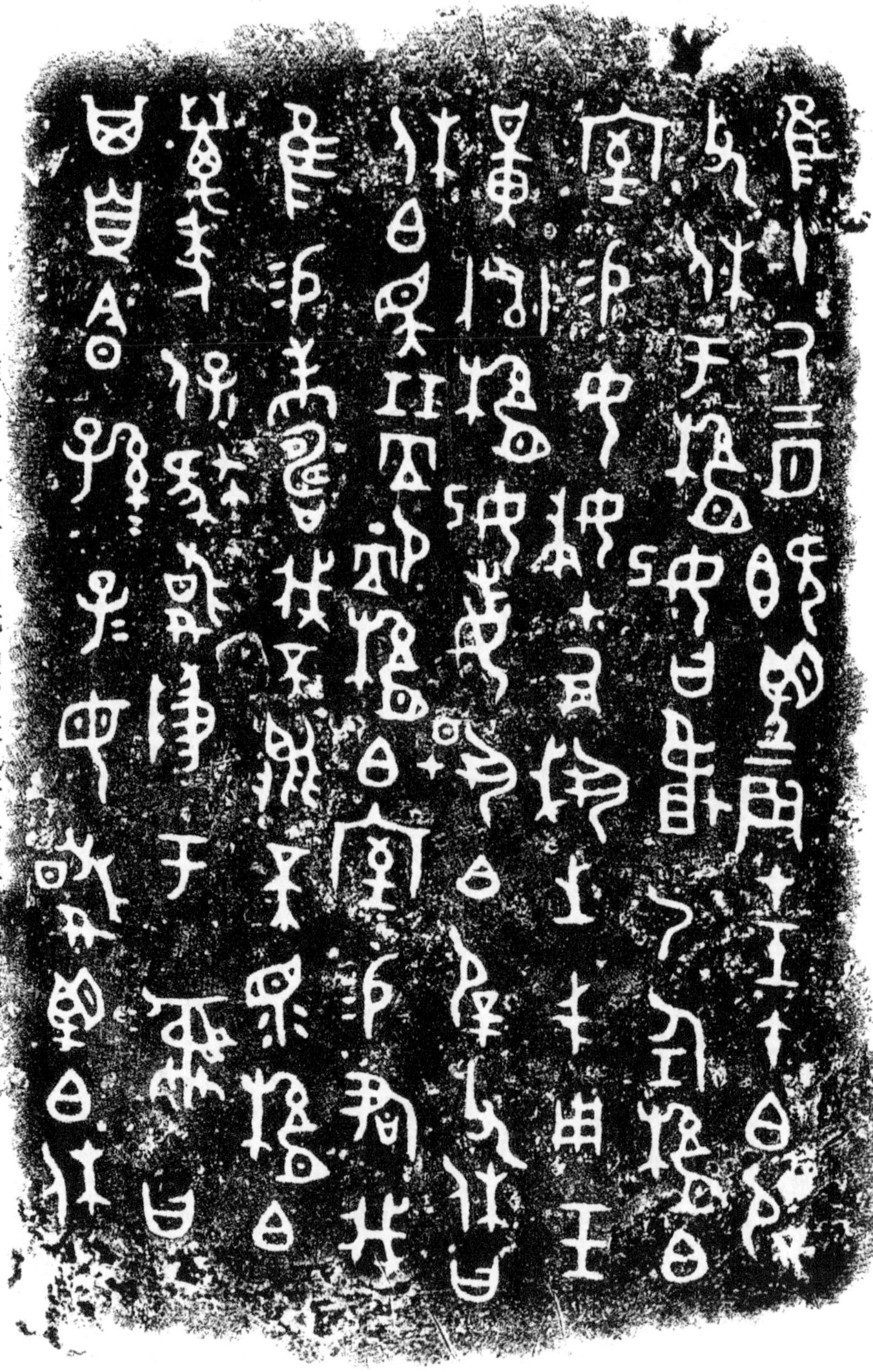

唯十又二月既望，辰在壬午，伯屖
父休于縣妃，曰：䖒乃任縣伯
室，賜女（汝）婦爵、𡿧之先周（琱）玉、
黄𠃉，縣妃妦（奉）揚伯屖父休，曰：
休伯𦉢（昊）益恤縣伯室，賜君我
唯賜壽（儔），我不能不眔縣伯
萬年保，肄（肆）敢[illegible]（肆）于彝，曰：
其自今日，孫孫子子毋敢望（忘）伯休

04269

同毁蓋

唯十又二月，初吉丁丑，王在宗周，各于大廟，焚（榮）伯右（佑）同，立中廷，北鄉（嚮），王命同：差（佐）右（佑）吳（虞）大父，嗣昜（場）、林、吳（虞）、牧，自虘東至于河，厥逆（朔）至于玄水，世孫孫子子差（佐）右（佑）吳（虞）大父，毋女（汝）又（有）閑，對揚天子厥休，用乍（作）朕文丂（考）荁（艽）仲尊寶毁，其邁（萬）年，子子孫孫永寶用

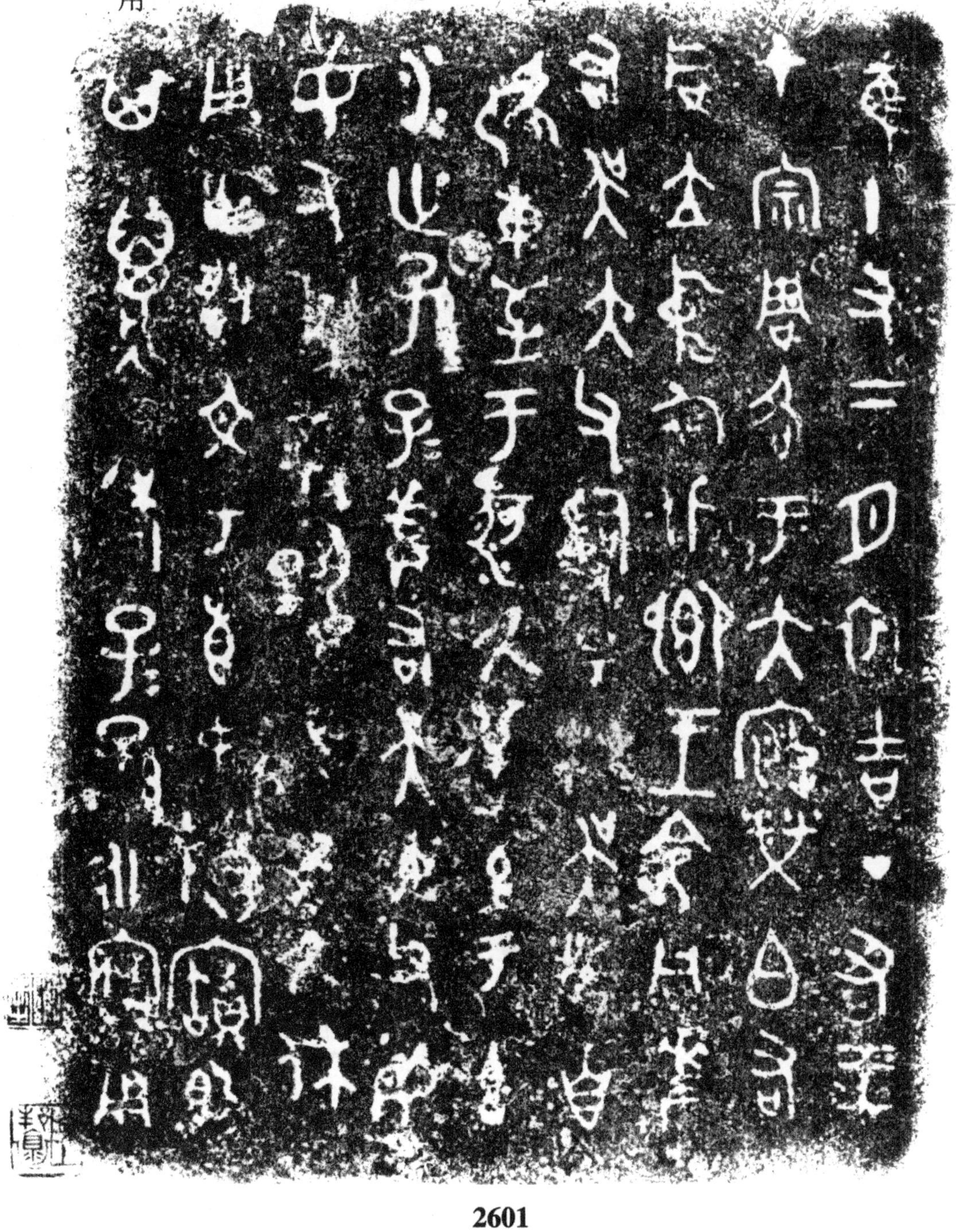

04270

唯十又二月，初吉丁丑，王在宗周，各于大廟，焚(榮)伯右(佑)同，立中廷，北鄉(嚮)，王命同：差(佐)右(佑)吳(虞)大父，𤔲昜(場)、林、吳(虞)、牧，自虘東至于河，厥逆(朔)至于玄水，世孫孫子子差(佐)右(佑)吳(虞)大父，毋女(汝)又(有)閑，對揚天子厥休，用乍(作)朕文丂(考)芑(艽)仲尊寶𣪕，其邁(萬)年，子子孫孫永寶用

04271

望簋

唯王十又三年，六月初吉戊戌，王在周康宮新宮，旦，王各大室，即立（位），宰倗父右（佑）望，入門，立中廷，北鄉（嚮），王乎史年册命望：死（尸）嗣畢王家，賜女（汝）赤⊖巿、䜌（鑾），用事，望拜䭫首，對揚天子不（丕）顯休，用乍（作）朕皇祖伯囧（窗）父寶簋，其邁（萬）年，子子孫孫永寶用

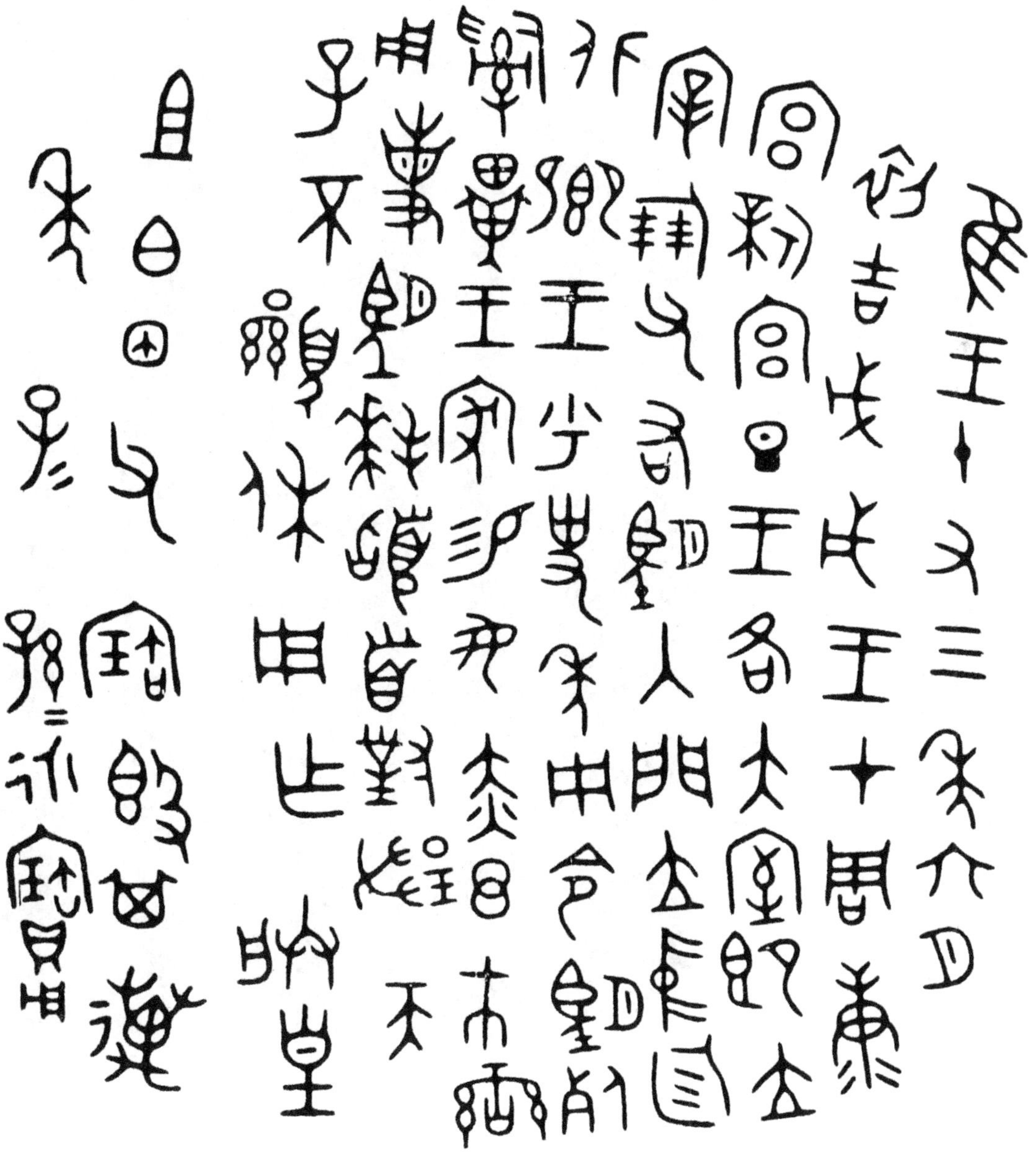

04272

靜毁

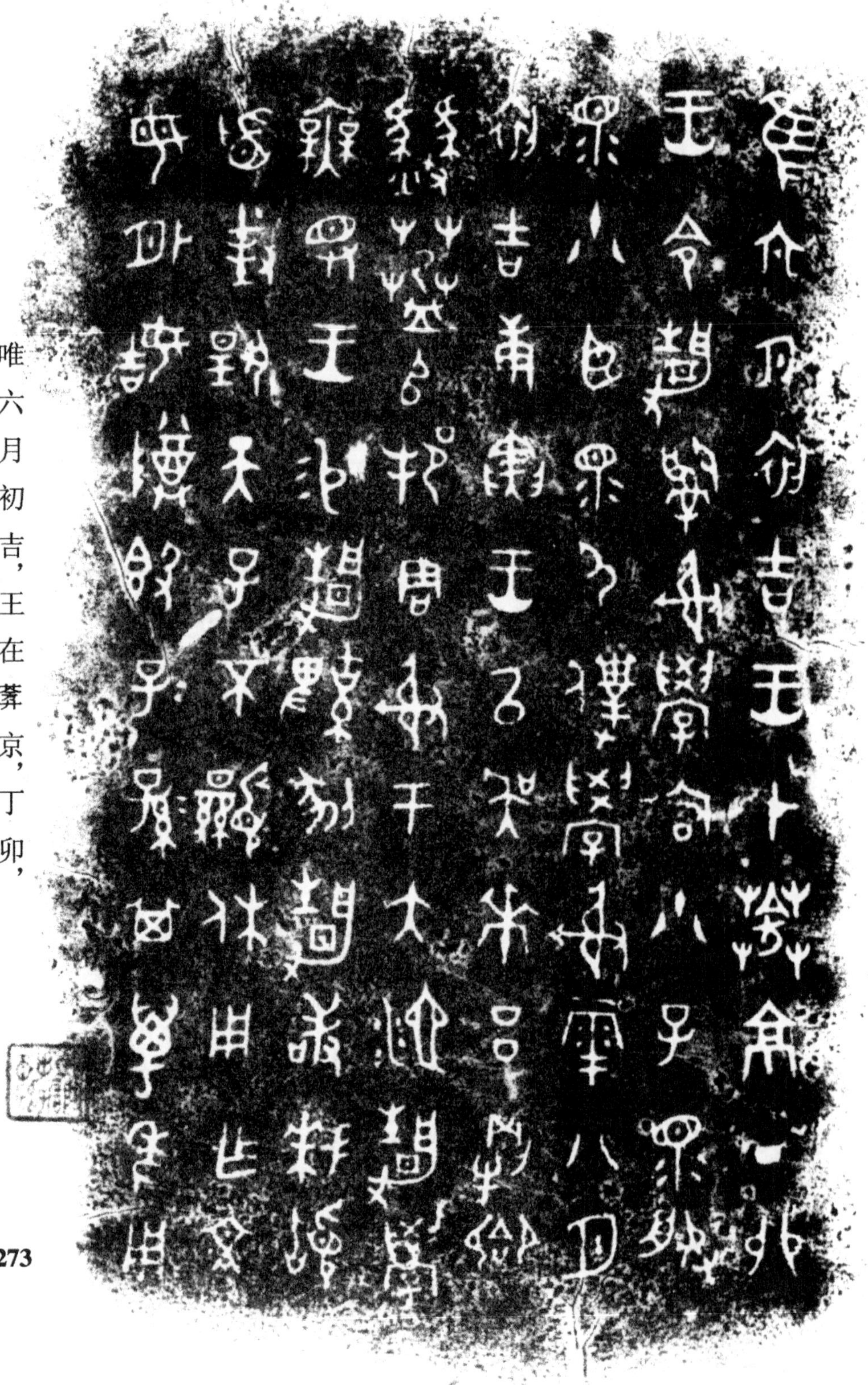

04273

唯六月初吉，王在葊京，丁卯，
王令靜嗣射學宮，小子眔服、
眔小臣、眔尸（夷）僕學射，雩八月
初吉庚寅，王以（與）吳朿、呂犅（犅），卿（佮）
𢿌（豳）盩師邦君射于大池，靜學（教）
無眈（尤），王賜靜鞞剢（璲），靜敢拜䭫
首，對揚天子不（丕）顯休，用乍（作）文
母外姑尊毁，子子孫孫，其萬年用

元年師兑毁

唯元年五月，初吉甲寅，王在周，各康廟，即立（位），同仲右（佑）師兑，入門，立中廷，王乎內史尹册令（命）師兑：疋（胥）師龢父，𤔲左右走（趣）馬、五邑走（趣）馬，賜女（汝）乃祖巾、五黄（衡）、赤舄，兑拜䭫首，敢對揚天子不（丕）顯魚（魯）休，用乍（作）皇祖城公𩱧毁，師兑其萬年，子子孫孫永寶用

04274.1

04274.2

唯元年五月，初吉甲寅，王
在周，各康廟，即立（位），同仲右（佑）
師兑，入門，立中廷，王乎內
史尹册令（命）師兑：疋（胥）師龢父，
𤔲左右走（趣）馬、五邑走（趣）馬，賜
女（汝）乃祖巾、五黄（衡）、赤舄，兑拜
䭫首，敢對揚天子不（丕）顯魚（魯）
休，用乍（作）皇祖城公䵼毁，師
兑其萬年，子子孫孫永寶用

元年師兑毁

唯元年五月，初吉甲寅，王在周，各康廟，即立（位），同仲右（佑）師兑，入門，立中廷，王乎內史尹冊令（命）師兑：疋（胥）師龢父，嗣左右走（趣）馬、五邑走（趣）馬，賜女（汝）乃祖巾、五黄（衡）、赤舄，兑拜䭫首，敢對揚天子不（丕）顯魯休，用乍（作）皇祖城公䵼毁，師兑其萬年，子子孫孫永寶用

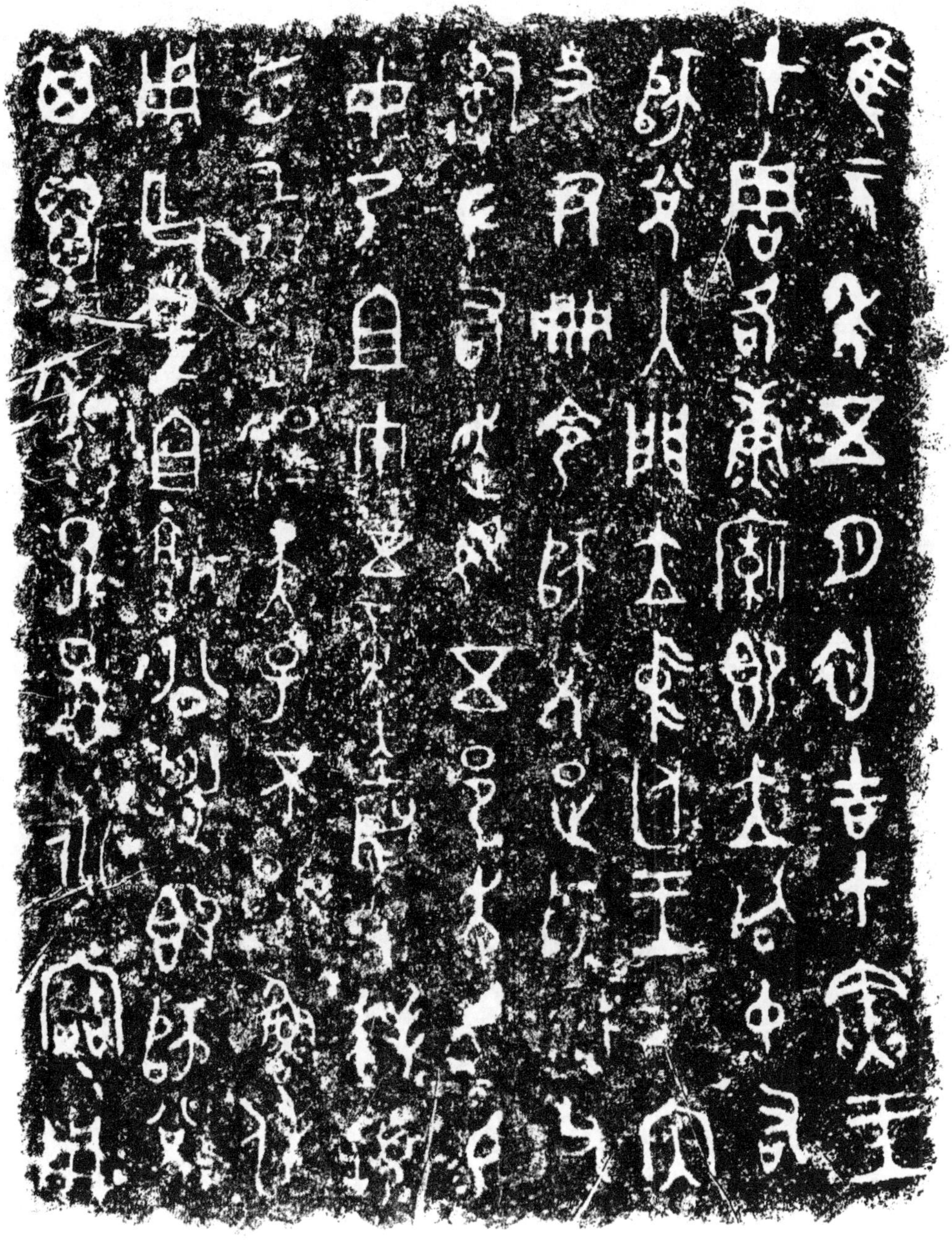

04275.1

唯元年五月，初吉甲寅，王在周，各康廟，即立（位），同仲右（佑）師兑，入門，立中廷，王乎內史尹册令（命）師兑：疋（胥）師龢父，嗣左右走（趣）馬、五邑走（趣）馬，賜女（汝）乃祖巾、五黄（衡）、赤舄，兑拜䭫首，敢對揚天子不（丕）顯魯休，用乍（作）皇祖城公䵼𣪘，師兑其萬年，子子孫孫永寶用

04275.2

豆閉簋

唯王二月既省(生)霸，辰在戊寅，
王各于師戲大室，井伯入右(佑)
豆閉，王乎內史册命豆閉，
王曰：閉，賜女(汝)戠(織)衣、⊜芾、䜌(鑾)
旂，用倂(抄)乃祖考事，嗣窒(窺)俞
邦君嗣馬、弓、矢，閉拜韻首，
敢對揚天子不(丕)顯休命，用
乍(作)朕文考釐叔寶簋，用賜
嚋壽，萬年永寶用于宗室

04276

師艅毁蓋

唯三年三月，初吉甲戌，
在周師彔宮，旦，王
各大室，
即立（位），𤔲馬共
右（佑）師俞，入門，
立中廷，王乎乍（作）册
內史册
命師俞：䝛（纘）𤔲𠂤
人，賜赤市、
朱黄（衡）、旂，俞拜韻
首，天子其
萬年，眉壽、黄耇，畯在
立（位），俞
其蔑曆，日賜魯休，俞敢對
揚天下不（丕）顯休，用
乍（作）寶，
其萬年永保，臣天子

04277

鬲比毁蓋

唯卅又二年，三月初吉壬辰，
王在周康宮徲大室，鬲比
以攸衛牧告于王，曰：女（汝）爰（覓）我
田，牧弗能許鬲比，王令省
史南以即虢旅，虢旅迺事（使）攸衛
牧誓，曰：敢弗具（俱）付鬲匕（比），其且（沮）
射（厭）分田邑，則殺，攸衛牧則誓，
比乍（作）皇祖丁公、皇考叀公
尊毁，比其邁（萬）年，子子孫孫永寶用

04278

元年師旋毁

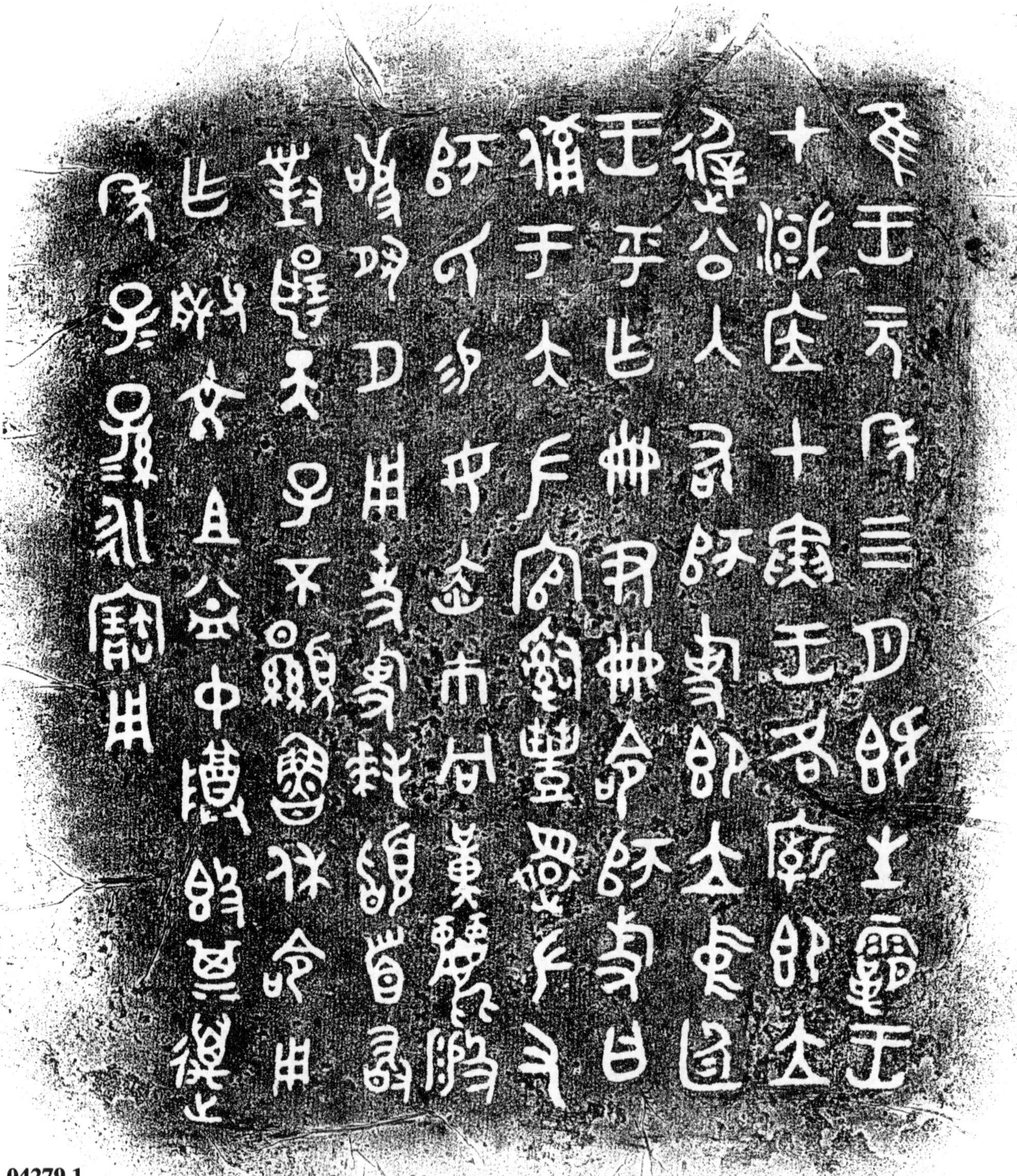

04279.1

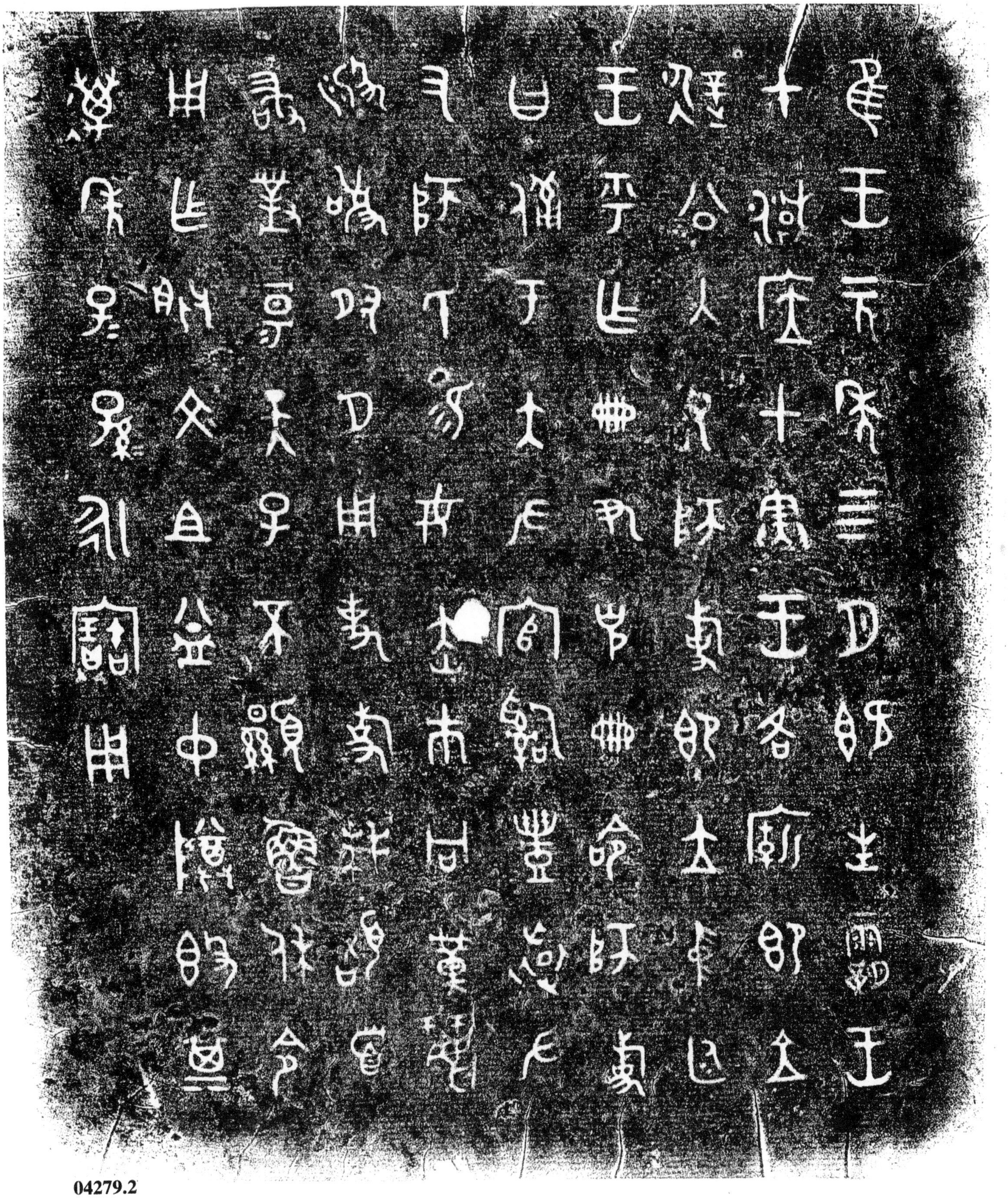

04279.2

04279.1 釋文

唯王元年，四月既生霸，王
在減应，甲寅，王各廟，即立（位），
遅公入右（佑）師旋，即立中廷，
王乎乍（作）冊尹克冊命師旋，曰：
備于大左，官嗣豐還，左（佐）右（佑）
師氏，賜女（汝）赤芾、同（絅）黄（衡）、麗般（鞶），
敬夙夕用事，旋拜䭫首，敢
對昜（揚）天子不（丕）顯魯休命，用
乍（作）朕文祖益仲尊毁，其邁（萬）
年，子子孫孫永寶用

04279.2 釋文

唯王元年，四月既生霸，王
在減应，甲寅，王各廟，即立（位），
遅公入右（佑）師旋，即立中廷，
王乎乍（作）冊尹克冊命師旋，
曰：備于大左，官嗣豐還，左（佐）
右（佑）師氏，賜女（汝）赤芾、同（絅）黄（衡）、麗
般（鞶），敬夙夕用事，旋拜䭫首，
敢對昜（揚）天子不（丕）顯魯休命，
用乍（作）朕文祖益仲尊毁，其
邁（萬）年，子子孫孫永寶用

元年師旋𣪘

04280.1

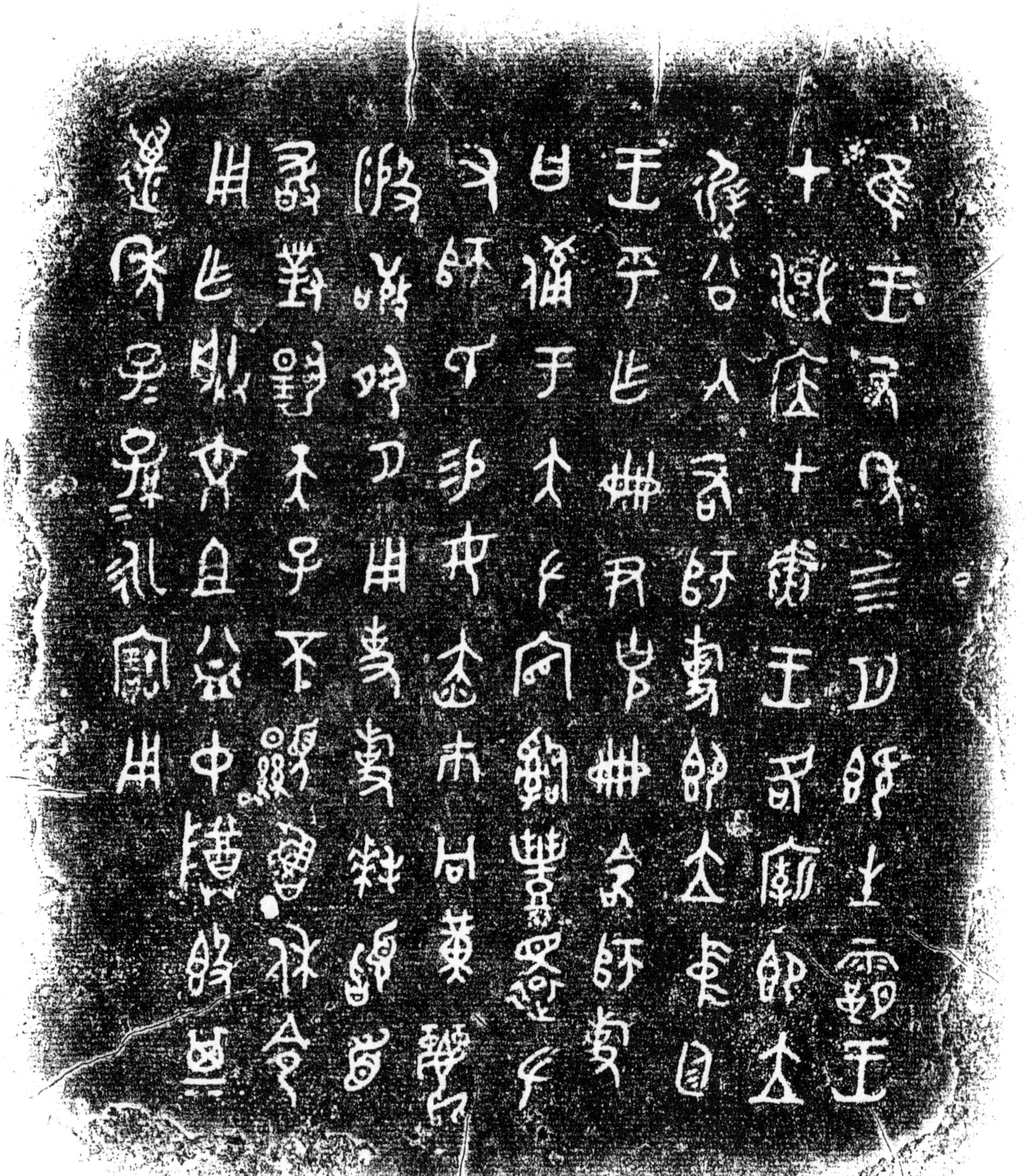

04280.2

04280.1釋文

唯王元年，四月既生霸，王
在減应，甲寅，王各廟，即立（位），
遅公入右（佑）師旋，即立中廷，
王乎乍（作）册尹克册命師旋，
曰：備于大左，官嗣豐還，左（佐）
右（佑）師氏，賜女（汝）赤芾、冋（⿱㡀冋）黄（衡）、麗
般（鞶），敬夙夕用事，旋拜䭫首，
敢對揚天子不（丕）顯魯休令（命），
用乍（作）朕文祖益仲尊毁，其
邁（萬）年，子子孫孫永寶用

04280.2釋文

唯王元年，四月既生霸，王
在減应，甲寅，王各廟，即立（位），
遅公入右（佑）師旋，即立中廷，
王乎乍（作）册尹克册命師旋，
曰：備于大左，官嗣豐還，左（佐）
右（佑）師氏，賜女（汝）赤芾、冋（⿱㡀冋）黄（衡）、麗
般（鞶），敬夙夕用事，旋拜䭫首，
敢對揚天子不（丕）顯魯休令（命），
用乍（作）朕文祖益仲尊毁，其
邁（萬）年，子子孫孫永寶用

元年師旋毁

唯王元年，四月既生霸，王
在淢应，甲寅，王各廟，即立（位），
遲公入右（佑）師旋，即立中廷，
王乎乍（作）冊尹克冊命師旋，
曰：備于大左，官嗣豐還，左（佐）
右（佑）師氏，賜女（汝）赤巿、
冋（檾）黄（衡）、麗
般（鞶），敬夙夕用事，旋拜䭬首，
敢對揚天子不（丕）顯魯休（命），
用乍（作）朕文祖益仲尊毁，其
邁（萬）年，子子孫孫永寶用

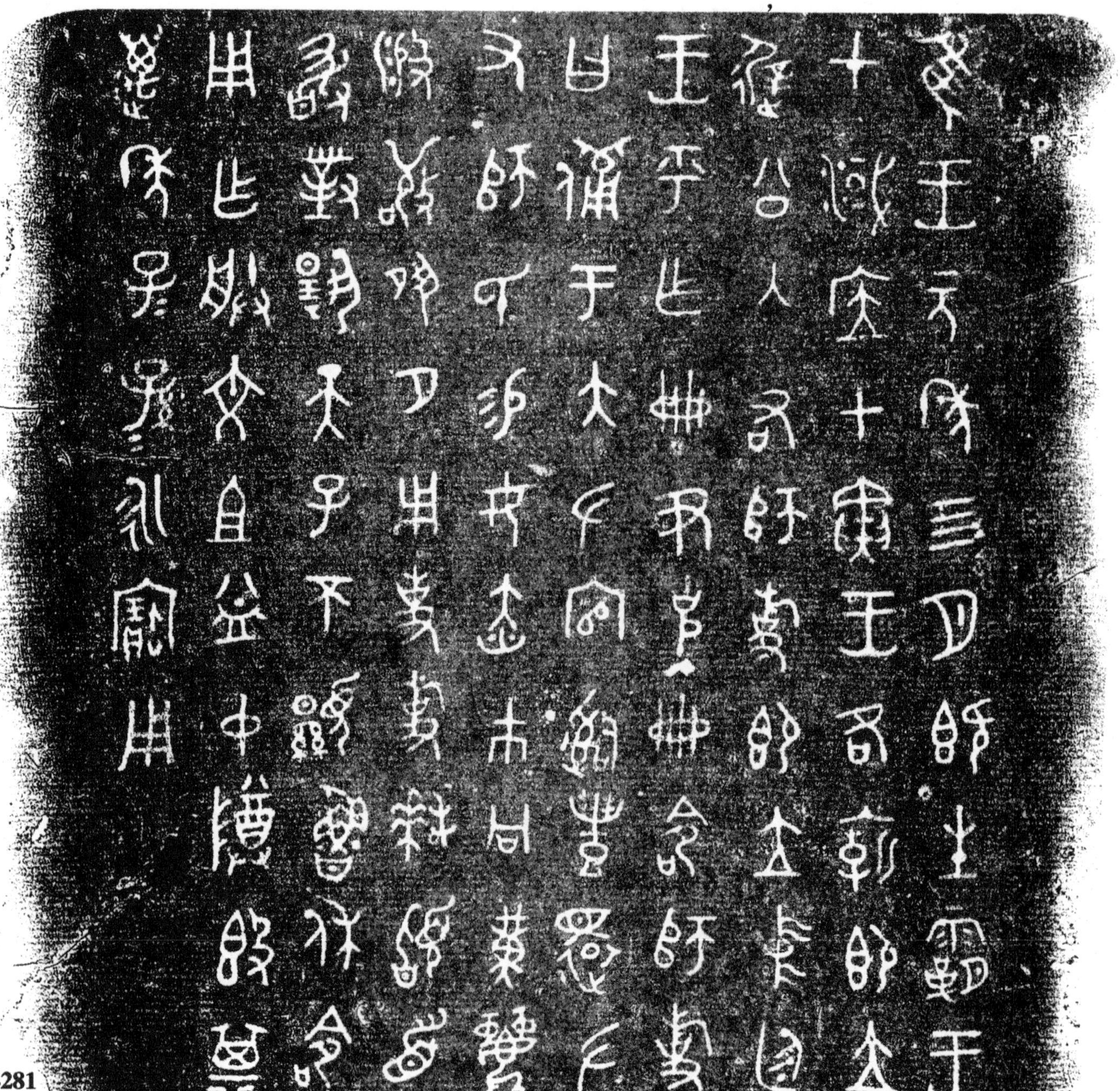

04281

元年師旋毀

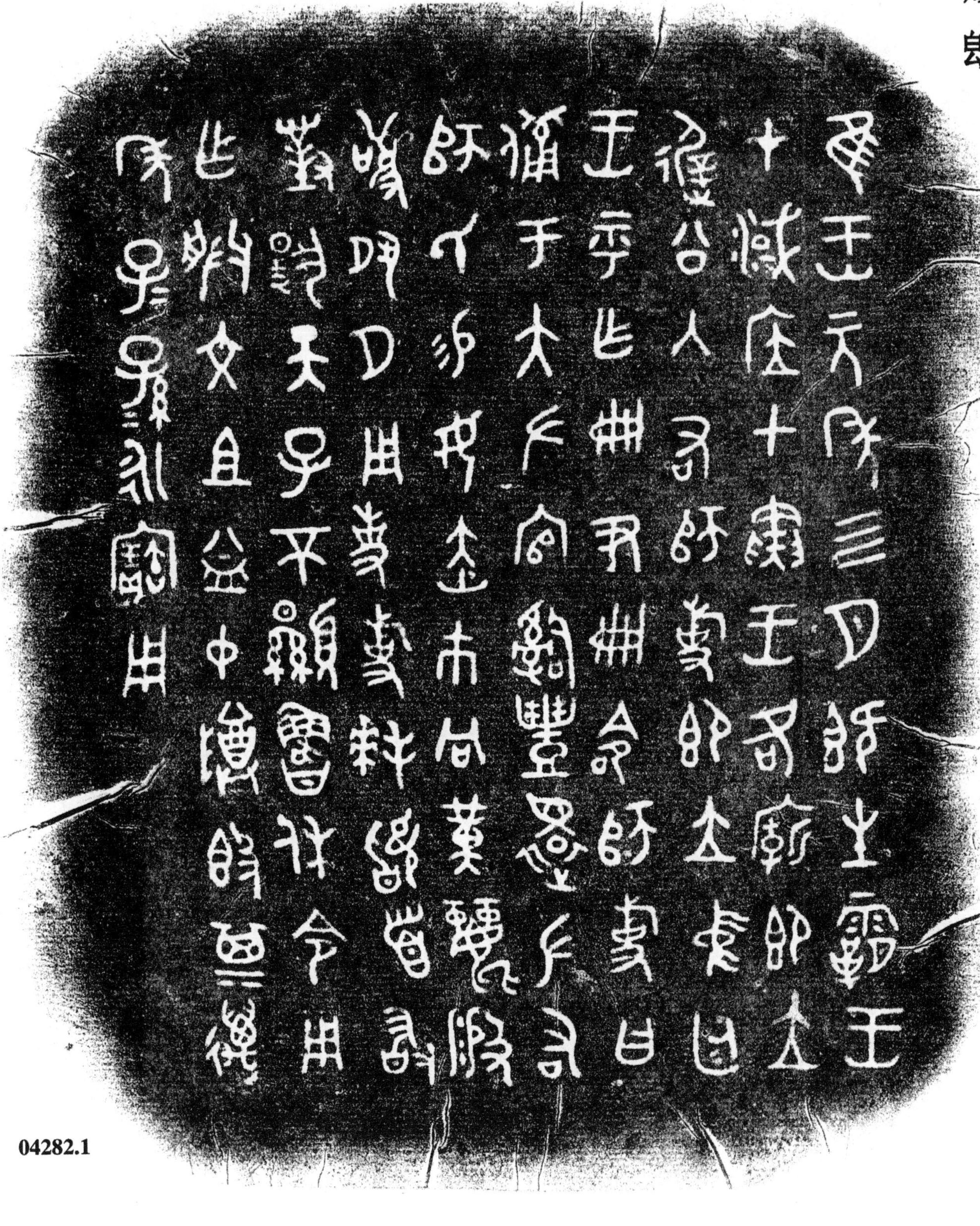

04282.1

04282.2

4282.1 釋文

唯王元年，四月既生霸，王
在減应，甲寅，王各廟，即立（位），
遅公入右（佑）師旋，即立中廷，
王乎乍（作）册尹克册命師旋，曰：
備于大左，官嗣豐還，左（佐）右（佑）
師氏，賜女（汝）赤芾、冋（絅）黄（衡）、麗般（鞶），
敬夙夕用事，旋拜䭫首，敢
對揚天子不（丕）顯魯休令（命），用
乍（作）朕文祖益仲尊㲃，其邁（萬）
年，子子孫孫永寶用

4282.2 釋文

唯王元年，四月既生霸，王
在減应，甲寅，王各廟，即立（位），
遅公入右（佑）師旋，即立中廷，
王乎乍（作）册尹克册命師旋，
曰：備于大左，官嗣豐還，左（佐）
右（佑）師氏，賜女（汝）赤芾、冋（絅）黄（衡）、麗
般（鞶），敬夙夕用事，旋拜䭫首，
敢對揚天子不（丕）顯魯休令（命），
用乍（作）朕文祖益仲尊㲃，其
邁（萬）年，子子孫孫永寶用

師瘨毁蓋

唯二月初吉戊寅，王在周
師嗣馬宮，各大室，即立(位)，嗣
馬井伯親右(佑)師瘨，
入門，立
中廷，王乎內史吳册令
(命)師
瘨，曰：先王既令(命)女
(汝)，今余唯
𤕌(申)先王令(命)，令(命)
女(汝)官嗣邑人、師
氏，賜女(汝)金勒，瘨拜
䭫首，敢
對揚天子不(丕)顯休，用
乍(作)朕
文考外季尊毁，瘨其萬年，
孫孫子子其永寶，用享于宗室

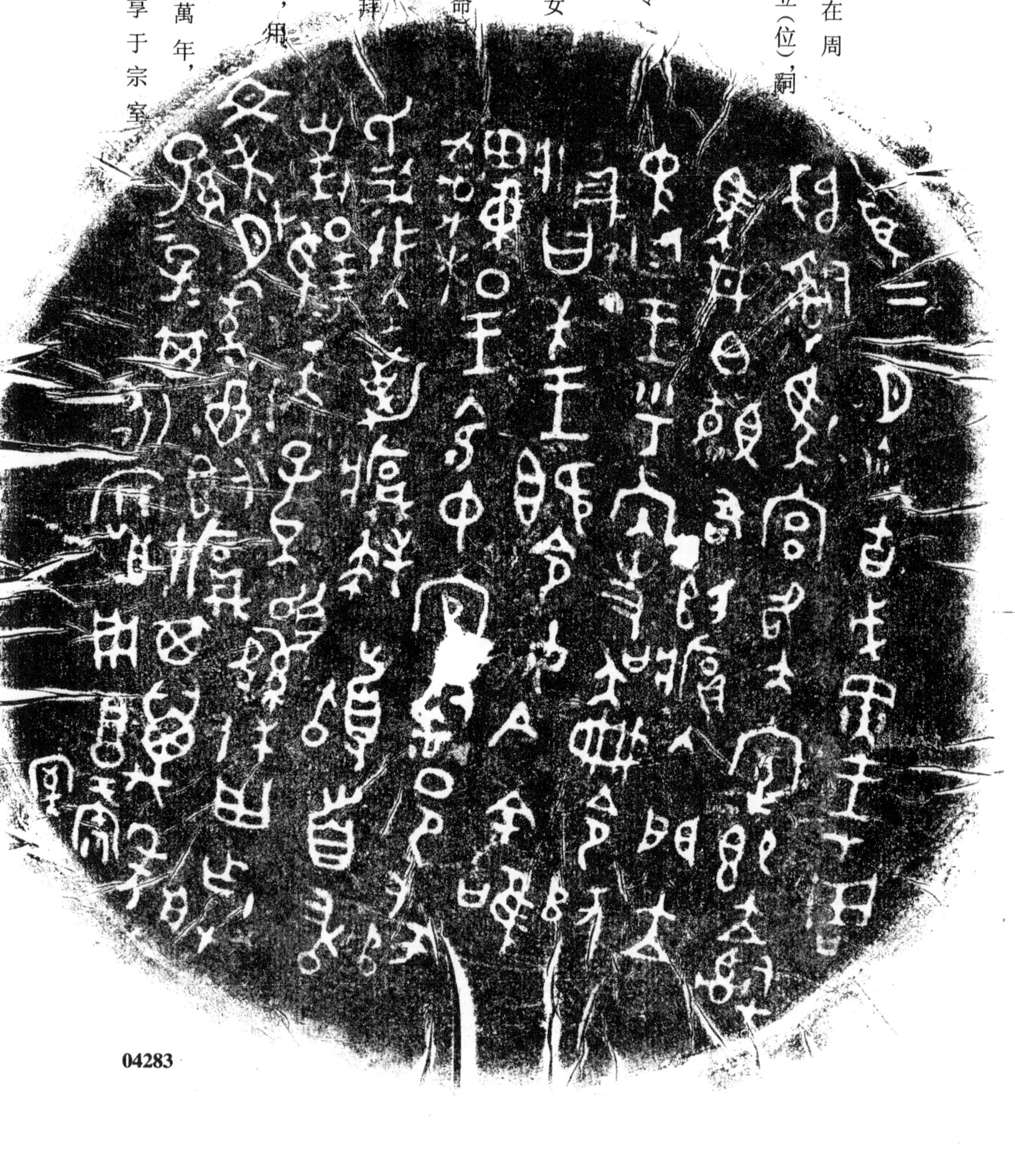

04283

師瘨毁蓋

唯二月初吉戊寅，王在周
師嗣馬宮，各大室，即立
(位)，嗣
馬井伯親右(佑)師瘨，
入門，立
中廷，王乎內史吳册令
(命)師
瘨，曰：先王既令(命)女
(汝)，今余唯
𤕌(申)先王令(命)，令(命)
女(汝)官嗣邑人、師
氏，賜女(汝)金勒，瘨拜
𩒨首，敢
對揚天子不(丕)顯休，用
乍(作)朕
文考外季尊毁，瘨其萬年，
孫孫子子其永寶，用享于宗室。

04284

諫毁

04285.1

唯五年三月，初吉庚寅，王在周師彔宮，旦，王各大室，毁（即）立（位），嗣馬共右（佑）諫，入門，立中廷，王乎內史寿（敖、佚）冊命諫，曰：先王既命女（汝）𩰫（纘）嗣王宥，女（汝）某（謀）不又（有）聞（昏），毋敢不善，今余唯或嗣（嗣）命女（汝），賜女（汝）攸（鋚）勒，諫拜䭫首，敢對揚天子不（丕）顯休，用乍（作）朕文考叀伯尊毁，諫其萬年，子子孫孫永寶用

唯五年三月，初吉庚寅，王在
周師彔宮，旦，王各大室，𣪘（即）立（位），
𤔲馬共右（佑）諫，入門，立中廷，王
乎內史寿（敖、侁）冊命諫，曰：先王既
命女（汝）䊷（纘）𤔲王宥，女（汝）某（謀）不又（有）聞（昏），
毋敢不善，今余唯或𤔲（嗣）命女（汝），
賜女（汝）攸（鋚）勒，諫拜䭫首，敢對揚天
子不（丕）顯休，用乍（作）朕文考叀伯
尊𣪘，諫其萬年，子子孫孫永寶用

04285.2

輔師𠭰毁

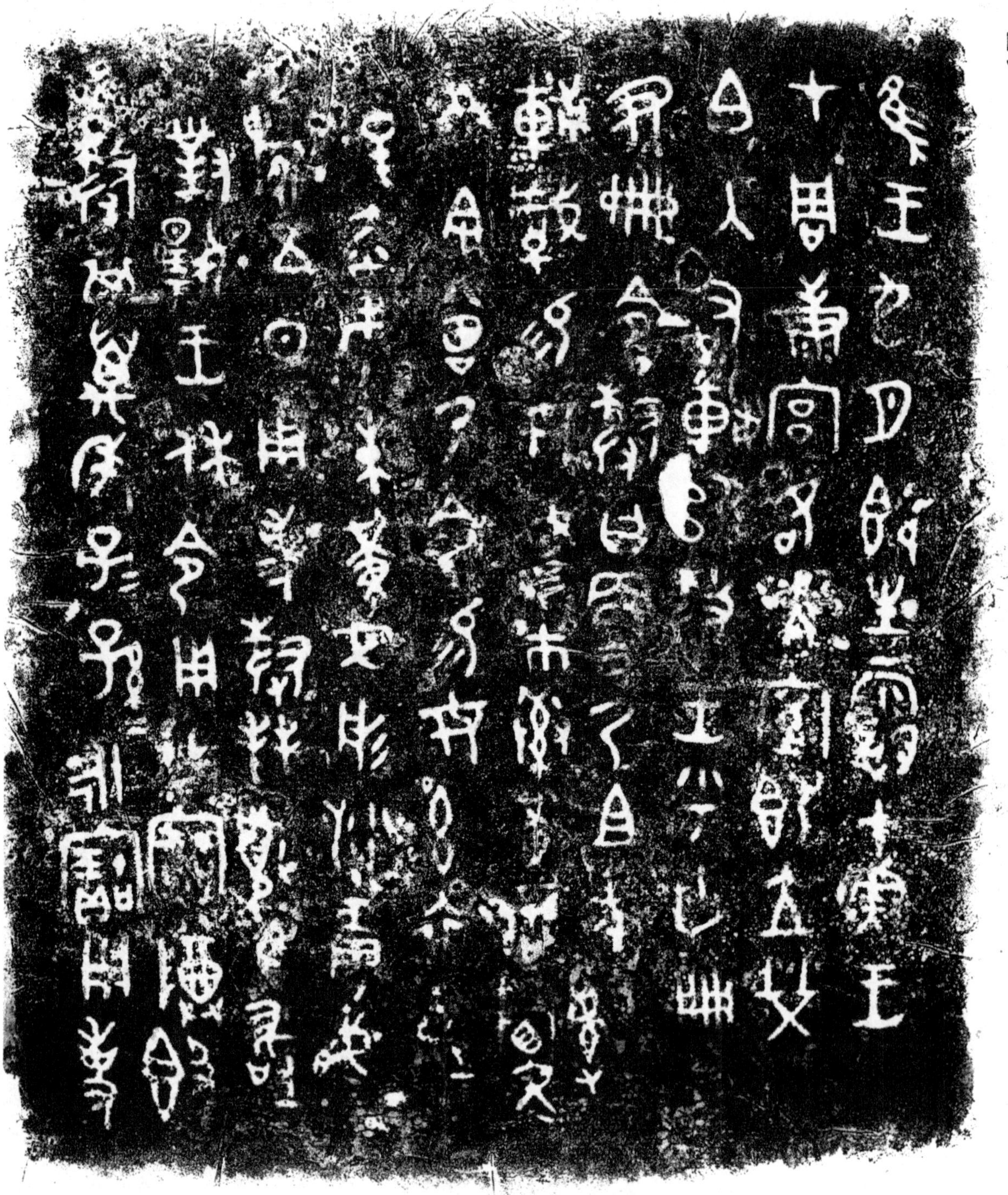

04286

04286 釋文

唯王九月，既生霸甲寅，王
在周康宮，各大室，即立（位），熒（榮）
伯入右（佑）輔師嫠，王乎乍（作）册
尹册令（命）嫠，曰：更乃祖考嗣
輔，我（哉）賜女（汝）載（緇）芾、素黄（衡）、䜌（鑾）旂，
今余曾（增）乃令（命），賜女（汝）玄衣黹
屯（純）、赤芾、朱黄（衡）、戈彤沙（蘇）琱戟、
旂五日，用事，嫠拜韻首，敢
對揚王休令（命），用乍（作）寶尊毁，
嫠其萬年，子子孫孫永寶，用事

伊毁

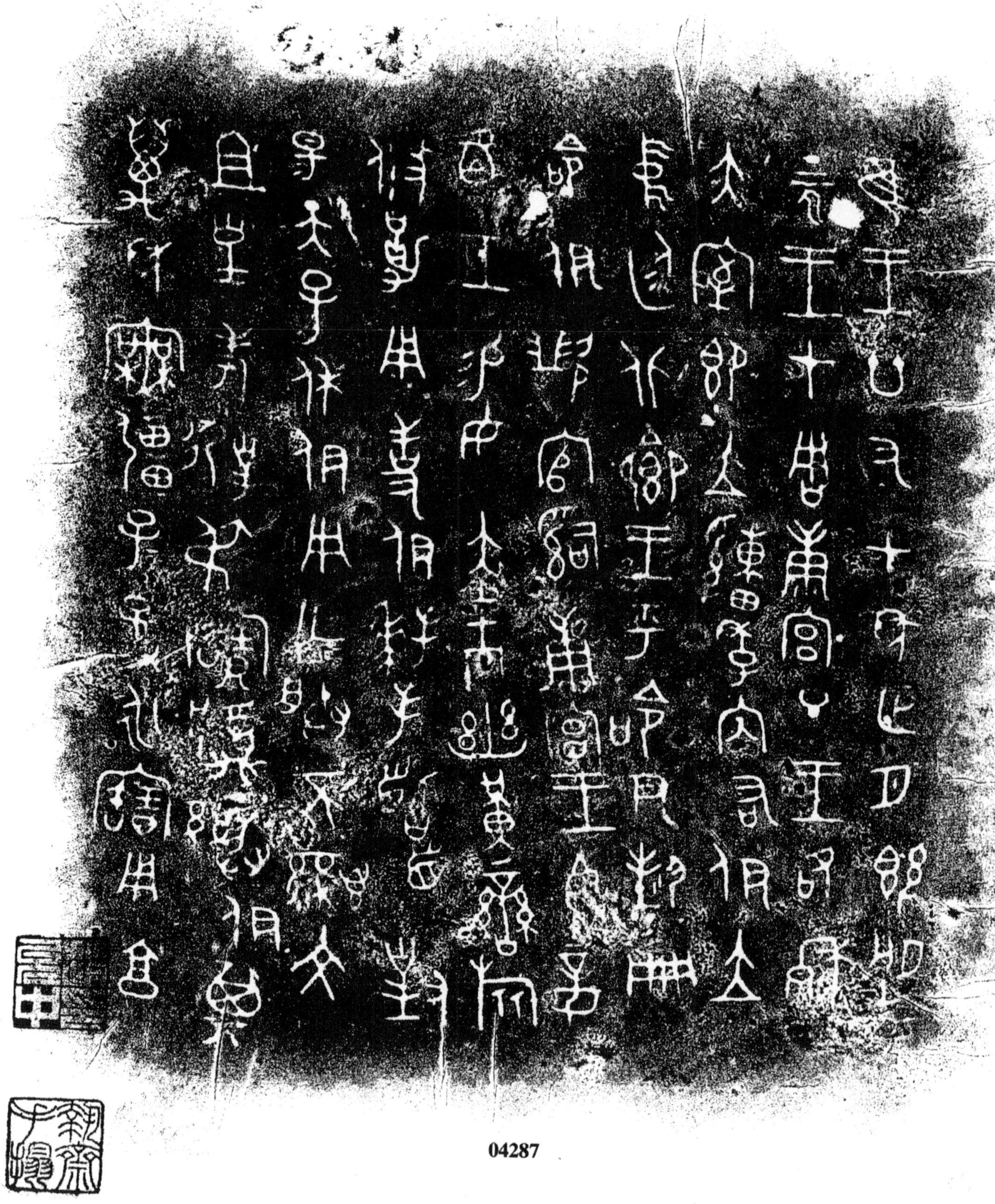

04287

04287 釋文

唯王卄又七年，正月既望

丁亥，王在周康宮，旦，王各穆

大室，即立（位），䰜（申）季內（入）右（佑）伊，立

中廷，北鄉（嚮），王乎命尹封册

命伊：𦔳（纘）官嗣康宮王臣妾、

百工，賜女（汝）赤巿、幽黃（衡）、䜌（鑾）旂、

攸（鋚）勒，用事，伊拜手䭫首，對

昜（揚）天子休，伊用乍（作）朕不（丕）顯文

皇祖考徲叔寶䵼彝，伊其

萬年無疆，子子孫孫，永寶用享

師酉𣪘

唯王元年正月，王在吳（虞），各
吳（虞）大廟，公族□釐入右（佑）
師酉，立中廷，王乎史牆
册命師酉：𤔲（嗣）乃祖，啻（嫡）官
邑人、虎臣、西門尸（夷）、㠱尸（夷）、
秦尸（夷）、京尸（夷）、弁身尸（夷），
新賜女（汝）
赤市、朱黃（衡）、中絅（褧）、攸（鋚）
勒，敬夙
夜勿灋（廢）朕令（命），師酉拜䭫
首，對揚天子不（丕）顯休令（命），用
乍（作）
朕文考乙伯、宄姬尊𣪘，酉
其萬年，子子孫孫永寶用

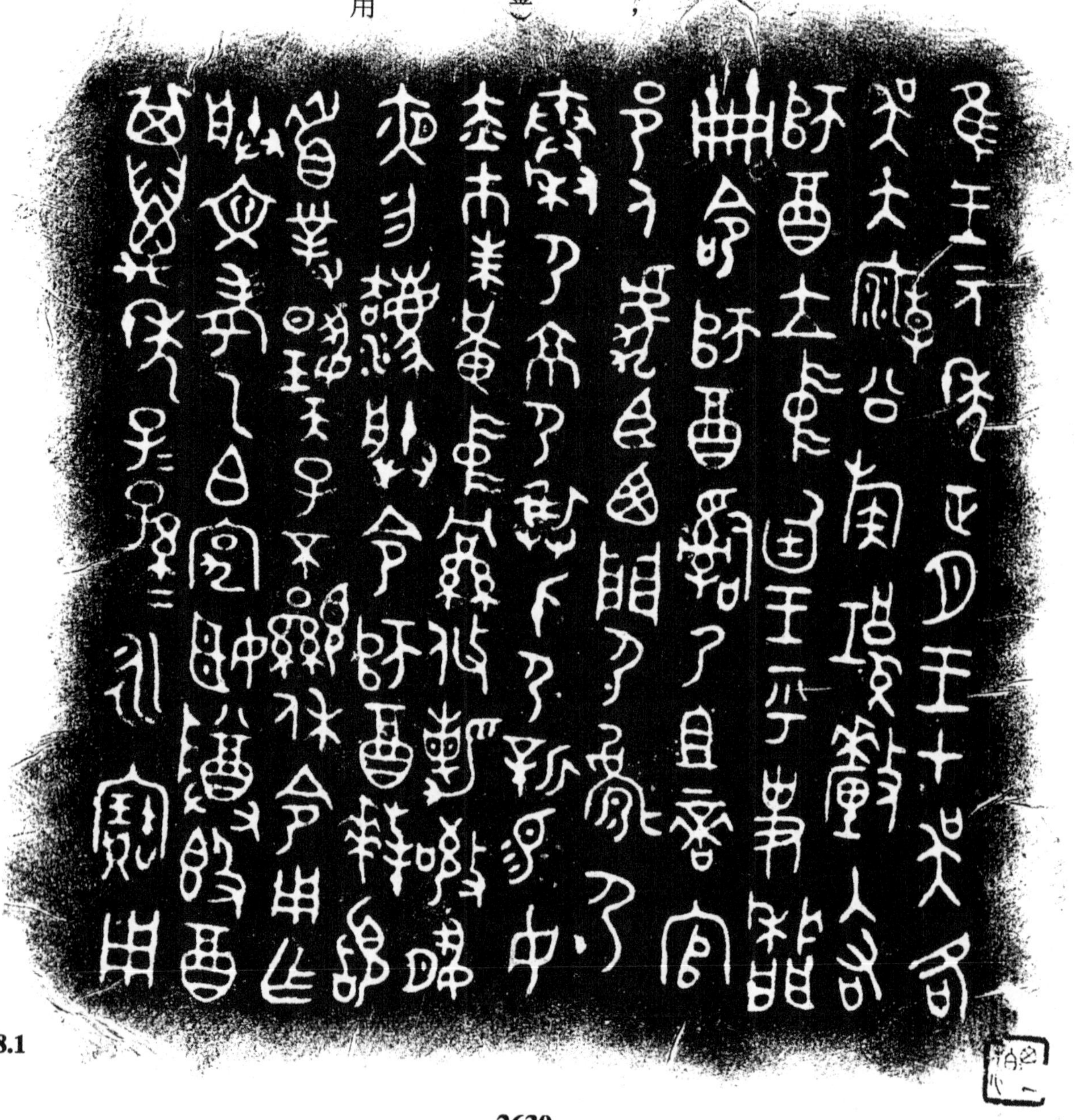

04288.1

唯王元年正月，王在吳（虞），各吳（虞）大廟，公族□釐入右（佑）師酉，立中廷，王乎史牆冊命師酉：𤔲（嗣）乃祖，啻（嫡）官邑人、虎臣、西門尸（夷）、𡚬尸（夷）、秦尸（夷）、京尸（夷）、弁身尸（夷），新賜女（汝）赤巿、朱黃（衡）、中絅（褧）、攸（鋚）勒，敬夙夜勿灋（廢）朕令（命），師酉拜䭫首，對揚天子不（丕）顯休令（命），用乍（作）朕文考乙伯、宄姬尊𣪘，酉其萬年，子子孫孫永寶用

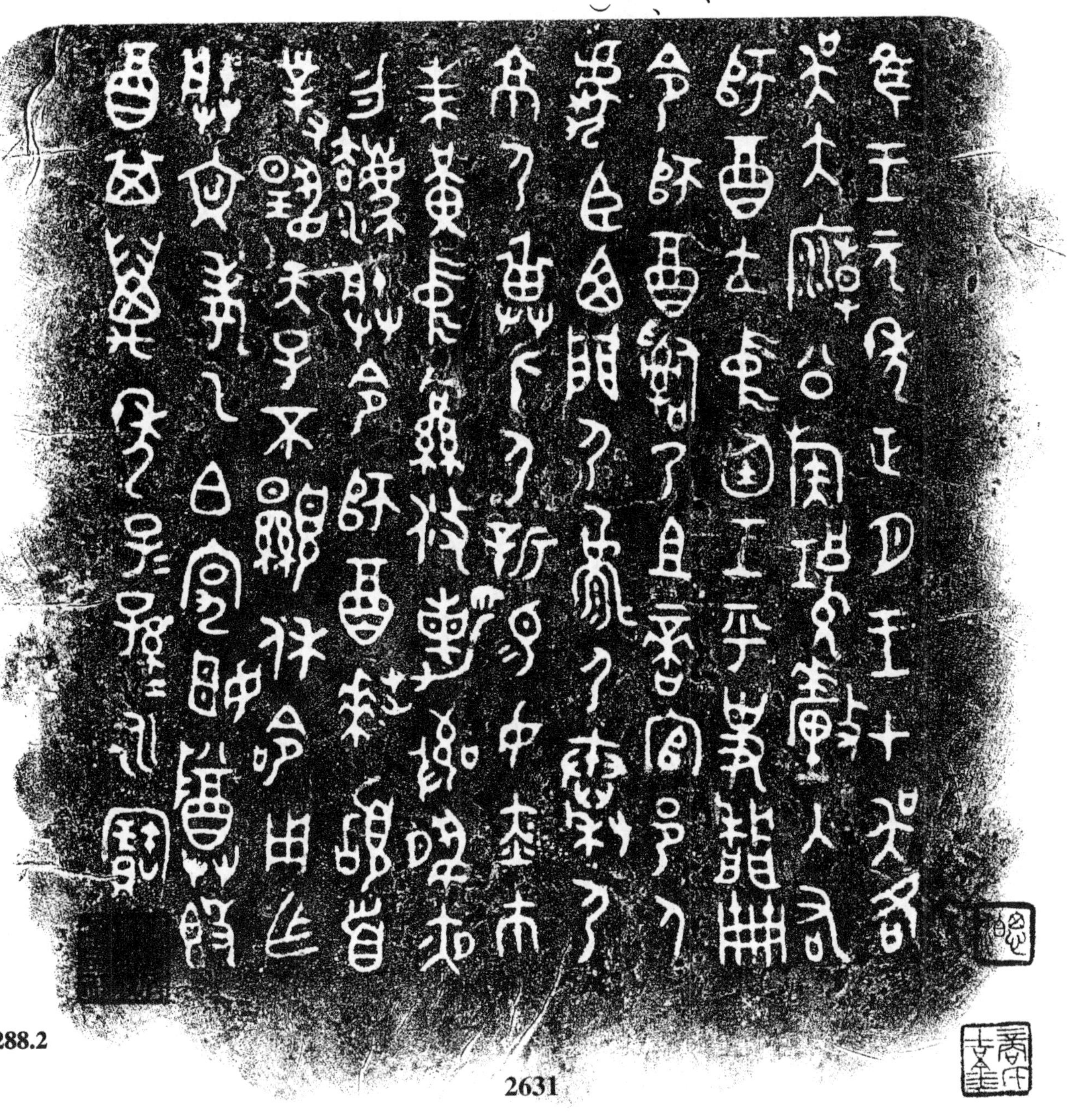

04288.2

師酉毀

唯王元年正月，王在吳（虞），各

吳（虞）

大廟，公族□釐入右（佑）師

酉，立中廷，王乎史牆冊命

師酉：𤔲（嗣）乃祖，啻（嫡）官邑人、虎

臣、西門尸（夷）、㚇尸（夷）、秦

尸（夷）、京

尸（夷）、弁身尸（夷）、新賜女（汝）

赤巿、朱

黃（衡）、中絅（褧）、攸（鋚）勒，敬夙夜

勿灋（廢）朕令（命），師酉拜頴首，

對揚天子不（丕）顯休命，用乍（作）

朕文考乙伯、宄姬尊毀，

酉其萬年，子子孫孫永寶用

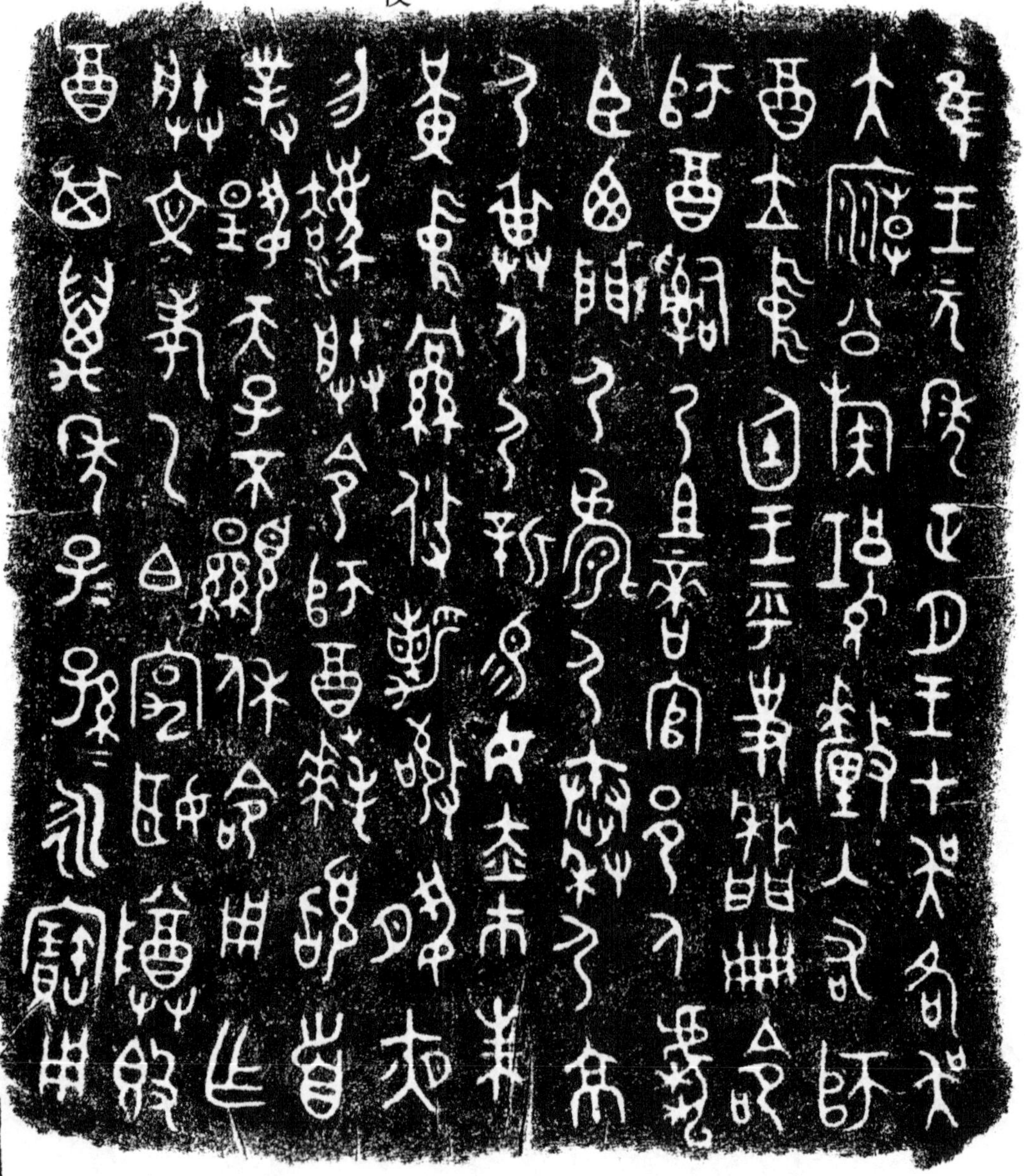

04289.1

唯王元年正月，王在吳（虞），各
吳（虞）大廟，公族琱釐入右（佑）
師酉，立中廷，王乎史牆册
命師酉：嗣（嗣）乃祖，啻（嫡）官邑人、
虎臣、西門尸（夷）、㬻尸（夷）、
秦尸（夷）、
京尸（夷）、弁身尸（夷）、新賜女（汝）
赤市、
朱黄（衡）、中絅（褧）、攸（鋚）勒，敬
夙夜
勿灋（廢）朕令（命），師酉拜䭫首，
對揚天子不（丕）顯休命，用乍（作）
朕文考乙伯、宄姬尊毁，
酉其萬年，子子孫孫永寶用

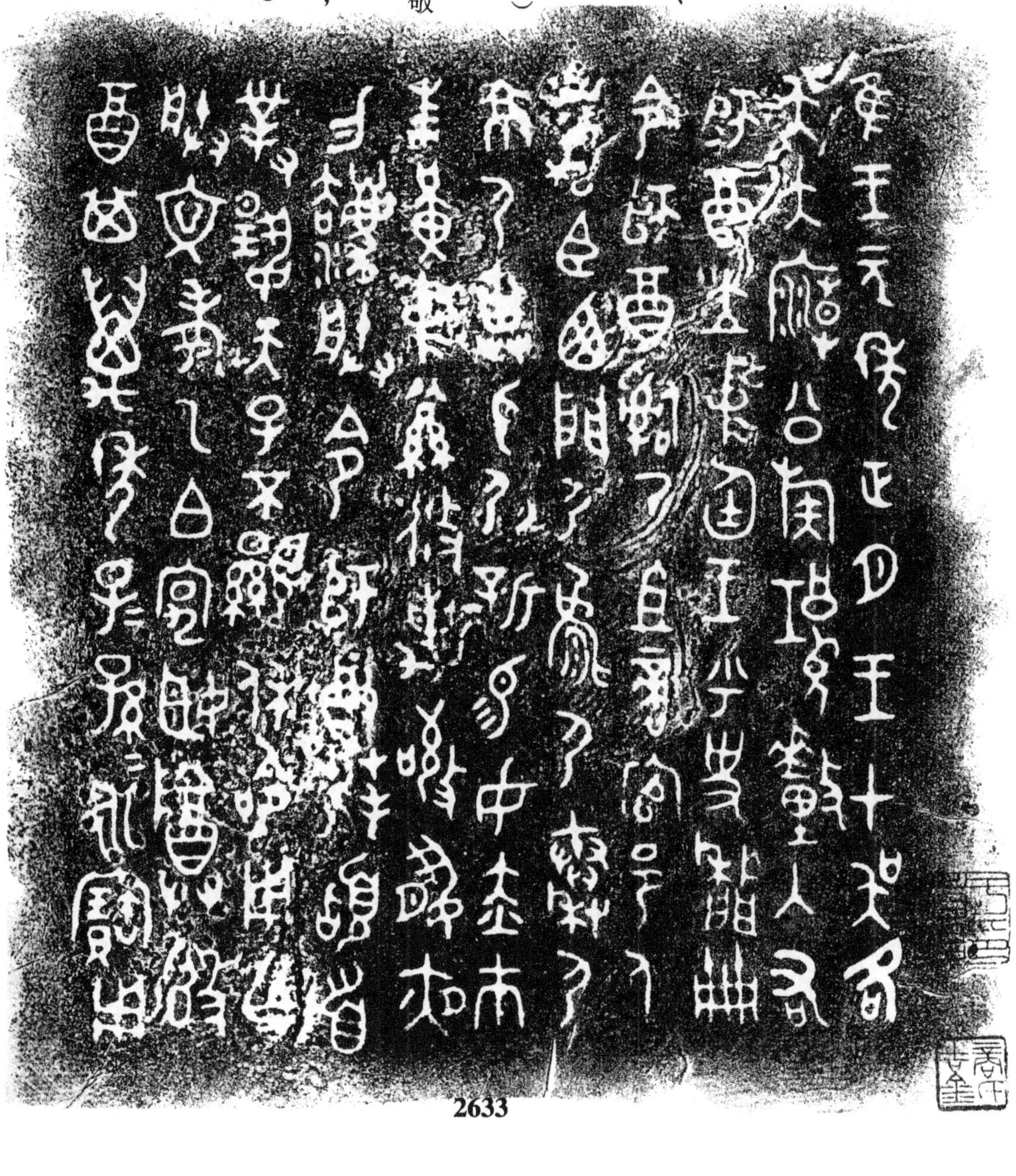

04289.2

師酉毁

唯王元年正月，王在吳（虞），各吳（虞）大廟，公族[illegible]釐入右（佑）師酉，立中廷，王乎史牆册命師酉：𤔲（嗣）乃祖，啻（嫡）官邑人、虎臣、西門尸（夷）、㚇尸（夷）、秦尸（夷）、京尸（夷）、弁身尸（夷），新賜女（汝）赤芾、朱黄（衡）、中絅（褧）、攸（鋚）勒，敬夙夜勿灋（廢）朕令（命），師酉拜䭫首，對揚天子不（丕）顯休命，用乍（作）朕文考乙伯、宄姬尊毁，酉其萬年，子子孫孫永寶用

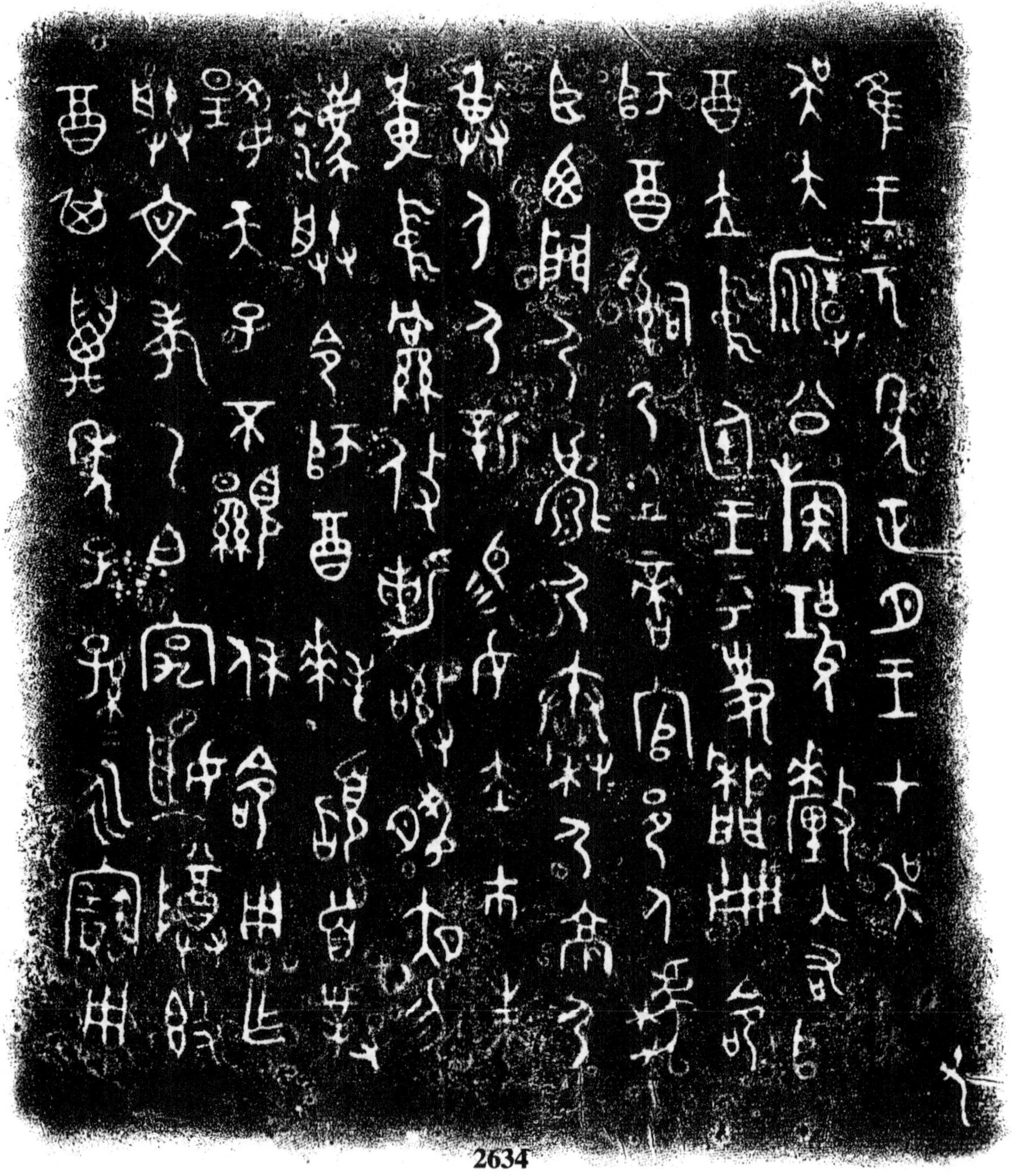

04290

師酉𣪘

唯王元年正月，王在吳（虞），各

吳（虞）大廟，公族□釐入右（佑）師

酉，立中廷，王乎史牆册命

師酉：𤔲（嗣）乃祖，啻（嫡）官邑人、虎

臣、西門尸（夷）、臯尸（夷）、秦

尸（夷）、京

尸（夷）、弁身尸（夷），新賜女（汝）

赤巿、朱

黄（衡）、中絅（褧）、攸（鋚）勒，

敬夙夜

勿灋（廢）朕令（命），師酉拜䭫首，

對揚天子不（丕）顯休命，用

乍（作）朕文考乙伯、宄姬尊𣪘，

酉其萬年，子子孫孫永寶用

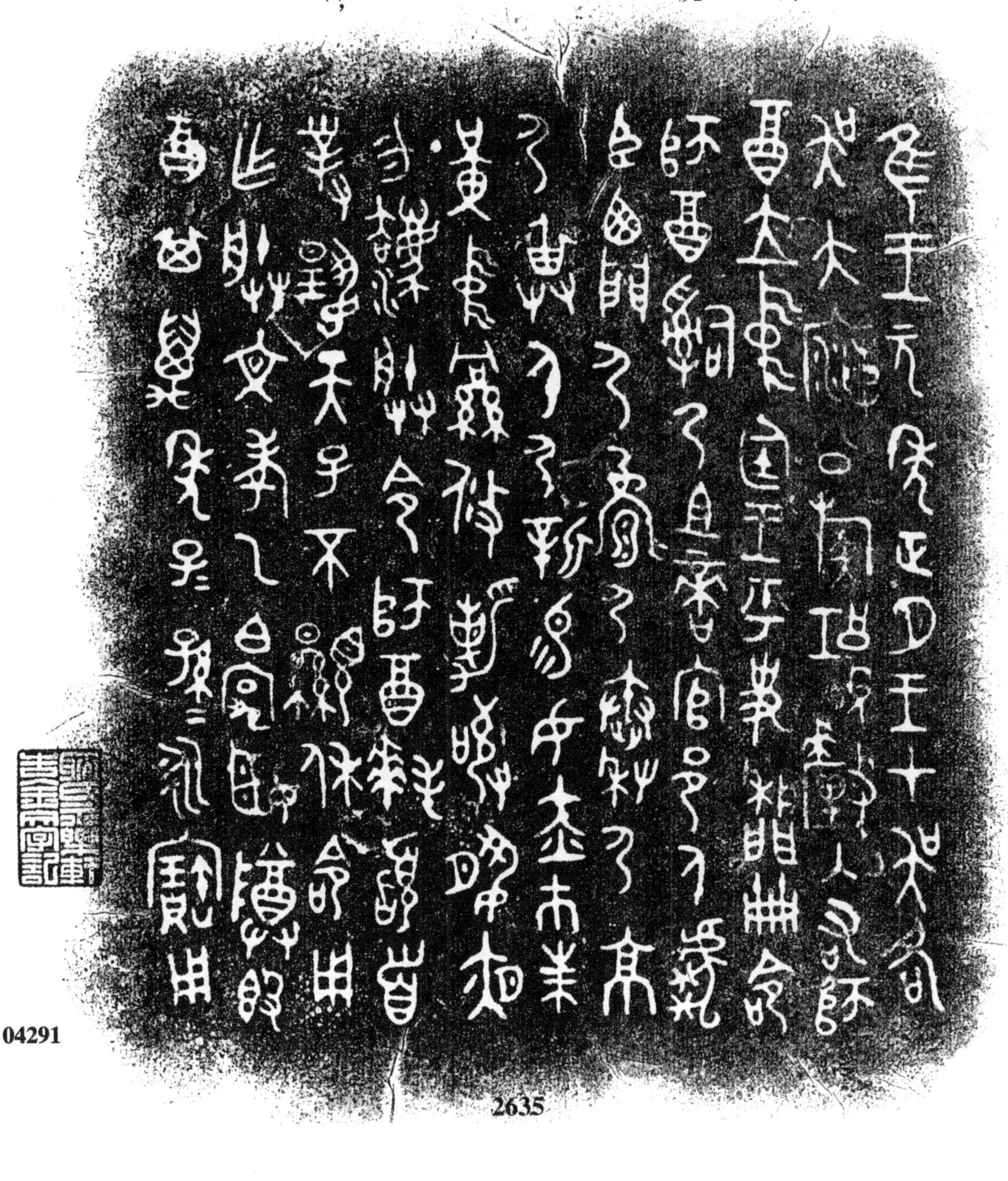

04291

五年召伯虎簋

04292

04292 釋文

唯五年正月己丑，琱生（甥）又（有）事，召來合事，余獻寢氏以壺，告曰：以君氏令曰，余老止公，僕墉（庸）土田多諫，弋伯氏從許，公宕其參（叁），女（汝）則宕其貳，公宕其貳，女（汝）則宕其一，余靁（蟪、惠）于君氏大章（璋），報寢氏帛束、璜，召伯虎曰：余既訊㕎，我考我母令，余弗敢𤔔（亂），余或至（致）我考我母令，琱生（甥）則堇（覲）圭

六年召伯虎簋

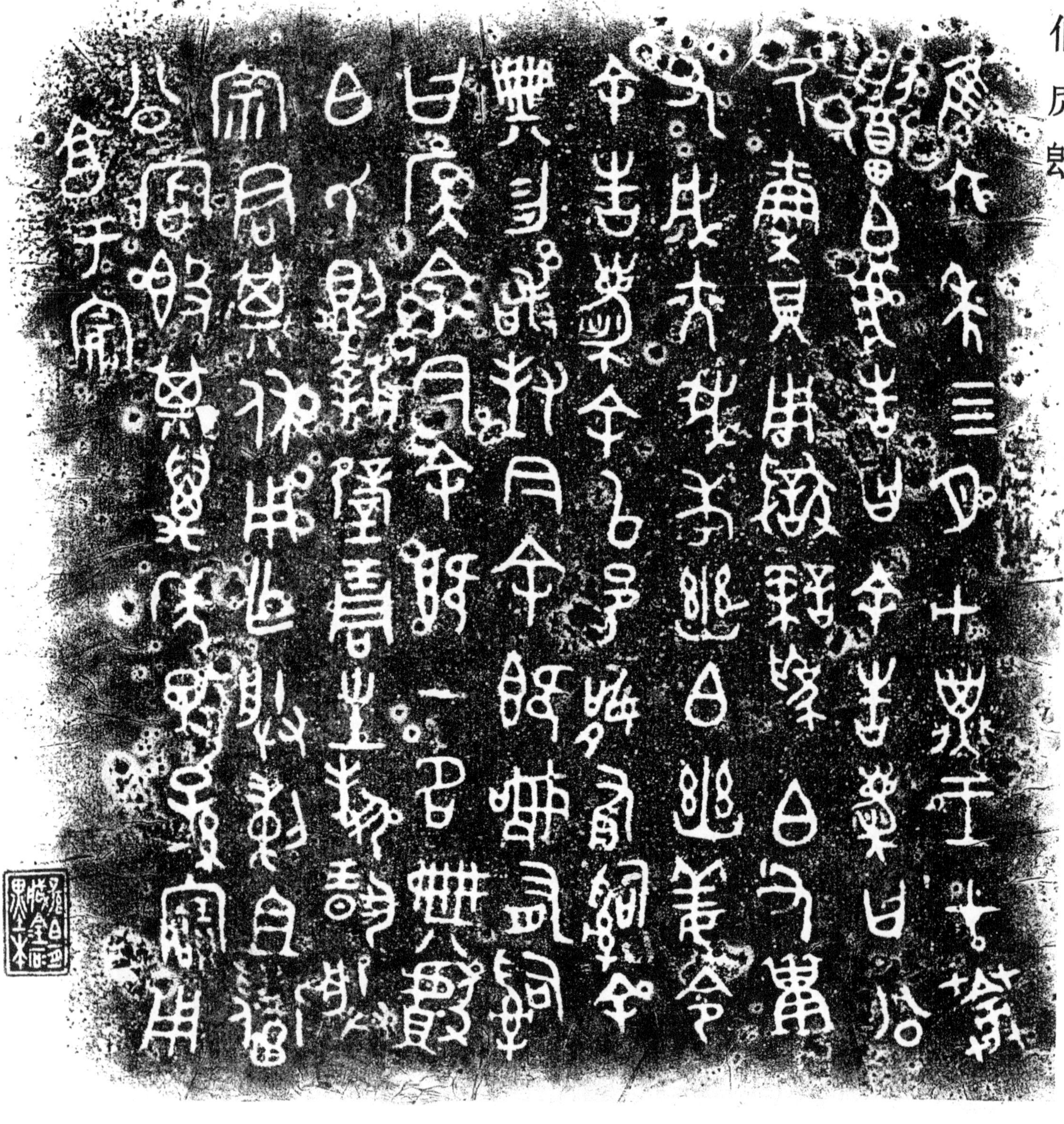

04293

04293 釋文

唯六年四月甲子，王在𦌏，召伯虎告曰：余告慶，曰：公厥稟（廩）貝，用獄諫爲伯，又（有）祇又（有）成，亦我考幽伯、幽姜令，余告慶，余以邑訊有嗣，余典勿敢封，今余既訊，有嗣曰：㕞令，今余既一名典獻，伯氏則報璧，琱生（甥）奉揚朕宗君其休，用乍（作）朕剌（烈）祖召公嘗𣪘，其萬年，子子孫孫寶，用享于宗

揚𣪘

唯王九月，既省（生）霸庚寅，王在周康宮，旦，各大室，即立（位），𤔲徒單伯內（入）右（佑）揚，王乎內史史寿（敖、佚）冊令（命）揚，王若曰：揚，乍（作）𤔲工（空），官𤔲量田佃，眔𤔲立（位），眔𤔲芻，眔𤔲寇，眔𤔲工（空）司（事），賜（賜）女（汝）赤䞣（⊖）芾、䜌（鑾）旂，訊訟，取徵五寽（鋝），揚拜手䭫首，敢對揚天子不（丕）顯休，余用乍（作）朕剌（烈）考𡨦（憲）伯寶𣪘，子子孫孫其萬年永寶用

04294

揚𣪕

唯王九月，既省（生）
霸庚寅，王
在周康宮，旦，各大
室，即立（位），𤔲
徒單伯內（入）右（佑）
揚，王乎內史史考
（敖、佚）
冊令（命）揚，王若曰：
揚，乍（作）𤔲工（空），
官𤔲量田佃，眔𤔲
𡧊（位），眔𤔲
芻，眔𤔲寇，眔𤔲
工（空）史（事），
賜（賜）女（汝）
赤⿰幺巿（⊖）市、䜌（鑾）
旂，訊訟，取徵五
寽（鋝），揚拜手䭫首
敢對揚天
子不（丕）顯休，余用乍
（作）朕剌（烈）考𡩜（憲）伯
寶𣪕，子子孫其萬年永寶用

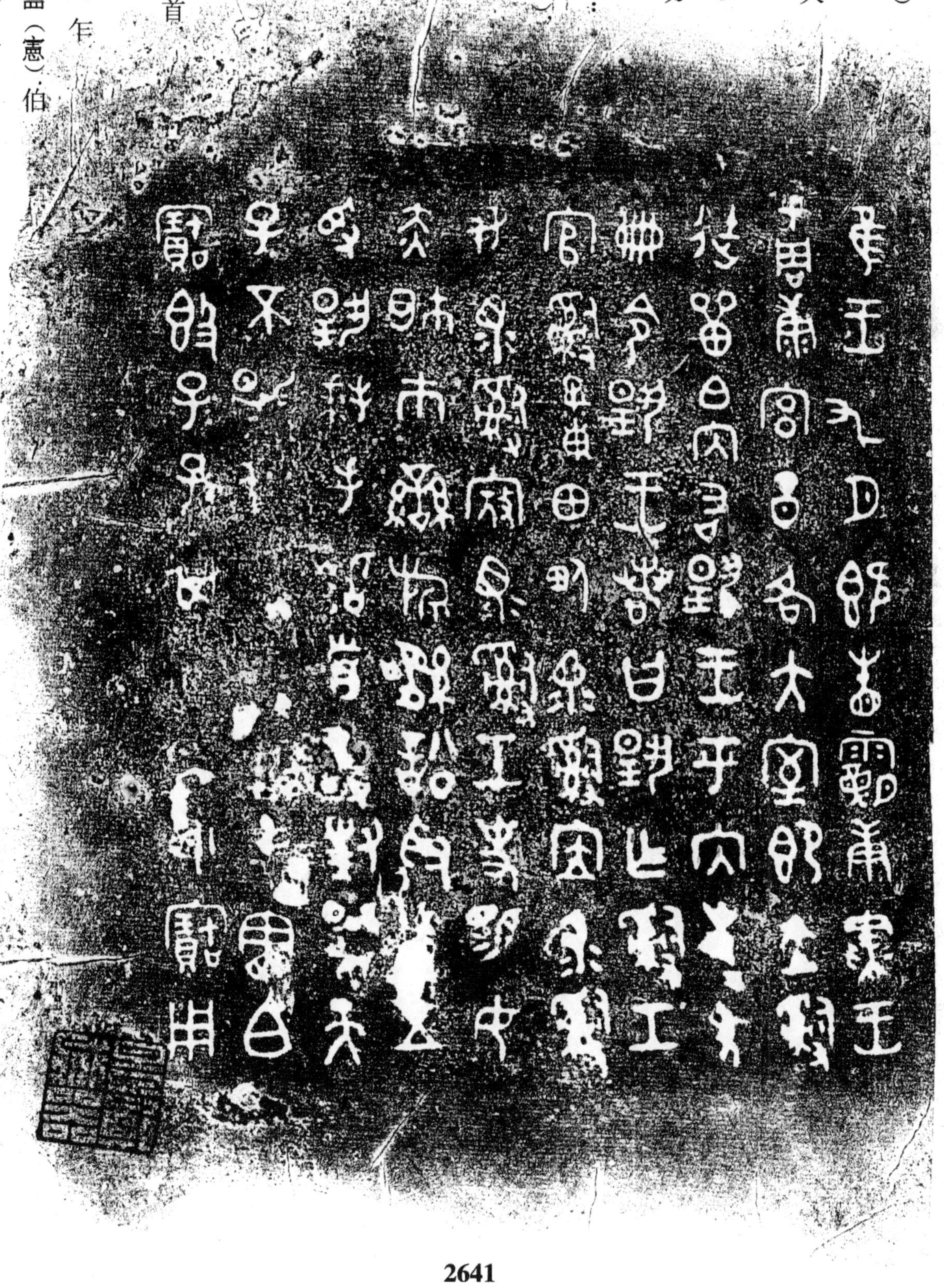

04295

𨟻毁蓋

04296A

唯二年正月初吉，王在周卲宮，丁亥，王各于宣射（榭），毛伯內（入）門，立中廷，右（佑）祝鄠，王乎內史册命鄠，王曰：鄠，昔先王既命女（汝）乍（作）邑，䎽（纘）五邑祝，今余唯𤕰（申）𩫏（就）乃命，賜女（汝）赤市、同（裿）䙴（縷）黄（衡）、䜌（鑾）旂，用事，鄠拜𩒨首，敢對揚天子休命，鄠用乍（作）朕皇考龏伯尊𣪘，鄠其眉壽，邁（萬）年無疆，子子孫孫，永寶用享

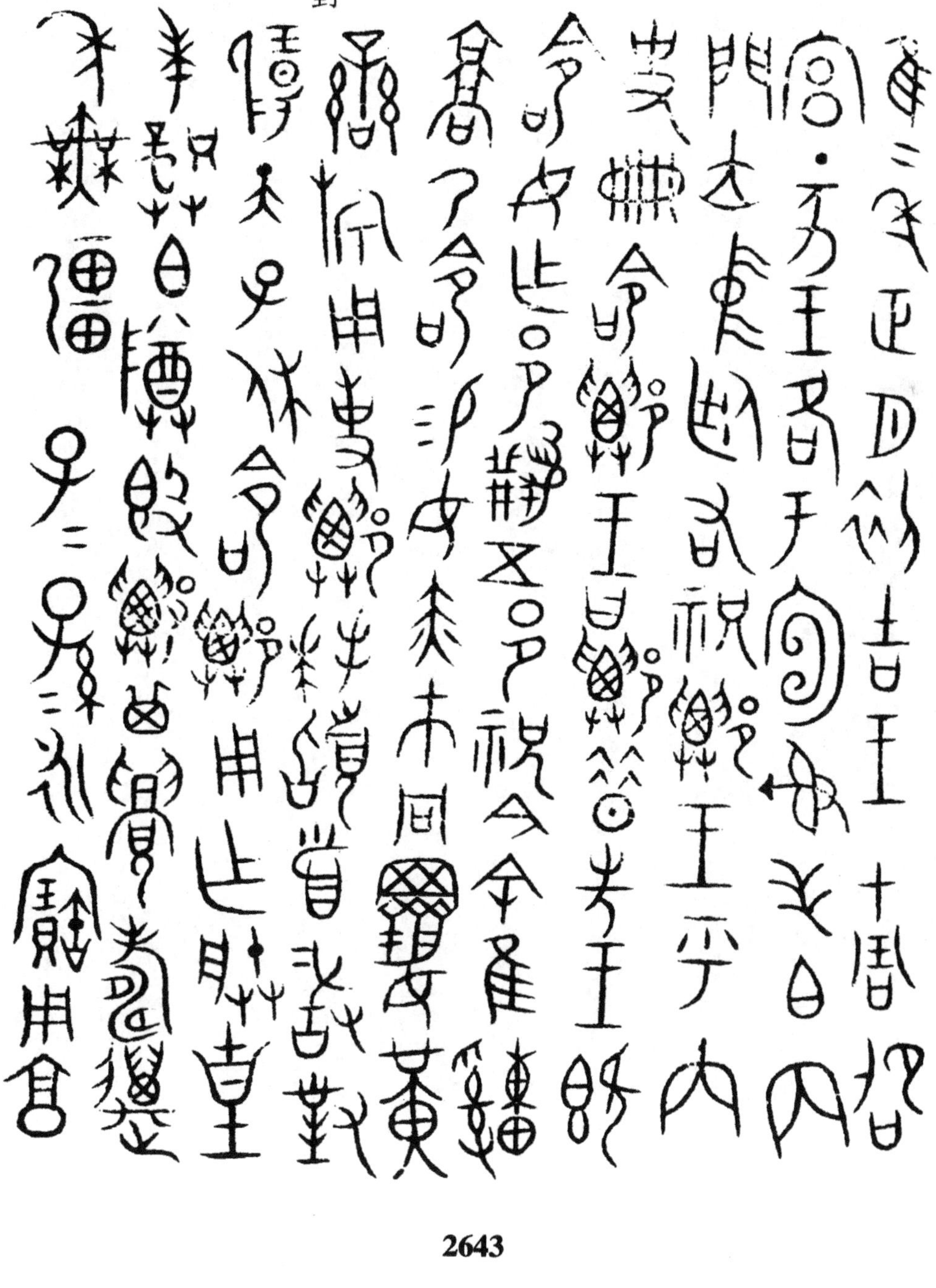

04296B

𨟻殷

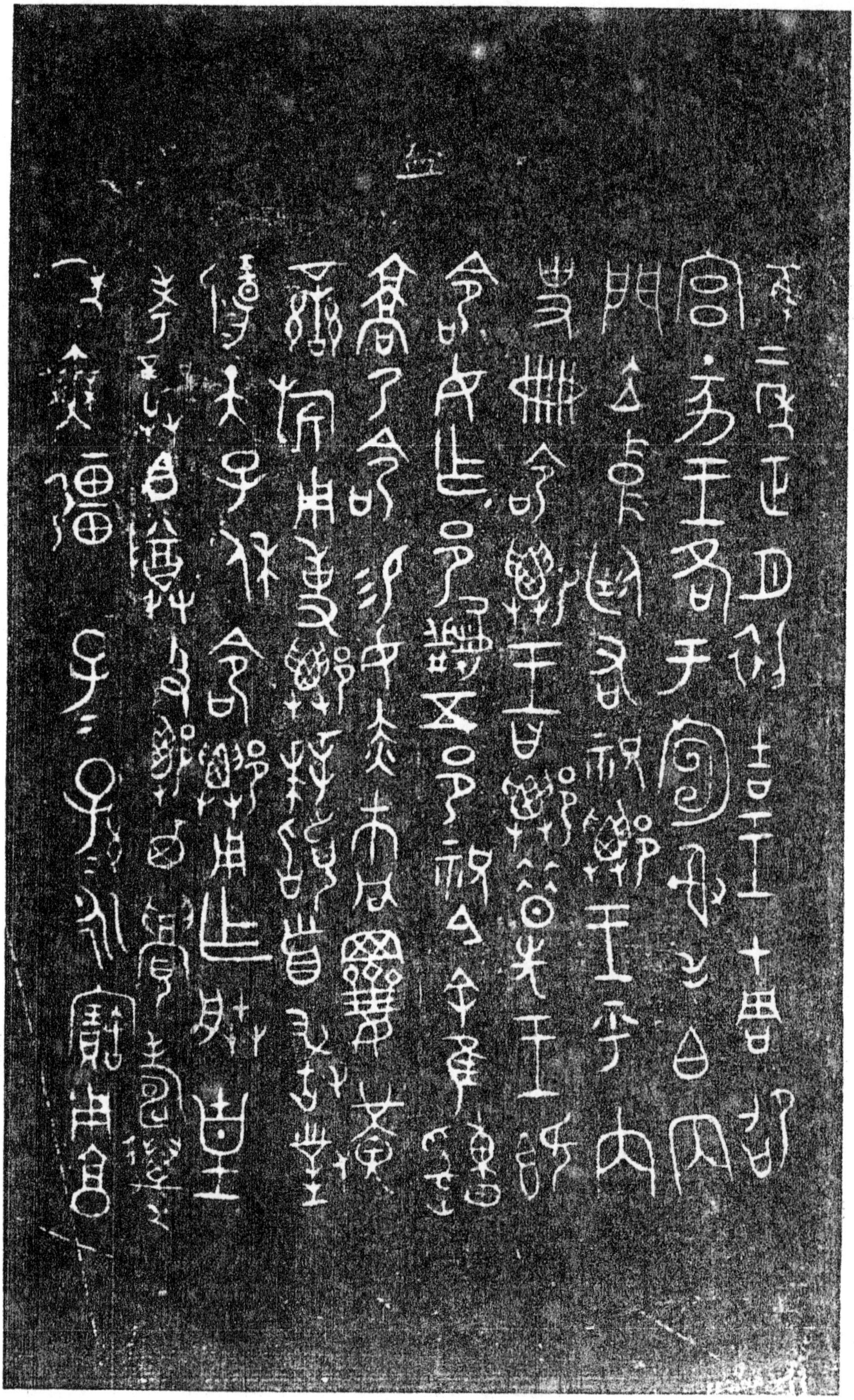

04297.1A

唯二年正月初吉，王在周邵
宮，丁亥，王各于宣射（榭），毛
伯內（入）
門，立中廷，右（佑）祝鄭，王乎內
史冊命鄭，王曰：鄭，昔先王既
命女（汝）乍（作）邑，⿰耒丮（纘）五邑
祝，今余唯𤕌（申）
𩫏（就）乃命，賜女（汝）赤巿、
同（⿱炏冋）⿱罒婁（縷）黃（衡）、
䜌（鑾）旂，用事，鄭拜䭫首，敢對
揚天子休命，鄭用乍（作）朕皇
考龏伯尊毁，鄭其眉壽，邁（萬）
年無疆，子子孫孫，永寶用享

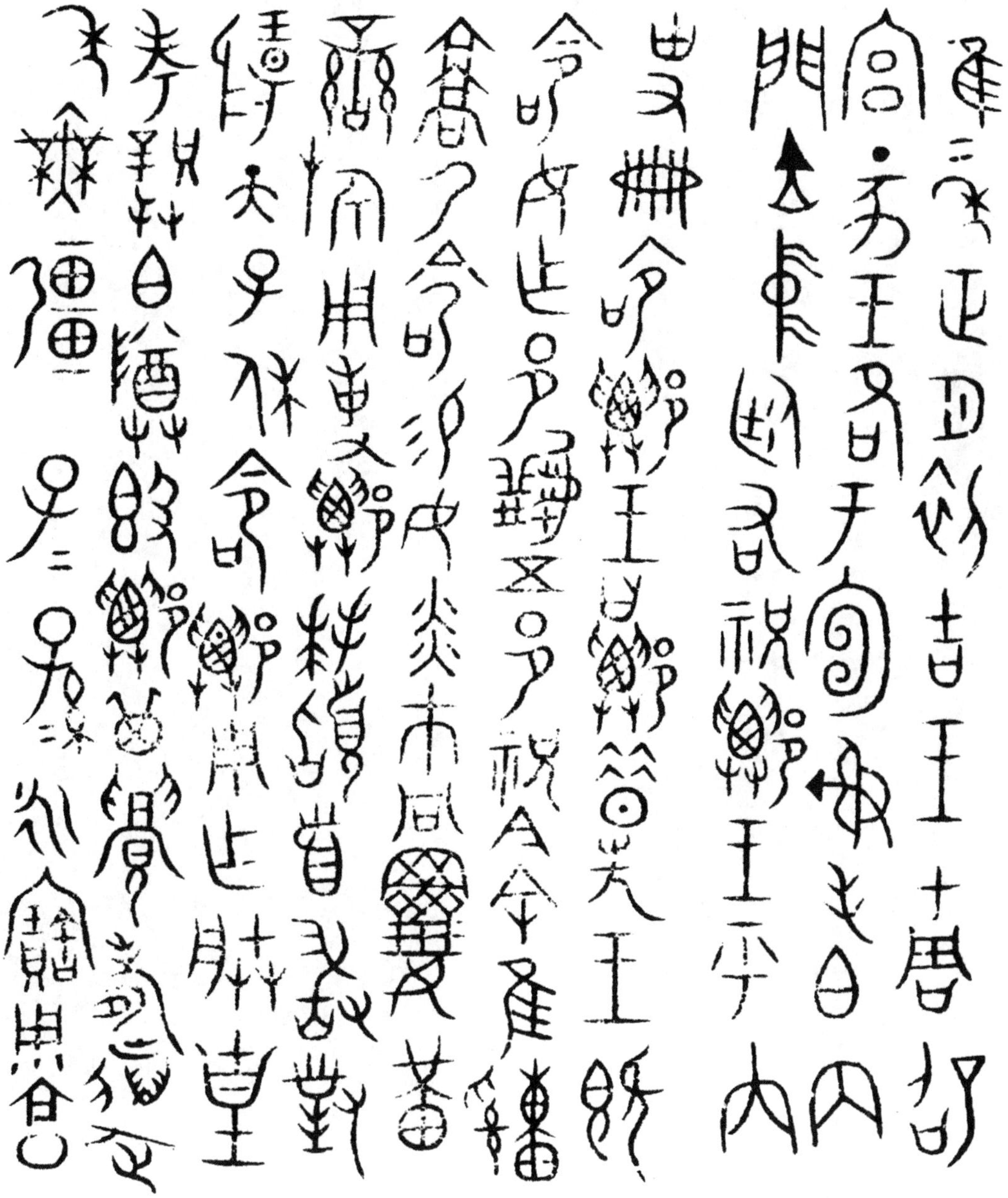

04297.1B

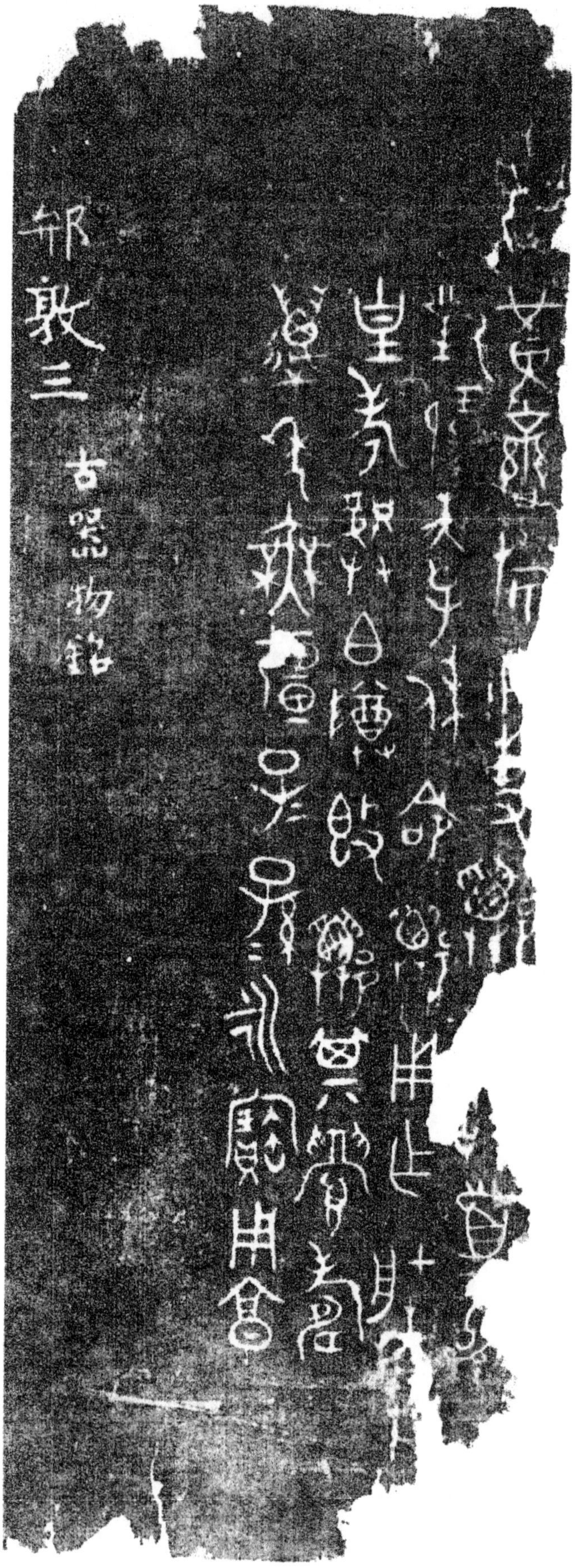

04297.2A2

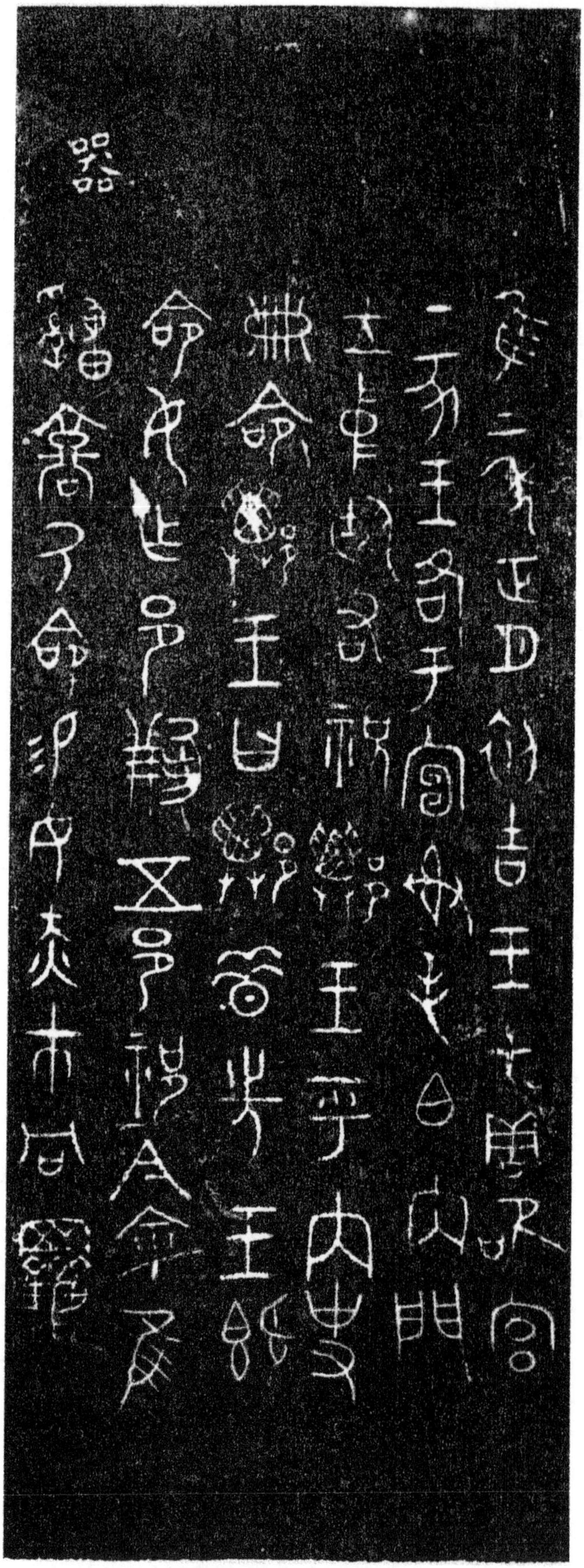

04297.2A1

唯二年正月初吉，王在周卲宮，
丁亥，王各于宣射（榭），毛
伯內（入）門，
立中廷，右（佑）祝鄆，王乎內史
冊命鄆，王曰：鄆，昔先王既
命女（汝）乍（作）邑，䎤（纘）五邑
祝，今余唯
鬸（申）臺（就）乃命，賜女（汝）赤
芾、冋（絅）睘（綅）
黃（衡）、䜌（鑾）旂，用事，鄆拜䭫
首，敢
對揚天子休命，鄆用乍（作）朕
皇考龏伯尊𣪘，鄆其眉壽，
邁（萬）年無疆，子子孫孫，永
寶用享

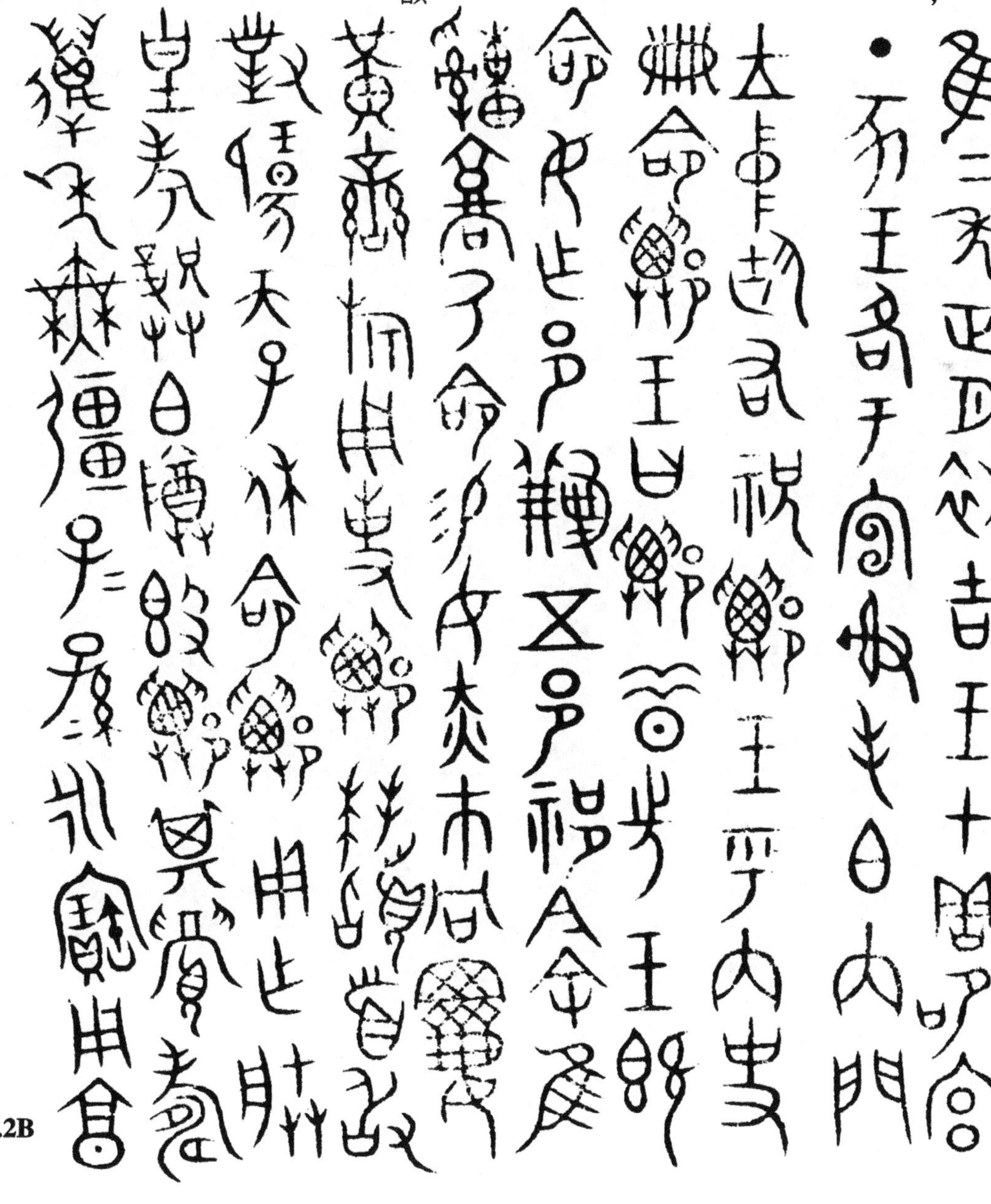

04297.2B

大簋蓋

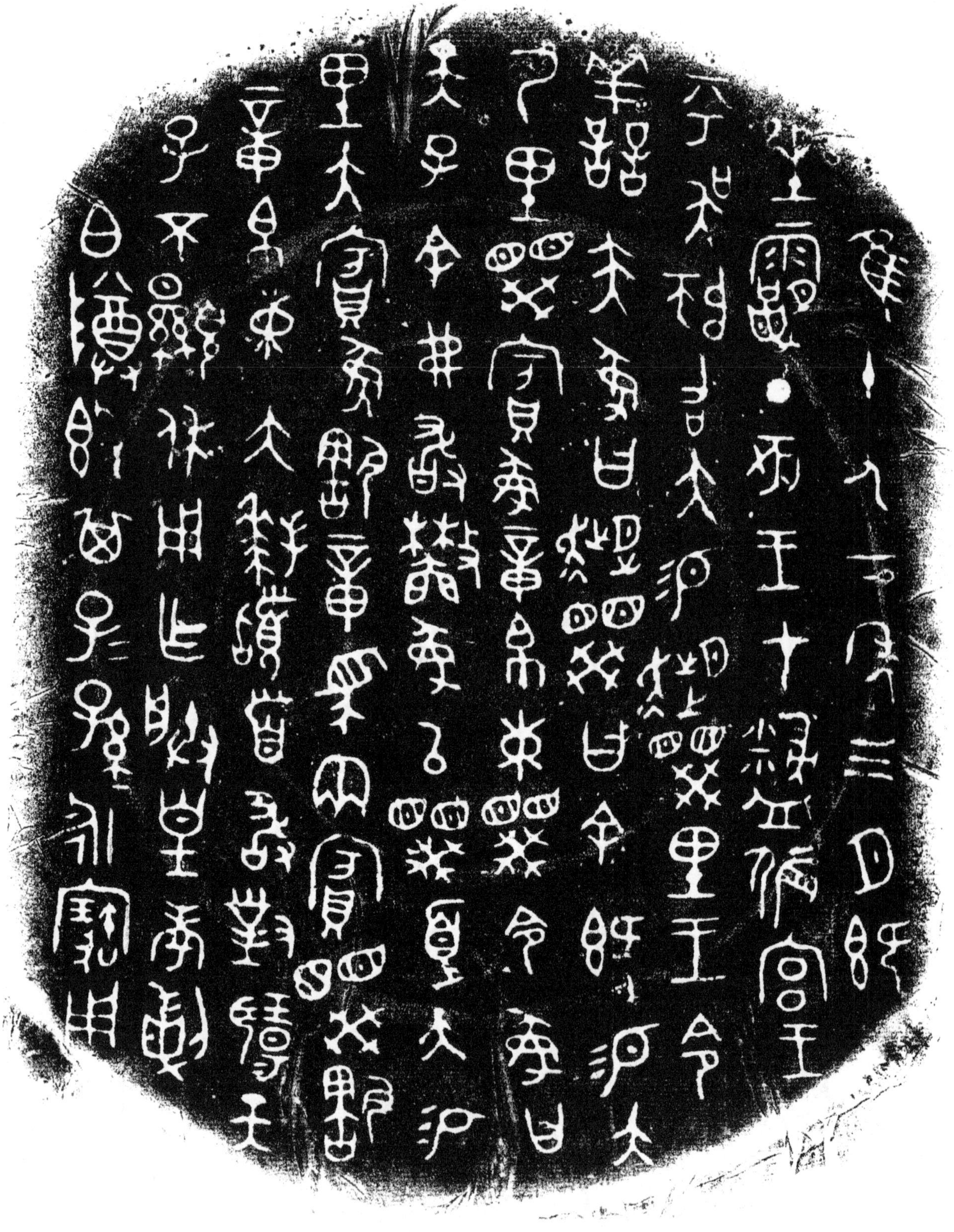

04298

04298 釋文

唯十又二年，三月既

生霸丁亥，王在蠶侲宮，王

乎吳（虞）師召（詔）大，賜趞睽里，王令

善（膳）夫豖曰趞睽曰：余既賜大

乃里，睽賓（儐）豖章（璋）、帛束，睽令豖曰

天子：余弗敢𪁐（吝），豖以（與）睽履大賜

里，大賓（儐）豖𩐪（介）章（璋）、馬兩，賓（儐）睽𩐪（介）

章（璋）、帛束，大拜䭫首，敢對揚天

子不（丕）顯休，用乍（作）朕皇考剌

伯尊𣪘，其子子孫孫永寶用

大簋蓋

04299

04299 釋文

唯十又二年，三月
既生霸丁亥，王在𤔲
侲宮，王乎吳（虞）師召（詔）大，賜
趩睽里，王令善（膳）夫豕曰趩睽
曰：余既賜大乃里，睽賓（儐）豕章（璋）、
帛束，睽令豕曰天子：余弗敢
𢿚（吝），豕以（與）睽履大賜里，大賓（儐）
賓豕𩰫（介）章（璋）、馬兩，賓（儐）睽𩰫（介）
章（璋）、帛束，大拜䭫首，敢對
揚天子不（丕）顯休，用乍（作）
朕皇考剌伯尊
𣪘，其子子孫孫永寶用

作册矢令毁

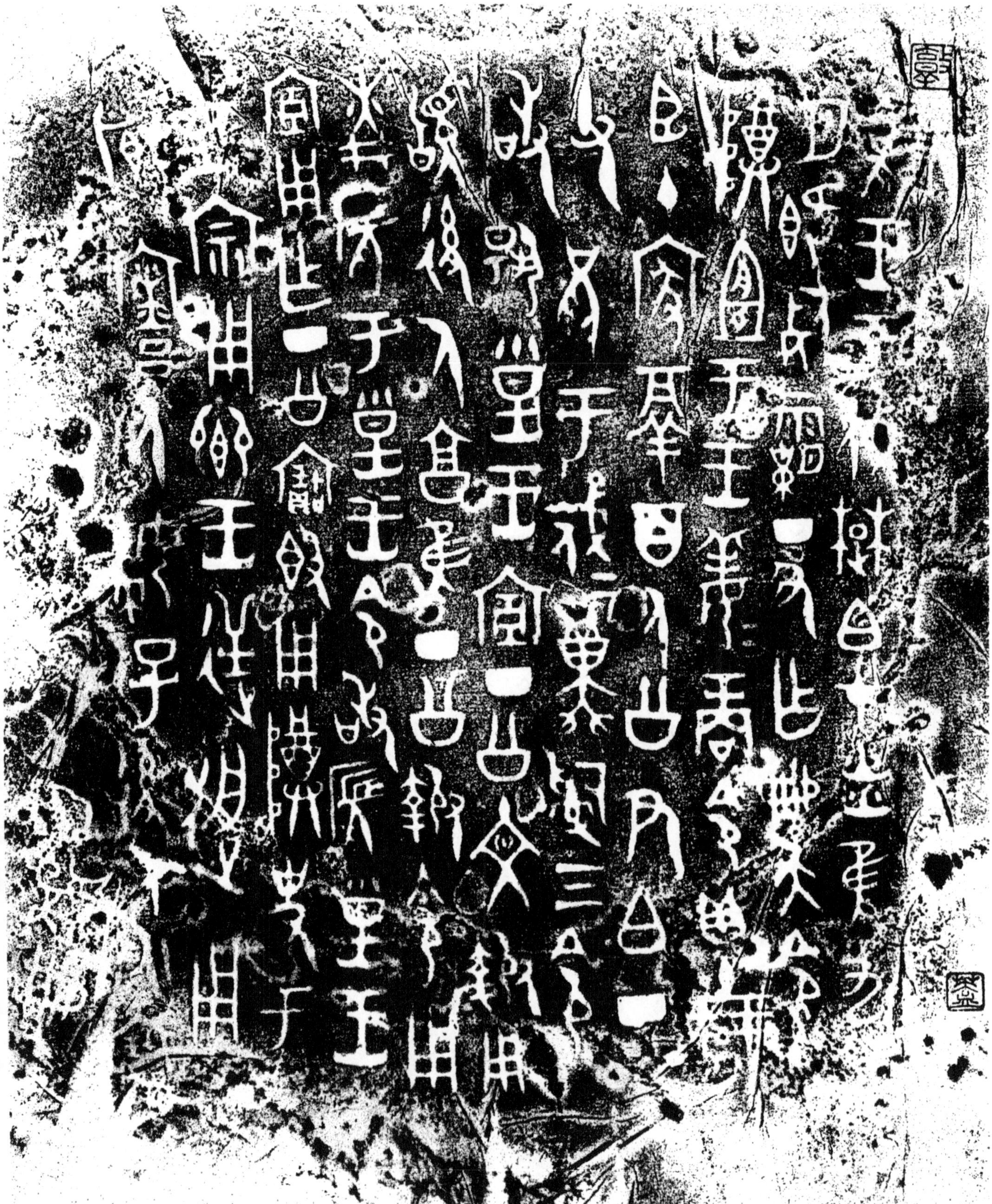

04300

04300釋文

唯王于伐楚，伯在炎，唯九
月既死霸丁丑，乍（作）册夨令
尊宜于王姜，姜商（賞）令貝十朋、
臣十家、鬲百人，公尹伯丁
父兄（貺）于戍，戍冀嗣乞（訖），令
敢揚皇王宣（貯），丁公文報，用
䭫（稽）後人享，唯丁公報，令用
奔（深）㞋于皇王，令敢㞋皇王
宣（貯），用乍（作）丁公寶𣪘，用尊事于
皇宗，用鄉（饗）王逆造，用
匓寮（僚）人，婦子後人永寶，
雋册

作册矢令𣪕

04301

04301 釋文

唯王于伐楚，伯在炎，唯九月既死霸丁丑，乍(作)册夨令尊宜于王姜，姜商(賞)令貝十朋、臣十家、鬲百人，公尹伯丁父兄(貺)于戍，戍冀嗣乞(訖)，令敢揚皇王宔(貯)，丁公文報，用韻(稽)後人享，唯丁公報，令用𥩝(深)㞙于皇王，令敢㞙皇王宔(貯)，用乍(作)丁公寶段，用尊史(事)于皇宗，用鄉(饗)王逆造，用匓寮(僚)人，婦子後人永寶，雋册

录伯𢦚𣪕蓋

唯王正月，辰在庚寅，王若
曰：录伯𢦚，繇自乃祖考，有
𤔲（勛）于周邦，右（佑）闢四方，
叀（惠）𢎪
天令（命），女（汝）肇不㒸（墜），余
賜女（汝）秬鬯
一卣、金車、𠦪（賁）幬（幬）較（較）、
𠦪（賁）𢎪朱虢（鞹）
靳、虎冟（冪）𥨊（朱）裏、金甬（筩）、畫
聞（䡇）、金厄（軛）、畫轉、馬四
匹、鋚勒，
录伯𢦚敢拜手𩒨首，對（對）揚
天子不（丕）顯休，用乍（作）朕皇考
釐王寶尊𣪕，余其永邁（萬）年
寶用，子子孫孫，其帥井（型）受茲休。

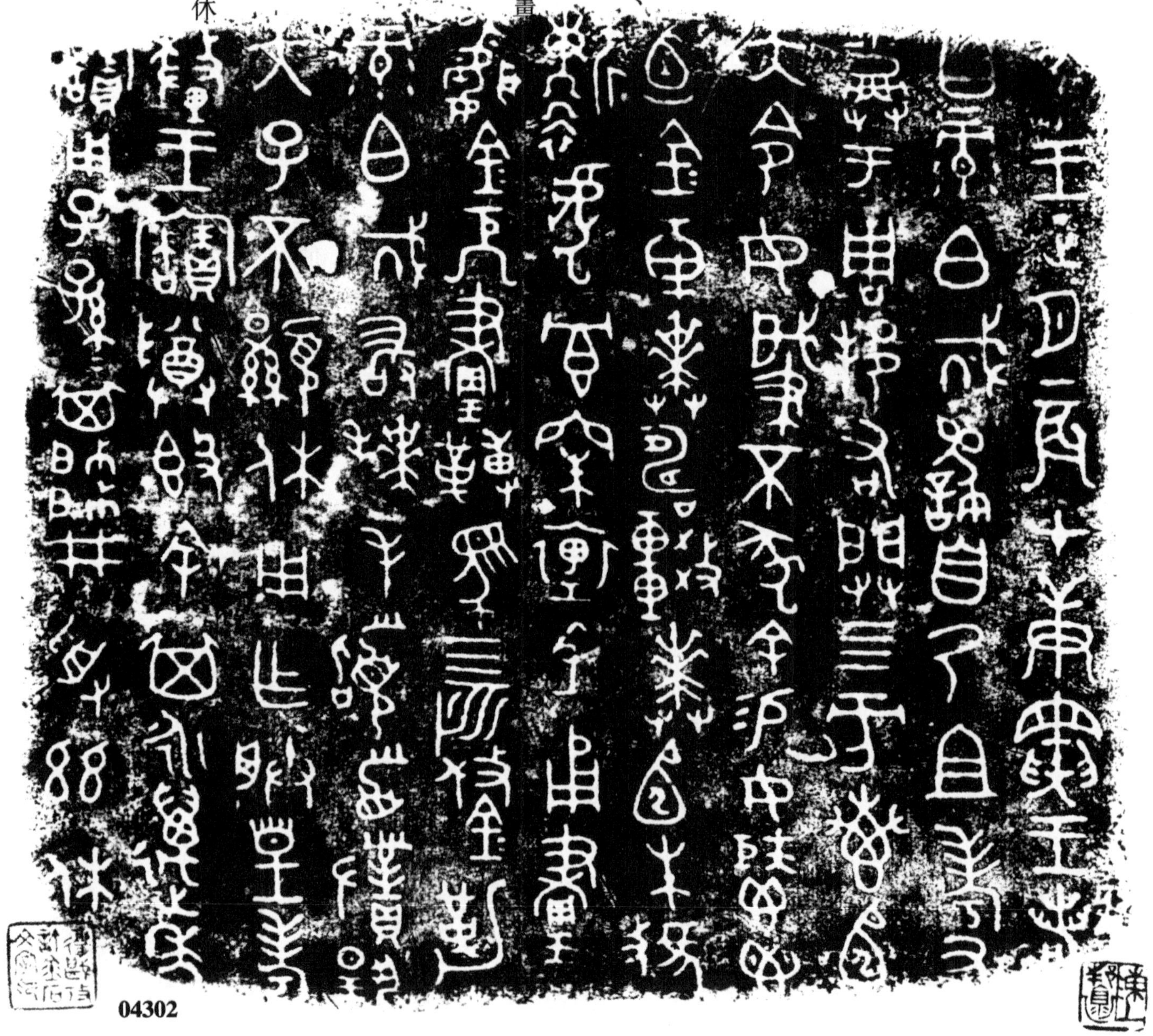

04302

此簋

04303.1

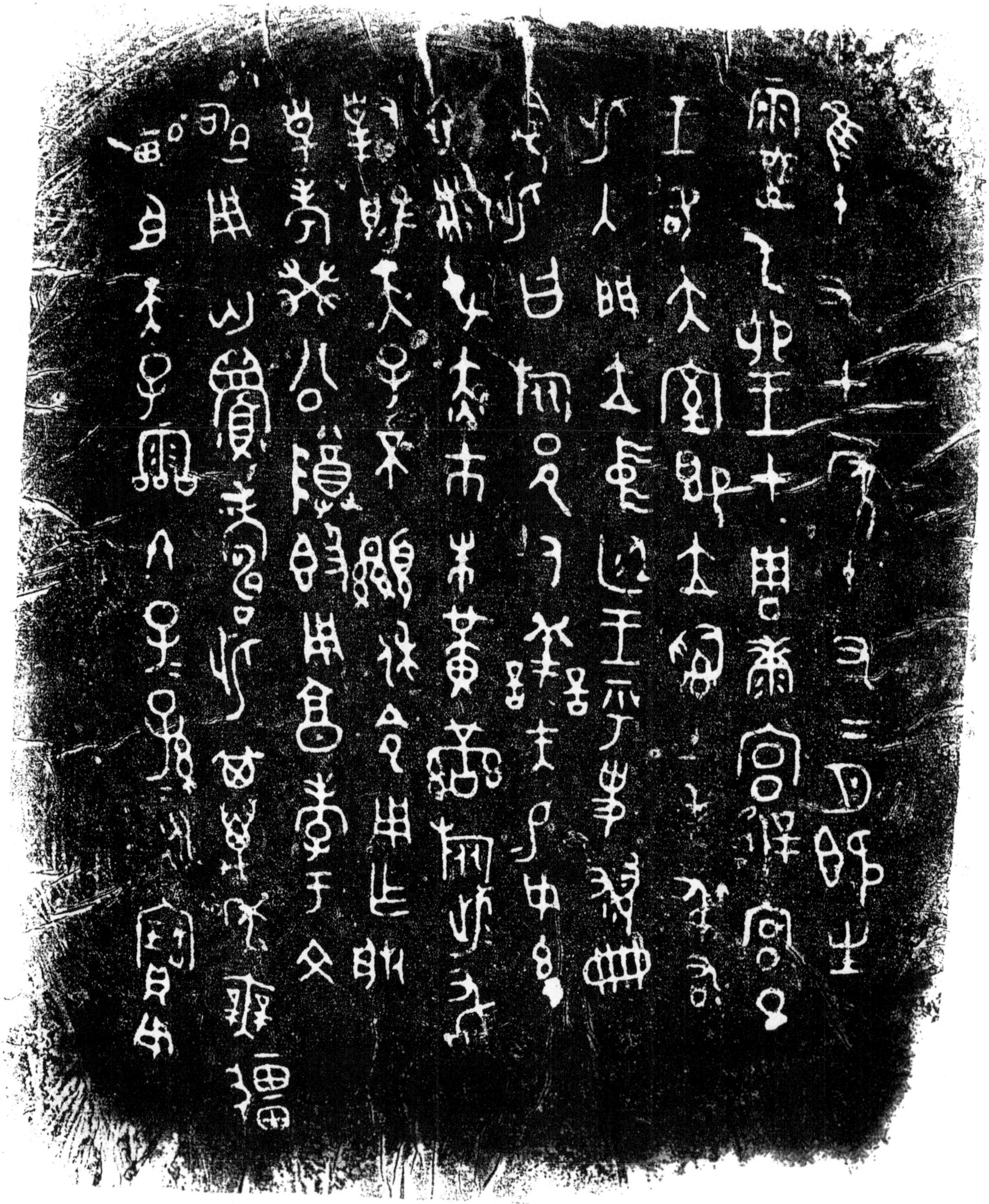

04303.2

04303.1 釋文

唯十又七年，十又二月，既生
霸乙卯，王在周康宮𡨦宮，旦，
王各大室，即立（位），嗣土（徒）毛叔右（佑）
此，入門，立中廷，王乎史翏冊
令（命）此，曰：旅邑人、善（膳）夫，賜女（汝）玄
衣黹（屯）純、赤芾、朱黄（衡）、䜌（鑾）旅
（旂），此敢
對揚天子不（丕）顯休令（命），用乍（作）朕
皇考癸公尊𣪘，用享孝于文
神，用匄眉壽，此其萬年無疆，
畯臣天子，霝（靈）冬（終），子子孫孫永寶用

04303.2 釋文

唯十又七年，十又二月，既生
霸乙卯，王在周康宮𡨦宮，旦，
王各大室，即立（位），嗣土（徒）毛叔右（佑）
此，入門，立中廷，王乎史翏冊
令（命）此，曰：旅邑人、善（膳）夫，賜女（汝）玄
衣黹（屯）純、赤芾、朱黄（衡）、䜌（鑾）旅
（旂），此敢
對揚天子不（丕）顯休令（命），用乍（作）朕
皇考癸公尊𣪘，用享孝于文
神，用匄眉壽，此其萬年無疆，
畯臣天子，霝（靈）冬（終），子子孫孫永寶用

此簋

04304.1

04304.1釋文

唯十又七年，十又二月，既生
霸乙卯，王在周康宮徲宮，旦，
王各大室，即立（位），𤔲土（徒）毛叔右（佑）此，
入門，立中廷，王乎史翏册令（命）此，曰：
旅邑人、善（膳）夫，賜女（汝）玄衣黹屯（純）、
赤芾、朱黄（衡）、䜌（鑾）旅（旂），此敢對揚天
子不（丕）顯休令（命），用乍（作）朕皇考
癸公尊毁，用享孝于文神，
用匄眉壽，此其萬年無疆，
畯臣天子，霝（靈）冬（終），子子孫孫永寶用

04304.2

04304.2釋文

唯十又七年，十又二月，既生
霸乙卯，王在周康宮徲宮，旦，
王各大室，即立（位），𤔲土（徒）毛叔右（佑）
此，入門，立中廷，王乎史翏册
令（命）此，曰：旅邑人、善（膳）夫，賜女（汝）玄
衣黹屯（純）、赤巿、朱黄（衡）、䜌（鑾）旅（旂），此敢
對揚天子不（丕）顯休令（命），用乍（作）朕
皇考癸公尊毁，用享孝于文
神，用匄眉壽，此其萬年無
疆，畯臣天子，霝（靈）冬（終），子子孫孫永寶用

此殷

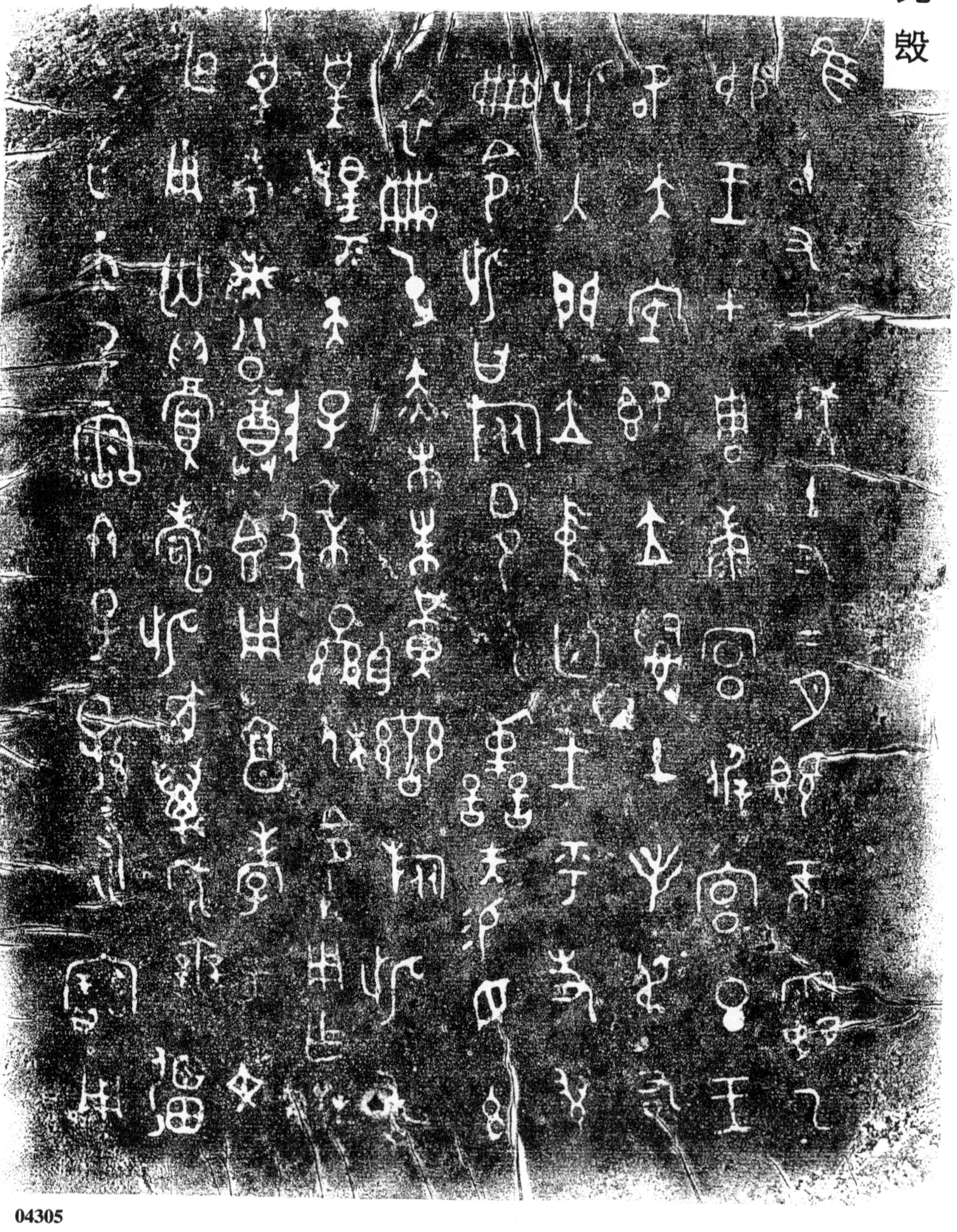

04305

04305 釋文

唯十又七年，十又二月，既生霸乙
卯，王在周康宮㣈宮，旦，王
各大室，即立（位），嗣土（徒）毛叔右（佑）
此，入門，立中廷，王乎史翏
册令（命）此，曰：旅邑人、善（膳）夫，賜女（汝）玄
衣黹屯（純）、赤芾、朱黄（衡）、䜌（鑾）旅（旂），此敢
對揚天子不（丕）顯休令（命），用乍（作）朕
皇考癸公尊毁，用享孝于文
神，用匄眉壽，此其萬年無疆，
畯臣天子，霝（靈）冬（終），子子孫孫永寶用

此毁

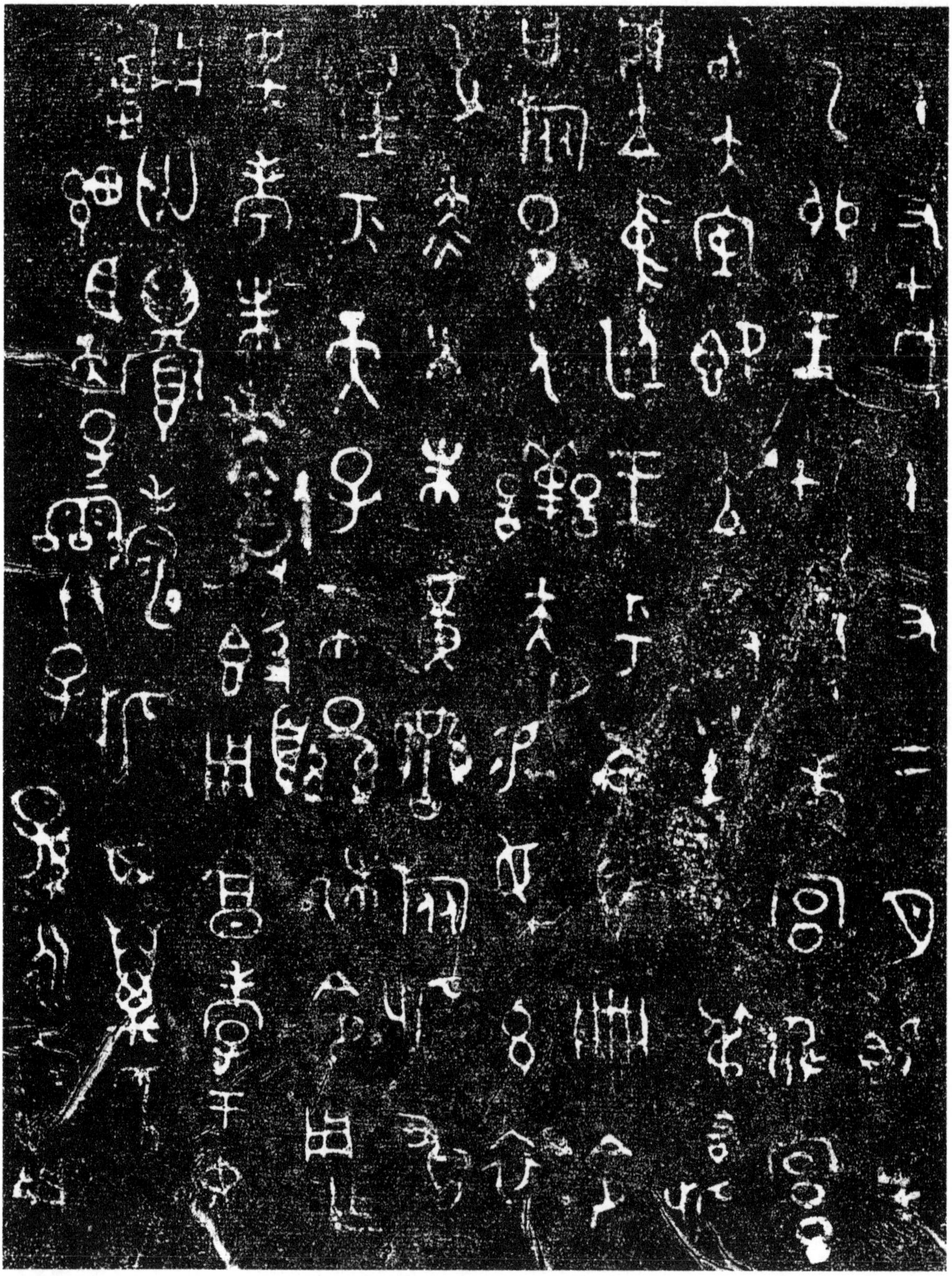

04306

此簋

04307

04306 釋文

唯十又七年，十又二月，既生
霸乙卯，王在周康宮徲宮，旦，
各大室，即立（位），嗣土（徒）毛叔右（佑）此，〔入〕
門，立中廷，王乎史翏册令（命）〔此〕
曰：旅邑人、善（膳）夫，賜女（汝）玄衣〔黹〕
屯（純）、赤芾、朱黄（衡）、䜌（鑾）旅（旂），此敢
對揚天子不（丕）顯休令（命），用乍（作）
皇考考癸尊毁，用享孝于文
神，用匄眉壽，此其萬年〔無〕
疆，畯臣天子，霝（靈）冬（終），子子孫孫永寶用

04307 釋文

唯十又七年，十又二月，既生
霸乙卯，王在周康宮徲宮，旦，
王各大室，即立（位），嗣土（徒）毛叔右（佑）
此，入門，立中廷，王乎史翏册
令（命）此，曰：旅邑人、善（膳）夫，賜女（汝）玄
衣黹屯（純）、赤芾、朱黄（衡）、䜌（鑾）旅（旂），此敢
對揚天子不（丕）顯休令（命），用乍（作）朕
皇考考癸尊毁，用享孝于文
神，用匄眉壽，此其萬年無疆，
畯臣天子，霝（靈）冬（終），子子孫孫永寶用

此簋

04308

此簋

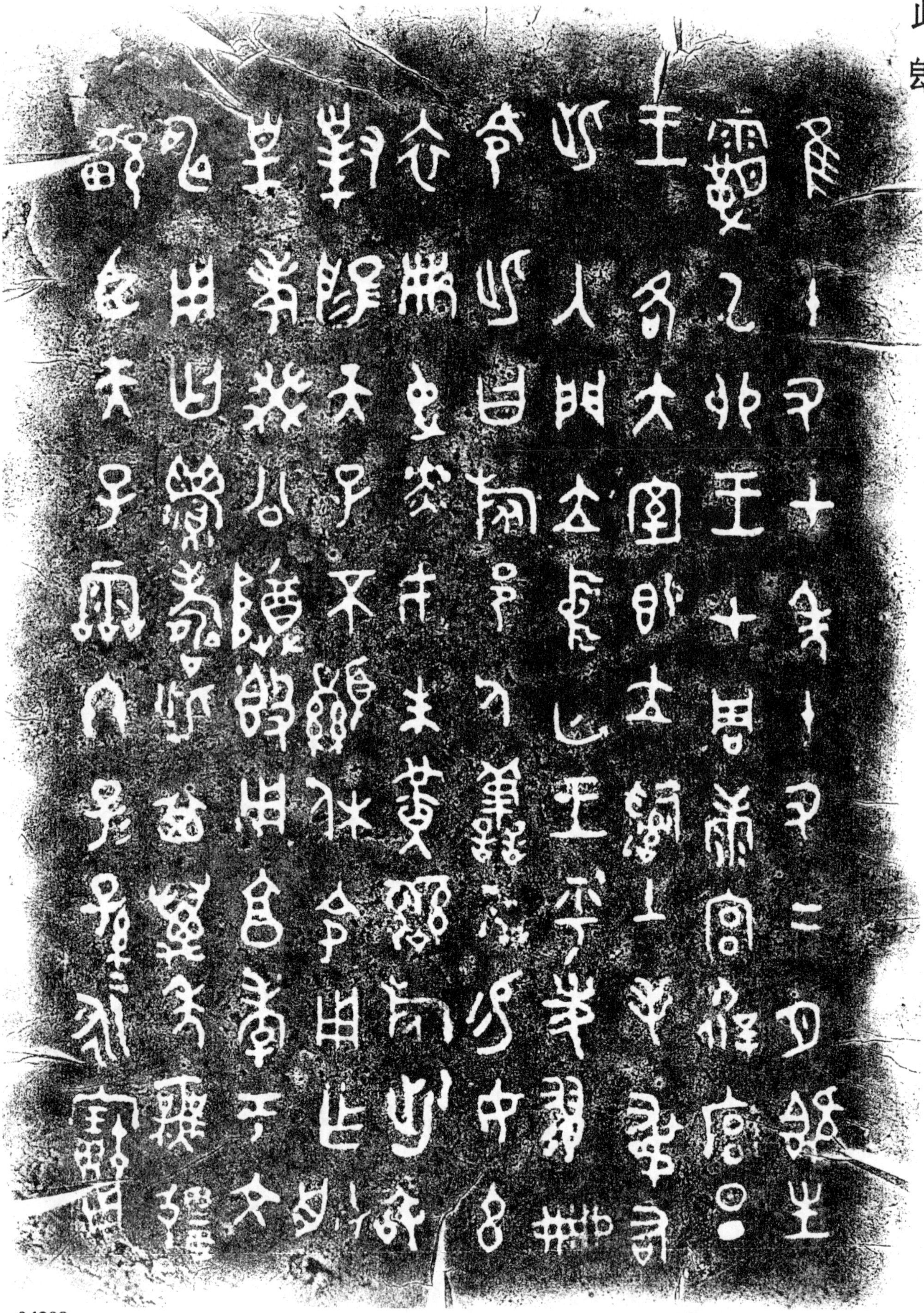

04309

04308 釋文

唯十又七年，十又二月，既生
霸乙卯，王在周康宮徲宮，旦，
王各大室，即立（位），嗣土（徒）毛叔右（佑）
此，入門，立中廷，王乎史翏册
令（命）此，曰：旅邑人、善（膳）夫，賜女（汝）玄
衣黹屯（純）、赤芾、朱黄（衡）、䜌（鑾）旂（旂），此敢
對揚天子不（丕）顯休令（命），用乍（作）朕
皇考癸公尊𣪘，用享孝于文
神，用匄眉壽，此其萬年無疆，
畯臣天子，霝（靈）冬（終），子子孫孫永寶用

04309 釋文

唯十又七年，十又二月，既生
霸乙卯，王在周康宮徲宮，旦，
王各大室，即立（位），嗣土（徒）毛叔右（佑）
此，入門，立中廷，王乎史翏册
令（命）此，曰：旅邑人、善（膳）夫，賜女（汝）玄
衣黹屯（純）、赤芾、朱黄（衡）、䜌（鑾）旂（旂），此敢
對揚天子不（丕）顯休令（命），用乍（作）朕
皇考癸公尊𣪘，用享孝于文
神，用匄眉壽，此其萬年無疆，
畯臣天子，霝（靈）冬（終），子子孫孫永寶用

此𣪘

04310

04310 釋文

唯十又七年，十又二月，既生
霸乙卯，王在周康宮徲宮，旦，
王各大室，即立（位），嗣土（徒）毛叔右（佑）
此，入門，立中廷，王乎史翏册
令（命）此，曰：旅邑人、善（膳）夫，賜女（汝）玄
衣黹屯（純）、赤市、朱黄（衡）、䜌（鑾）旅（旂），此敢
對揚天子不（丕）顯休令（命），用乍（作）朕
皇考癸公尊毁，用孝于文神，
匄眉壽，此其萬年無疆，畯臣天
子，霝（靈）冬（終），子子孫孫永寶用

師𩛥𣪘

唯王元年正月，初吉丁亥，
伯龢父若曰：師𩛥，乃祖考
又（有）舜（勛）于我家，女（汝）有隹（雖）小子，
余令女（汝）死（尸）我家，𦓤（纘）嗣我西
扁（偏）、東扁（偏），僕馭百工、牧臣妾，
東（董）裁（裁）內外，毋敢否（不）善，賜女（汝）
戈琱䥄、（歅）必（柲）、彤𣏕（沙、蘇）、毌五、鍚
鐘一𢽽（肆）五金，敬乃夙夜，用事，
𩛥拜䭫首，敢對揚皇君
休，用乍（作）朕文考乙仲𩍴𣪘，
𩛥其萬年，子子孫孫，永寶用享

04311

師穎毁

唯王元年九月，既朢丁
亥，王在周康宫，旦，王各大
室，嗣工（空）液伯入右（佑）
師穎，立
中廷，北鄉（嚮），王乎内史遺
册令（命）師穎，王若曰：
師穎，才
先王既令（命）女（汝）乍（作）
嗣士，官嗣
汸闇，今余唯肇灩（申）乃
令（命），
賜女（汝）赤芾、朱黄（衡）、
䜌（鑾）旂、攸（鋚）
勒，用事，穎拜䭫首，敢
對揚天子不（丕）顯休，用
乍（作）朕
文考尹伯尊毁，師穎其
萬年，子子孫孫永寶用

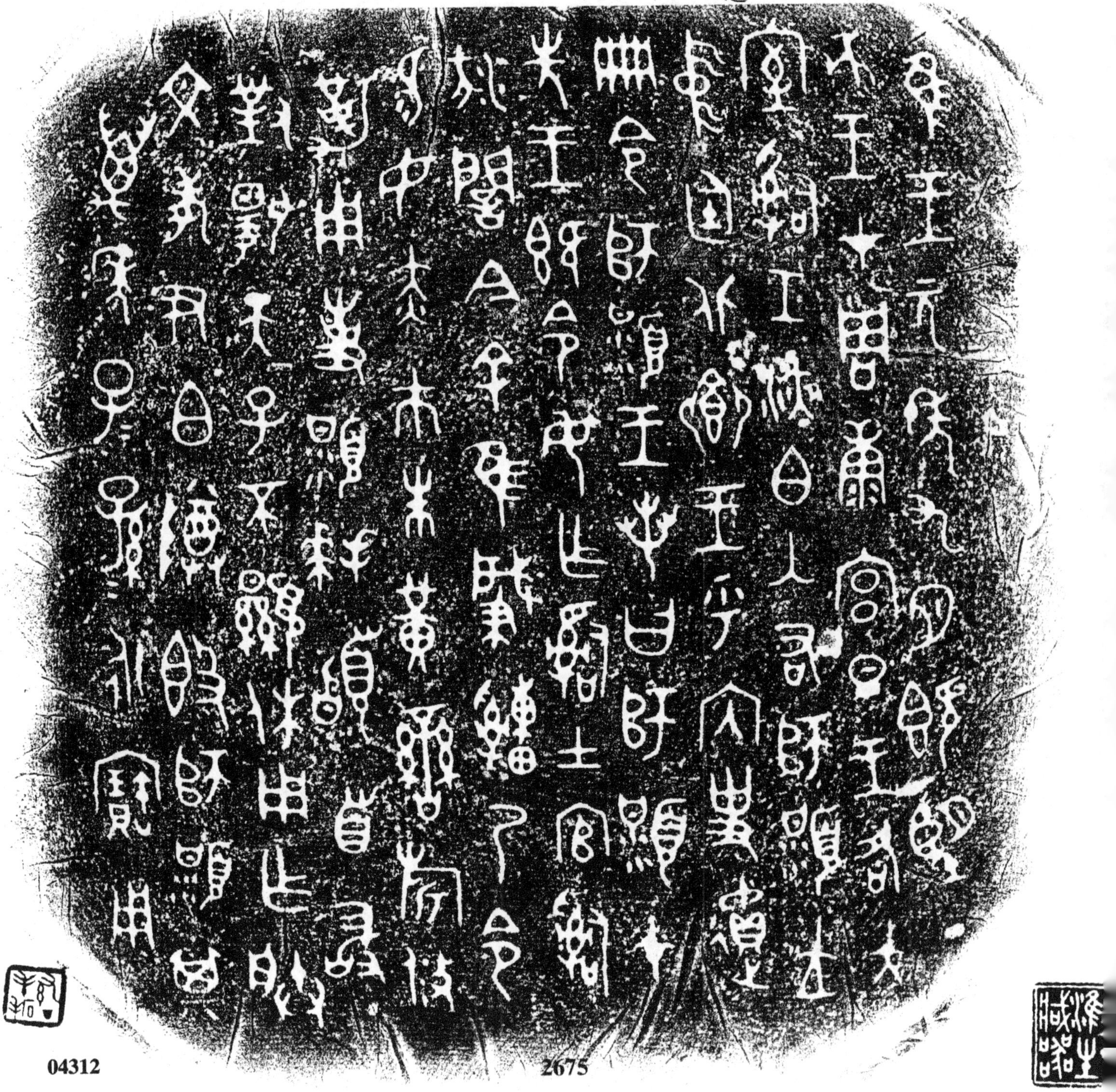

04312

師寰簋

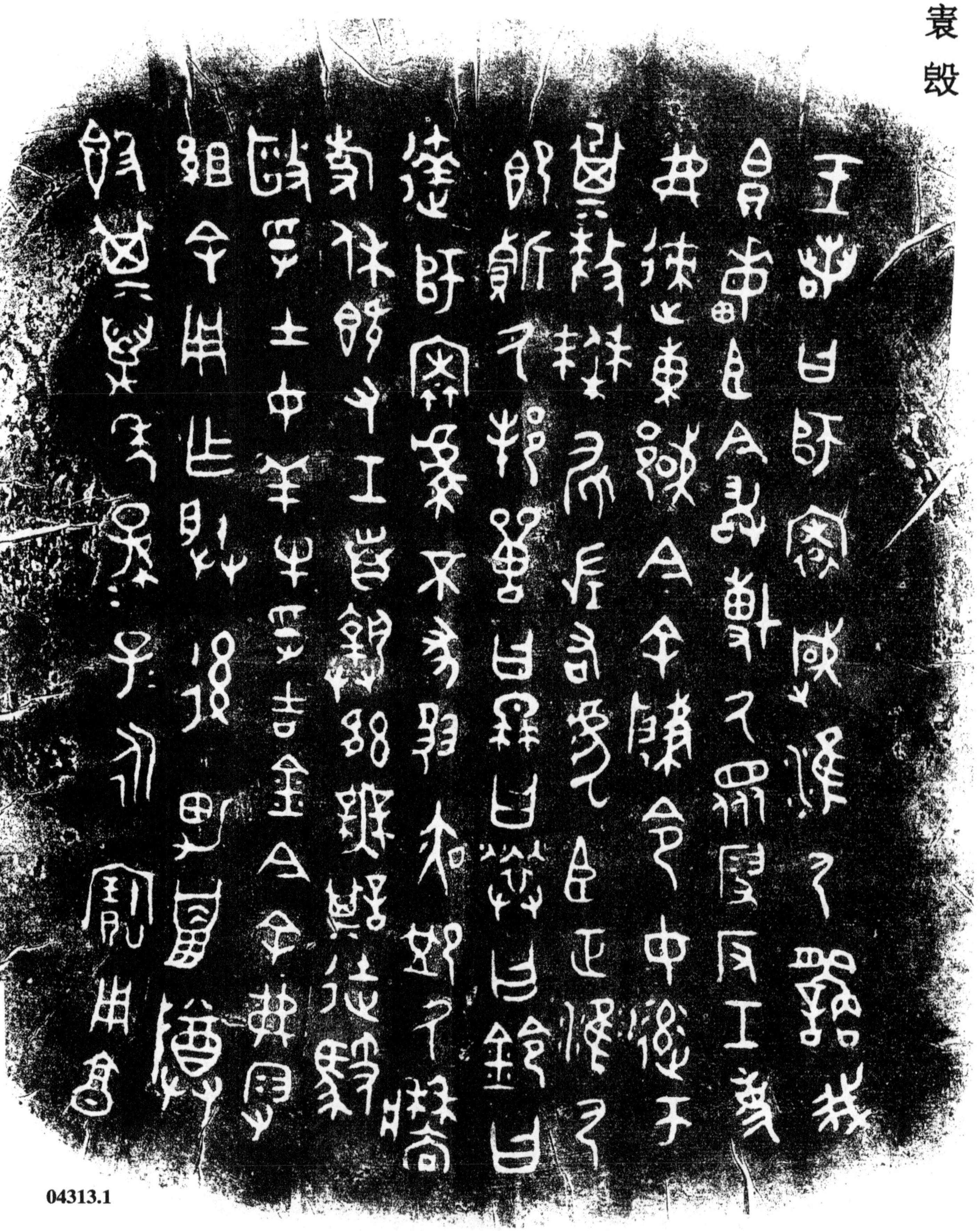

04313.1

04313.1 釋文

王若曰：師寰㝉(拔)淮尸(夷)，繇我
員(帛)晦臣，今敢博(薄)厥眾叚(暇)，反(返)厥工事(吏)，
弗速(蹟)我東䣓(國)，今余肇令女(汝)，率齊師
曩(紀)、𤓱(釐、萊)、僰，屄(殿)左右虎臣，征淮尸(夷)，
即賀(餐)厥邦嘼(酋)，曰冄、曰䇞(袋)、曰鈴、曰
達，師寰虔不彖(墜)，夙夜恤厥牆(將)
事，休既又(有)工(功)，折首執訊，無諆(碁)徒馭，
敺(毆)俘士女、牛羊，俘吉金，今余弗叚(遐)
組(徂)，余用乍(作)朕後男𦇧尊
𣪘，其萬年，孫孫子子，永寶用享

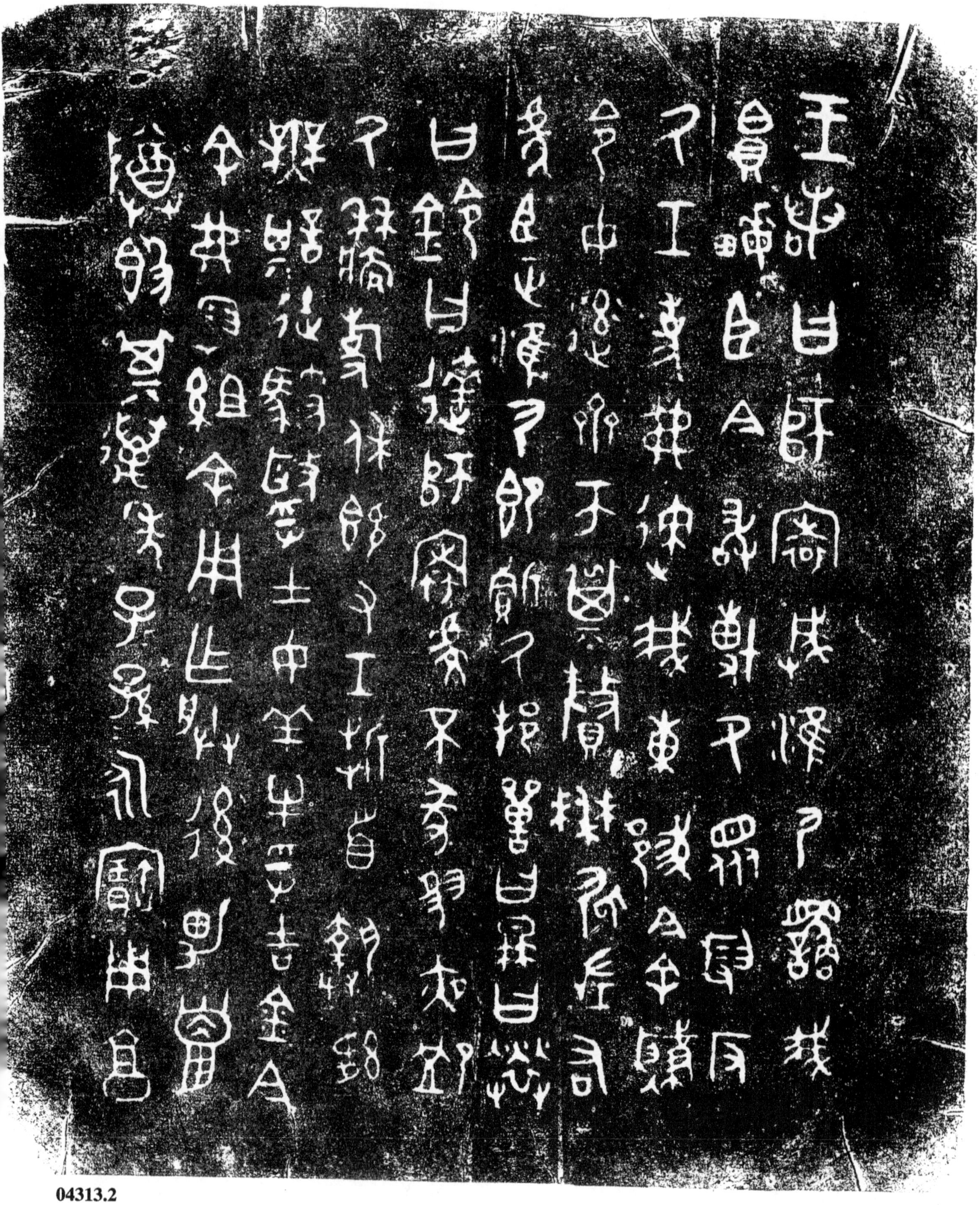

04313.2

04313.2 釋文

王若曰：師寰𡚬(㦰)淮尸(夷)，繇我
員(帛)晦臣，今敢博(薄)厥眾叚(暇)，反(返)
厥工事(吏)，弗速(蹟)我東䣳(國)，今余肇
令女(汝)，率齊師㠱(紀)、𠩺(釐、萊)、僰，屄(殿)左右
虎臣，征淮尸(夷)，即質(貿)厥邦嘼(酋)，曰冄、曰䇔(裘)、
曰鈴、曰達，師寰虔不㒸(墜)，夙夜恤
厥牆(將)事，休既又(有)工(功)，折首執訊，
無諆(碁)徒馭，敺(毆)俘士女、牛羊，俘吉金，今
余弗叚(遐)組(徂)，余用乍(作)朕後男巤
尊𣪕，其萬年，孫孫子子，永寶用享

師寰𣪕

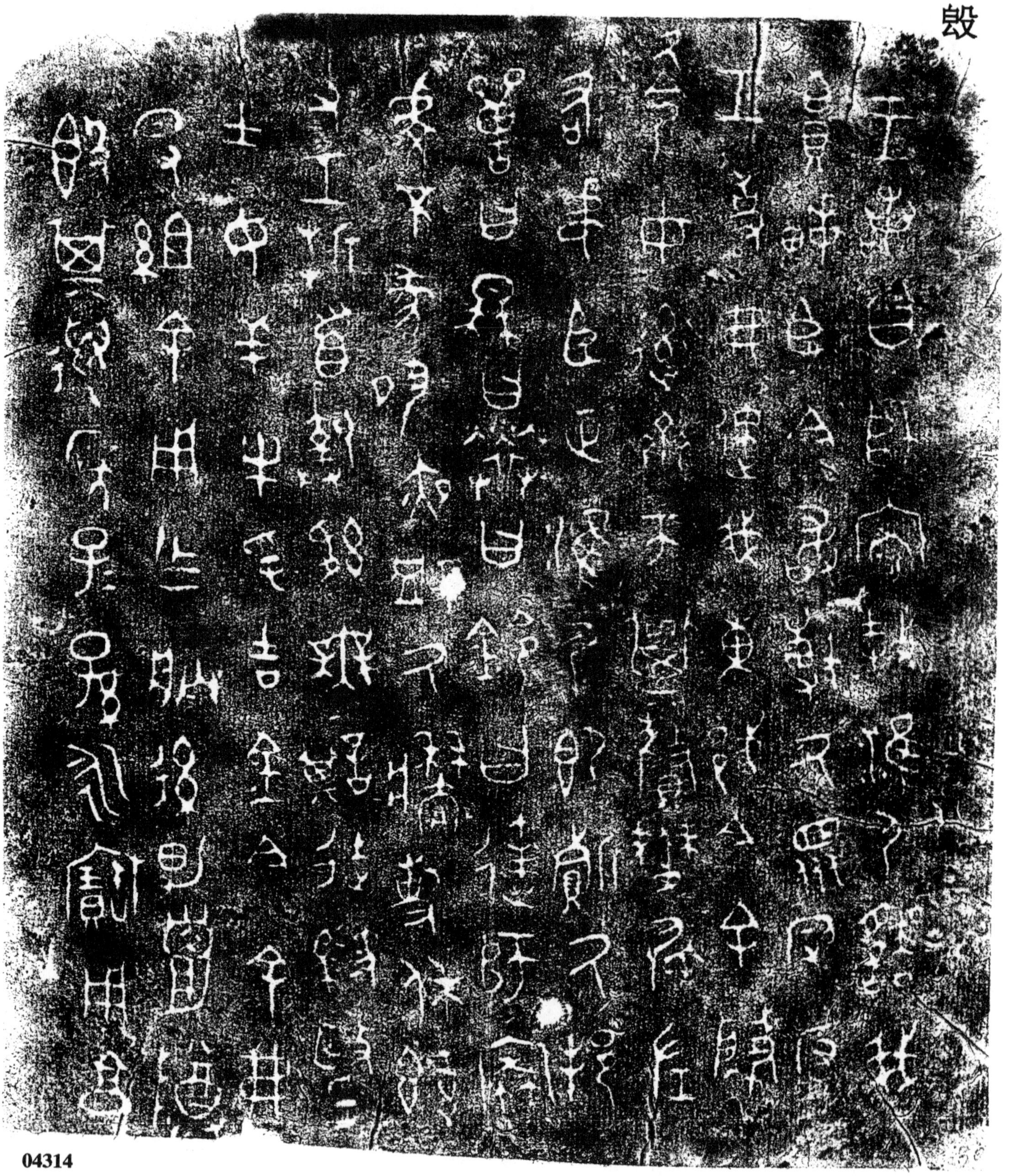

04314

04314釋文

王若曰：師寰，𠬝（拔）淮尸（夷），繇我員（帛）畮臣，今敢博（薄）厥眾叚（暇），反（返）工事（吏），弗速（蹟）我東䣄（國），今余肇令女（汝），率齊師、㠱（紀）、贅（萊）、僰，𡰪（殿）左右虎臣，征淮尸（夷），即貿（貿）厥邦嘼（酋），曰冄、曰𤇾（裘）、曰鈴、曰達，師寰虔不彖（墜），夙夜恤厥牆（將）事，休既又（有）工（功），折首執訊，無諆（碁）徒馭，歐（毆）孚（俘）士女、羊牛，孚（俘）吉金，今余弗叚（遐）組（徂），余用乍（作）朕後男巤尊𣪕，其邁（萬）年，子子孫孫，永寶用享

秦公簋

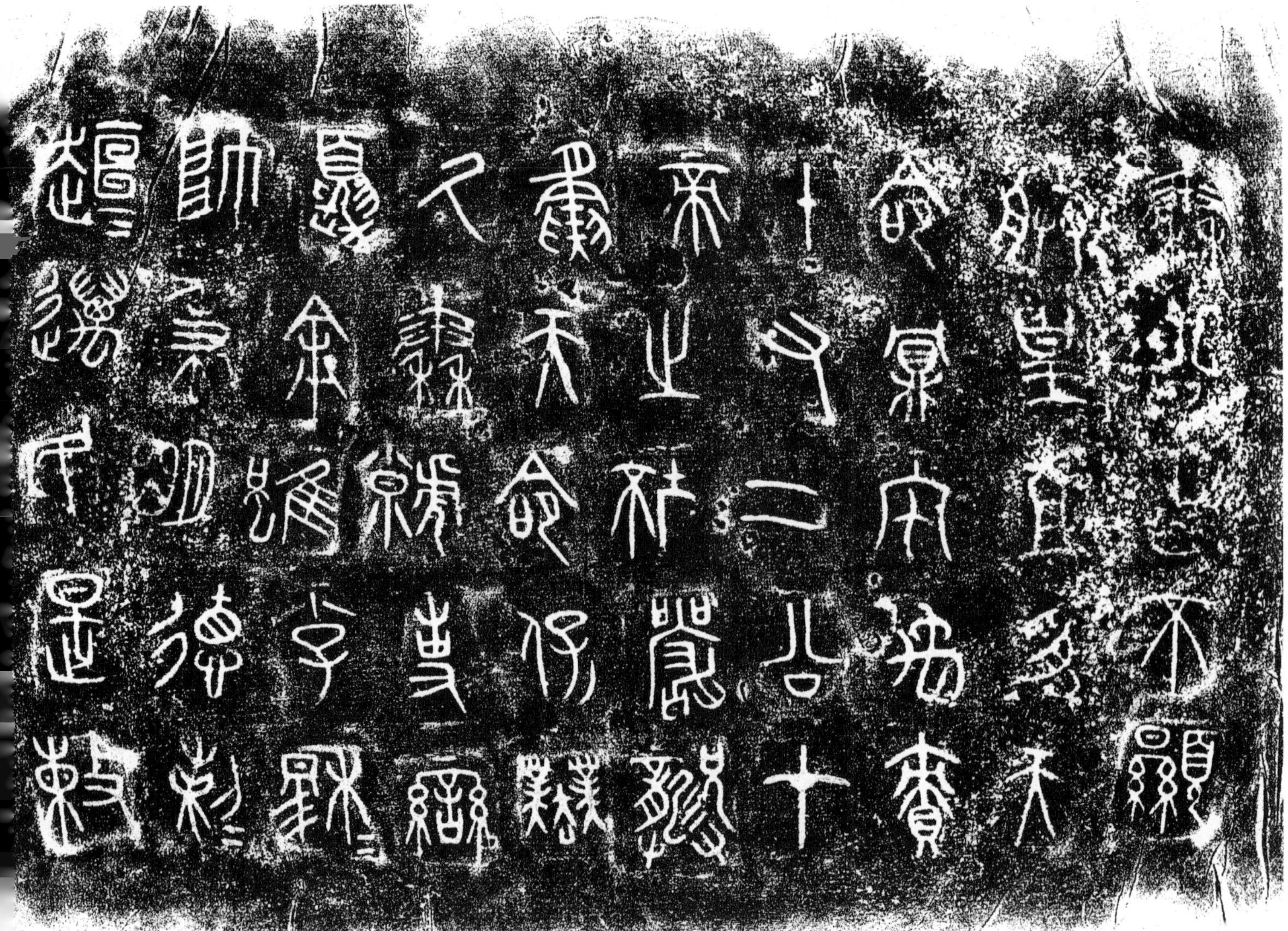

04315.1

04315.2

04315.3

04315.1 釋文

秦公曰：不（丕）顯
朕皇祖，受天
命，鼏（冪）宅禹責（跡），
十又二公，在
帝之坏（坯），嚴龔（恭）
夤天命，保業
厥秦，虩（赫）事䜌（蠻）
夏，余雖小子，穆穆
帥秉明德，剌剌（烈烈）
桓桓（桓桓），邁（萬）民是敕，

04315.2 釋文

咸畜胤士，𧽊𧽊（藹藹）文武，錄（鎮）靜（靖）不
廷，虔敬朕祀，乍（作）𠭯宗彝，以
卲（昭）皇祖，娸（其）嚴𢧵（遄）各，以受屯（純）
魯多釐，眉壽無疆，畯疐在
天，高引又（有）慶，竈（造）囿（有）四方，宜，

04315.3 釋文

西元器，一斗七升小拳（賸），𣪘，
西，一斗七升大半升，蓋

師虎毀

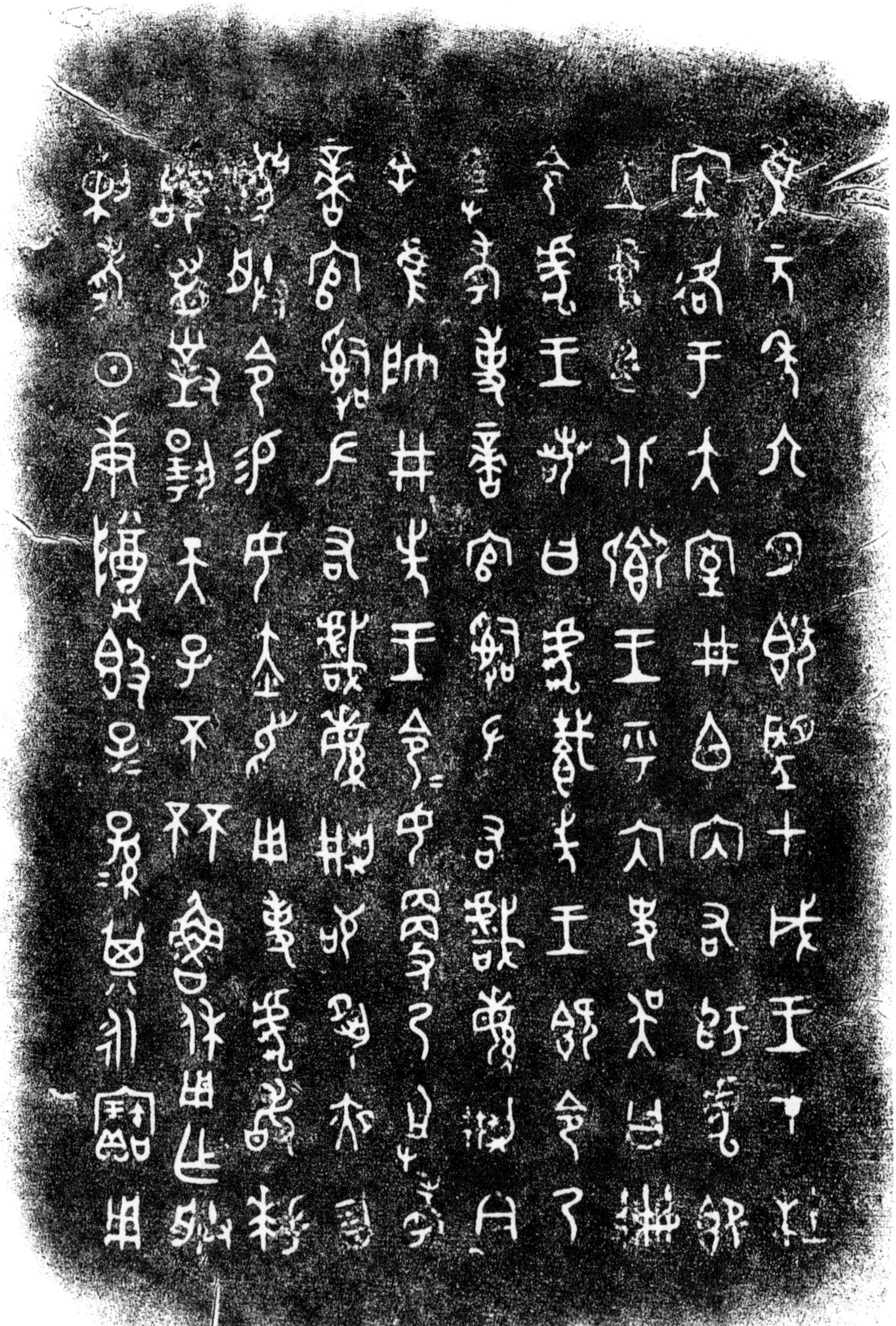

04316

04316 釋文

唯元年六月，既望甲戌，王在杜𡧊（应），𢓊于大室，井伯內（入）右（佑）師虎，即立中廷，北鄉（嚮），王乎內史吳曰：册令（命）虎，王若曰：虎，截（載）先王既令（命）乃取（祖）考事，啻（嫡）官嗣左右戲緐荆，今余唯帥井（型）先王令（命），令（命）女（汝）更乃取（祖）考，啻（嫡）官嗣左右戲緐荆，敬夙夜勿灋（廢）朕令（命），賜女（汝）赤舄，用事，虎敢拜𩒨首，對揚天子不（丕）杯（丕）魯休，用乍（作）朕剌（烈）考日庚尊毀，子子孫孫，其永寶用

㝬𣪘

原高二七厘米

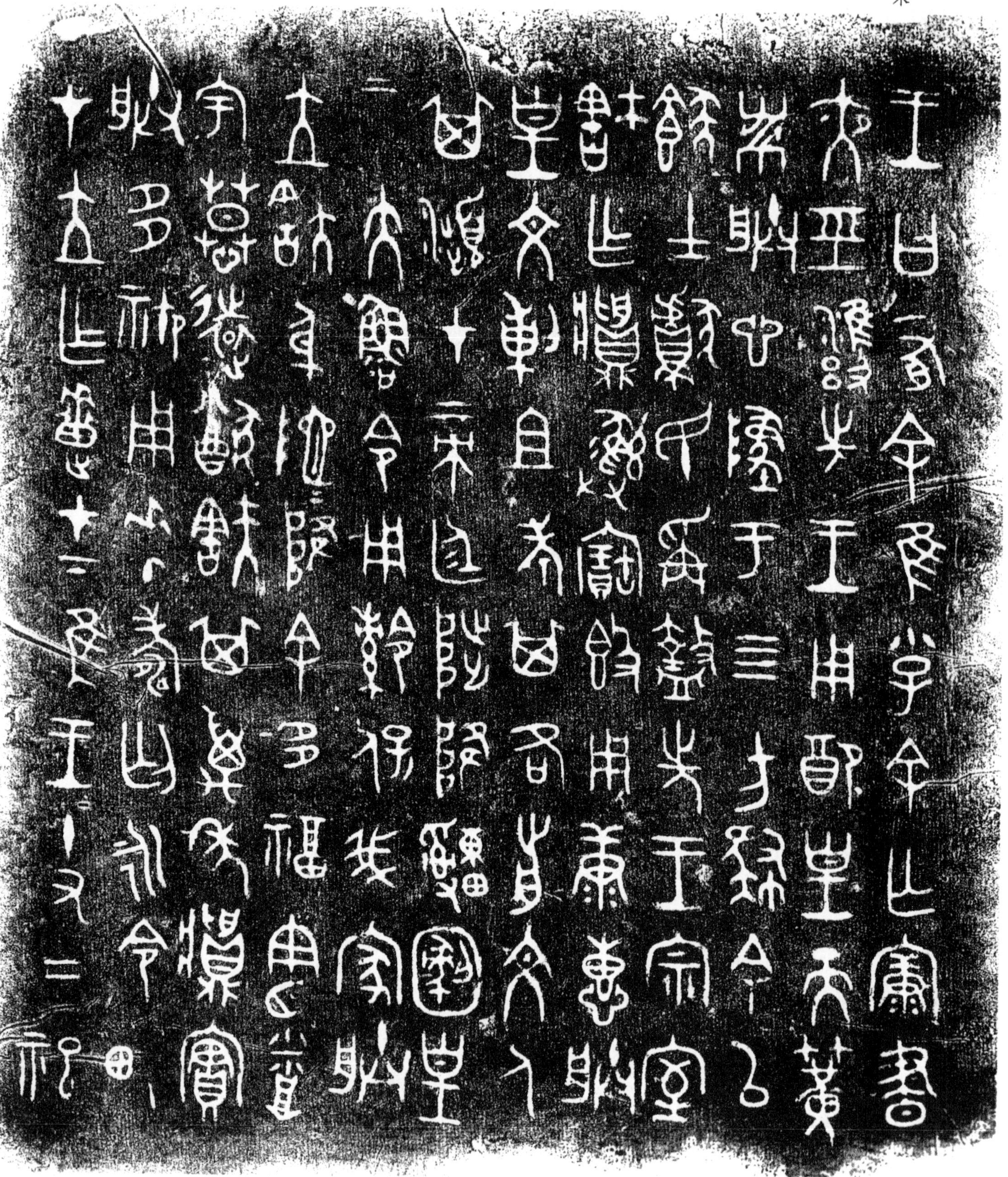

04317

04317 釋文

王曰：有余隹（雖）小子，余亡康晝夜，巠（經）擁（雍）先王，用配皇天，簧黹朕心，墜（地）于四方，肄（肆）余以餕士、獻民，爯盩先王宗室，㝬（胡）乍（作）䵼彝寶𣪘，用康惠朕皇文剌（烈）祖考，其各前文人，其瀕在帝廷，陟降，𤕌（申）圂（恪）皇帝大魯令（命），用𡨦（給令）保我家、朕立（位）、㝬（胡）身，陀陀降余多福，富（憲）烝宇、慕遠猷，㝬（胡）其萬年䵼，實朕多禦，用𠦪（祓）壽、匄永令（命），畯在立（位），乍（作）疐在下，唯王十又二祀

三年師兑殷

04318.1

04318.2

04318 釋文

唯三年二月，初吉丁亥，王在周，
各大廟，即立（位），𪁺伯右（佑）師兑，
入門，立中廷，王乎內史尹
册令（命）師兑：余既令女（汝）疋（胥）師
龢父，𤔲左右走（趣）馬，今余唯
𩰫申𩫨（就）乃令（命），令（命）女（汝）𦔻（纘）𤔲走（趣）馬，賜
女（汝）秬鬯一卣、金車、㚔（賁）䡇（較）、朱虢（鞹）
𠧟靳、虎冟（冪）熏（纁）裏、右厄（軛）、畫轉、
畫輯、金甬（筩）、馬四匹、攸（鋚）勒，師
兑拜𩒨首，敢對揚天子不（丕）顯
魯休，用乍（作）朕皇考釐公䵼𣪘，
師兑其萬年，子子孫孫永寶用

三年師兑簋

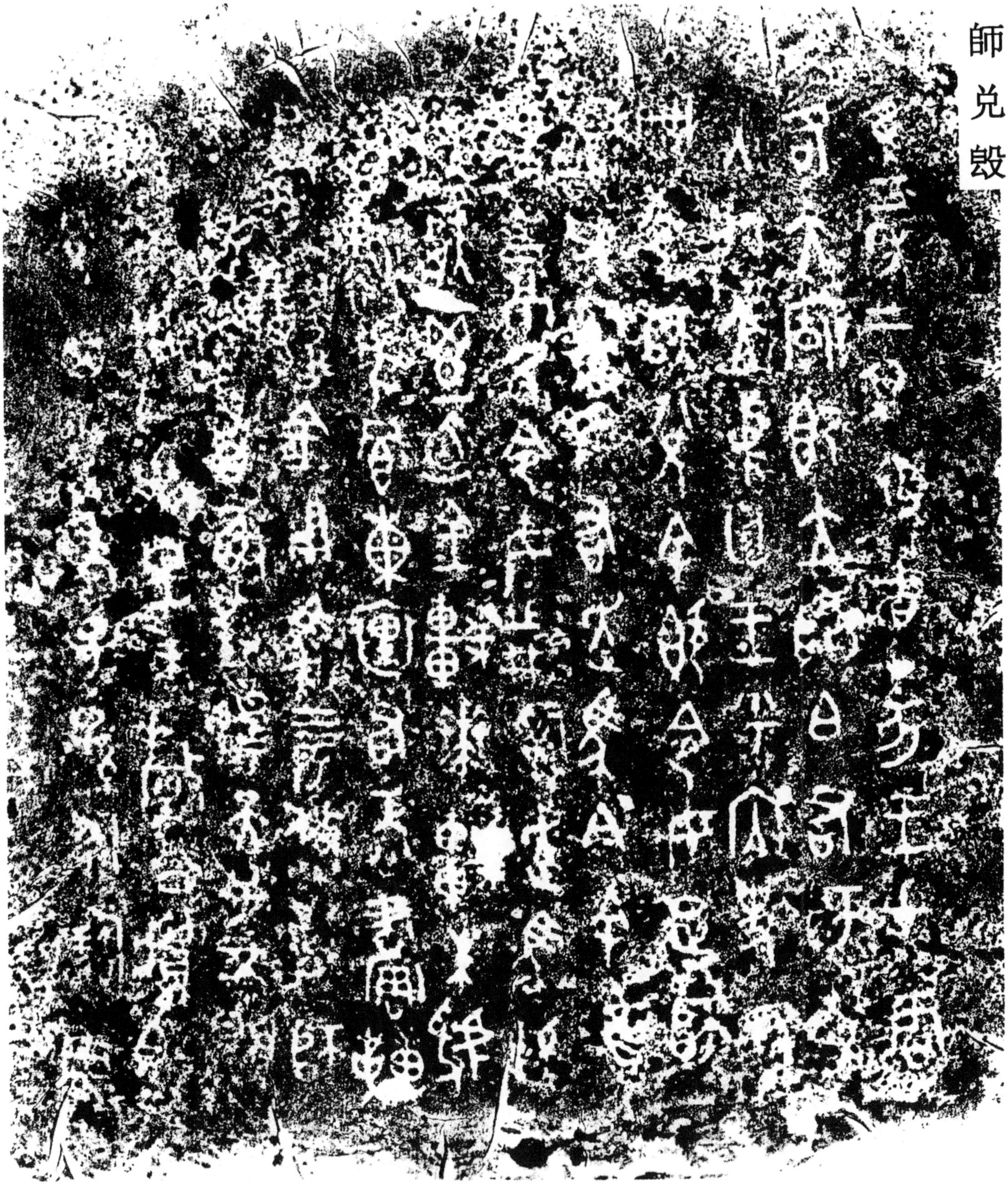

04319

04319 釋文

唯三年二月，初吉丁亥，王在周，
各大廟，即立（位），睲伯右（佑）師兑，
入門，立中廷，王乎內史尹
册令（命）師兑：余既令（命）女（汝）疋（胥）師
龢父，嗣左右走（趣）馬，今余唯
䰉申豪（就）乃令（命），令（命）女（汝）䫲（纘）嗣走（趣）馬，賜
女（汝）秬鬯一卣、金車、𠦪（賁）較（較）、朱號（鞹）
囪靳、虎冟（冪）熏（纁）裏、右厄（軛）、畫轉、
畫輯、金甬（筩）、馬四匹、攸（鋚）勒，師
兑拜頴首，敢對揚天子不（丕）顯
魯休，用乍（作）朕皇考釐公鬻𣪘，
師兑其萬年，子子孫孫永寶用

宜侯夨簋

唯四月，辰在丁未，王省武王、
成王伐商圖，征（誕）省東
或（國）圖，
王立（莅）于宜，入土（社）
南鄉（嚮），王令（命）
虞（虎）侯夨曰：鄠（？）侯
于宜，賜□（□）
鬯一卣，商瓚一□、彤
弓一、彤矢百、
旅（玈）弓十、旅（玈）矢
千，賜土：厥川（甽）
三百□，厥□百又廿，
厥宅邑卅又五，
厥□百又卌（四十），賜
在宜
王人十又七生（姓），賜
奠（甸）七伯，
厥盧□又五十夫，賜宜庶
人六百又□六夫，宜侯夨揚
王休，乍（作）虞（虎）公父丁尊彝

04320

訇殷

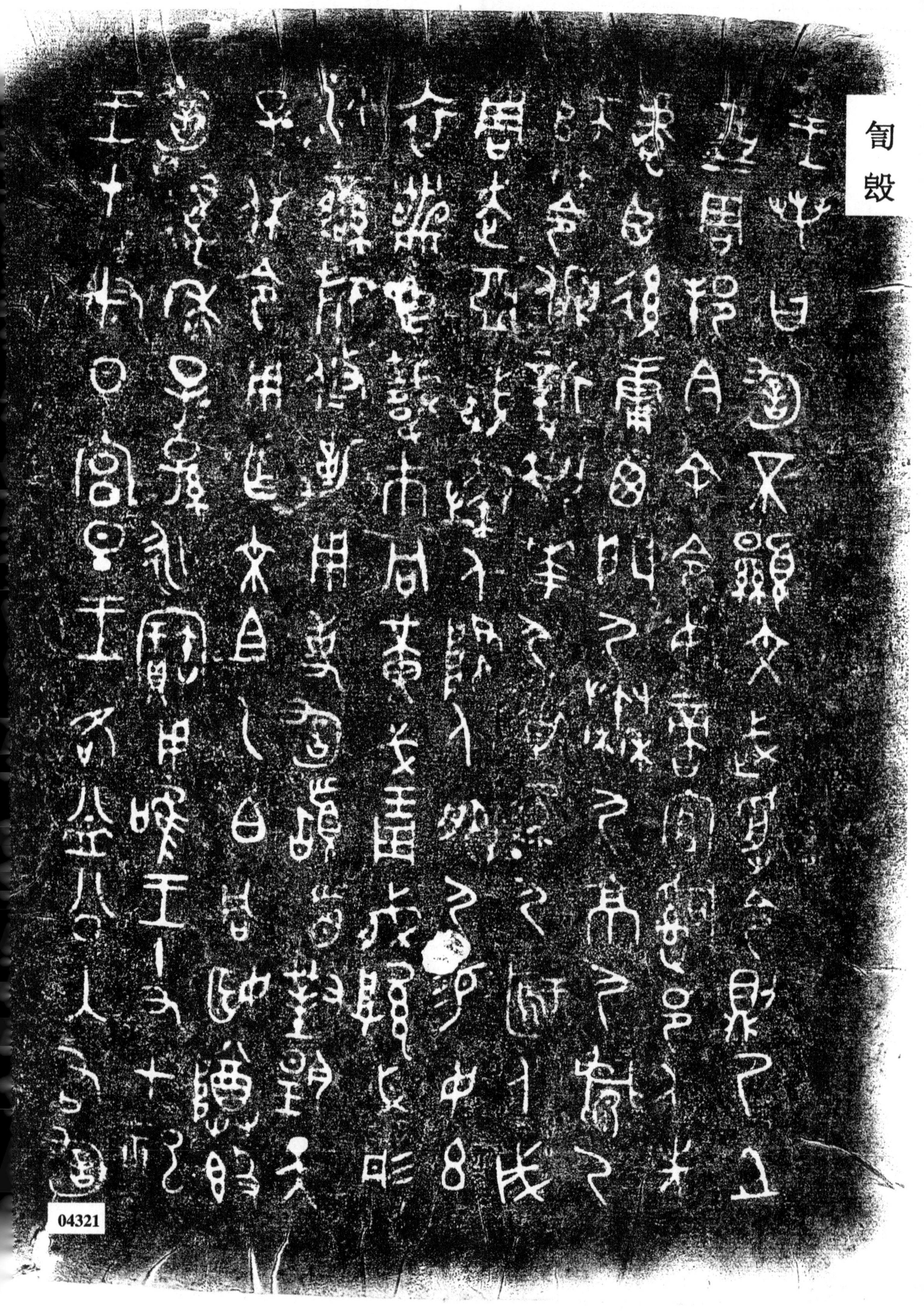

04321

04321 釋文

王若曰：訇，不（丕）顯文、武受令（命），則乃祖
奠周邦，今余令（命）女（汝）啻（嫡）官嗣邑人，先
虎臣後庸：西門尸（夷）、秦尸（夷）、京尸（夷）、臮尸（夷）、
師笭、側新（薪）、□華尸（夷）、弁豸尸（夷）、㕑人、成
周走亞、戍、秦人、降人、服尸（夷），賜女（汝）玄
衣黹屯（純）、載（緇）巿、冋（黹）黄（衡）、戈琱㦸、歐（厚）必（柲）、彤
沙（蘇）、䜌（鑾）旂、攸（鋚）勒，用事，訇䭬首，對揚天
子休令（命），用乍（作）文祖乙伯、同姬尊𣪘，
訇邁（萬）年，子子孫永寶用，唯王十又七祀，
王在射日宮，旦，王各，益公入右（佑）訇

㦰毁

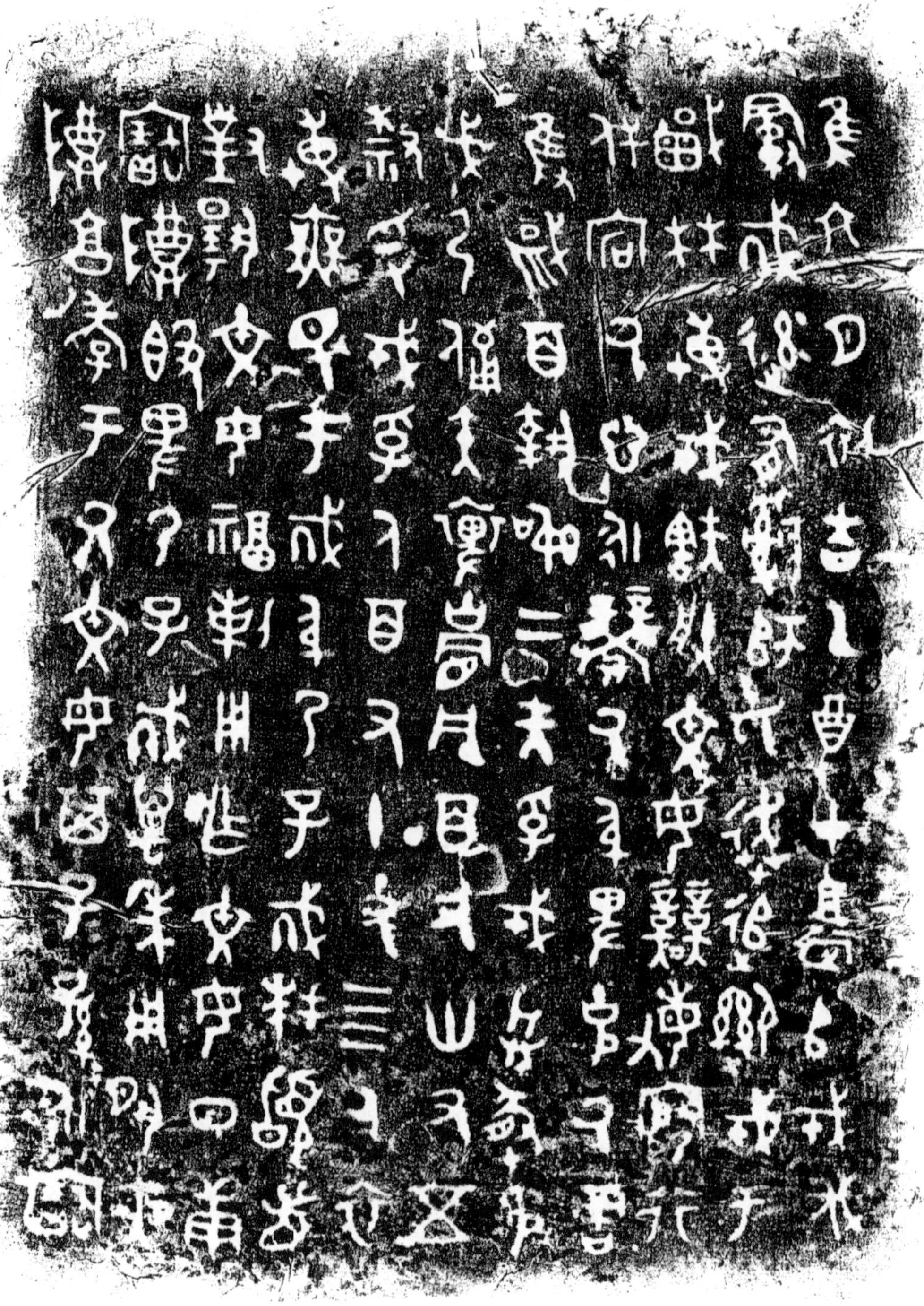

04322.1

唯六月初吉乙酉，在𡉚師（次），戎伐
䰜，㦰率有𤔲、師氏奔追卸（攔）戎于
嘓（域）林，博（搏）戎㝬（胡），朕文母競敏𡨦行，
休宕厥心，永襲厥身，卑（俾）克厥啻（敵），
獲馘（聝）百、執訊二夫，俘戎兵豚（盾）、矛、
戈、弓、備（箙）、矢、裨、胄，凡百又卅又五
叙（款），寽（捋）俘人百又十又四人，衣（卒）
博（搏），無眈（尤）于㦰身，乃子㦰拜𩒨首，
對揚文母福刺（烈），用乍（作）文母日庚
寶尊毁，卑（俾）乃子㦰萬年，用夙夜
尊享于厥文母，其子子孫孫永寶

唯六月初吉乙酉，在𩫨師（次），戎伐𩣞，𢦏率有𤔲、師氏奔追䢅（攔）戎于𥇛（域）林，博（搏）戎𢦚（胡），朕文母競敏𥨊行，休宕厥心，永襲厥身，卑（俾）克厥啻（敵），獲聝（馘）百、執訊二夫，俘戎兵𥂴（盾）、矛、戈、弓、備（箙）、矢、裨冑，凡百又卅又五叙（款），寽（捋）俘人百又十又四人，衣（卒）博（搏），無肬（尤）于𢦏身，乃子𢦏拜䭫首，對揚文母福剌（烈），用乍（作）文母日庚寶尊毁，卑（俾）乃子𢦏萬年，用夙夜尊享于厥文母，其子子孫孫永寶

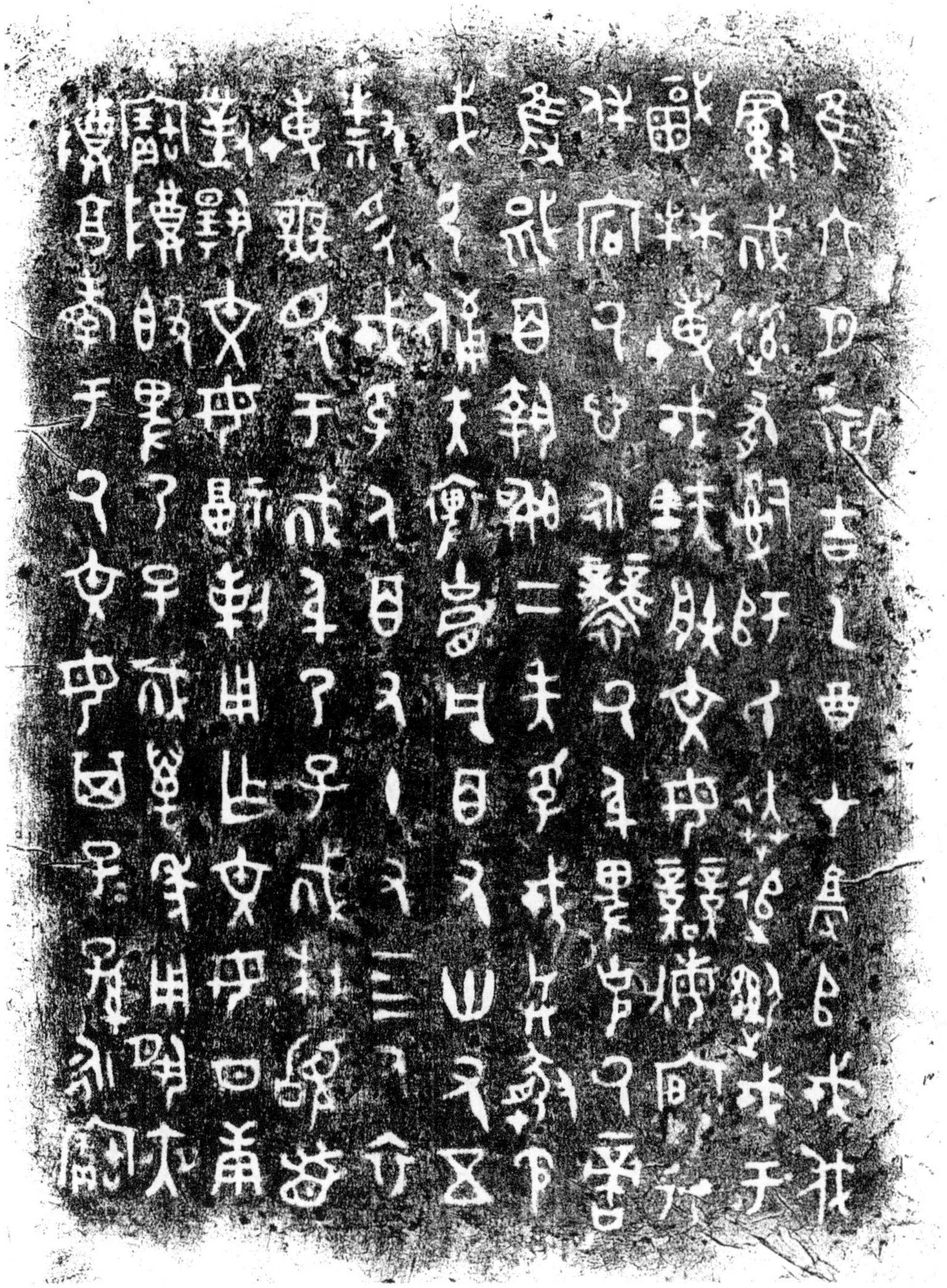

04322.2

敔毁

唯王十月，王在成周，南淮尸（夷）遱、殳，內伐洹、昴、參泉、裕敏、陰（陰）陽洛，王令敔追卸（攔）于上洛、熜（熜）谷，至于伊、班，長榜（榜）蓺（載）首百，執訊卌（四十），奪俘人四百，啚于熒（榮）伯之所，于熜（熜）衣諱，復付厥君，唯王十又一月，王各于成周大廟，武公入右（佑）敔，告禽（擒）馘百、訊卌（四十），王蔑敔曆，事（使）尹氏受（授）贅（賚）敔：圭（珪）瓚、嬰貝五十朋，賜田于敜（扲）五十田，于早五十田，敔敢對揚天子休，用乍（作）尊毁，敔其邁（萬）年，子子孫孫永寶用

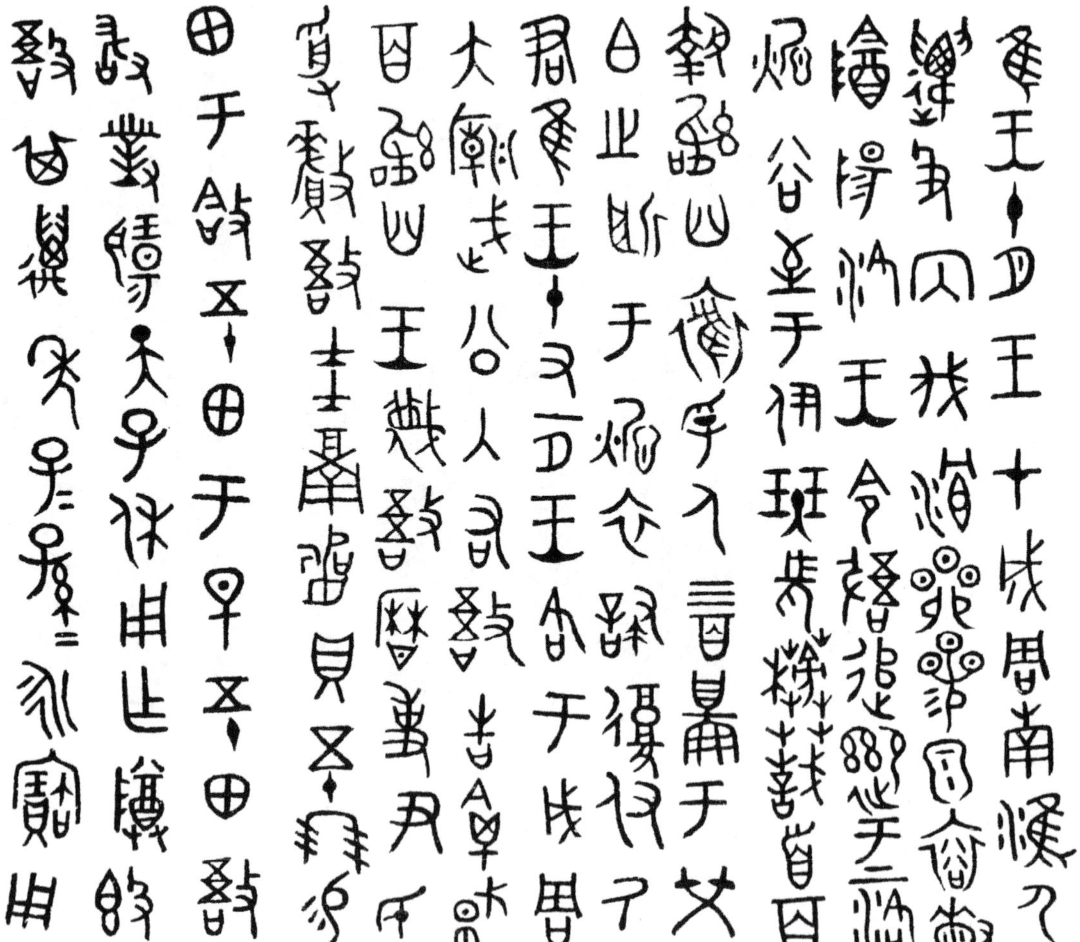

04323

師嫠毁

04324.1

04324.2

04324.1 釋文

唯十又一年，九月初吉丁亥，
王在周，各于大室，即立（位），宰琱
生（甥）內（入）右（佑）師嫠，王乎尹氏册令（命）師
嫠，王曰：師嫠，在昔先王小學，女（汝）敏
可事（使），既令（命）女（汝）更乃祖考嗣小輔，
今余唯醽（申）𩫏（就）乃令（命），令（命）女（汝）嗣乃
祖舊官小輔眔鼓鐘，賜女（汝）菽（素）芾、
金黃（衡）、赤舄、攸（鋚）勒，用事，敬夙夜勿
瀍（廢）朕令（命），師嫠拜手䭫首，敢
對揚天子休，用乍（作）朕皇
考輔伯尊毁，嫠其邁（萬）
年，子子孫孫永寶用，

04324.2 釋文

師龢父役（胙）嫠菽（素）芾，巩（恐）告于王　唯十又
一年，九月初吉丁亥，王在周，各于大
室，即立（位），宰琱生（甥）內（入）右（佑）師嫠，王乎尹氏
册令（命）師嫠，王曰：師嫠，在昔先王小
學，女（汝）敏可事（使），既令（命）女（汝）更乃祖考嗣小
輔，今余唯醽（申）𩫏（就）乃令（命），令（命）女（汝）嗣乃祖舊官
小輔眔鼓鐘，賜女（汝）菽（素）芾、金黃（衡）、赤舄、攸（鋚）
勒，用事，敬夙夜勿瀍（廢）朕令（命），師嫠拜手
䭫首，敢對揚天子休，用乍（作）朕皇考輔
伯尊毁，嫠其邁（萬）年，子子孫孫永寶用，

王若曰師嫠才先王小學女敏可吏既令女更乃祖考嗣小輔今余唯申就乃令令女嗣乃祖旧官小輔鼓鐘易女叔巿金黄赤舄攸勒用楚乃祖考事余一人永存余令女死嗣我家外入言敢不善敬乃夙夜用事

04325.1

04325.1 釋文

唯十又一年，九月初吉丁亥，
王在周，各于大室，即立（位），
宰琱生（甥）內（入）右（佑）師嫠，王乎尹氏
冊令（命）師嫠，王曰：師嫠，在昔先
王小學，女（汝）敏可事（使），既令女（汝）
更乃祖考嗣，今余唯䌛（申）臺（就）
乃令（命），令（命）女（汝）嗣乃祖舊官小輔、鼓鐘，
賜女（汝）䟫（素）芾、金黄（衡）、赤舄、攸（鋚）勒，用事，敬夙
夜勿灋（廢）朕令（命），師嫠拜手䭫首，對揚天
子休，用乍（作）朕皇考輔伯尊毁，嫠其
萬年，子子孫孫永寶用，

04325.2

04325.2 釋文

師龢父伇(胙)嫠菽(素)芾，巩(恐)告于王 唯十又一年，九月初吉丁亥，王在周，各于大室，即立(位)，宰琱生(甥)內(入)右(佑)師嫠，王乎尹氏冊令(命)師嫠，王曰：師嫠，在昔先王小學，女(汝)敏可事(使)，既令(命)女(汝)更乃祖考𤔲小輔，今余唯𤔔(申)𩫏(就)乃令(命)，令(命)女(汝)𤔲乃祖舊官小輔眔鼓鐘，賜女(汝)菽(素)芾、金黃(衡)、赤舄、攸(鋚)勒，用事，敬夙夜勿灋(廢)朕令(命)，師嫠拜手䭫首，敢對揚天子休，用乍(作)朕皇考輔伯尊𣪕，嫠其邁(萬)年，子子孫孫永寶用，

番生簋蓋

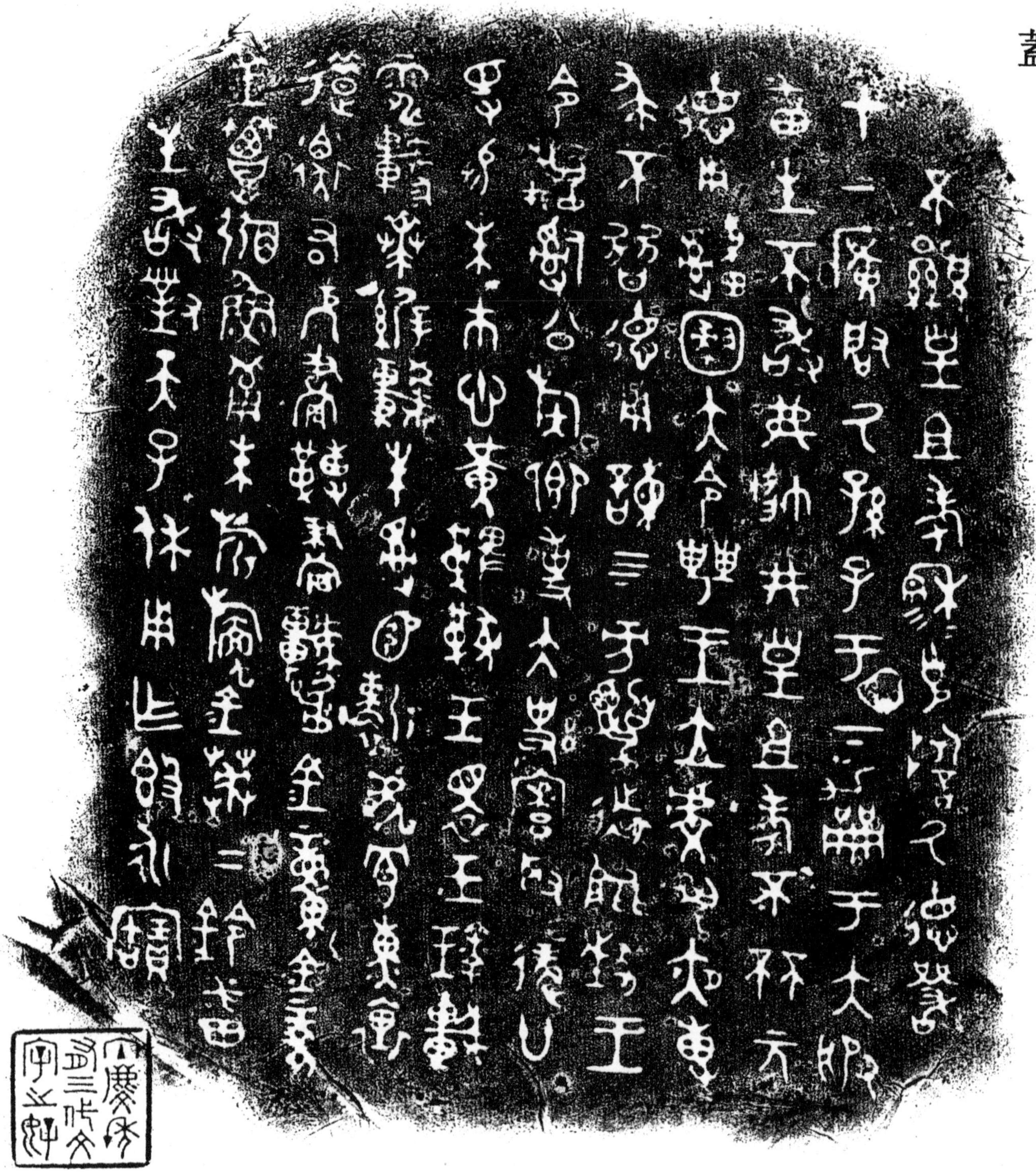

04326

04326 釋文

不（丕）顯皇祖考，穆穆克誓（哲）厥德，嚴（儼）在上，廣啟厥孫子于下，勵于大服，番生（甥）不敢弗帥井（型）皇祖考不（丕）杯（丕）元德，用𤔲（申）圝（恪）大令（命），甹（屏）王立（位），虔夙夜，尃（溥）求不朁（潛）德，用諫四方，顛（揉）遠能𤞷（邇），王令𩛥（纘）嗣公族、卿事（士）、大（太）史寮，取徵廿孚（鋝），賜朱芾、悤（蔥）黃（衡）、鞞鞛（璲）、玉睘（環）、玉瑹、車、電軫、𠦪（賁）縟較（较）、朱䩞（鞹）㫃靳、虎冟（冪）熏（纁）裏、遣（錯）衡、右厄（軛）、畫轉、畫輯、金童（踵）、金豙（軛）、金簟弼（茀）、魚莆（箙）、朱旂旜（旜）金芫二鈴，番生（甥）敢對揚天子休，用乍（作）毁，永寶

卯毁蓋

04327

04327 釋文

唯王十又一月，既生霸丁亥，𤇳（榮）季入右（佑）卯，立中廷，𤇳（榮）伯乎令（命）卯曰：𢦏（載）乃先祖考死（尸）𤔲𤇳（榮）公室，昔乃祖亦既令乃父死（尸）𤔲葊人，不盄（淑），寽（捋）我家，窠用喪，今余非敢夢先公又（有）𢕍遂，余懋爯先公官，今余唯令女（汝）死（尸）葊宮、葊人，女（汝）毋敢不善，賜女（汝）瓚四、章（璋）瑴（瑴）、宗彝一牆（肆），寶，賜女（汝）馬十匹、牛十，賜于乍（作）一田，賜于宣（亘）一田，賜于隊一田，賜于戜一田，卯拜手䭫（頷）手（首），敢對揚𤇳（榮）伯休，用乍（作）寶尊𣪘，卯其萬年，子子孫孫永寶用

不嬰簋

04328

04328 釋文

唯九月初吉戊申，伯氏曰：不㠱，
馭方、厰（玁）允（狁）廣伐西俞，王令我
羞追于西，余來歸獻禽（擒），余命
女（汝）御（禦）追于䍙，女（汝）以我車宕伐
厰（玁）允（狁）于高陶，女（汝）多折首執訊，戎
大同，從追女（汝），女（汝）彶戎大臺（敦）戟（搏），女（汝）休弗
以我車圅（陷）于艱，女（汝）多禽（擒），折首執訊，
伯氏曰：不㠱，女（汝）小子，女（汝）肇誨（敏）于戎工（功），
賜女（汝）弓一、矢束、臣五家、田十田，用從（永）乃
事，不㠱拜𩒨手（首）休，用乍（作）朕皇祖公
伯、孟姬尊𣪘，用匄多福，眉壽
無疆，川（永）屯（純）、霝（靈）冬（終），子子孫孫，其永寶用享

不嬰毀蓋

04329

04329 釋文

唯九月初吉戊申，伯氏
曰：不㠱，駿方、厰（玁）允（狁）廣伐
西俞，王令我羞追于西，余來歸
獻禽（擒），余命女（汝）御（禦）追于䍃，女（汝）以我車宕
伐𢽾（玁）允（狁）于高陶，女（汝）多折首執訊，戎大
同，從追女（汝），女（汝）彶戎大臺（敦）戟（搏），女（汝）休弗
以我車函（陷）于艱，女（汝）多禽（擒），折首執訊，
伯氏曰：不㠱，女（汝）小子，女（汝）肈誨（敏）于戎工（功），
賜女（汝）弓一、矢束、臣五家、田十田，用永
乃事，不㠱拜𩒨手（首）休，用乍（作）朕
皇祖公伯、孟姬尊𣪕，用匄
多福，眉壽無疆，永屯（純）、
霝（靈）冬（終），子子孫孫，其永寶用享

沈子它毁蓋

04330

04330 釋文

也曰：拜頣首，敢臤(掔)卲(昭)告朕
吾考，令乃鴅(嬗)沈子乍(作)級于周公
宗，陟二公，不敢不級休同，公克成
妥(綏)吾考，以于顯顯受令(命)，烏
虖(乎)，唯考敢又念自先王、先公，
廼妹(昧)克衣告剌(烈)成工(功)，𠭯吾考
克淵克，乃沈子其顧褱(懷)多公能福，
烏虖(乎)，乃沈子妹(昧)克蔑見猒(厭)
于公休，沈子肇斁狃貯嗇，
乍(作)茲𣪘，用𩚬鄉(饗)己公，用洛多公，其
丮哀(愛)乃沈子也唯福，用水(賜)霝(靈)令(命)，
用妥(綏)公唯壽，也用褱(懷)逵我多弟
子，我孫克又(有)井(型)斅(效)，懿父廼是子

乖伯歸夆毁

04331

04331 釋文

唯王九年九月甲寅，王命

益公征眉敖，益公至告，二月，眉

敖至見，獻賣（帛），己未，王命仲𦤶（致）

歸（饋）乖伯絩（鼬）裘，王若曰：乖伯，朕

不（丕）顯祖文、武，膺受大命，乃

祖克𡘮（弼）先王，異（翼）自它邦，又（有）芇（當）

于大命，我亦弗宷（深）享邦，賜女（汝）

絩（鼬）裘，乖伯拜手䭫首，天子

休弗望（忘）小𢉩（裔）邦，歸夆敢對揚

天子不（丕）杯（丕）魯休，用乍（作）朕皇考

武乖幾王尊𣪘，用好宗朝（廟），享

夙夕，好倗友雩百者（諸）婚遘（媾），

用祈屯（純）彔（祿）、永命，魯壽子孫，歸

夆其邁（萬）年，日用享于宗室

04332.1

頌 簋

04332.1 釋文

唯三年五月，既死霸甲戌，
王在周康卲宮，旦，王各大
室，即立（位），宰引右（佑）頌，入門，立
中廷，尹氏受（授）王令（命）書，王乎
史虢生（甥）册令（命）頌，王曰：頌，令（命）
女（汝）官嗣成周貯（廛），監嗣新造，
貯（廛）用宮御，賜女（汝）玄衣黹屯（純）、
赤芾、朱黄（衡）、䜌（鑾）旂、攸（鋚）勒，用事，
頌拜䭫首，受令（命）册佩以出，
反（返）入（納）堇（瑾）章（璋），頌敢對揚天子
不（丕）顯魯休，用乍（作）朕皇考龏
叔、皇母龏始（姒）寶尊段，用追
孝、祈匄康𩃹、屯（純）右（祐）、通彔（禄）、永
令（命），頌其萬年，眉壽無疆，畯
臣天子，霝（靈）冬（終），子子孫孫永寶用

04332.2

04332.2 釋文

唯三年五月，既死霸甲戌，
王在周康卲宮，旦，王各大
室，即立（位），宰引右（佑）頌，入門，立
中廷，尹氏受（授）王令（命）書，王乎
史虢生（甥）册令（命）頌，王曰：頌，令（命）
女（汝）官嗣成周貯（廛），監嗣新造，
貯（廛）用宮御，賜女（汝）玄衣黹屯（純）、
赤巿、朱黄（衡）、䜌（鑾）旂、攸（鋚）勒，用 事，
頌拜䭫首，受令（命）册佩以出，
反（返）入（納）堇（瑾）章（璋），頌敢對揚天子
不（丕）顯魯休，用乍（作）朕皇考龏
叔、皇母龏始（姒）寶尊毁，用追
孝、祈匄康𧤴、屯（純）右（祐）、通彔（祿）、永
令（命），頌其萬年，眉壽無疆，畯
臣天子，霝（靈）冬（終），子子孫孫永寶用

04333.1

頌簋

04333.1 釋文

唯三年五月，既死霸甲戌，
王在周康卲宮，旦，王各大
室，即立(位)，宰引右(佑)頌，入門，立
中廷，尹氏受(授)王令(命)書，王乎
史虢生(甥)册令(命)頌，王曰：頌，令
女(汝)官嗣成周貯(廛)，監嗣新造，
貯(廛)用宮御，賜女(汝)玄衣黹屯(純)、
赤巿、朱黄(衡)、䜌(鑾)旂、攸(鋚)勒，用事，
頌拜䭫首，受令(命)册佩以出，
反(返)入(納)堇(瑾)章(璋)，頌敢對揚天子
不(丕)顯魯休，用乍(作)朕皇考龔
叔、皇母龔始(姒)寶尊𣪘，用追
孝祈匄康𧊒、屯(純)右(祐)、通彔(祿)、永
令(命)，頌其萬年，眉壽無疆，畯
臣天子，霝(靈)冬(終)，子子孫孫永寶用

04333.2

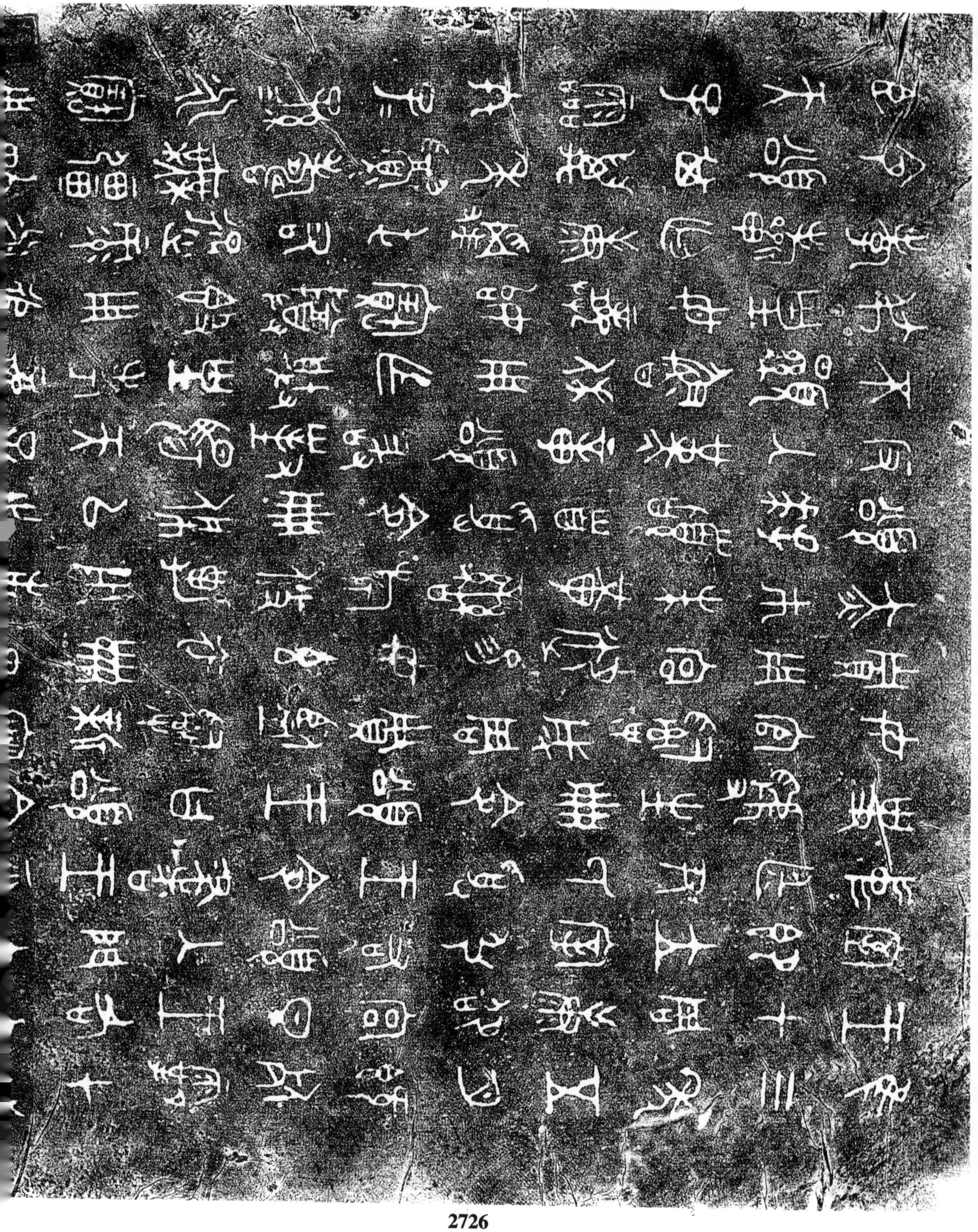

04333.2 釋文

唯三年五月，既死霸甲戌，
王在周康卲宮，旦，王各大
室，即立（位），宰引右（佑）頌，入門，立
中廷，尹氏受（授）王令（命）書，王乎
史虢生（甥）冊令（命）頌，王曰：頌，令
女（汝）官嗣成周貯（廛），監嗣新造，
貯（廛）用宮御，賜女（汝）玄衣黹屯（純）、
赤巿、朱黃（衡）、䜌（鑾）旂、攸（鋚）勒，用事，
頌拜䭫首，受令（命）冊佩以出，
反（返）入（納）堇（瑾）章（璋），頌敢對揚天子
不（丕）顯魯休，用乍（作）朕皇考龏
叔、皇母龏始（姒）寶尊𣪕，用追
孝祈匄康𩠐、屯（純）右（祐）、通彔（祿）、永
令（命），頌其萬年，眉壽無疆，畯
臣天子，霝（靈）冬（終），子子孫孫永寶用

04334

頌簋

04334 釋文

唯三年五月，既死霸甲戌，
王在周康卲宮，旦，王各大
室，即立（位），宰引右（佑）頌，入門，立
中廷，尹氏受（授）王令（命）書，王乎
史虢生（甥）册令（命）頌，王曰：頌，令
女（汝）官嗣成周貯（廛），監嗣新造，
貯（廛）用宮御，賜女（汝）玄衣黹屯（純）、
赤巿、朱黄（衡）、䜌（鑾）旂，攸（鋚）勒，用事，
頌拜䭫首，受令（命）册佩以出，
反（返）入（納）堇（瑾）章（璋），頌敢對揚天子
不（丕）顯魯休，用乍（作）朕皇考龏
叔、皇母龏始（姒）寶尊毁，用追
孝祈匄康𩵋、屯（純）右（祐）、通彔（祿）、永
令（命），頌其萬年，眉壽無疆，畯
臣天子，霝（靈）冬（終），子子孫孫永寶用

04335

頌𣪘

04335 釋文

唯三年五月，既死霸甲戌，
王在周康卲宮，旦，王各大
室，即立（位），宰引右（佑）頌，入門，立
中廷，尹氏受（授）王令（命）書，王乎
史虢生（甥）册令（命）頌，王曰：頌，令
女（汝）官嗣成周貯（廛），監嗣新造，
貯（廛）用宮御，賜女（汝）玄衣黹屯（純）、
赤巿、朱黄（衡）、䜌（鑾）旂、攸（鋚）勒，用事，
頌拜䭫首，受令（命）册佩以出，
反（返）入（納）堇（瑾）章（璋），頌敢對揚天子
不（丕）顯魯休，用乍（作）朕皇考龏
叔、皇母龏始（姒）寶尊段，用追
孝祈匄康𩞁、屯（純）右（祐）、通彔（祿）、永
令（命），頌其萬年，眉壽無疆，畯
臣天子，霝（靈）冬（終），子孫永寶用

04336

頌簋蓋

04336 釋文

唯三年五月，既死霸甲戌，
王在周康卲宮，旦，王各大
室，即立（位），宰引右（佑）頌，入門，立
中廷，尹氏受（授）王令（命）書，王乎
史虢生（甥）冊令（命）頌，王曰：頌，令
女（汝）官嗣成周貯（廛），監嗣新造，
貯（廛）用宮御，賜女（汝）玄衣黹屯（純）、
赤巿、朱黃（衡）、緣（鑾）旂、攸（鋚）勒，用事，
頌拜䭫首，受令（命）冊佩以出，
反（返）入（納）堇（瑾）章（璋），頌敢對揚天子
不（丕）顯魯休，用乍（作）朕皇考龏
叔、皇母龏始（姒）寶尊𣪘，用追
孝祈匄康𧫂、屯（純）右（祐）、通彔（祿）、永
令（命），頌其萬年，眉壽無彊，畯
臣天子，霝（靈）冬（終），子子孫孫永寶用

04337

頌簋

04337 釋文

唯三年五月，既死霸甲戌，
王在周康卲宮，旦，王各大
室，即立（位），宰引右（佑）頌，入門，立
中廷，尹氏受（授）王令（命）書，王乎
史虢生（甥）册令（命）頌，王曰：頌，令
女（汝）官嗣成周貯（廛），監嗣新造，
貯（廛）用宮御，賜女（汝）玄衣黹屯（純）、
赤巿、朱黄（衡）、䜌（鑾）旂、攸（鋚）勒，用事，
頌拜䭫首，受令（命）册佩以出，
反（返）入（納）堇（瑾）章（璋），頌敢對揚天子
不（丕）顯魯休，用乍（作）朕皇考龏
叔、皇母龏始（姒）寶尊毁，用追
孝祈匃康𩡧、屯（純）右（祐）、通彔（祿）、永
令（命），頌其萬年，眉壽無疆，畯
臣天子，霝（靈）冬（終），子子孫孫永寶用

04338

頌簋蓋

04338 釋文

唯三年五月，既死霸甲戌，
王在周康卲宮，旦，王各大
室，即立（位），宰引右（佑）頌，入門，立
中廷，尹氏受（授）王令（命）書，王乎
史虢生（甥）册令（命）頌，王曰：頌，令
女（汝）官𤔲成周貯（廛），監𤔲新造，
貯（廛）用宮御，賜女（汝）玄衣黹屯（純）、
赤巿、朱黄（衡）、䜌（鑾）旂、攸（鋚）勒，用事，
頌拜䭫首，受令（命）册佩以出，
反（返）入（納）堇（瑾）章（璋），頌敢對揚天子
不（丕）顯魯休，用乍（作）朕皇考龔
叔、皇母龔始（姒）寶尊毁，用追
孝祈匄康𧾷、屯（純）右（祐）、通彔（祿）、永
令（命），頌其萬年，眉壽無疆，畯
臣天子，霝（靈）冬（終），子子孫孫永寶用

04339

頌簋

04339 釋文

唯三年五月，既死霸甲戌，
王在周康卲宮，旦，王各大
室，即立（位），宰引右（佑）頌，入門，立
中廷，尹氏受（授）王令（命）書，王乎
史虢生（甥）册令（命）頌，王曰：頌，令
女（汝）官嗣成周貯（廛），監嗣新造，
貯（廛）用宮御，賜女（汝）玄衣黹屯（純）、
赤巿、朱黄（衡）、緣（鑾）旂、攸（鋚）勒，用事，
頌拜䭫首，受令（命）册佩以出，
反（返）入（納）堇（瑾）章（璋），頌敢對揚天子
不（丕）顯魯休，用乍（作）朕皇考龏
叔、皇母龏始（姒）寶尊毁，用追
孝祈匄康𧺴、屯（純）右（祐）、通彔（禄）、永
令（命），頌其萬年，眉壽無疆，畯
臣天子，霝（靈）冬（終），子子孫孫永寶用

蔡簋

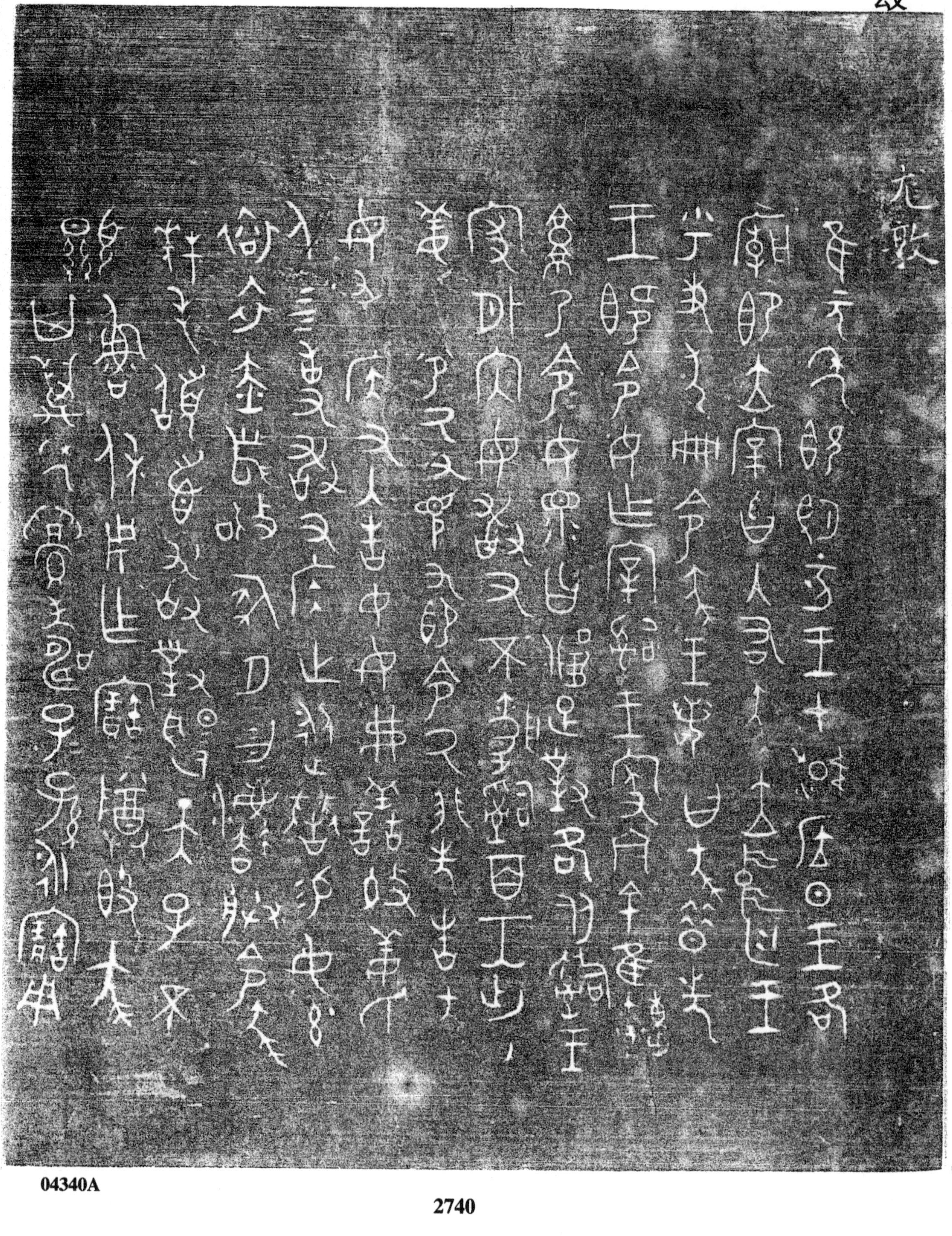

04340A

唯元年既朢丁亥，王在𤰈应，旦，王各
廟，即立（位），宰曶入右（佑）蔡，立中
廷，王
乎史𡵂（敖、佚）册令（命）蔡，王若曰：
蔡，昔先
王既令女（汝）乍（作）宰，嗣王家，今
余唯䌛（申）
𩫖（就）乃令（命），令（命）女（汝）眔曶
𦓤（纘）疋（胥）對各，从嗣王
家外內，毋敢又（有）不聞，嗣百工，
出入
姜氏令，厥又（有）見又（有）即令，厥
非先告蔡，
毋敢疾又（有）入告，女（汝）毋弗善效
姜氏
人，勿事（使）敢又（有）疾止從（縱）獄，
賜女（汝）玄
衮衣、赤舄，敬夙夕勿灋（廢）朕
令（命），蔡
拜手稽首，敢對揚天子不（丕）
顯魯休，用乍（作）寶尊設，蔡
其萬年眉壽，子子孫孫永寶用

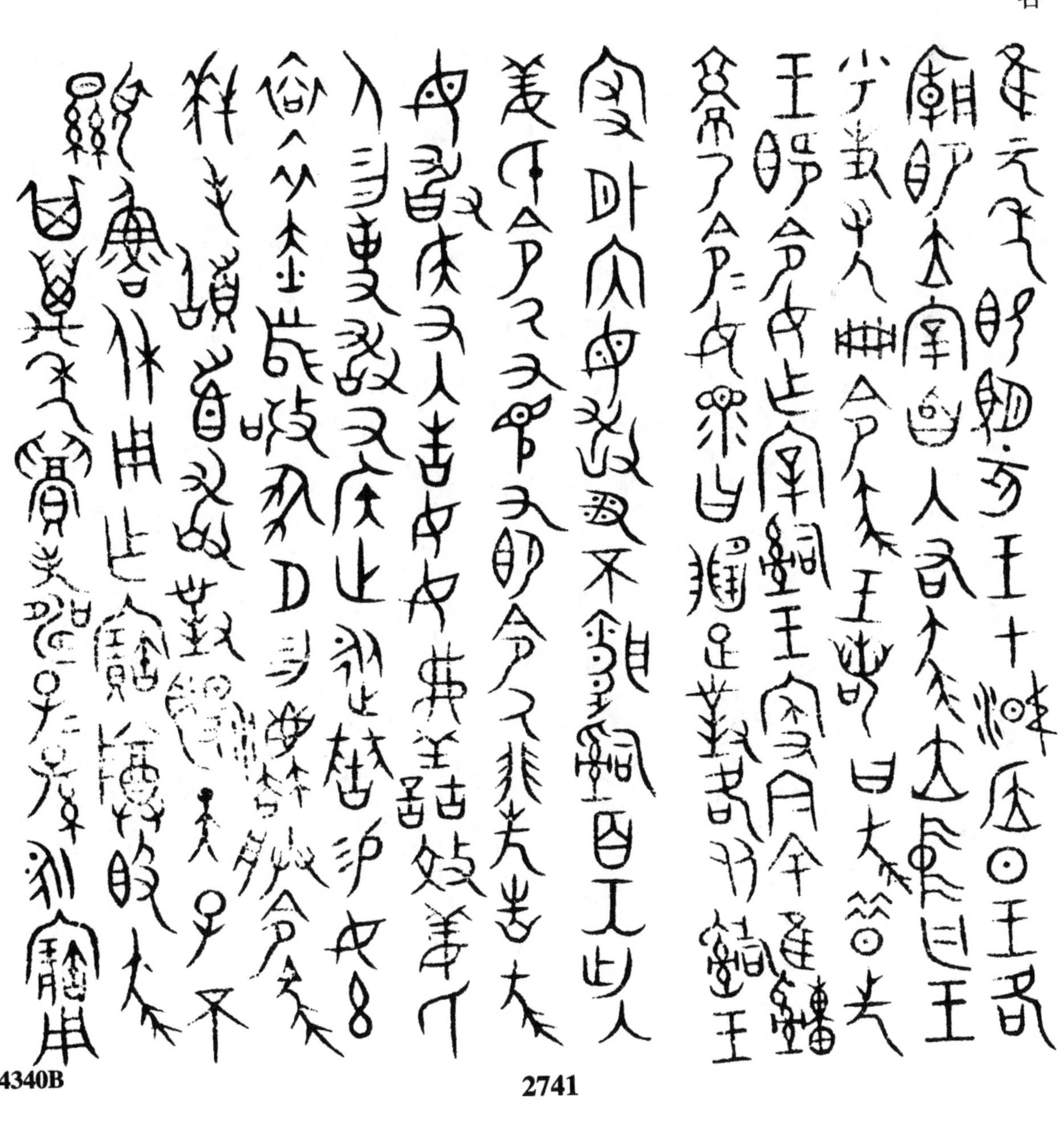

04340B

班簋

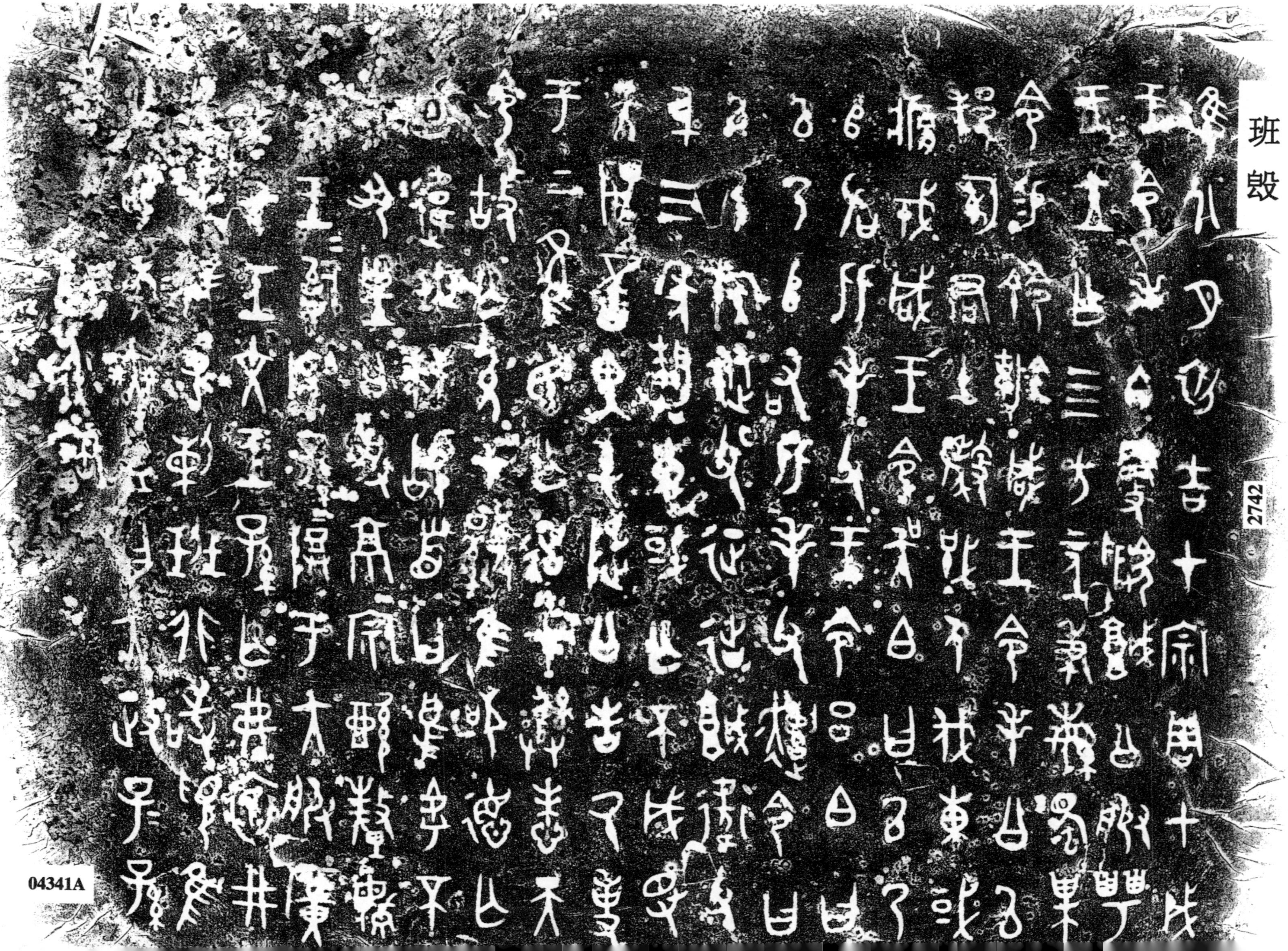

2742

04341A

04341B

04341.C

04341 釋文

唯八月初吉，在宗周，甲戌，
王令毛伯更虢城公服，甹（屏）
王立（位），乍（作）四方亟（極），秉繁、蜀、巢，
令賜鈴勒，咸，王令毛公以
邦冢君、土（徒）馭、𢦔（𨑬）人伐東或（國）
𤼈戎，咸，王令吳（虞）伯曰：以乃
師左比毛公，王令呂伯曰：
以乃師右比毛父，趞（遣）令曰：
以乃族從父征，徣（誕）城衛父
身，三年靜（靖）東或（國），亡不成肬
天畏（威），否畀屯（純）陟，公告厥事
于上，唯民亡徣（延）才（哉），彝态（昧）天
令（命），故亡，允才（哉）顯，唯敬德，亡
卣（攸）違，班頣首曰：烏虖（乎），不（丕）
杯（丕）丮皇公受京宗懿釐，毓（后）
文王、王𡚬（姒）聖孫，隥于大服，廣
成厥工（功），文王孫亡弗褱（懷）井（型），
亡克競厥剌（烈），班非敢覓，唯
乍（作）卲（昭）考爽，益（謚）曰大政，子子孫
多世其永寶

師訇簋

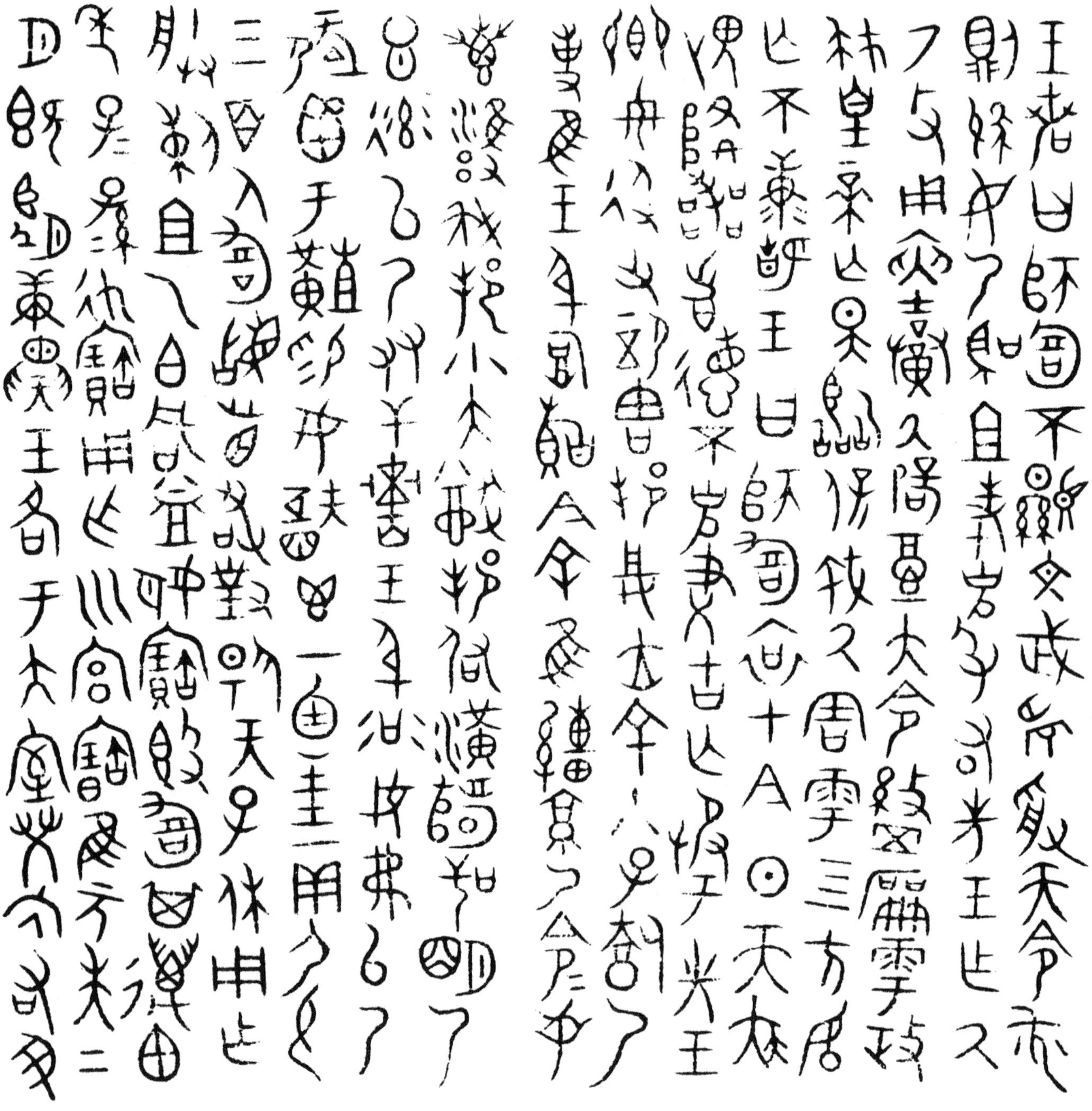

04342

04342 釋文

王若曰：師訇，不（丕）顯文、武，膺受天令（命），亦則於女（汝）乃聖祖考克尃（輔）右（佑）先王，乍（作）厥厷（肱）殳（股），用夾召（紹）厥辟，奠大令（命），盭龠（龢）雩（于）政，肄（肆）皇帝亡冥（斁），臨保我又（有）周，雩四方民亡不康靜（靖），王曰：師訇，哀才（哉），今日天疾畏（威）降喪，首德不克妻（盡），古（故）亡承于先王，鄉（嚮）女（汝）彶屯（純）恤周邦，妥（綏）立余小子，𢦏（載）乃事，唯王身厚𣅀，今余唯𤔲（申）𦎫（就）乃令（命），令（命）女（汝）叀（惠）擁（雍）我邦小大猷，邦弦潢辥（嬖），敬明乃心，率以乃友干（捍）菩（禦）王身，谷（欲）女（汝）弗以乃辟函（陷）于艱，賜女（汝）秬鬯一卣、圭瓚、尸（夷）允（訊）三百人，訇䭫首，敢對揚天子休，用乍（作）朕剌（烈）祖乙伯、同益姬寶𣪕，訇其萬囟（斯）年，子子孫孫永寶，用乍（作）州宮寶，唯元年二月，既望庚寅，王各于大室，熒（榮）內（入）右（佑）訇

牧毁

唯王七年，十又三月，既生霸甲
寅，王在周，在師汓父宮，各大
室，即立（位），公族緹（紹）入
右（佑）牧，立中
廷，王乎內史吳冊令（命）牧，王若
曰：牧，昔先王既令女（汝）乍（作）嗣士，
今余唯或瘕改，令女（汝）辟百寮（僚），
有同（烱）事包迺多亂（亂），不用先
王乍（作）井（型），亦多虐庶民，厥訊庶
右𬺰（鄰），不井（型）不中，迺侯之耤（籍），
以今訇（𩔳）司匐（服）厥辠（罪）嚈（厥）
故（辜），王曰：

04343.1

牧，女（汝）毋敢弗帥先王乍（作）明井（型）
用，雩乃訊庶右𧫷（鄰），毋敢不明不
中不井（型），乃毌（貫）政事，毋敢不尹人不
中不井（型），今余唯𤕌（申）𩫏（就）乃命，賜
女（汝）秬鬯一卣、金車、𠦪（賁）較、畫輯、
朱虢（鞹）𨱆靳、虎冟（冪）熏（纁）裏、旂、余（駼）
（馬）四匹，取（徵）□寽（鋝），敬夙夕勿
灋（廢）朕令（命），牧拜䭬首，敢對揚王
不（丕）顯休，用乍（作）朕皇文考益
伯寶尊𣪕，牧其萬年壽考，
子子孫孫永寶用

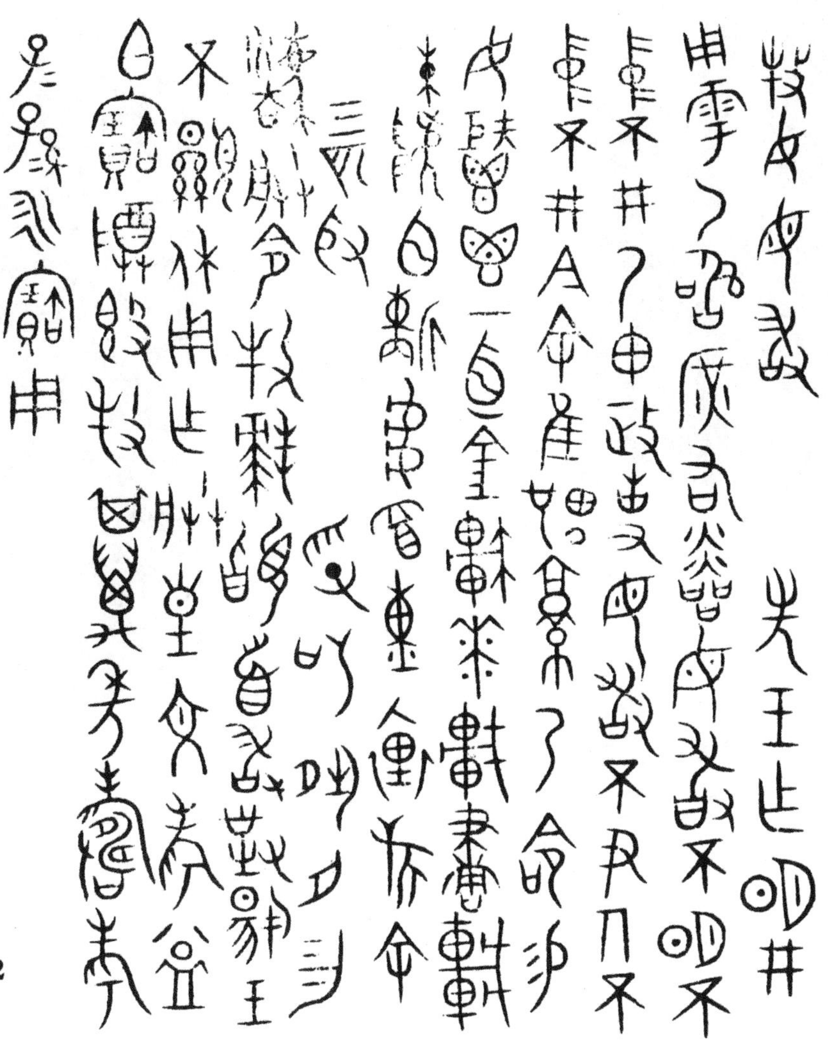

04343.2

攸⿰鬲廾盨

攸⿰鬲廾乍（作）旅盨（⿰金頁）

04344

伯夸父盨

伯夸父乍（作）寶盨（⿰金頁）

04345

⿰𨸏夅伯盨

04346

⿰𨸏夅伯乍（作）
仲姞尊

□伯盨

04347

□伯乍（作）
⿰女牙⿰弓頁用

師奐父盨

師奐父
乍（作）旅須（盨）

04348

師奐父盨

師奐父
乍（作）旅須（盨）

04349

伯筍父盨

伯筍父
乍（作）旅盨

04350

叔倉父盨

叔倉父
乍（作）寶盨

04351

吴女盨蓋

吴女（母）乍（作）微
姬旅盨

04352

矢賸盨

04353

矢賸乍（作）寶
旅盨，永用

師望盨

04354.1

大（太）師小子師
望乍（作）鬻彝

04354.2

大（太）師小子師
望乍（作）鬻彝

中伯盨

中伯乍（作）嬨（鑾）
姬旅盨用

04355

中伯盨

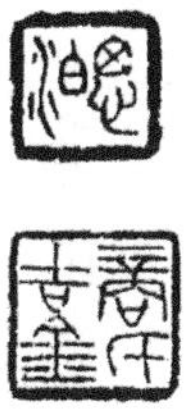

中伯乍（作）嬨（鑾）
姬旅盨用

04356

彔盨

彔乍（作）鑄穎
殹（毁），其永保用

04357.1

彔乍（作）鑄穎
殹（毁），其永保用

04357.2

彔盨

彔乍（作）鑄穎
殹（毁），其永保用

04358.1

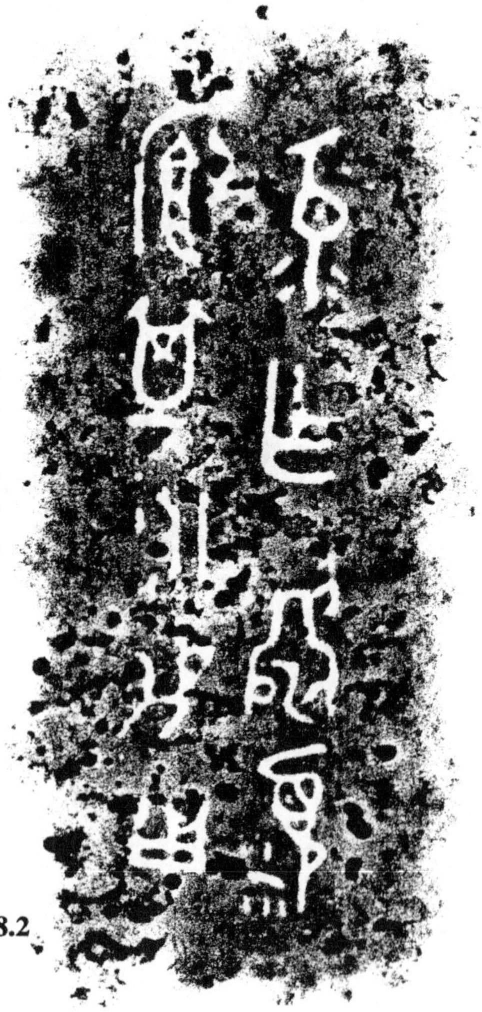

彔乍（作）鑄穎
殹（毁），其永保用

04358.2

彔盨

彔乍（作）鑄頪
廏（𣪘），其永保用

04359.1

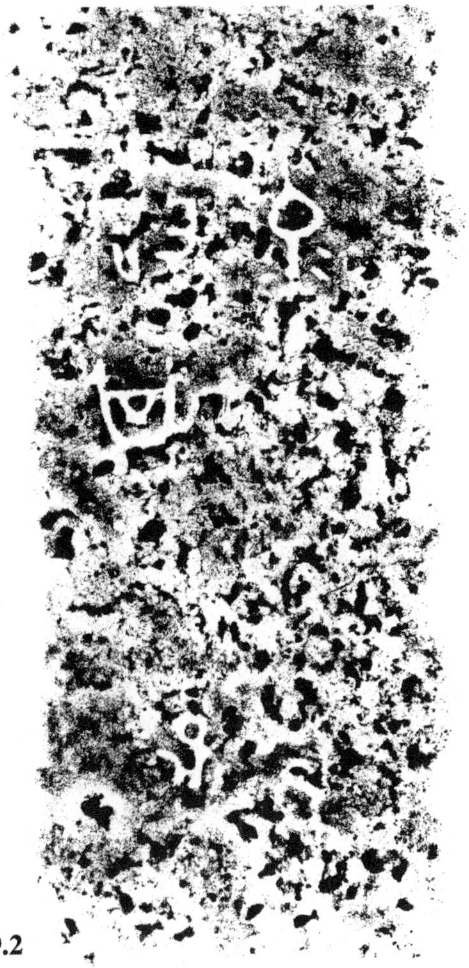

彔乍（作）鑄頪
廏（𣪘），其永保用

04359.2

彔盨

彔乍（作）鑄頪
廏（𣪘），其永保用

04360.1

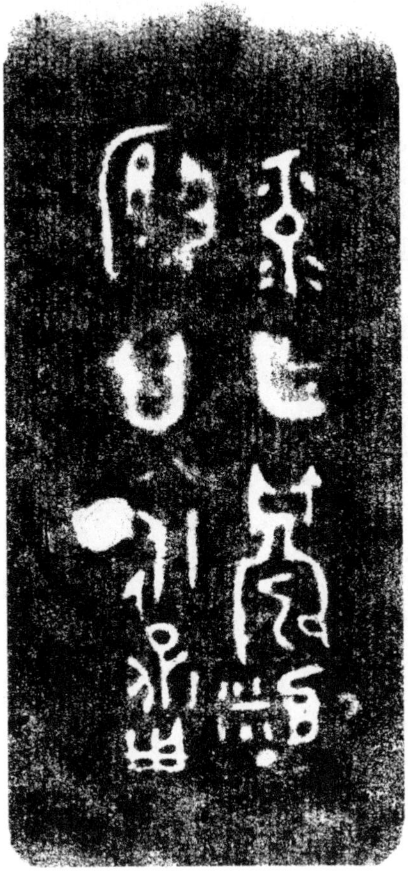

彔乍（作）鑄頪
廏（𣪘），其永保用

04360.2

伯鮮盨

伯鮮乍(作)旅𣪕，
其永寶用

04361.1

伯鮮乍(作)旅𣪕，
其永寶用

04361.2

伯鮮盨

伯鮮乍（作）旅毁，
其永寶用

04362.1

伯鮮乍（作）旅毁，
其永寶用

04362.2

伯鮮盨

04363

伯鮮乍(作)旅毁，
其永寶用

伯鮮盨

04364.1

伯鮮乍(作)旅毁，
其永寶用

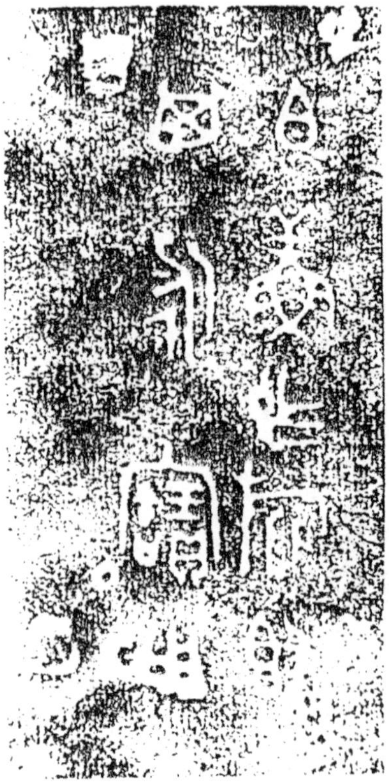

04364.2

伯鮮乍(作)旅毁，
其永寶用

立盨

立象（爲）旅須（盨），子子孫孫永寶用

04365

史𦎫盨

史𦎫乍（作）旅盨，其永寶用

04366

史𩫖盨

史𩫖乍（作）旅盨，其永寶用

04367.1

史𩫖乍（作）旅盨，其永寶用

04367.2

伯多父盨

伯多父乍（作）旅
須（盨），其永寶用

04368.1

伯多父乍（作）旅
須（盨），其永寶用

04368.2

伯多父盨

伯多父乍（作）旅
須（盨），其永寶用

04369.1

伯多父乍（作）旅
須（盨），其永寶用

04369.2

伯多父盨

伯多父乍（作）旅
須（盨），其永寶用

04370.1

伯多父乍（作）旅
須（盨），其永寶用

04370.2

伯多父盨

04371.1

伯多父乍(作)旅須(盨)，其永寶用

04371.2

伯多父乍(作)旅須(盨)，其永寶用

仲彡盨

04372.1

仲彤乍(作)旅盨，
子子孫孫永寶用

04372.2

仲彤乍(作)旅盨，
子子孫孫永寶用

仲彡盨

仲彤乍(作)旅盨，
子子孫孫永寶用

04373.1

仲彤乍(作)旅盨，
子子孫孫永寶用

04373.2

苗⿱宀姦盨

苗⿱宀姦乍(作)盨，其
子子孫孫永寶用

04374.1

苗⿱宀姦乍(作)盨，其
子子孫孫永寶用

04374.2

叔諜父盨

叔諜父乍(作)旅盨毁，其永用

04375.1

叔諜父乍(作)旅盨毁，其永用

04375.2

叔⿰言樂父盨

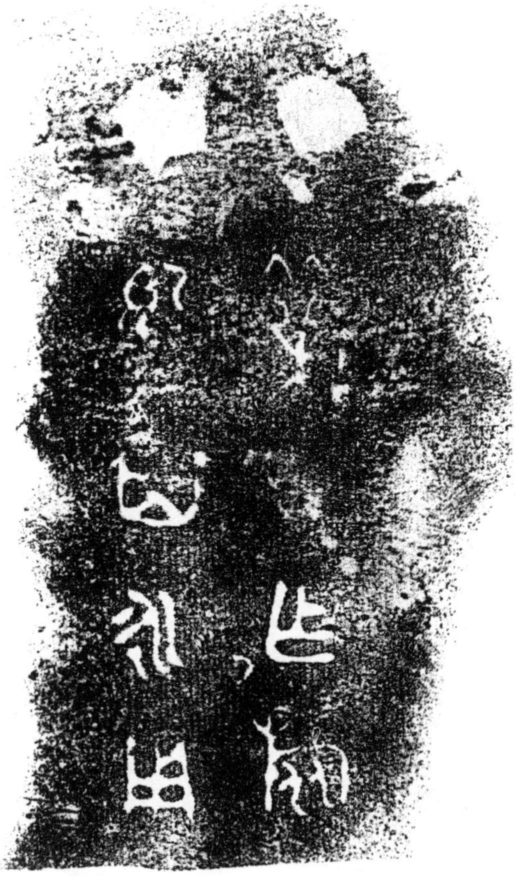

叔⿰言樂父乍（作）旅盨毁，其永用

04376.1

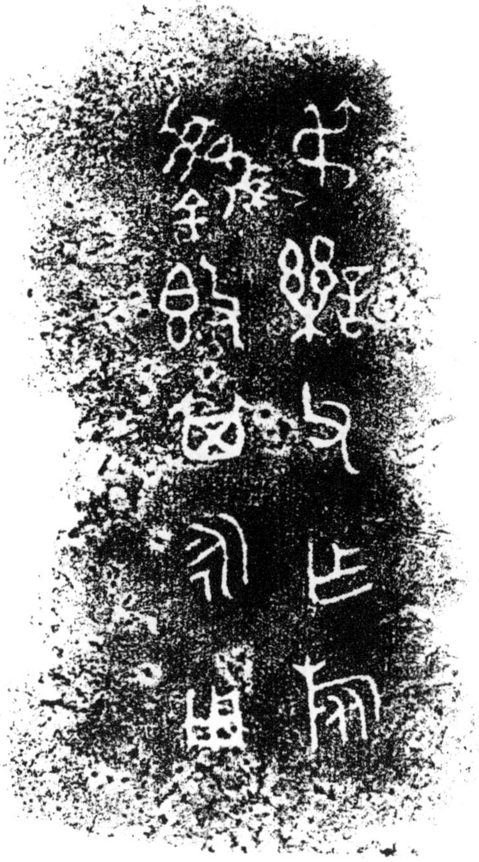

叔⿰言樂父乍（作）旅盨毁，其永用

04376.2

叔賓父⿱須皿

叔賓父乍（作）寶
⿱須皿，子子孫孫永用

04377

⿰亯刂叔⿱須皿

⿰亯刂叔乍（作）旅須（⿱須皿），
子子孫孫永寶用

04378

敶姬小公子盨

敶(陳)姬小公子子⿱山豕(⿰豕夋、⿰豕宗)
叔嬀飤盨

04379.1

敶(陳)姬小公子子⿱山豕(⿰豕夋、⿰豕宗)
叔嬀飤盨

04379.2

周駱盨

周駱乍（作）旅須（盨），子子孫孫永寶用，[illegible]

04380

京叔盨

京叔乍（作）鐰（饙）盨，其萬壽，永寶用

04381

伯車父盨

伯車父乍（作）旅須（盨），
其萬年永寶

04382

伯車父盨

伯車父乍（作）旅盨，其萬年永寶用

04383

伯公父盨蓋

伯公父乍（作）旅盨，
子子孫孫永寶用

04384

弭叔盨

弭叔乍（作）旅盨，
其萬年永寶用

04385

仲義父盨

仲義父乍（作）旅盨，其永寶用，華

04386.1

仲義父乍（作）旅盨，其永寶用，華

04386.2

仲義父盨

仲義父乍(作)旅盨，永寶用，華

04387.1

仲義父乍(作)旅盨，其永寶用，華

04387.2

叔姞盨

叔姞乍（作）旅盨，其萬年永寶用

04388

虢叔盨

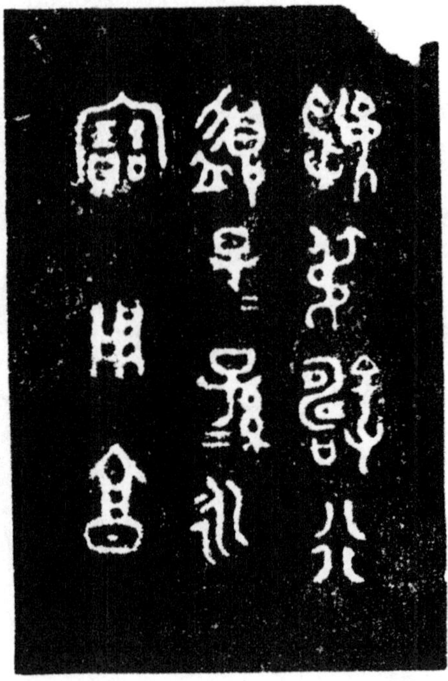

虢叔鑄行盨，子子孫孫，永寶用享

04389

易叔盨

易（陽）叔乍（作）旅須（盨），其子子孫孫永寶用享

04390

鄭義伯盨

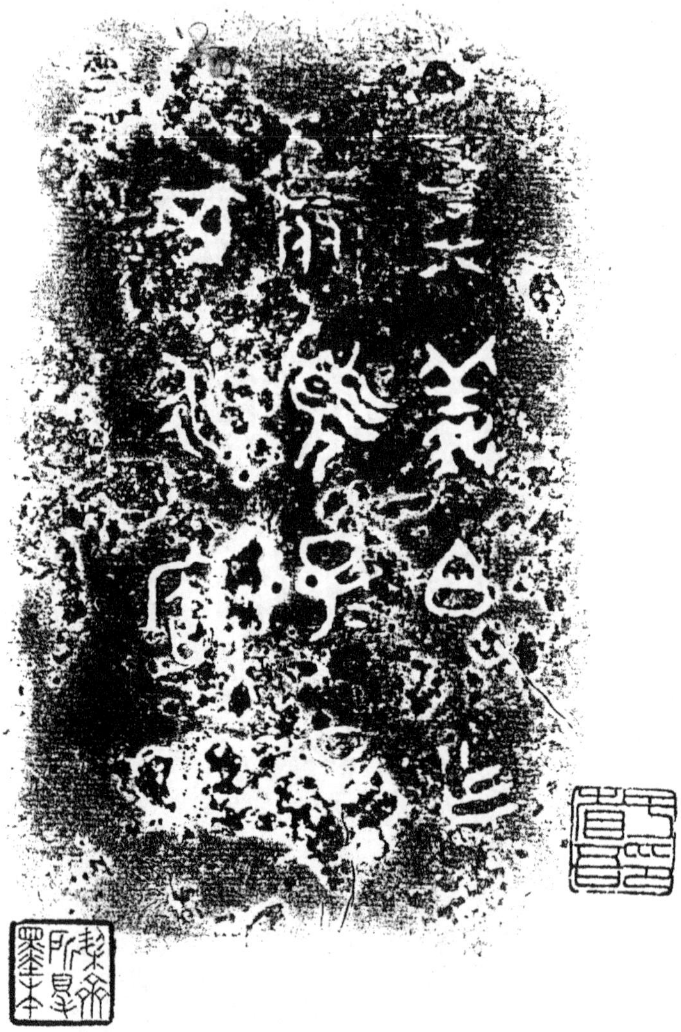

奠（鄭）義伯乍（作）旅須（盨），子子孫孫，其永寶用

04391

鄭義羌父盨

04392

奠（鄭）義羌父
乍（作）旅盨，子子
孫孫永寶用

鄭義羌父盨

04393

奠（鄭）義羌父
乍（作）旅盨，子子
孫孫永寶用

伯大師盨

伯大（太）師乍（作）旅盨，其邁（萬）年永寶用

04394.1

伯大（太）師乍（作）旅盨，其邁（萬）年永寶用

04394.2

伯大師盨

伯大(太)師乍(作)
旅盨，其邁(萬)
年永寶用

04395

鄭登叔盨

奠(鄭)登叔
乍(作)旅盨，
及子子孫孫
永寶用

04396

仲大師小子休盨

仲大(太)師小子休，爲
其旅盨，永寶用

04397

仲閔父盨

仲閔父乍(作)
旅盨，其子子
孫孫永寶用

04398.1

仲閔父乍(作)
旅盨，其子子
孫孫永寶用

04398.2

仲鑠盨

仲鑠父㸙（作）鑄旅盨，其邁（萬）年永寶用，亘虎

04399

鄭井叔康盨

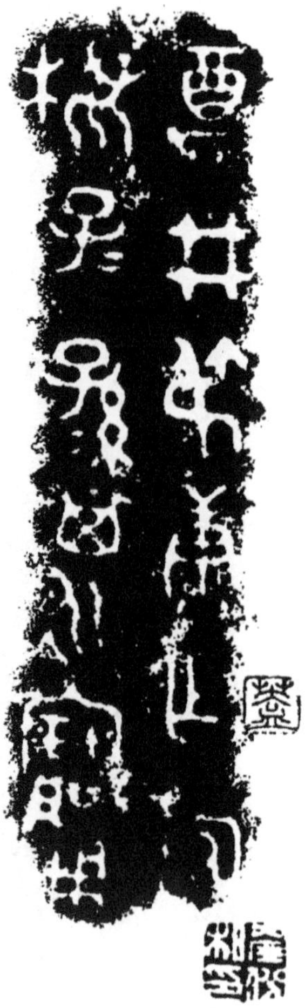

奠(鄭)井叔康乍(作)旅盨(𣞤)，子子孫孫，其永寶用

04400

鄭井叔康盨

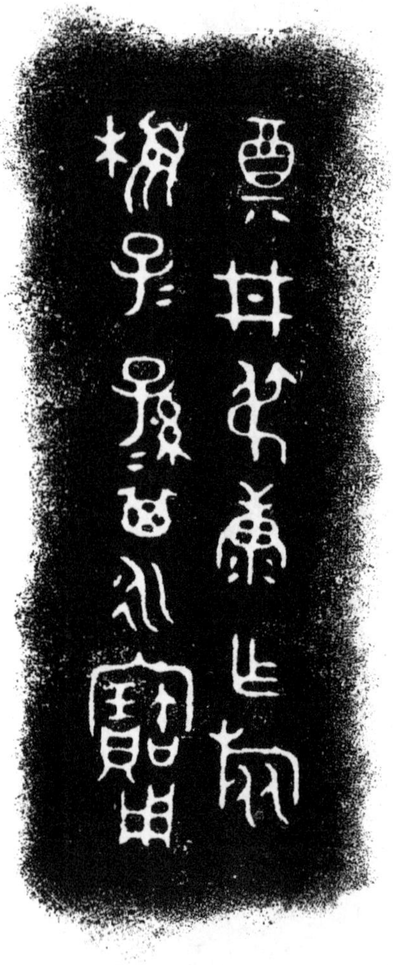

奠(鄭)井叔康乍(作)旅盨(𣞤)，子子孫孫，其永寶用

04401

圃盨

圃自乍(作)旅盨，其萬年，子子孫孫永寶用

04402.1

圃自乍(作)旅盨，其萬年，子子孫孫永寶用

04402.2

圃盨

圃自乍(作)旅盨，其萬年，子子孫孫永寶用

04403.1

圃自乍(作)旅盨，其萬年，子子孫孫永寶用

04403.2

伯大師釐盨

伯大（太）師釐乍（作）旅盨，其邁（萬）年永寶用

04404

鬲叔興父盨

鬲叔興父
乍(作)旅须(盨)，其子子
孫孫永寶用

04405.1

鬲叔興父
乍(作)旅须(盨)，其
子子孫孫永寶用

04405.2

為甫人盨

□□爲甫(夫)人
行盨，用征用
行，邁(萬)歲用尚(常)

04406

伯孝鼓盨

伯孝鼓鑄旅須（盨），
其邁（萬）年，子子孫孫永寶用

04407.1

伯孝鼓鑄旅須（盨），
其邁（萬）年，子子孫孫永
寶用

04407.2

伯孝鼓盨

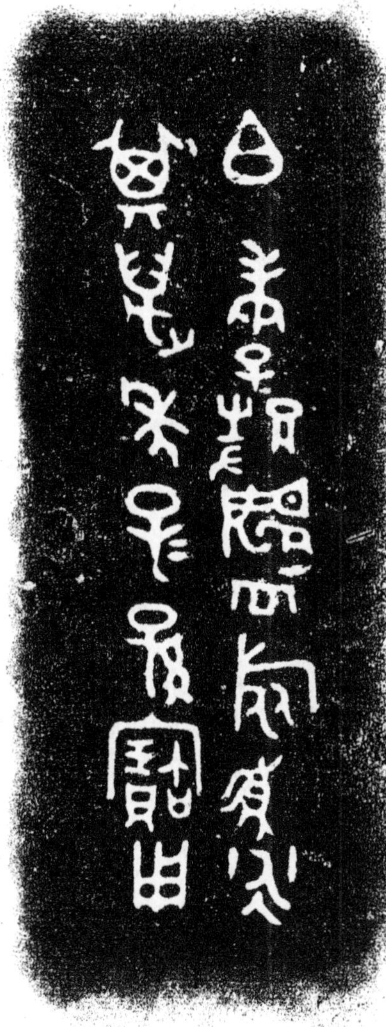

伯孝鼓鑄旅須（盨），其邁（萬）年，子子孫孫永寶用

04408.1

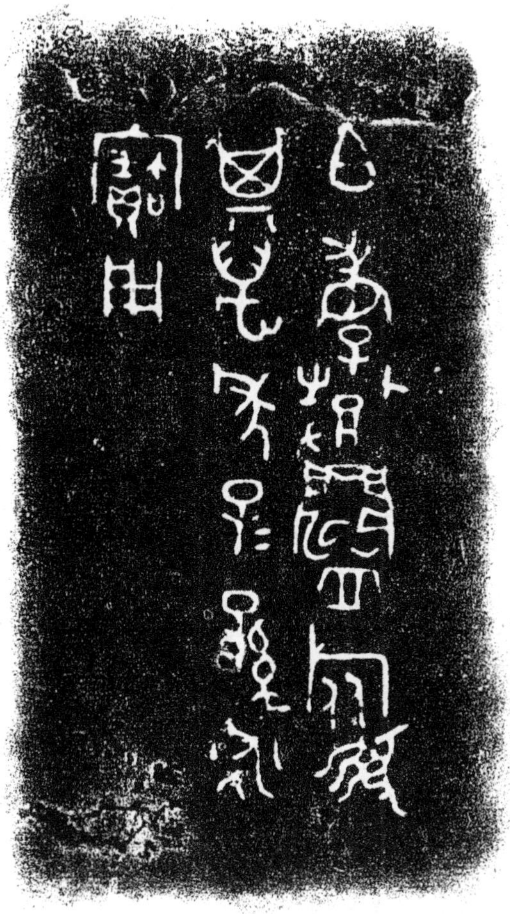

伯孝鼓鑄旅須（盨），其邁（萬）年，子子孫孫永寶用

04408.2

叔良父盨

叔良父乍(作)旅盨，其邁(萬)年，子子孫孫永寶用

04409.1

叔良父乍(作)旅盨，其邁(萬)年，子子孫孫永寶用

04409.2

伯庶父盨蓋

伯庶父乍（作）盨
毀，其萬年，子子
孫孫永寶用

04410

瑅𢑚盨

頊𢑚(圝)乍(作)旅盨，其萬年，子子孫孫，永寶用享

04411

華季益盨

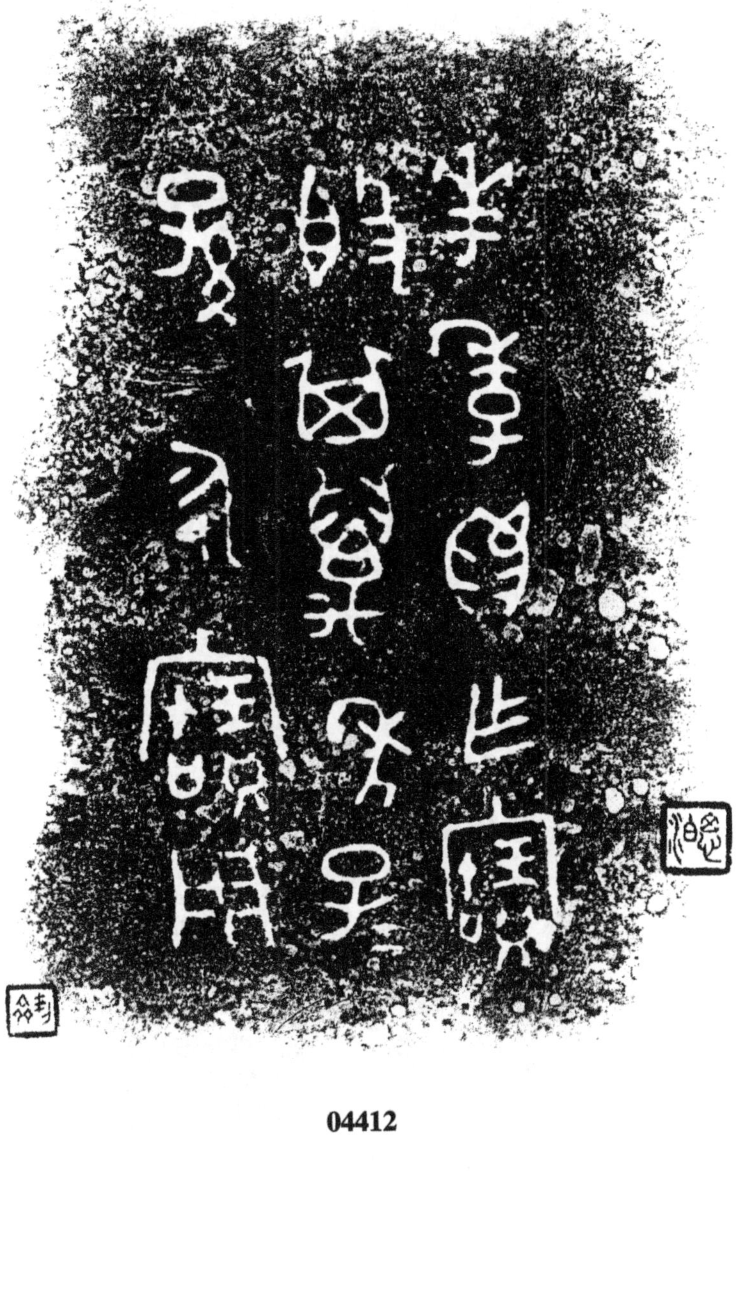

華季嗌乍(作)寶
𣪘，其萬年，子子
孫孫永寶用

04412

諫季獻盨

諫季獻乍(作)旅須(盨),其邁(萬)年,子子孫孫永寶用

04413.1

諫季獻乍(作)旅須(盨),其邁(萬)年,子子孫孫永寶用

04413.2

改盨

改乍(作)朕文考
乙公旅盨，子子
孫孫永寶用，鼎

04414

魯嗣徒伯吳盨

魯嗣徒伯吳，敢肇乍（作）旅𣪕，萬年永寶用

04415.1

魯嗣徒伯吳，敢肇乍（作）旅𣪕，萬年永寶用

04415.2

遣叔吉父盨

遣叔吉父乍（作）
虢王姞旅須（盨），
子子孫永寶用

04416

遣叔吉父盨

遣叔吉父乍（作）
虢王姞旅須（盨），
子子孫孫永寶用

04417

遣叔吉父盨

遣叔吉父乍(作)虢王姞旅須(盨)，子子孫永寶用

04418.1

遣叔吉父乍(作)虢王姞旅須(盨)，子子孫永寶用

04418.2

伯多父作成姬盨

伯多父乍(作)成姬多母⿱宀朁(鐕)毁，其永寶用享

04419

⿰鬳殳盂延盨

走亞⿰鬳殳（⿰鬳孝）盂
延乍（作）盨，延
其萬年永
寶，子子孫孫用

04420.1

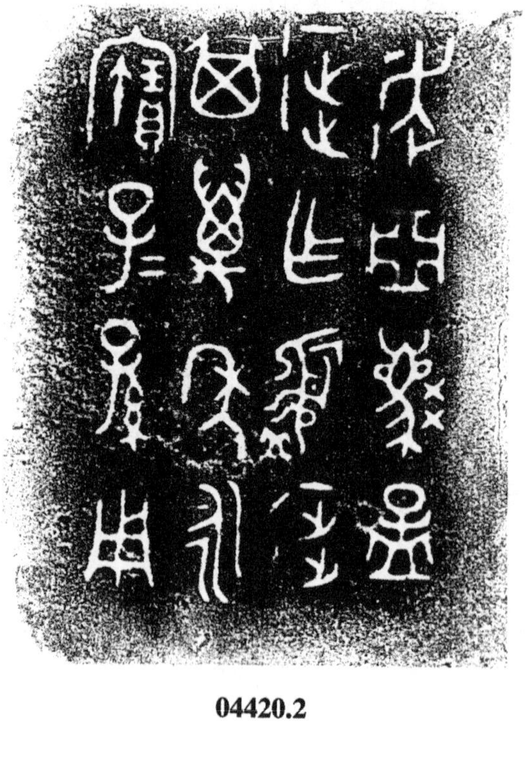

走亞⿰鬳殳（⿰鬳孝）盂
延乍（作）盨，延
其萬年永
寶，子子孫孫用

04420.2

⿰鬳攴孟延盨

走亞⿰鬳攴（⿰鬳孝）孟延乍（作）盨，延其萬年永寶，子子孫孫用

04421.1

走亞⿰鬳攴（⿰鬳孝）孟延乍（作）盨，延其萬年永寶，子子孫孫用

04421.2

筍伯大父盨

筍伯大父乍（作）
嬴妃鑄匋（寶）盨，
其子子孫孫永匋（寶）用

04422.1

筍伯大父乍（作）
嬴妃鑄匋（寶）盨，
其子子孫孫永匋（寶）用

04422.2

鑄子叔黑臣盨

鑄子叔黑
臣肇乍(作)寶
盨，其萬年眉
壽，永寶用

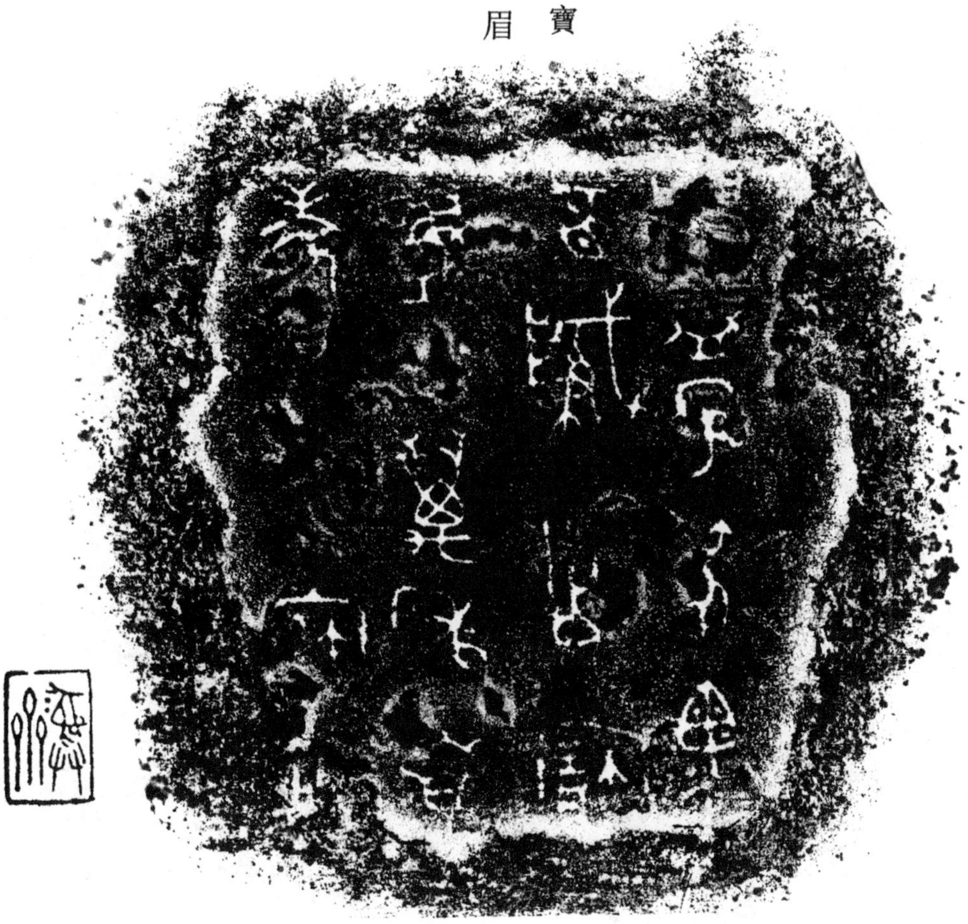

04423

單子白盨

單子白乍（作）叔姜旅盨，其子子孫孫萬年永寶用

04424

隽叔盨

皃叔乍（作）仲姬旅盨，皃叔其萬年，永彶仲姬寶用

04425

兮伯吉父盨

兮伯吉父乍（作）旅尊盨，其萬年無疆，子子孫孫永寶用

04426

食仲走父盨

食仲走父乍（作）
旅盨，永寶
用，走父以（與）其
子子孫孫寶用

04427

滕侯穌盨

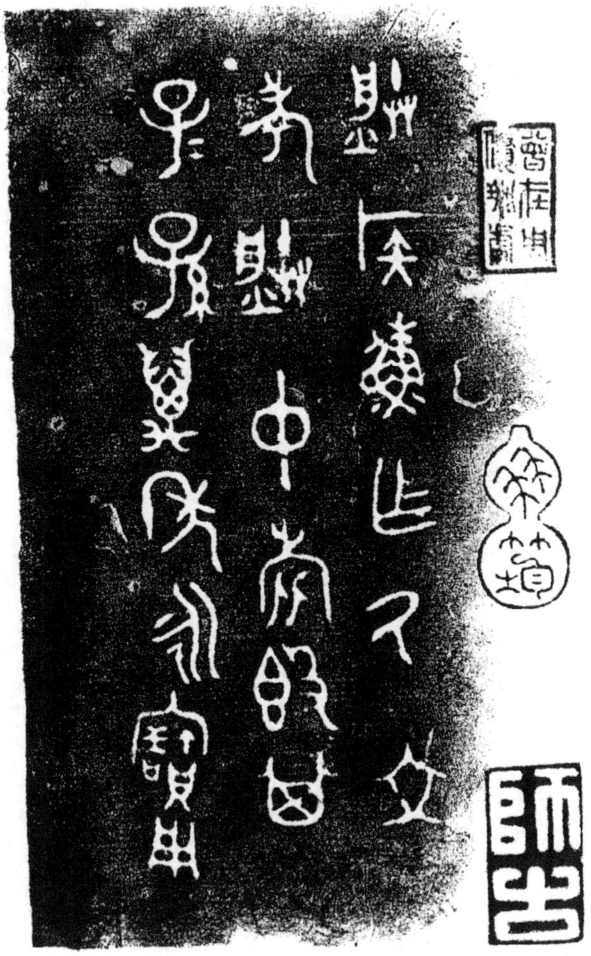

滕（滕）侯穌乍（作）厥文
考滕（滕）仲旅𣪘，其
子子孫萬年永寶用

04428

師趛盨

唯王正月既朢，師趛乍（作）楷姬旅盨，子子孫其萬年，永寶用

04429.1

唯王正月既望，
師趛乍（作）楷姬
旅盨，子子孫其
萬年，永寶用

04429.2

弭叔作叔班盨蓋

唯五月既生霸庚寅，弭叔乍(作)叔班旅須(盨)，其子子孫孫永寶用

04430

曼龔父盨蓋

曼龏父乍（作）寶
盨，用享孝宗室，
其邁（萬）年無疆，
子子孫孫永寶用

04431

曼龔父盨

04432

曼龏父乍(作)寶
盨，用享孝宗
室，用匄眉壽，
子子孫孫永寶用

曼龔父盨

04433

曼龏父乍(作)寶
盨，用享孝宗
室，用匄眉壽，
子子孫孫永寶用

曼龔父盨

曼龏父乍（作）寶
盨，用享孝宗
室，其萬年無疆，
子子孫孫永寶用

04434

虢仲盨蓋

虢仲以王南
征，伐南淮尸（夷），
在成周，乍（作）旅
盨，兹盨友（有）十又二

04435

遅盨

屖（徲）乍（作）姜湃盨，用
享考（孝）于姑公，用
祈眉壽屯（純）魯，
子子孫永寶用

04436.1

屖（徲）乍（作）姜湃盨，
用享考（孝）于姑公，
用祈眉壽屯（純）
魯，子子孫永寶用

04436.2

乘父士杉盨

乘父士杉，其肈
乍（作）其皇考伯明
父寶𣪘，其萬年
眉壽，永寶用（享）

04437

伯寬父盨

唯卅又三年，八月
既死辛卯，王在
成周，伯寬（窺、覓）父乍（作）
寶盨，子子孫孫永用

04438.1

唯卅又三年，八
月既死辛卯，王
在成周，伯寬（窺、覓）父
乍（作）寶盨，子子孫孫永用

04438.2

伯寬父盨

04439.1

唯卅又三年，
八月既死辛
卯，王在成周，
伯寬（覓、窺）父乍（作）寶
須（盨），子子孫孫永用

04439.2

唯卅又三年，
八月既死辛
卯，王在成周，
伯寬（覓、窺）父乍（作）寶
須（盨），子子孫孫永用

魯𤔲徒仲齊盨

魯𤔲𢓊（𨑒、徒）仲齊，肈
乍（作）皇考伯走父𩞁（饙）
盨毁，其萬年眉壽，
子子孫孫，永寶用享

04440.1

魯𤔲辻(辻、徒)仲齊，肇
乍(作)皇考伯走父饙(饋)
盨毁，其萬年眉壽，
子子孫孫，永寶用享

04440.2

魯嗣徒仲齊盨

魯嗣𢓊(徒)仲齊，肇
乍(作)皇考伯走父䭪(饙)
盨毁，其萬年眉壽，
子子孫永寶用享

04441.1

魯嗣仕(徒)仲齊，肈
乍(作)皇考伯走父饆(饋)
盨毁，其萬年眉壽，
子子孫永寶用享

04441.2

㠱伯子庭父盨

㠱伯子庭父，
乍（作）其延（征）盨，其陰
其陽，以延（征）以
行，割（匄）眉壽無
疆，慶其以臧

04442.1

㠱伯子庭父，乍(作)其
延(征)盨，其陰其陽，
以延(征)以行，割(匄)眉
壽無疆，慶其以臧

04442.2

曩伯子庭父盨

曩伯子庭父，乍（作）其延（征）盨，其陰其陽，以延（征）以行，割（匄）眉壽無疆，慶其以臧

04443.1

曩伯子𡩜父，
乍（作）其延（征）盨，其
陰其陽，以延（征）
以行，割（匄）眉壽
無疆，慶其以臧

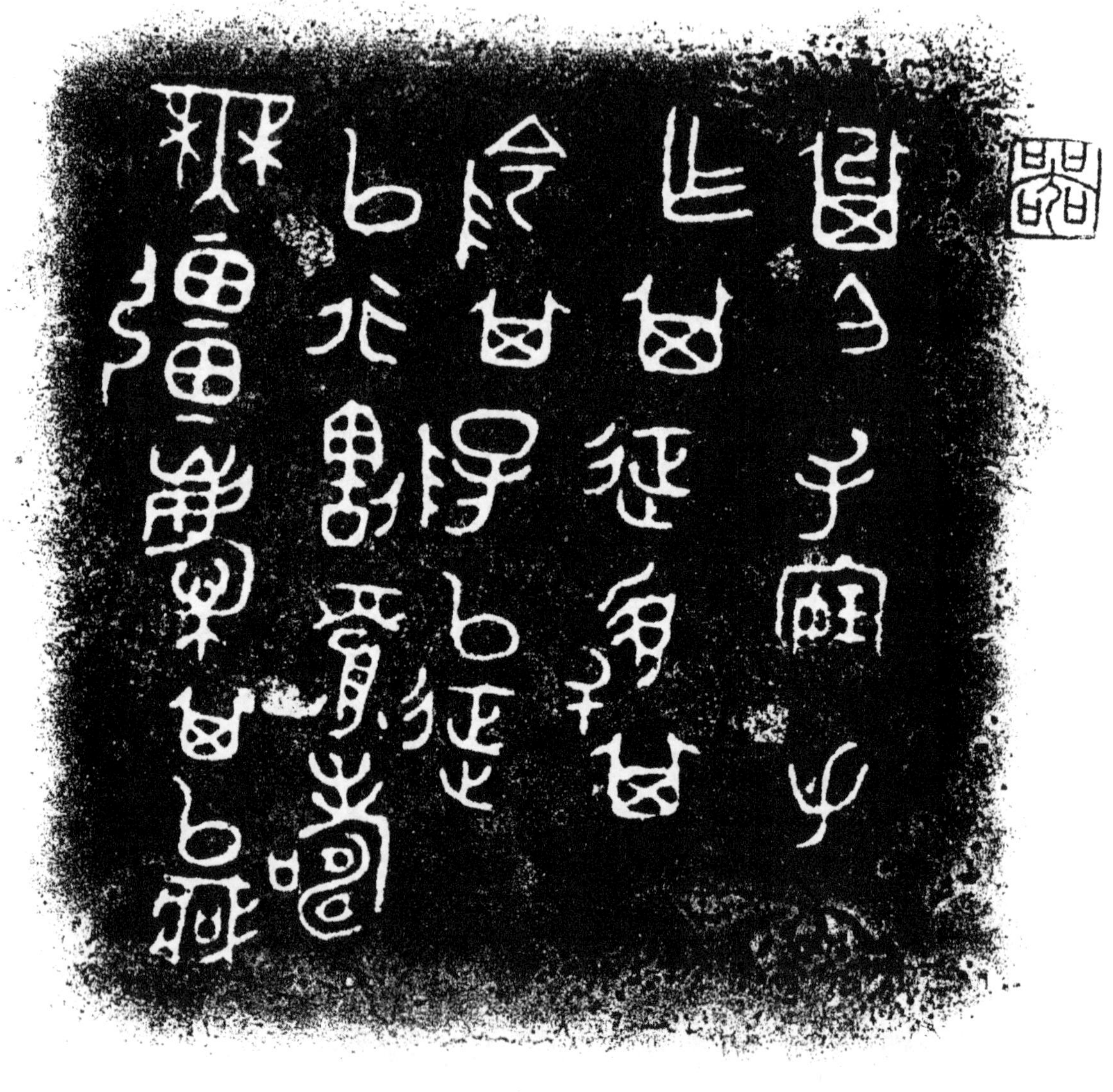

04443.2

曩伯子㝬父盨

曩伯子㝬父，乍（作）其延（征）盨，其陰其陽，以延（征）以行，割（匄）眉壽無疆，慶其以臧

04444.1

㠱伯子𡩜父，
乍（作）其延（征）盨，其
陰其陽，以延（征）以
行，割（匄）眉壽無
疆，慶其以臧

04444.2

㠱伯子庭父盨

㠱伯子庭父，乍（作）其延（征）盨，其陰其陽，以延（征）以行，割（匄）眉壽無疆，慶其以臧

04445.1

㠱伯子𡨦父，
乍(作)其延(征)盨，其
陰其陽，以延(征)
以行，割(匄)眉壽
無疆，慶其以臧

04445.2

伯汈其盨

伯梁其乍(作)旅須(盨)，用
享用孝，用匄眉壽、
多福，畯臣天子，萬
年唯亟(極)，子子孫孫永寶用

04446.1

伯梁其乍（作）旅須（盨），用
享用孝，用匄眉壽、
多福，畯臣天子，萬
年唯亟（極），子子孫孫永寶用

04446.2

伯汾其盨

04447.1

伯梁其乍（作）旅須（盨），用
享用孝，用匄眉壽、
多福，畯臣天子，萬
年唯亟（極），子子孫孫永寶用

伯梁其乍（作）旅須（盨），用
享用孝，用匄眉壽、
多福，畯臣天子，萬
年唯亟（極），子子孫孫永寶用

04447.2

杜伯盨

杜伯乍（作）寶盨，其用享孝于皇申（神）、祖考，于好倗友，用𠦪（祓）壽、匄永令（命），其萬年永寶用

04448

杜伯盨

杜伯乍（作）寶盨，其用
享孝于皇申（神）、祖考，于
好倗友，用𣎵（祓）壽、匄
永令（命），其萬年永寶用

04449

杜伯盨

杜伯乍(作)寶盨，其用
享孝于皇申(神)、祖考，于
好倗友，用𠦪(祓)壽、匄永
令(命)，其萬年永寶用

04450.1

杜伯乍(作)寶盨其用
享孝于皇申(神)、祖考，于
好倗友，用𠦪(祓)壽、匄永
令(命)，其萬年永寶用

04450.2

杜伯盨

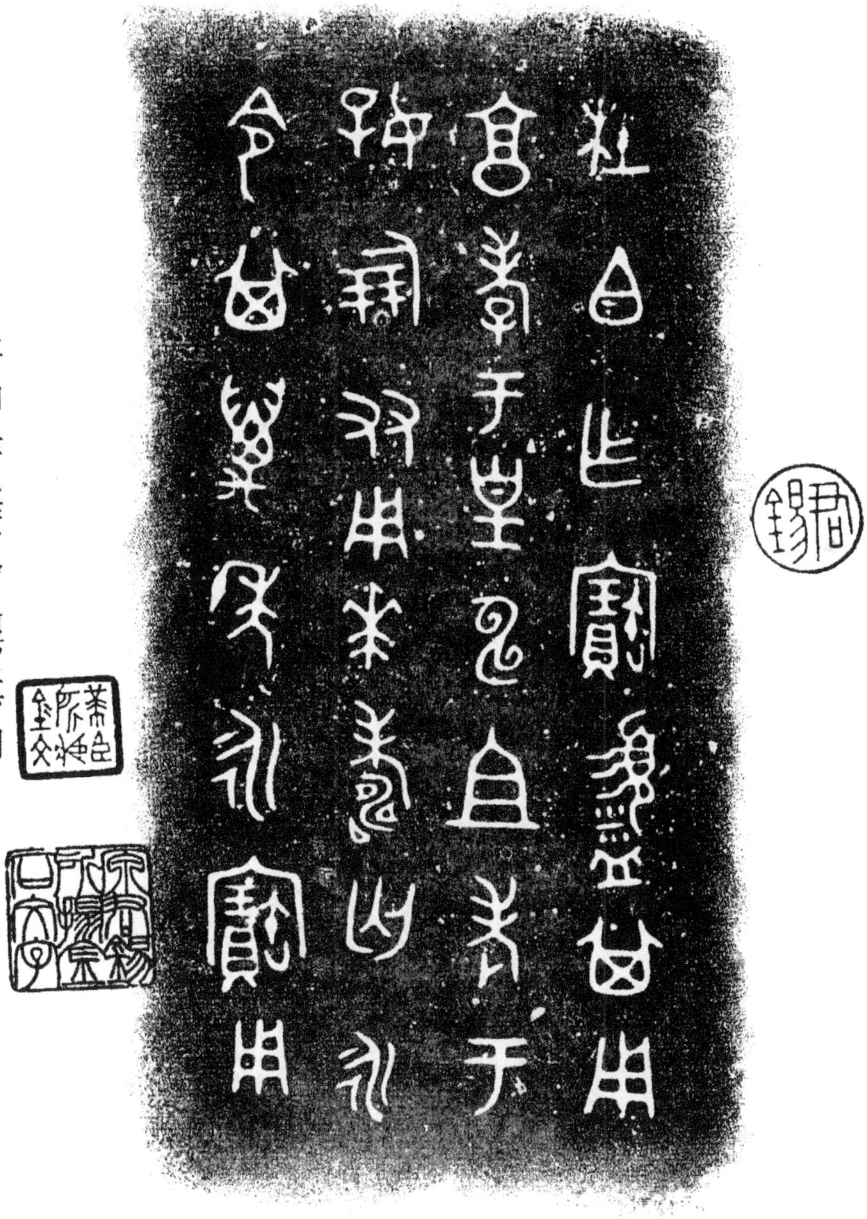

杜伯乍（作）寶盨，其用
享孝于皇申（神）、祖考，于
好倗友，用𣎼（祓）壽、匄永
令（命），其萬年永寶用

04451

杜伯盨

杜伯乍（作）寶盨，其用
享孝于皇申（神）、祖考，于好
倗友，用𠦪（祓）壽、匄永令（命），
其萬年永寶用

04452

仲𠂤父盨

仲𠂤（師）父乍（作）季㠱□
寶尊盨，其用享用
孝于皇祖、文考，
匃眉壽無疆，其子子
孫萬年，永寶用享

04453

叔尃父盨

唯王元年，王在成
周，六月初吉丁
亥，叔𠛱（剸）父乍（作）奠（鄭）
季寶鐘六金、尊
盨四、鼎七，奠（鄭）季
其子子孫孫永寶用

04454.1

唯王元年，王在成
周，六月初吉丁
亥，叔⿰叀刂（⿰軎刂）父乍（作）奠（鄭）
季寶鐘六、金、尊
盨四、鼎七，奠（鄭）季
其子子孫孫永寶用

04454.2

叔尃父盨

04455.1

唯王元年，王在成
周，六月初吉丁
亥，叔⿰叀刂（⿰尃刂）父乍（作）奠（鄭）
季寶鐘六金、尊
盨四、鼎七，奠（鄭）季
其子子孫孫永寶用

唯王元年，王在成
周，六月初吉丁
亥，叔叀刂（剸）父乍（作）奠（鄭）
季寶鐘六金、尊
盨四、鼎七，奠（鄭）季
其子子孫孫永寶用

04455.2

叔尃父盨

唯王元年，[王在成]
周，六月[初吉丁]
亥，叔剸（剸）[父乍（作）奠（鄭）]
季寶鐘[六金、尊]
盨四、鼎七，奠（鄭）季
其子子[孫孫]永寶用

04456.1

唯王元年，王在成
周，六月初吉丁
亥，叔叀刂（剸）父乍（作）奠（鄭）
季寶鐘六金、尊
盨四、鼎七，奠（鄭）季
其子子孫孫永寶用

04456.2

叔尃父盨

唯王元年，王在成
周，六月初吉丁
亥，叔𠟭（剸）父乍（作）奠（鄭）
季寶鐘六金、尊
盨四、鼎七，奠（鄭）季
其子子孫孫永寶用

04457.1

唯王元年，王在成
周，六月初吉丁
亥，叔剌（剚）父乍（作）奠（鄭）
季寶鐘六金、尊
盨四、鼎七，奠（鄭）季
其子子孫孫永寶用

04457.2

魯伯悆盨

魯伯悆用公龏(恭)，
其肇乍(作)其皇孝(考)、
皇母旅盨毁，悆夙
屭(興)用追孝，用旟(祈)
多福，悆其萬年
眉壽，永寶用享

04458.1

04458.2

魯伯悆用公弊(恭)，
其肇乍(作)其皇孝(考)、
皇母旅盨毁，悆夙
[厂+興](興)用追孝，用旟(祈)
多福，悆其萬年
眉壽，永寶用享

翏生盨

王征南淮尸（夷），伐角、津，
伐桐、遹（僪），翏生（甥）從，執訊
折首，俘戎器，俘金，用乍（作）
旅盨，用對剌（烈），翏生（甥）眔
大𡢁（妘），其百男、百女、千
孫，其邁（萬）年眉壽，永寶用

04459.1

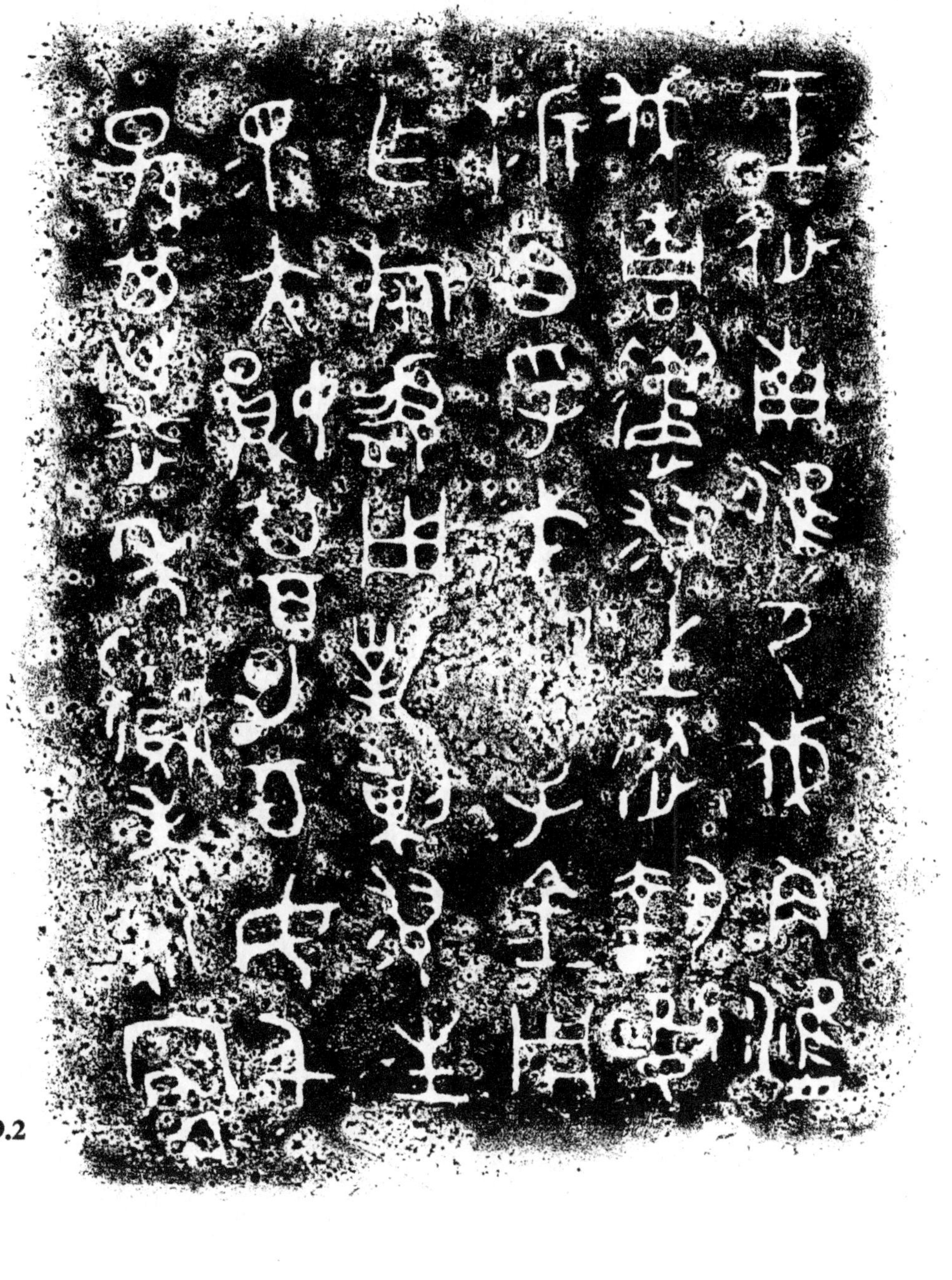

04459.2

王征南淮尸（夷），伐角、津，
伐桐、遹（僪），翏生（甥）從，執訊
折首，俘戎器，俘金，用
乍（作）旅盨，用對剌（烈），翏生（甥）
眔大㛂（妘），其百男、百女、千
孫，其邁（萬）年眉壽，永寶用

翏生盨

04460

王征南淮尸(夷)，伐角、津，
伐桐、遹(僪)，翏生(甥)從，執訊
折首，俘戎器，俘金，用乍(作)
旅盨，用對剌(烈)，翏生(甥)眔
大娸(妘)，其百男、百女、千
孫，其邁(萬)年眉壽，永寶用

翏生盨

王征南淮尸（夷），伐角、津，
伐桐、遹（僪），翏生（甥）從，執訊
折首，俘戎器，俘金，用
乍（作）旅盨，用對剌（烈），翏生（甥）
眔大㜏（妘），其百男、百女、千
孫，其邁（萬）年眉壽，永寶用

04461.1

王征南淮尸（夷），伐角、津，
伐桐、遹（僪），翏生（甥）從，執訊
折首，俘戎器，俘金，用乍（作）
旅盨，用對剌（烈），翏生（甥）眔
大㛄（妘），其百男、百女、千
孫，其邁（萬）年眉壽，永寶用

04461.2

㾓盨

04462

唯四年二月，既生霸戊戌，
王在周師彔宮，各大室，即
立（位），嗣馬共右（佑）㾓，王乎史寿（敖）
冊賜般（鞶）靳、虢（鞹）市（芾）、攸（鋚）勒，敢對
揚天子休，用乍（作）文考寶𣪘，
㾓其萬年，子子孫孫其永寶，木羊冊

瘨盨

04463

唯四年二月，既生霸戊戌，
王在周師彔宮，各大室，即
立（位），𤔲馬共右（佑）瘨，王乎史寿（敖）
册賜般（鞶）靳、虢（鞹）敊（芾）、攸（鋚）勒，敢對
揚天子休，用乍（作）文考寶毁，
瘨其萬年，子子孫孫其永寶，木羊册

駒父盨蓋

唯王十又八年正月，南
仲邦父命駒父𣪘(即)南者(諸)
侯，逹(帥)高父見南淮尸(夷)，厥
取厥服，堇(謹)尸(夷)俗，豙(遂)不敢
不敬畏王命，逆見我，厥
獻厥服，我乃至于淮小大
邦，亡敢不炇(敹)具(俱)逆王命，
四月，還至于蔡，乍(作)旅盨，
駒父其邁(萬)年，永用多休

04464

善夫克盨

唯十又八年，十又二月，初吉庚寅，王在周康穆宮，王令尹氏友史趛，典善（膳）夫克田人，克拜䭫首，敢對天子不（丕）顯魯休揚，用乍（作）旅盨，唯用獻于師尹、倗友、聞（婚）遘（媾），克其用朝夕享于皇祖考，皇祖考其數數彙彙，降克多福、眉壽、永令（命），畯臣天子，克其日賜休無疆，克其萬年，子子孫孫永寶用

04465.1A

唯十又八年，十又二月，初
吉庚寅，王在周康穆宮，王
令尹氏友史趛，典善（膳）夫克
田人，克拜䭫首，敢對天子
不（丕）顯魯休揚，用
乍（作）旅盨，唯
用獻于師尹、倗友、聞（婚）
遘（媾），克
其用朝夕享于皇祖考，
皇祖考其
數數臯臯，降克多福、眉壽、
永令（命），
畯臣天子，克其日賜休無
疆，克其萬年，子子孫孫
永寶用

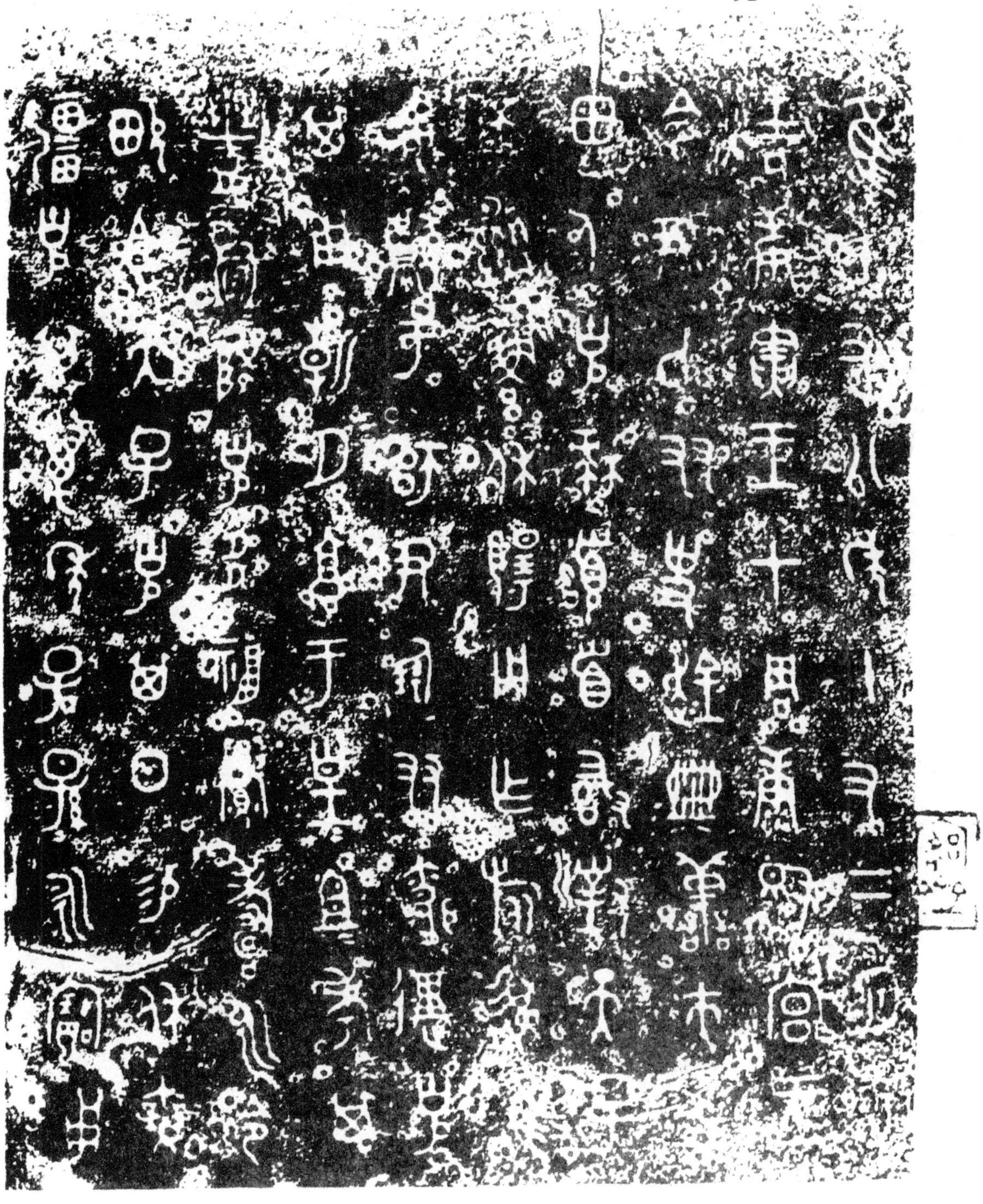

04465.2A

04465.1B

04465.2B

04466

鬲比盨

04466 釋文

唯王廿又五年，七月既望□□，王在
永師田宮，令小臣成友逆旅□、
內史無𡖊、大（太）史旟，曰：章（賞）厥𧶠
夫吒𤔲比田，其邑旃、𢆶（鄰）、𦉢（置），㝣（復）
友（賄）𤔲比其田，其邑復𢿌、言二挹（邑），
畀（俾）𤔲比㝣（復）厥小宮吒𤔲比田，其
邑彶眔句、商、兒，眔𩎃、𢦏，湲（復）
限余（予）𤔲比田，其邑競、楙（槌）、甲
三邑，州、瀘二邑，凡復友（賄）、復付𤔲
比田十又三邑，厥右（佑）善（膳）夫克，𤔲
比乍（作）朕皇祖丁公、文考䓨（苋）公
盨，其子子孫孫永寶用，襄

04467.1

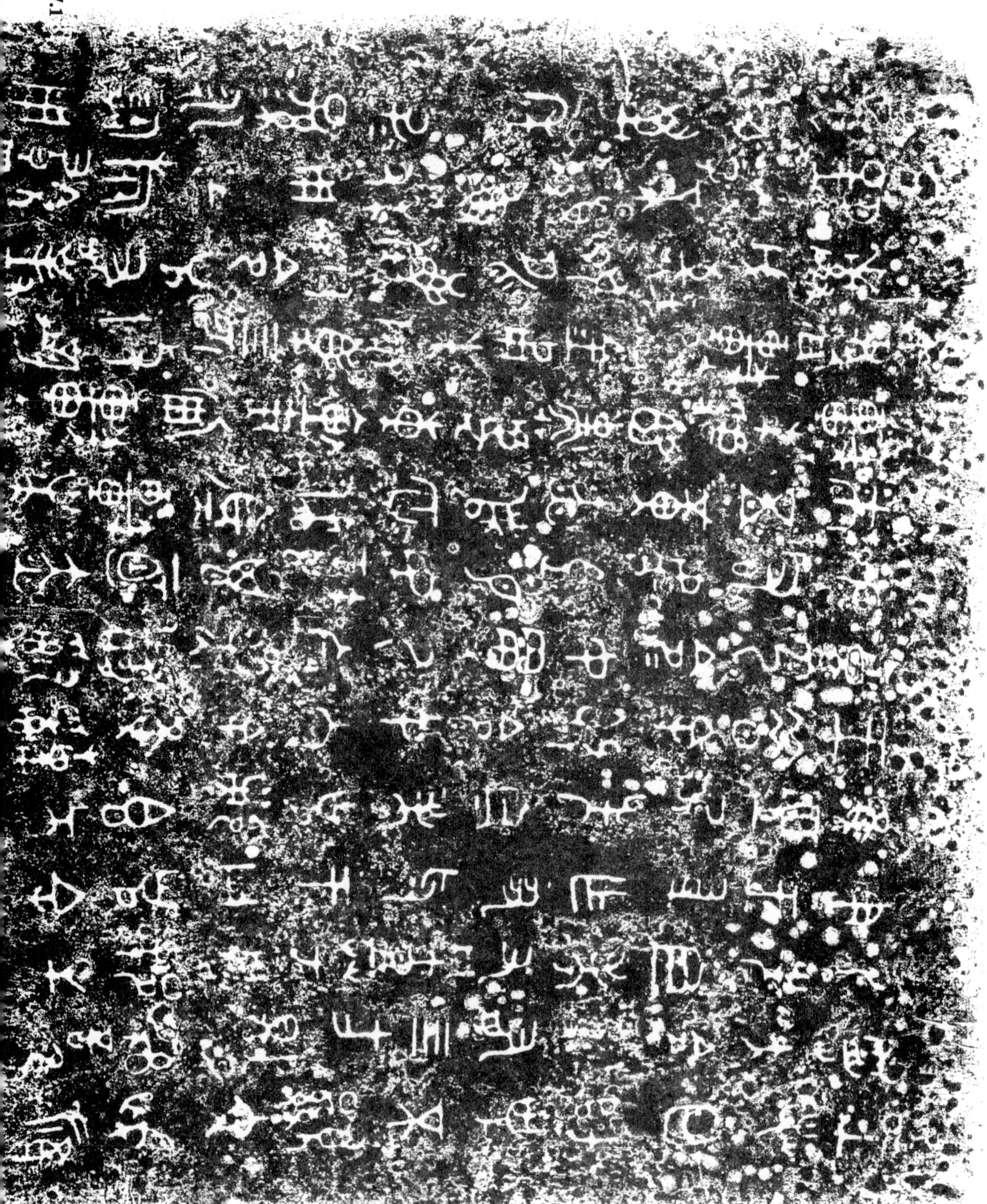

師克盨

04467.1 釋文

王若曰：師克，不（丕）顯文、武，膺
受大令（命），匍（撫）有四方，則繇唯
乃先祖考又（有）爵（勛）于周邦，干（捍）
害（禦）王身，乍（作）爪牙，王曰：克，余
唯巠（經）乃先祖考，克黔（令）臣先
王，昔余既令（命）女（汝），今余唯醽（申）
臺（就）乃令（命），令（命）女（汝）更乃祖考，絜（纘）嗣
左右虎臣，賜女（汝）秬鬯一卣、赤
市、五黄（衡）、赤舄、牙僰、駒車、雗（賁）
較（較）、朱虢（鞹）鞃靳、虎冟（冪）熏（纁）裏、畫轉（轉）、
畫輯、金甬（筩）、朱旂、馬四匹、攸（鋚）勒、
素戉（鉞），敬夙夕勿灋（廢）朕令（命），克敢對
揚天子不（丕）顯魯休，用乍（作）旅盨，
克其邁（萬）年，子子孫孫永寶用

04467.2

04467.2 釋文

王若曰：師克，不（丕）顯文、武，膺
受大令（命），匍（撫）有四方，則繇唯
乃先祖考又（有）爵（勛）于周邦，干（捍）
害（禦）王身，乍（作）爪牙，王曰：克，余唯
巠（經）乃先祖考，克黔（令）臣先王，
昔余既令（命）女（汝），今余唯醽（申）豪（就）乃
令（命），令（命）女（汝）更乃祖考，耦（纘）嗣左右虎
臣，賜女（汝）秬鬯一卣、赤芾、五黄（衡）、
赤舄、牙僰、駒車、𠦪（賁）較（較）、朱號（鞹）
㔶靳、虎冟（冪）熏（纁）裏、畫轉（轉）、畫輯、金
甬（筩）、朱旂、馬四匹、攸（鋚）勒、素戉（鉞），
敬夙夕勿灋（廢）朕令（命），克敢對
揚天子不（丕）顯魯休，用乍（作）旅
盨，克其邁（萬）年，子子孫孫永寶用

師克盨蓋

04468

04468 釋文

王若曰：師克，不（丕）顯文、武，膺受大令（命），匍（撫）有四方，則唯乃先祖考又（有）爵（勛）于周邦，干（捍）害（禦）王身，乍（作）爪牙，王曰：克，余唯巠（經）乃先祖考，克黔（令）臣先王，昔余既令（命）女（汝），今余唯醽（申）豪（就）乃令（命），令（命）女（汝）更乃祖考，䝼（纘）嗣左右虎臣，賜女（汝）秬鬯一卣、赤巿、五黃（衡）、赤舄、牙僰、駒車、奉（賁）較（較）、朱號（鞹）𩏂靳、虎冟（冪）熏（纁）裏、畫轉（轉）、畫輯、金甬（筩）、朱旂、馬四匹、攸（鋚）勒、素戉（鉞），敬夙夕勿灋（廢）朕令（命），克敢對揚天子不（丕）顯魯休，用乍（作）旅盨，克其邁（萬）年，子子孫孫永寶用

塱盨

又（有）進退，雩邦人、正人、師氏
人，又（有）辠（罪）又（有）故（辜），
廼𩣱（協）倗即女（汝），
廼繇（繇）宕，卑（俾）復虐逐厥君、厥
師，廼乍（作）余一人咎，王曰：塱（坤、坶），敬
明乃心，用辟我一人，善效（教）乃
友內（入）辟（譯），勿事（使）暴虐從（縱）獄，爰
奪戲行道，厥非正命，廼敢疾
訊人，則唯輔天降喪，不[盄]
唯死，賜女（汝）秬鬯一卣，乃父芾、
赤舄、駒車、𠦪（賁）較（較）、朱虢（鞹）𩍐靳、
虎冟（冪）熏（纁）裏、畫轉、畫輯、金
甬（筩）、馬四匹、鋚勒，敬夙夕勿灋（廢）
朕命，塱（坶）拜䭫首，對揚天子
不（丕）顯魯休，用乍（作）寶盨，叔邦
父、叔姞邁（萬）年，子子孫孫永寶用

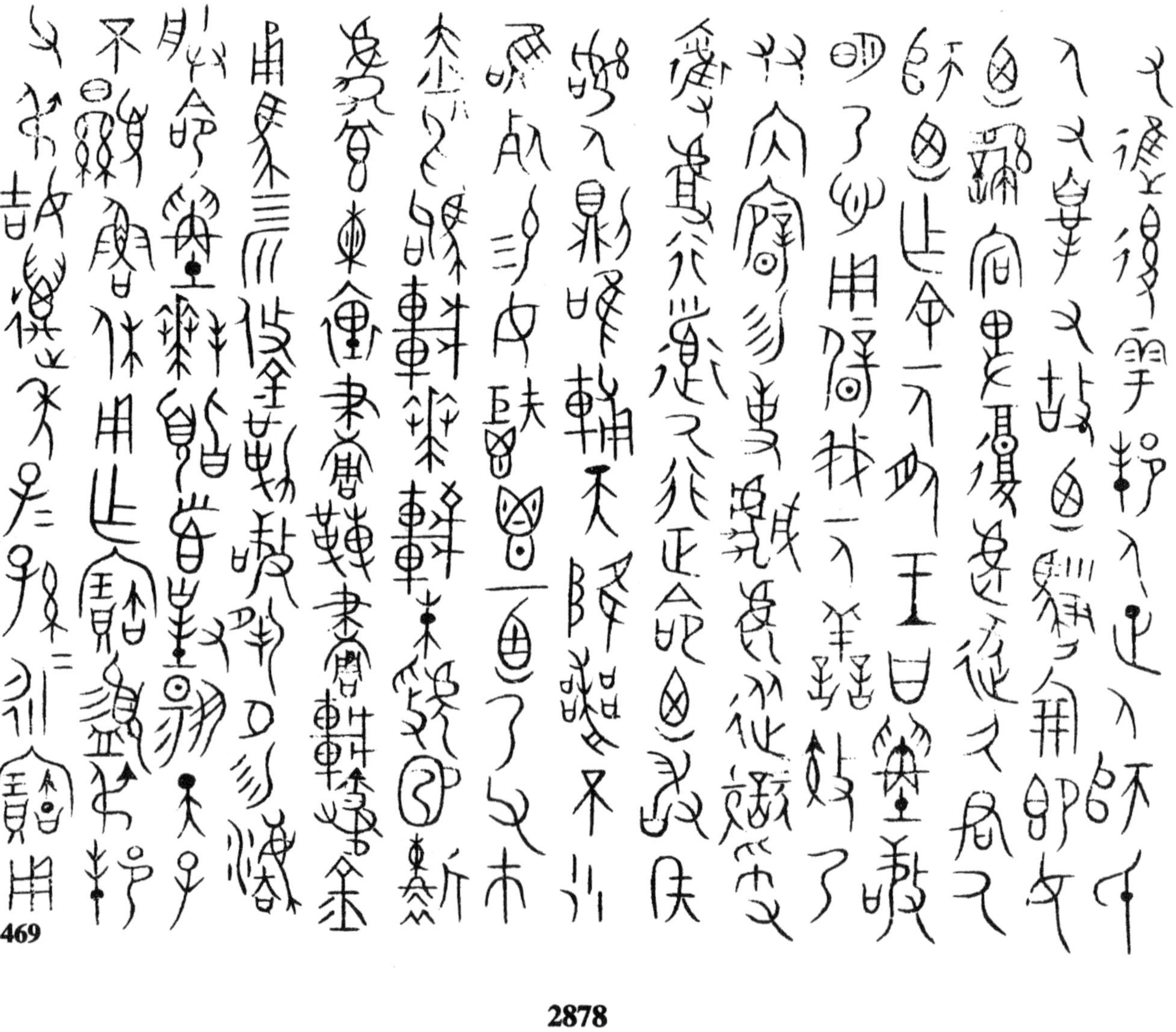

04469

鑄簋

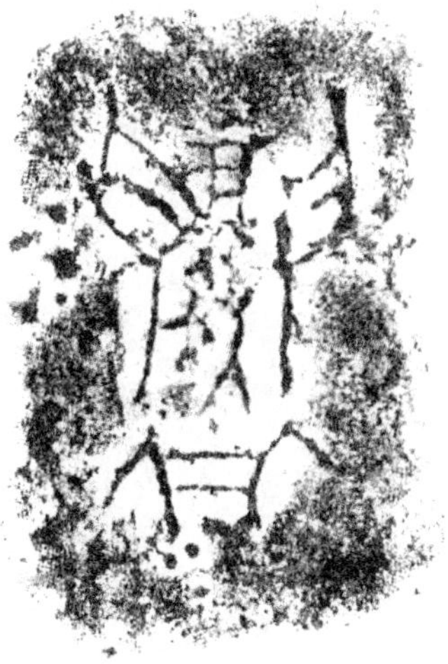

鑄

04470

倗之簋

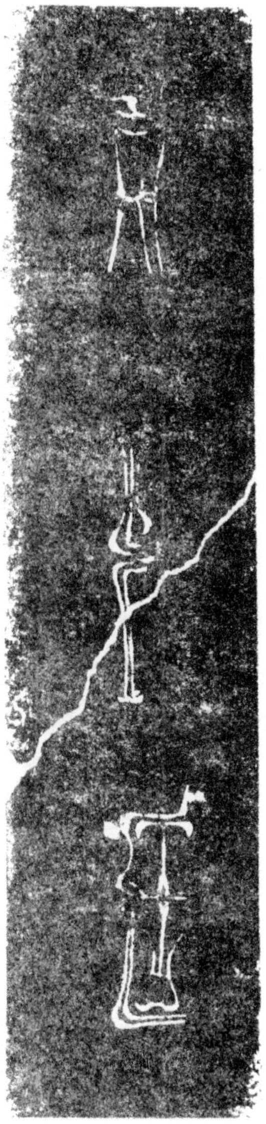

倗之簋

04471

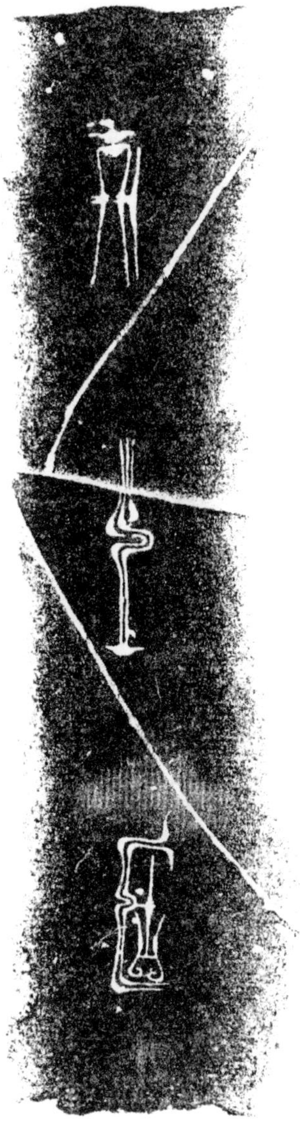

倗之簋

04471

□之簠蓋

□之簠

04472

史利簠

史利乍(作)簠

04473

史利簠

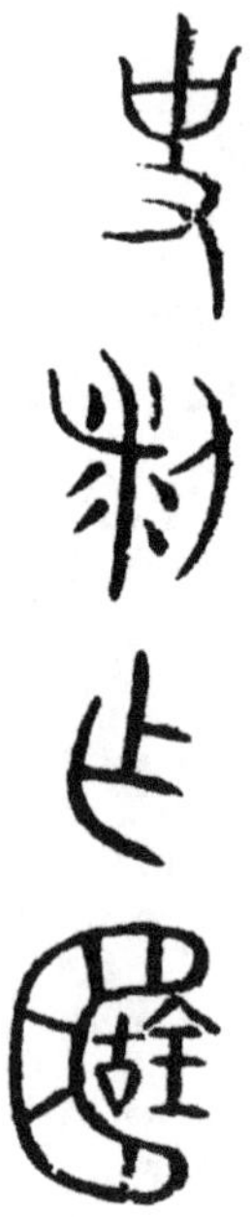

史利乍(作)簠

04474

□簠

□之
行簠

04475

大府簠

大（太）府之簠

04476

左使車工簠

左使車工蔡

04477

左使車工簠

左使車工頊(坿)

04478

射南簠

射南自乍(作)其簠

04479

射南簋

射南自
乍（作）其簋

04480

史頌簋

史頌乍（作）
簋，永寶

04481

仲其父簋

04482

仲其父
乍(作)旅簋

仲其父簋

04483

仲其父
乍(作)旅簋

劉伯簋

04484

劉伯乍(作)
孟姬簋

般仲豦簠

般仲遽
肇乍（作）簠，

04485.1

般仲豦
肇乍（作）簠

04485.2

微乘簋

微乘鑄
其寶簋

04486

樊君簋

樊君靡
之飤簋

04487

曾子遇簠

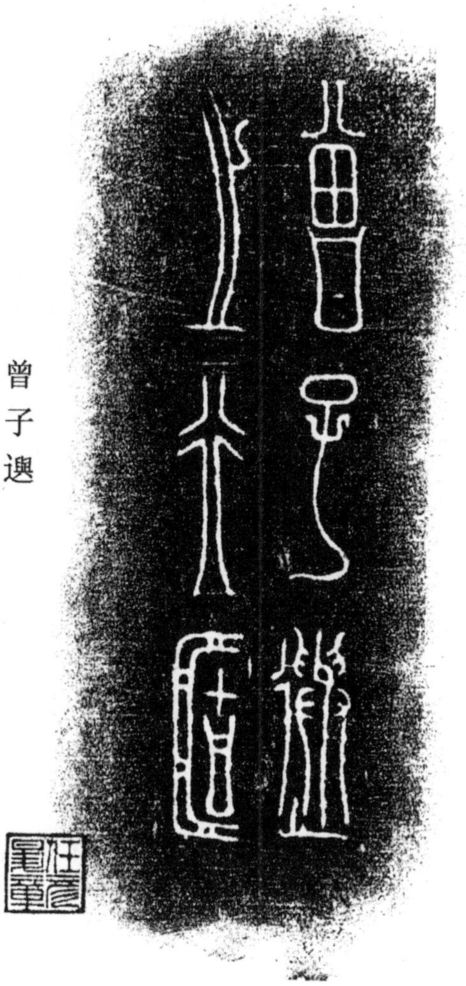

曾子遇
之行簠

04488

曾子遇簠

曾子遇
之行簠

04489

蔡侯簋

蔡侯[illegible]（申）
之飤簋

04490.1

蔡侯[illegible]（申）
之飤簋

04490.2

蔡侯簋

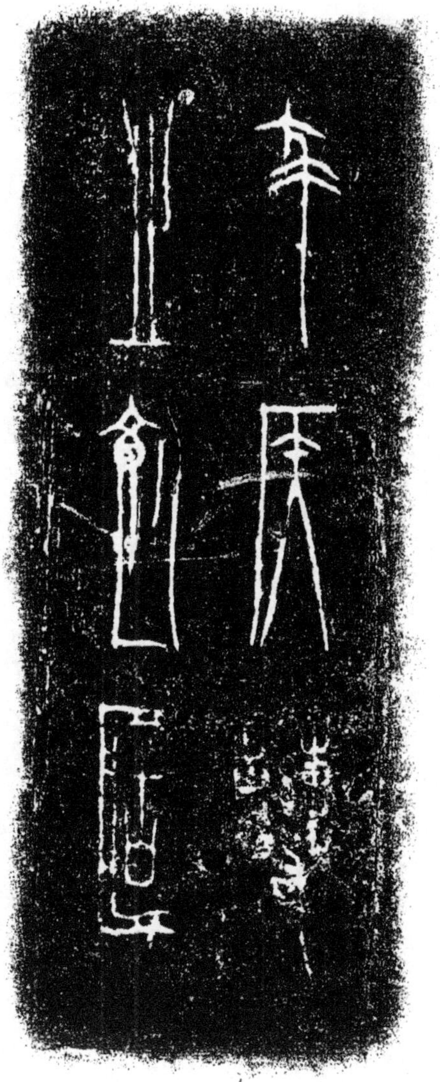

蔡侯[illegible]（申）之飤簋

04491

蔡侯簋

蔡侯䨻(申)
之飤簋

04492.2

蔡侯䨻(申)
之飤簋

04492.1

蔡侯簠

蔡侯[illegible]（申）
之飤簠

04493.1

蔡侯[illegible]（申）
之飤簠

04493.2

盛君縈簠

盛君縈
之御簠

04494

曾侯乙簠

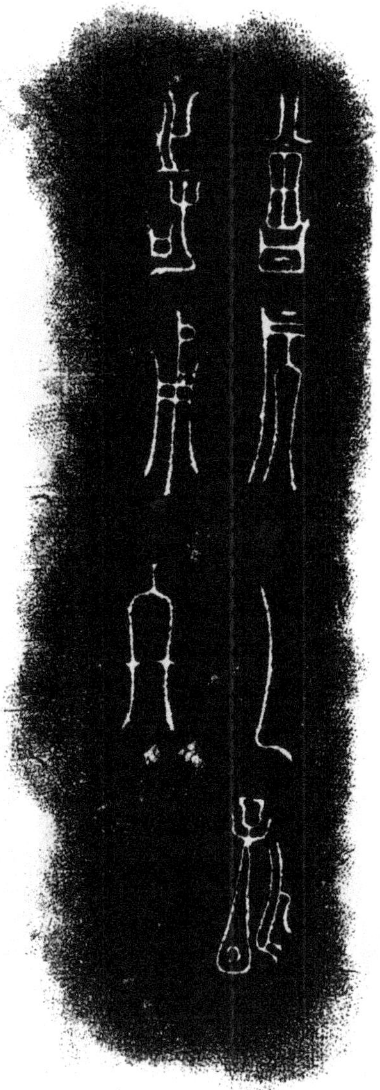

曾侯乙詐（作）時（持）甬（用）冬（終）

04495

曾侯乙簠

曾侯乙詐（作）時（持）甬（用）冬（終）

04496

函交仲簠

函交仲乍(作)
旅簠，寶用

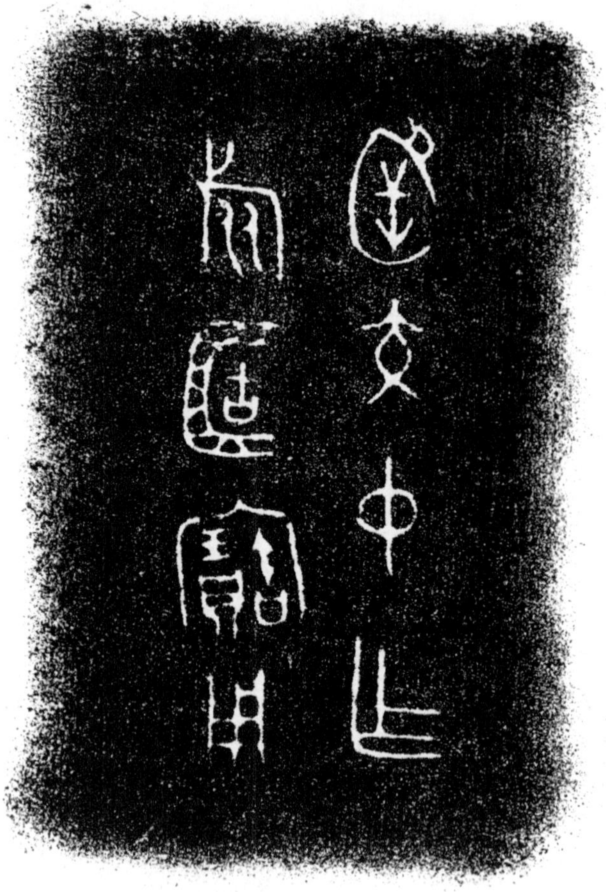

04497

虢叔作叔殷穀簠蓋

虢叔乍(作)叔
殷穀尊簠

04498

衛子叔□父簠

衛子叔旡
父乍(作)旅簠

04499

蔡公子義工簠

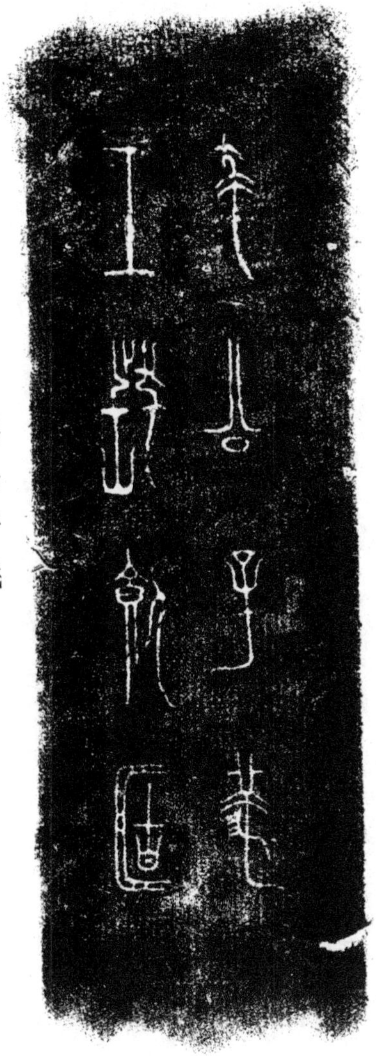

蔡公子義
工之飤簠

04500

王孫霝簠

王孫霝乍(作)
蔡姬飤簠

04501.1

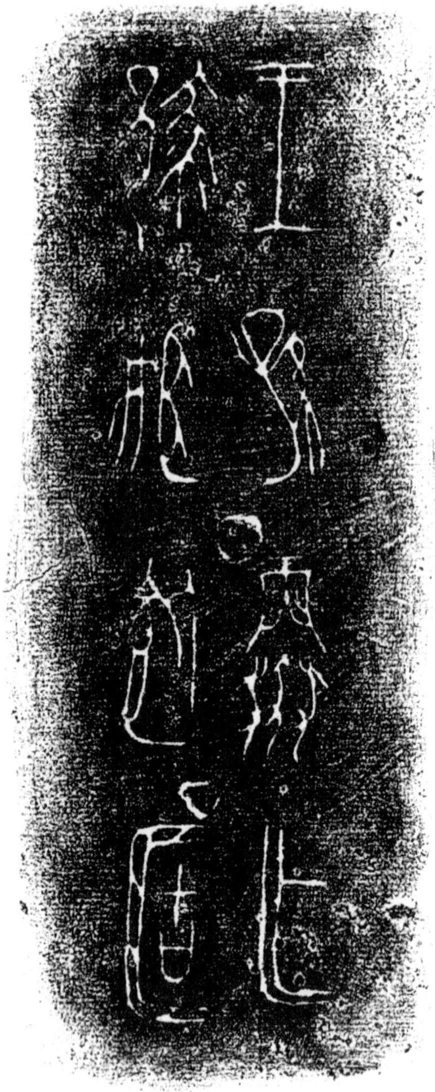

王孫霝乍(作)
蔡姬飤簠

04501.2

慶孫之子𡶜簠

慶孫之子
𡶜之鎛（饙）簠

04502.2

慶孫之子
𡶜之鎛（饙）簠

04502.1

西替簋

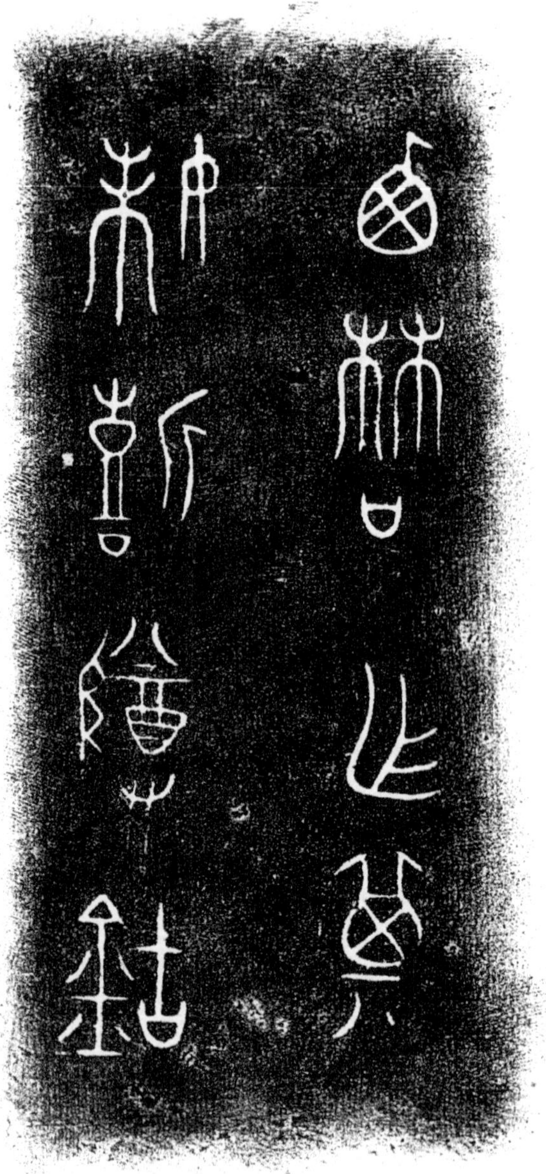

西替乍(作)其
妹靳尊簋

04503

京叔姬簋

京叔姬
乍(作)寶簋,
其永用

04504

大嗣馬簋

大嗣馬
孛术自
乍(作)飤簋

04505.1

大嗣馬
孛术自
乍(作)飤簋

04505.2

鑄客簠

鑄客爲王句(后)六室爲之

04506

鑄客簠

鑄客爲王句(后)六室爲之

04507

鑄客簠

鑄客爲王句(后)六室爲之

04508

鑄客簋

鑄客爲王句(后)六室爲之

04509

鑄客簋

鑄客爲王句(后)六室爲之

04510

鑄客簋

鑄客爲王句(后)六室爲之

04511.1

鑄客爲王句(后)六室爲之

04511.2

鑄客簠

04512.1

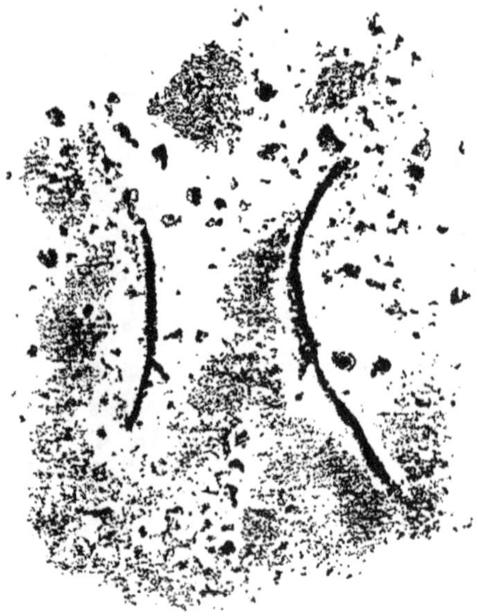

04512.2

鑄客爲王句（后）六室爲之，八

鑄客簠

04513

鑄客爲王句（后）六室爲之

虢叔簋

虢叔乍（作）旅簋，其萬年永寶

04514

虢叔簋

虢叔乍（作）旅簋，其萬年永寶

04515

冶□簋

冶□乍（作）寶匵（簋），子子孫孫永寶用

04516

魯士𢈩父簠

魯士𢈩（闐）父
乍（作）飤簠，
永寶用

04517.1

魯士𢈩（闐）父
乍（作）飤簠，
永寶用

04517.2

魯士𠩺父簠

魯士𠩺(闐)父
乍(作)飤簠，
永寶用

04518

魯士𠩺父簠

魯士𠩺(闐)父
乍(作)飤簠，
永寶用

04519

魯士𢉩父簋

魯士𢉩(閛)父
乍(作)飤簋,
永寶用

04520

陼侯⿺辶𡵂逆簋

階侯微
逆乍(作)簋,
永壽用
之

04521

宓姒簋

宓（密）姒乍（作）旅
匡（筐），其子子孫孫
永寶用

04522

史𩫖簋

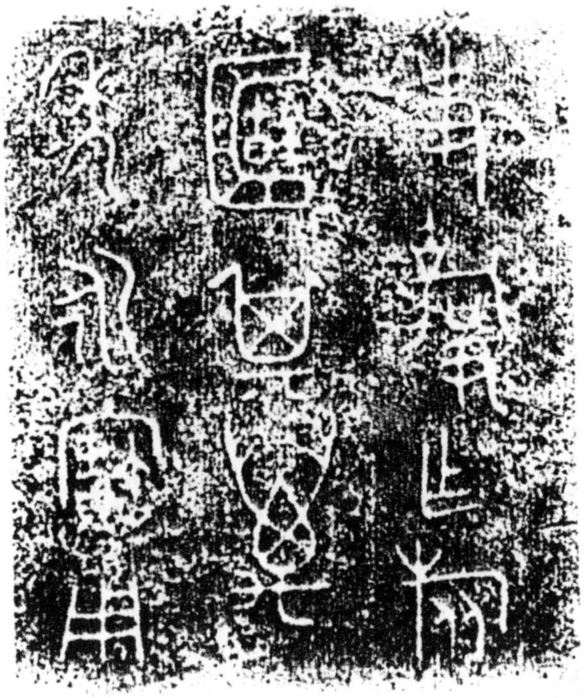

史𩫖乍（作）旅
簋，其萬
年永寶用

04523

塞簋

寏（塞）自乍（作）[旅]
簋，其子子
孫孫永寶用

04524

伯旟魚父簋

伯旟父乍（作）旅
簋，用倗旨飤

04525

伯彊簋

伯彊爲皇氏伯
行器，永祜福

04526

吳王御士叔鲦簋

吳王御士尹氏
叔繁乍(作)旅匡(筐)

04527

曾子㞟簋

曾子㞟（屡）
自乍（作）行器，
則永祜福

04528.1

曾子㞟（屡）自
乍（作）行器，則
永祜福

04528.2

曾子屖簋

曾子屌（屖）自乍（作）行器，則永祜福

04529.1

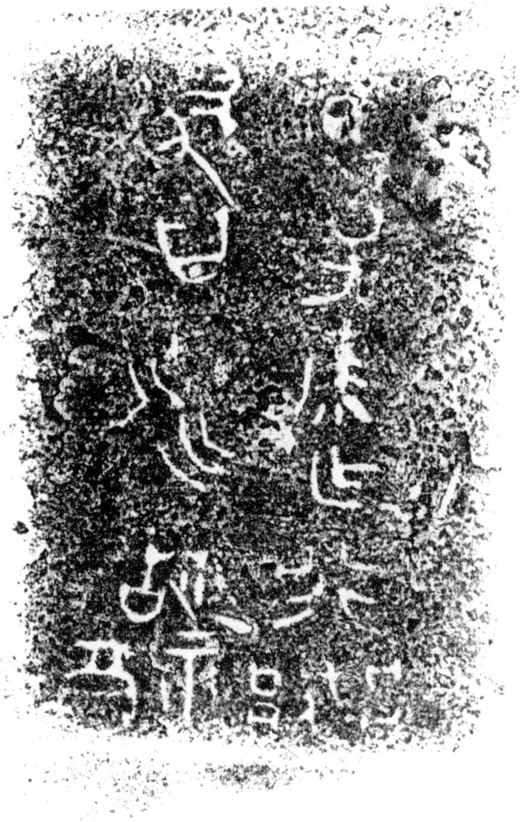

曾子屌（屖）自乍（作）行器，則永祜福

04529.2

善夫吉父簠

善(膳)夫吉父
乍(作)旅簠，其
萬年永寶

04530

內公簠

內(芮)公乍(作)鑄
寶簠，子孫
永寶用享

04531

胄簋

胄自乍(作)鉾(饙)簋，其子子孫孫永寶用享

04532

□誐簋

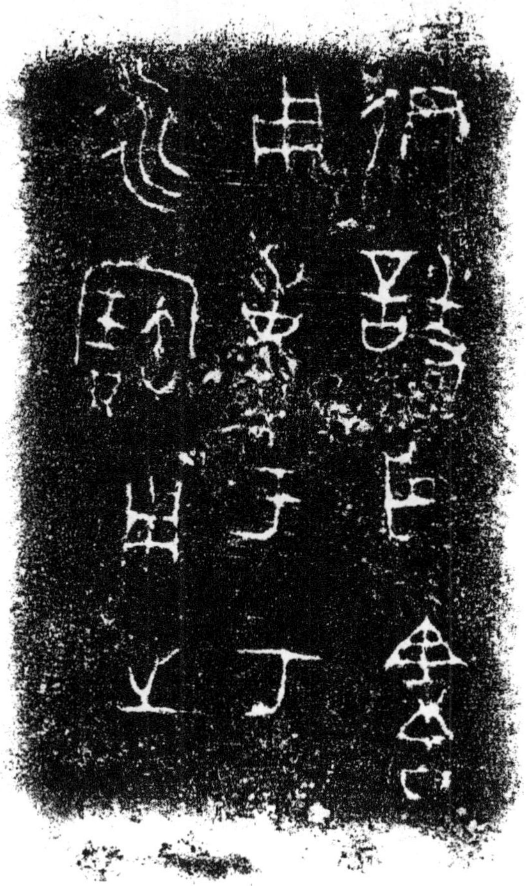

伊誐(譒)乍(作)簋，用事于丂(考)，永寶用之

04533

姅仲簠

姅仲乍（作）甫
㚤朕（媵）簠，子子
孫孫永寶用

04534

伯□父簋

伯壽父乍（作）
寶簋，其萬
年永寶用

04535

伯嚋父簋

伯嚋父乍（作）
鏲（饙）簋，□其
邁（萬）年永寶用

04536

内大子白簠蓋

内（芮）大（太）子白乍（作）簠，其邁（萬）年，子子孫永用

04537

内大子白簠蓋

内（芮）大（太）子白乍（作）簠，其邁（萬）年，子子孫永用

04538

奢虎簋

匽山奢淲

鑄其寶簋，

子子孫永寶用

04539.1

匽山奢淲

鑄其寶簋，

子子孫永寶用

04539.2

旅虎簋

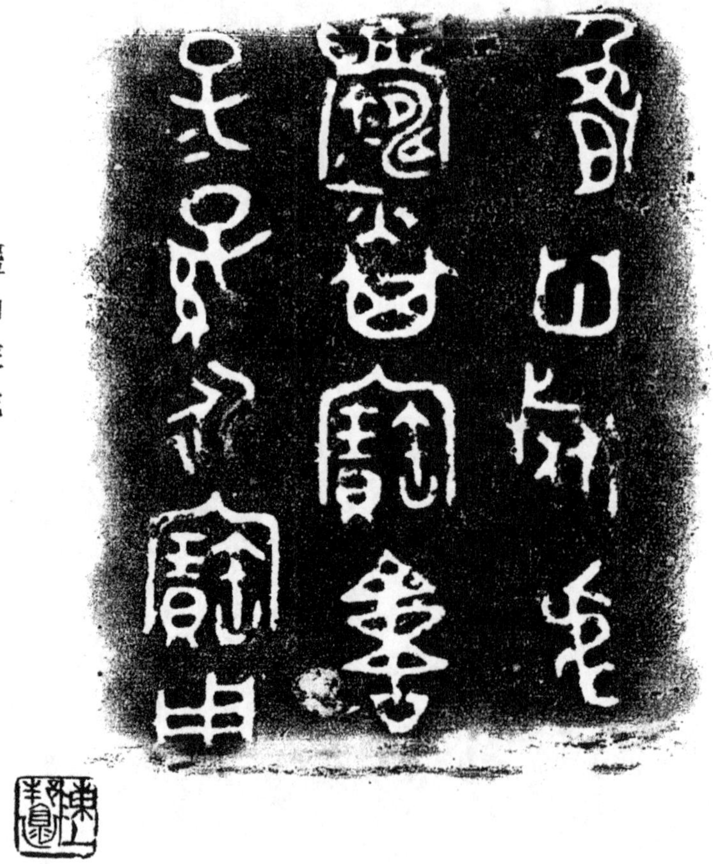

⿷匚吾山旅虎
鑄其寶簋，
子子孫永寶用

04540

旅虎簋

鼉山旅虎鑄其寶簋，子子孫永寶用

04541.1

鼉山旅虎鑄其寶簋，子子孫永寶用

04541.2

鄀于子斯簋

鄀于子瓶（甈）自乍（作）旅簋

04542

鄀于子斯簋

鄀于子
瓶（甈）又自乍（作）
旅簋，子子孫孫
永用

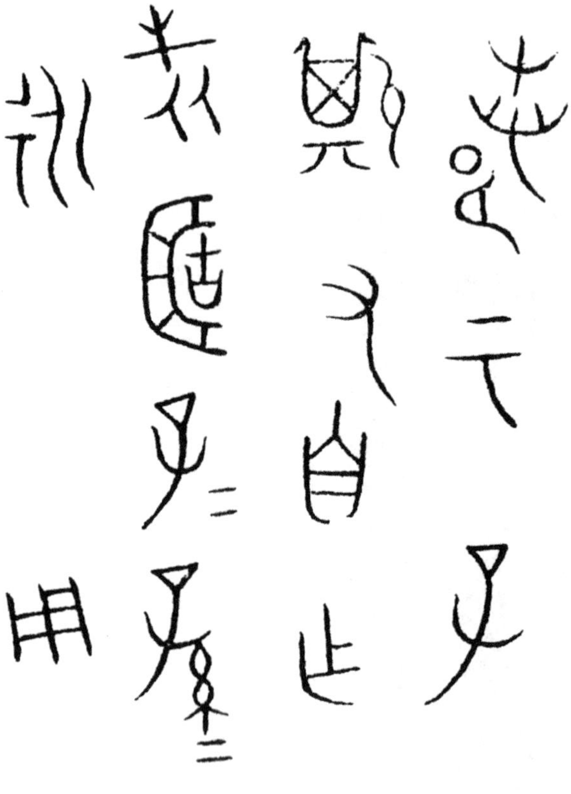

04543

叔坢父簋蓋

八田日，子
叔𤘍（𤘘）父乍（作）
行器，永古（祜）畐（福）

04544

𨞛子簋

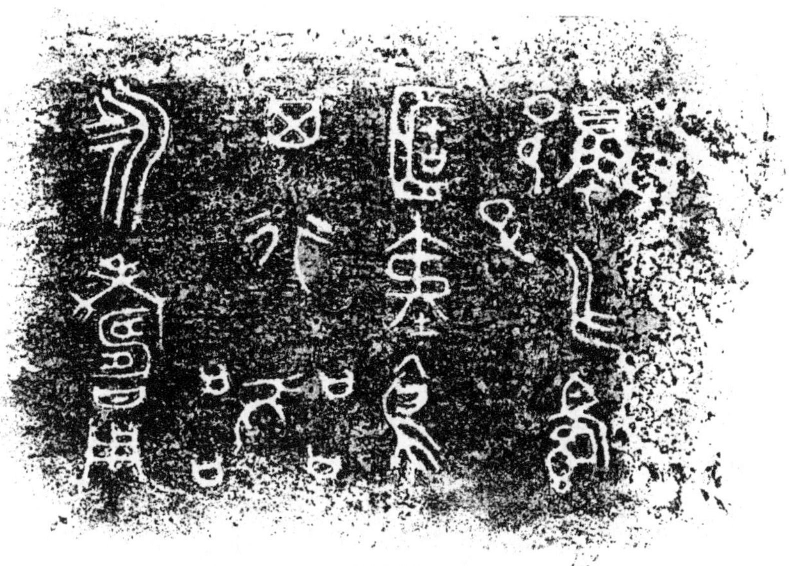

𨞛（邊）子乍（作）□（飤）
簋，𡍮爲
其行器，
永壽用

04545

薛子仲安簠

⿰月辛（薛）子仲安乍（作）旅簠，其子子孫孫永寶用享

04546.1

⿰月辛（薛）子仲安乍（作）旅簠，其子子孫孫永寶用享

04546.2

薛子仲安簠

辪（薛）子仲安乍（作）
旅簠，其子子
孫孫永寶用享

04547

薛子仲安簠

辪（薛）子仲安乍（作）
旅簠，其子子
孫孫永寶用享

04548

楚王酓肯簠

04549.1

04549.2

楚王酓（熊）肯钕（作）鑄金簠，以共（供）歲祟（嘗），戊寅

楚王酓肯簠

04550.1

04550.2

楚王酓（熊）肯鈠（作）鑄金簠，以共（供）歲棠（嘗），乙

楚王酓肯簠

04551.1

04551.2

楚王酓（熊）肯[饣殳]（作）鑄金簠，以共（供）歲𡙽（嘗），辛

㝬叔簋

04552

㝬（胡）叔乍（作）吳（虞）姬
尊⿰金匡（筐），其萬年，
子子孫孫永寶用

尹氏貯良簠

尹氏貯（賈）良乍（作）
旅匡（筐），其邁（萬）年，
子子孫孫永寶用

04553

伯勇父簠

伯戚（勇）父乍（作）簠，其萬年眉壽，子子孫孫永寶用

04554

師麻孝叔簠

師麻孝叔乍（作）旅匡（筐），其萬年，子子孫孫永寶用

04555

走馬薛仲赤簠

走（趣）馬辟（薛）仲赤，自乍（作）其簠，子子孫孫，永保用享

04556

商丘叔簠

商丘叔乍（作）其
旅簠，其萬年，
子子孫孫永寶用

4557

商丘叔簋

商丘叔乍（作）其旅簋，其萬年，子子孫孫永寶用

04558

商丘叔簠

商丘叔乍（作）其
旅簠，其萬年，
子子孫孫永寶用

04559.1

商丘叔乍（作）其
旅簠，其萬年，
子子孫孫永寶用

04559.2

鑄叔作嬴氏簠

鑄叔乍（作）嬴
氏寶簠，其
萬年眉壽，
永寶用

04560.1

鑄叔乍（作）嬴
氏寶簠，其
萬年眉壽，
永寶用

04560.2

鄦侯簋

鄦侯乍（作）叔
姬寺男塍（媵）
簋，子子孫孫，
永寶用享

04561

鄦侯簋

鄦侯乍（作）叔
姬寺男塍（媵）
簋，子子孫孫，
永寶用享

04562

季良父簠

季宫父乍（作）
宗（崇）娟（妘）媵（媵）簠，
其萬年，子子
孫孫永寶用

04563

季良父簠

季宫父乍（作）
宗（崇）娟（妘）媵（媵）簠，
其萬年，子子
孫孫永寶用

04564

交君子叕簠

交君子叕肇
乍（作）寶簠，其
眉壽萬
年，永寶用

04565.1

交君子叕肇
乍（作）寶簠，
其眉壽萬
年，永寶用

04565.2

魯伯俞父簠

魯伯俞（愈）父
乍（作）姬仁簠，
其萬年眉
壽，永寶用

04566

魯伯俞父簠

魯伯俞（愈）父
乍（作）姬仁簠，
其萬年眉
壽，永寶用

04567

魯伯俞父簠

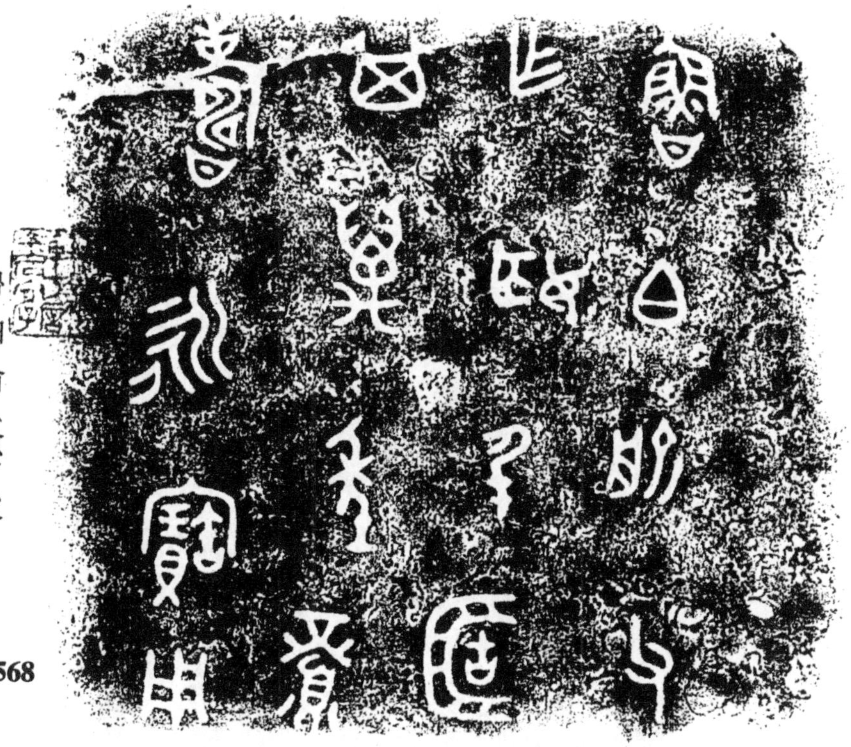

魯伯俞（愈）父
乍（作）姬仁簠，
其萬年眉
壽，永寶用

04568

鄀公蓋簠

鄀公乍（作）犀
仲、仲嬭（芊）義男
尊簠，子子孫孫，
永寶用之

04569

鑄子叔黑臣簠

鑄子叔黑臣，肇乍（作）寶簠，其萬年眉壽，永寶用

04570.1

鑄子叔黑臣，肇乍（作）寶簠，其萬年眉壽，永寶用

04570.2

鑄子叔黑臣簠

鑄子叔黑
臣，肇乍（作）寶
簠，其萬年眉
壽，永寶用

04571.1

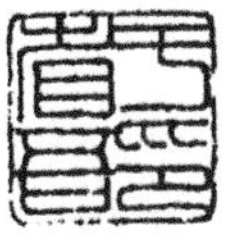

鑄子叔黑
臣，肇乍（作）寶
簠，其萬年眉
壽，永寶用

04571.2

季宮父簠

季宮父乍（作）仲姊
嬽姬佚（媵）簠，其萬
年，子子孫孫永寶用

04572

曾子原彝簠

唯九月初吉庚申，曾子
邍彝爲孟姬鄬鑄賸（媵）簠

04573

鑄公簠蓋

鑄公乍（作）孟
妊車母朕（媵）簠，
其萬年眉
壽，子子孫孫
永寶用

04574

楚子暖簠

唯八月初吉庚申，
楚子暖鑄其飤
簠，子孫永保之

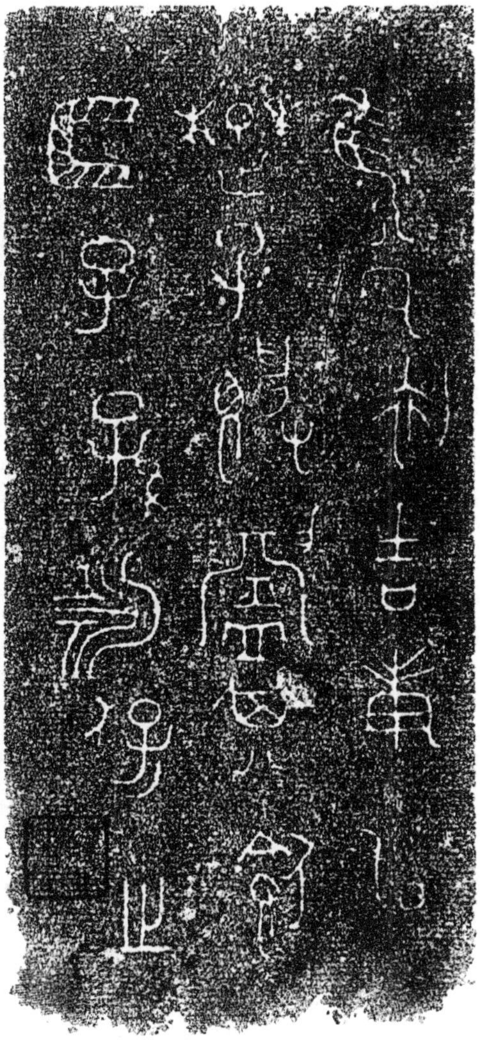

04575

楚子暖簠

唯八月初吉庚申，
楚子暖鑄其飤
簠，子孫永保之

04576

楚子暖簠

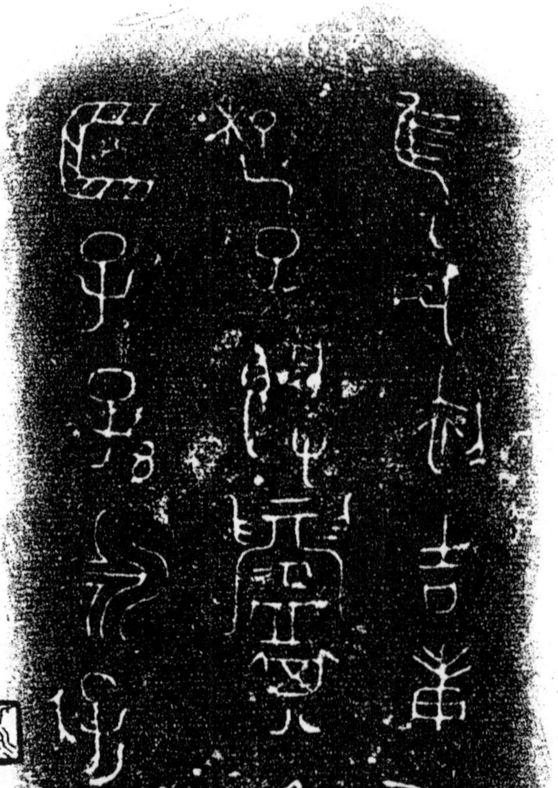

唯八月初吉庚申，楚子暖鑄其飤簠，子孫永保之

04577

羌仲虎簋

唯羌仲兂

［擇］其吉金，

用自乍（作）寶

簋，其子子孫孫

永寶用享

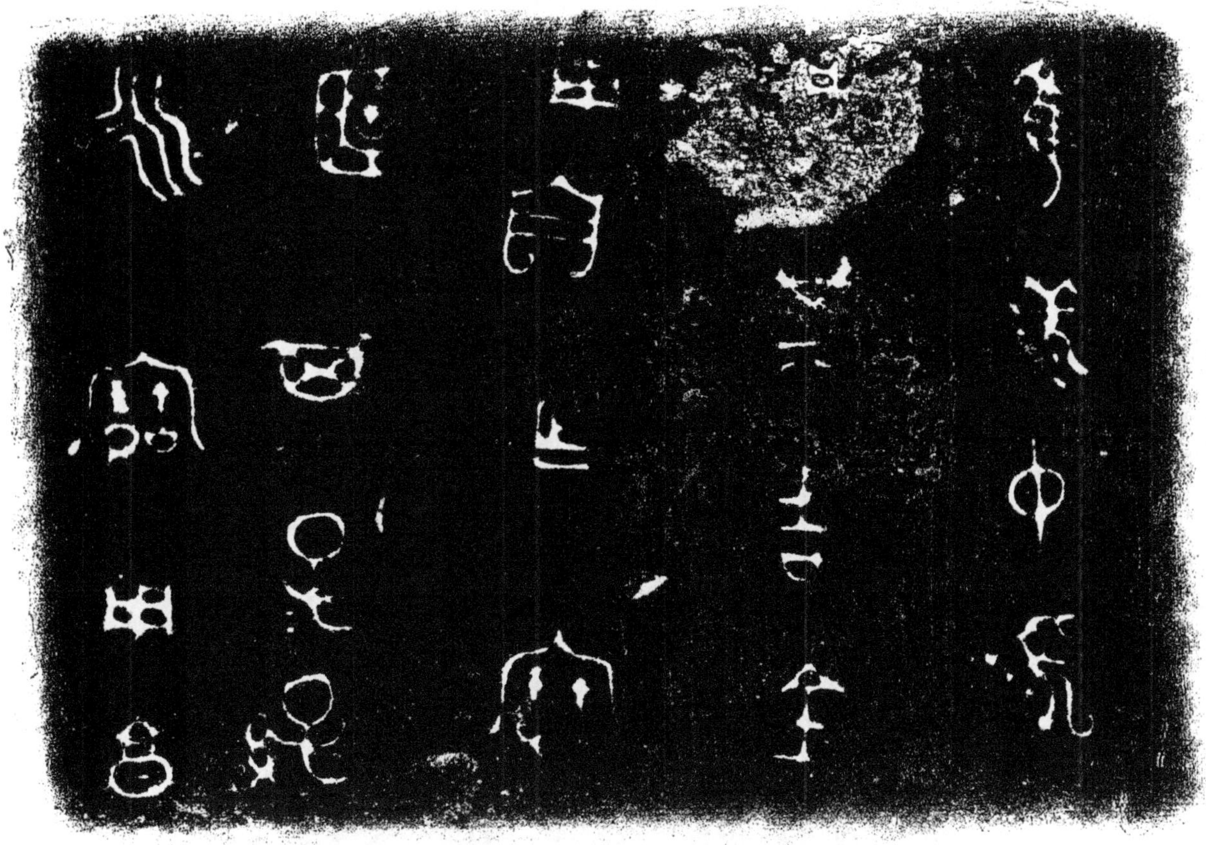

04578

史免簠

史免乍（作）旅匡（筐），
從王征行，用
盛⿸㫃舀（稻）梁（粱），其子子
孫孫永寶用享

04579.1

史免乍（作）旅匡（筐），
從王征行，用
盛⿸㫃舀（稻）梁（粱），其子子
孫孫永寶用享

04579.2

叔邦父簠

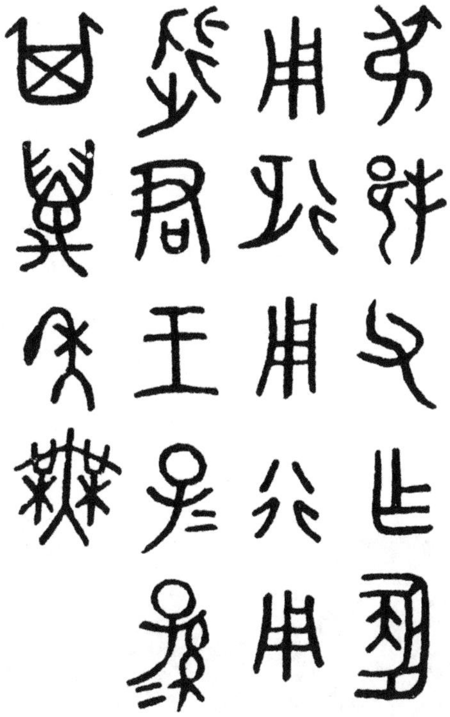

叔邦父乍(作)簠，
用征用行，用
從君王，子子孫孫，
其萬年無疆

04580

伯其父簠

唯伯其(麒)父慶(麐)
乍(作)旅祜(簠)，用賜
眉壽萬年，子子
孫孫，永寶用之

04581

番君召簠

番君召乍(作)鏷(饙)簠，用享用養(孝)，用旂(祈)眉壽，子子孫孫永寶用

04582

番君召簠

番君召乍（作）鏬（饙）簠，用享用養（孝），用㫚（祈）眉壽，子子孫孫永寶用之

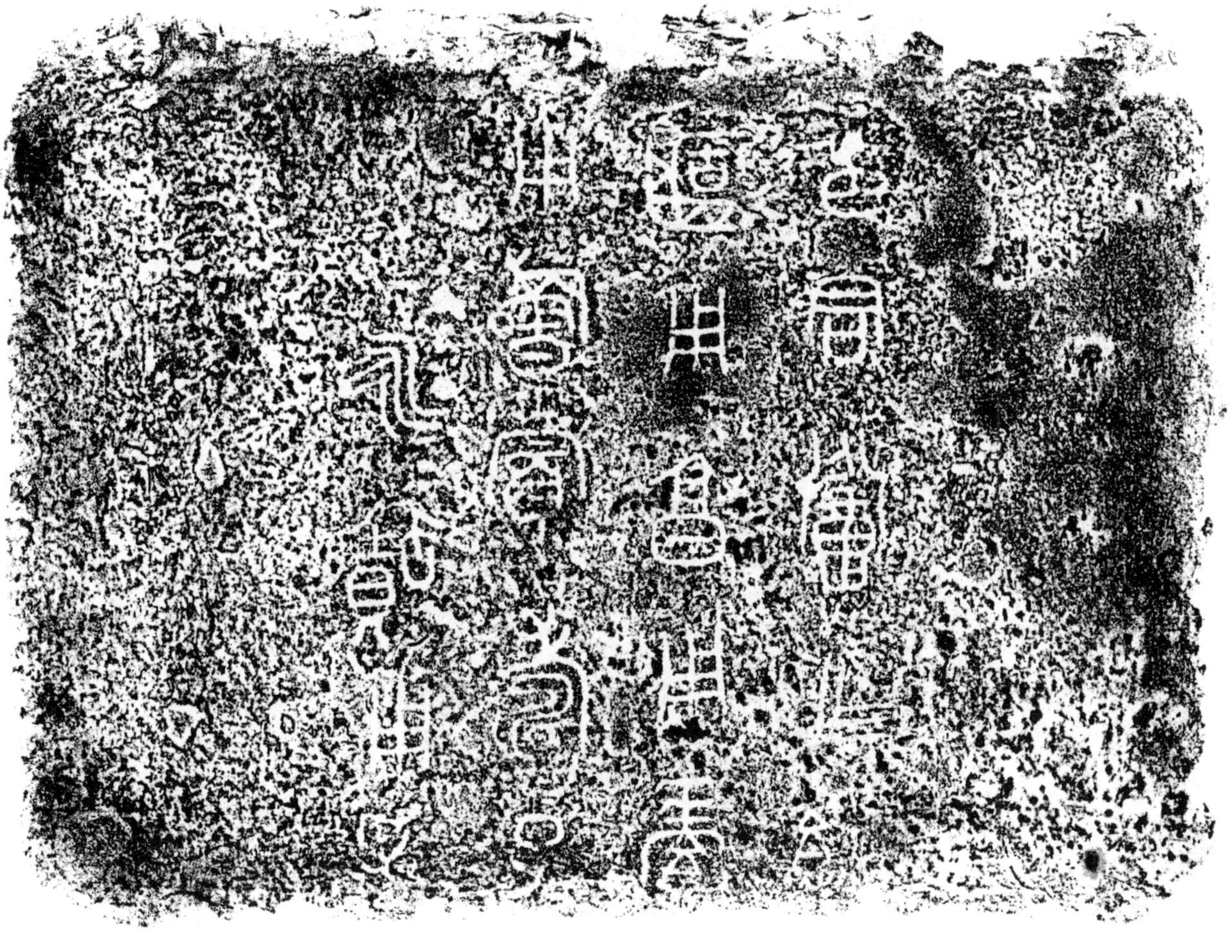

04583

番君召簠

番君召乍（作）[金奉]（饋）
簠，用享用養（孝），
用𣄨（祈）眉壽，子子
孫孫永寶用之

04584

番君召簠蓋

番君召乍(作)鍊(饙)簠，用享用養(孝)，用旂(祈)眉壽，子子孫孫永寶用之

04585

番君召簠

番君召乍(作)餴(饋)簠，用享用養(孝)，用𣄨(祈)眉壽，子子孫孫永寶用之

04586

番君召簠

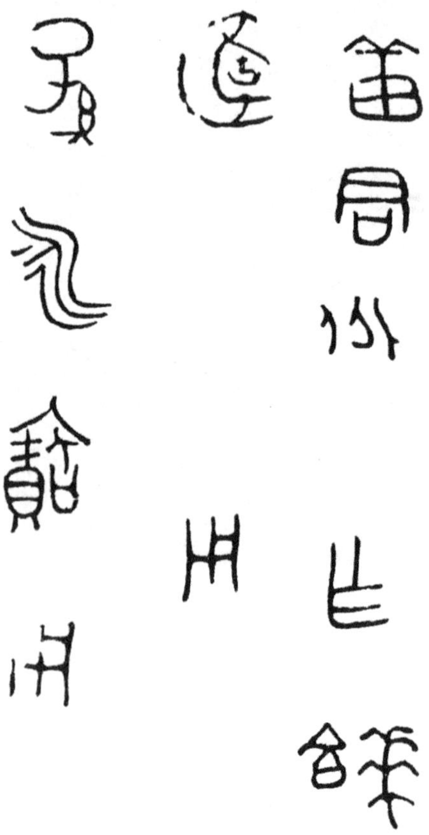

番君召乍(作)餴(饋)簠，用享用養(孝)，(用𣄨(祈)眉壽，子子)孫孫，永寶用(之)

04587

曾子□簠

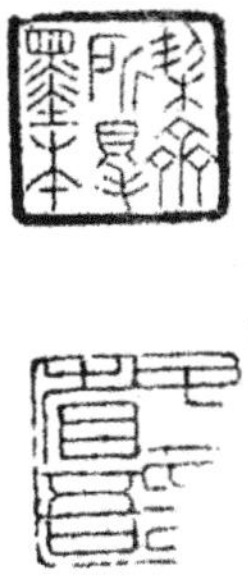

唯正月初吉

丁亥，曾子□

自乍（作）飤簠，子子

孫孫，永保用之

04588

宋公䜌簠

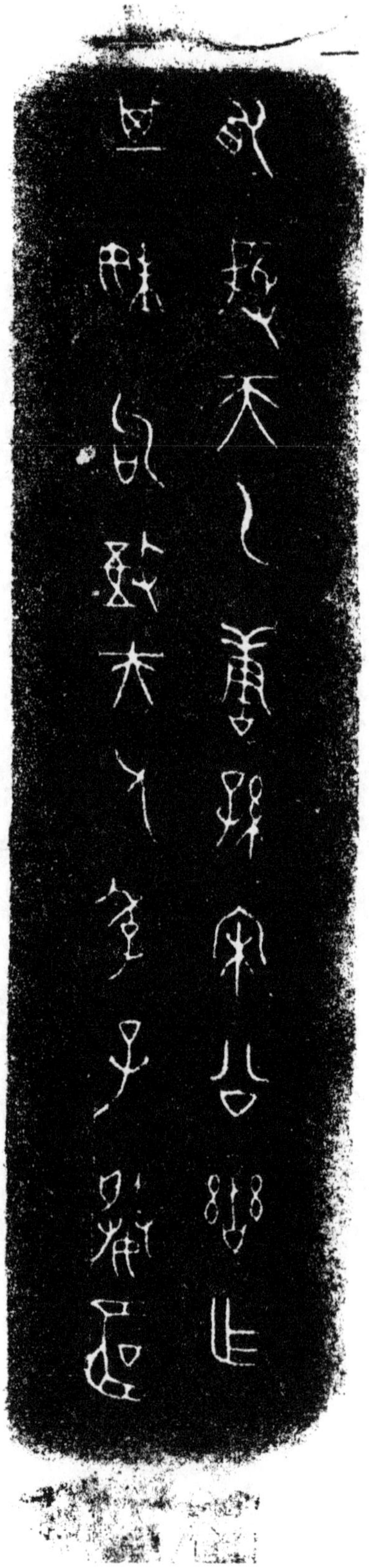

有殷天乙唐（湯）孫宋公䜌（欒），乍（作）
其妹句敔夫人季子媵簠

04589

宋公䜌簠

04590

有殷天乙唐（湯）孫宋公䜌（欒），乍（作）
其妹句敔夫人季子媵簠

曾孫史夷簋

曾孫史尸
乍(作)餴(饙)簋，其
萬〼，
永寶用之

04591.1

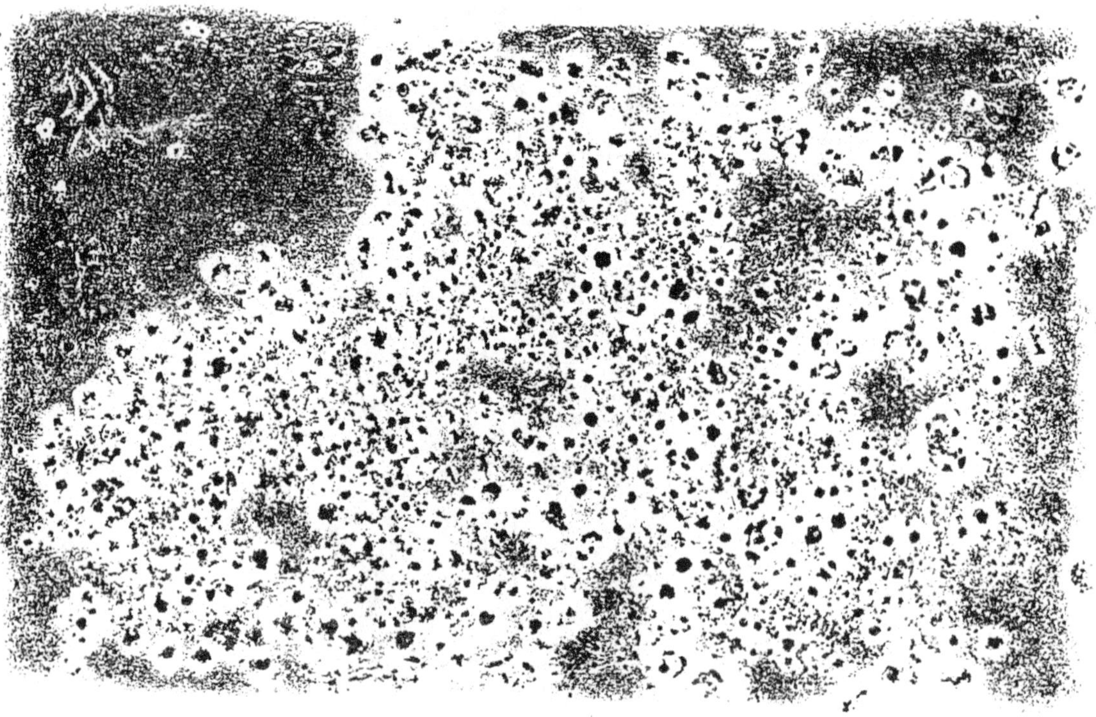

曾孫史尸
乍(作)餴(饙)簋，其
萬〼，
永寶用之

04591.2

鼄叔豸父簋

是叔虎父乍（作）杞孟辝（姒）饙（饙）簋，其萬年眉壽，子子孫孫，永寶用享

04592

曹公簠

曹公塍(媵)孟姬

悆母匡(筐)，

用祈眉壽

無疆，子子孫孫，

永壽用之

04593

子季嬴青簠

04594.1

子季嬴青擇其
吉金，自乍（作）飤簠，
眉壽無其（期），子子孫孫，
羕（永）保用之

子季嬴青擇其
吉金，自乍（作）飤簠，
眉壽無其（期），子子孫孫，
羕（永）保用之

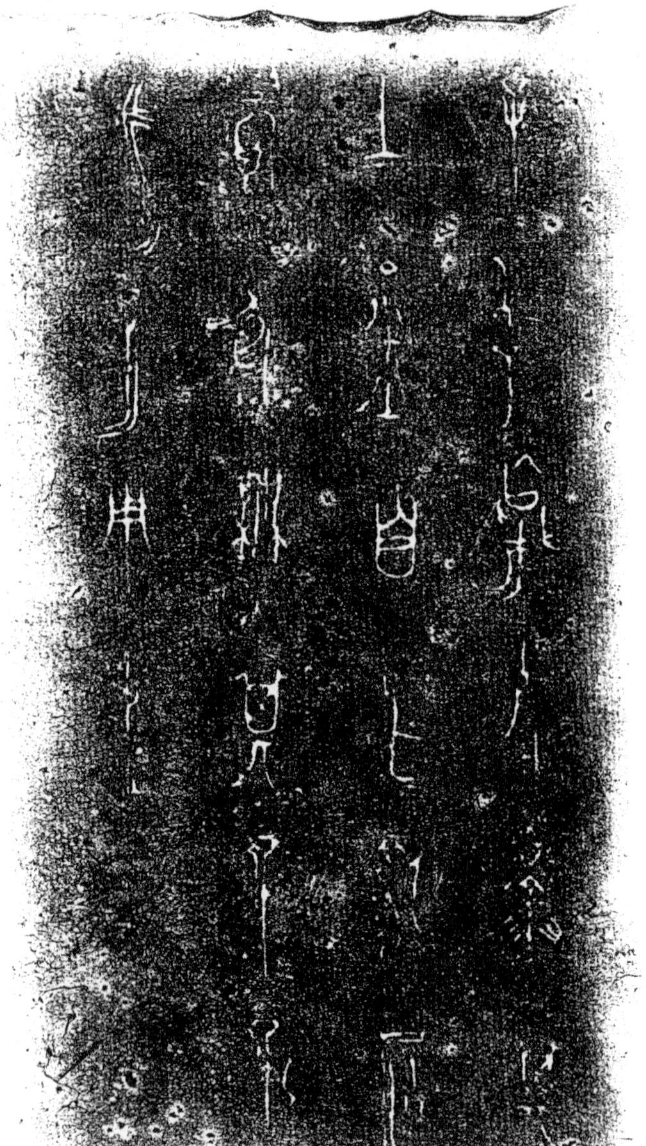

04594.2

齊𨻰曼簠

齊陳曼不敢逸
康，肇堇（謹）經德，乍（作）
皇考獻叔鏄（饙）㿜（盤），
永保用簠

04595

齊塦曼簠

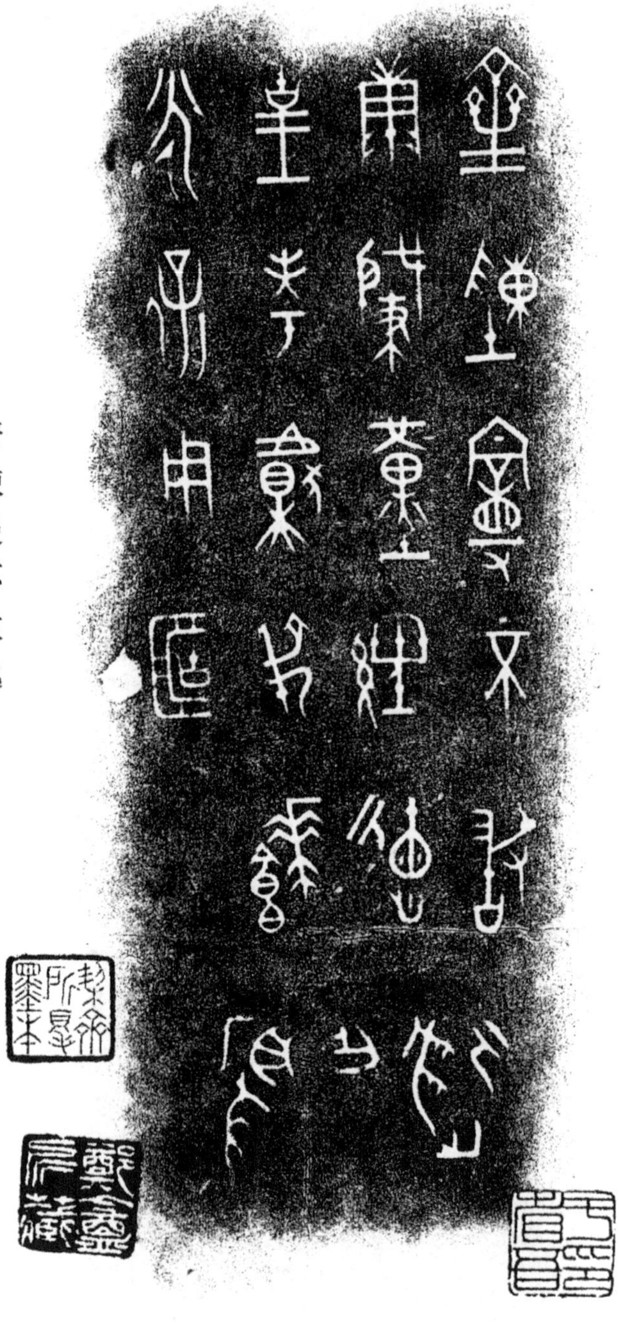

齊陳曼不敢逸
康，肇堇（謹）經德，乍（作）
皇考獻叔饙（饙）般（盤），
永保用簠

04596

敶公子仲慶簠

敶（陳）公子仲慶，自乍（作）匩（簠），用祈眉壽，萬年無彊，子子孫孫，永壽用之

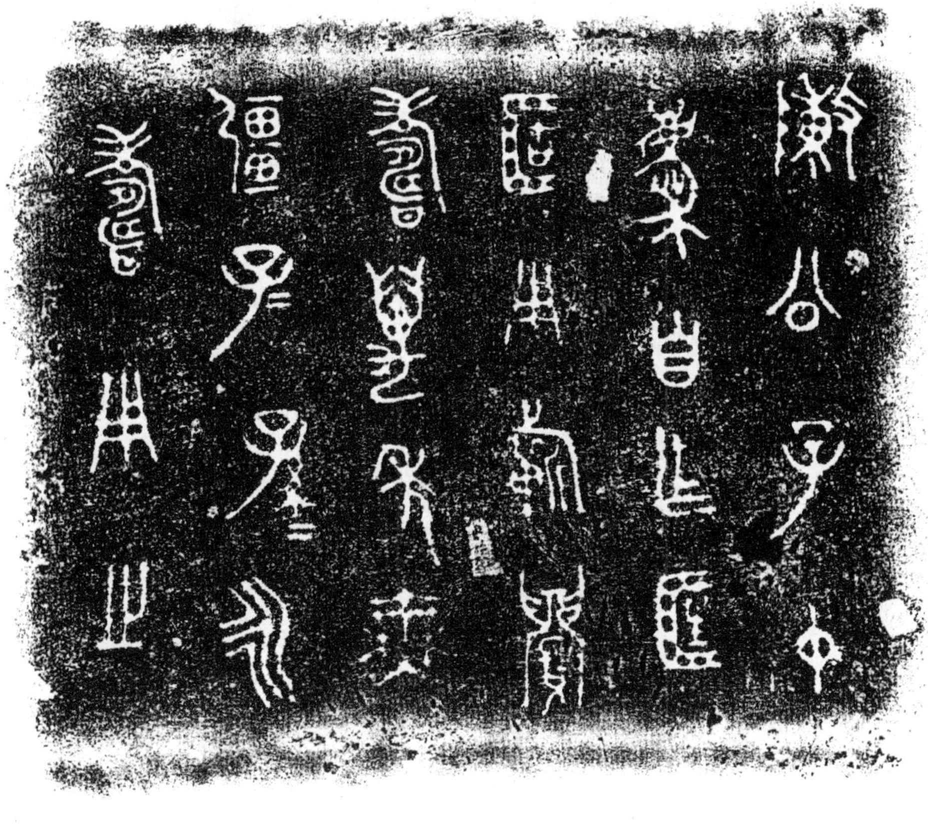

04597

曾侯簠

叔姬霝乍（迮）黄邦，
曾侯乍（作）叔姬、邛（江）
嬭（芈）賸（媵）器䵼彝，其
子子孫孫其永用之

04598

鄴伯受簠

子子孫孫，其永用之

嬴爲心賸（媵）鎛（饙）簠，

金，乍（作）其元妹叔

鄴（養）伯受用其吉

04599.1

子子孫孫其永用之
爲心賸（媵）鍊（饙）簠，
金，乍（作）其元妹叔嬴
鄬（養）伯受用其吉

04599.2

蛣公諴簠

蛣（鄀）公諴（諴）乍（作）旅
簠，用追孝于
皇祖、皇考，用
賜眉壽萬年，
子子孫孫永寶用

04600

召叔山父簠

奠（鄭）伯大嗣
工（空）召叔山
父乍（作）旅簠，
用享用孝，
用匄眉壽，
子子孫孫，用
爲永寶

04601

召叔山父簠

奠（鄭）伯大嗣
工（空）召叔山
父乍（作）旅
簠，用享用
孝，用匄眉
壽，子子孫孫，用
爲永寶

04602

敶侯作王仲媯𡚬簠

唯正月初吉丁
亥，敶（陳）侯乍（作）王
仲媯𡚬（𡚬）塍（媵）簠，
用祈眉壽無
疆，永壽用之

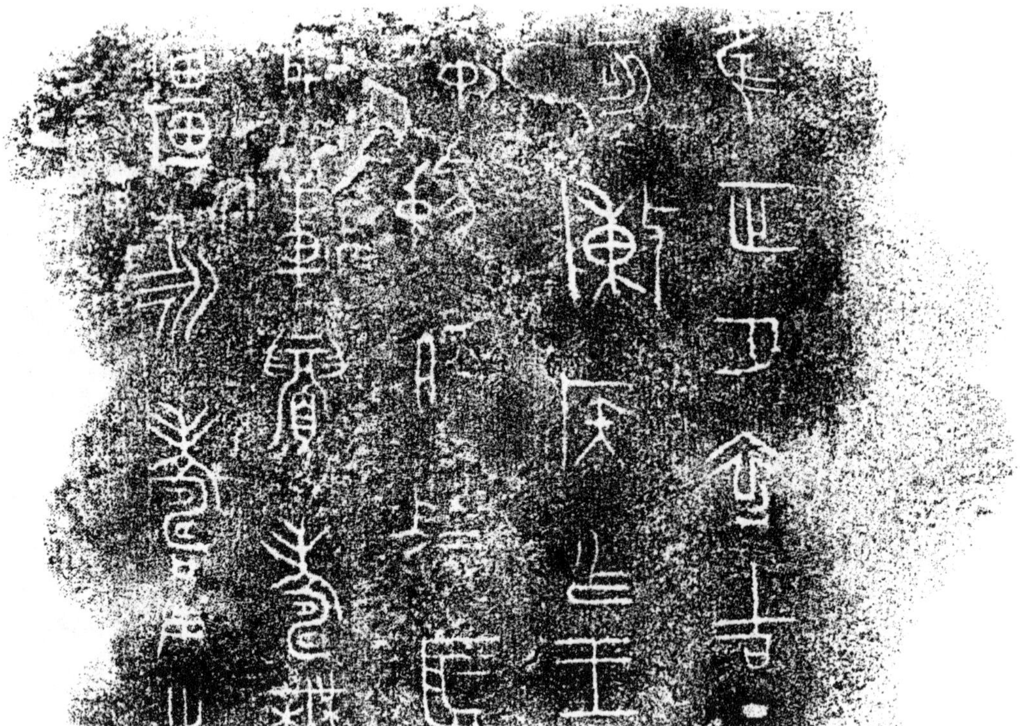

04603.1

唯正月初吉丁
亥，陳（陳）侯乍（作）王
仲嬀⿰爿帚（⿸疒帚）媵（媵）簠，
用祈眉壽無
疆，永壽用之

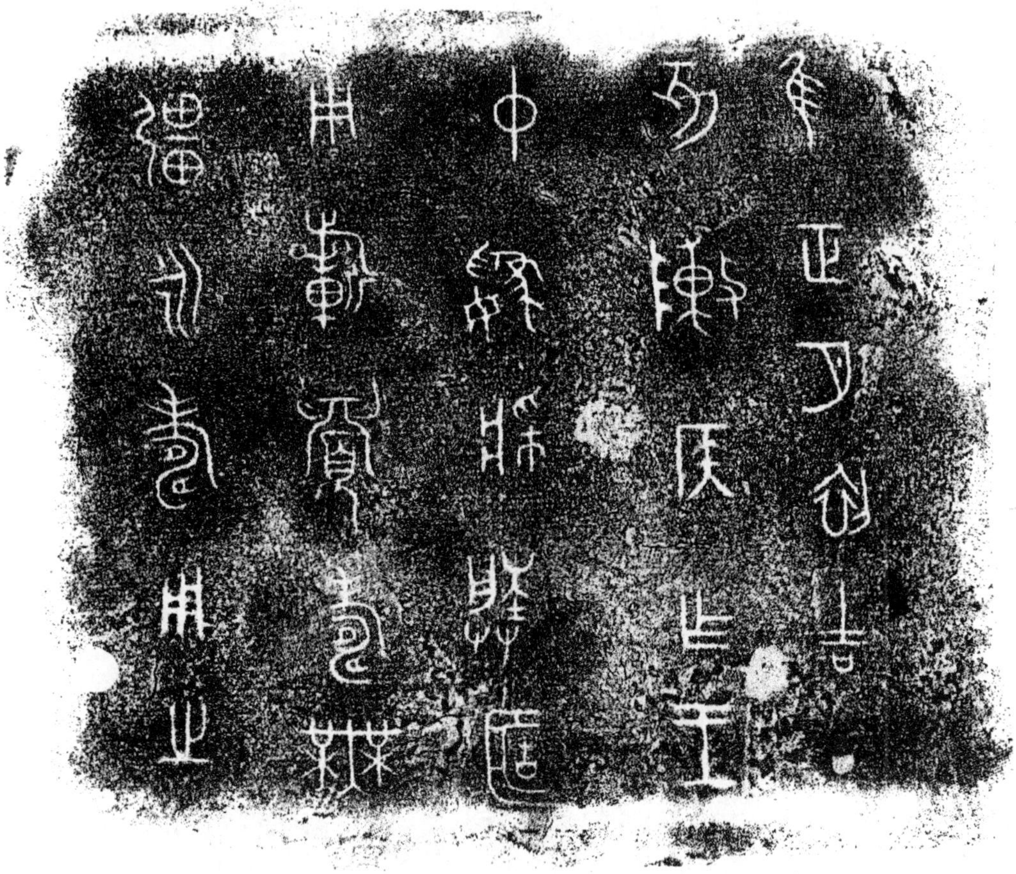

04603.2

敶侯作王仲媯⿰爿帚簠

唯正月初吉丁亥，敶（陳）侯乍（作）王仲嬀⿰爿帚（⿸疒帚）塍（媵）簠，用祈眉壽無疆，永壽用之

04604.1

唯正月初吉丁亥，敶（陳）侯乍（作）王仲嬀⿰爿帚（⿸疒帚）塍（媵）簠，用祈眉壽無疆，永壽用之

04604.2

嘉子伯昜□簠

唯九月初吉壬
申，嘉子伯昜臚
用其吉金，自乍（作）寶
簠，子子孫孫，永壽
用之

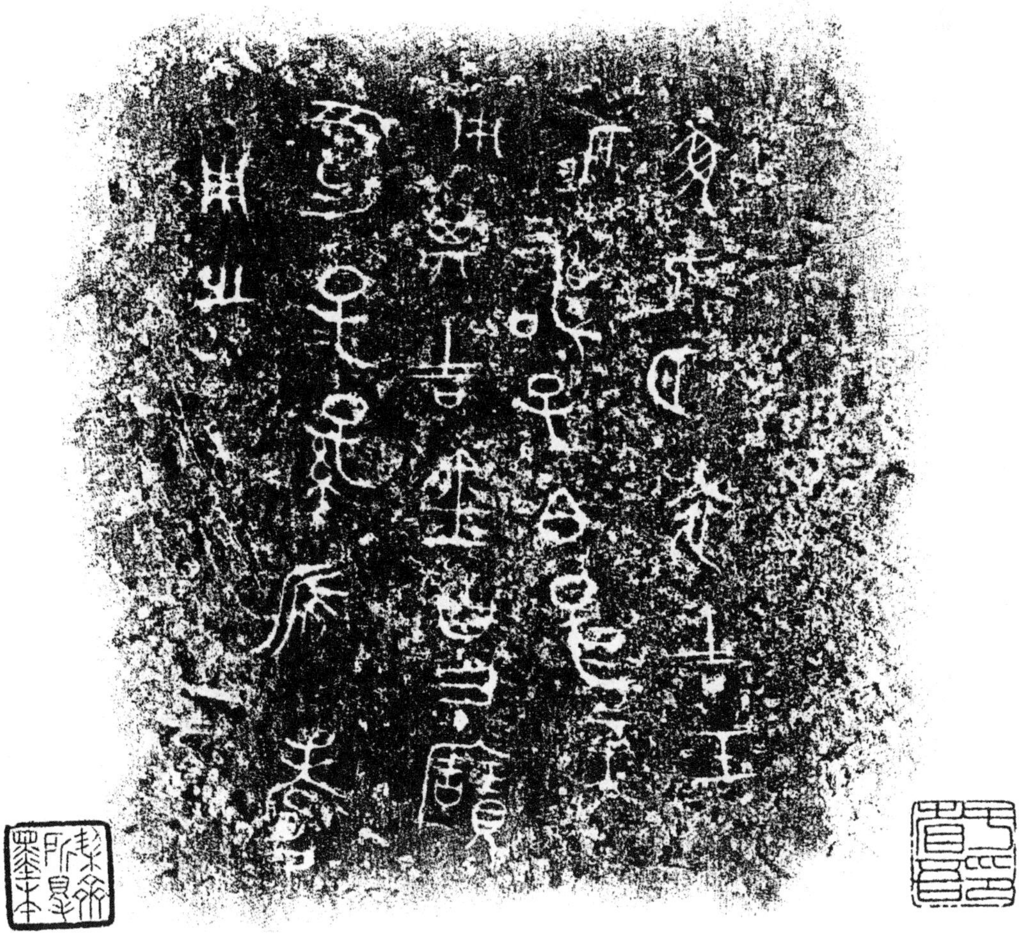

04605.1

唯九月初吉壬
申，嘉子伯昜臚
用其吉金，自乍（作）
寶簠，子子孫孫，
永壽用之

04605.2

敶侯作孟姜㛄簠

唯正月初吉丁亥，敶（陳）侯乍（作）孟姜㛄（㾓）媵（媵）簠，用祈眉壽，萬年無疆，永壽用之

04606

陳侯作孟姜𡢁簠

唯正月初吉丁亥，陳（陳）侯乍（作）孟姜𡢁（㾜）媵（媵）簠，用祈眉壽，萬年無疆，永壽用之

04607

考叔指父簠

唯正月初吉丁亥，考叔指父自乍(作)尊簠，其眉壽，萬年無疆，子子孫孫，永寶用之

04608.1

唯正月初吉丁亥，
考叔𤸫父自乍(作)
尊簠，其眉壽，
萬年無疆，子子
孫孫，永寶用之

04608.2

考叔𤸫父簠

唯正月初吉丁亥，考叔𤸫父自乍（作）尊簠，其眉壽，萬年無疆，子子孫孫，永寶用之

04609.1

唯正月初吉丁亥，考叔㝼父自乍(作)尊簠，其眉壽，萬年無疆，子子孫孫，永寶用之

04609.2

𩰫公彭宇簠

唯正十又一月辛

巳，𩰫(申)公彭宇自

乍(作)淄(𩟄)簠，宇其眉

壽，萬年無疆，

子子孫孫，永寶用之

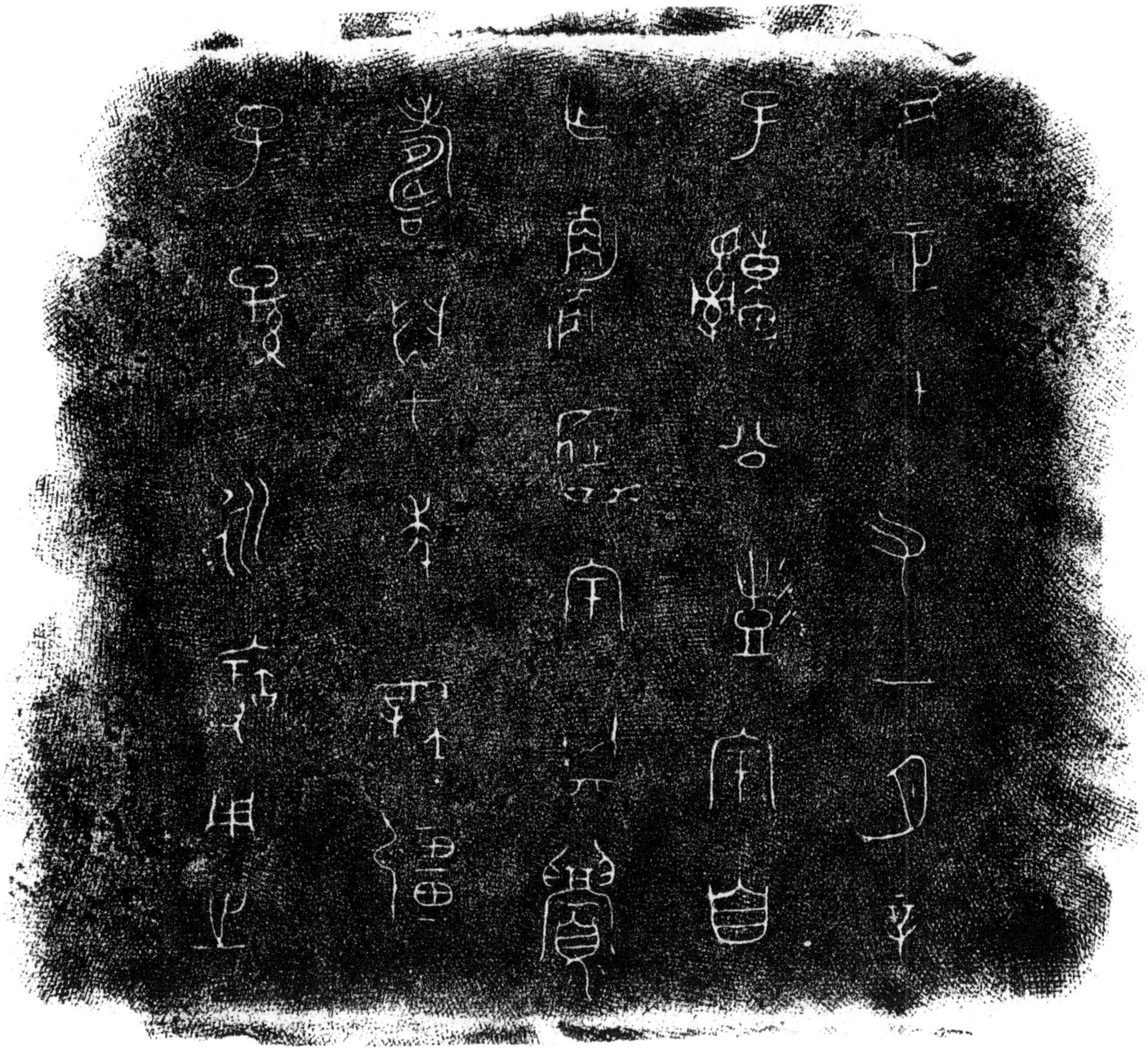

04610

𩁹公彭宇簠

唯正十又一月辛
巳，𩁹（申）公彭宇自
乍（作）涺（飤）簠，宇其眉
壽，萬年無疆，
子子孫孫，永寶用之

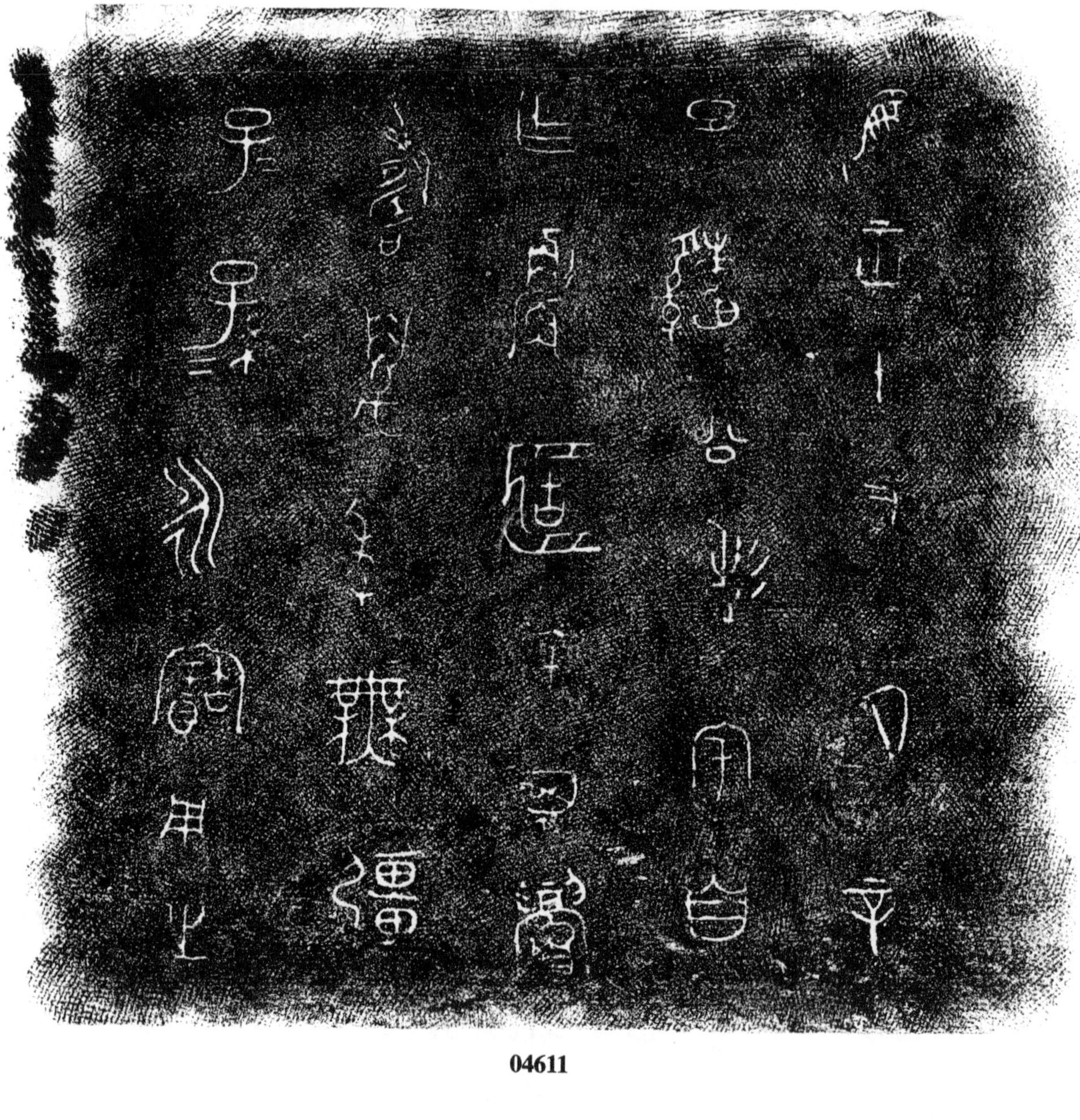

04611

楚屈子赤角簠蓋

唯正月初吉
丁亥，楚屈子
赤目朕(媵)仲嬭(芈)
璜飤簠，其眉
壽無疆，子子孫孫，
永保用之

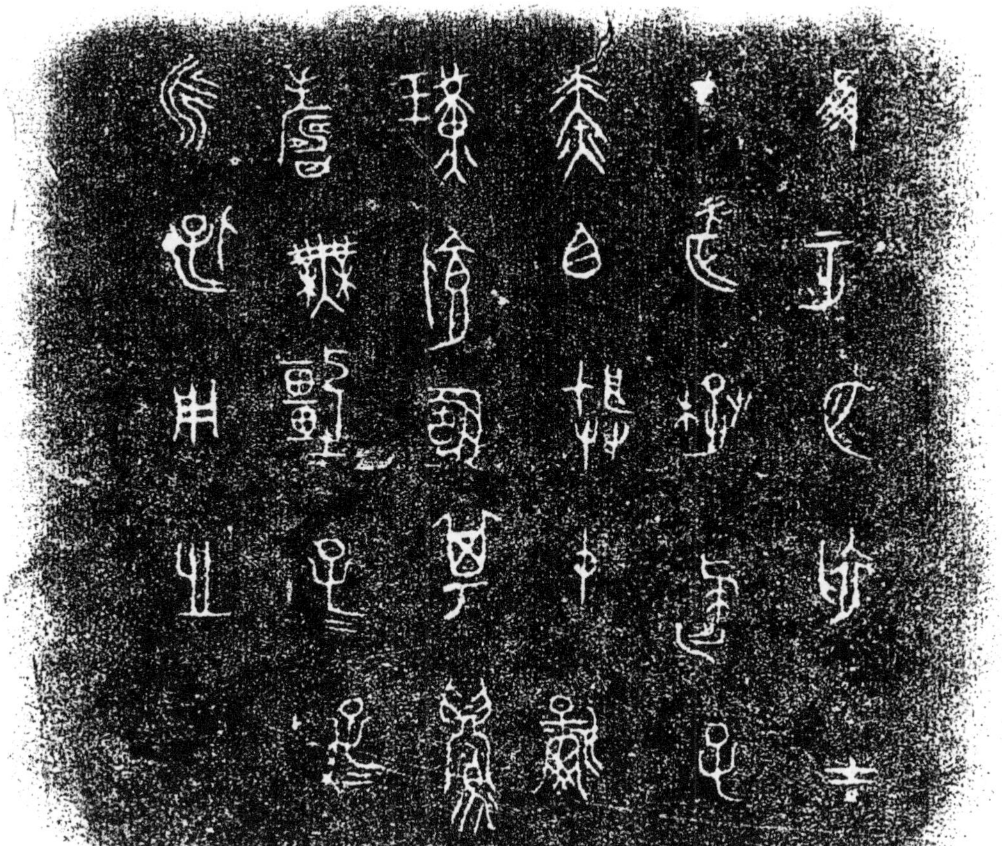

04612

上鄀府簠

唯正六月，初吉丁亥，上鄀府擇其吉金，鑄其淄（䥌）簠，𣄰（其）眉壽無記（期），子子孫孫，永寶用之

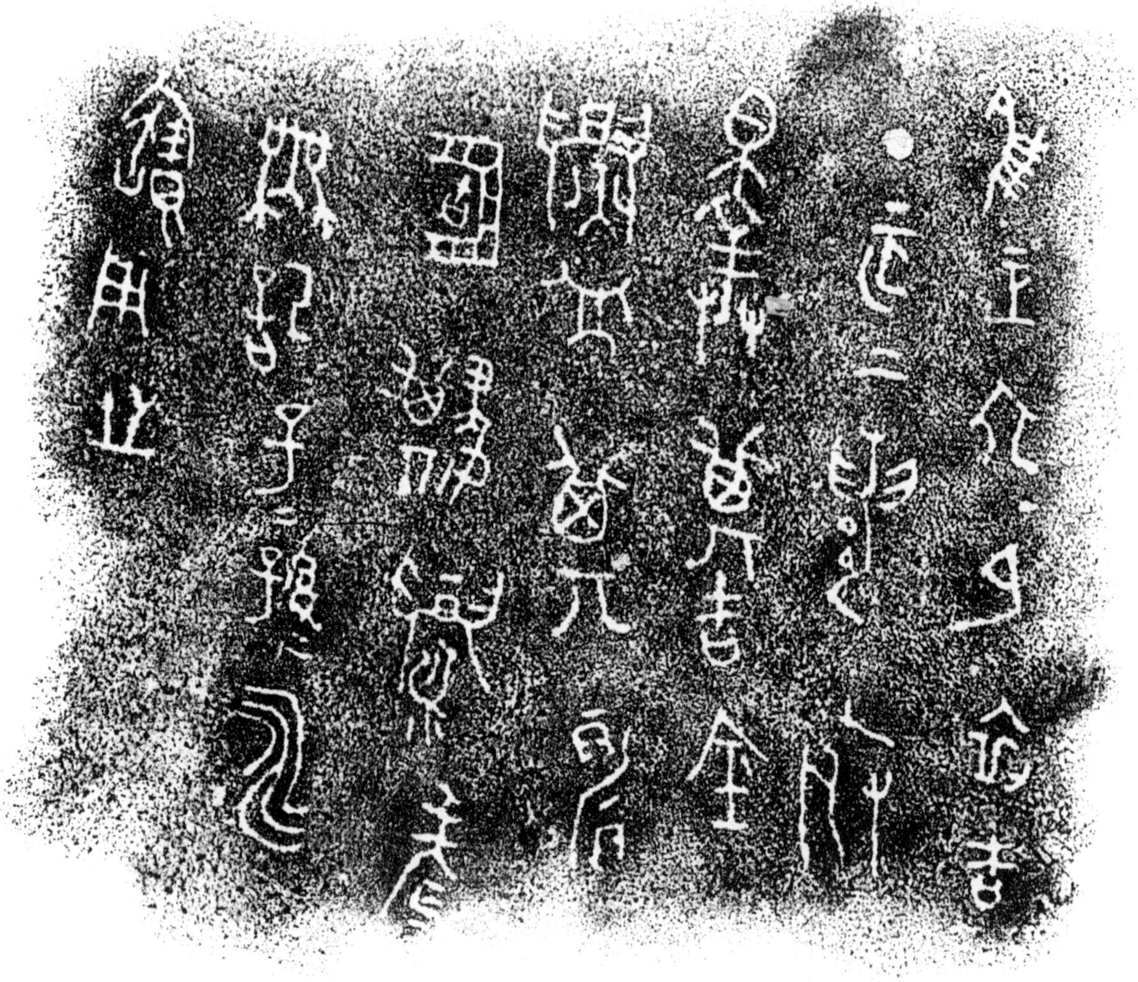

04613.1

唯正六月，初吉丁亥，
上都府擇其吉
金，鑄其淄（䬧）簠，
䎛其眉壽無記（期），子子
孫孫，永寶用之

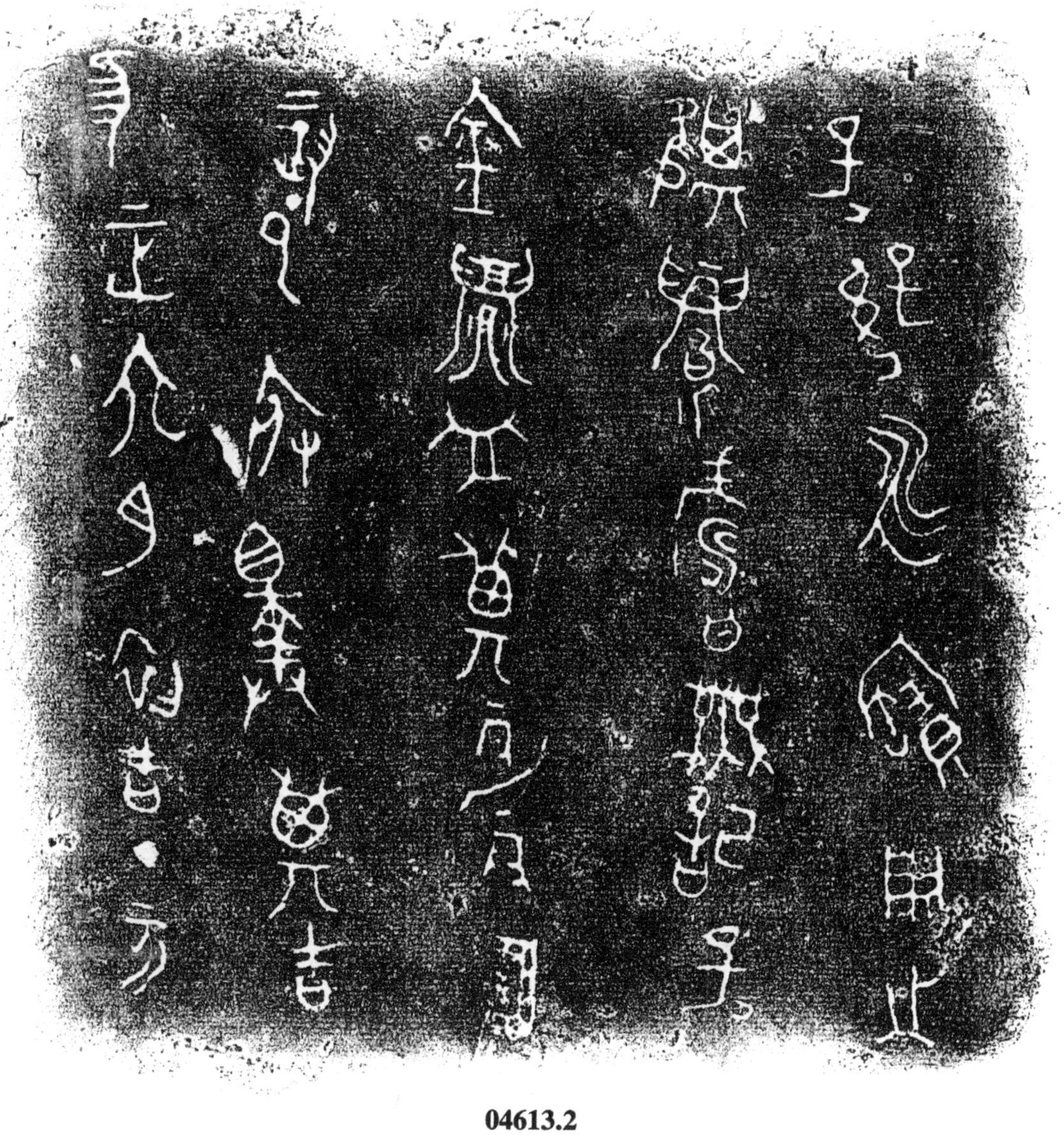

04613.2

曾□□簠

唯正□月初吉乙
亥，曾□□擇
其吉金，自乍（作）鍊（饙）
簠，其眉壽無
疆，子子孫孫，永寶用之

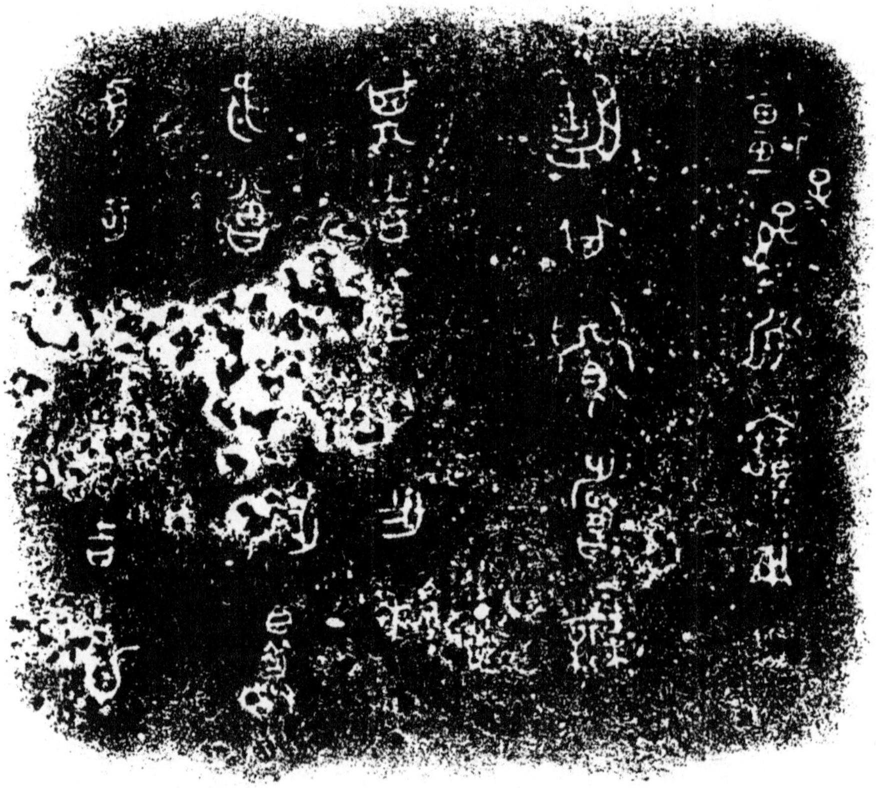

04614

叔家父簠

叔家父乍（作）仲

姬匡（筐），用成（盛）旝（稻）

粱（粱），用速（速）先後

者（諸）蚏（兄），用祈眉

考（老）無疆，哲德

不亡（忘），孫子之難（覗）

04615

鄦子妝簠

唯正月初吉丁亥，
鄦（許）子妝擇其吉
金，用鑄其簠，用
賸（媵）孟姜、秦嬴，其
子子孫孫兼（永）保用之

04616

⿱無皿公買⿱⺮⿱古皿

唯王正月，初吉丁亥，⿱無皿（許）公買擇厥吉金，自乍（作）飤⿱⺮⿱古皿，以祈眉壽，永命無疆，子子孫孫，永寶用之

04617.1

唯王正月，
初吉丁亥，
𥂴（許）公買擇
厥吉金，自
乍（作）飤簠，以
祈眉壽，永
命無疆，子子
孫孫，永寶用之

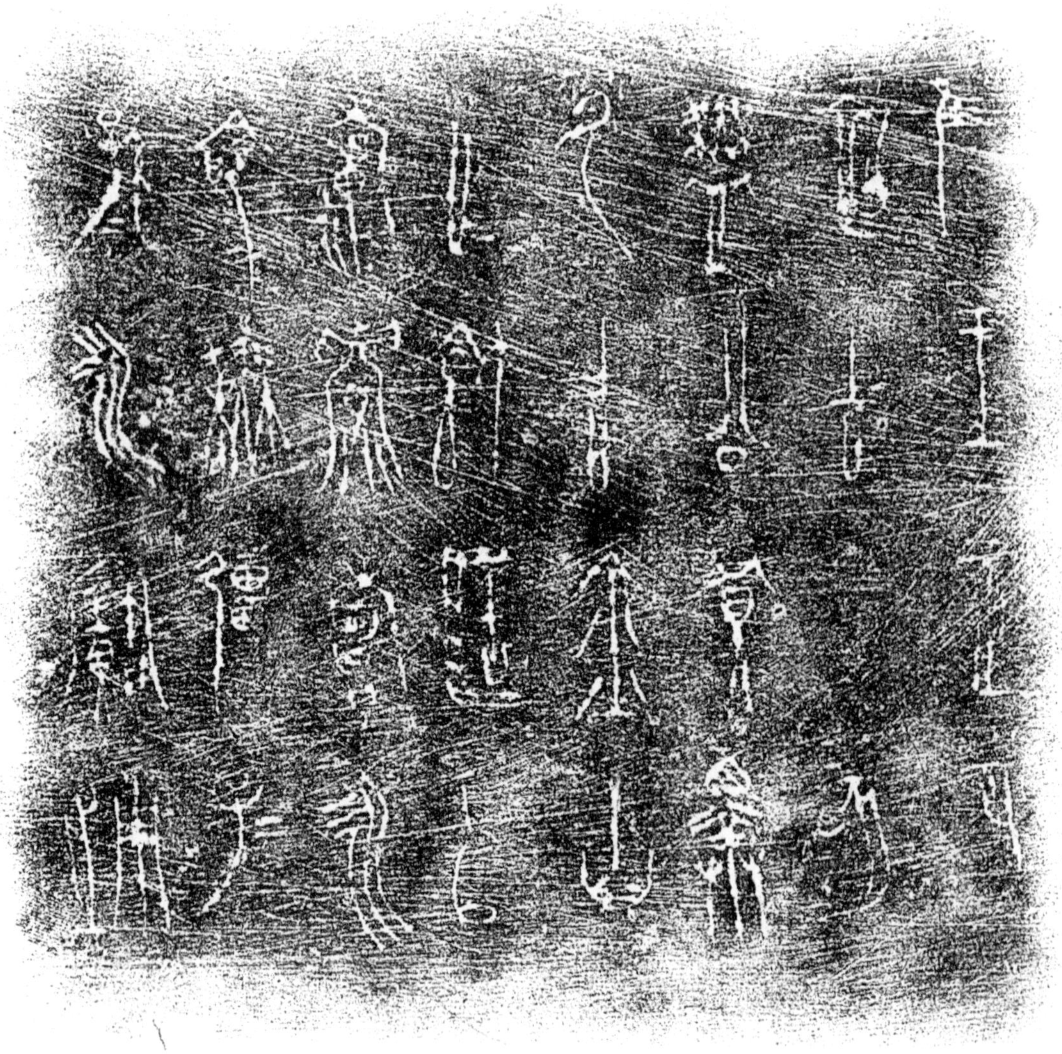

04617.2

欒子簋

唯正月初吉丁亥，
欒子嚷豧擇
其吉金，自乍(作)飤
簋，其眉壽，萬
年無棤(諆期)，子子孫孫，
永保用之

04618

孫叔左簠

唯正月初吉丁亥，孫叔左擇其吉金，自乍（作）鍊（饙）簠，其萬年眉壽無疆，子子孫孫，永寶用之

04619

叔朕簠

唯十月初吉庚
午，叔朕擇其吉
金，自乍（作）⿱廌廾（薦）簠，以
歆稻粱，萬年無
疆，叔朕眉壽，
子子孫孫，永寶用之

04620

叔朕簠

唯十月初吉庚午，叔
朕擇其吉金，自
乍（作）鼻（薦）簠，以歃
稻粱，萬年無
疆，叔朕眉
壽，子子孫孫，永寶用之

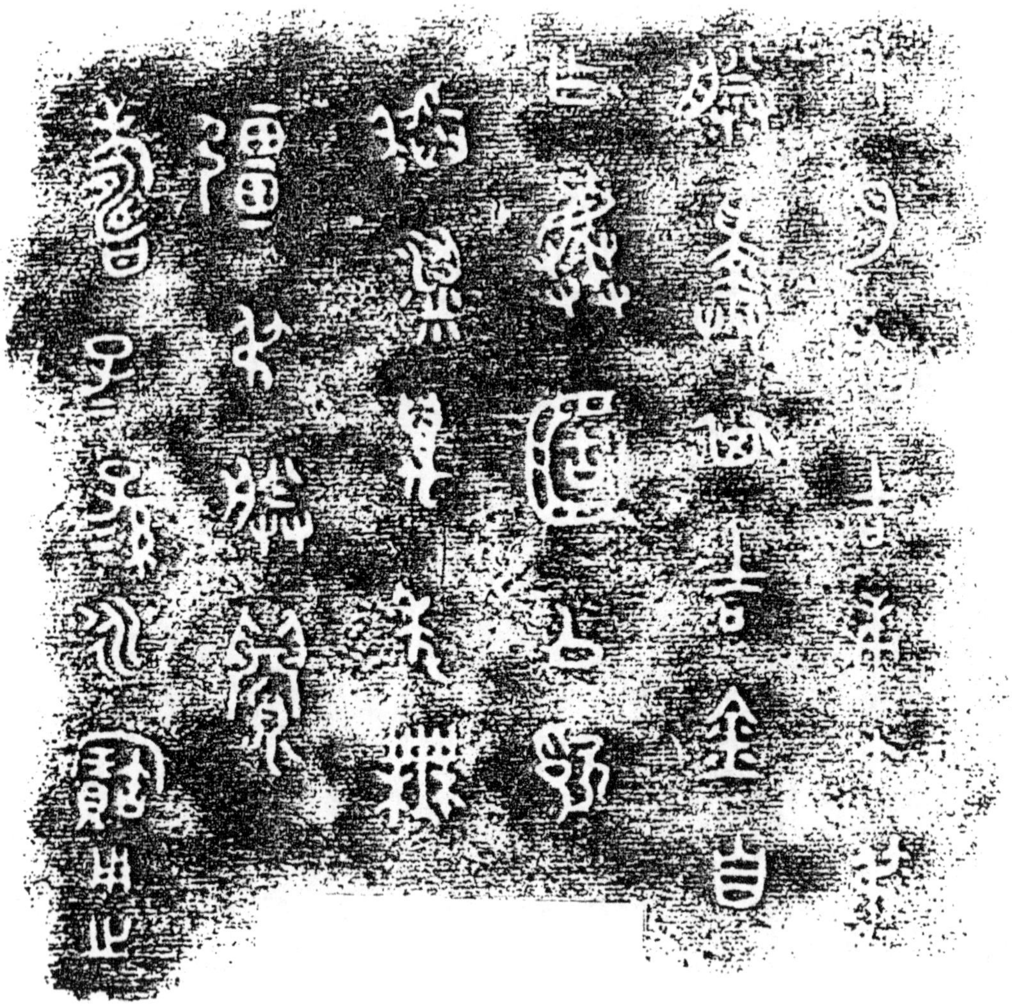

04621

叔朕簠

唯十月初吉庚午，叔朕擇其吉金，自乍（作）䵼（薦）簠，以敄稻粱，萬年無疆，叔朕眉壽，□□⿰舟欠之寶

04622

鼄大宰簠

唯正月初吉，鼄（邾）大（太）
宰欉子畱（耕）鑄其
簠，曰：余諾龏（恭）孔
惠，其眉壽以鑠，萬
年無諆（期），子子孫孫，永寶
用之

04623

鼄大宰簠

唯正月初吉，鼄（邾）大（太）宰欉子㽘（耕）鑄其簠，曰：余諾龏（恭）孔惠，其眉壽以饎，萬年無諆（期），子子孫孫，永寶用之

04624

長子沫臣簠

唯正月初吉丁亥，長子驪臣擇其吉金，乍（作）其子孟孎（芈）之女媵（媵）簠，其眉壽，萬年無棋（諆、期），子子孫孫，永保用之

04625.1

唯正月初吉丁亥，長
子鷚臣擇其吉金，
乍(作)其子孟嬀(芊)之女賸(媵)
簠，其眉壽，萬年無
楷(諆、期)，子子孫孫，永保用之

04625.2

免簋

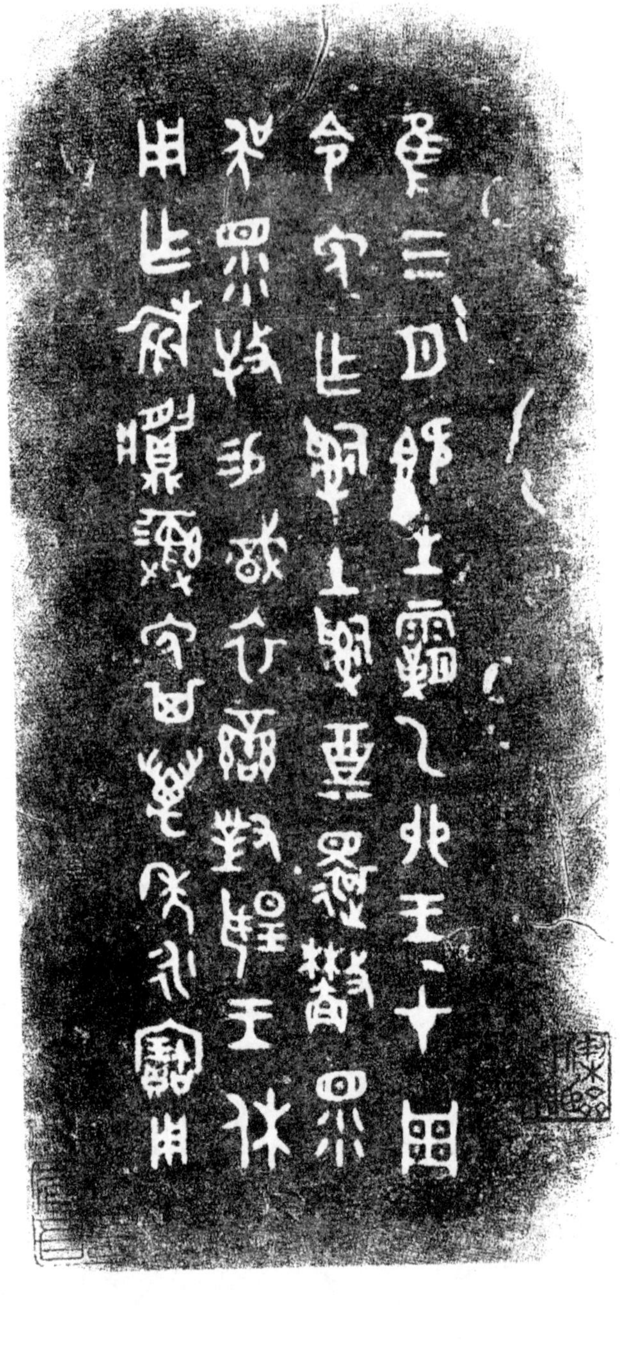

唯三月既生霸乙卯，王在周，
令（命）免乍（作）嗣土（徒），嗣奠（鄭）還歔（廩），眔
吳（虞）、眔牧，賜戠（織）衣、䜌（鑾），對揚王休，
用乍（作）旅䵼彝，免其萬年永寶用

04626

弭仲簠

弭仲乍(作)寶瑚(璉)，擇之金，
鍕(礦)鈗鏷鏞(鋁)，其𢉩(㝔)、其玄、其
黃，用成(盛)朮(秫)旛(稻)糕粱，用
鄉(饗)大正，音(歆)王賓，饌具(俱)
旨食，弭仲受無疆福，者(諸)
友飪飤具(俱)匓(飽)，弭仲畀壽

04627

伯公父簠

伯大(太)師小子伯
公父乍(作)簠，擇之
金，唯鐈唯盧(鋁)，其
金孔吉，亦玄亦
黄，用成(盛)糕(糕)旝(稻)需(糯)
粱，我用召(紹)鄉(卿)事(士)、
辟王，用召(紹)者(諸)考(老)
者(諸)兄，用旝(祈)眉壽，
多福無疆，其子子
孫孫永寶用享

04628.1

伯大（太）師小子伯
公父乍（作）簠，擇之
金，唯鐈唯盧（鋁），其
金孔吉，亦玄亦
黄，用成（盛）⿰米隹（⿰米焦）⿸㫃舀（稻）需（糯）
粱，我用召（紹）鄉（卿）事（士）、
辟王，用召（紹）者（諸）考（老）
者（諸）兄，用⿸㫃舀（祈）眉壽，
多福無疆，其子子
孫孫永寶用享

04628.2

陳逆簠

唯王正月，初吉丁
亥，少子陳逆曰：余
陳（田）趄（桓）子之裔孫，余
寅（夤）事齊侯，懽血（恤）
宗家，擇厥吉金，
台（以）乍（作）厥元配季姜
之祥器，鑄茲
寳（寶）簠（笑），台（以）享台（以）養（孝）
于大宗、皇棏（聚、祖）、皇
妣、皇丂（考）、皇母，乍（作）豖（遂）
今命，沬（眉）壽邁（萬）
年，子子孫孫羕（永）保用

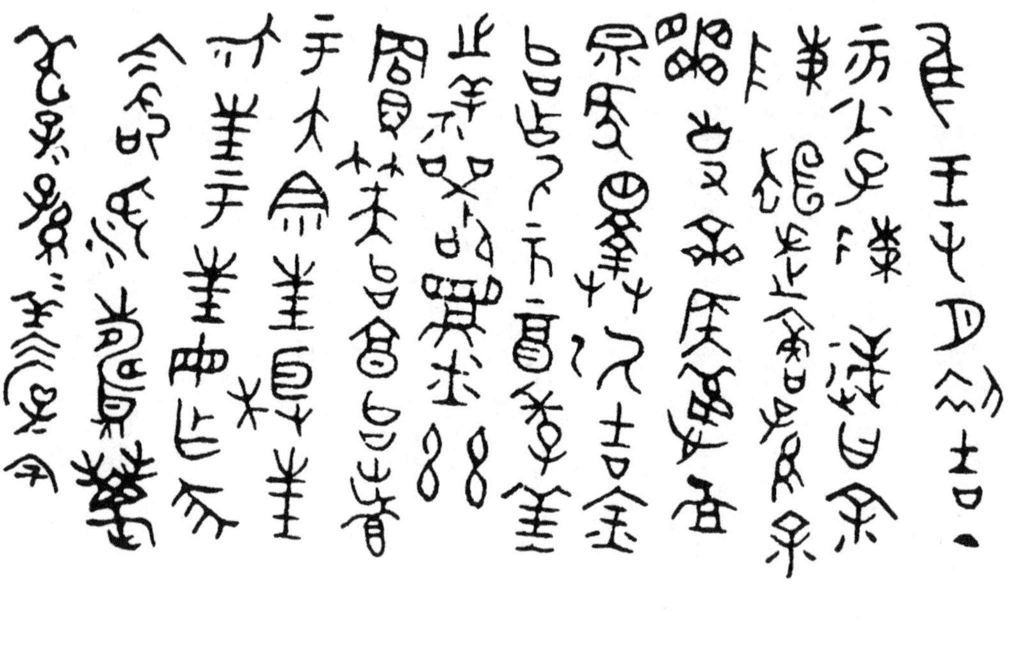

04629

陳逆簋

唯王正月，初吉丁
亥，少子陳逆曰：余
陳（田）趄（桓）子之裔孫，余
寅（夤）事齊侯，懽血（恤）
宗家，擇厥吉金，
台（以）乍（作）厥元配季姜
之祥器，鑄茲
寶（寶）簋（笑），台（以）享台（以）養（孝）
于大宗、皇禝（聚、祖）、皇
妣、皇丂（考）、皇母，乍（作）彖（遂）
今命，沬（眉）壽邁（萬）
年，子子孫孫羕（永）保用

04630

曾伯霥簠

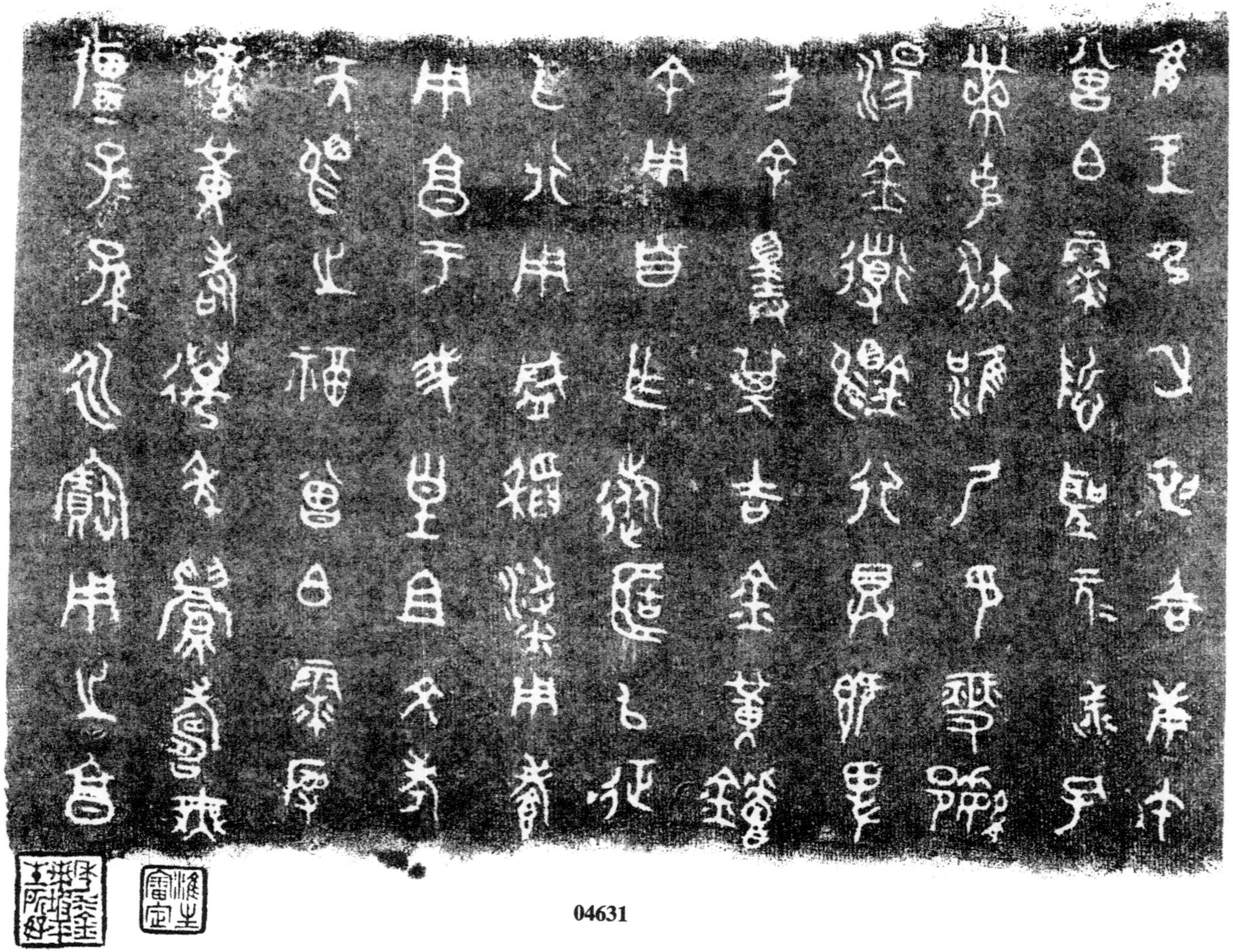

04631

04631 釋文

唯王九月，初吉庚午，
曾伯霥（漆）哲聖元武，元武孔
黹，克狄（逖）淮尸（夷），卬（抑）燮繁（繁）
湯（陽），金導鐈（錫）行，具既卑（俾）
方，余擇其吉金黄鏞（鋁），
余用自乍（作）旅簠，以征
以行，用盛稻粱，用孝
用享于我皇祖、文考，
天賜（賜）之福，曾伯霥（漆）段（遐）
不黄耇、邁（萬）年，眉壽無
疆，子子孫孫，永寶用之享

04632

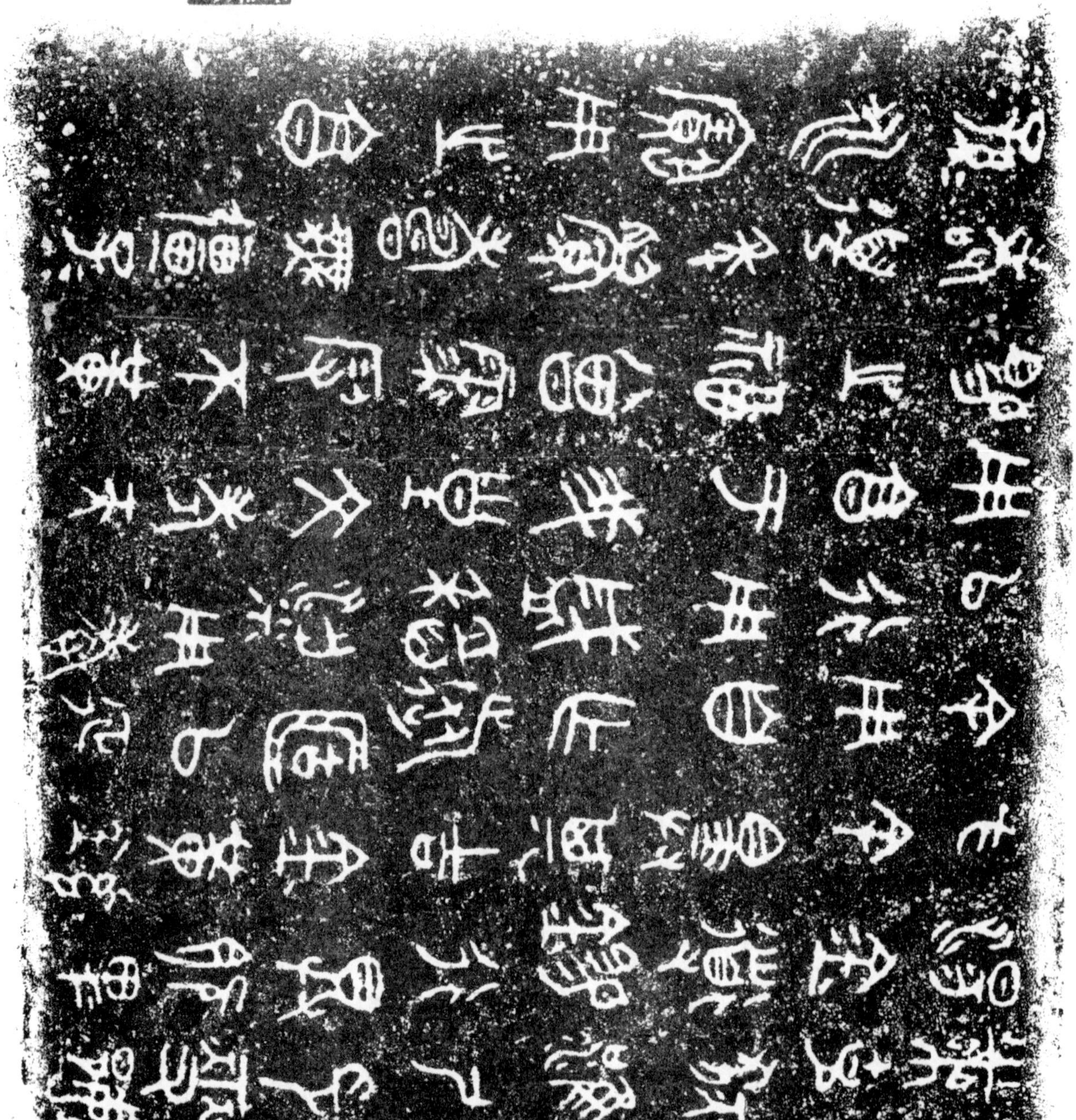

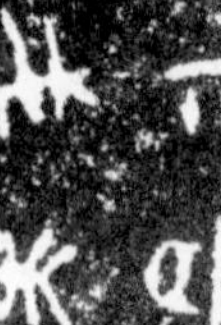

曾伯霥簠

04632 釋文

唯王九月，初吉庚午，曾伯霥（漆）哲聖元武，元武孔黹，克狄（逖）淮尸（夷），卬（抑）燮繁（繁）湯（陽），金導鐊（錫）行，具既卑（俾）方，余擇其吉金黄鏞（鋁），余用自乍（作）旅簠，以征以行，用盛稻粱，用孝用享于我皇文考，天賜（賜）之福，曾霥（漆）叚（遐）不黄耇、邁（萬）年，眉壽無疆，子子孫孫，永寶用之享

右冶君敦

右屖（迡、遟）君（尹）

04633.1

右屖（迡、遟）君（尹）

04633.3

右屖（迡、遟）君（尹）

04633.2

右屖（迡、遟）君（尹）

04633.4

大府盞

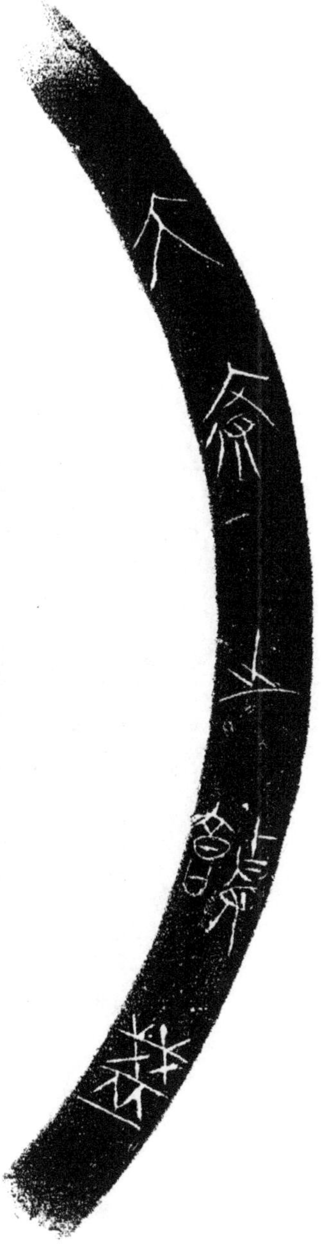

大（太）府之饙（餢）盞

04634

滕侯敦

滕（滕）侯昊（昃）之御盭（敦）

04635

賆于盞

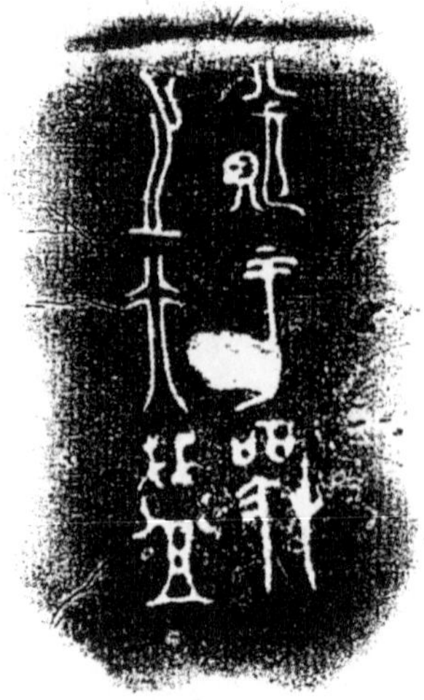

賆于敔（麾）
之行盞

04636.1

賆于敔（麾）
之行盞

04636.2

楚子敦

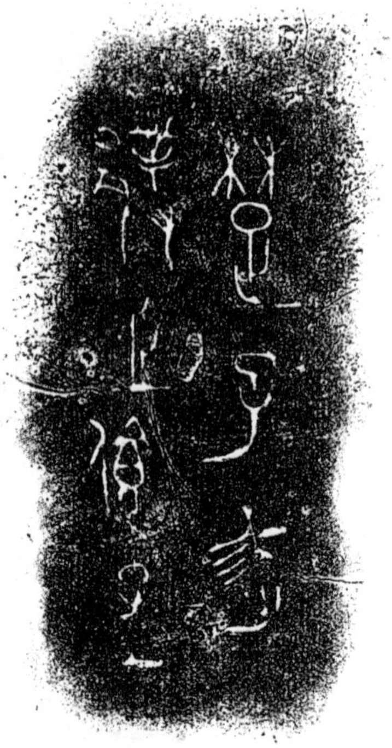

楚子𨑉（迻）
鄴之飤，子

04637

齊侯敦

齊侯乍（作）𣪘𦎫（敦），其邁（萬）年永保用

04638

齊侯敦

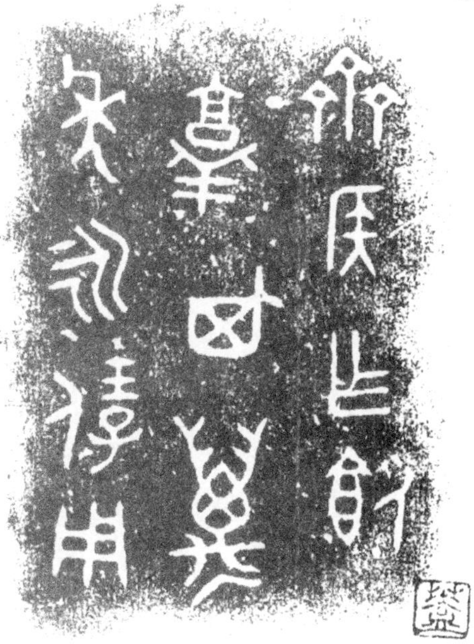

齊侯乍（作）𣪘𦎫（敦），其邁（萬）年永保用

04639.1

齊侯乍（作）𣪘𦎫（敦），其邁（萬）年永保用

04639.2

歸父敦

04640

魯子仲之子歸
父爲其善（膳）辜（敦）

[illegible]公克敦

[illegible]（鄎）公胄（克）鑄其餴（饙）鐳（敦），永保用之

04641

[犭刑]公孫敦

荆公孫鑄其
善（膳）辜（敦），萬壽用
之，大寶無碁（期）

04642

王子申盞

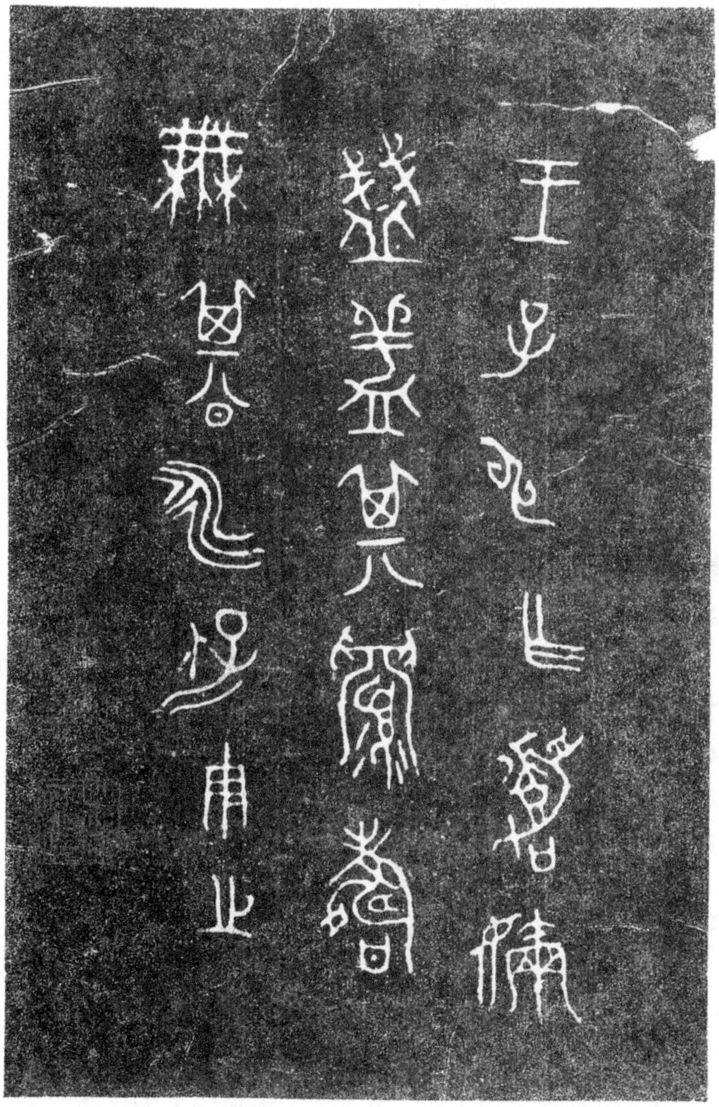

王子申乍（作）嘉嬭（芈）
盞盂，其眉壽
無期，永保用之

04643

拍敦

唯正月吉
日乙丑，拍
乍（作）朕配平
姬墉宫祀
彝，𢆶（繼）毋星（堭）
用祀，永枼（世）
毋出

04644

齊侯作孟姜敦

齊侯乍（作）朕（媵）寬
圞孟姜膳𦎫（敦），
用旂（祈）眉壽，邁（萬）
年無疆，它它（施施）巸巸（熙熙），
男女無期，子子
孫永保用之

04645

十四年塦侯午敦

唯十又四年，
陳侯午台（以）群
者（諸）侯獻金，乍（作）
皇妣孝大妃
祭器鍖（鈛）鐔（敦），台（以）
登（烝）台（以）嘗，保又（有）
齊邦，永莹（世）毋
忘

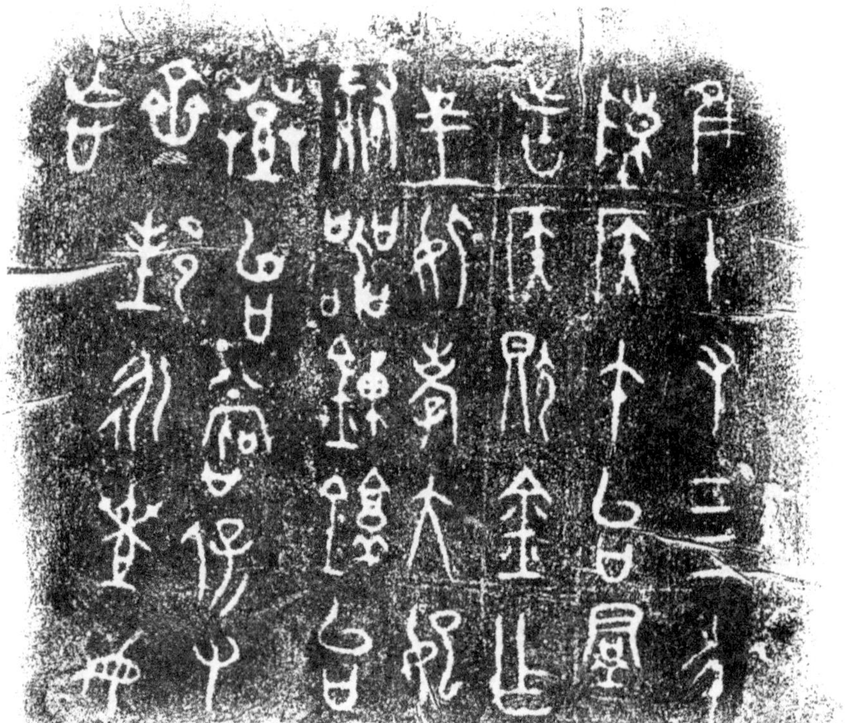

04646

十四年墜侯午敦

唯十又四年，陳侯午台（以）群者（諸）侯獻金，乍（作）皇妣孝大妃祭器鉄（鈛）錞（敦），台（以）登（烝）台嘗，保又（有）齊邦，永枼（世）毋忘

04647

十年塦侯午敦

唯十年，陳侯
午淖（朝）群邦者（諸）
侯于齊，者（諸）侯
享（獻）台（以）吉金，用
乍（作）平壽适器
𦎫（敦），台（以）登（烝）台（以）嘗，
保有齊邦，永
枼（世）毋忘

04648

墜侯因資敦

唯正六月癸未，陳侯因資（齊）

曰：皇考孝武趠（桓）公龏（恭）𢦔（戴），大

慕（謨）克成，其惟因資（齊）揚皇考，

叟（招、紹）練（緟）高祖黄啻（帝），侎𥪕（嗣）趠文，

淖（朝）聞（問）者（諸）侯，合（答）揚厥德，者（諸）侯

寅（夤）薦吉金，用乍（作）孝武趠（桓）公

祭器錞（敦），台（以）登（烝）台（以）嘗，保有齊

邦，枼（世）萬子孫，永爲典尚（常）

04649

哀成叔鉚

哀成叔之鉚

04650

菐䖒豆

䖒菐

04652

[illegible]豆

樐

04651

亞吴豆

亞疑

04653

公豆

公殷

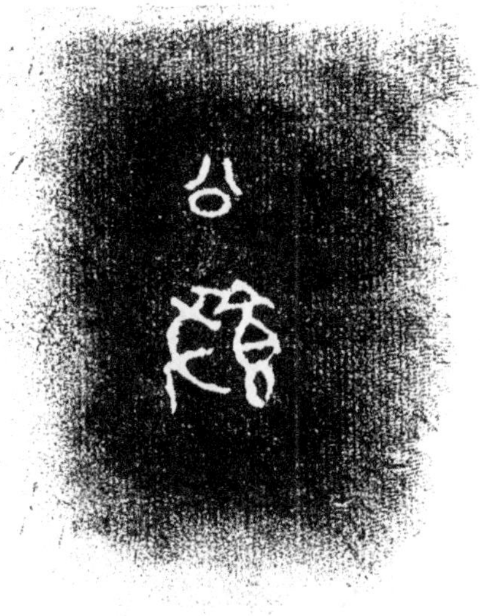

04654

公豆

公殷

04655

公豆

公殷

04656

公豆

公殷

04657

串雞父丁豆

串雞
父丁

04658

穌貉簠

穌(蘇)貉乍(作)小用

04659

邵方豆

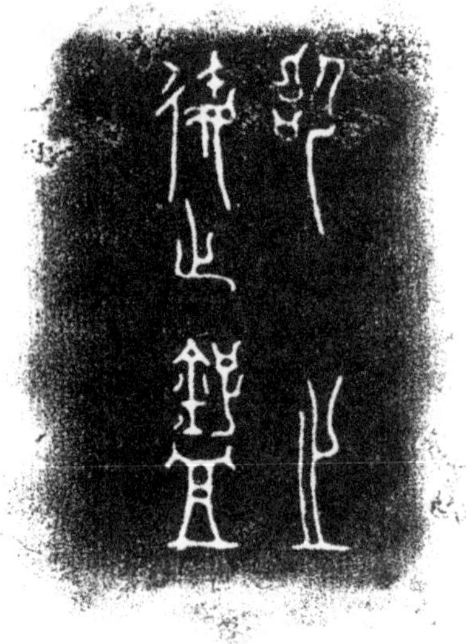

邵之
御鍂

04660

邵方豆

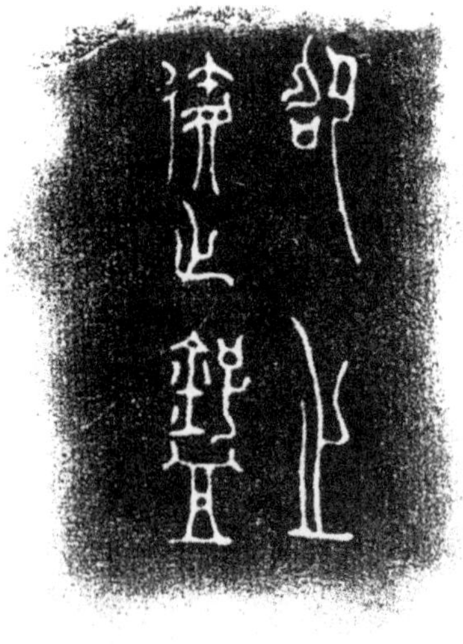

邵之
御鍂

04661

冋方豆

冋之
飤盍(閤)

04662

哀成叔豆

哀成叔之䀀(鉴)

04663

左使車工豆

左使車工尼

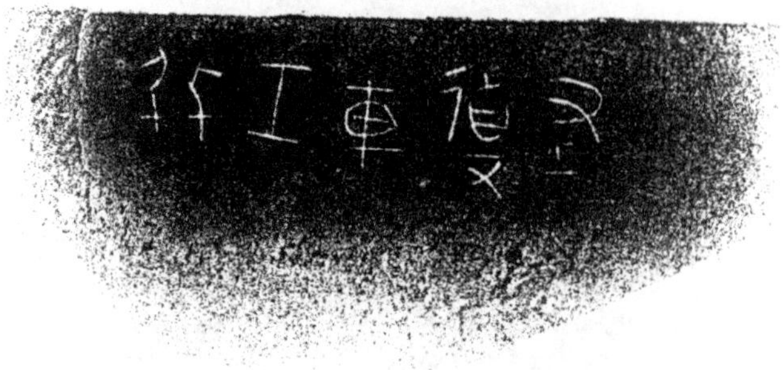

04664A

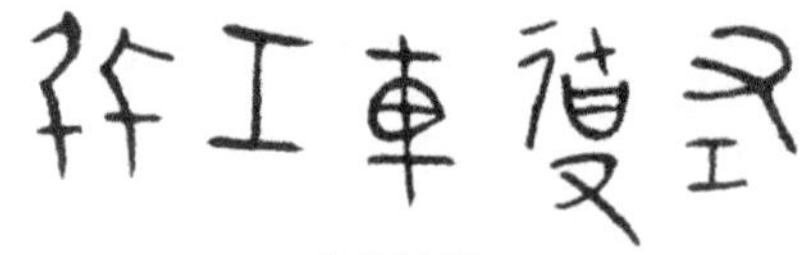

04664B

左使車工豆

左使車工㬎

04665A

04665B

衛始豆

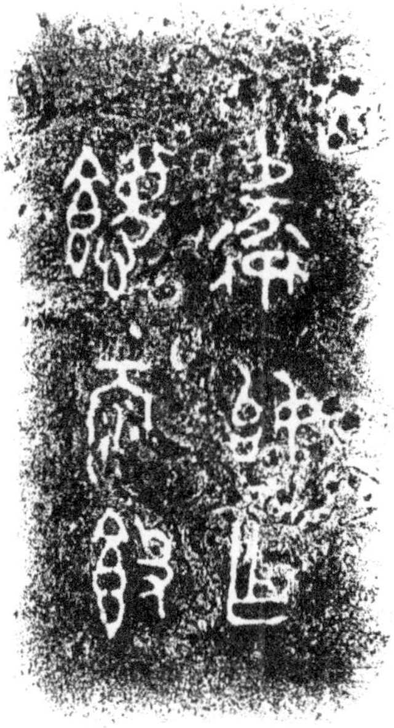

衛始(姒)乍(作)⿰食㥁(饛)鬲毁

04666.1

衛始(姒)乍(作)⿰食㥁(饛)鬲毁

04666.2

衛始豆

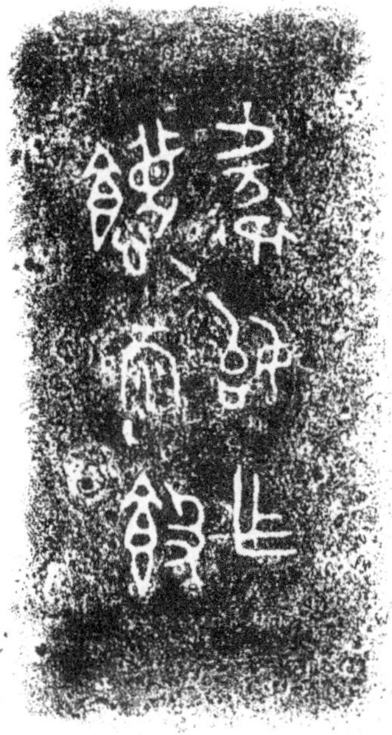

衛始(姒)乍(作)⿰食㥁(饛)鬲毁

04667.1

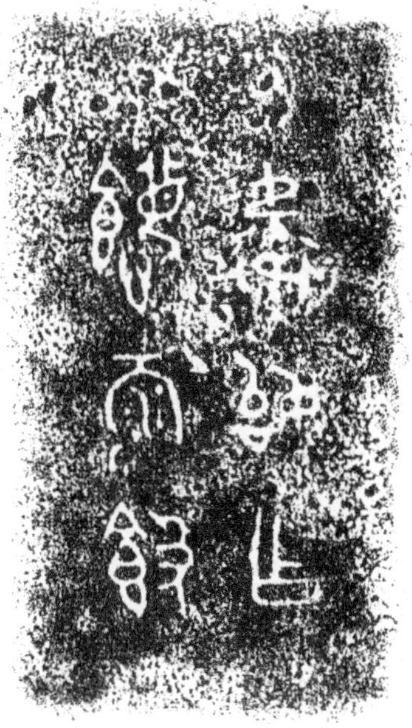

衛始(姒)乍(作)⿰食㥁(饛)鬲毁

04667.2

蒦圆窑里豆

蒦（畫）圆
窑（陶）里
人告（造）

04668

𨚔叔簠

𨚔叔乍（作）德
人旅甫（簠）

04669

曾侯乙豆

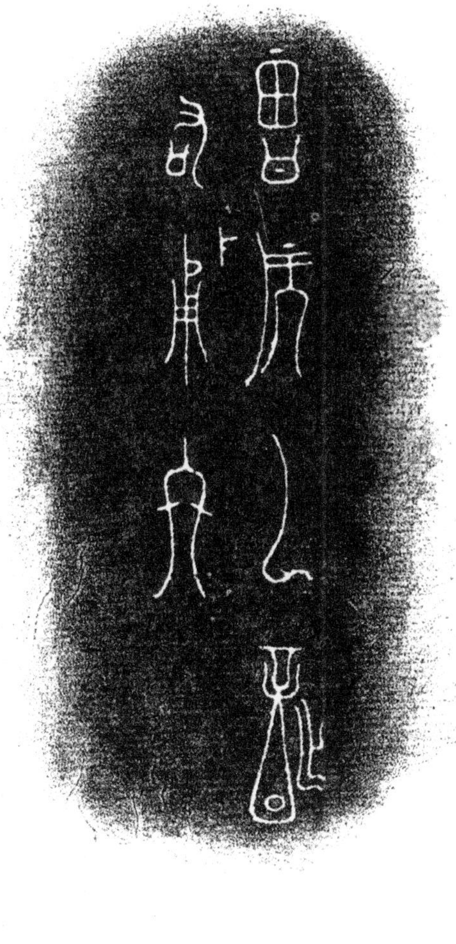

曾侯乙詐（作）
右（持）甬（用）冬（終）

04670

曾侯乙豆

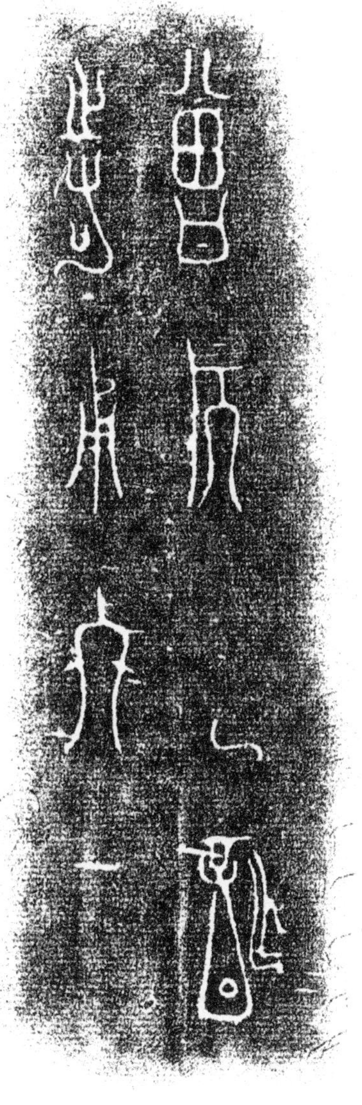

曾侯乙詐（作）
畤（持）甬（用）冬（終）

04671

單吴生豆

單吴生（甥）乍（作）羞豆，用享

04672

曾仲斿父簠

曾仲斿父自乍（作）寶甫（簠）

04673

曾仲斿父簠

曾仲斿父
自乍(作)寶甫(簠)

04674

鑄客豆

鑄客爲王句(后)六室爲之

04675

鑄客豆

鑄客爲王句(后)六室爲之

04676

鑄客豆

鑄客爲王句(后)六室爲之

04677

鑄客豆

鑄客爲王句(后)六室爲之

04678

鑄客豆

鑄客爲王句（后）六室爲之

04679

鑄客豆

鑄客爲王句（后）六室爲之

04680

微伯𤸫箙

微伯𤸫乍(作)箙,
其萬年永寶

04681

周生豆

周生(甥)乍(作)尊豆，
用享于宗室

04682

周生豆

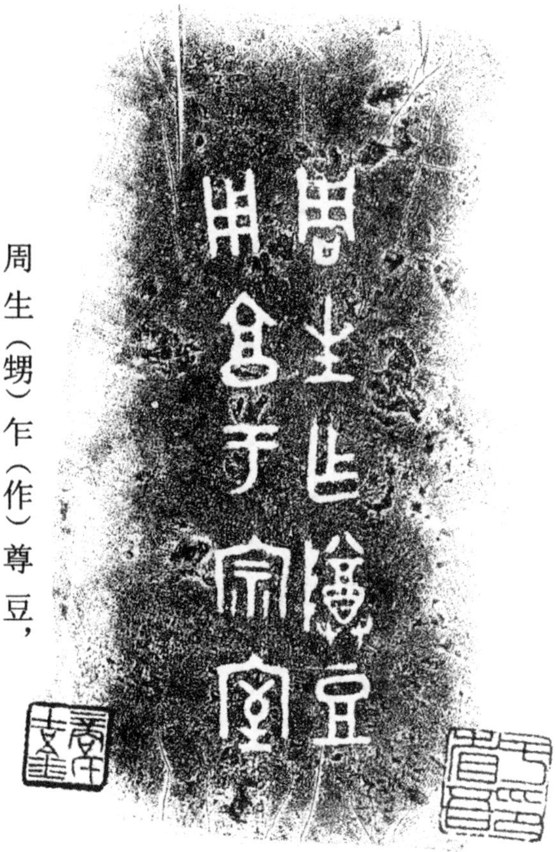

周生(甥)乍(作)尊豆，
用享于宗室

04683

〓公箭

〓公乍（作）杜孀（祁）
鐏（奠）鋪（箭），永寶用

04684

康生豆

康生（甥）乍（作）玟（文）考
癸公寶尊彝

04685

黄君孟豆

黄君孟自乍（作）行器，子子孫孫，則永寣（祜）寣（福）

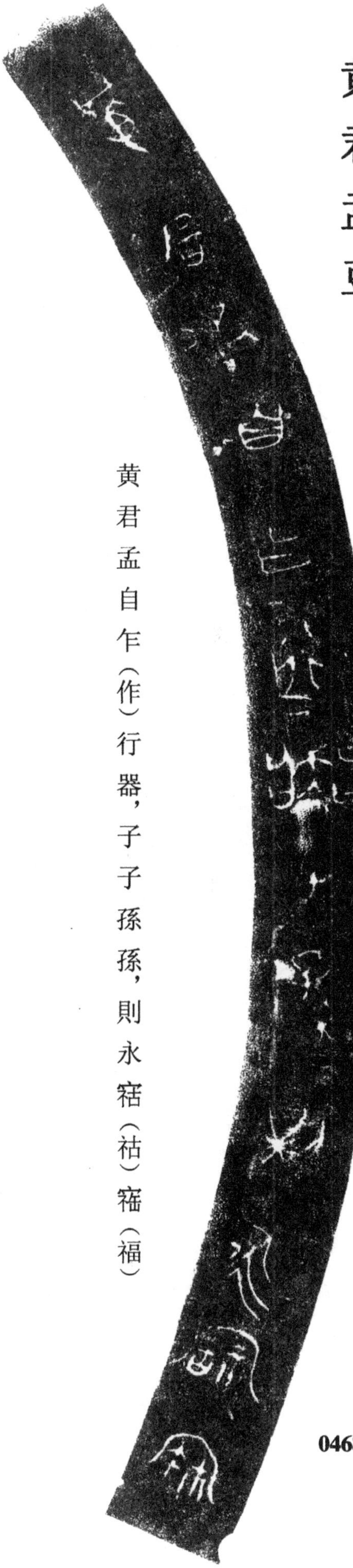

04686

黄子豆

黄子乍（作）黄甫（夫）人
行器，則永寣（祜）
寣（福），霝（靈）冬（終）、霝（靈）後

04687

上官豆

富子之上官獲之畫[illegible]銅鉄十，台（以）爲大迖（赴）之從鉄，莫（暮）其跕

04688

魯大嗣徒厚氏元簠

魯大嗣徒厚氏
元，乍（作）善（膳）匡（簠），其眉
壽，萬年無疆，子
孫永寶用之

04689

魯大嗣徒厚氏元簠

魯大嗣徒厚氏
元，乍（作）善（膳）𠤳（簠），其眉
壽，萬年無疆，子子
孫孫，永寶用之

04690.1

魯大𤔲徒厚氏
元，乍（作）善（膳）匜（簠），其眉
壽，萬年無疆，子子
孫孫，永寶用之

04690.2

魯大嗣徒厚氏元簠

04691.1

魯大嗣徒厚氏元，乍（作）善（膳）匳（簠），其眉壽，萬年無疆，子子孫孫，永寶用之

魯大嗣徒厚氏
元，乍（作）善（膳）匩（簠），其眉
壽，萬年無疆，子子
孫孫，永寶用之

04691.2

大師盧豆

大（太）師盧乍（作）烝尊豆，用邵洛（各）朕文祖考，用旝（祈）多福，用匄永令（命），盧其永寶用享

04692

姬寏母豆

姬寏母乍（作）大公、墉公、□公、魯仲臤、省伯、孝公、靜公豆，用祈眉壽，永命多福，永寶用

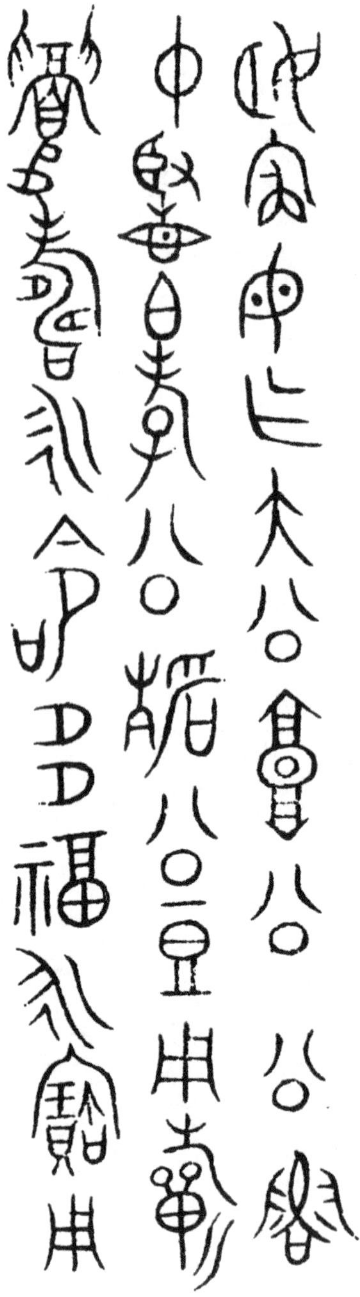

04693

郷陵君王子申豆

郢姬府所告（造），賯（重）十朁四朁，圣桼（率）一

湫（挺）裏（鑲），冢（重）三桼（率）二圣桼（率）四[illegible]，

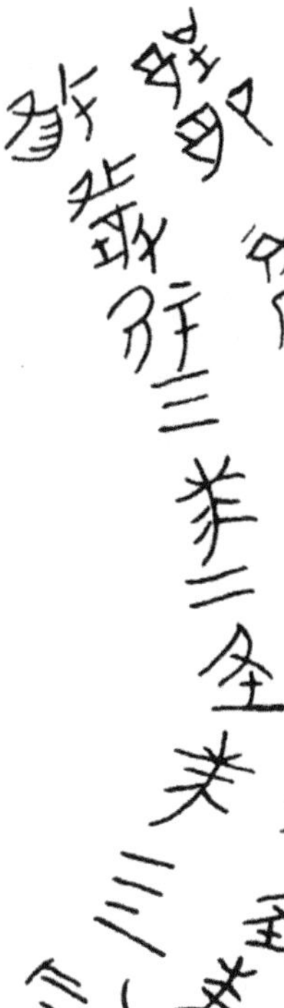

04694.1B

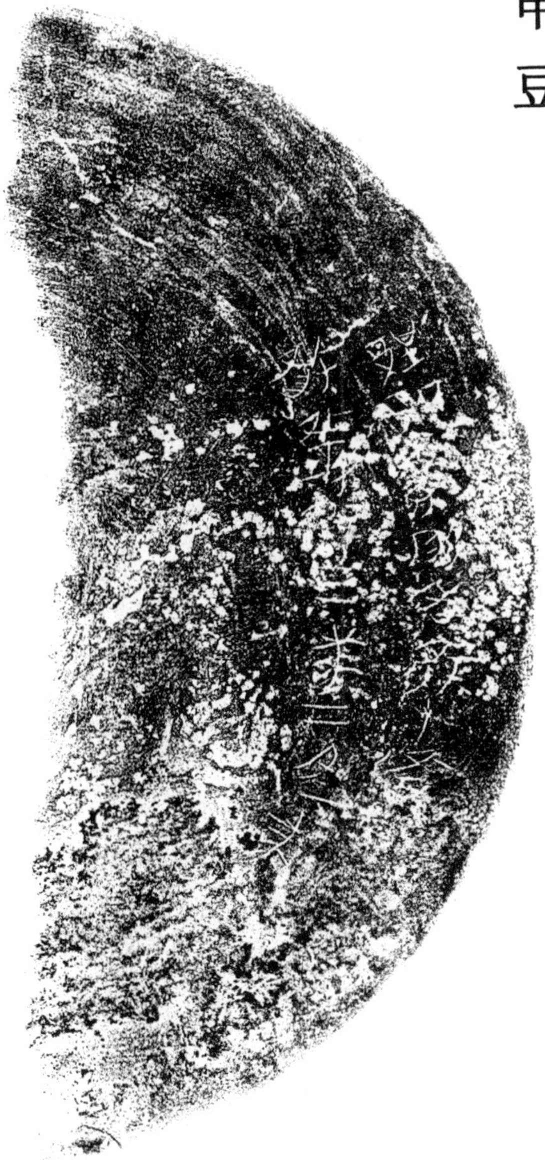

04694.1A

04694.2A

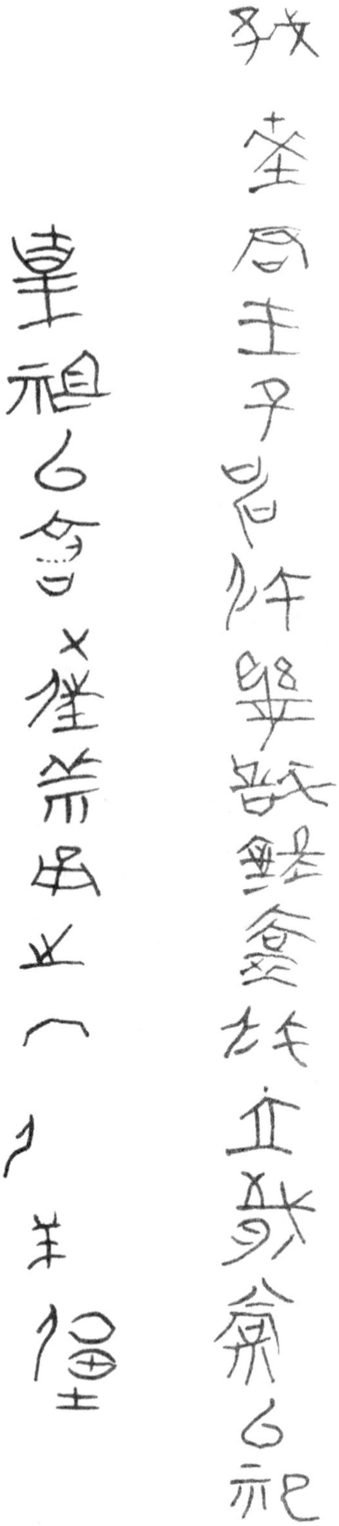

04694.2B

郰陵君王子申，攸𢦏（載）敨（造）鈇（箭）盍（盒），攸立（涖）歲祟（嘗），以祀
皇祖，以會父佳（兄），祥（永）甬（用）之，官（綰）攸（悠）無疆

鄝陵君王子申豆

04695A

挪陵君王子申，攸紝（載）
散（造）鈇（簠）盍（盒），攸
立（涖）歲祟（嘗），
以祀皇祖，以會父
倪（兄），祥（永）甬（用）
之，官（綰）
攸（悠）無疆

04695B

戈卣

戈

04701.1

戈

04701.2

戈卣

戈

04702.1

戈

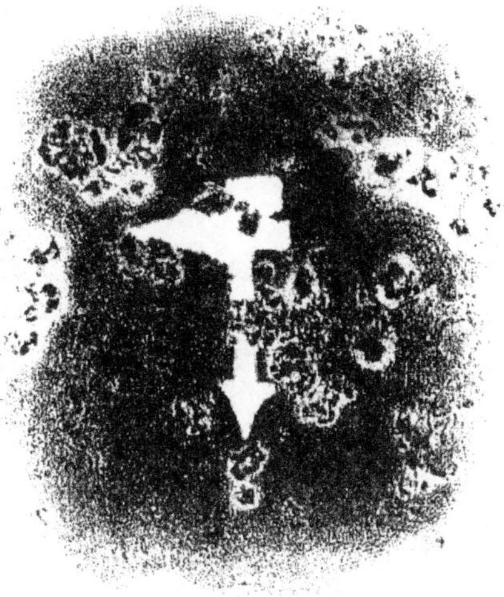

04702.2

戈卣

戈

04703

戈卣

戈

04704

戈卣

戈

04705.1

戈

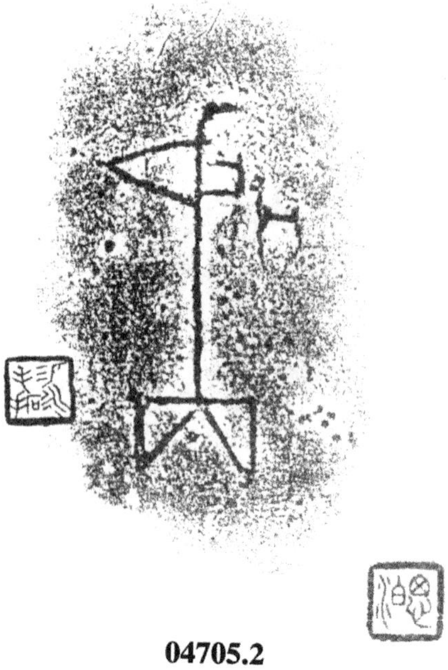

04705.2

戈卣

戈

04706.1

戈

04706.2

戈卣

戈

04707

戈卣

戈

04708

戈卣

戈

04709.1

戈

04709.2

戈卣

戈

04710.1

戈

04710.2

戠卣

戠

04711

丙卣

丙

04712

丙卣

丙

04713.1

丙

04713.2

丙卣

丙

04714.1

丙

04714.2

丙卣

丙

04715.1

丙

04715.2

□卣

□

04716

□卣

□

04717

□卣

□

04718

□卣

□

04719

丙卣

丙 

04720

史卣

史 

04721

史卣

史 

04722.1

史 

04722.2

史卣

史

04723.1

史

04723.2

史卣

史

04724.1

史

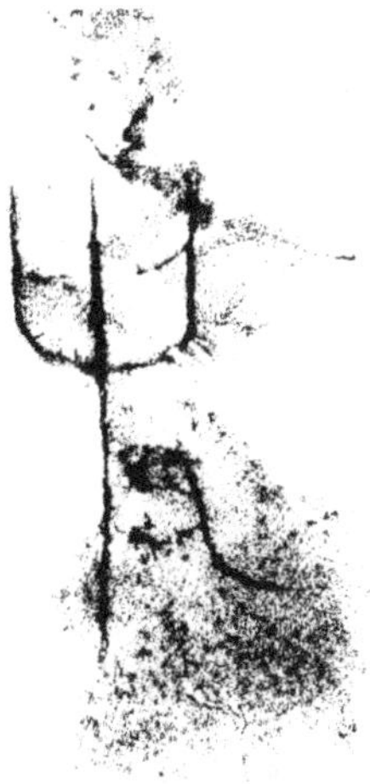

04724.2

史卣蓋

史

04725

冉卣

冉

04727.1

史卣

史

04726

冉

04727.2

冄卣蓋

冄

04728

冄卣

冄

04730.1

冄卣

冄

04729

冄

04730.2

冉卣

冉 

04731

子卣

子 

04732

竝卣

竝 

04733.1

竝 

04733.2

奚卣

奚

04734.1

奚

04734.2

㚔卣

拲

04735.1

拲

04735.2

[illegible]卣

[illegible]（二敎）

04736

爰卣

爰

04738.1

受卣

受

04737

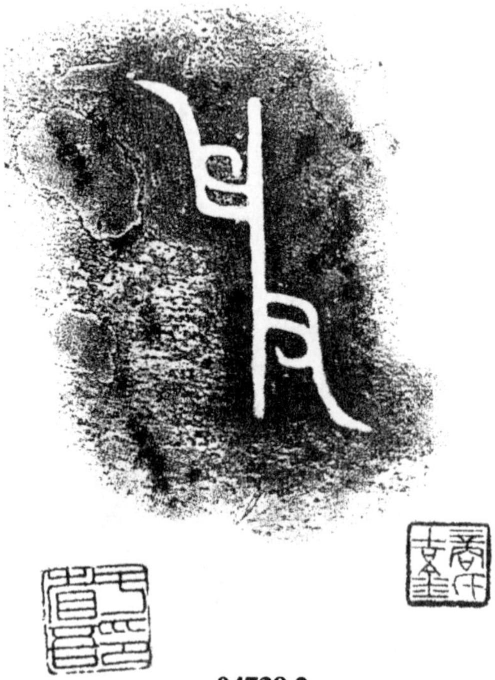

爰

04738.2

守卣

守

04739

魚卣

魚

04740

⿱魚廾卣

漁

04741.1

漁

04741.2

夒卣

[illegible]卣

夒

4743.1

[illegible]

04742.1

夒

04743.2

[illegible]

04742.2

[illegible]卣

[illegible]

04744.1

[illegible]

04744.2

鼎卣

鼎

04745.1

鼎

04745.2

鼎卣

鼎

04746.1

鼎

04746.2

□卣

□

04747.1

□

04747.2

[illegible]卣

[illegible]

04748

禾卣

禾

04750.1

禾卣

秝

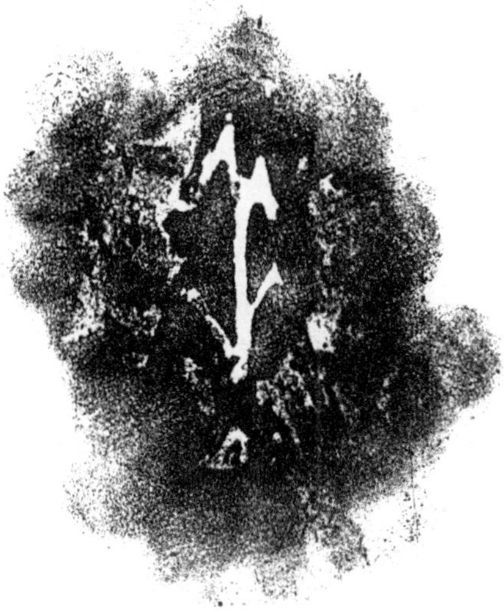

04749

禾

04750.2

卣

蛙

04751.1

蛙

04751.2

萬卣

萬

04752.1

萬

04752.2

敉卣

敉

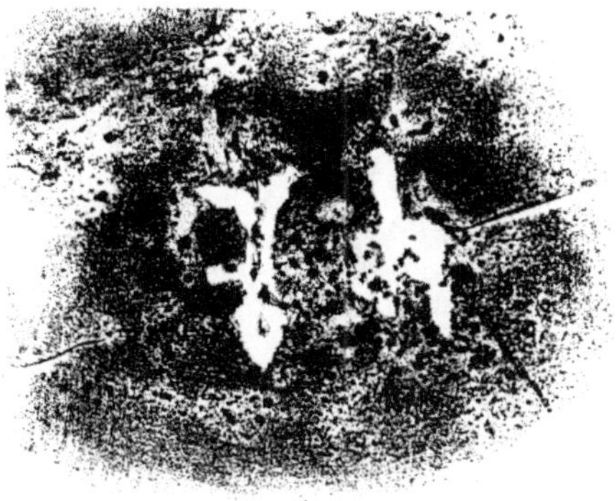

04753.1

敉

04753.2

嫂卣

嫂

04754.1

嫂

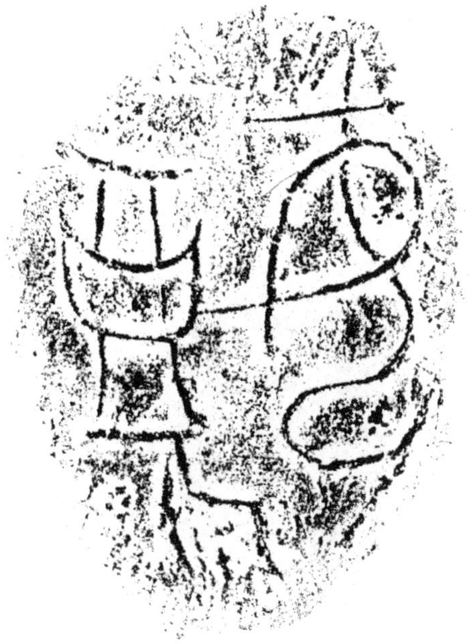

04754.2

嫂卣

嫂

04755

酋卣

商

04757.1

酋卣

商

04756

商

04757.2

𦎫卣

菐卣

菐

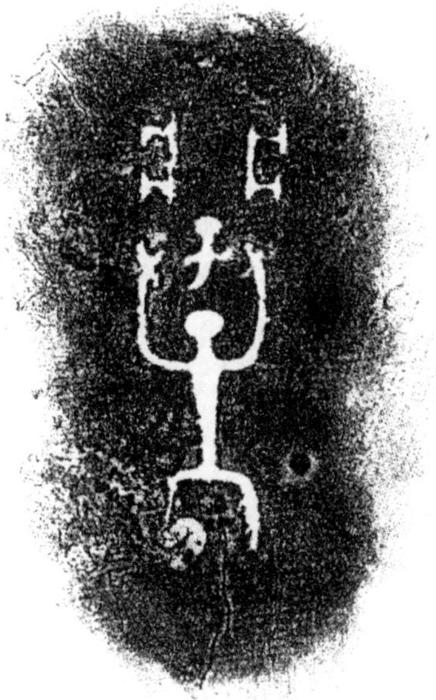

04759.1

𦎫

04758.1

菐

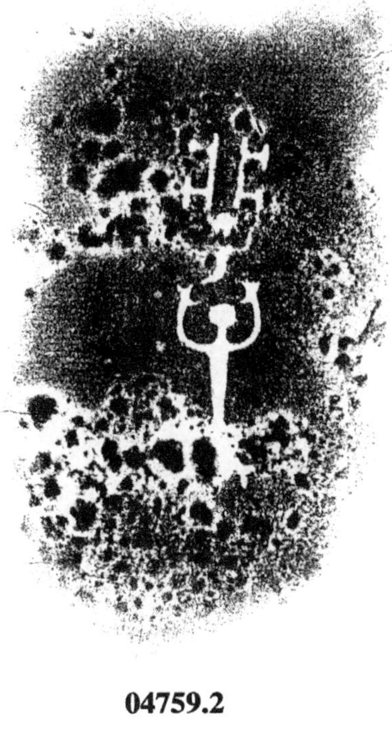

04759.2

𦎫

04758.2

奄
卣

奄

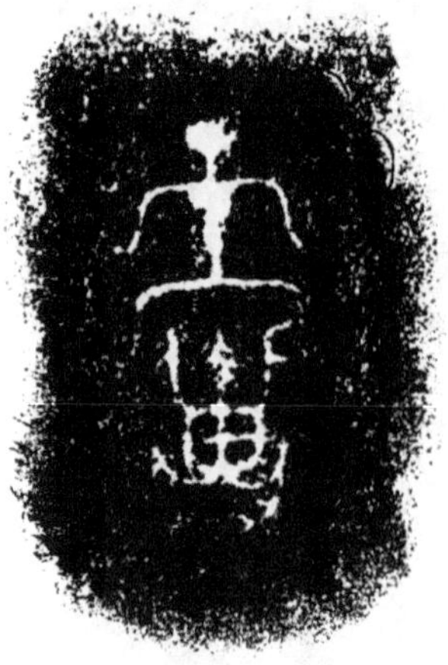

04760.1

奄

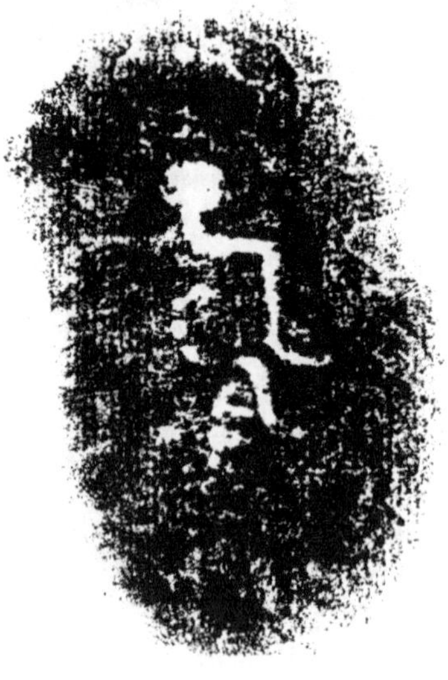

04760.2

奄
卣

奄

04761.1

奄

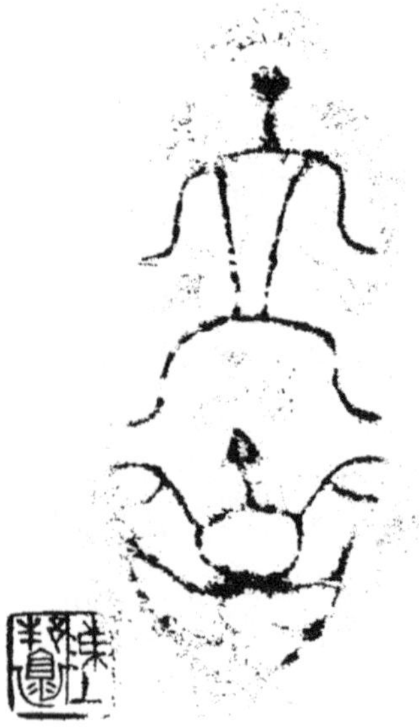

04761.2

嬉卣蓋

嬉

04762

𠘧卣

𠘧

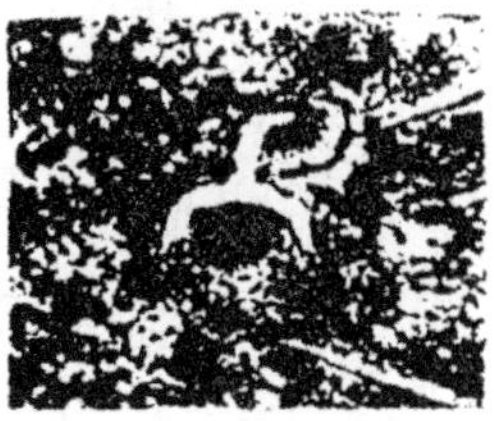

04764

嬉卣

卣

嬉

04763

𠘧卣

𠘧

04765

卣

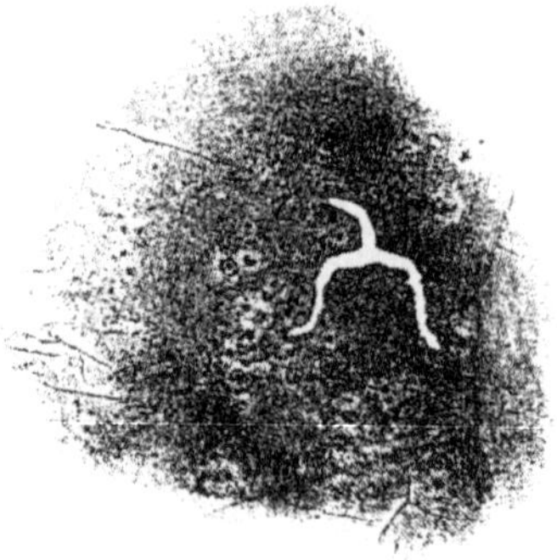

04766

舌

卣

舌

04767

舌

卣

舌

04768.1

舌

04768.2

天卣

天

04769

天卣

天

04771.1

天卣

（共）

04770

天

04771.2

天卣

天

04772

 卣

04773

丮卣

丮

04774.1

丮

04774.2

卣

04775

卣

卷

04776

觥卣

觥

04777.1

觥

04777.2

⿰彳幾卣

⿰彳羌

04778

⿰彳甫卣

莆

04780.1

⿴行單卣

⿺辶單（狩）

04779

莆

04780.2

箙卣

莆

04781

卣

巺（鐉）

04782

卣

04783

卣

龍

04784

叀卣

叀

04785.1

叀

04785.2

弔卣

弔

04786

鳶卣

鳶

04787

隻卣

獲

04788.1

獲

04788.2

豦卣

豦

04789.1

豦

04789.2

牛首形銘卣

04790.1

04790.2

叉卣

叉

04791

臤卣

臤

04792

㐅卣

五

04793.1

五

04793.2

徙卣

徙

04794.1

徙

04794.2

得卣

得

04795.1

得

04795.2

東卣

橐

04796

丁卣

▼（示）

04797

霝卣

霝

04798.1

霝

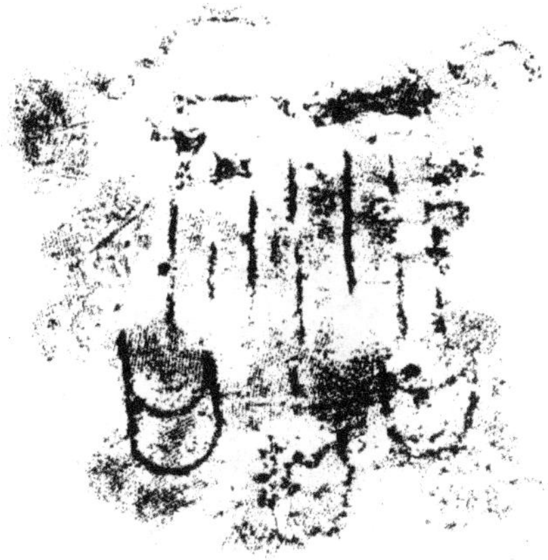

04798.2

卣

樐

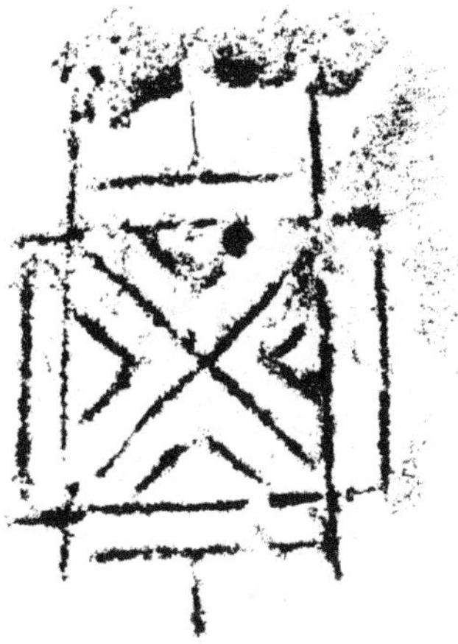

04799.1

樐

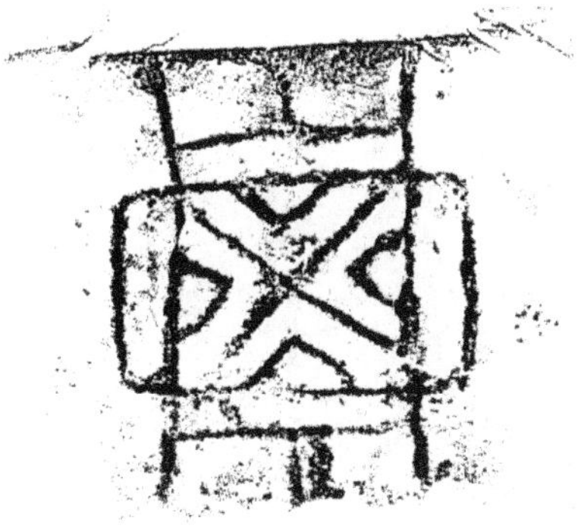

04799.2

卣

[木+卣]

04800.1

[木+卣]

04800.2

卣

[木+卣]

04801

卣

爻

04802

册卣

册

04803.1

册

04803.2

𝌞卣

𝌞

04804.1

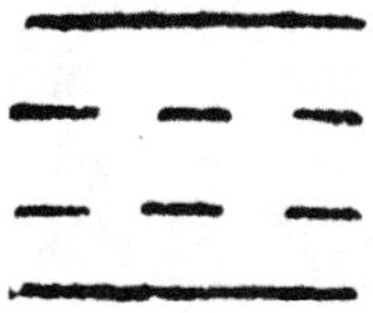

𝌞

04804.2

亞伐卣

亞伐

04805.1

亞伐

04805.2

亞䤃卣

亞䤃

04806

亞䤃卣

亞䤃

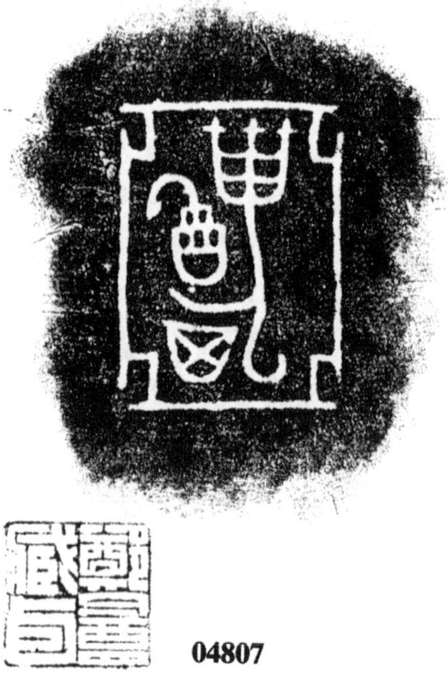

04807

亞䣮卣

亞䣮

04808.1

亞䣮

04808.2

亞䣮卣

亞䣮

04809.1

亞䣮

04809.2

亞魰卣

亞醜卣

亞魰

04811

亞䣨

04810

亞奚卣

亞奚

04812.2

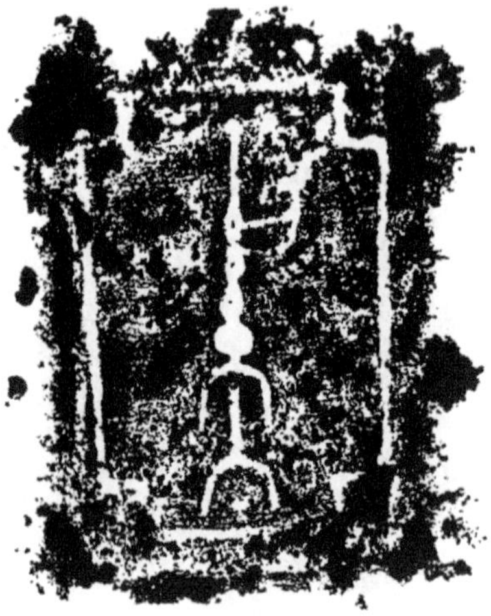

亞奚

04812.1

亞吴卣

亞疑

04813.1

亞疑

04813.2

亞丏卣

亞丏

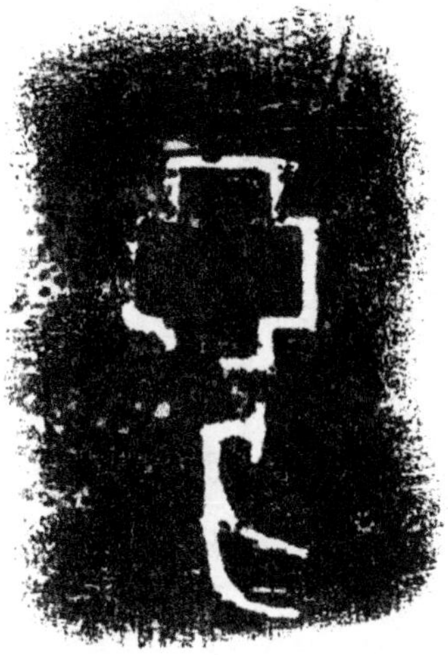

04814.1

亞丏

04814.2

亞屰卣

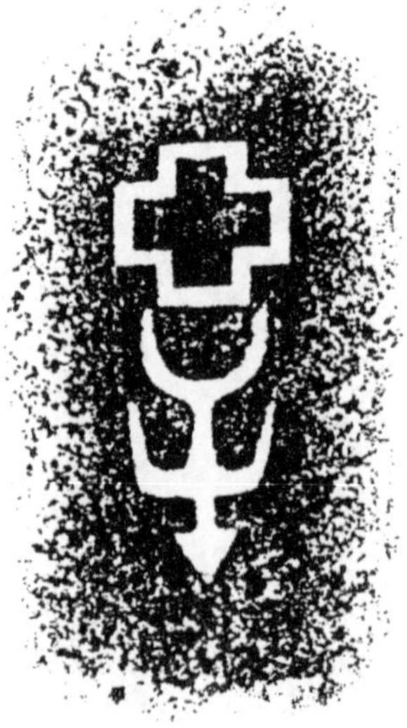

亞屰

04815.1

亞屰

04815.2

亞屰卣

亞屰

04816.1

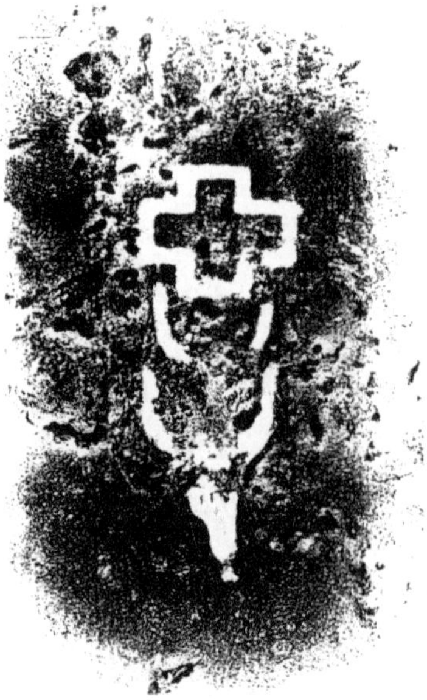

亞屰

04816.2

亞㠱卣

亞其

04817.1

亞其

04817.2

亞□卣

亞母

04818

亞盥卣

亞盥

04819

告亞卣

告亞

04820

且辛卣

祖辛

04821

父乙卣

父乙

04822

冉乙卣

冉
乙

04823.1

冉
乙

04823.2

冉丙卣

冉
丙

04824.1

冉
丙

04824.2

丁丰卣

丁丰

04825

丁犬卣

丁犬

04826.2

丁犬

04826.1

丁冉卣

丁
冉

04827

丁□卣

丁
□

04828.2

丁
□

04828.1

己[illegible]卣

己 [illegible]

04829.1

己 [illegible]

04829.2

己[illegible]卣蓋

己 [illegible]

04830

己[illegible]卣

己 [illegible]

04831

□己卣

□己

04832.1

□己

04832.2

冉己卣

冉己

04833.1

冉己

04833.2

辛冉卣

辛冉

04834

父辛卣

父辛

04835.1

父辛

04835.2

父癸卣

父癸

04836.1

父癸

04836.2

父癸卣

父癸

04837.1

父癸

04837.2

癸冄卣

癸冄

04838.1

癸冄

04838.2

癸□卣

癸□

04839.1

癸□

04839.2

癸□卣

癸□

04840.1

癸□

04840.2

豕癸卣

癸豕

04841.1

癸豕

04841.2

卣

佣舟

04842

母卣

母

04843

⿱业共婦卣

婦⿱业共

04844.1

婦⿱业共

04844.2

婦[illegible]卣

婦[illegible]卣

卣蓋

婦[illegible]

04846.1

婦[illegible]

04845.1

婦[illegible]

04846.2

婦[illegible]

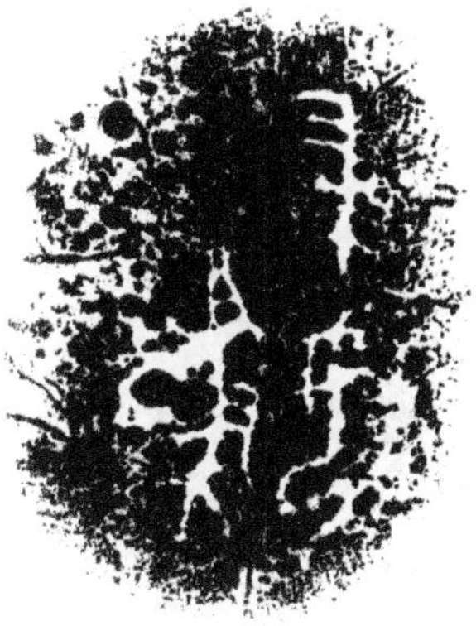

04845.2

子侯卣

04847.1

子
侯

04847.2

子■卣

子■

04848.1

子■

04848.2

子臭卣

子
臭

04849

子[illegible]卣

子
[illegible]
（[illegible]）

04850.2

子
[illegible]
（[illegible]）

04850.1

女魚卣

母魚

04851.1

母魚

04851.2

竹卣

竹旅

04852.1

竹旅

04852.2

魚從卣

魚從

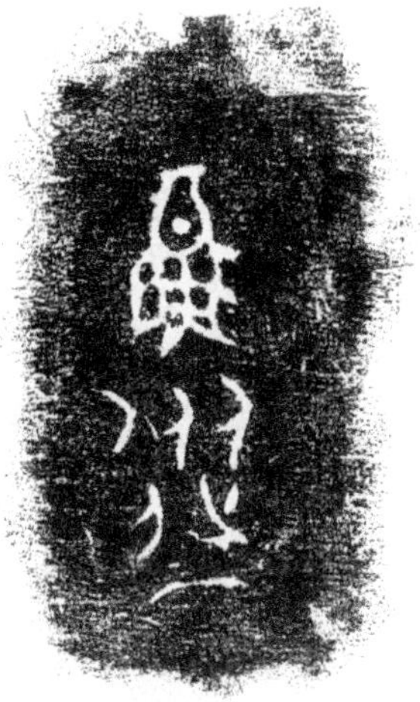

04853.1

魚從

04853.2

戈⋈卣

戈⋈（五）

04854

冉鱻卣

冉鱻（魰）

04855

冉蛙卣

冉蛙

04856.1

冉蛙

04856.2

冉蛙卣

冉蛙

04857.1

冉蛙

04857.2

日井卣

04858.1

日井

04858.2

日目卣

04859.1

日目

04859.2

丙享卣

丙享

04860.1

丙享

04860.2

丙享卣

丙享

04861.1

丙享

04861.2

丙享卣

丙享

04862.1

丙享

04862.2

非犮卣

非犮

04863.1

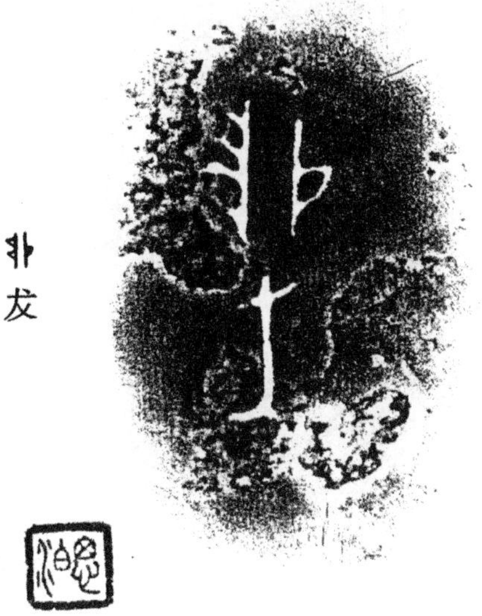

非犮

04863.2

戊木卣

戊木

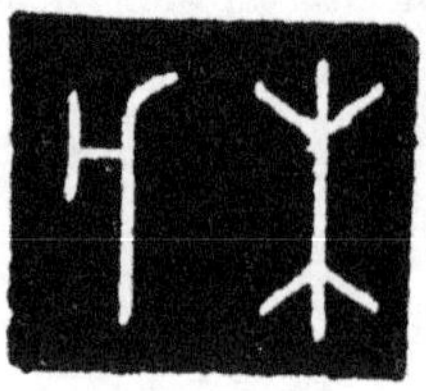

04864.1

戊木

04864.2

弗刀卣

弗刀

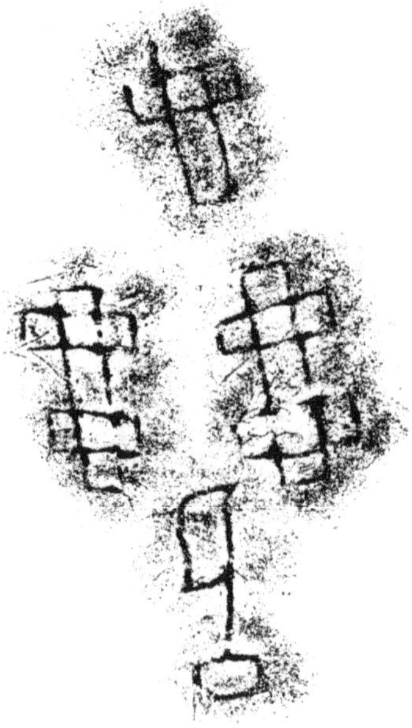

04865.1

弗刀

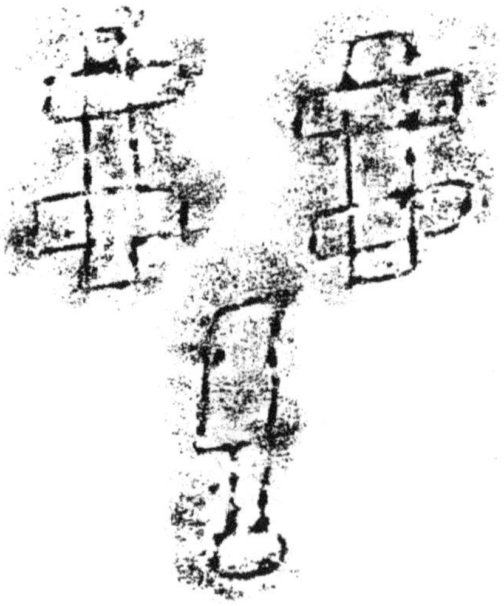

04865.2

[?]亞卣

[illegible]亞

04866.1

[illegible]亞

04866.2

㔾[?]卣

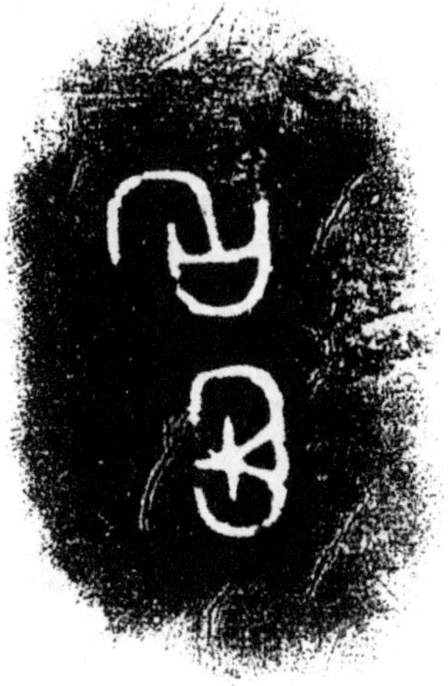

㔾(危)耳

04867.1

㔾(危)耳

04867.2

召卣

六一八 六一一，[illegible]（召）

04868

戈卣

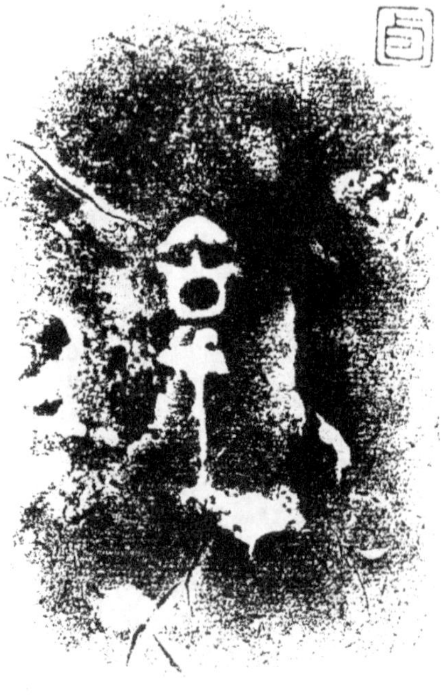

皇戈

04869

册[illegible]卣

册[illegible]（[illegible]）

04870.1

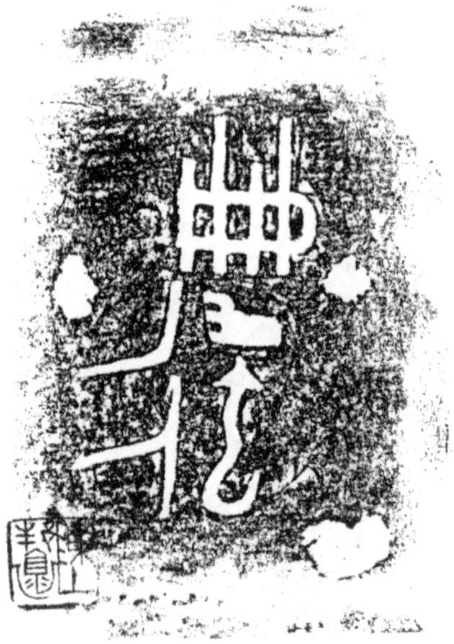

册[illegible]（[illegible]）

04870.2

彲（玃）册

04871.1

彲（玃）册

04871.2

册告卣

册告

04872

買車卣

買車

04874.1

□□卣

□（衛）典

04873

買車

04874.2

□仌卣

04875.1

□仌（冰）

04875.2

兾徹卣

兾徹

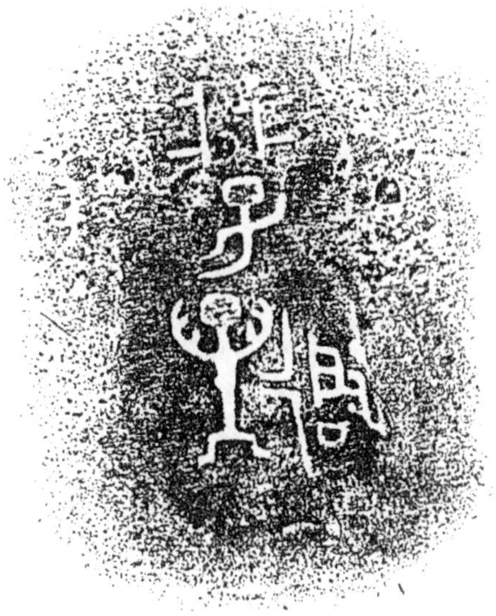

04876.1

兾徹

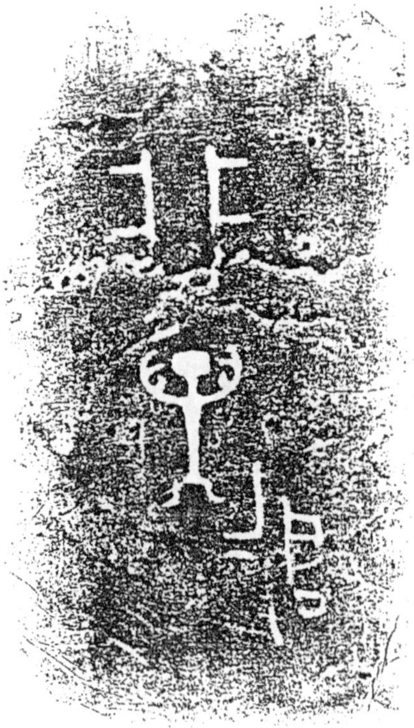

04876.2

䖒龏卣

䖒
龏

04877.1

䖒
龏

04877.2

䖒龏卣

䖒
龏

04878

䖒龏卣

䖒
龏

04879

䀠⿱丰田卣

䀠
⿱丰田（封）

04880

宀安卣

宀
安

04881.2

宀
安

04881.1

卣

𤰈貝卣

（會）

04883.1

葡
貝

04882.1

（會）

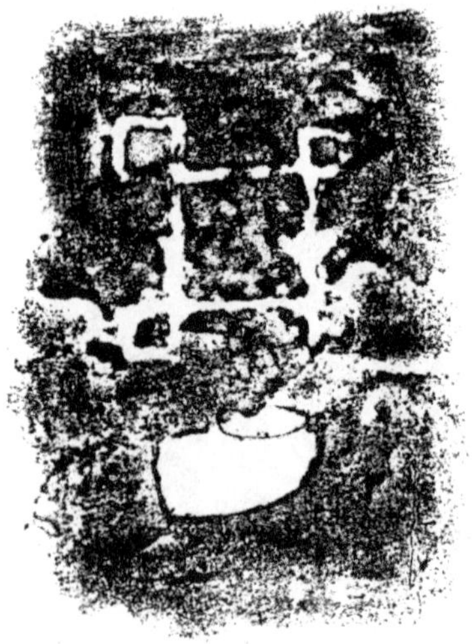

04883.2

葡
貝

04882.2

用征卣

用征

04884.1

用征

04884.2

馬永卣

馬永

04885

乍彝卣

乍(作)彝

04886

作旅卣

乍(作)旅

04887

旅彝卣

旅彝

04888.2

旅彝

04888.1

鳥且甲卣

鳥祖甲

04889.1

卣

鳥祖甲

04889.2

且乙卣

卣

盖

炏祖乙

04890.1

卣

炏祖乙

04890.2

子且丁卣蓋

子祖丁

04891

⿱豩丁且戊卣

⿰豕丁祖戊

04892

□且戊卣

□祖戊

04893.1

□祖戊

04893.2

子且己卣

蓋

子祖己

04894.1

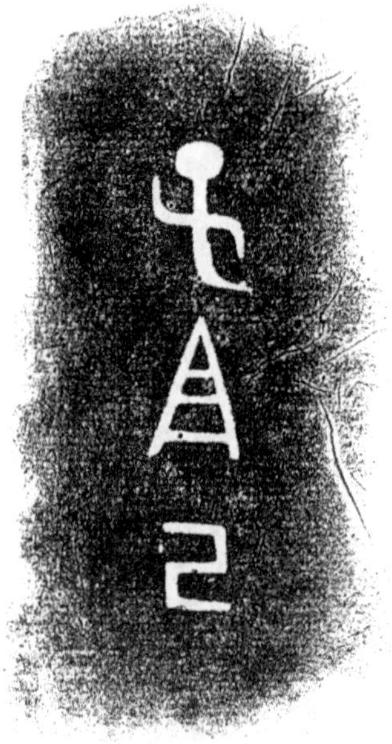

子祖己

04894.2

史且庚卣蓋

祖庚史

04895

竟且辛卣

竟祖辛

04896

鳶且辛卣

鳶祖辛

04897.1

鳶祖辛

04897.2

子且壬卣

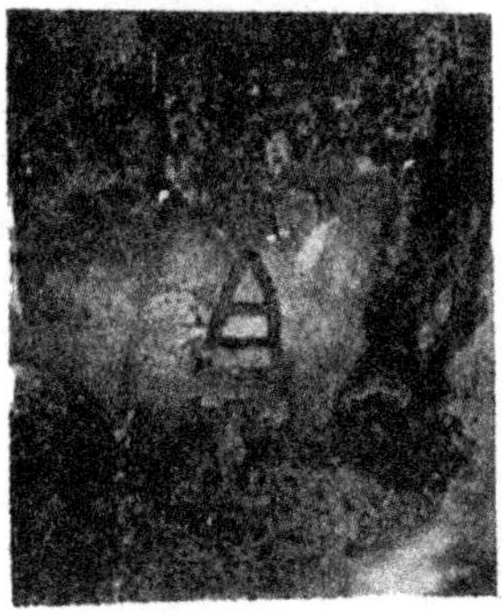

子祖壬

04898

且癸[illegible]卣

祖癸[illegible]

04899.1

祖癸[illegible]

04899.2

冀且癸卣

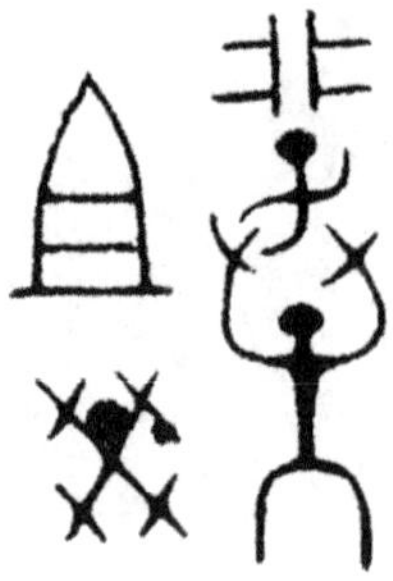

冀祖癸

04900.1

冀祖癸

04900.2

子且癸卣

子祖癸

04901

甲父田卣

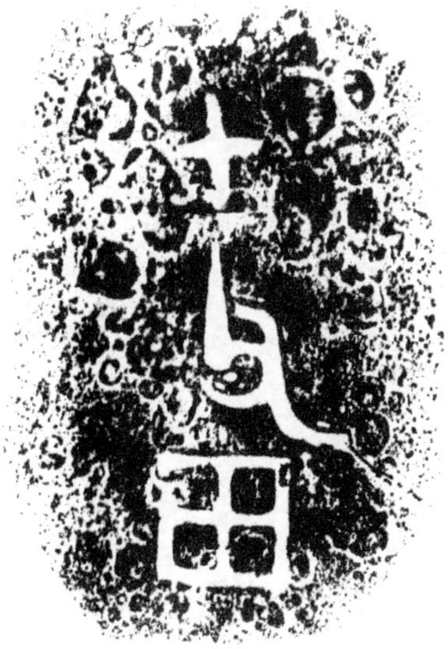

甲父田

04903.1

鳥父甲卣

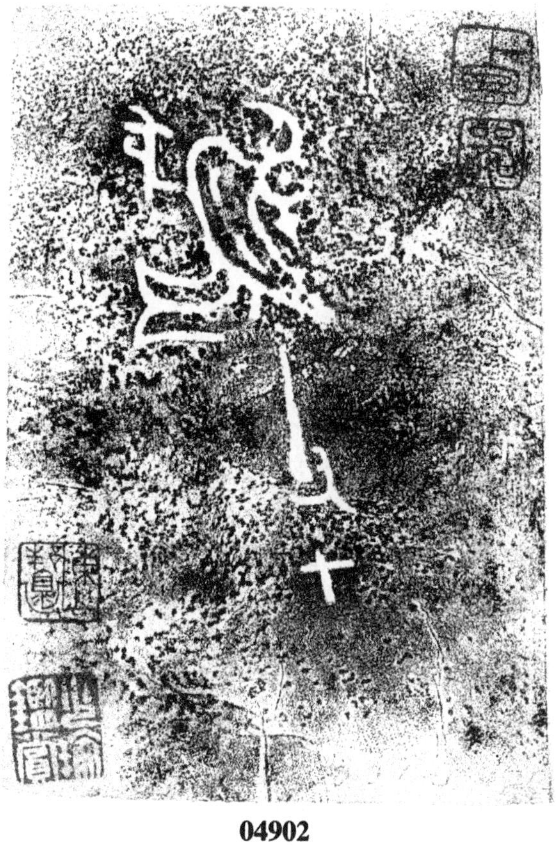

鳥父甲

04902

甲父田

04903.2

丙父甲卣

丙父甲

04904.1

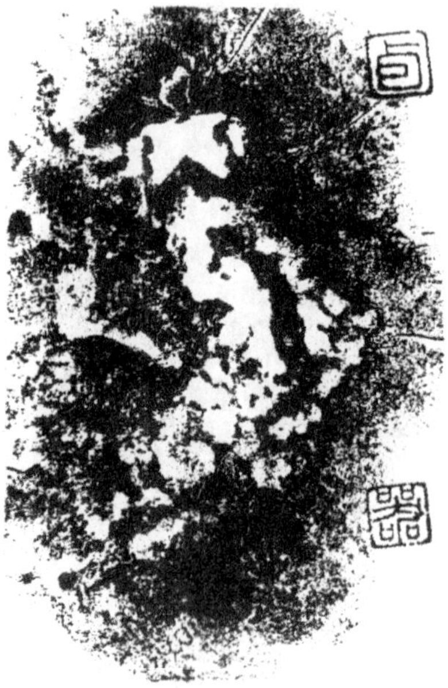

丙父甲

04904.2

丰父甲卣

丰父甲

04905.1

丰父甲

04905.2

敎父甲卣

敎父甲

04906

天父乙卣

天父乙

04908.1

天父乙

04908.2

舟父甲卣

舟父甲

04907

天父乙卣

天父乙

04909

[illegible]父乙卣

⿺走朋（⿺走崩）父乙

04911

何父乙卣

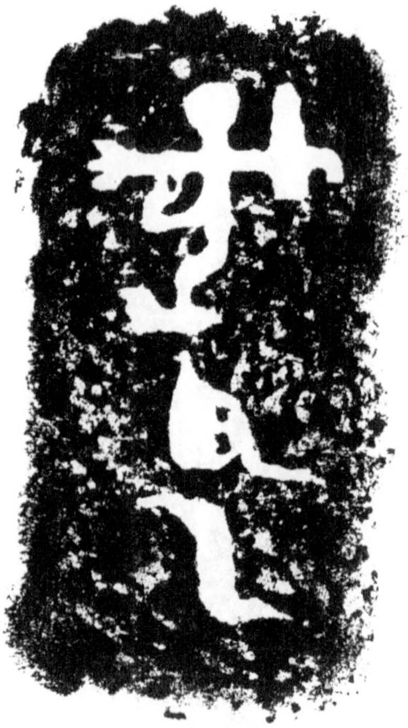

何父乙

04910

束父乙卣

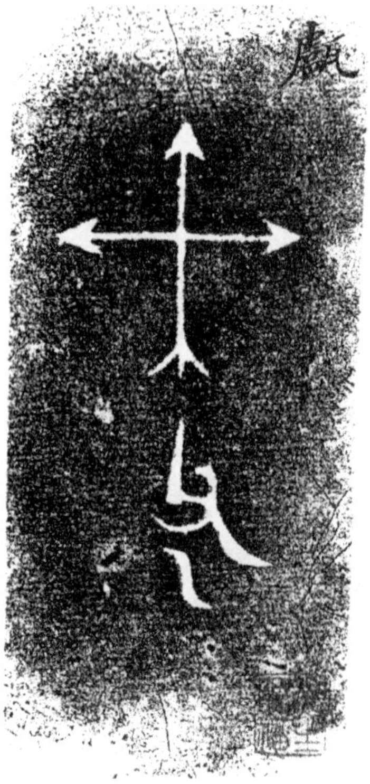

束（刺）父乙

04912

冊父乙卣

冊父乙

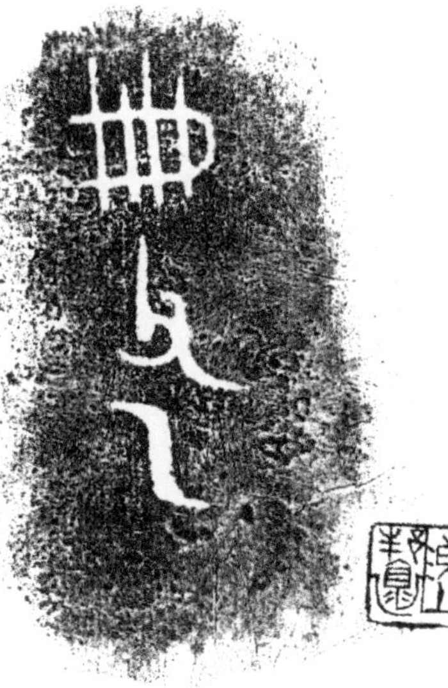

04913.1

冊父乙

04913.2

魚父乙卣

魚父乙

04914

魚父乙卣

魚父乙

04915

魚父乙卣

魚父乙

04916.2

魚父乙

04916.1

魚父乙卣

父乙魚

04917

卷父乙卣

卷父乙

04918.2

卷父乙

04918.1

[illegible]父乙卣

高子父乙

04919

[illegible]父乙卣

[illegible]父乙

04921.1

[illegible]父乙卣蓋

[illegible]父乙

04920

[illegible]父乙

04921.2

黿父乙卣

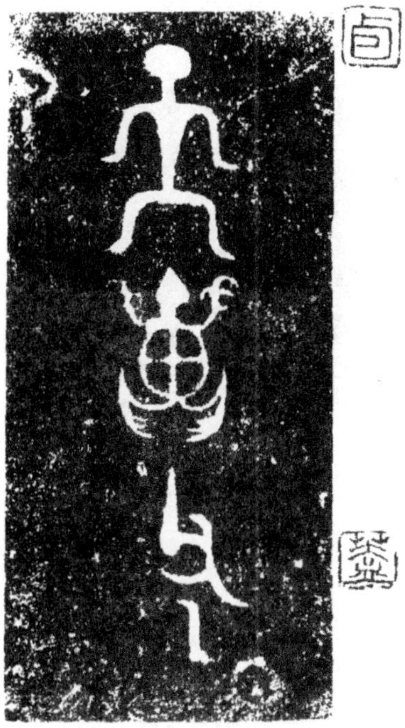

黿父乙

04922.1

黿父乙

04922.2

黿父乙卣

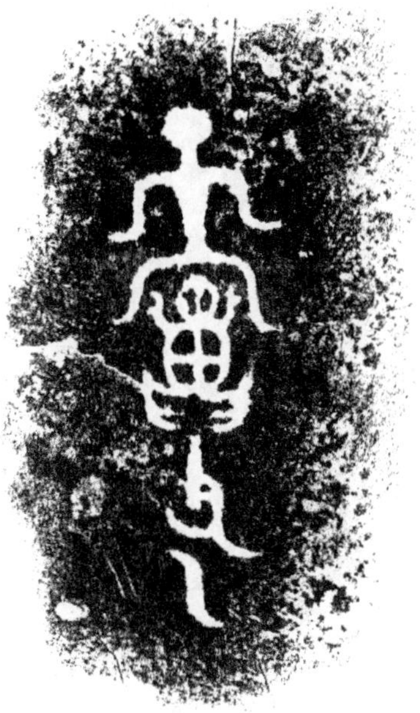

黿父乙

04923.1

黿父乙

04923.2

黿父乙卣

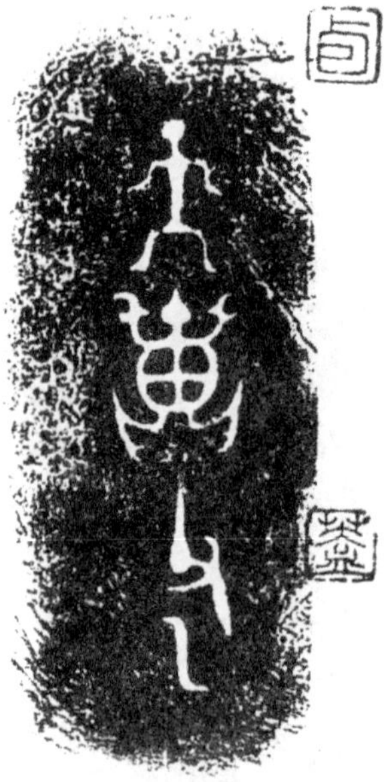

黿父乙

04924.1

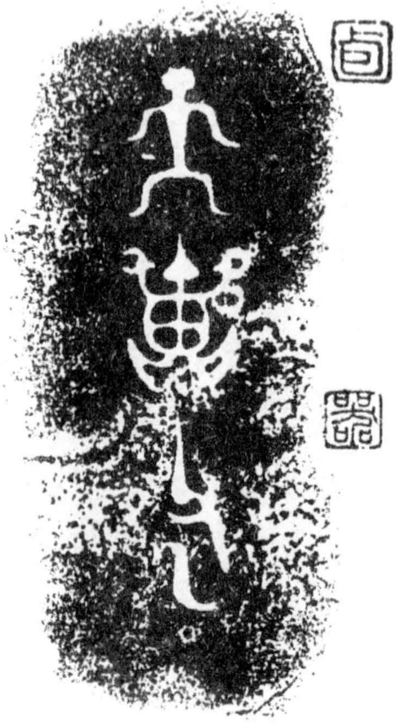

黿父乙

04924.2

□父乙卣

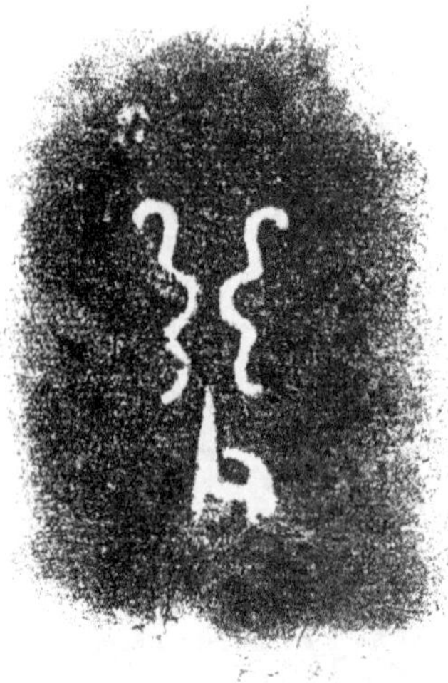

□(亞)父乙

04925.1

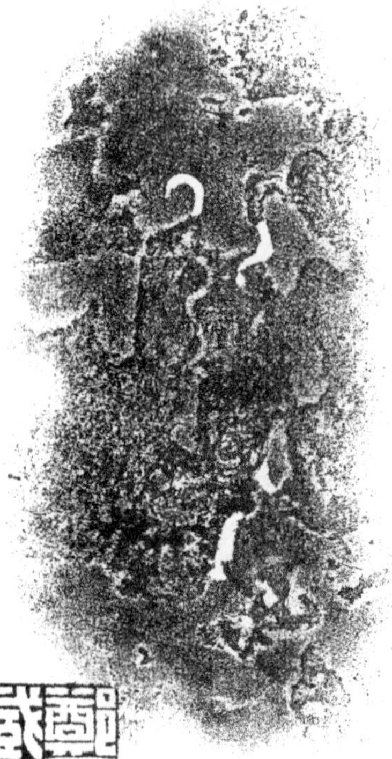

□(亞)父乙

04925.2

冀父乙卣

卣

冀父乙

04926

⿱鳥丌父乙卣

鼻(鵰)父乙

04928

光父乙卣

光父乙

04927

史父乙卣

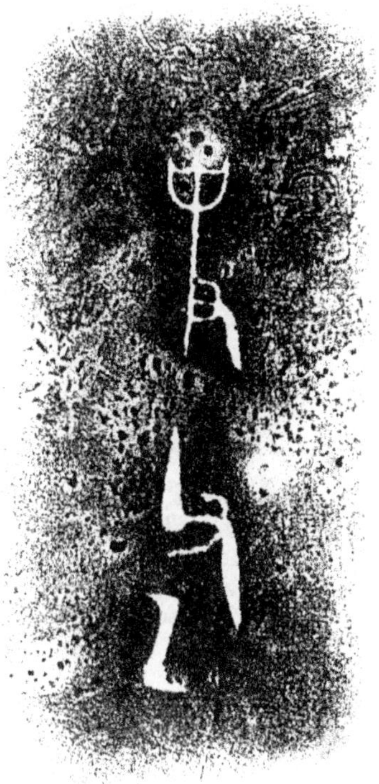

史父乙

04929

□父乙卣

□（皮）父乙

04930.1

□（皮）父乙

04930.2

敉父乙卣

敉父乙

04931.1

敉父乙

04931.2

□父乙卣

□父乙

04932.1

□父乙

04932.2

亞父乙卣

亞父乙

04933.1

亞父乙

04933.2

夰父乙卣

夰父乙

04934

枚父丙卣

析父丙

04936

庴父乙卣

庴（庚）父乙

04935

牧父丙卣

牧父丙

04937

冀父丁卣

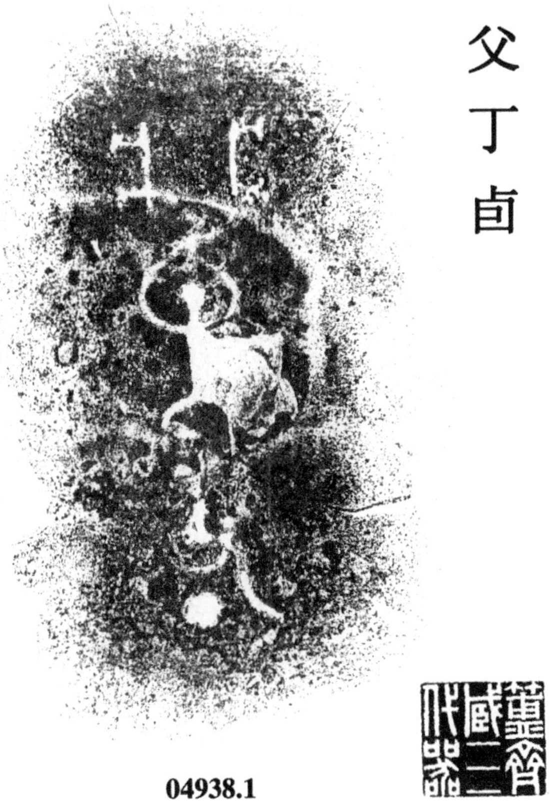

冀父丁

04938.1

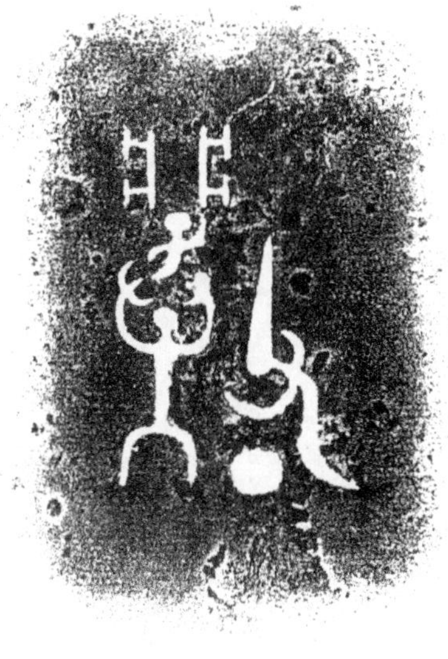

冀父丁

04938.2

冀父丁卣

冀父丁

04939.1

冀父丁

04939.2

𠘧父丁卣

𠘧父丁

04940.1

𠘧父丁

04940.2

史父丁卣

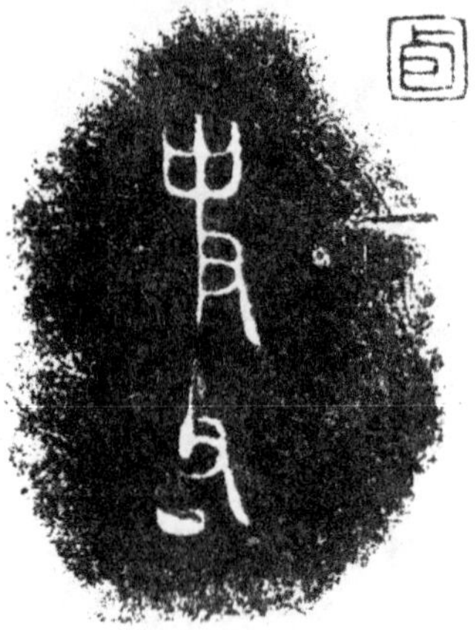

史父丁

04941

爵父丁卣

爵父丁

04942

子父丁卣

子父丁

04943.1

子父丁

04943.2

朿父丁卣

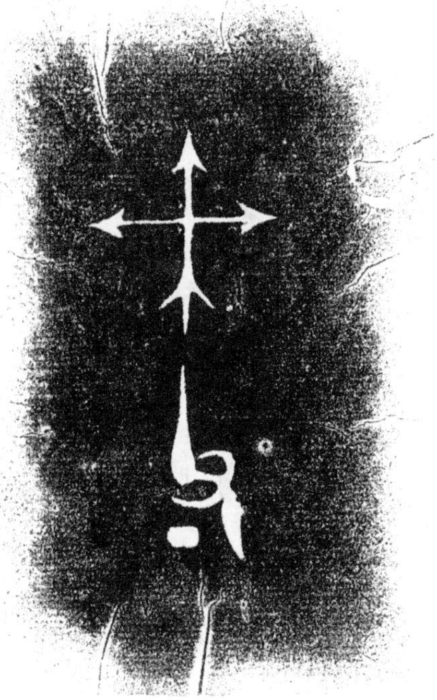

朿（刺）父丁

04944

耒父丁卣

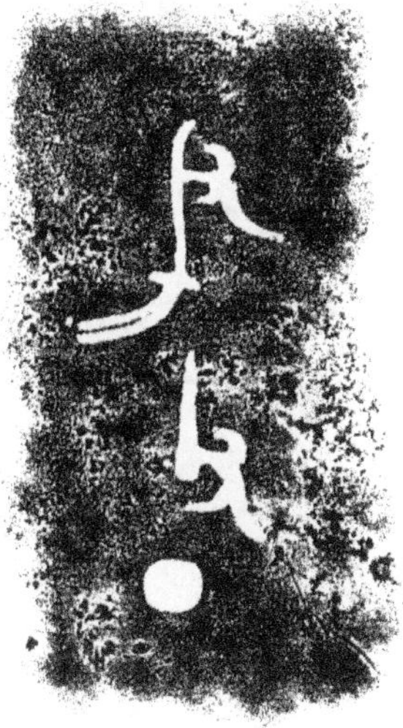

耒父丁

04945

耒父丁卣

耒父丁

04946.1

耒父丁

04946.2

酉父丁卣

酉父丁

04947.1

酉父丁

04947.2

父丁㸚卣

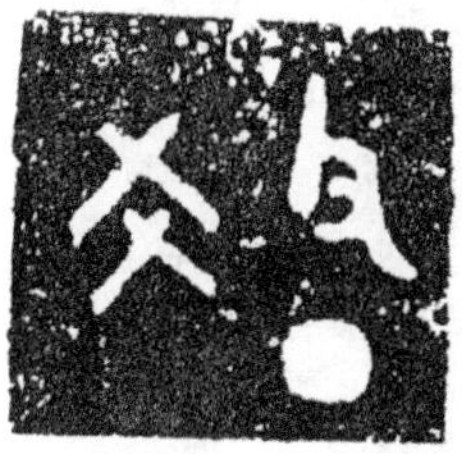

04948.1

㸚父丁，㸚丁尹

04948.2

父丁卣

鼎父丁

04949.1

鼎父丁

04949.2

黿父戊卣

黿父戊

04950

酉父己卣

酉父己

04952.1

酉父己卣

酉父己

04951

酉父己

04952.2

父己卣

（鈴）父己

04953.1

04953.2

戈父己卣

戈父己

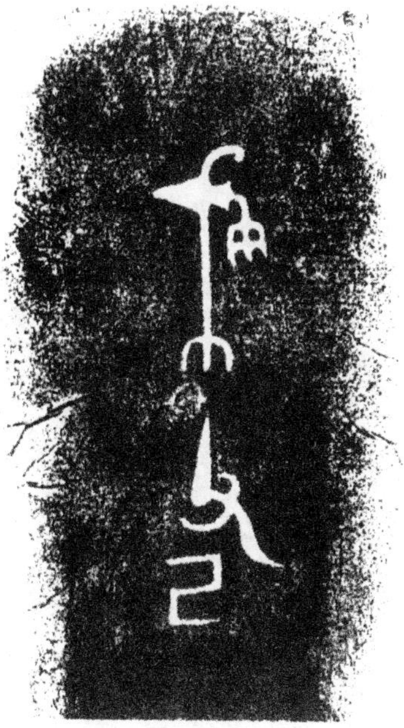

04954

戈父己卣

戈父己

04955

父己卣

卣

趣⿺走朋(⿺走崩)父己

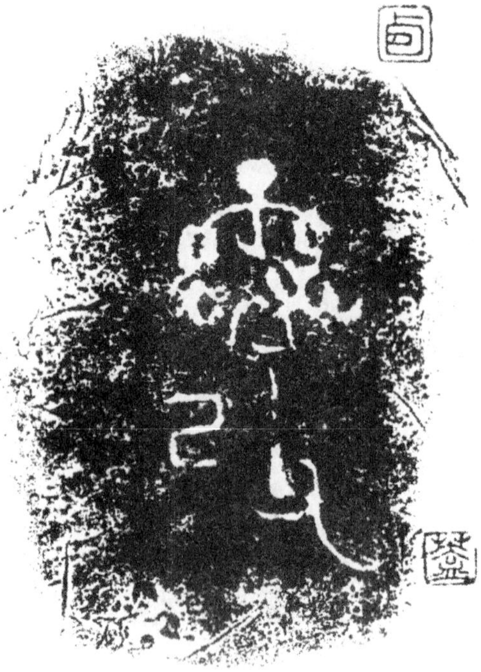

盖

04956.1

卣

器

趣⿺走朋(⿺走崩)父己

04956.2

犬父己卣

卣盖

獸父己

04957.1

卣器

獸父己

04957.2

受父己卣

受父己

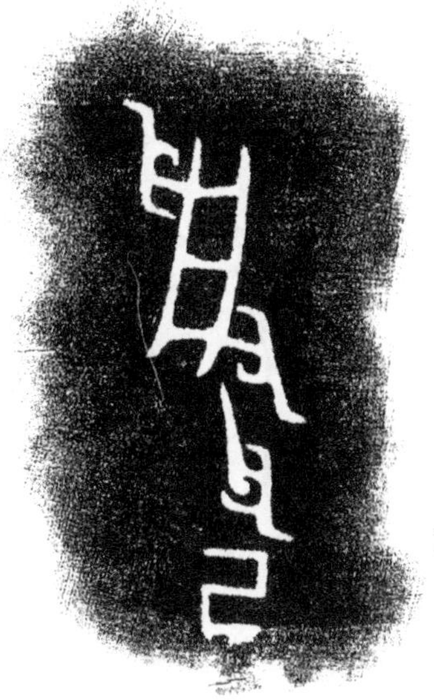

04958.1

受父己

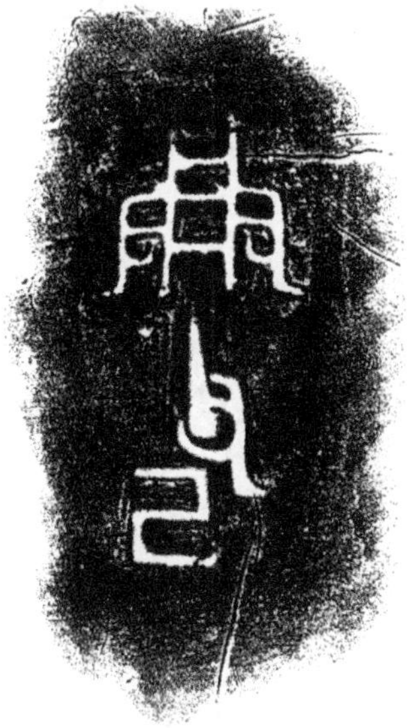

04958.2

遽父己卣

遽父己

04959.1

遽父己

04959.2

冀父己卣

父己冀

04960.1

父己冀

04960.2

冀父己卣

父己冀

04961.1

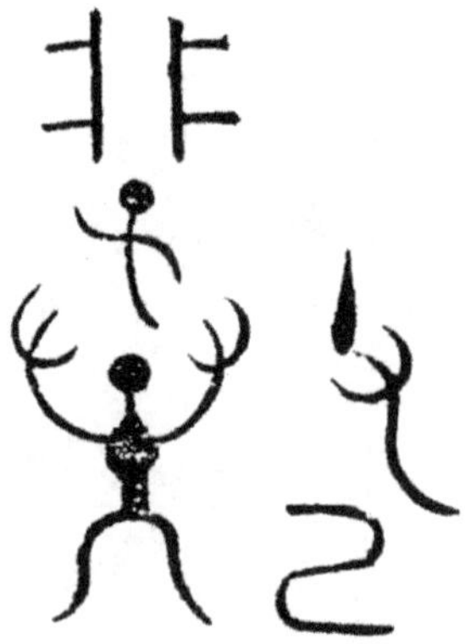

父己冀

04961.2

𠘧父己卣

𠘧父己

04962.1

𠘧父己

04962.2

冉父己卣

冉父己

04963.1

冉父己

04963.2

萬父己卣

萬父己

04964.1

萬父己

04964.2

丙父己卣

丙父己

04965.1

丙父己

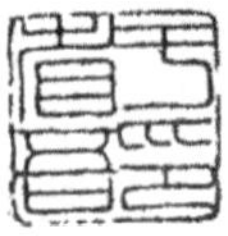

04965.2

𠕁父己卣

𠕁父己

04966

弓父庚卣

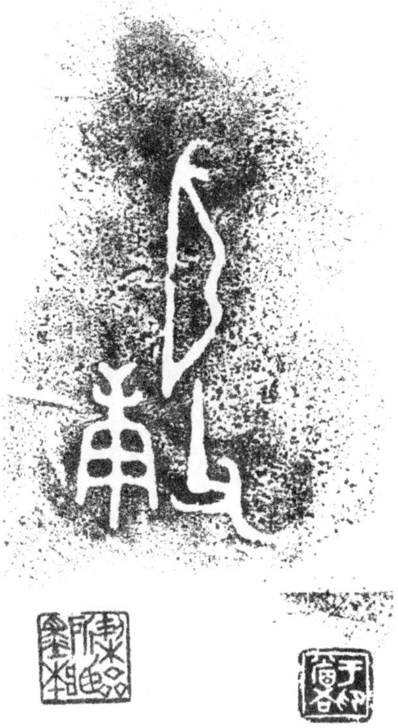

弓父庚

04968.1

業父庚卣

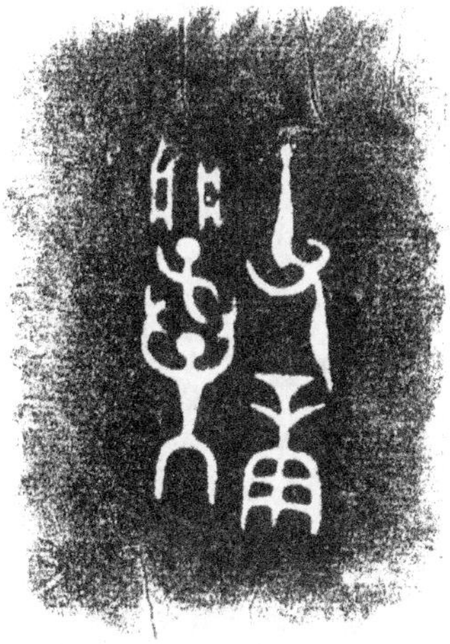

父庚業

04967

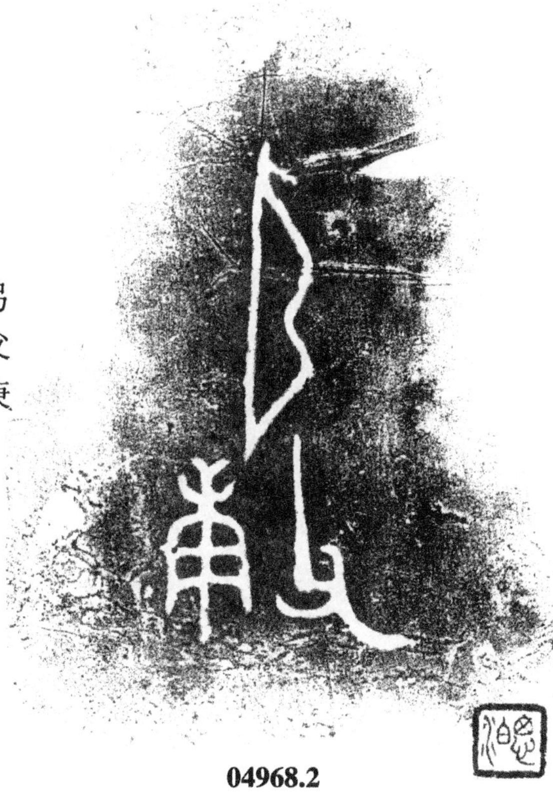

弓父庚

04968.2

子父庚卣

子父庚

04969.1

子父庚

04969.2

父庚觥卣

父庚觥

04970.1

父庚觥

04970.2

責父辛卣

責（䝪）父辛

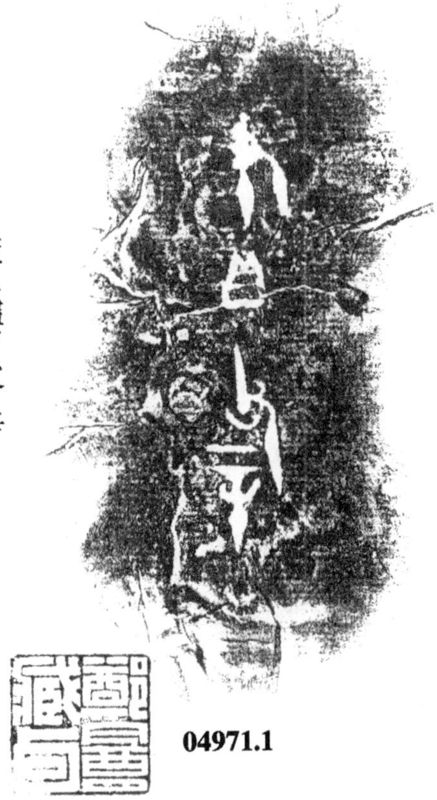

04971.1

04971.2

⿰冨卩父辛卣

賓婦丁父辛

04972.1

04972.2

父辛卣

卣

父辛

04973.1

父辛卣

父辛

04974

卣

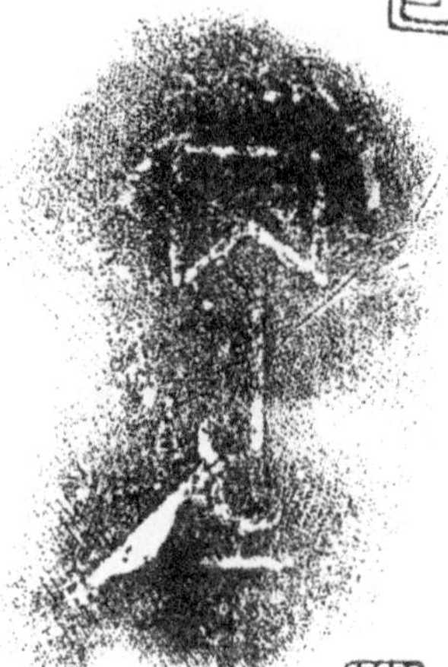

父辛

04973.2

父辛卣蓋

(䎘幸)父辛

04975

天父辛卣

天父辛

04976.1

天父辛

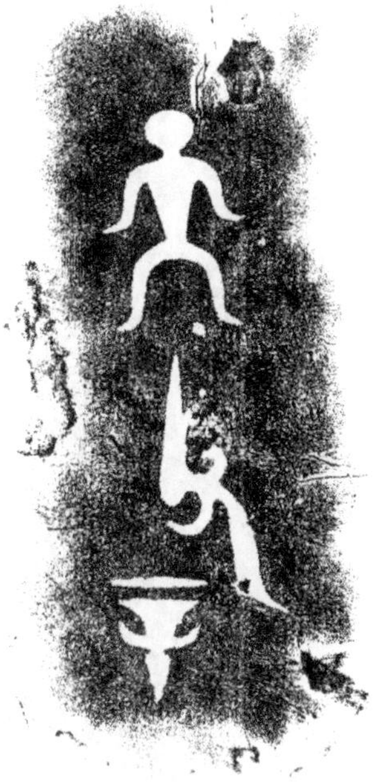

04976.2

⿰忄丮父辛卣

父辛埶（藝）

04977.1

父辛埶（藝）

04977.2

黿父辛卣

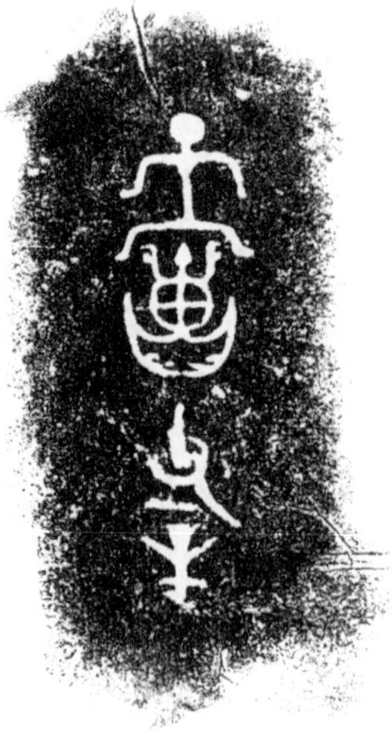

黿父辛

04978.1

父辛黽卣

父辛黽

04979

黿父辛

04978.2

冀父辛卣蓋

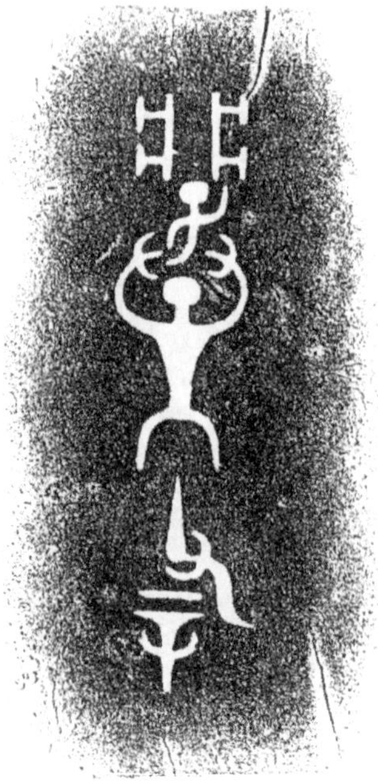

冀父辛

04980

弔父辛卣

[illegible]父辛卣

弔父辛

04981.1

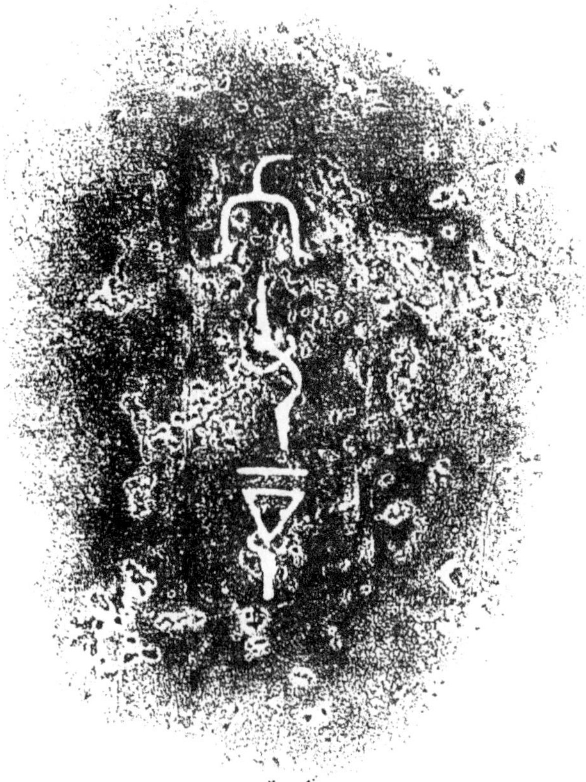

[illegible]父辛

04982.1

弔父辛

04981.2

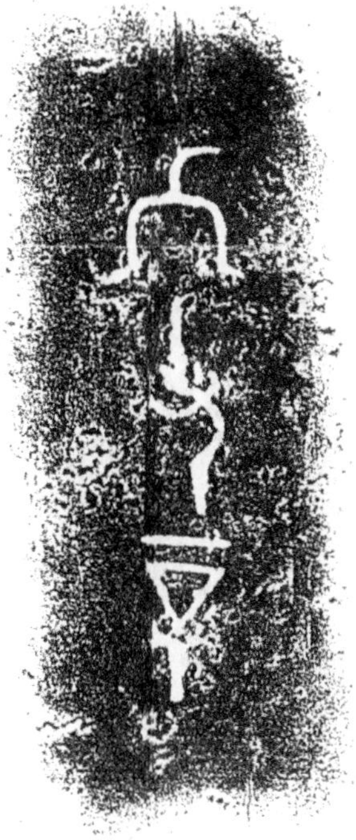

[illegible]父辛

04982.2

辛父𠘧卣

04983

擧父辛卣

04984

翌父辛卣

04985.1

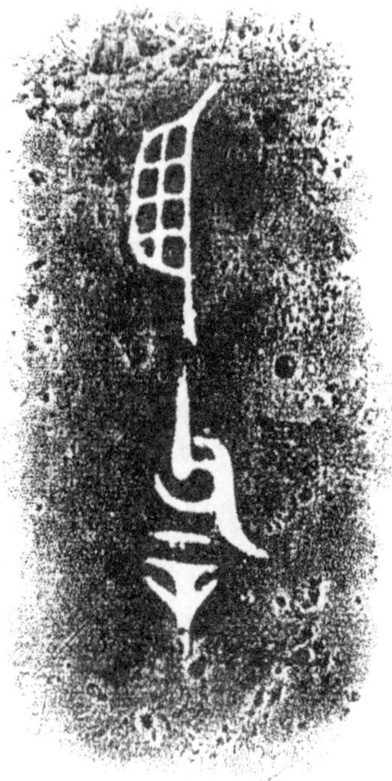

04985.2

冉父辛卣

冉父辛

04986.1

04986.2

父辛酉卣

父辛酉

04987

爵父癸卣蓋

執爵父癸卣蓋

爵父癸

04988

𠚤父癸卣

另(剮)父癸

04989.1

另(剮)父癸

04989.2

史父癸卣

史父癸

04990.1

史父癸

04990.2

𢦓父癸卣

𢦓（戒）父癸

04991.1

𢦓（戒）父癸

04991.2

串父癸卣

串父癸

04992.1

串父癸

04992.2

奄父癸卣

奄父癸

04993

取父癸卣

取父癸

04994.2

取父癸

04994.1

父癸卣

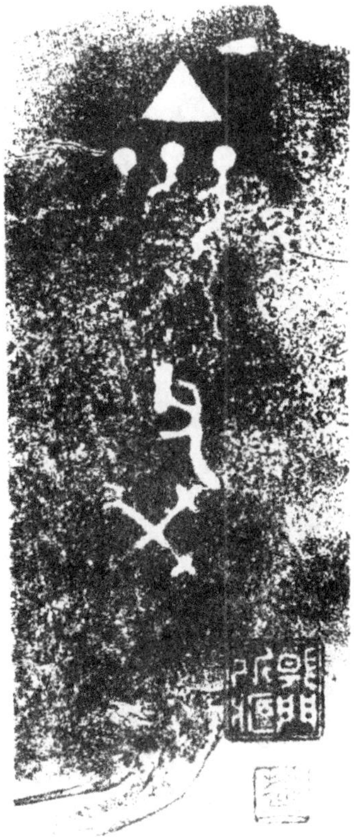

令父癸

04995.1

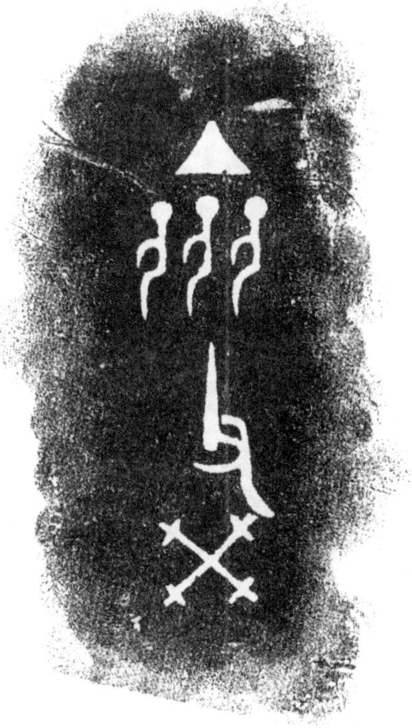

令父癸

04995.2

父癸卣

㠱(擧)父癸

04996

魚父癸卣

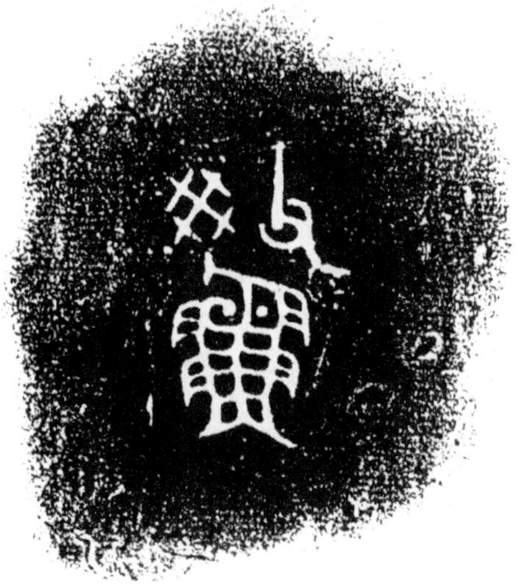

父癸魚

04997

冀父癸卣

父癸冀

04998

冀母己卣

冀母己

05000.1

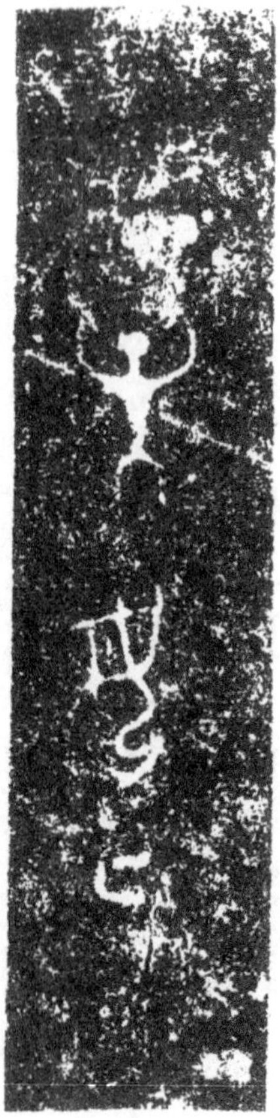

冀母己

05000.2

魚母乙卣

魚母乙

04999

爻母辛卣

爻母辛

05001.1

爻母辛

05001.2

兄丁卣

倗兄丁

05002.1

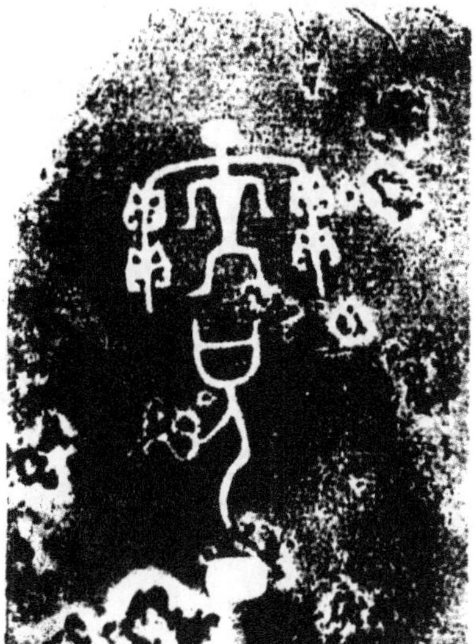

倗兄丁

05002.2

兄丁卣

倗兄丁

05003

子辛卣

子辛⿰首司(覞)

05004

子厩圖卣

子厩圖

05005.1

子厩圖

05005.2

劦册竹卣

劦册竹

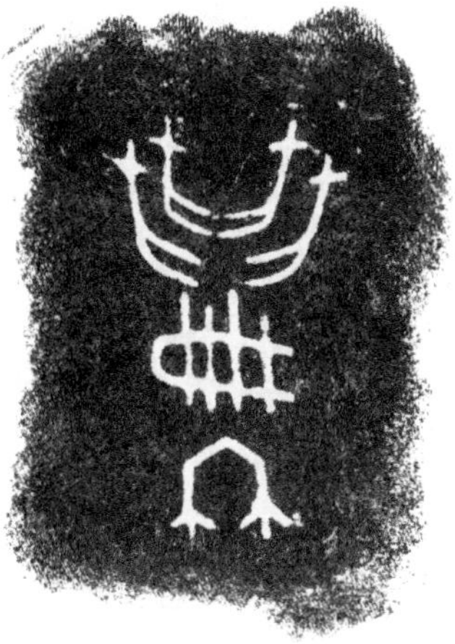

05006.1

劦册竹

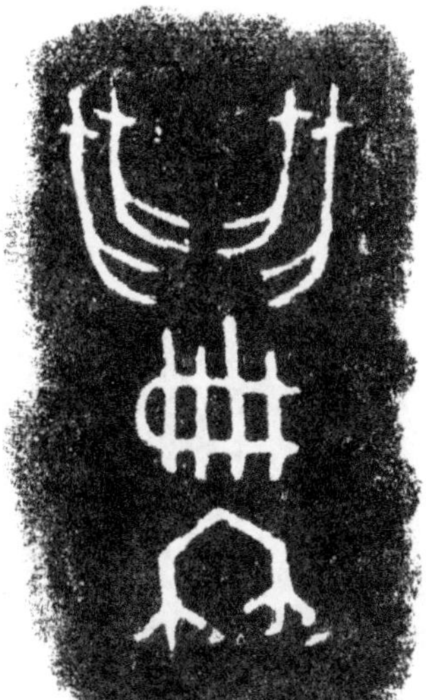

05006.2

西隻單卣

西單獲

05007.1

西單獲

05007.2

秉田丁卣

秉田丁

05008

韋典癸卣

癸韋(衛)典

05010.1

丁冉蛙卣

丁冉蛙

05009

癸韋(衛)典

05010.2

䛐其卣

業秝卣

䛐其雞

05012.1

業秔（被）

05011.1

䛐其雞

05012.2

業秔（被）

05011.2

林亞艅卣

林亞俞

05013.1

林亞俞

05013.2

亞豈𧗿卣

亞豈(趄)𧗿(延)

05014.1

亞豈(趄)𧗿(延)

05014.2

亞其卣

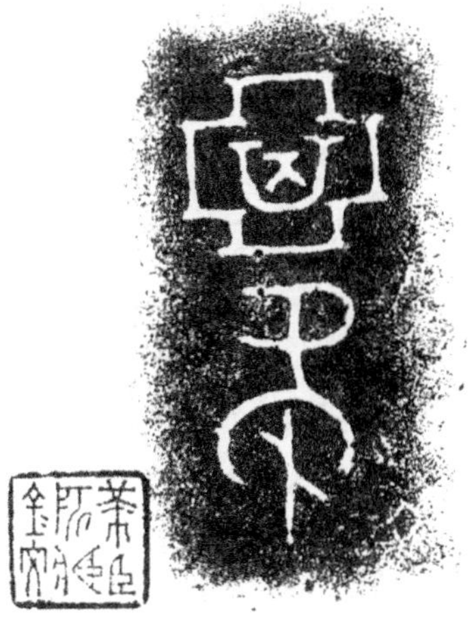

亞疑其（㠱）

05015

⿱𢪒止⿱丷丂卣

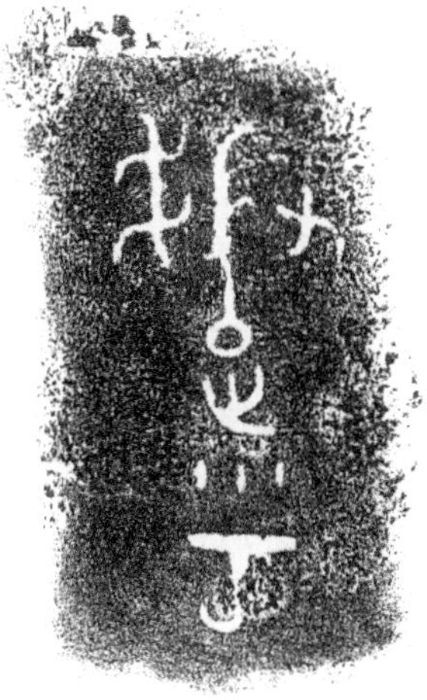

丰⿱丮止（⿱丮⿱丮止）兮

05016

⿱丙廾卣

鳥⿱丙廾（冋）⿱歹又（抦）

05017.1

鳥⿱丙廾（冋）⿱歹又（抦）

05017.2

大保卣

大（太）保鑄

05018.1

大（太）保鑄

05018.2

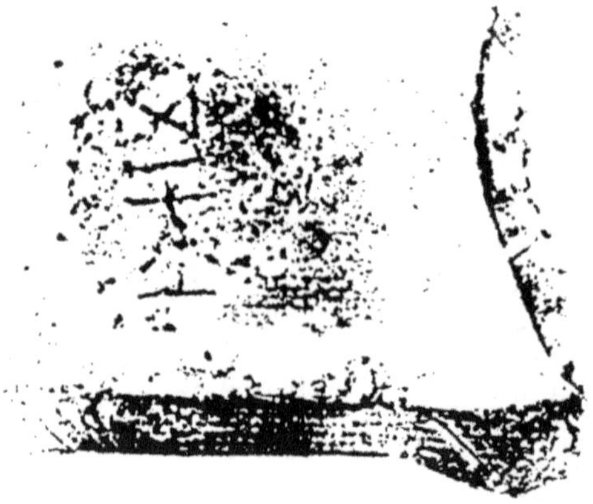

大（太）保鑄

05018.3

毛田舌卣

毛田舌

05019.1

毛田舌

05019.2

[illegible]仲卣

七五六六六七，[illegible]（召）仲

05020.1

05020.2

公作彝卣

公乍(作)彝

05021.1

公乍(作)彝

05021.2

伯作彝卣

伯乍(作)彝

05022.1

伯乍(作)彝

05022.2

伯寶彝卣

伯寶彝

05023

吳作彝卣

吳乍(作)彝

05025.1

員作夾卣

員乍(作)夾

05024

吳乍(作)彝

05025.2

從作彝卣

從乍(作)彝

05026.1

從乍(作)彝

05026.2

作從彝卣

乍(作)從彝

05027.1

乍(作)從彝

05027.2

作從彝卣

乍(作)從彝

05028

作旅彝卣

乍(作)旅彝

05030.1

作旅彝卣

乍(作)旅彝

05029

乍(作)旅彝

05030.2

作旅彝卣

乍(作)旅彝

05031.1

作旅彝卣

乍(作)旅彝

05032

卣

乍(作)旅彝

05031.2

作旅弓卣

乍(作)旅，弓

05033

作寶彝卣

乍(作)寶彝

05034.1

乍(作)寶彝

05034.2

作寶彝卣

乍(作)寶彝

05035.1

乍(作)寶彝

05035.2

作寶彝卣

乍(作)寶彝

05036.1

作寶彝卣

乍(作)寶彝

05037

作寶彝卣蓋

乍(作)寶彝

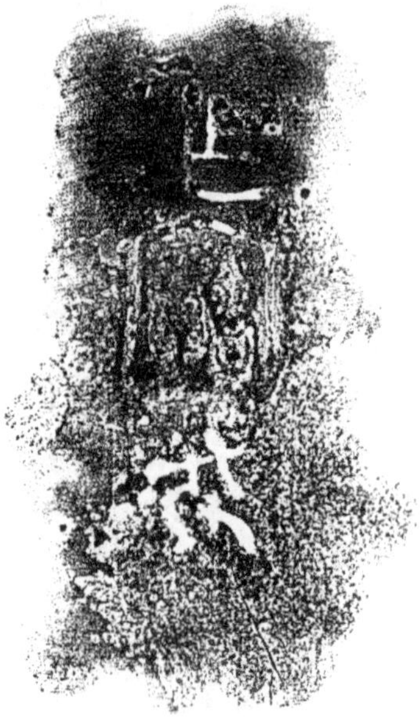

05036.2

乍(作)寶彝

05038

作寶彝卣

乍(作)寶彝

05039.1

乍(作)寶彝

05039.2

作隮彝卣

乍(作)尊彝

05040.1

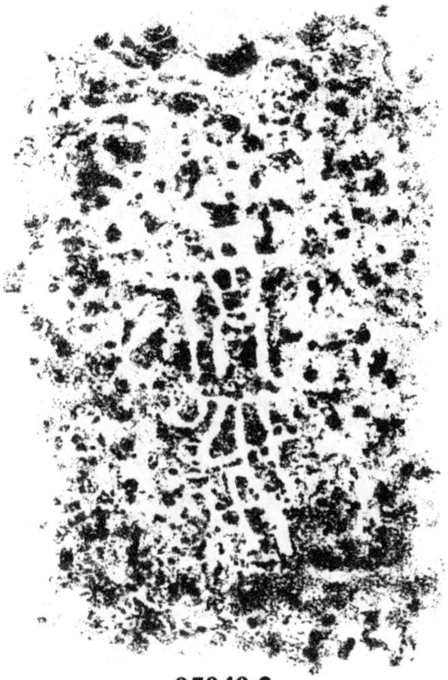

乍(作)尊彝

05040.2

作隫彝卣

乍(作)尊彝

05041

酉作旅卣

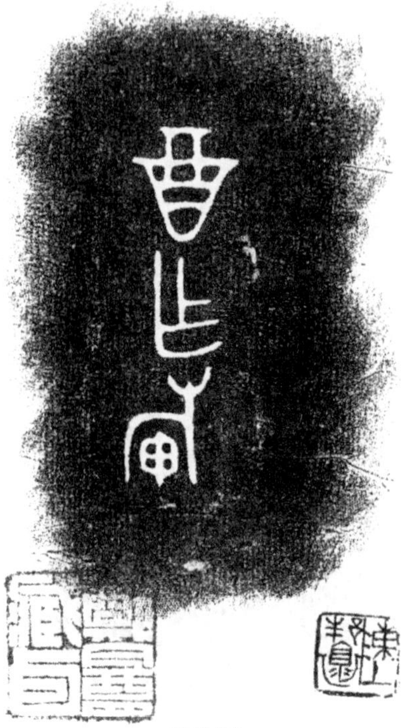

酉乍(作)旅

05042

作宗彝卣

乍(作)宗彝

05043.1

乍(作)宗彝

05043.2

且丁父己卣

祖丁父己

05044

⿱䀠豕册且丁卣

⿱䀠豕（玃）册祖丁

05045

⿱䀠豕册且丁卣

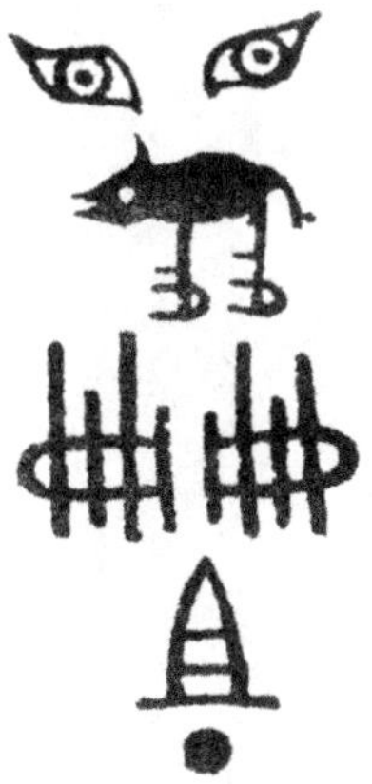

⿱䀠豕（玃）册祖丁

05046.1

⿱䀠豕（玃）册祖丁

05046.2

戉冓且乙卣

（戉）冓祖乙

05047.1

（戉）冓祖乙

05047.2

且己卣

卬（邛）刀祖己

05048.1

卬（邛）刀祖己

05048.2

亞㠱父甲卣

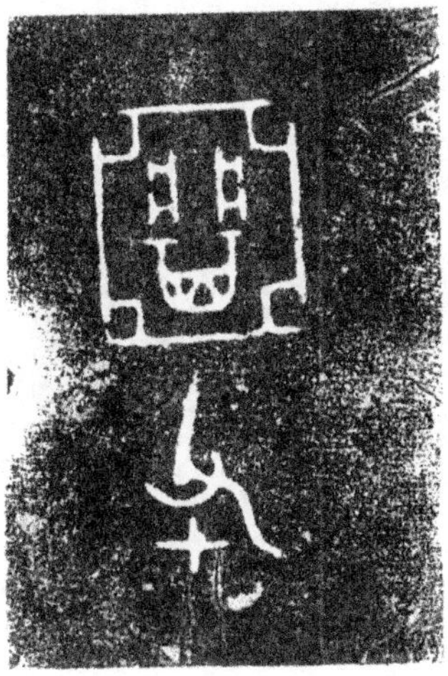

亞㠱（㠱）父甲

05049.1

陸册父甲卣

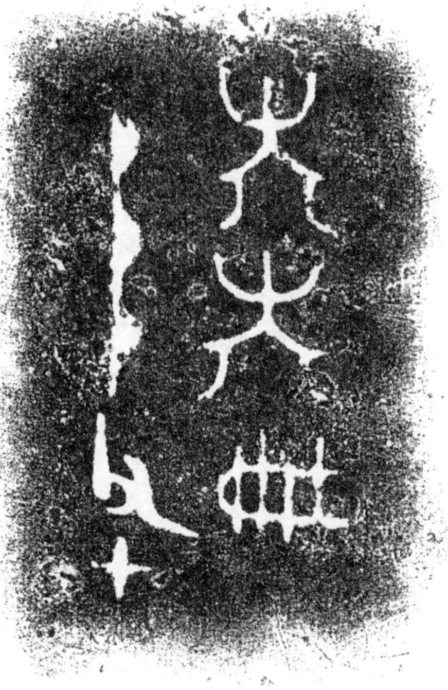

陸册父甲

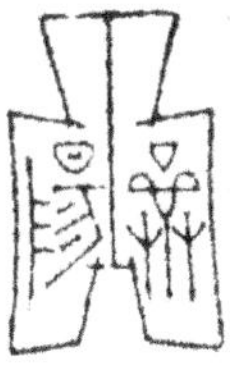

05050

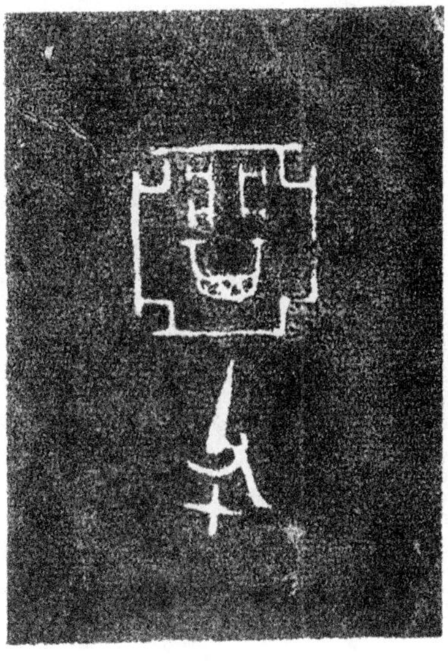

亞㠱（㠱）父甲

05049.2

父乙𨙸𣪕卣

父乙𨙸（衛）典

05051

陸册父乙卣

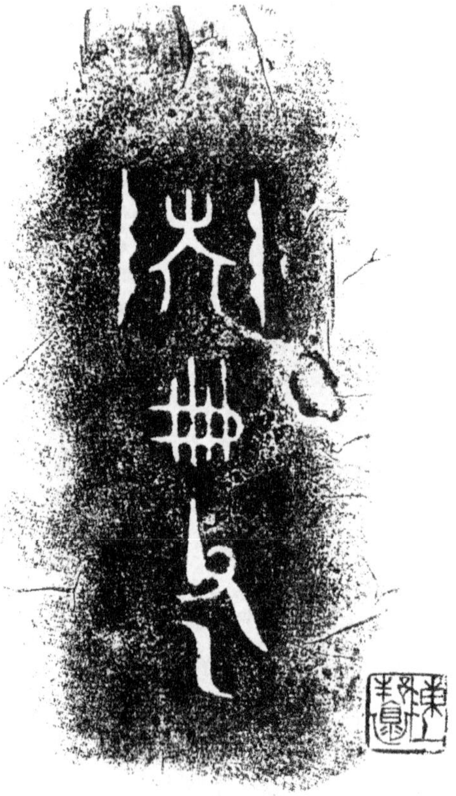

陸册父乙

05052.1

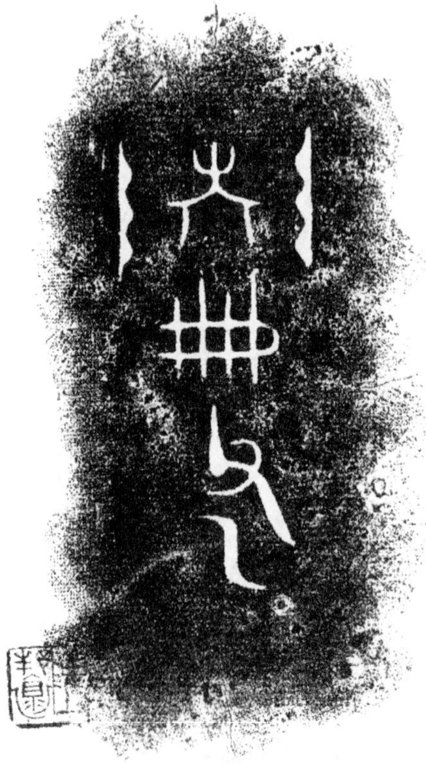

陸册父乙

05052.2

亞覃父乙卣

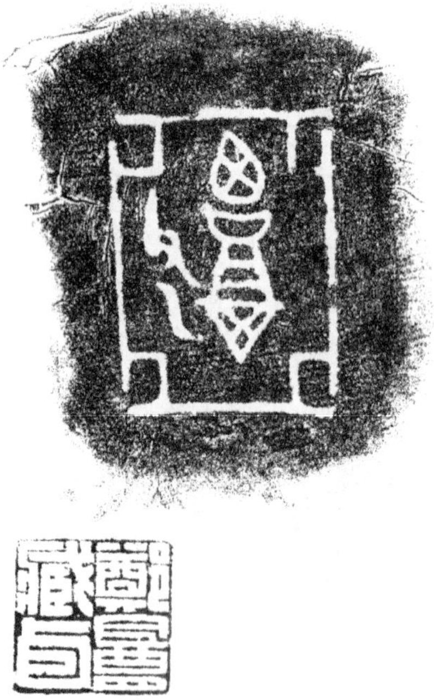

亞覃父乙

05053.1

亞覃父乙

05053.2

亞鮽父乙卣

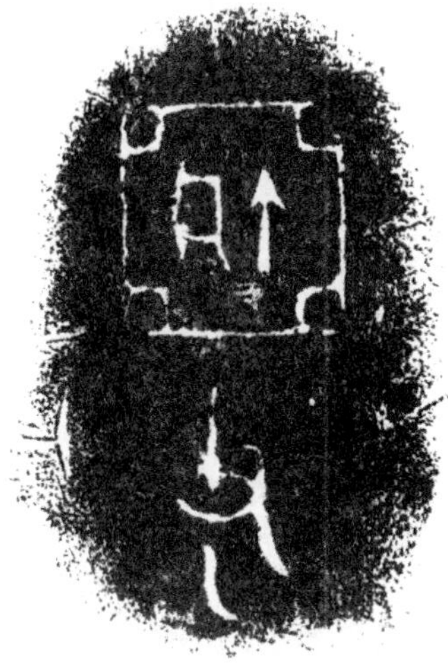

亞俞父乙

05054.1

亞俞父乙

05054.2

亞厷父乙卣

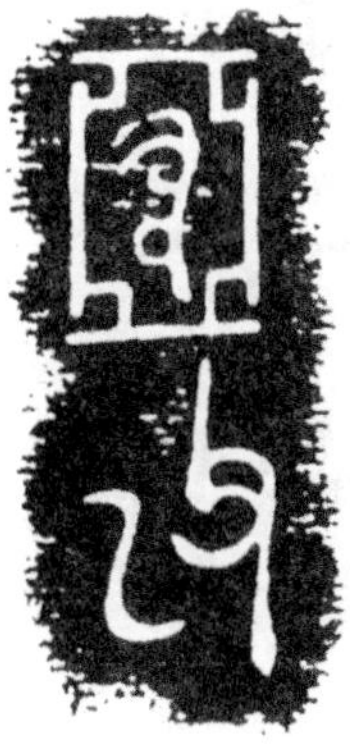

亞厷（肱）父乙

05055.1

亞厷（肱）父乙

05055.2

田告父乙卣

田告父乙

05056

聑日父乙卣

聑日父乙

05058.1

子羽父乙卣

子羽(殅)父乙

05057

聑日父乙

05058.2

丩冊父乙卣

丩冊父乙

05059.1

丩冊父乙

05059.2

丩冊父乙卣

丩冊父乙

05060.1

丩冊父乙

05060.2

㚔旅父乙卣

幸旅父乙

05061.1

𧰨馬父丁卣

馬𧰨（䝏）父丁

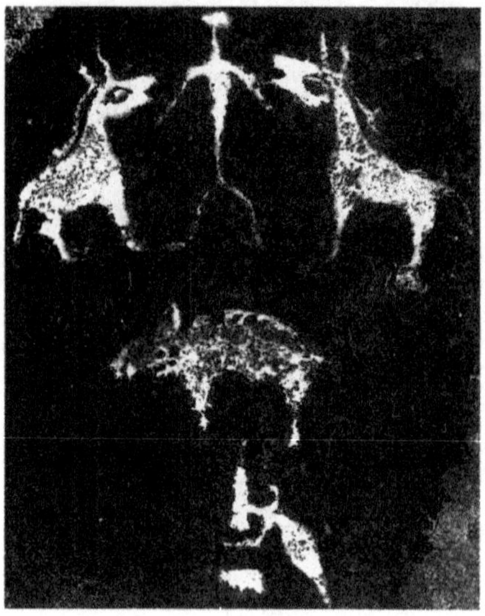

05062

幸旅父乙

05061.2

𧰨馬父丁卣

馬𧰨（䝏）父丁

05063

立臽父丁卣

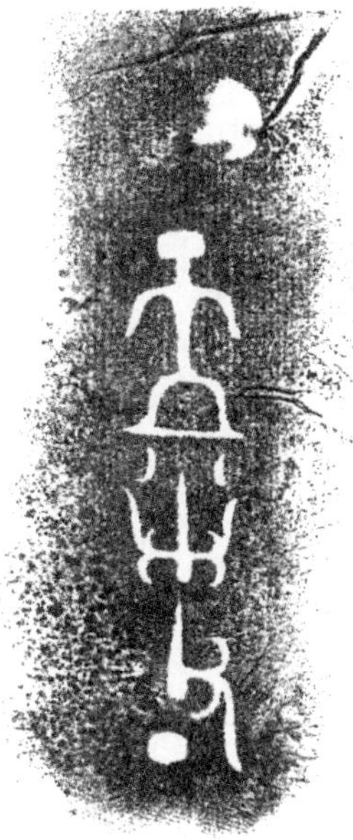

立臽父丁

05064.1

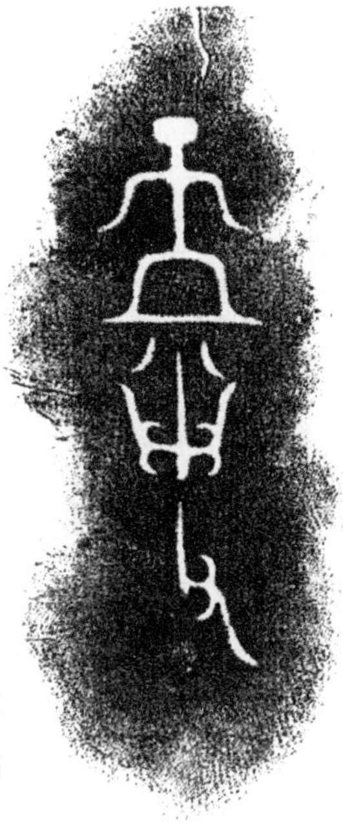

立臽父丁

05064.2

立臽父丁卣

立臽父丁

05065.1

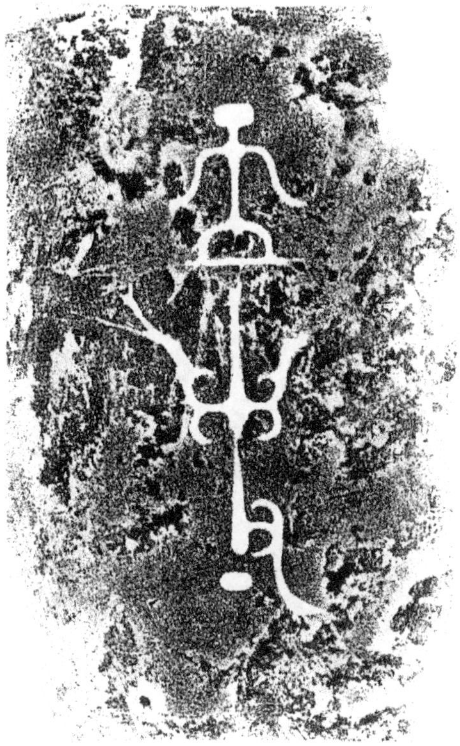

立臽父丁

05065.2

[illegible]作父丁卣

微乍（作）父丁

05066

[illegible]父丁卣

獄盧父丁

05067.2

獄盧父丁

05067.1

串□父丁卣

串雞父丁

05068

子廠父丁卣

子廠父丁

05070.1

串雋父丁卣

串雋父丁

05069

子廠父丁

05070.2

冉蛙父丁卣

冉蛙父丁

05071

冉蛙父丁卣

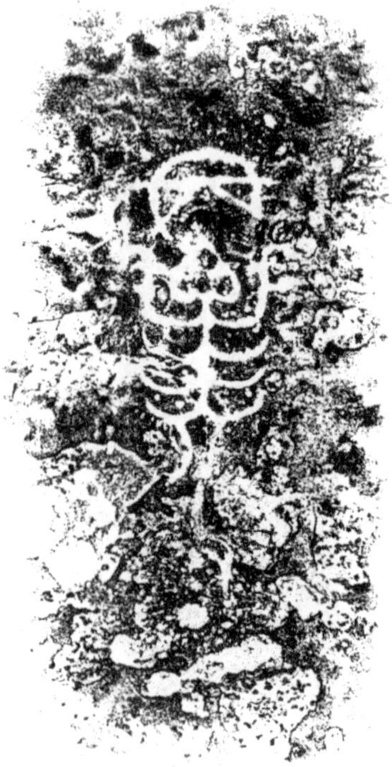

冉蛙父丁

05072.1

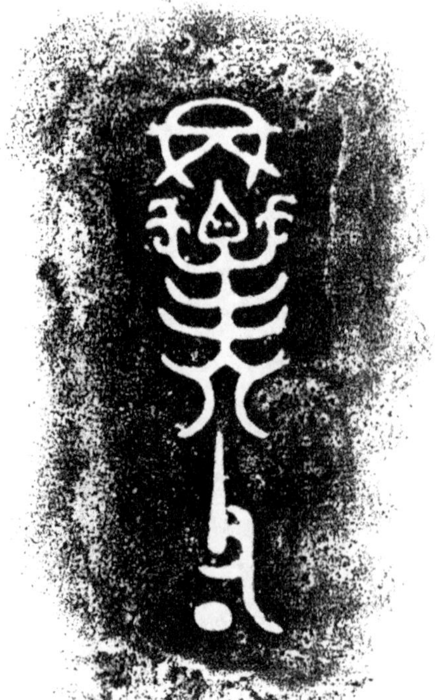

冉蛙父丁

05072.2

舟丙父丁卣

舟丙父丁

05073

帆公父丁卣

埶（藝）公父丁

05074.2

埶（藝）公父丁

05074.1

采作父丁卣

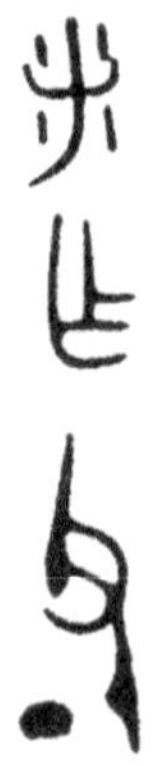

采乍(作)父丁

05075

又敄父己卣

又(右)敄父己

05077.1

又(右)敄父己

05077.2

[illegible]父戊卣

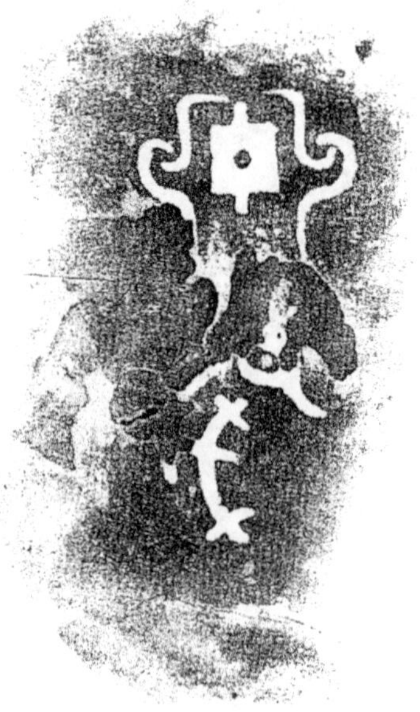

丩冊父戊

05076

亞㠱父己卣

亞㠱父己

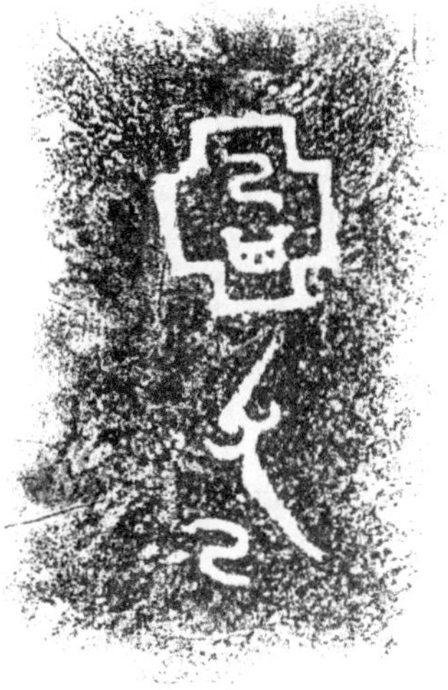

05078.1

亞㠱父己

05078.2

亞址父己卣

亞址父己

05079.1

亞址父己

05079.2

子刀父庚卣

子翌父庚

05080.1

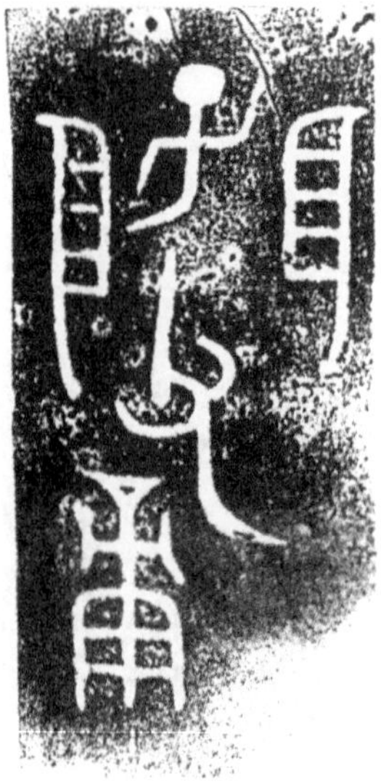

子翌父庚

05080.2

陸册父庚卣

陸册父庚

05081.1

陸册父庚

05081.2

家戈父庚卣

家戈父庚

05082.1

家戈父庚

05082.2

隻婦父庚卣蓋

獲婦父庚

05083

㚔父辛卣蓋

獸幸父辛

05084

亞醜父辛卣

亞醜父辛

05085.1

亞醜父辛

05085.2

亞獏父辛卣

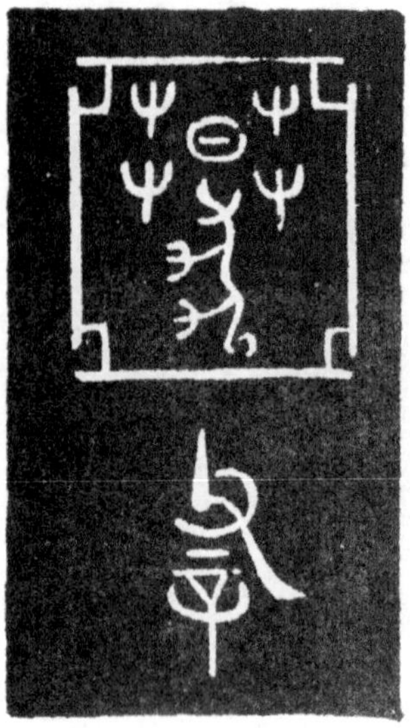

亞獏父辛

05086.1

亞獏父辛

05086.2

令■父辛卣

令■父辛

05087.1

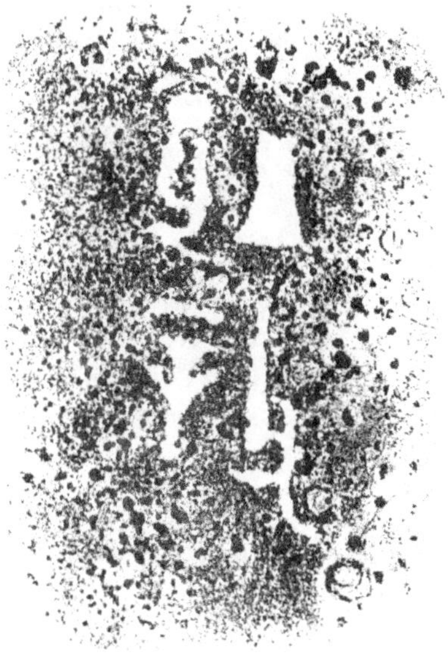

令■父辛

05087.2

𤰇貝父辛卣

𤰇貝父辛

05088.1

𤰇貝父辛

05088.2

句□父辛卣

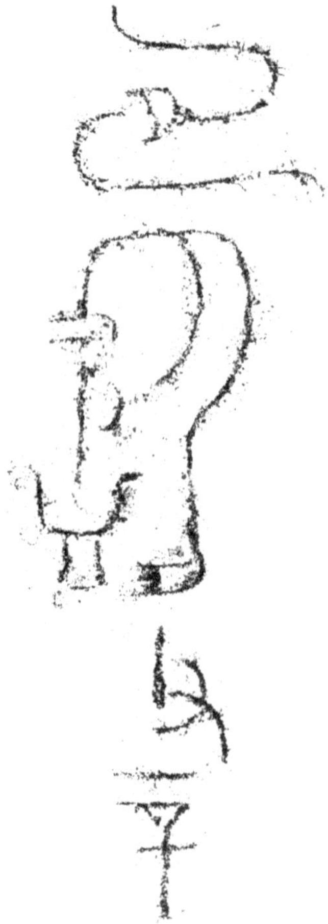

句□父辛

05089.1

句□父辛

05089.2

㚔旅父辛卣

幸旅父辛

05090.1

幸旅父辛

05090.2

何父癸卣

何父癸寶

05091.1

何父癸寶

05091.2

作父癸侁卣

乍(作)父
癸，侁

05092.1

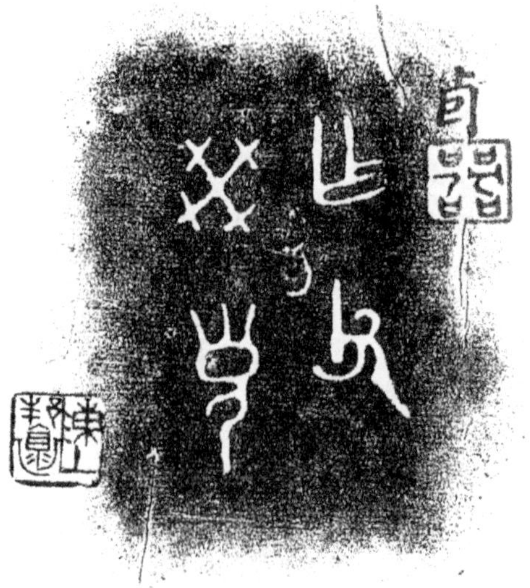

乍(作)父
癸，侁

05092.2

行天父癸卣

行天父癸

05093.1

行天父癸

05093.2

亞得父癸卣

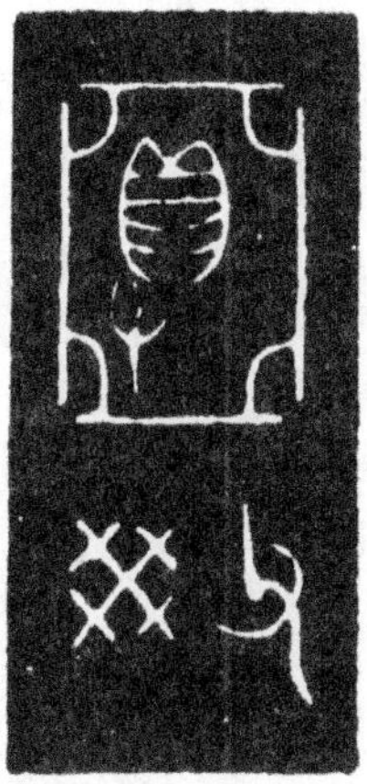

亞得父癸

05094.1A

亞得父癸

05094.2A

[illegible]冊父癸卣

亞得父癸

05094.2B

[illegible](衛)冊父癸

05095

SƧ父癸卣

畀SƧ（己）父癸

05096.1

畀SƧ（己）父癸

05096.2

亞醜杞婦卣

亞醜杞婦

05097.1

亞醜杞婦

05097.2

聑髭婦敍卣

聑髭婦敍

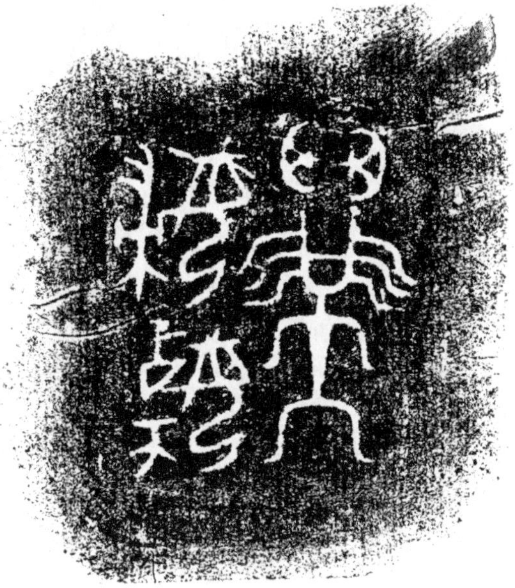

05098

婦聿腐卣

婦聿征（延）腐

05099.2

婦聿征（延）腐

05099.1

亞寞皇旂卣

亞寞皇祈

05100.1

亞寞皇祈

05100.2

戉箙卣

05101.1

戉葡吳(嘩)辰

05101.2

王作妀弄卣

05102.1

王乍(作)𤬪弄

05102.2

王乍(作)𤬪弄

伯壴父卣

伯壴父乍(作)

05103.1

伯壴父乍(作)

05103.2

伯作隮彝卣

伯乍(作)尊彝

05104.1

伯乍(作)尊彝

05104.2

伯作寶彝卣

伯乍(作)寶彝

05105.1

伯作寶彝卣

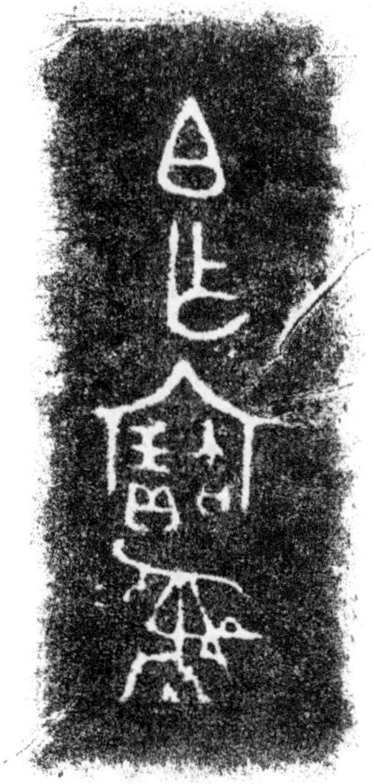

伯乍(作)寶彝

05106

伯乍(作)寶彝

05105.2

伯作寶彝卣

伯乍(作)寶彝

05107

叔作旅彝卣

叔乍(作)旅彝

05108.1

叔作寶彝卣

叔乍(作)寶彝

05109

叔乍(作)旅彝

05108.2

彭女卣

彭女(母)彝，冉

05110

𢀩母彝卣

丰𣥂（𣦼）母彝

05111.1

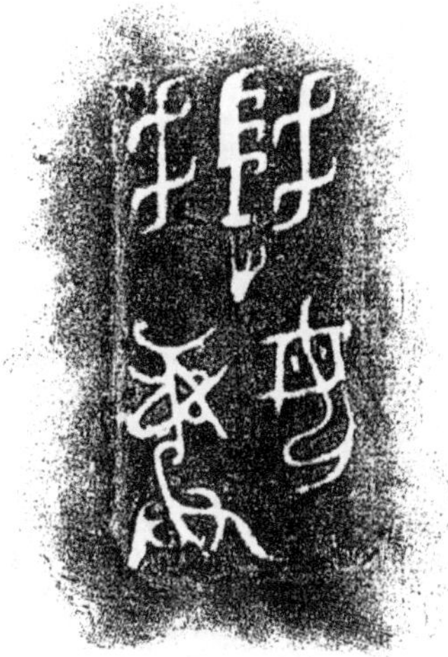

丰𣥂（𣦼）母彝

05111.2

戈䍐卣

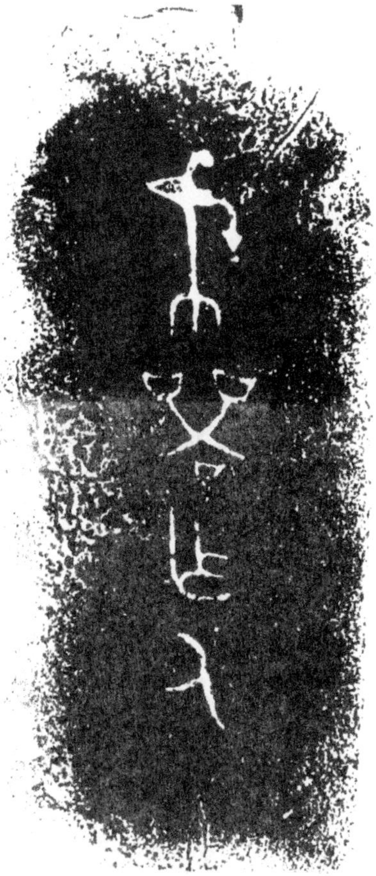

戈䍐乍（作）厥

05112.1

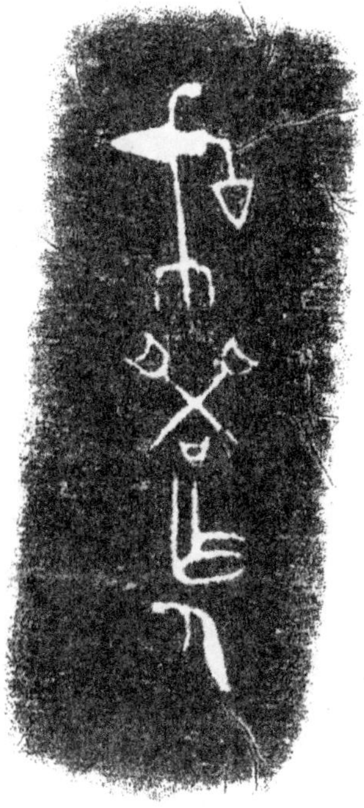

戈䍐乍（作）厥

05112.2

[illegible]作隮彝卣

[illegible]乍(作)
尊彝

05113

登作隮彝卣

登乍(作)
尊彝

05115.1

[illegible]作隮彝卣

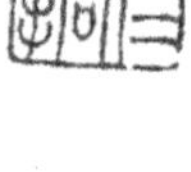

闌乍(作)
尊彝

05114

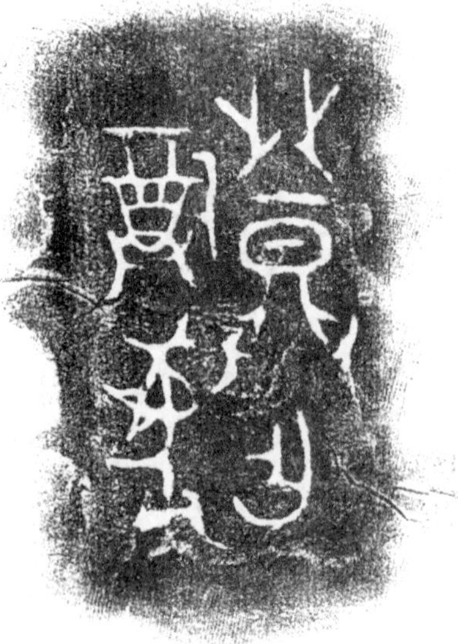

登乍(作)
尊彝

05115.2

辛作寶彝卣

辛乍(作)
寶彝

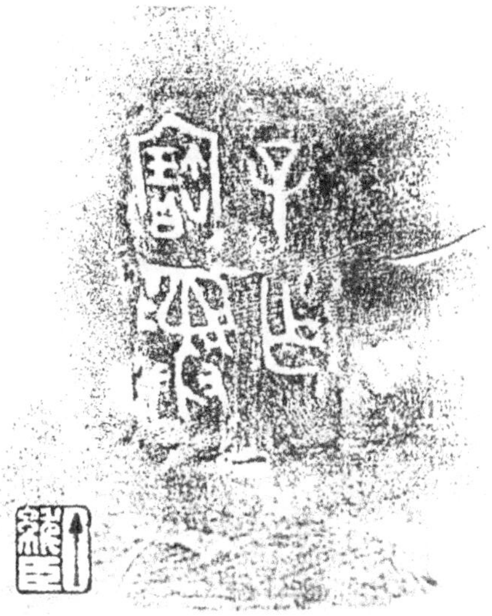

05116.1

辛乍(作)
寶彝

05116.2

耒作寶彝卣

耒乍(作)
寶彝

05117.1

耒乍(作)
寶彝

05117.2

䮄作旅彝卣

05118.1

05118.2

䮄乍（作）旅彝

䮄乍（作）旅彝

獵作旅彝卣

05119.1

05119.2

獵乍（作）旅彝

獵乍（作）旅彝

冄乍旅彝卣

乍(作)旅彝，冉

05120.1

乍(作)旅彝，冉

05120.2

作旅寶彝卣

乍(作)旅寶彝

05121.1

乍(作)旅寶彝

05121.2

作宗寶彝卣

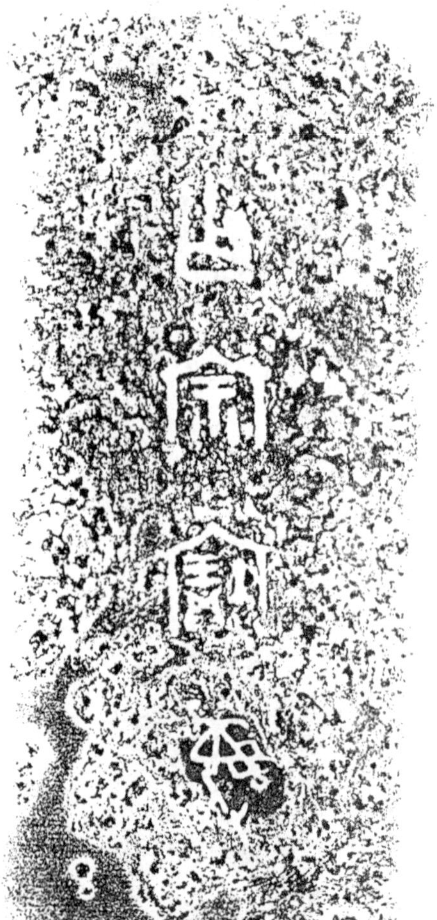

乍(作)宗寶彝

05122.1

乍(作)宗寶彝

05122.2

作從彝卣

卣

乍(作)從彝，獸

05123.1

卣

乍(作)從彝，獸

05123.2

戒作從彝卣

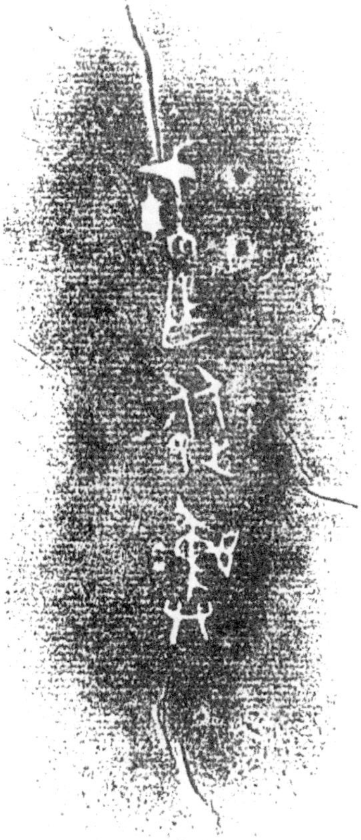

戒乍(作)從彝

05124.1

戒乍(作)從彝

05124.2

□□從彝卣

□（會）□從彝

05125.1

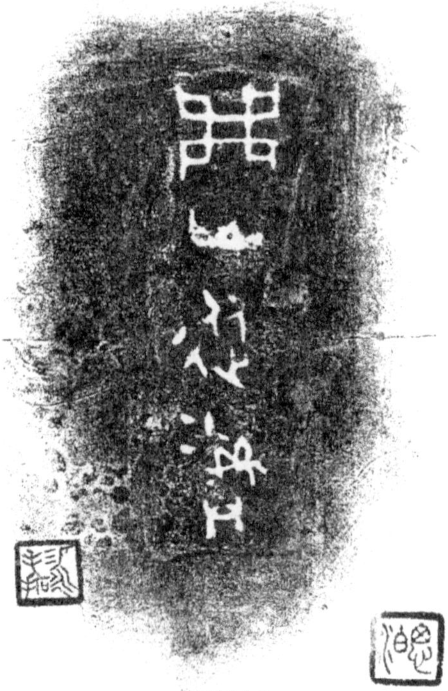

05125.2

作寶隮彝卣

乍（作）寶尊彝

05126.1

乍（作）寶尊彝

05126.2

作寶尊彝卣

乍（作）寶
尊彝

05127.1

乍（作）寶
尊彝

05127.2

作寶尊彝卣

乍（作）寶
尊彝

05128.1

乍（作）寶
尊彝

05128.2

作寶隮彝卣

乍（作）寶
尊彝

05129.1

作寶隮彝卣

乍（作）寶
尊彝

05130

乍（作）寶
尊彝

05129.2

作寶隮彝卣

乍（作）寶
尊彝

05131

作寶隮彝卣

乍(作)寶
尊彝

05132.1

乍(作)寶
尊彝

05132.2

作寶隮彝卣

乍(作)寶
尊彝

05133.1

乍(作)寶尊彝

05133.2

作寶尊彝卣

乍(作)寶尊彝

05134.1

乍(作)寶尊彝

05134.2

作寶尊彝卣

乍(作)寶尊彝

05135.1

乍(作)寶尊彝

05135.2

作寶隮彝卣

乍（作）寶
尊彝

05136

作寶隮彝卣

乍（作）寶尊彝

05138

作寶隮彝卣

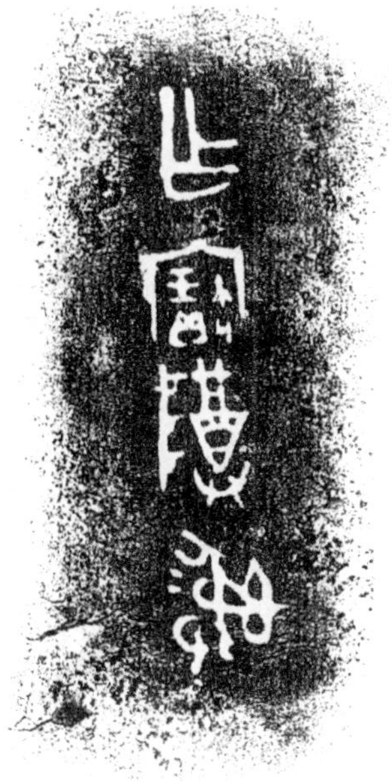

乍（作）寶尊彝

05137

作寶隮彝卣

乍（作）寶尊彝

05139

作寶障彝卣

乍（作）寶
尊彝

05140

戈作旅彝卣

戈乍（作）旅彝

05141

䀠子弓箙卣

䀠子弓莆

05142

遽册卣

子䵻
遽册

05143.1

子䵻
遽册

05143.2

作戲卣

乍（作）戲
尊彝

05144.1

乍（作）戲
尊彝

05144.2

且己父己卣

父己[illegible]（戎）

05145.1

05145.2

且己父辛卣

父辛
祖己、

05146.1

05146.2

柜父乙卣

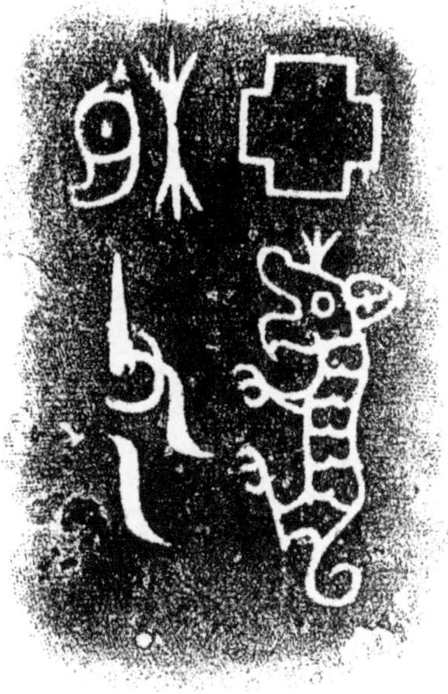

亞麃
柜父乙

05147

冀作父乙卣

冀乍(作)
父乙彝

05148.1

冀乍(作)
父乙彝

05148.2

臣辰父乙卣

臣辰侁
父乙

05149.1

臣辰侁
父乙

05149.2

臣辰父乙卣

臣辰侁
父乙

05150.1

臣辰侁
父乙

05150.2

臣辰父乙卣

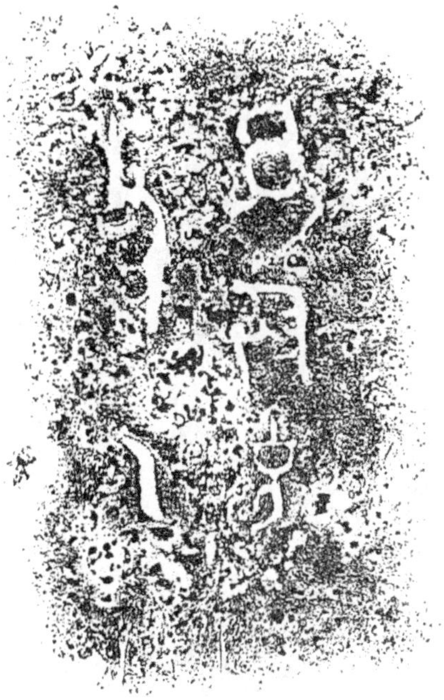

臣辰佚
父乙

05151.1

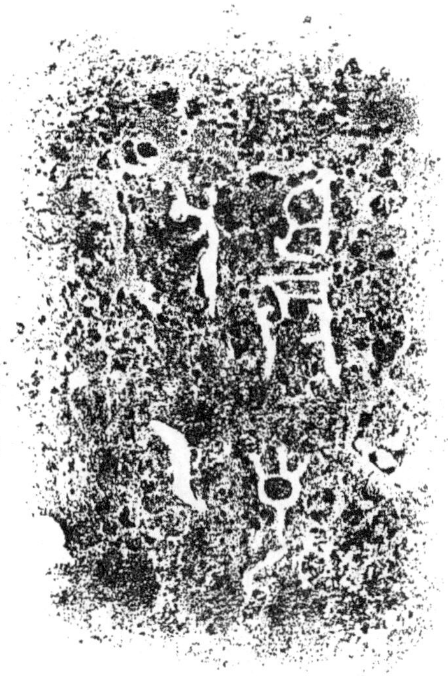

臣辰佚
父乙

05151.2

臣辰父乙卣

臣辰佚
父乙

05152

父乙臣辰卣

臣辰佚父乙

05153

競作父乙卣

卣

競乍(作)父乙旅

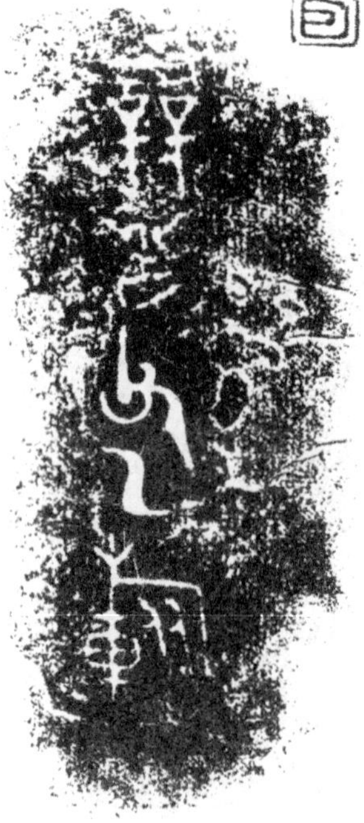

05154.1

競乍(作)父乙旅

05154.2

暊文父丁卣

暊文父丁毆(撫)

05155.1

暊文父丁毆(撫)

05155.2

暊文父丁毆(撫)

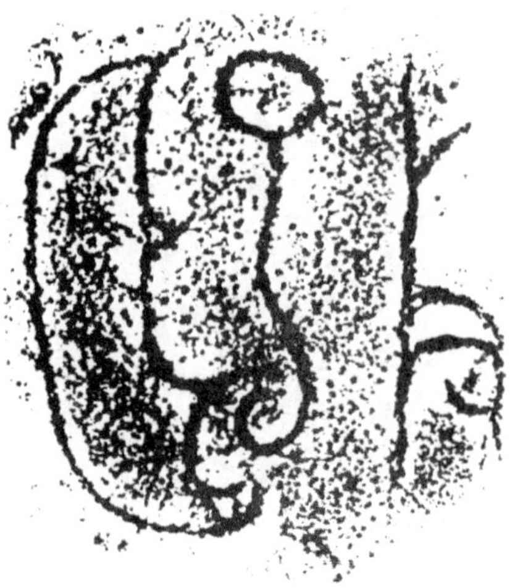

05155.3

西單中父丁卣

05156.1

西單冊父丁

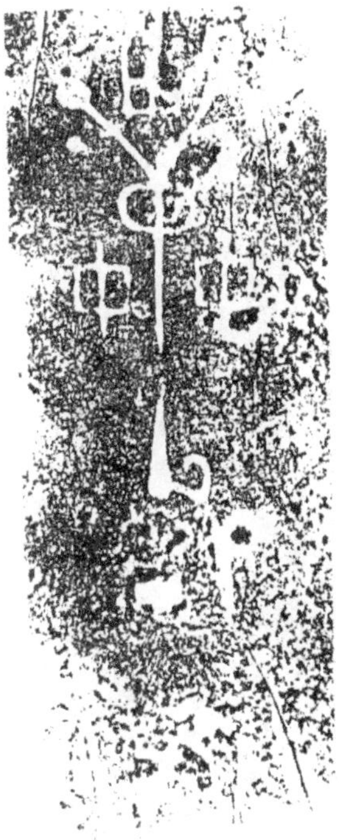

05156.2

西單冊父丁

□作旅父丁卣

05157

咏乍(作)旅父丁

劦冊竹父丁卣

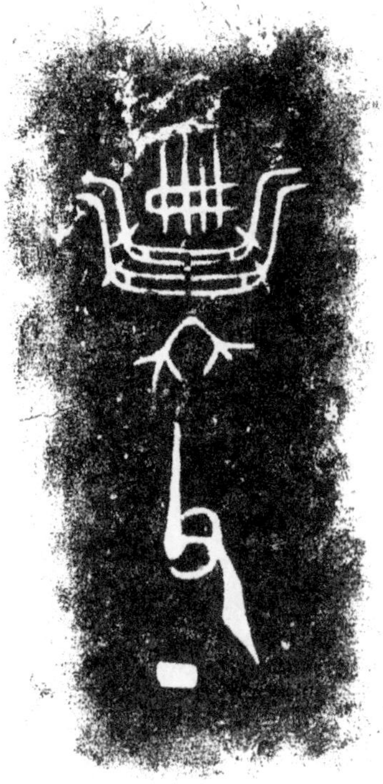

05158

劦冊竹父丁

作父戊卣

乍(作)父戊寶彝

05159

作父戊卣

乍(作)父戊寶彝

05160.1

乍(作)父戊寶彝

05160.2

丩冊六六六父戊卣

丩冊，六六六，父戊

05161.1

丩冊，六六六，父戊

05161.2

亞雀父己卣

亞雀父己魚

05162.1

亞雀父己魚

05162.2

冀父己母癸卣蓋

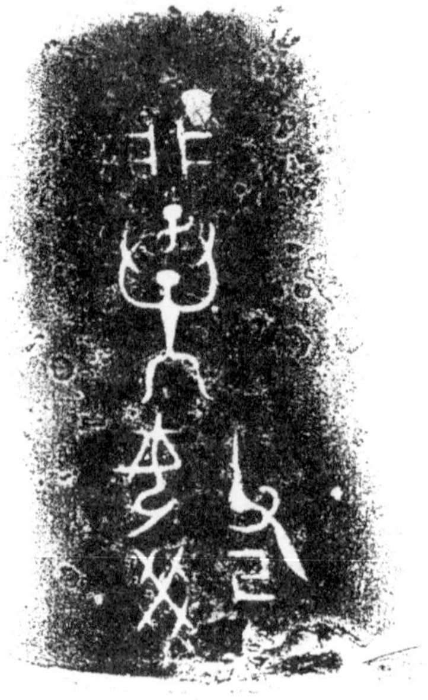

冀父己、母癸

05163

𦥑作父己卣

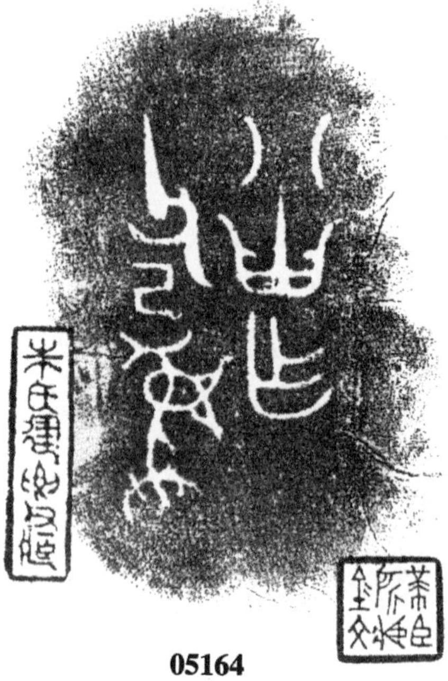

𦥑乍（作）父己彝

05164

北子冉父辛卣

北子冉父辛

05165.1

丙木父辛卣

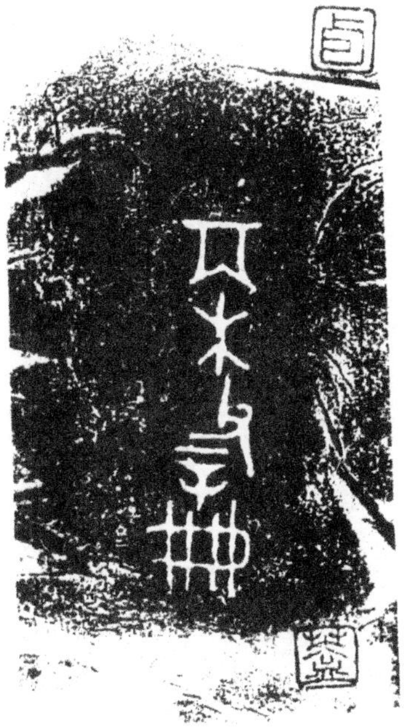

丙木父辛册

05166.1

北子冉父辛

05165.2

丙木父辛册

05166.2

冀叔父辛卣

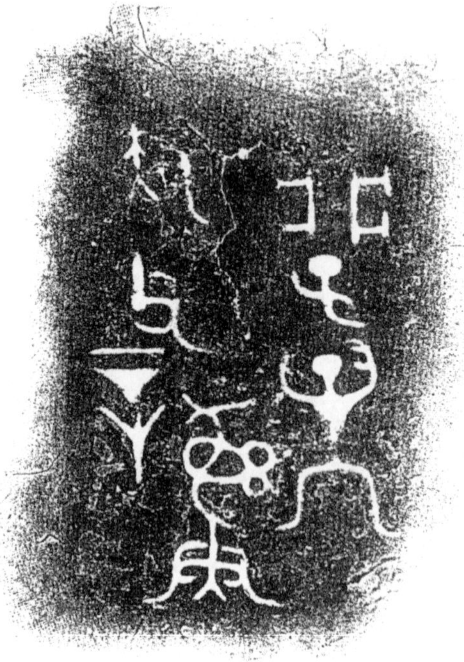

冀⿰夫攵（扶）父辛彝

05167.1

冀⿰夫攵（扶）父辛彝

05167.2

亞其戈父辛卣

亞其戈父辛

05168.1

亞其戈父辛

05168.2

箙册戉父辛卣

父辛葡册戉

05169.1

父辛葡册戉

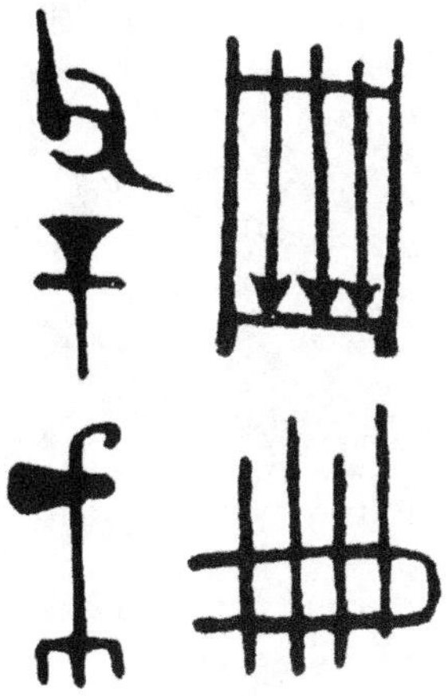

05169.2

守宮作父辛卣

守宮乍(作)父辛

05170

㠱父癸母𠂤卣

㠱父癸母𠂤

05172.1

㠱作父辛卣

㠱乍(作)父辛彝

05171

㠱父癸母𠂤

05172.2

册父癸卣

卣

器

天⿱秝卣册父癸

05173.1

卣

器

天⿱秝卣册父癸

05173.2

又敄癸卣

又（右）敄癸，又母[illegible]

05174.1

又（右）敄癸，又母[illegible]

05174.2

小子作母己卣

小子乍（作）母己

05175.1

小子作母己卣

小子乍（作）母己

05176.1

小子乍（作）母己

05175.2

小子乍（作）母己

05176.2

雁公卣

膺（應）公乍（作）寶彝

05177.1

膺（應）公乍（作）寶彝

05177.2

伯作寶隮彝卣

伯乍（作）寶尊彝

05178.1

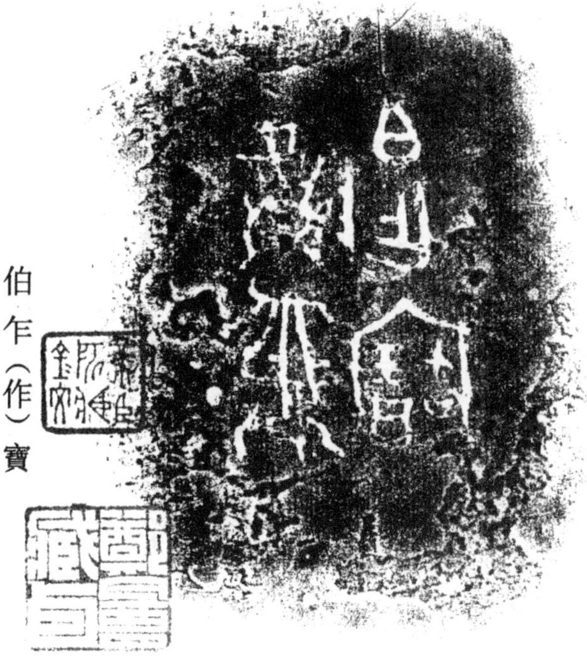

伯乍（作）寶尊彝

05178.2

伯作寶隮彝卣

伯乍(作)寶
尊彝

05179.1

伯乍(作)寶
尊彝

05179.2

伯作寶隮彝卣

伯乍(作)寶
尊彝

05180.1

伯乍(作)寶
尊彝

05180.2

伯作寶隮彝卣

伯乍(作)寶
尊彝

05181.1

伯乍(作)寶
尊彝

05181.2

伯作寶隮彝卣

伯乍(作)寶
尊彝

05182.1

伯乍(作)寶
尊彝

05182.2

伯作寶隮彝卣

伯乍(作)寶
尊彝

05183.1

伯乍(作)寶
尊彝

05183.2

仲作寶隮彝卣蓋

仲乍(作)寶尊彝

05184

叔作寶隮彝卣

叔乍(作)寶
尊彝

05185

允册卣

允册乍（作）尊彝

05186.1

允册乍（作）尊彝

05186.2

疐卣

疐乍（作）寶尊彝

05187.1

疐乍（作）寶尊彝

05187.2

頍卣

頍乍（作）寶尊彝

05188.1

輂卣

輂乍（作）寶尊彝

05189

頍乍（作）寶尊彝

05188.2

曶卣

曶乍（作）寶尊彝

05190

豐卣

豐乍(作)從寶彝

05191.1

□□卣

皇□乍(作)尊彝

05192

豐乍(作)從寶彝

05191.2

□娸卣

□娸乍(作)從彝

05193

師隻卣蓋

05194

師獲乍(作)
尊彝

單子卣

05195.1

干子■父戊

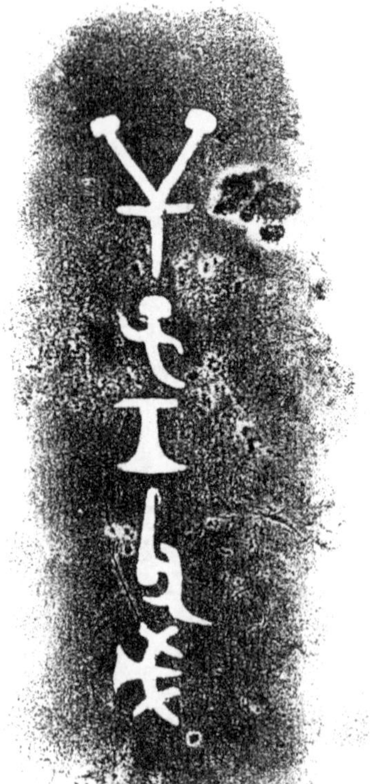

05195.2

干子■父戊

見作寶隮彝卣

見乍（作）寶
尊彝

05196

猘作寶隮彝卣

狛（猘）乍（作）寶尊彝

05198.1

狽作寶隮彝卣

狽乍（作）寶尊彝

05197

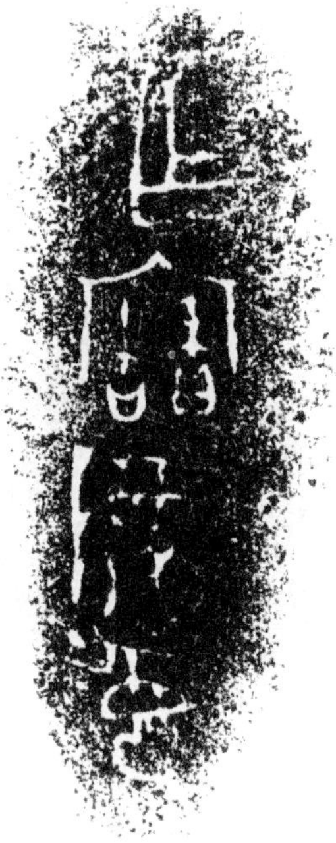

狛（猘）乍（作）寶尊彝

05198.2

亞共且乙父己卣

亞弁祖乙、父己

05199.1

亞弁祖乙、父己

05199.2

觥乍且戊卣

乍（作）祖戊寶彝，觥

05200.1

乍（作）祖戊寶彝，觥

05200.2

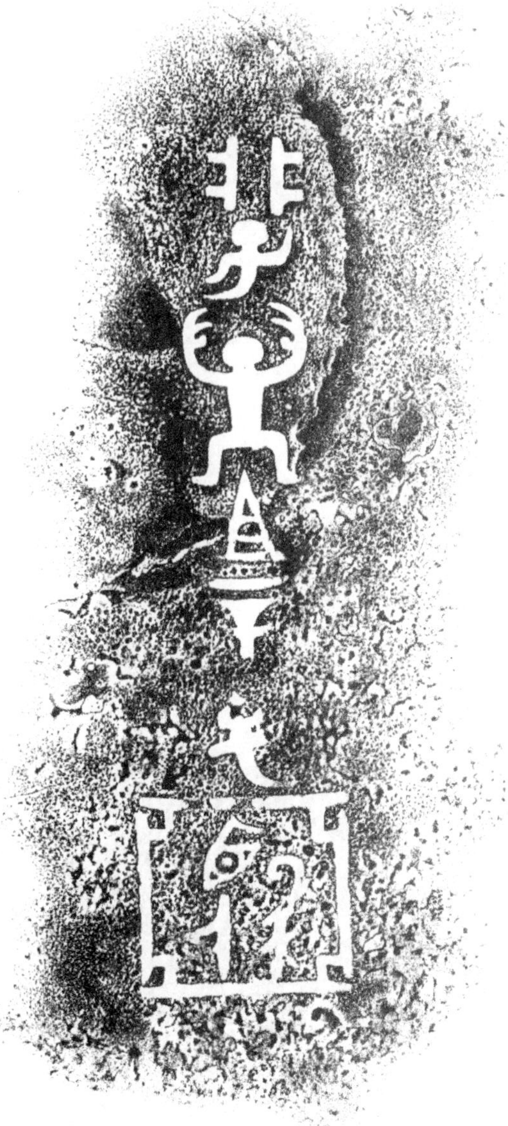

𠫑祖辛禹亞𩒨（預）

05201.2

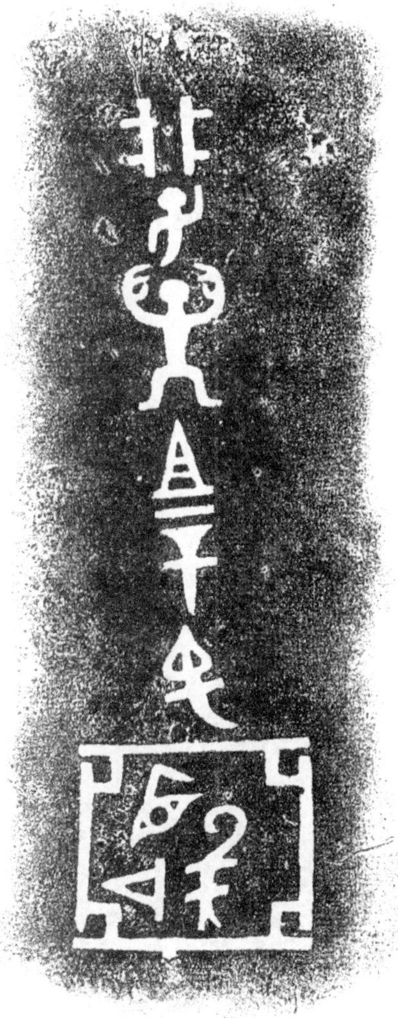

𠫑祖辛禹亞𩒨（預）

05201.1

亝乍父乙卣

齊乍(作)父乙
尊彝

05202.1

齊乍(作)父乙
尊彝

05202.2

亞宔父乙卣

宔(鑄)父乙
亞寢趩

05203.1

宔(鑄)父乙
亞寢趩

05203.2

作父乙卣

乍(作)父乙
寶彝，先(瞽)

05204.1

乍(作)父乙
寶彝，先(瞽)

05204.2

作父乙卣

舦采乍(作)父乙彝

05205.1

舦采乍(作)
父乙彝

05205.2

亞矢望父乙卣

亞矢望ㄐ父乙

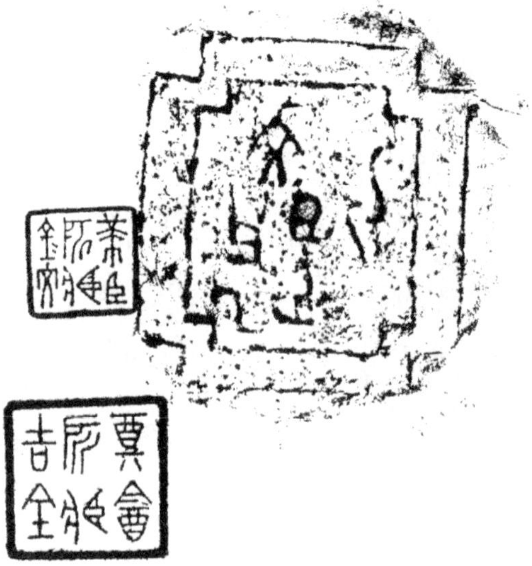

05206

□作父乙卣

□乍(作)父乙寶彝

05207.1

□乍(作)父乙寶彝

05207.2

父丙卣

弓天（？）兼未父丙

05208.1

弓天（？）兼未父丙

05208.2

𢌳作父丁卣

𢌳乍（作）父丁寶彝

05209

作父丁卣

乍(作)父丁寶旅彝

05210.1

乍(作)父丁寶旅彝

05210.2

作丁玑卣

乍(作)丁揚
尊彝，黿

05211.1

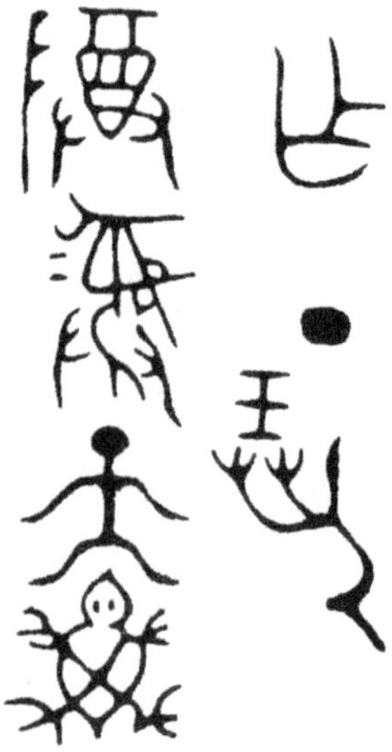

乍(作)丁揚
尊彝，黿

05211.2

大中作父丁卣

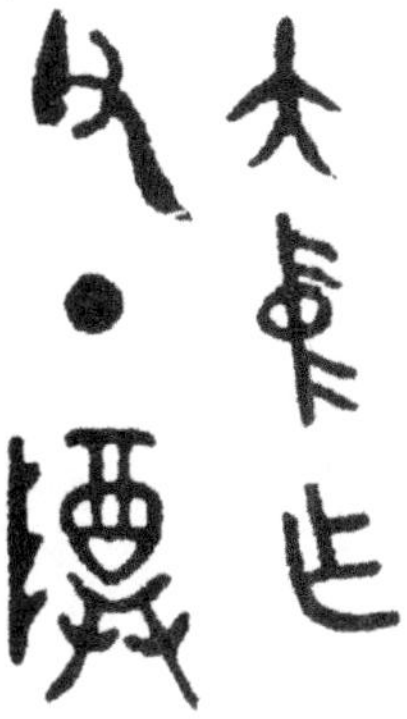

大中乍(作)父丁尊

05212

聑作父庚卣

聑義乍(作)父庚尊彝

05213

䯃作父戊卣

卣盖

䯃乍(作)父戊旅彝

05214.1

卣器

䯃乍(作)父戊旅彝

05214.2

亞古父己卣

父己彝
亞古，乍(作)

05215.1

父己彝
亞古，乍(作)

05215.2

考作父辛卣

考乍（作）父
辛尊彝

05216.1

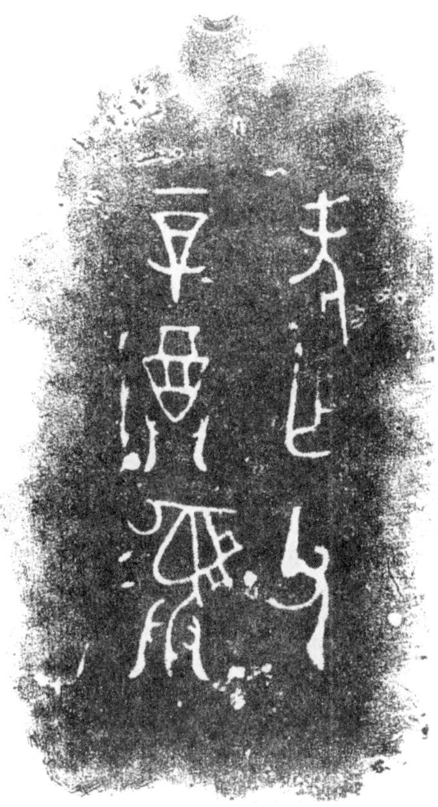

考乍（作）父
辛尊彝

05216.2

作父辛卣

乍（作）父辛寶
尊彝

05217.1

乍（作）父辛
寶尊彝

05217.2

集作父癸卣

乍(作)父癸尊彝，集

05218.1

乍(作)父癸尊彝，集

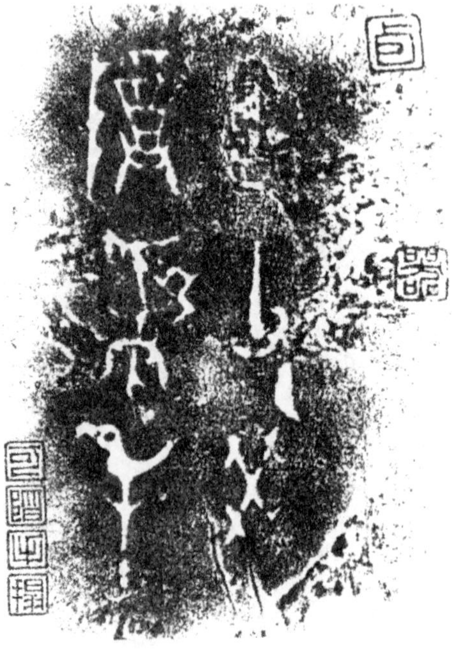

05218.2

作公隮彝卣

乍(作)公尊彝，弓𩫖

05219.1

乍(作)公尊彝，弓𩫖

05219.2

雁公卣

膺(應)公乍(作)
寶尊彝

05220.1

⿰谷侖伯卣

⿰谷侖(陯)伯乍(作)寶
尊彝

05221.1

膺(應)公乍(作)
寶尊彝

05220.2

⿰谷侖(陯)伯乍(作)
寶尊彝

05221.2

鮽伯卣

俞伯乍(作)
寶尊彝

05222.1

俞伯乍(作)
寶尊彝

05222.2

汪伯卣

汪伯乍(作)
寶旅彝

05223.1

汪伯乍(作)
寶旅彝

05223.2

陖伯卣

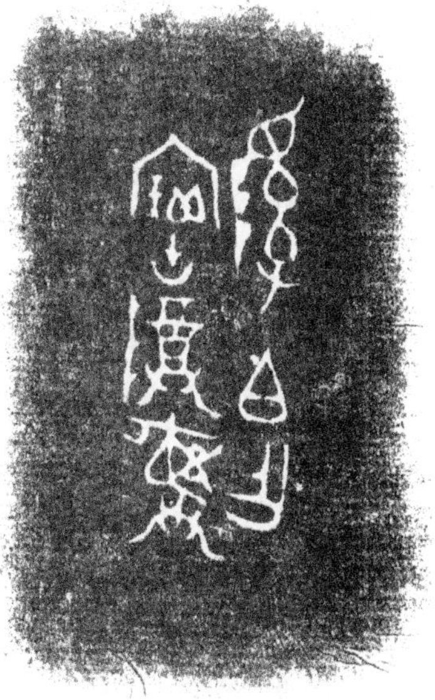

陖（隋）伯乍（作）寶尊彝

05224.1

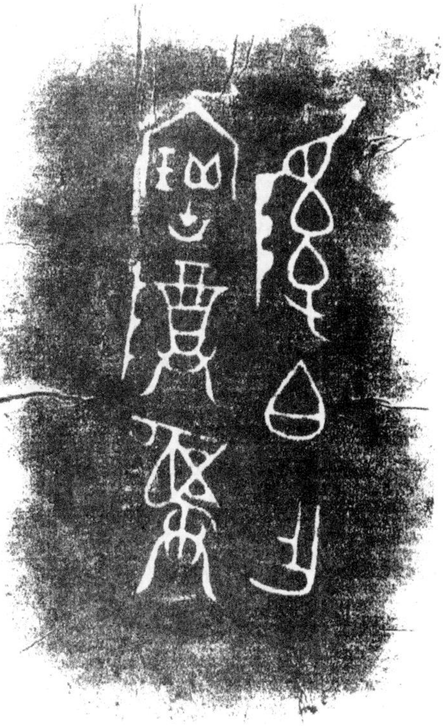

陖（隋）伯乍（作）寶尊彝

05224.2

陖伯卣

陖（隋）伯乍（作）寶尊彝

05225.1

陖（隋）伯乍（作）寶尊彝

05225.2

濕伯卣

濕(涇)伯乍(作)寶
尊彝

05226.1

濕伯卣

濕(涇)伯乍(作)寶
尊彝

05227.1

濕(涇)伯乍(作)寶
尊彝

05226.2

濕(涇)伯乍(作)
寶尊彝

05227.2

伯矩卣

伯矩乍(作)寶尊彝

05228.1

伯矩卣蓋

伯矩乍(作)寶尊彝

05229

伯矩乍(作)寶尊彝

05228.2

伯矩卣蓋

伯矩乍(作)寶尊彝

05230

伯各卣

伯各乍(作)
寶尊彝

05231.1

伯各卣

伯各乍(作)
寶尊彝

05232.1

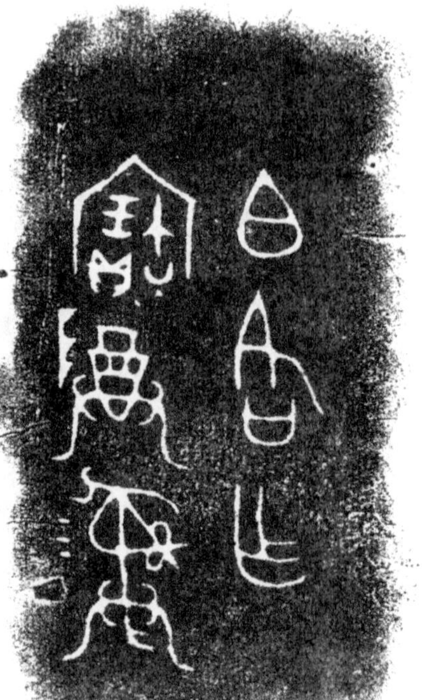

伯各乍(作)
寶尊彝

05231.2

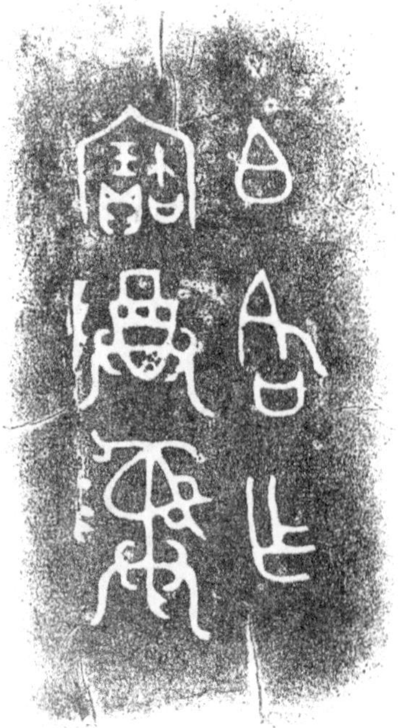

伯各乍(作)
寶尊彝

05232.2

伯貉卣

伯貉乍（作）
寶尊彝

05233.1

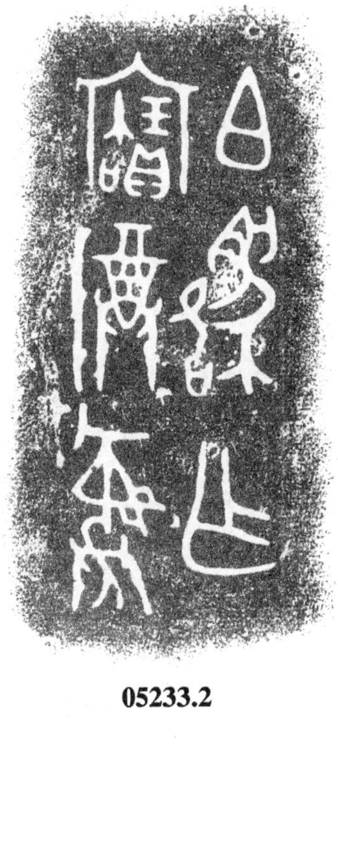

伯貉乍（作）
寶尊彝

05233.2

伯魚卣

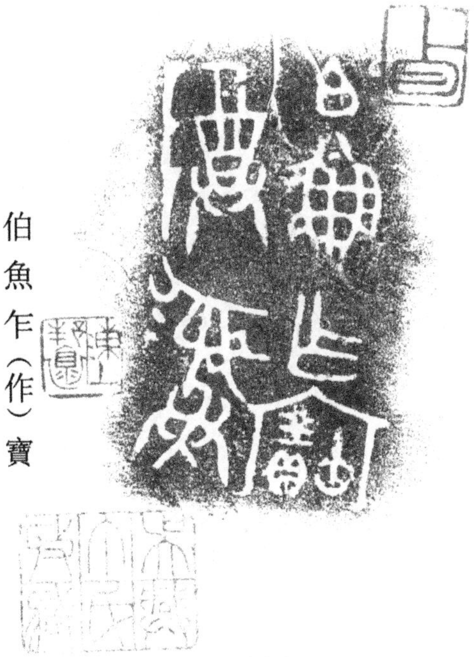

伯魚乍（作）寶
尊彝

05234.1

伯魚乍（作）寶
尊彝

05234.2

乂伯卣

力伯乍(作)寶
尊彝

05235.1

仲繖卣

仲繖乍(作)
寶尊彝

05236.1

力伯乍(作)寶
尊彝

05235.2

仲繖乍(作)
寶尊彝

05236.2

叔截卣

叔截乍（作）寶尊彝

05237.1

叔截乍（作）寶尊彝

05237.2

亞䤭作季卣

亞䤭乍（作）寶尊彝

05238.1

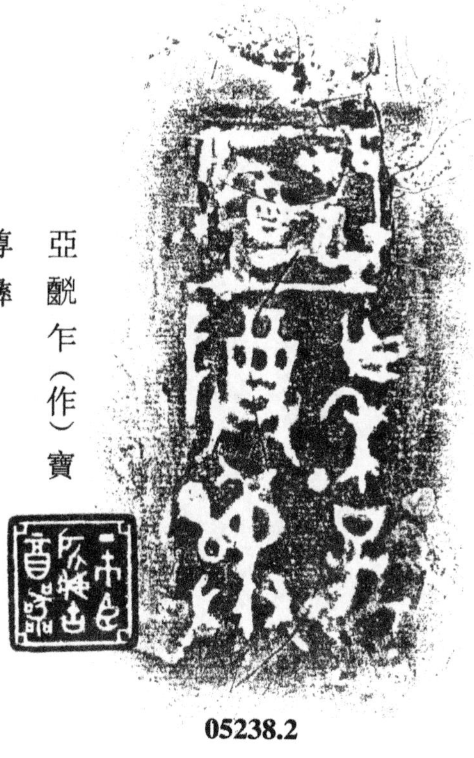

亞䤭乍（作）寶尊彝

05238.2

井季夐卣

井季夐

乍(作)旅彝

05239.1

井季夐

乍(作)旅彝

05239.2

嬴季卣

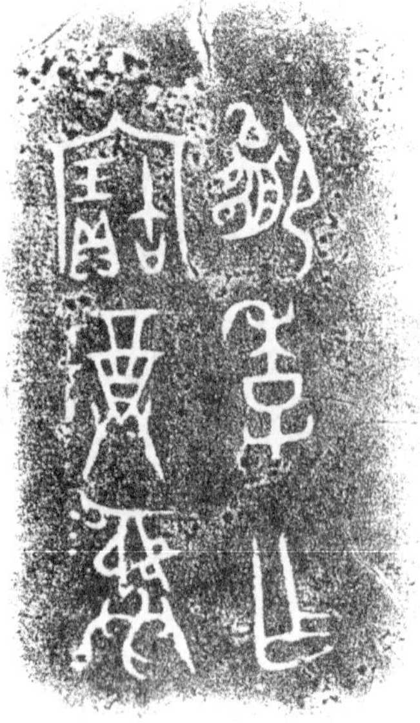

鄬季乍(作)

寶尊彝

05240.1

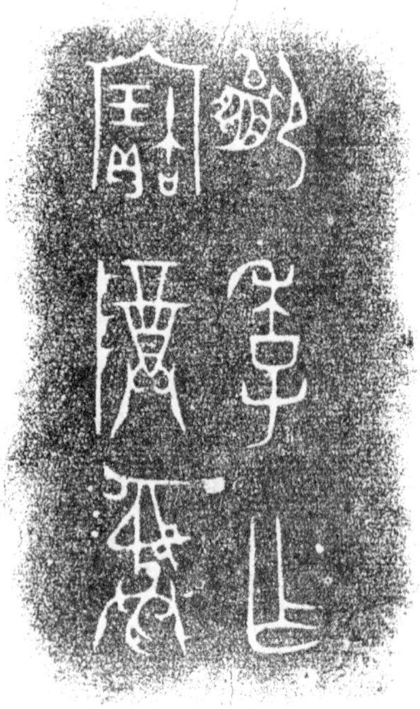

鄬季乍(作)

寶尊彝

05240.2

𢐗季卣

𢐗季乍(作)
寶旅彝

05241.1

𢐗季乍(作)
寶旅彝

05241.2

衛父卣

衛父乍(作)
寶尊彝

05242.1

衛父乍(作)
寶尊彝

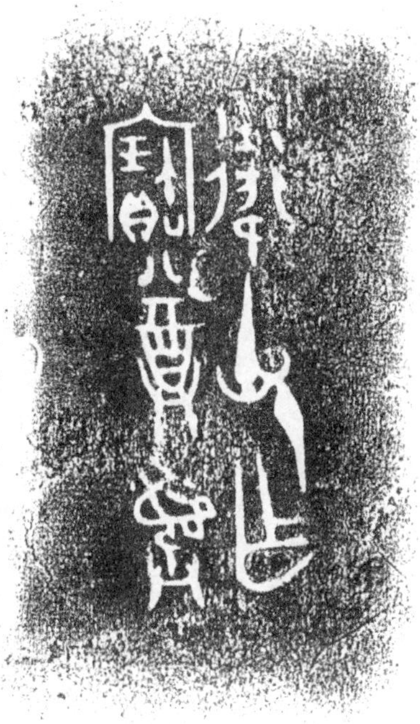

05242.2

⿺鬼乂父卣

⿺鬼乂(魌)父乍(作)旅彝，□(□)

05243.1

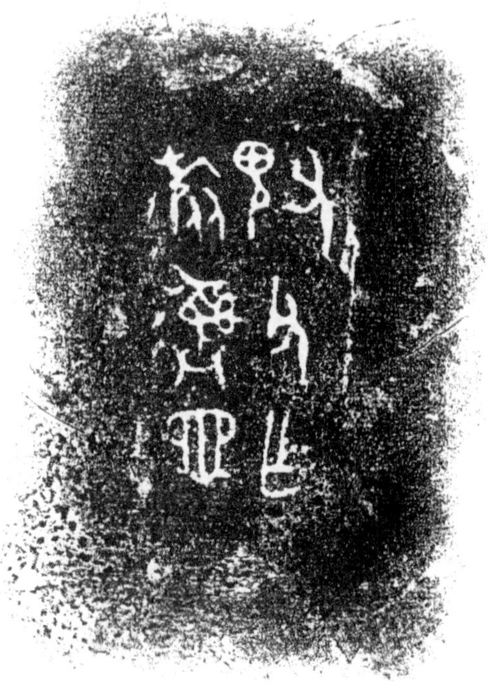

⿺鬼乂(魌)父乍(作)旅彝，□(□)

05243.2

正父卣

正父乍(作)寶彝，

05244.1

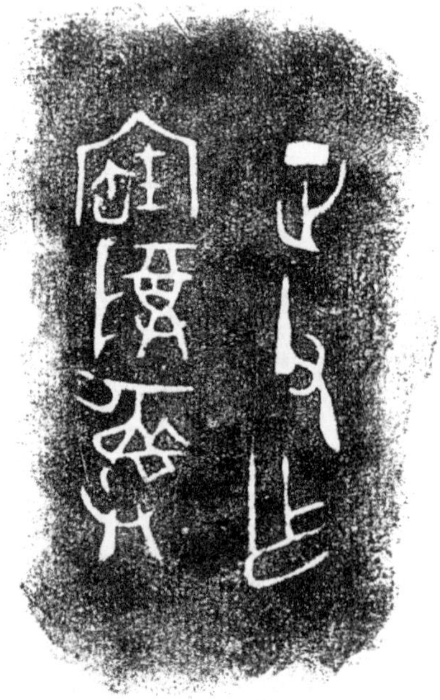

正父乍(作)寶尊彝

05244.2

夆莫父卣

夆（逢）昔（苷）父

乍（作）寶彝

05245.1

夆（逢）昔（苷）父

乍（作）寶彝

05245.2

仲自父卣

仲自（師）父

乍（作）旅彝

05246.1

仲自（師）父

乍（作）旅彝

05246.2

安父卣蓋

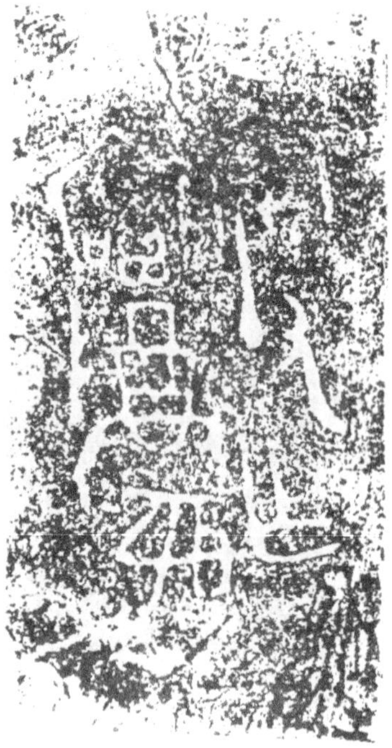

安父乍(作)
寶尊彝

05247

毆卣

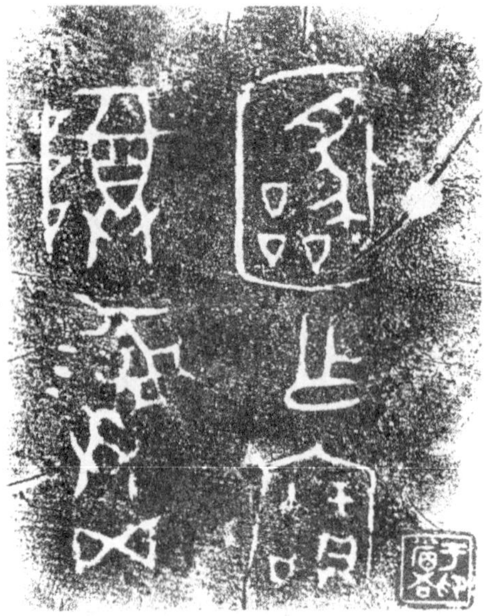

貙乍(作)寶
尊彝,𠄏(五)

05249.1

鼻卣

鼻乍(作)車(旅)
彝,亞疑

05248

貙乍(作)寶
尊彝,𠄏(五)

05249.2

向卣

向乍（作）厥尊彝，䒄

05250.1

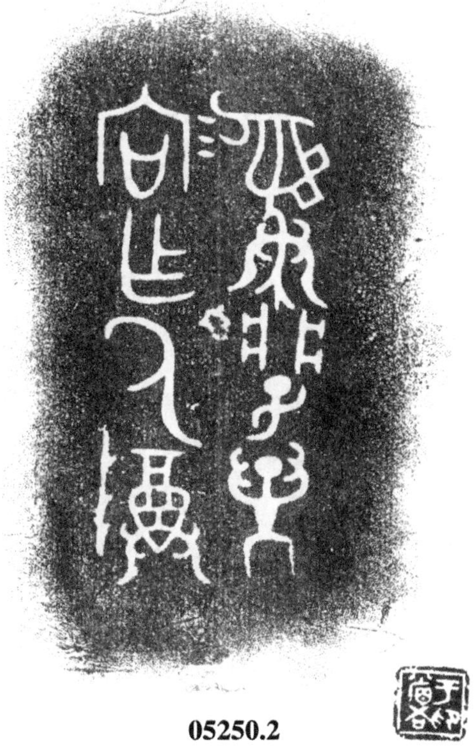

彝，䒄向乍（作）厥尊

05250.2

⿱將鬲益卣

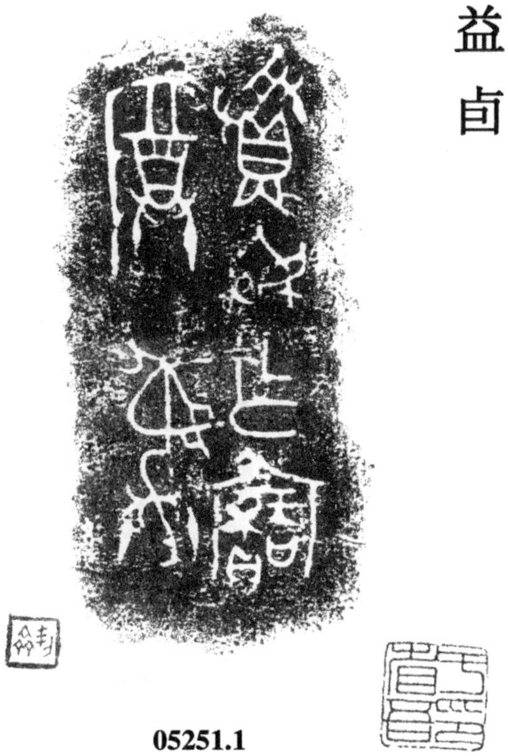

⿱將鬲（蔣）嗌乍（作）寶尊彝

05251.1

⿱將鬲（蔣）嗌乍（作）寶尊彝

05251.2

買王卣

買王罘
尊彝，

05252.1

買王罘
乍（作）尊彝

05252.2

竟卣

竟乍（作）厥
寶尊彝

05253

猷卣

⿱猷曰（⿱猷皿）乍（作）□
寶尊彝，亼

05254

米宮卣

似向（餇）米宣（宮）
尊彝

05255.1

似向（餇）米宣（宮）
尊彝

05255.2

𤇾子旅卣

𤇾（榮）子旅
乍（作）旅彝

05256

盟弘卣

盟弘（强）乍（作）
寶尊彝

05257

卿卣

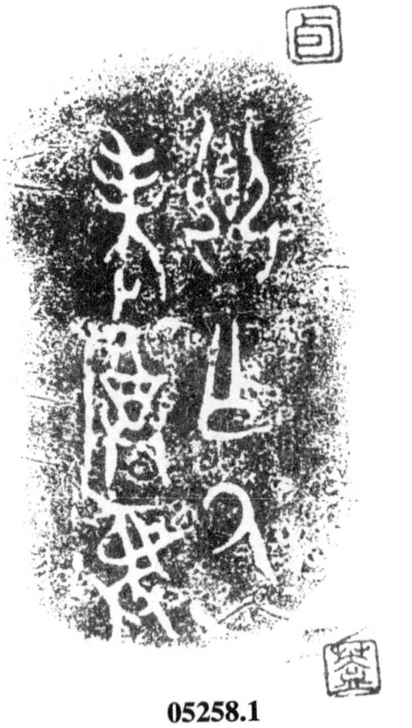

05258.1

卿乍(作)厥考尊彝

05258.2

卿乍(作)厥考尊彝

卿卣

05259.1

卿乍(作)厥考尊彝

05259.2

卿乍(作)厥考尊彝

遺作且乙卣

遺乍(作)祖乙
寶尊彝

05260.1

鮦作且乙卣

迵乍(作)祖乙
寶尊彝

05261.1

遺乍(作)祖乙
寶尊彝

05260.2

迵乍(作)祖乙
寶尊彝

05261.2

仸作且乙卣

仸乍(作)祖乙寶尊彝

05262.1

仸乍(作)祖乙寶尊彝

05262.2

趄作且丁卣

趄乍(作)祖丁寶尊彝

05263.1

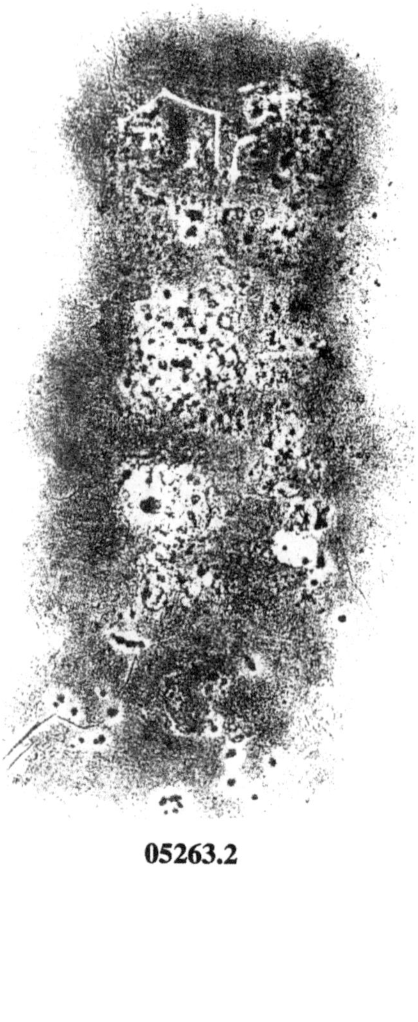

趄乍(作)祖丁寶尊彝

05263.2

□且辛卣

05264

□（杺、枇）乍（作）祖
辛尊彝，□

且丁父癸卣

05265.1

祖丁、示己、父癸，盉

05265.2

祖丁、示己、父癸，盉

輂作妣癸卣

輂乍(作)妣癸
尊彝，

05266.1

輂乍(作)妣癸
尊彝，

05266.2

羊作父乙卣

羊乍(作)父乙
寶尊彝

05267.1

羊乍(作)父乙
寶尊彝

05267.2

小臣作父乙卣

小臣乍(作)父乙寶彝

05268.1

小臣乍(作)父乙寶彝

05268.2

□作父乙卣

乍(作)父乙寶尊彝，兂(朁)

05269

□作父乙卣

貣(布)乍(作)父乙尊彝，□

05270

亞㠱父丁卣

亞㠱（䟻）宖督（孤）竹丁父

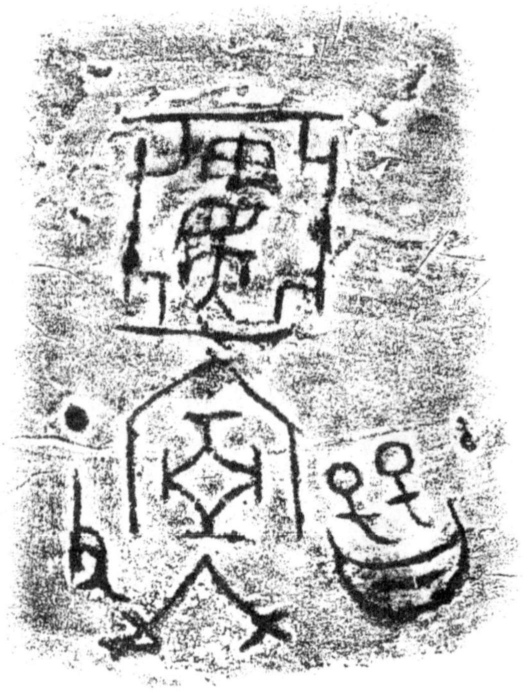

05271.1

亞㠱（䟻）宖督（孤）竹丁父

05271.2

戟作父丁卣

戈車乍（作）父丁寶尊彝

05272.1

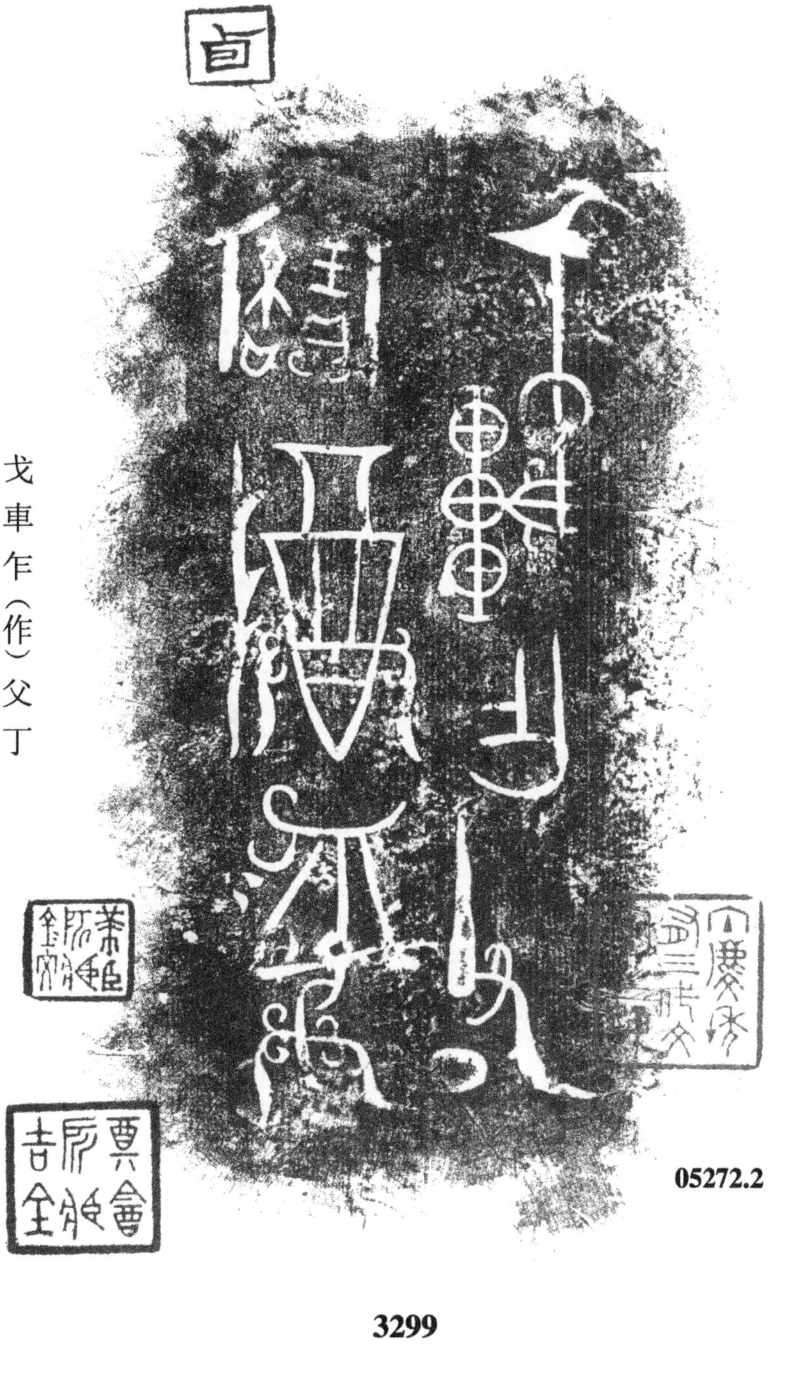

戈車乍（作）父丁寶尊彝

05272.2

田告父丁卣

田告父丁
乍(作)寶彝

05273.1

子𣪘作父丁卣

子殷用乍(作)父丁彝

05274.1

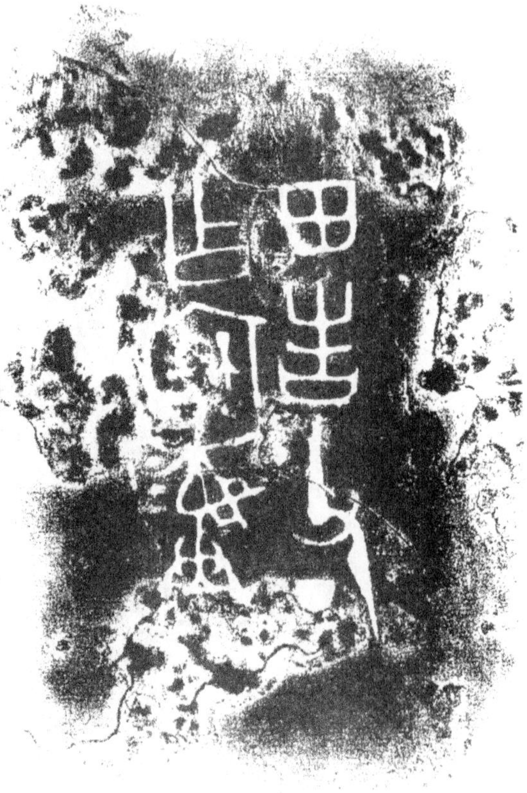

田告父丁
乍(作)寶彝

05273.2

子殷用乍(作)父丁彝

05274.2

弢作父丁卣

弢乍(作)父丁
尊彝，保

05275

叀作父戊卣

叀乍(作)父戊
寶旅彝

05277.1

聑作父丁卣

聑日乍(作)父丁
寶尊彝

05276

叀乍(作)父戊
寶旅彝

05277.2

狽元作父戊卣

狽元乍(作)父戊尊彝

05278.1

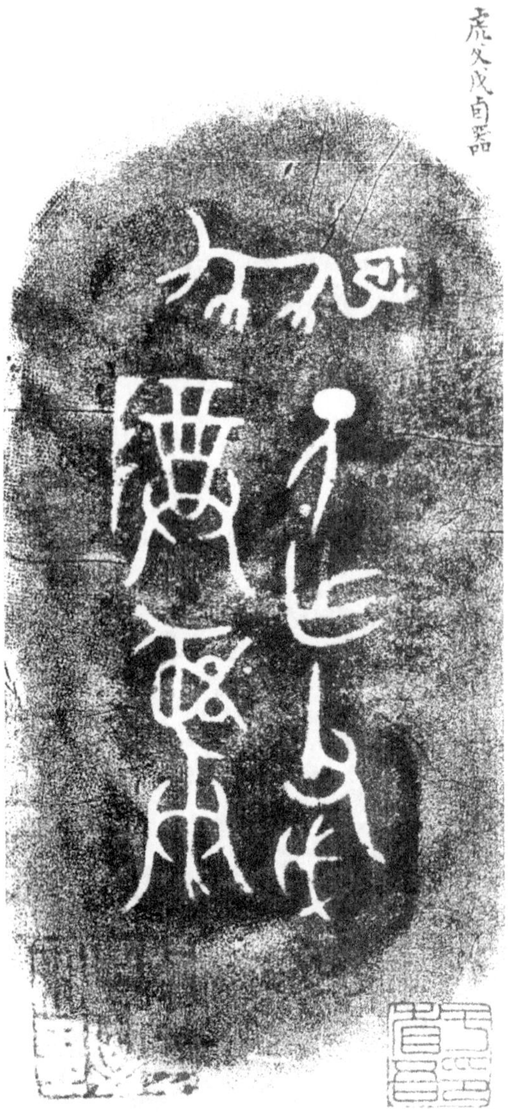

狽元乍(作)父戊尊彝

05278.2

卤作父己卣

卤乍（作）寶尊彝，父己

05279

尸作父己卣

[illegible]（[illegible]）尸乍（作）父己尊彝

05280.2

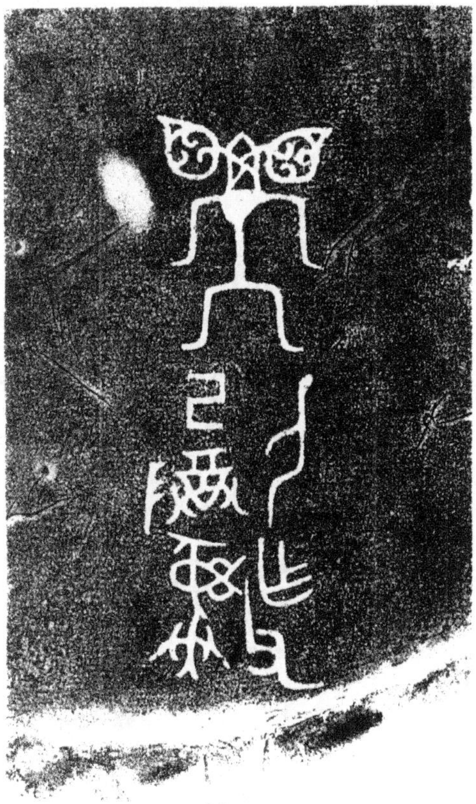

[illegible]（[illegible]）尸乍（作）父己尊彝

05280.1

㠱父己卣

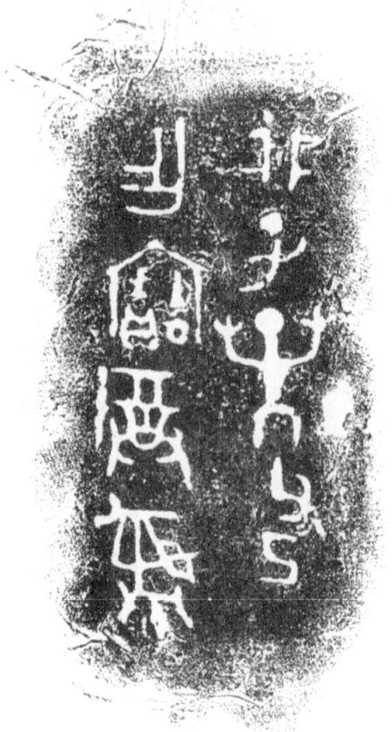

㠱父己
乍(作)寶尊彝

05281.1

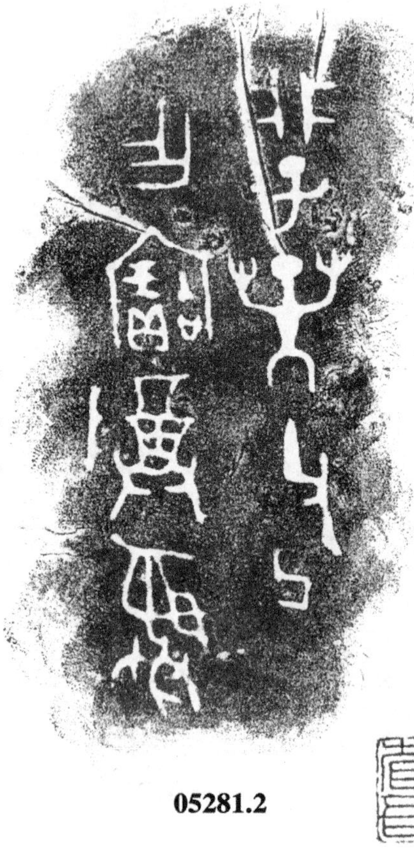

㠱父己
乍(作)寶尊彝

05281.2

伃作父己卣

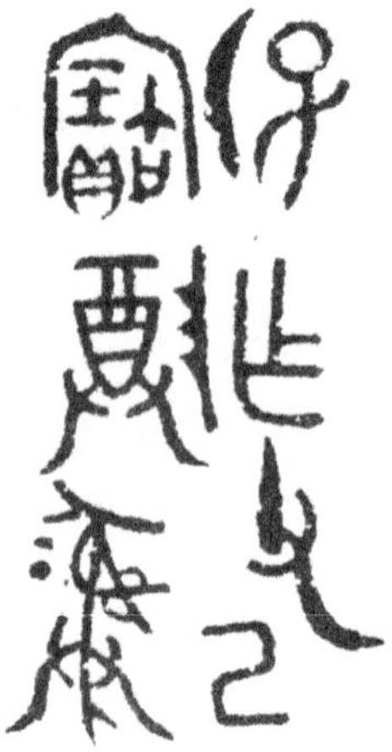

伃乍(作)父己
寶尊彝

05282.1

伃乍(作)父己
寶尊彝

05282.2

責作父辛卣

責（賗）乍（作）父辛
寶尊彝

05283.1

責（賗）乍（作）父辛
寶尊彝

05283.2

⿰黹攴作父辛卣

⿰黹攴（⿰黹攵）乍（作）父辛
寶尊彝

05284.1

⿰黹攴（⿰黹攵）乍（作）父辛
寶尊彝

05284.2

作父辛卣

(舌)乍(作)父
辛尊彝

05285

敟作父辛卣

敟(描)乍(作)父辛
旅彝，亞

05287.1

竟作父辛卣蓋

竟乍(作)父辛
寶尊彝

05286

敟(描)乍(作)父辛
旅彝，亞

05287.2

史戍作父壬卣

史戍乍（作）父壬尊彝

05288.1

史戍乍（作）父壬尊彝

05288.2

作父壬卣

乍（作）父壬寶尊彝，走

05289.1

乍（作）父壬寶尊彝，走

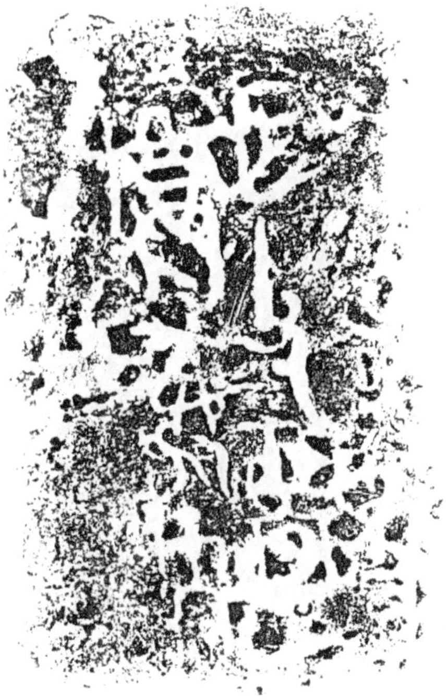

05289.2

責作父癸卣

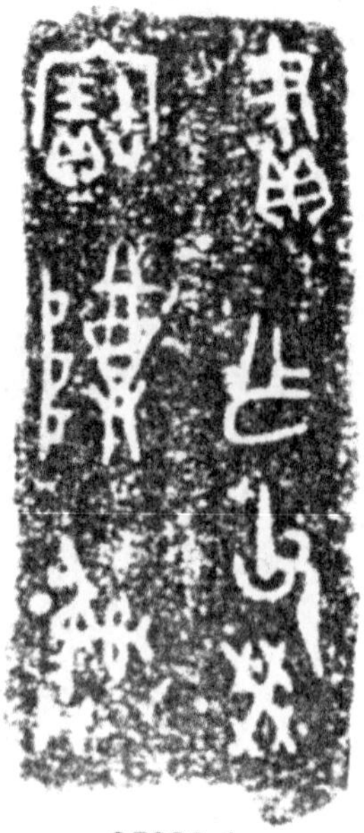

05290.1

責(賹)乍(作)父癸
寶尊彝

矢伯隻作父癸卣

05291.1

矢伯獲
乍(作)父癸彝

05290.2

責(賹)乍(作)父癸
寶尊彝

05291.2

矢伯獲
乍(作)父癸彝

亞其吴作母辛卣

亞其（曩）疑乍（作）
母辛彝

05292.1

亞其吴作母辛卣

亞其（曩）疑乍（作）
母辛彝

05293.1

亞其（曩）疑乍（作）
母辛彝

05292.2

亞其（曩）疑乍（作）
母辛彝

05293.2

亞其吴作母辛卣

亞其(㠱)疑乍(作)
母辛彝

05294.1

亭作母癸卣

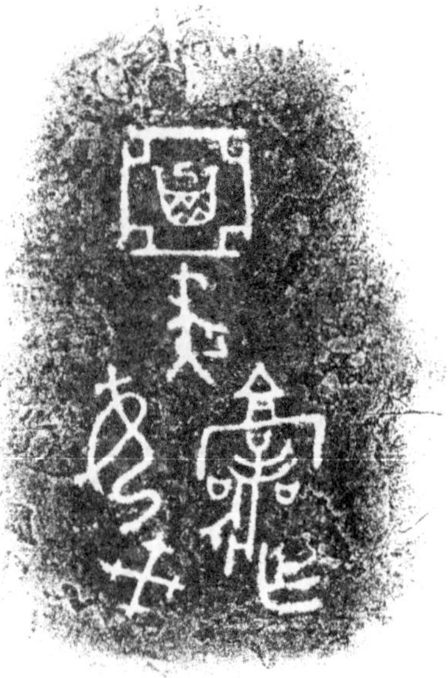

亞疑㠱臺乍(作)
母癸

05295.1

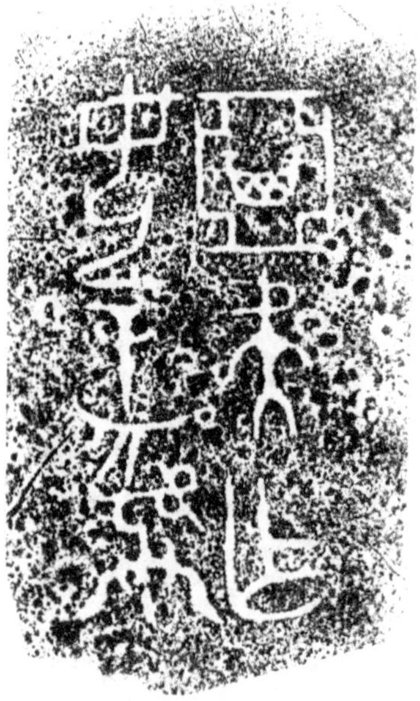

亞其(㠱)疑乍(作)
母辛彝

05294.2

亞疑㠱臺乍(作)
母癸

05295.2

尹舟作兄癸卣

05296.1

尹舟乍(作)兄
癸尊彝

闕作窘伯卣蓋

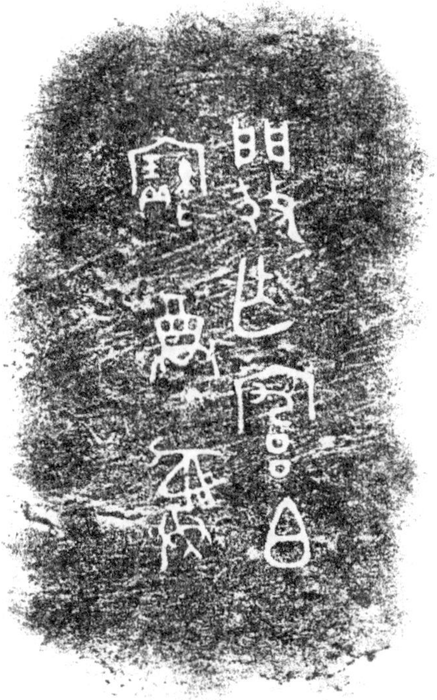

05297

闕乍(作)宄伯
寶尊彝

05296.2

尹舟乍(作)兄
癸尊彝

闕作窘伯卣

05298

闕乍(作)宄伯
寶尊彝

北伯戏卣

北伯殁乍(作)寶尊彝

05299

散伯卣

散伯乍(作)屖(徥)父尊彝

05301.1

散伯卣蓋

散伯乍(作)屖(徥)父尊彝

05300

散伯乍(作)屖(徥)父尊彝

05301.2

叔夫册卣

05302.1

弔㚏（扶）册乍（作）寶彝

05302.2

弔㚏（扶）册乍（作）寶彝

束叔卣

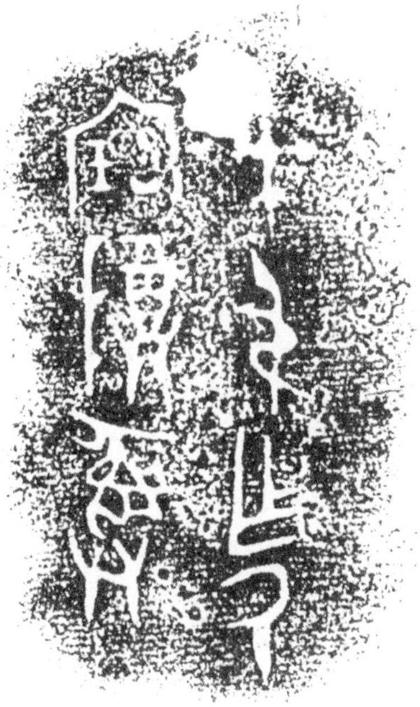

05303.1

束（刺）叔乍（作）厥寶尊彝

05303.2

束（刺）叔乍（作）厥寶尊彝

矢卣

佷矢乍（作）
父辛寶彝

05304

史見卣

史見乍（作）父
甲尊彝

05305.2

史見乍（作）父
甲尊彝

05305.1

乃子卣

乃子子乍(作)父庚
寶尊彝

05306.1A

作且癸卣

髭乍(作)祖癸寶
尊彝，

05307

乃子子乍(作)父庚
寶尊彝

05306.1B

乃子子乍(作)父庚
寶尊彝

05306.2

甕作父甲卣

甕（瓮）乍（作）父甲寶尊彝，單

05308.1

無憂作父丁卣

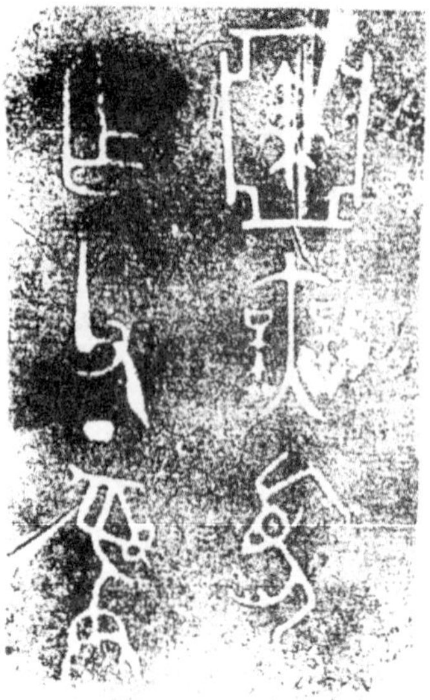

亞髤（𦤎），無（許）憂乍（作）父丁彝

05309.1

甕（瓮）乍（作）父甲寶尊彝，單

05308.2

亞髤（𦤎），無（許）憂乍（作）父丁彝

05309.2

枚家作父戊卣

析家乍(作)父
戊寶尊彝

05310

覛乍父戊卣

覛(覛)乍(作)父戊
寶尊彝，戠

05311.1

覛(覛)乍(作)父戊
寶尊彝，戠

05311.2

鈇作父戊卣

05312.1

05312.2

鈇乍（作）父戊尊彝，戈，句

夾作父辛卣

05314.1

夾乍（作）父辛尊彝，亞刚

05314.2

夾乍（作）父辛尊彝，亞刚

富作父辛卣

05313

富乍（作）父辛尊彝，俞亞

⿰冊欠作父癸卣

05315.1

⿰冊欠（⿰口冊）乍（作）父癸
寶尊彝，旅

05315.2

⿰冊欠（⿰口冊）乍（作）父癸
寶尊彝，旅

伯作文公卣

05316.1

伯乍（作）文（大）公寶
尊旅彝

05316.2

伯乍（作）文（大）公寶
尊旅彝

⿰木巛伯罰卣

⿱虍比（虒）伯罰乍（作）寶尊彝，魚

05317

𠂤丞卣

𠂤（師）丞乍（作）文父丁尊彝，呂

05318.1

𠂤（師）丞乍（作）文父丁尊彝，呂

05318.2

[illegible]高卣

王賜[illegible]高
呂（鋁），用乍（作）彝

05319.1

05319.2

小夫卣

小夫乍（作）父丁
宗尊彝

05320.1

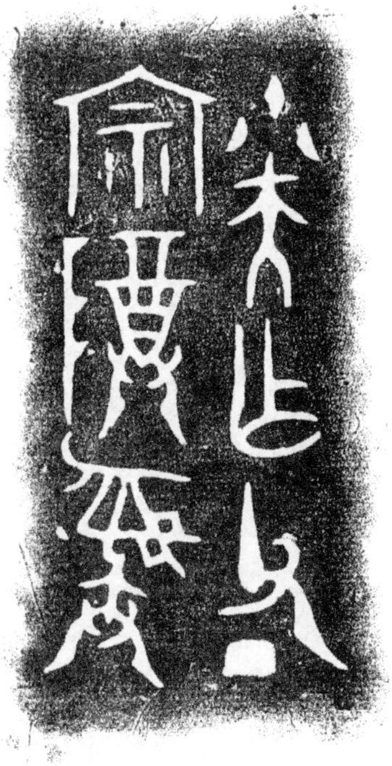

05320.2

交卣

交乍(作)祖乙
寶尊彝，史

05321

闢卣

闢乍(作)生(皇)昜
日辛尊彝

05322

衛卣

衛乍(作)季衛
父寶尊彝

05323.1

衛乍(作)季衛
父寶尊彝

05323.2

戎佩玉人卣

父宗彝𦝫（肆）
戎帆（抑）玉人

05324

噩侯弟曆季卣

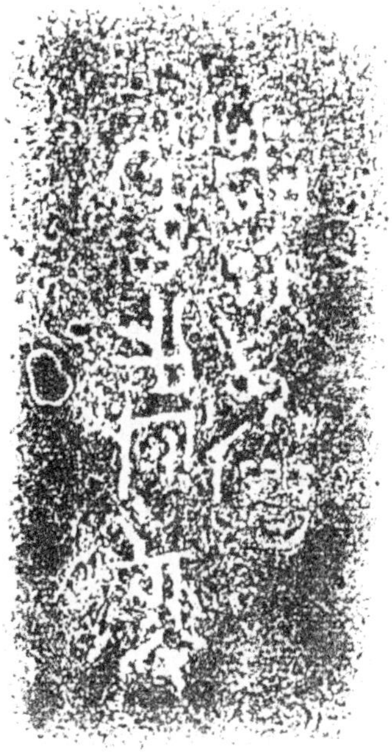

噩（鄂）侯弟曆（曆）
季乍（作）旅彝

05325.1

噩（鄂）侯弟曆（曆）
季乍（作）旅彝

05325.2

伯□卣

伯□（睘）乍（作）厥室

寶尊彝

05326.1

伯□（睘）乍（作）厥室

寶尊彝

05326.2

伯𩚅卣

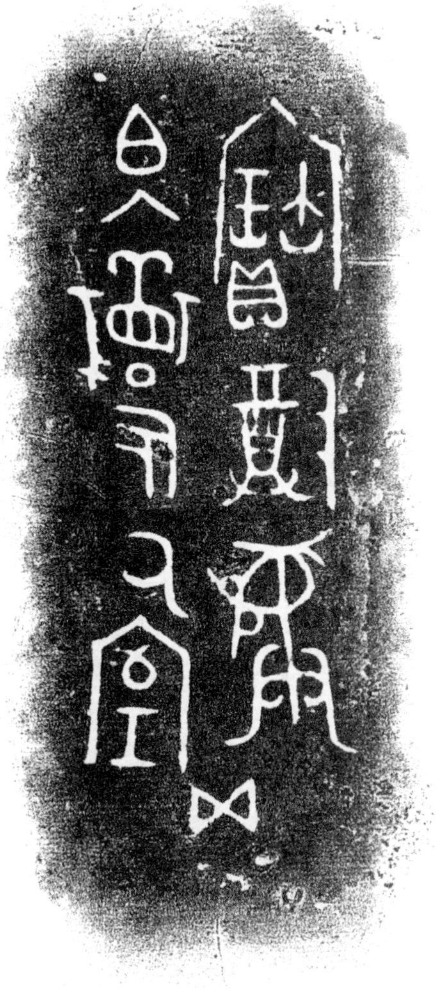

伯𩚅（睘）乍（作）厥室
寶尊彝，⋈（五）

05327.2

伯𩚅（睘）乍（作）厥室
寶尊彝，⋈（五）

05327.1

對作父乙卣

對乍(作)父乙
寶尊彝，亞𣎳(求)

05328.1

瞐作父乙卣

瞐乍(作)父乙旅
尊彝，子廠

05329.1

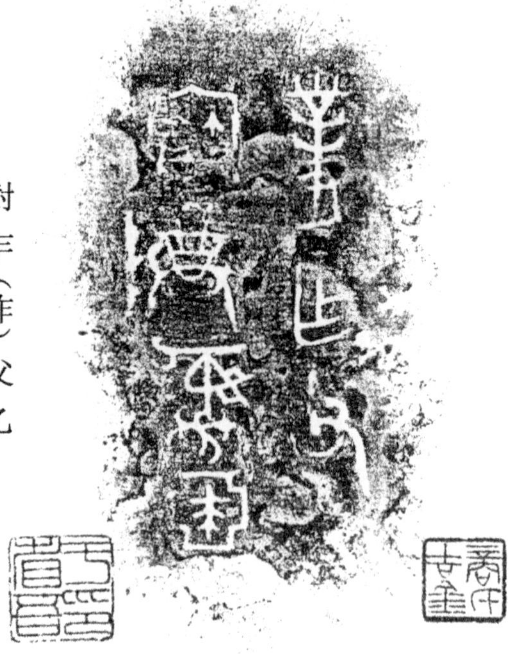

對乍(作)父乙
寶尊彝，亞𣎳(求)

05328.2

瞐乍(作)父乙旅
尊彝，子廠

05329.2

奪作父丁卣

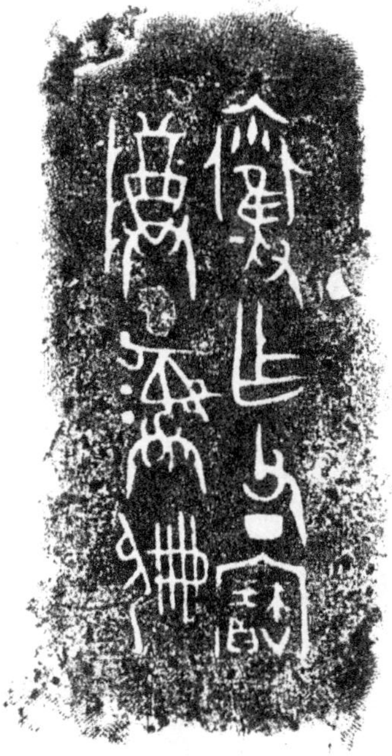

奪乍（作）父丁寶尊彝，允冊

05330

奪作父丁卣

奪乍（作）父丁寶尊彝，允冊

05331.1

奪乍（作）父丁寶尊彝，允冊

05331.2

平乍父丁卣

05332.1

平(平)乍(作)父丁
尊彝，亞此，中

朿乍父辛卣

05333.1

公賞朿，
用乍(作)父
辛于(鬱)彝

05332.2

平(平)乍(作)父丁
尊彝，亞此，中

05333.2

公賞朿，
用乍(作)父
辛于(鬱)彝

⿸尸舌作父癸卣

⿸尸舌（征）乍（作）父癸寶尊彝，用旅

05334

𠧴乍文考癸卣

05335.2

𠧴（卣）乍（作）文考癸寶尊彝，竚

05335.1

𠧴（卣）乍（作）文考癸寶尊彝，竚

述作兄日乙卣

05336.1

05336.2

述乍(作)兄日乙
寶尊彝，飤

述乍(作)兄日乙
寶尊彝，飤

屯作兄辛卣

05337.1

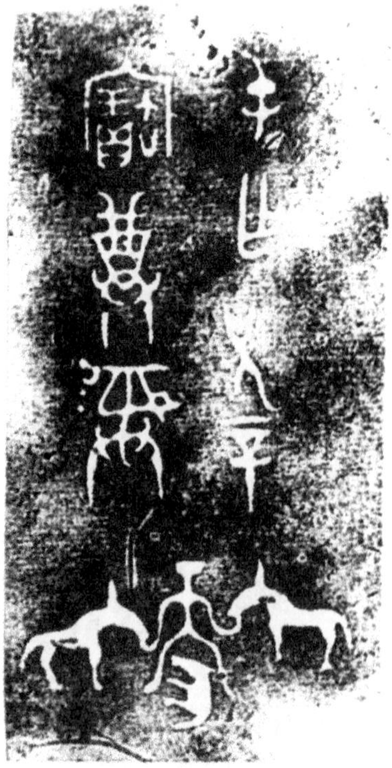

05337.2

屯乍(作)兄辛
寶尊彝，馬豖(豭)

屯乍(作)兄辛
寶尊彝，馬豖(豭)

刺乍兄日辛卣

刺乍（作）兄
丁、辛尊彝，亞旐（杠）

05338.1

刺乍（作）兄
丁、辛尊彝，亞旐（杠）

05338.2

⿰兀可作兄日壬卣

05339.1

05339.2

⿰兀可乍(作)兄日壬
寶尊彝，⿴囗乂

伯⿷匚亘卣

05340.1

05340.2

伯⿷匚亘乍(作)西宮
伯寶尊彝

仲作好旅彝卣

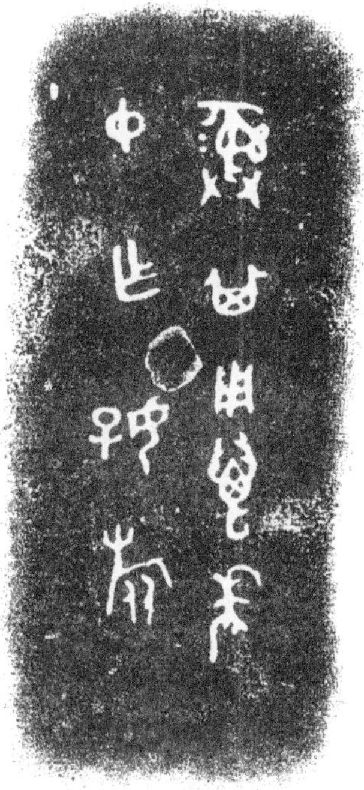

仲乍(作)好旅
彝，其用萬年

05341.1

仲乍(作)好旅
彝，其用萬年

05341.2

仲作好旅彝卣

仲乍(作)好旅
彝，其用萬年

05342.1

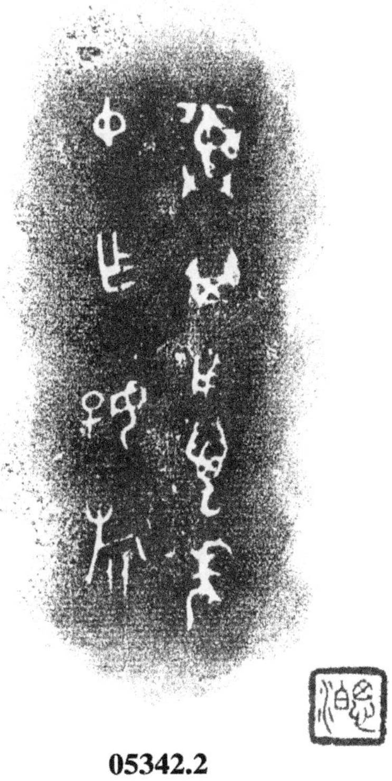

仲乍(作)好旅
彝，其用萬年

05342.2

㐱卣蓋

05343

㐱乍（作）甲考宗
彝，其永寶

盠嗣土幽卣

05344.1

盠嗣土（徒）幽乍（作）
祖辛旅彝

05344.2

盠嗣土（徒）幽乍（作）
祖辛旅彝

令葬高卣

㑒(僉)葬高乍(作)父乙
寶尊彝

05345

父乙告田卣

亞啟
父乙，

05347.1

豐卣

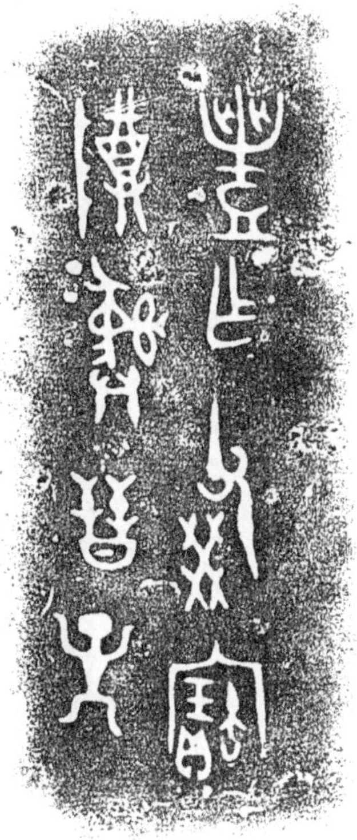

豐乍(作)父癸寶
尊彝，晉共

05346

鳥父乙
母告田

05347.2

麃父卣

麃父乍(作)𡚸是
從宗彝𤖯(肆)

05348.1

麃父乍(作)𡚸是
從宗彝𤖯(肆)

05348.2

婦闀卣

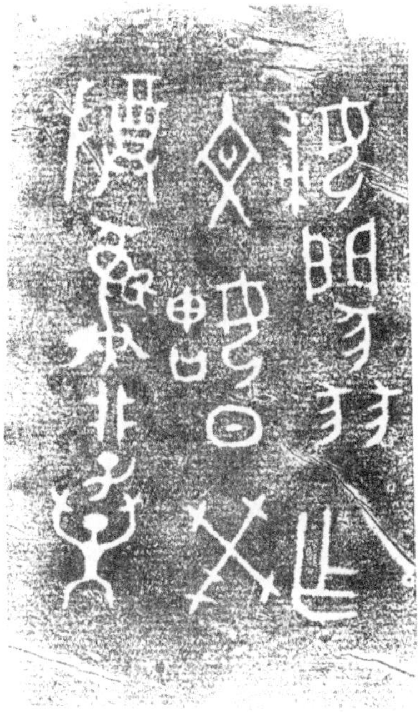

婦闀乍(作)
文姑日癸
尊彝，荚

05349.1

婦闀乍(作)
文姑日癸
尊彝，荚

05349.2

婦闀卣

婦闀乍(作)
文姑日癸
尊彝，荚

05350.1

婦闀乍(作)
文姑日癸
尊彝，荚

05350.2

小臣兒卣

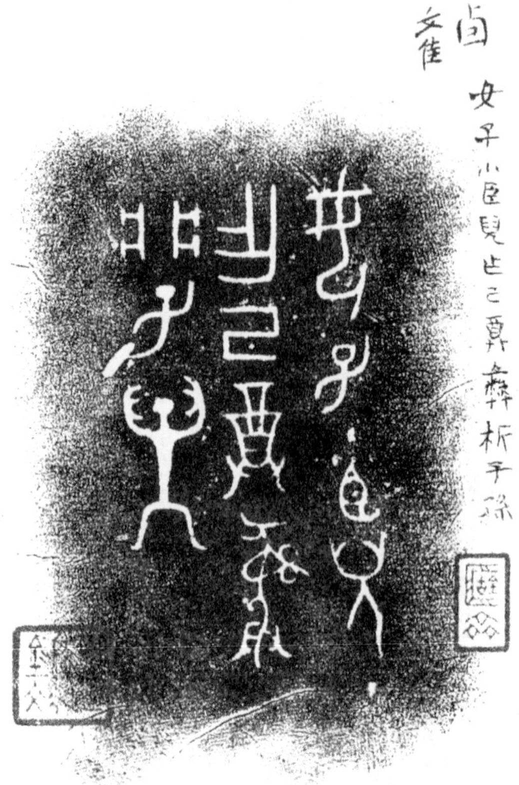

女(汝)子小臣兒乍(作)己尊彝，[illegible]

05351

小臣豐卣

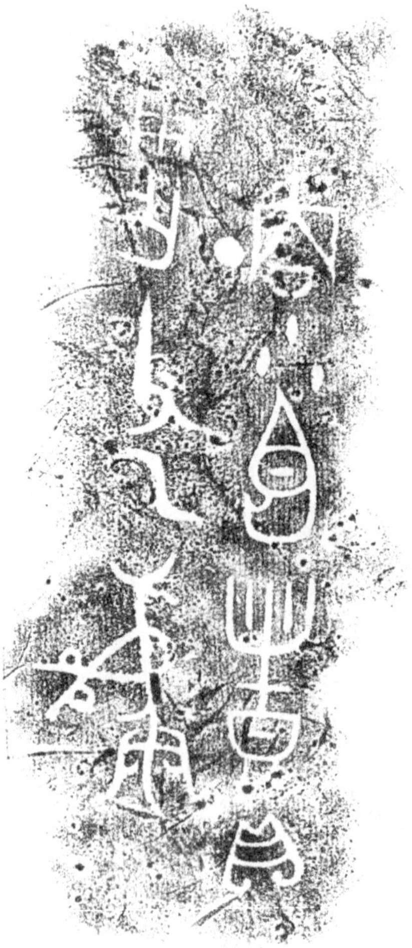

商(賞)小臣豐貝，用乍(作)父乙彝

05352

寍卣

辛卯，子賜寍
貝，用乍（作）凡彝，寍

05353.1

辛卯，子賜寍
貝，用乍（作）凡彝，寍

05353.2

敹卣

敹乍（作）旅彝，孫
子用言（歆）出入

05354.1

敹乍（作）旅彝，孫
子用言（歆）出入

05354.2

⿰章匕卣

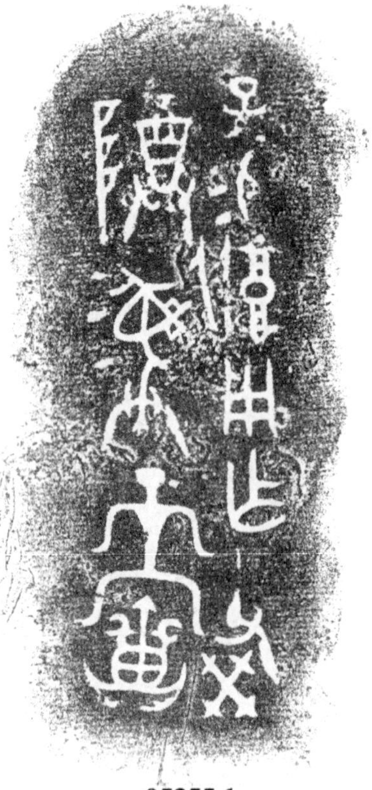

05355.1

子賜⿰章匕(坒)，用乍(作)父癸尊彝，奄

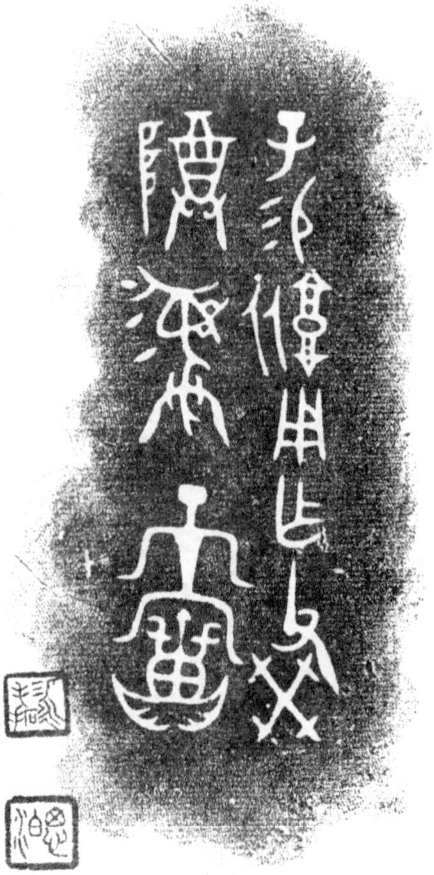

05355.2

子賜⿰章匕(坒)，用乍(作)父癸尊彝，奄

伯卣

05356.1

獸，由伯曰：七月，乍(作)父丙寶尊彝

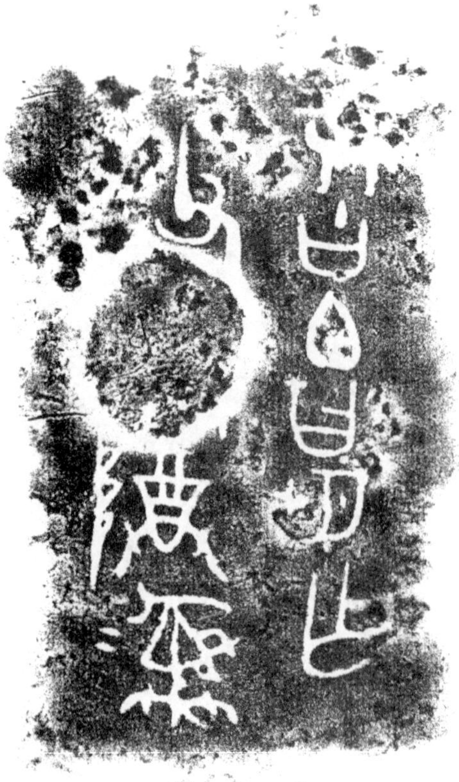

05356.2

獸，由伯曰：七月，乍(作)父丙寶尊彝

憧季遽父卣

05357.1

憧（憻）季遽父乍（作）
豐姬寶尊彝

05357.2

憧（憻）季遽父乍（作）
豐姬寶尊彝

憻季遽父卣

05358.1

憻（憻）季遽父乍（作）
豐姬寶尊彝

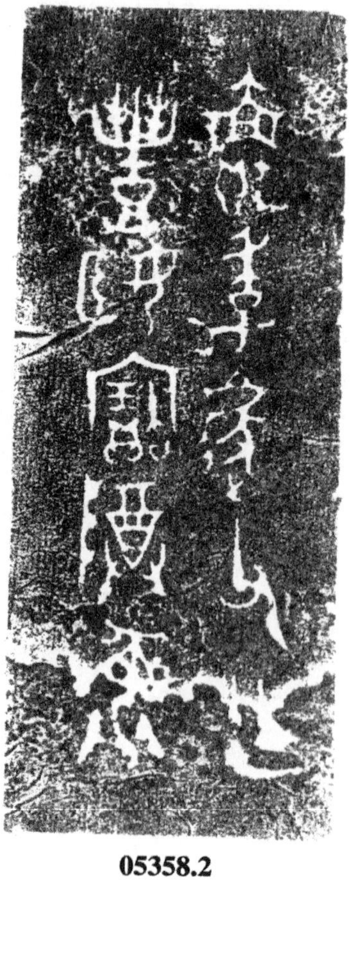

05358.2

憻（憻）季遽父乍（作）
豐姬寶尊彝

守宮卣

05359.1

守宮乍（作）父辛
尊彝，其永寶

05359.2

守宮乍（作）父辛
尊彝，其永寶

寇豊作父癸卣

亞𣝗(㯻)寇豊(禮)
乍(作)父癸寶
尊彝，
𦭞

05360.1

亞𣝗(㯻)寇豊(禮)
乍(作)父癸寶
尊彝，
𦭞

05360.2

膉作父辛卣

宜生（甥）商（賞）膉，用乍（作）
父辛尊彝，奄

05361.1

05361.2

父辛尊彝，奄
宜生（甥）商（賞）膉，用乍（作）

⿱雔心卣

雔乍（作）文父
日丁寶尊旅
彝，萁

05362.1

05362.2

雔乍（作）文父
日丁寶尊旅
彝，萁

渻伯逘卣

䀠，⿰氵某（沫）伯⿺辶疑乍（作）厥考寶旅尊，

05363.1

寶旅尊彝

䀠，⿰氵某（沫）伯⿺辶疑乍（作）厥考

05363.2

渻伯逘卣

䀠，⿰氵某（沫）伯⿺辶疑乍（作）厥考寶旅尊，

05364.1

䀠，⿰氵某（沫）伯⿺辶疑乍（作）厥考寶旅尊彝

05364.2

豚卣

豚乍（作）父庚宗彝，其子子孫孫永寶

05365

倗卣

倗乍（作）厥考寶尊彝，用萬年事

05366.1

倗乍（作）厥考寶尊彝，用萬年事

05366.2

𡨦作母乙卣

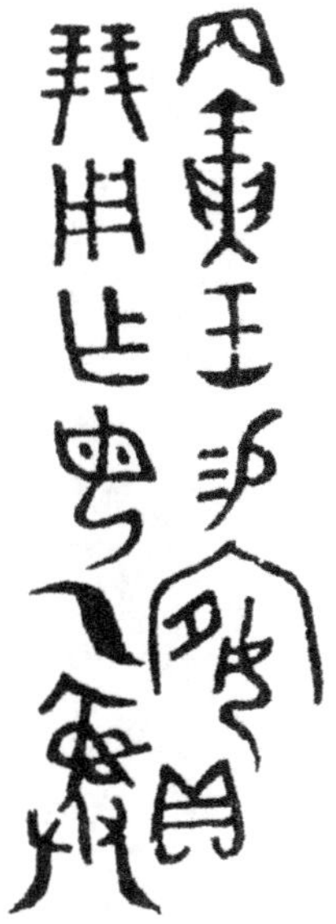

丙寅，王賜𡨦貝

朋，用乍（作）母乙彝

05367.1

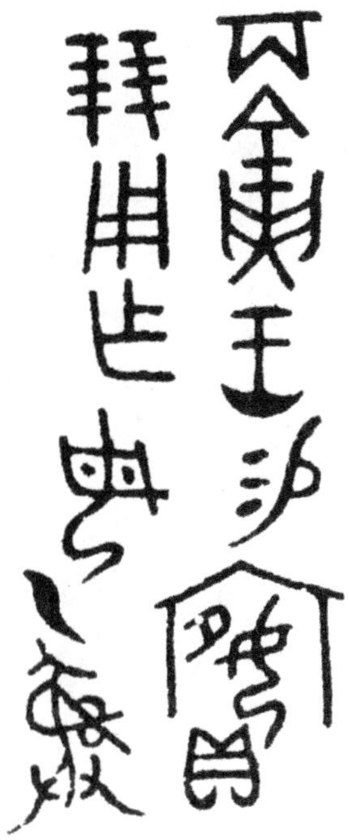

丙寅，王賜𡨦貝

朋，用乍（作）母乙彝

05367.2

屰尹肈家卣

屰尹肈家，

乎渪用乍（作）

父己尊彝，亞□

05368

鄦仲卣

鄦（許）仲趩乍（作）厥

文考寶尊

彝，日辛

05369

作文考父丁卣

父癸，

05370.1

亞集，萛乍（作）文考父丁寶尊彝

05370.2

伯卣

伯乍（作）厥文考尊彝，其子孫永寶

05371.1

伯乍（作）厥文考尊彝，其子孫永寶

05371.2

異卣

異乍(作)厥考
伯效父寶
宗彝，用旅

05372

䖒霂卣

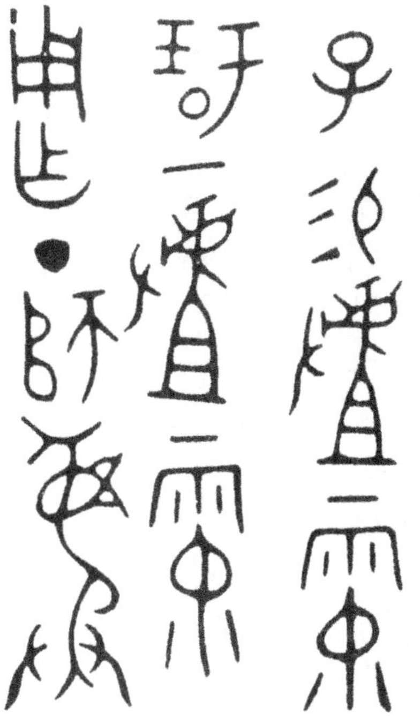

子賜䖒霂(䨥)
玗一，䖒霂(䨥)
用乍(作)丁師彝

05373.2

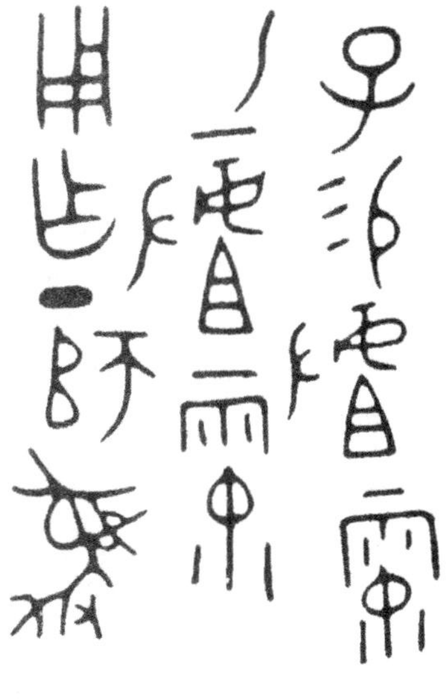

子賜䖒霂(䨥)
玗一，䖒霂(䨥)
用乍(作)丁師彝

05373.1

圉卣

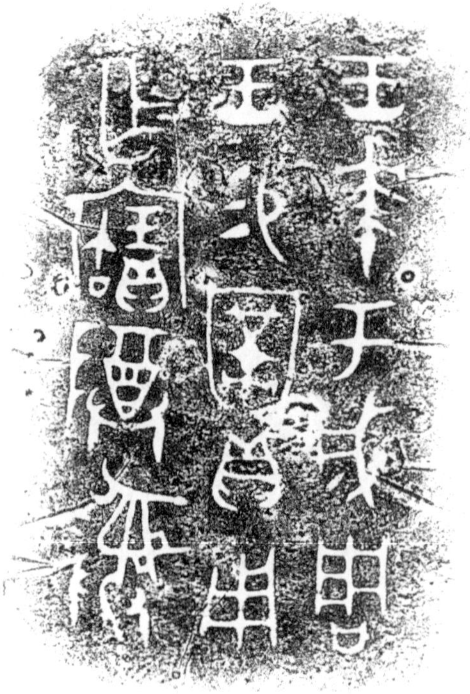

王𠦪（祓）于成周，王賜圉貝，用乍（作）寶尊彝

05374.1

王𠦪（祓）于成周，王賜圉貝，用乍（作）寶尊彝

05374.2

子作婦姛卣

子乍(作)婦姛彝，女(汝)子母庚宓(閟)祀尊彝，巽(㠱)

05375.1

子乍(作)婦姛彝，女(汝)子母庚宓(閟)祀尊彝，巽(㠱)

05375.2

虢季子⿰糹⿱且又卣

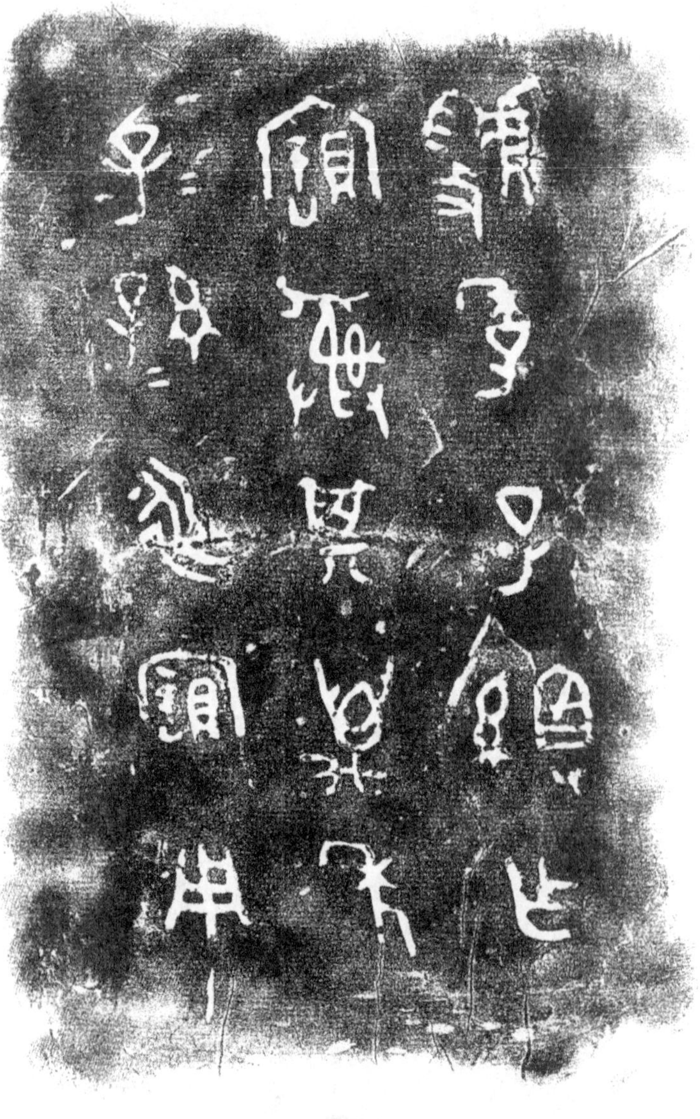

虢季子⿰糹⿱且又（組）乍（作）
寶彝，其萬年，
子子孫孫永寶用

05376

孝卣

乙亥，娸賜孝
貝，用乍（作）祖丁
彝，𧊒侯亞疑

05377

小臣𢆶卣

王賜小臣𢆶（系），賜
在寢，用乍（作）祖乙尊，
爻[illegible]（敢）

05378

小臣𦃃卣

王賜小臣𦃃(系)，賜
在寢，用乍(作)祖乙尊，
爻□(敢)

05379.1

王賜小臣𦃃(系)，賜
在寢，用乍(作)祖乙尊，
爻□(敢)

05379.2

駿卣

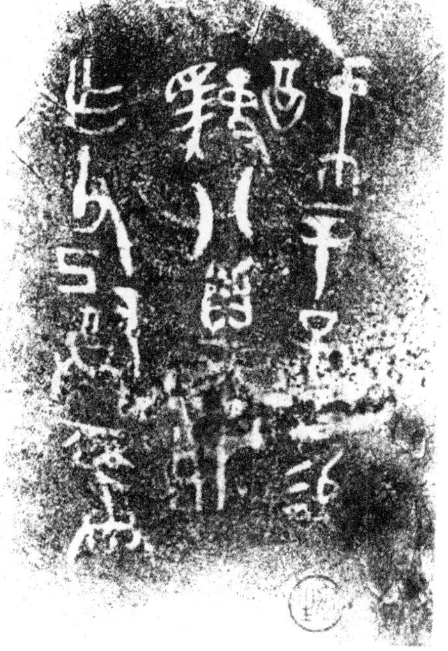

酰，辛巳，王賜
馭八貝一具，用
乍（作）父己尊彝

05380.1

酰，辛巳，王賜馭
八貝一具，用乍（作）
父己尊彝

05380.2

寓卣

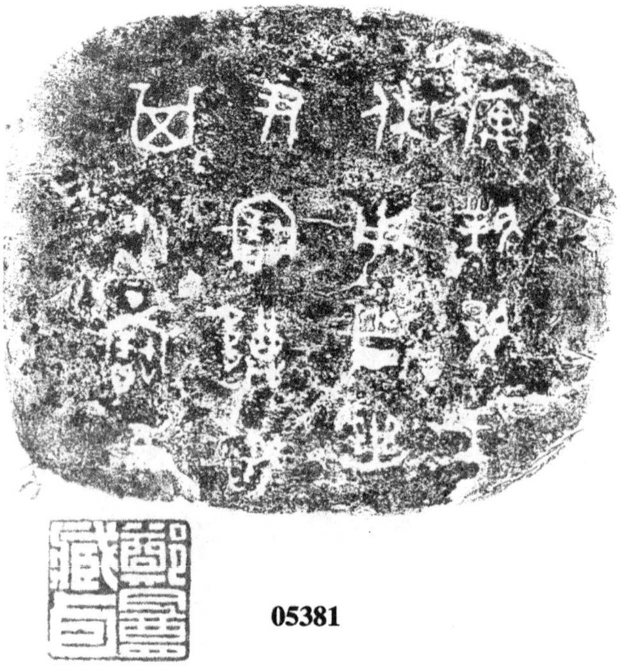

寓對揚王
休，用乍（作）幽
尹寶尊彝，
其永寶用

05381

縈叔卣

縈叔乍（作），
乍（作）其
爲厥考宗
彝，用匄壽，
邁（萬）年永寶

縈叔乍（作），
乍（作）其
爲厥考宗
彝，用匄壽，
邁（萬）年永寶

05382.2

05382.1

岡刧卣

05383.1

亞，王征䒢（蓋），賜岡
刧貝朋，用乍（作）
朕蔿（高）祖缶（寶）尊彝

05383.2

亞，王征䒢（蓋），賜岡
刧貝朋，用乍（作）
朕蔿（高）祖缶（寶）尊彝

耳卣

寧史賜耳，耳休
弗敢且（沮），用乍（作）父
乙寶尊彝，刀

05384.1

05384.2

息伯卣蓋

唯王八月，息伯
賜貝于姜，用
乍(作)父乙寶尊彝

05385

息伯卣

唯王八月，息伯
賜貝于姜，用
乍(作)父乙寶尊彝

05386

員卣

員從史旟伐會(鄶)，員先內(入)邑，員俘金，用乍(作)旅彝

05387.1

員從史旟伐會(鄶)，員先內(入)邑，員俘金，用乍(作)旅彝

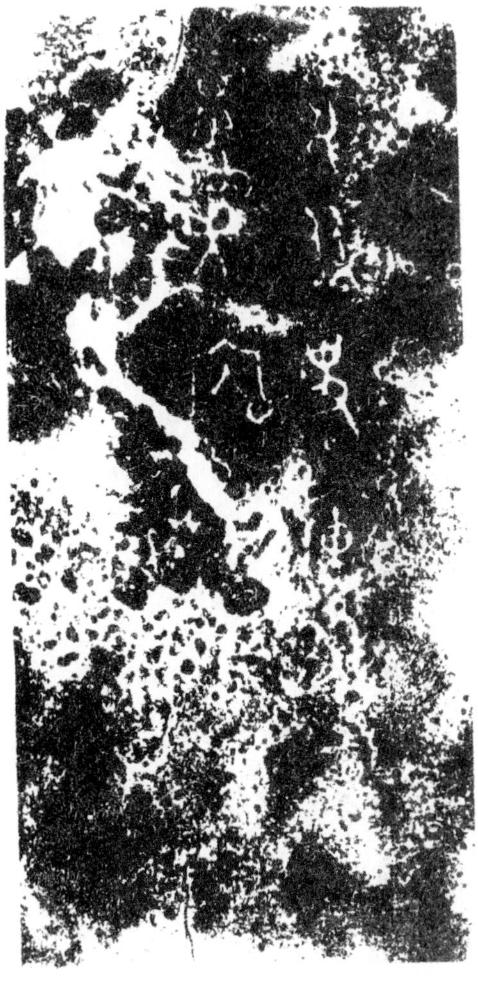

05387.2

顯卣

顯（頂）乍（作）母辛尊
彝，顯（頂）賜婦
[illegible]（媘）曰：用[illegible]
于乃姑宓（閟）

05388.1

顯（頂）乍（作）母辛尊
彝，顯（頂）賜婦
[illegible]（媘）曰：用[illegible]
于乃姑宓（閟）

05388.2

顯卣

顯(頂)乍(作)母辛尊
彝，顯(頂)賜婦
□(婿)曰：用𩱧
于乃姑宓(閟)

05389.1

顯(頂)乍(作)母辛尊
彝，顯(頂)賜婦
□(婿)曰：用𩱧
于乃姑宓(閟)

05389.2

伯甯父卣

伯富(廙)父曰：休父
賜余馬，對揚父休，
用乍(作)寶尊彝

05390

執卣

乙亥，尹洛(各)于宮，
商(賞)執，賜呂(鋁)二、聿(筆)二，執
用乍(作)父丁尊彝

05391.1

乙亥，尹洛(各)于宮，
商(賞)執，賜呂(鋁)二、聿(筆)二，執
用乍(作)父丁尊彝

05391.2

寡子卣

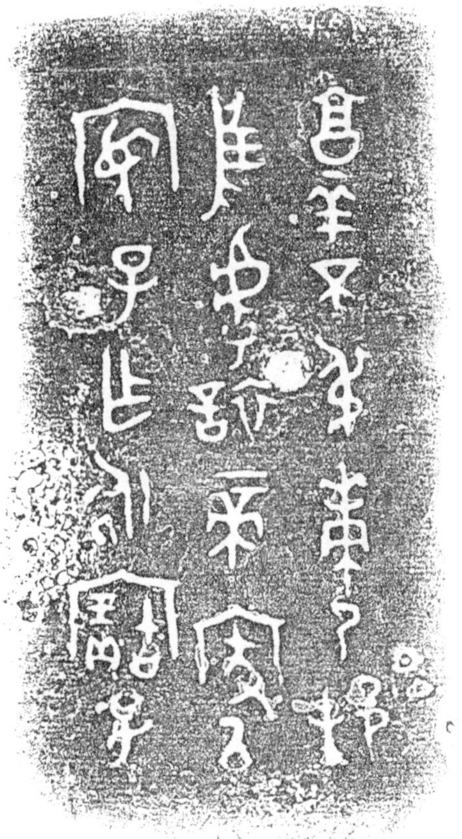

𦎫不叔（淑），[illegible]乃邦，
烏虖（乎），誎帝家，以
寡子乍（作）永寶，子

05392.1

𦎫不叔（淑），[illegible]乃邦，
烏虖（乎），誎帝家，
以寡子乍（作）永寶，子

05392.2

伯□作文考父辛卣

05393.1

乍(作)寶彝，伯𨁈(㾪)享京，享□□，乍(作)厥文考父辛寶尊彝

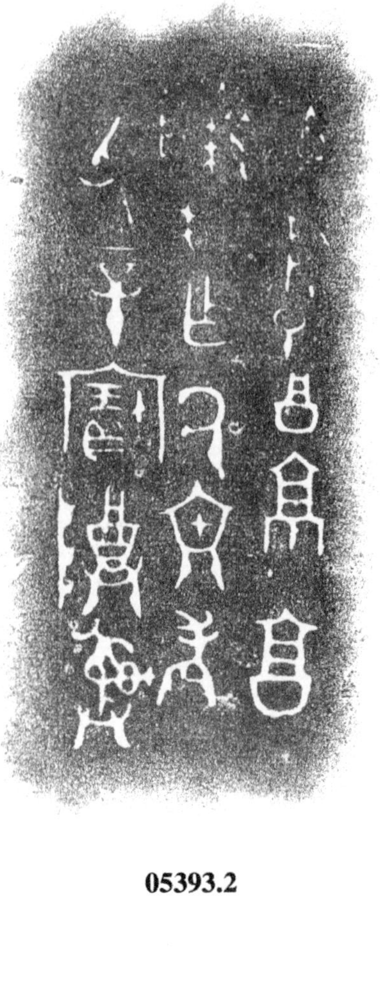

05393.2

小子省卣

甲寅，子商(賞)小子省貝五朋，省揚君商(賞)，用乍(作)父己寶彝，𡗗

05394.1

甲寅，子商(賞)小子省貝五朋，省揚君商(賞)，用乍(作)父己寶彝，𡗗

05394.2

宰甫卣

王來獸自豆彔(麓)，在
𥕛(插)䢅(次)，王鄉(饗)酉(酒)，王光
宰甫貝五朋，用乍(作)寶𩰫

05395.1

王來獸自豆彔(麓)，在
𥕛(插)䢅(次)，王鄉(饗)酉(酒)，王光
宰甫貝五朋，用乍(作)寶𩰫

05395.2

毓且丁卣

辛亥，王在廙，降
令曰：歸裸于我
多高，处（咎）山賜嫠（釐），
用乍（作）毓（后）祖丁尊，丙

05396.1

辛亥，王在廙，降令
曰：歸裸于我多高，
处（咎）山賜嫠（釐），用乍（作）
毓（后）祖丁尊，丙

05396.2

巂𠭰作兄癸卣

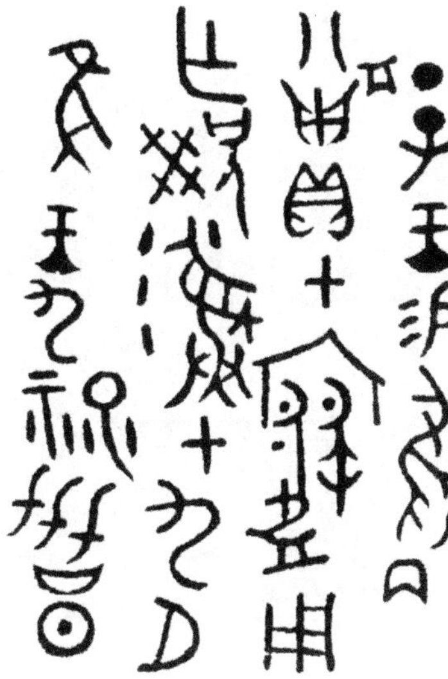

丁巳，王賜嶲
𠭰貝在寢，用
乍（作）兄癸彝，在九月，
唯王九祀，劦日

05397.1

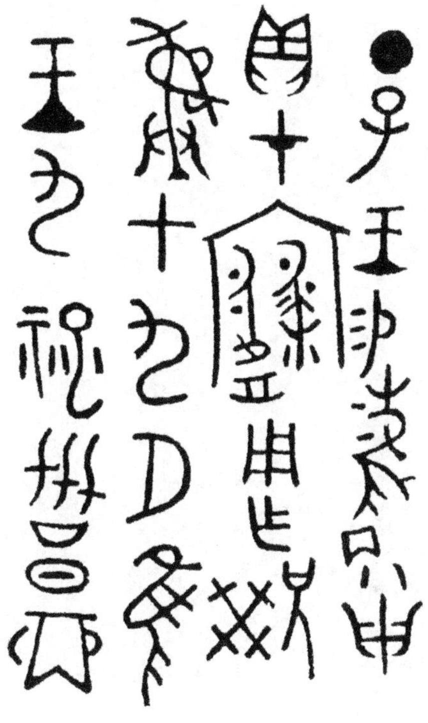

丁巳，王賜嶲𠭰
貝在寢，用乍（作）兄癸
彝，在九月，唯
王九祀，劦日，𠕁

05397.2

同卣

05398.1

唯十又二月，矢
王賜同金車、
弓矢，同對揚
王休，用乍（作）父
戊寶尊彝

05398.2

唯十又二月，矢
王賜同金車、
弓矢，同對揚
王休，用乍（作）父
戊寶尊彝

盂卣

乍(作)旅，甫，

05399.1

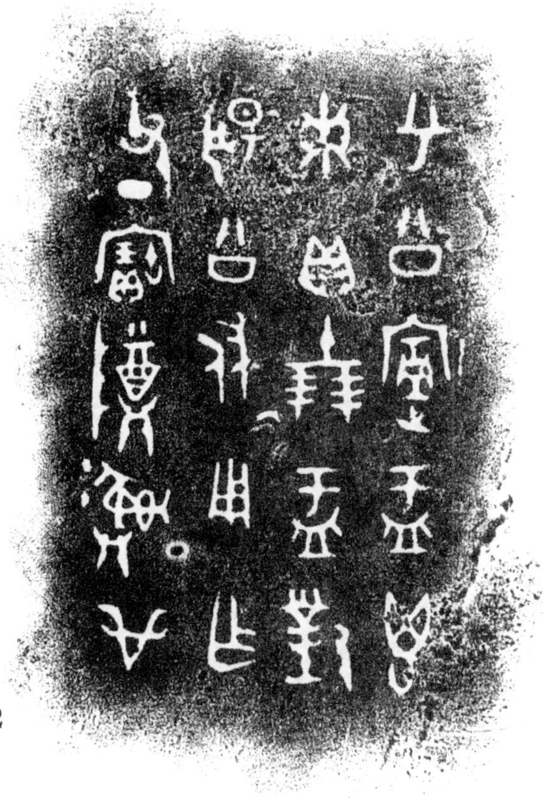

兮公宔(貯)盂鬯
束、貝十朋，盂對
揚公休，用乍(作)
父丁寶尊彝，羊

05399.2

作册䰧卣

唯明保殷
成周年，公賜
乍（作）册䰧（[illegible]）鬯、貝，䰧
揚公休，用乍（作）父乙
寶尊彝，[illegible]册舟

05400.1

唯明保殷成周年，
公賜乍（作）册䰧（[illegible]）鬯、貝，䰧
揚公休，用乍（作）父乙
寶尊彝，[illegible]册舟

05400.2

壴卣

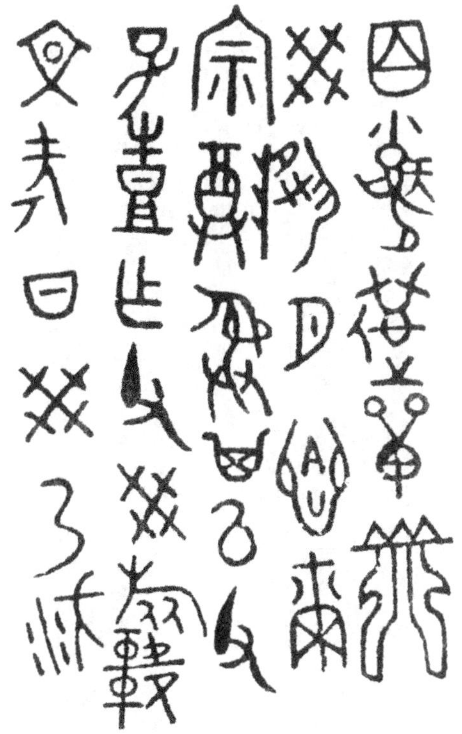

百聞（婚）遘（媾），單光
癸夙夕卿（佮）爾
宗尊彝，其以父
子壴，乍（作）父癸旅
文考日癸，乃戒（戚）

05401.1

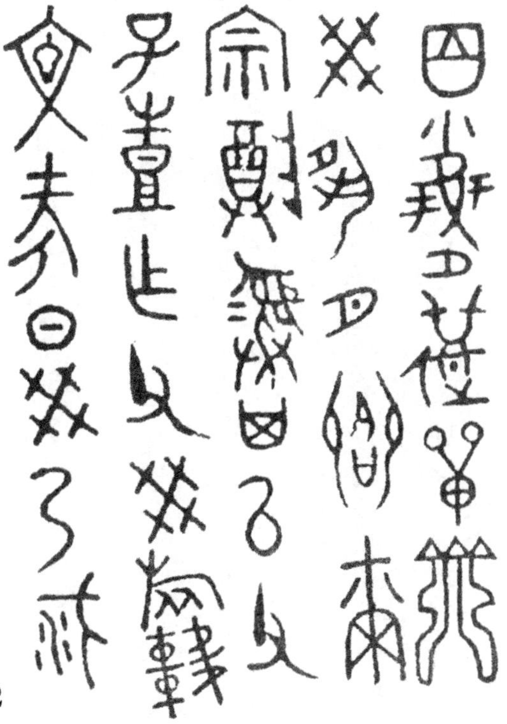

百聞（婚）遘（媾），單光
癸夙夕卿（佮）爾
宗尊彝，其以父
子壴，乍（作）父癸旅
文考日癸，乃戒（戚）

05401.2

遣卣

唯十又三月辛卯，
王在庈（斥），賜趞（遣）采曰
趍，賜貝五朋，趞對
王休，用乍（作）姞寶彝

05402.1

唯十又三月辛卯，
王在庈（斥），賜趞（遣）采曰
趍，賜貝五朋，趞對
王休，用乍（作）姞寶彝

05402.2

豐卣

唯六月既生
霸乙卯，王在
成周，令豐㝅（殷）
大矩，大矩賜豐金、
貝，用乍（作）父辛
寶尊彝，木羊册

05403.1

唯六月既生霸
乙卯，王在成周，
令豐㝅（殷）大矩，大矩賜
豐金、貝，用乍（作）父
辛寶尊彝，木羊册

05403.2

商卣

唯五月，辰在丁亥，帝司賞庚姬貝卅朋、 (貸)絲廿寽(鋝)，商用乍(作)文辟日丁寶尊彝，冀

05404.1

唯五月，辰在丁亥，帝司賞庚姬貝卅朋，(貸)絲廿寽(鋝)，商用乍(作)文辟日丁寶尊彝，冀

05404.2

次卣

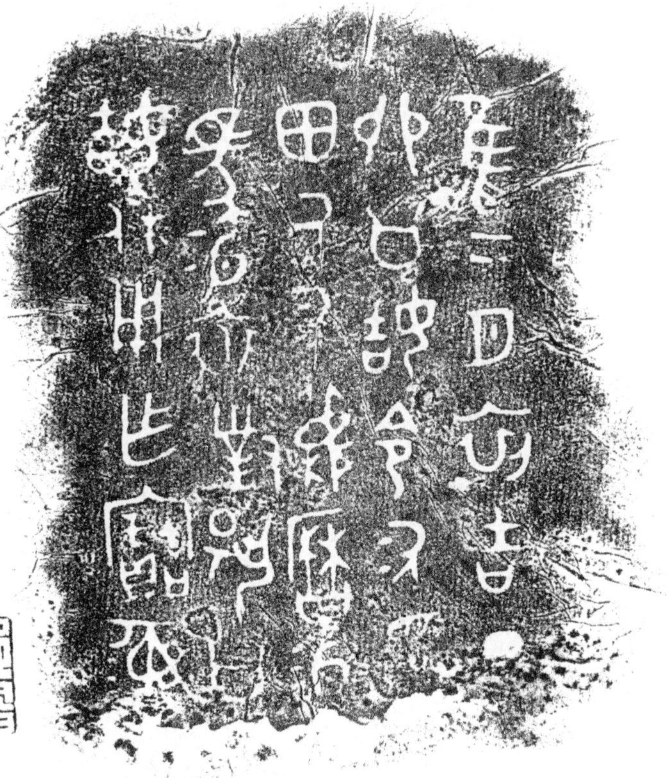

唯二月初吉丁
卯，公姞令次嗣
田人，次欃（蔑）曆，賜
馬，賜裘，對揚公
姞休，用乍（作）寶彝

05405.1

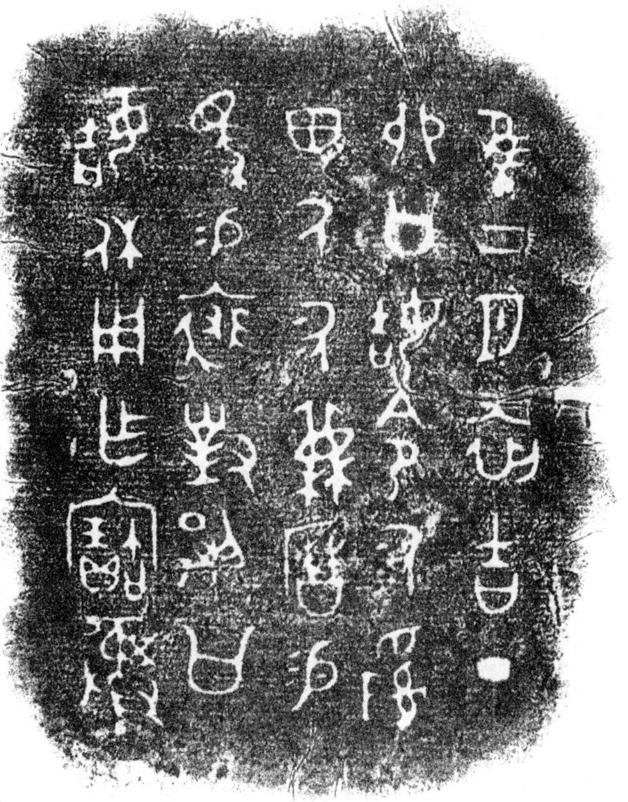

唯二月初吉丁
卯，公姞令次嗣
田人，次欃（蔑）曆，賜
馬，賜裘，對揚公
姞休，用乍（作）寶彝

05405.2

周乎卣

唯九月既生霸乙亥，周乎鑄旅宗彝，用享于文考庚仲，用匄永福，孫孫子子，其永寶用，

05406.1

唯九月既生霸乙亥，周乎鑄旅宗彝，用享于文考庚仲，用匄永福，孫孫子子，其永寶用，

05406.2

作册睘卣

唯十又九年，王在厈（斥），王姜
令乍（作）册睘安尸伯，尸伯賓（儐）
睘貝、布，揚王姜休，用
乍（作）文考癸寶尊器

05407.1

唯十又九年，王在厈（斥），王
姜令乍（作）册睘安尸伯，尸伯
賓（儐）睘貝、布，揚王姜休，用
乍（作）文考癸寶尊器

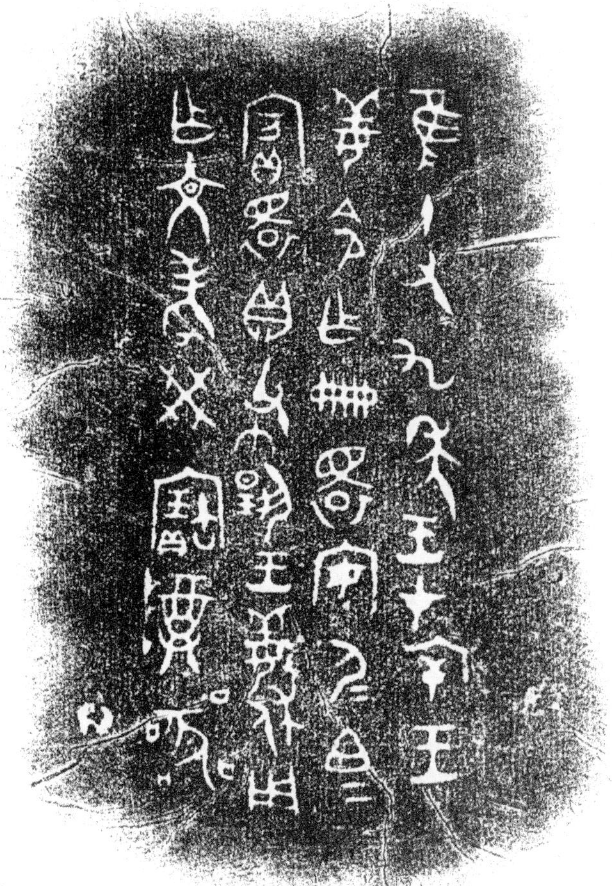

05407.2

靜卣

05408

唯四月初吉丙寅，王在
葊京，王賜靜弓，靜拜
䭫首，敢對揚王休，用乍（作）
宗彝，其子子孫孫永寶用

貉子卣

唯正月丁丑，王各于
呂醫，王牢于庶（陸），
咸宜，王令士道
歸（饋）貉子鹿三，貉
子對昜（揚）王休，
用乍（作）寶尊彝

05409.1

唯正月丁丑，王各于
呂醫，王牢于庶（陸），
咸宜，王令士道
歸（饋）貉子鹿三，貉
子對昜（揚）王休，
用乍（作）寶尊彝

05409.2

啓卣

王出獸南山，叟（搜）遡（跚）山谷，
至于上侯滰（滰）川上，啟從
征，堇（謹）不爕（擾），乍（作）祖丁寶旅
尊彝，用匄魯福，用
夙夜事，□（戊）葡

05410.1

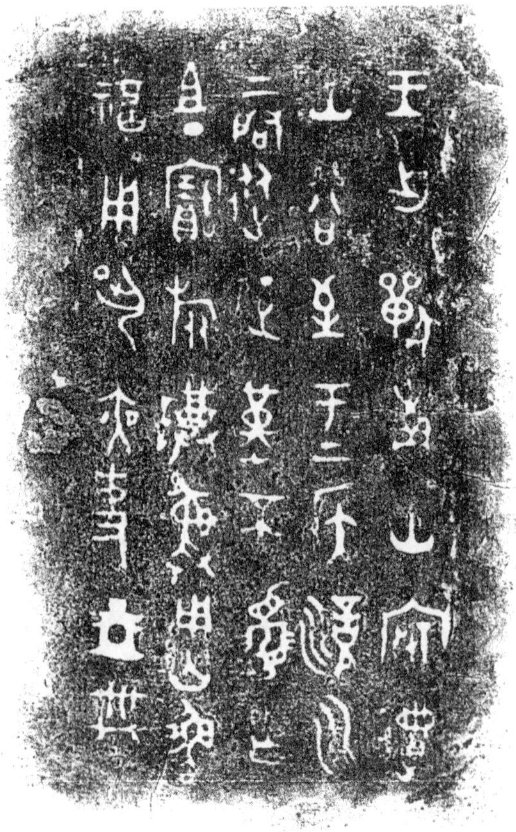

王出獸南山，叟（搜）遡（跚）
山谷，至于上侯滰（滰）川
上，啟從征，堇（謹）不爕（擾），乍（作）
祖丁寶旅尊彝，用匄魯
福，用夙夜事，□（戊）葡

05410.2

稆卣

穚從師雍父戍于
古師（次），蔑曆，賜貝卅
寽（鋝），穚拜𩒨首，對揚
師雍父休，用乍（作）文
考日乙寶尊彝，
其子子孫永寶（寶），戉

05411.1

穚從師雍父戍于古師（次），蔑
曆，賜貝卅寽（鋝），穚拜𩒨首，對
揚師雍父休，用乍（作）文考日
乙寶尊彝，其子子孫永寶（寶），戉

05411.2

二祀𠨘其卣

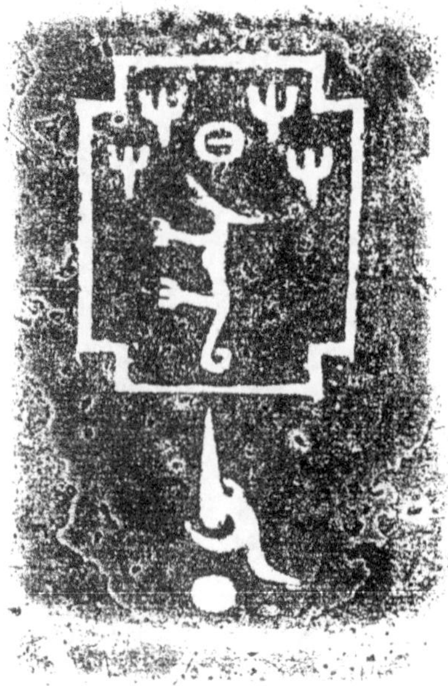

亞獏父丁，

05412.1

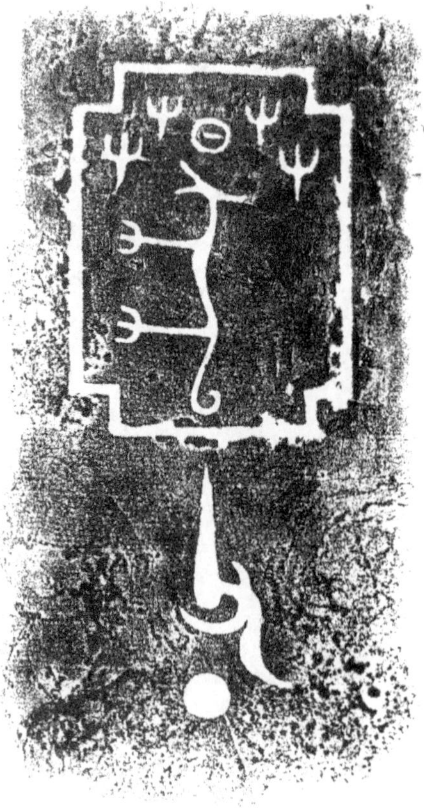

亞獏父丁，

05412.2

丙辰，王令𠨘（邲）
其兄（貺）䰞
于夆田渴，賓
貝五朋，在正月，遘
于妣丙，肜日，大乙爽，
唯王二祀，既
𡛗于上下帝

05412.3

四祀𠨘其卣

亞貘父丁，

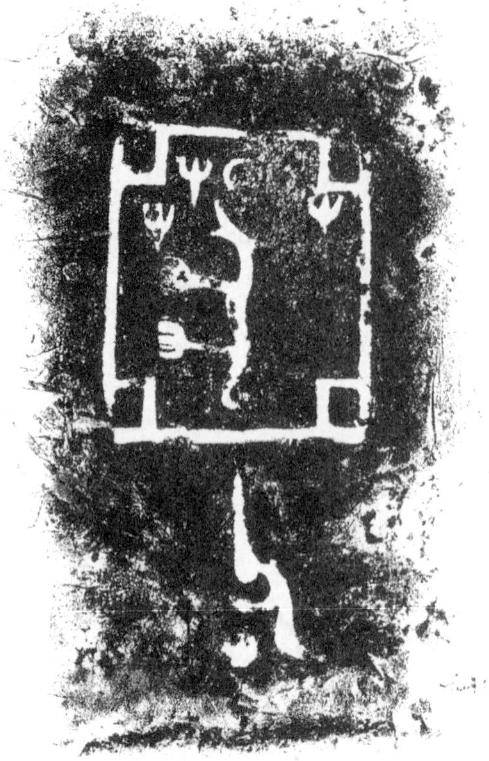

05413.1

亞貘父丁，

05413.2

乙巳，王曰：尊
文武帝乙，宜
在召大廳，遘
乙，翌日，丙午，魯，
丁未，饙（煑），己酉，王
在梌，𠨘（邲）其賜貝，
在四月，唯
王四祀，翌日

05413.3

六祀切其卣

乙亥，𠨘（邲）其賜乍（作）冊孳徽一、玗一，用乍（作）祖癸尊彝，在六月，唯王六祀，翌日，亞獏

05414.1

乙亥，𠨘（邲）其賜乍（作）冊孳徽一、玗一，用乍（作）祖癸尊彝，在六月，唯王六祀，翌日，亞獏

05414.2

保卣

乙卯，王令保及
殷東或（國）五侯，祉（誕）
兄（貺）六品，蔑曆于
保，賜賓，用乍（作）文
父癸宗寶尊彝，遘
于四方，迨（會）王大祀，祐（宥）
于周，在二月既望

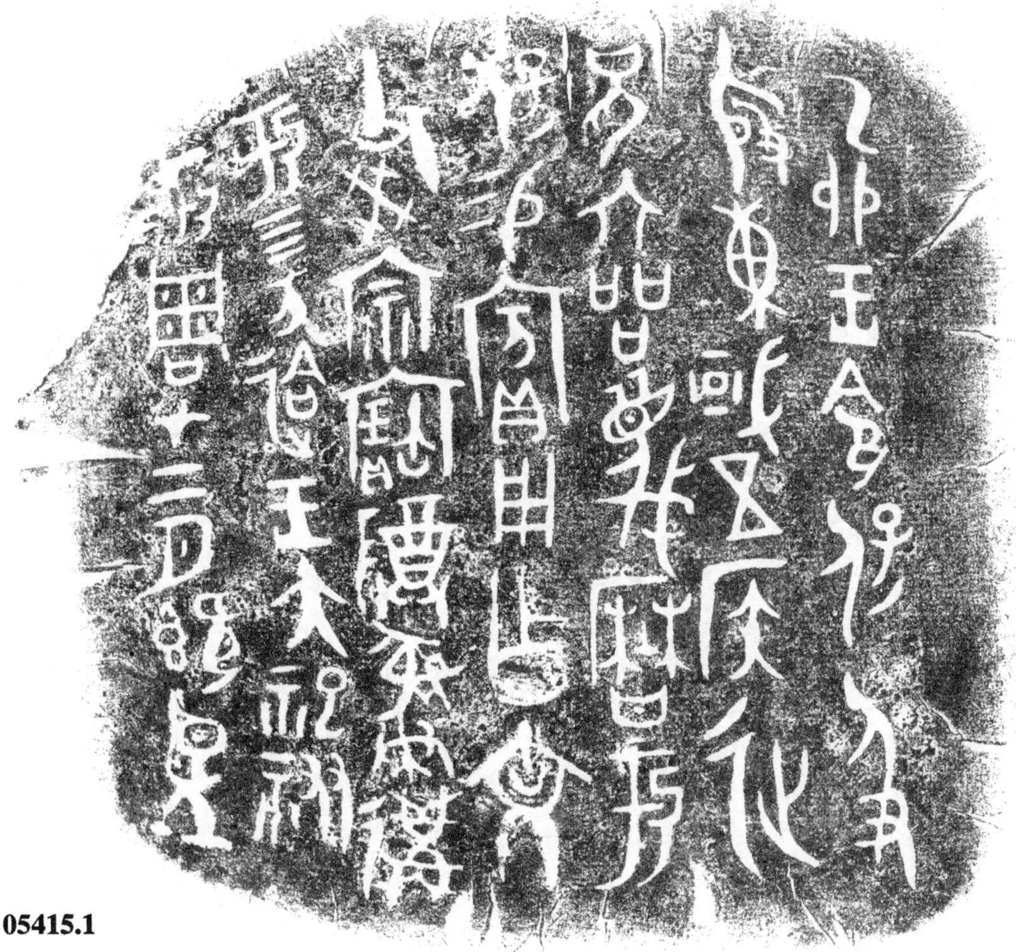

05415.1

乙卯，王令保及
殷東或（國）五侯，祉（誕）
兄（貺）六品，蔑曆于
保，賜賓，用乍（作）文
父癸宗寶尊彝，
遘于四方，迨（會）王大祀，
祐（宥）于周，在二月既望

05415.2

召卣

唯九月，在炎師（次），甲
午，伯懋父賜（賜）召
白馬、妦黄、㛹（髮）微，用
□不（丕）𤘶（丕）召多，用追
于炎，不（丕）𦅫（肆）伯懋父
眘（友）召，萬年永
光，用乍（作）團宮旅彝

05416.1

唯九月，在炎師（次），甲
午，伯懋父賜（賜）召白
馬、妦黃、娋（髮）微，用□
不（丕）杯（丕）召多，用追于
炎，不（丕）豨（肆）伯懋父
眘（友）召，萬年永
光，用乍（作）團宮旅彝

05416.2

小子畬卣

乙巳，子令小子畬先以人于堇，子光商（賞）畬貝二朋，子曰：貝唯丁蔑女（汝）曆，畬用乍（作）母辛彝，在十月，唯子曰令望人（夷）方䍙，

𬪩母辛

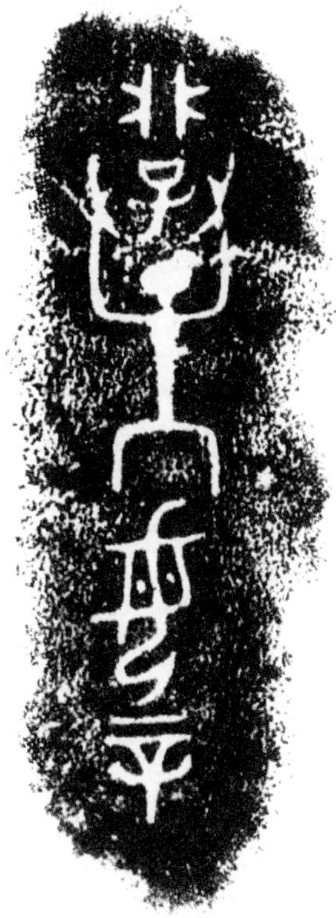

05417.2

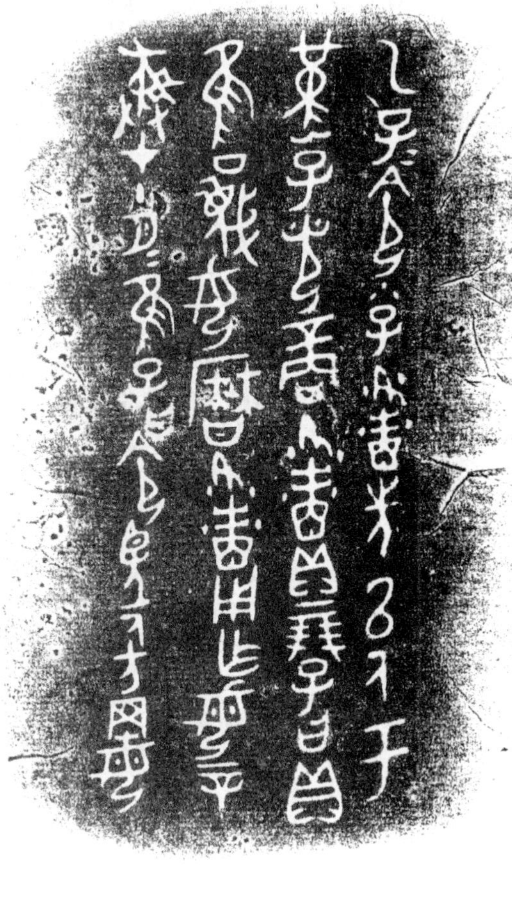

05417.1

免卣

唯六月初吉，王在奠（鄭），丁亥，王各大室，井叔右（佑）免，王蔑免曆，令史懋賜免：載（緇）芾、冋（絅）黄（衡），乍（作）嗣工（空），對揚王休，用乍（作）尊彝，免其萬年永寶用

05418

彔茲卣

王令茲曰：𢦚淮尸（夷）敢伐內國，女（汝）其以成周師氏戍于𠂤（固）師（次），伯雍父蔑彔曆，賜貝十朋，彔拜䭬首，對揚伯休，用乍（作）文考乙公寶尊彝

05419

彔𢦚卣

王令𢦚曰：戲淮尸（夷）敢
伐內國，女（汝）其以成周
師氏成于{古由}（固）師（次），伯雍
父蔑彔曆，賜貝十朋，彔
拜䭫首，對揚伯休，用
乍（作）文考乙公寶尊彝

05420.1

王令戜曰：䱷淮尸（夷）敢
伐內國，女（汝）其以成周
師氏戍于𠧴（固）師（次），伯雍
父蔑彔曆，賜貝十朋，彔
拜䭫首，對揚伯休，用
乍（作）文考乙公寶尊彝

05420.2

士上卣

唯王大龠（禴、礿）于宗
周，徃（誕）餗葊京年，
在五月既望辛
酉，王令士上眔史
寅竄（殷）于成周，替（穀）
百生（姓）豚，眔賞卣、鬯、
貝，用乍（作）父癸寶尊
彝，臣辰册侁

05421.1

唯王大龠（禴、礿）于宗
周，徃（誕）餗葊京年，
在五月既望辛
酉，王令士上眔史
寅竄（殷）于成周，替（穀）
百生（姓）豚，眔賞卣、鬯、
貝，用乍（作）父癸寶
尊彝，臣辰册侁

05421.2

士上卣

唯王大龠(禴、礿)于宗周,
𢓊(誕)䬴莽京年,
在五月既望辛
酉,王令士上眔史
寅𡩜(殷)于成周,替(穀)
百生(姓)豚,眔賞卣、鬯、
貝,用乍(作)父癸寶
尊彝,臣辰册侁

05422.1

唯王大龠(禴、礿)于宗
周,𢓊(誕)䬴莽京年,
在五月既望辛
酉,王令士上眔史
寅𡩜(殷)于成周,替(穀)
百生(姓)豚,眔賞卣、鬯、
貝,用乍(作)父癸寶
尊彝,臣辰册侁

05422.2

匡卣

唯四月初吉甲午，懿王在
射盧（廬），乍（作）象[illegible]，匡甫象⿰象朵二，
王曰：休，匡拜手䭫首，對揚天
子不（丕）顯休，用乍（作）文考日丁
寶彝，其子子孫孫永寶用

05423A

唯四月初吉甲午，懿王在
射盧（廬），乍（作）象犮，匡甫象鱳
二，王曰：休，匡拜手䭫首，對揚天
子不（丕）顯休，用乍（作）文考日丁
寶彝，其子子孫孫永寶用

05423B

農卣

唯正月甲午，王在隭

应，王寴（親）令伯𥏫曰：毋

卑（俾）農弋（特），事（使）厥沓（友）妻農，

迺嗇（廩）厥孥（帑），厥小子，小

大事毋又田，農三拜

䭬首，敢對揚王休，從

乍（作）寶彝

05424.1

05424.2

競卣

唯伯屖父以成師
即東，命伐南尸（夷），正
月既生霸辛丑，在
鄀（坯），伯屖父皇競各
于官，競蔑曆，賞競
章（璋），對揚伯休，用乍（作）
父乙寶尊彝，子子孫
永寶

05425.1

唯伯屖父以成師
即東，命伐南尸（夷），正
月既生霸辛丑，在
鄀（坯），伯屖父皇競各
于官，競蔑曆，賞競
章（璋），對揚伯休，用乍（作）
父乙寶尊彝，子子孫
永寶

05425.2

庚贏卣

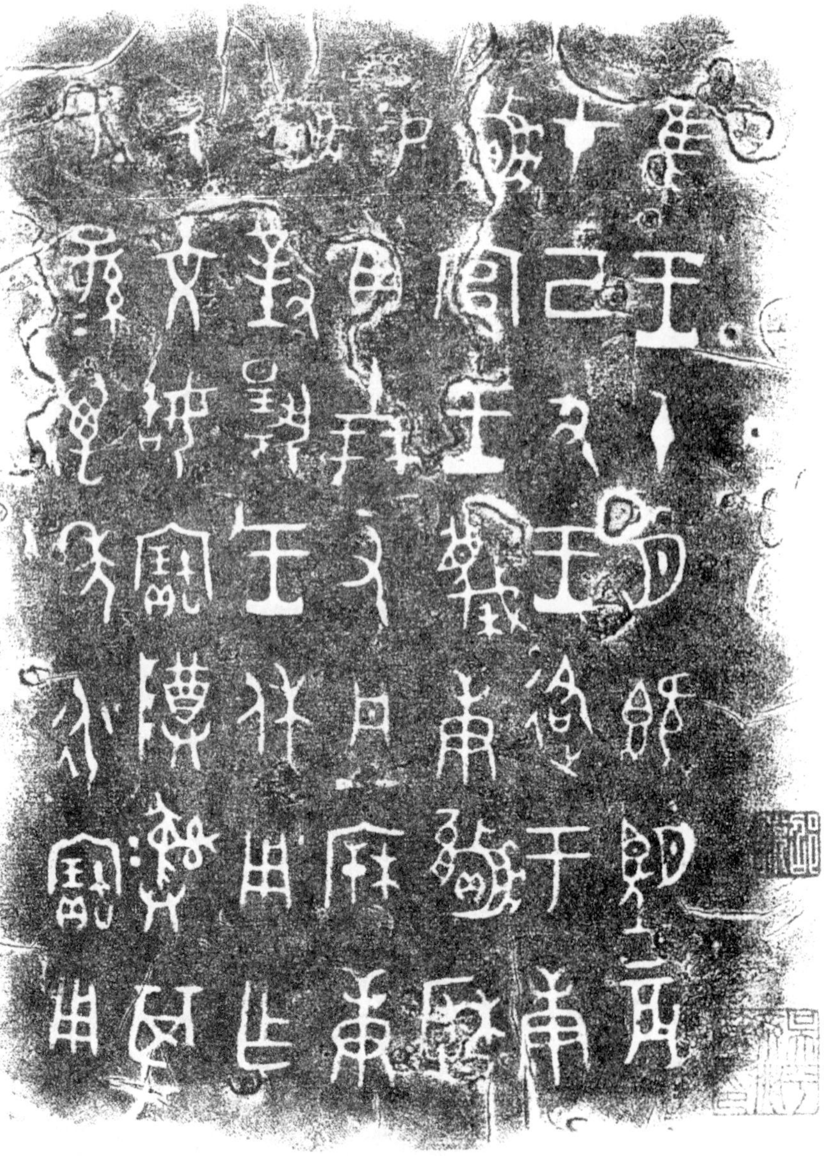

唯王十月既望，辰
在己丑，王逄（各）于庚
贏（嬴）宮，王穠（袾、蔑）庚贏（嬴）曆，
賜貝十朋，又丹一柝（柝、管），庚
贏（嬴）對揚王休，用乍（作）
厥文姑寶尊彝，其
子子孫孫萬年，永寶用

05426.1

唯王十月既望，辰在己丑，
王逄（各）于庚贏（嬴）宫，王穫（秣、蔑）庚贏（嬴）
曆，賜貝十朋，又丹一栫（柝、管），庚贏（嬴）
對揚王休，用乍（作）厥文姑寶
尊彝，其子子孫孫萬年，永寶用

05426.2

作册益卣

乍（作）册嗌乍（作）父辛尊，
厥名義（宜），曰：子子孫寶，
不彔（禄）嗌子，子征（延）先衋
死，亡子，子引有孫，不
敢娣（雉），擾（叨）䖵（䖵）鑄彝，
用乍（作）大禦于厥祖
妣、父母、多申（神），毋念
㦰（哉），弋勿刞（剥）嗌鰥寡，
遺祜石（祏）宗不剘

05427

叔趯父卣

叔趯父曰：余考（老）不克御事，唯女（汝）焂䁮（其）敬辪（[辟/又]）乃身，毋尚（常）爲小子，余[丮兄]（貺）爲女（汝）兹小鬱彝，女（汝）䁮（其）用鄉（饗）乃辟軝侯，逆造出內（入）事（使）人，烏虖（乎），焂，敬𢦏（哉），兹小彝妹吹見，余唯用諆（其）䣢女（汝）

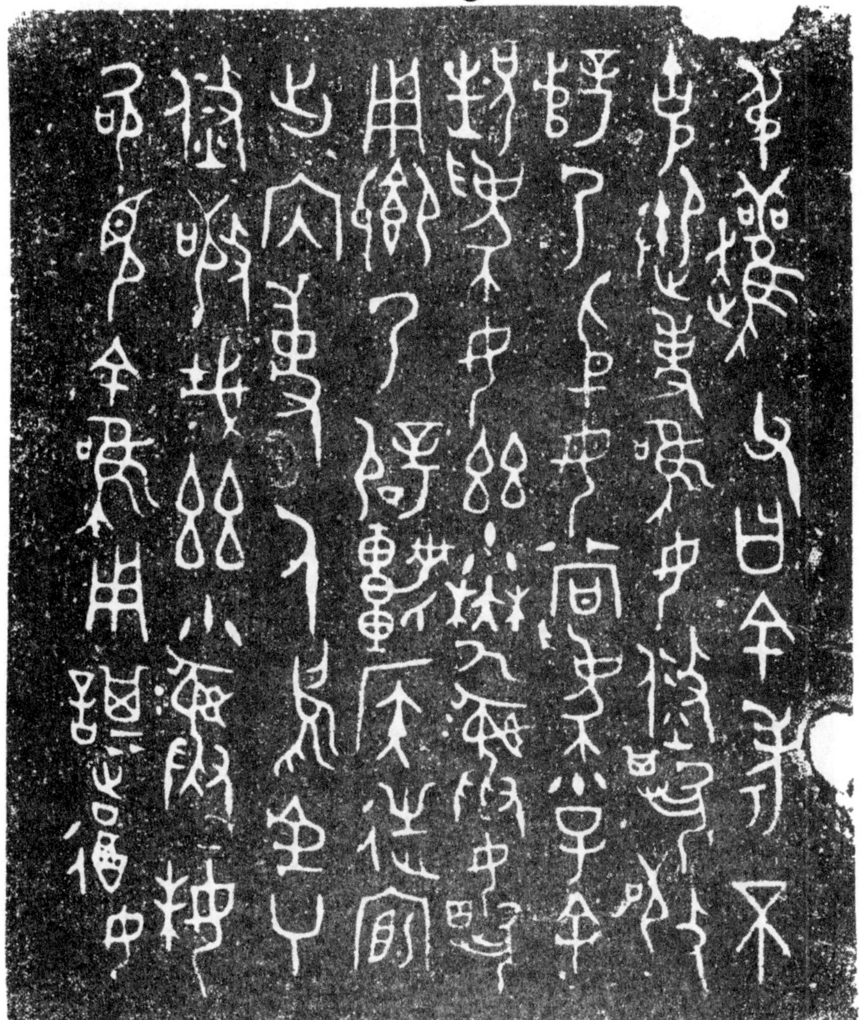

05428.1

叔䞣父曰：余考（老）不克
御事，唯女（汝）焂𦔻（其）敬
辥（嬖）乃身，毋尚（常）爲小子，余
𠬝（貺）爲女（汝）兹小鬱彝，女（汝）𦔻（其）
用鄉（饗）乃辟軝侯，逆造
出内（入）事（使）人，烏虖（乎），
焂，敬𢦏（哉），兹小彝妹吹
見，余唯用諆（其）䣛女（汝）

05428.2

叔趯父卣

叔趯父曰：余考（老）不克
御事，唯女（汝）焂期（其）敬辥（嬖）
乃身，毋尚（常）爲小子，余𧢻（貺）
爲女（汝）兹小鬱彝，女（汝）期（其）
用鄉（饗）乃辟軝侯，逆造
出內（入）事（使）人，烏虖（乎），焂，敬
戋（哉），兹小彝妹吹見，
余唯用諆（其）䣛女（汝）

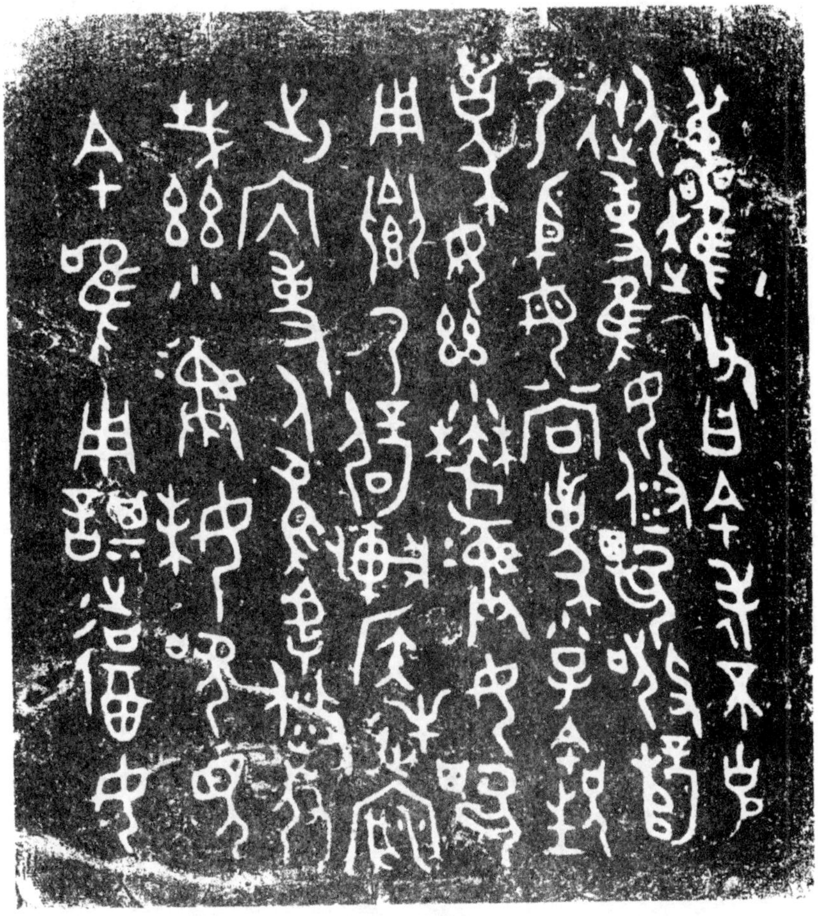

05429.1

叔趞父曰：余考（老）不克
御事，唯女（汝）焂⿰其丮（其）敬
辟（嬖）乃身，毋尚（常）爲小子，余
⿰丮兄（貺）爲女（汝）兹小鬱彝，女（汝）⿰其丮（其）
用鄉（饗）乃辟軝侯，逆造
出內（入）事（使）人，烏虖（乎），焂，
敬戋（哉），兹小彝妹吹
見，余唯用諆（其）酷女（汝）

05429.2

繁卣

05430.1

唯九月初吉癸丑，公酌
祀，雩（越）旬又一日辛亥，公
啻（禘）酌辛公祀，衣事亡眅，
公襪（蔑）繁曆，賜宗彝一膂（肆），
車馬兩，繁拜手䭫首，對
揚公休，用乍（作）文考辛公
寶尊彝，其邁（萬）年寶，或

唯九月初吉癸丑，公⿰酉彡
祀，雩（越）旬又一日辛亥，公
啻（禘）⿰酉彡辛公祀，衣事亡⿰目叉，
公⿰禾蔑（蔑）繁曆，賜宗彝一⿱隹冋（肆），
車馬兩，繁拜手䭫首，對
揚公休，用乍（作）文考辛公
寶尊彝，其邁（萬）年寶，或

05430.2

高卣

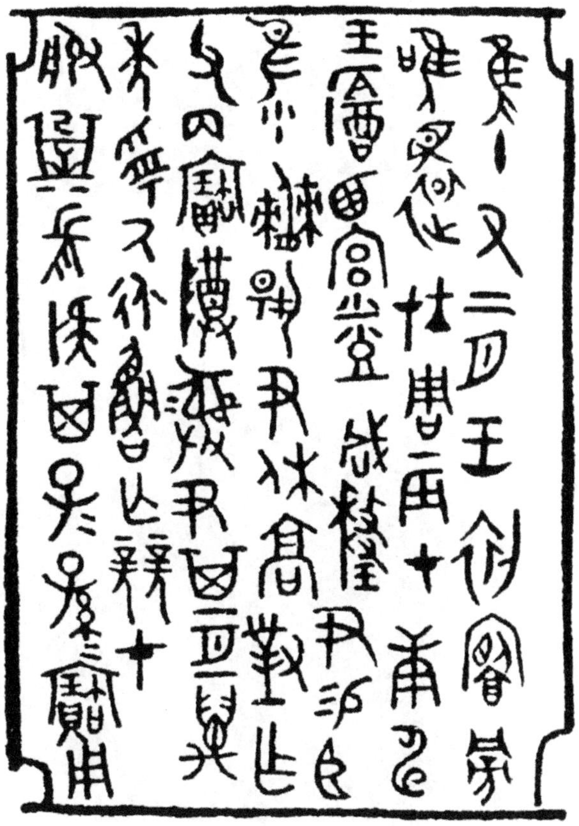

亞，唯十又二月，王初饇旁，
唯還在周，辰在庚申，
王厭（飲）西宮，烝，咸釐（理、釐），尹賜臣
唯小僰，揚尹休，高對乍（作）
父丙寶尊彝，尹其亘萬
年受厥永魯，亡競在
服，㠱長疑其子子孫孫寶用

05431

作册魖卣

05432.1

唯公大（太）史見服于宗周年，
在二月既望乙亥，公大（太）史
咸見服于辟王，辦（遍）于多正，
雩四月既生霸庚午，王遣
公大（太）史，公大（太）史在豐，賞乍（作）册魖馬，
揚公休，用乍（作）日己旅尊彝

05432.2

唯公大（太）史見服于宗周年，
在二月既望乙亥，公大（太）史
咸見服于辟王，辦（遍）于多正，
雩四月既生霸庚午，王遣
公大（太）史，公大（太）史在豐，賞乍（作）册魖馬，
揚公休，用乍（作）日己旅尊彝

效卣

05433.1A

05433.2A

唯四月初吉甲午，王雚（觀）于
嘗公東宮，內（納）鄉（饗）于王，王賜
公貝五十朋，公賜厥涉（世）子效
王休（好）貝廿朋，效對公休，用
乍（作）寶尊彝，烏虖（乎），效不
敢不邁（萬）年夙夜奔走
揚公休，亦其子子孫孫永寶

05433.1B

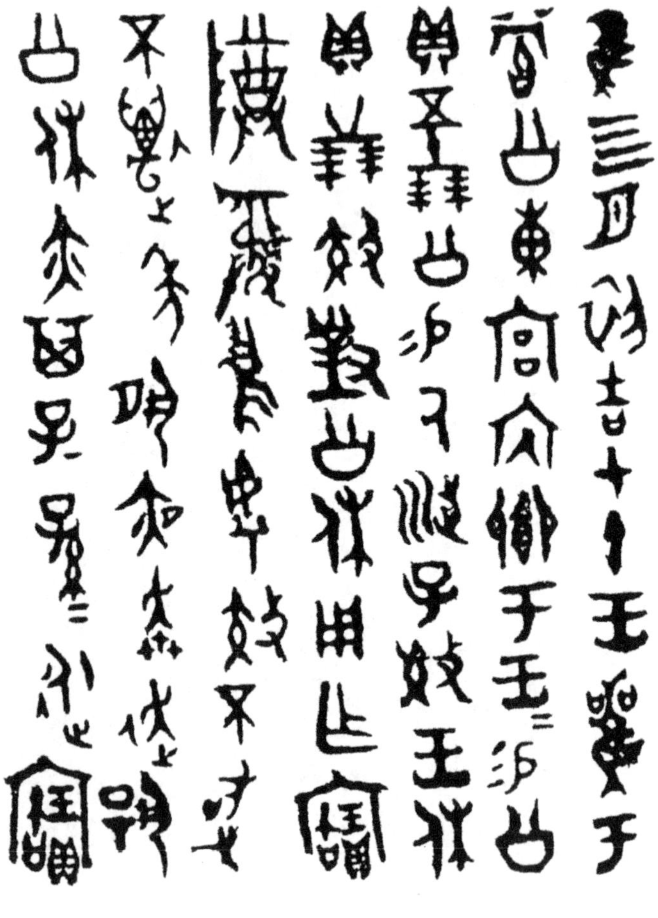

唯四月初吉甲午，王雚（觀）于
嘗公東宮，內（納）鄉（饗）于王，王賜公
貝五十朋，公賜厥涉（世）子效王休（好）
貝廿朋，效對公休，用乍（作）寶
尊彝，烏虖（乎），效不敢
不邁（萬）年夙夜奔走揚
公休，亦其子子孫孫永寶

05433.2B

銘文説明
○四二五七～○五四三三

殷類

○四二五七～○四六三二

○四二五七 弭伯師耤殷
字數 七一（又重文二）
時代 西周晚期
著録 總集 二七六九
文物 一九六六年一期六頁圖二
斷代 一四九
銘文選 二七一
出土 一九六三年陝西藍田縣輞川公社新村
現藏 藍田縣文物管理委員會
來源 藍田縣文物管理委員會提供

○四二五八 害殷（宰襡父敦、周敦）
字數 七二（又重文二）
時代 西周晚期
著録 博古 一六・四二
薛氏 一三〇
嘯堂 五六
斷代 一六〇
流傳 「内藏」（考古圖）
來源 嘯堂

○四二五九 害殷
字數 七二（又重文二）
時代 西周晚期
著録 博古圖 一六・四四
薛氏 一三二
嘯堂 五七
流傳 「内藏」（考古圖）
來源 嘯堂

○四二六〇 害殷
字數 七二（又重文二）
時代 西周晚期
著録 考古圖 三・一五
博古 一六・四五
薛氏 一三三
嘯堂 五八
流傳 「内藏」（考古圖）
來源 嘯堂

○四二六一 天亡殷（大豐殷、毛公聃季殷）
字數 七七（又合文二）
時代 西周早期
著録 總集 二七七七
三代 九・一三・二
從古 一五・八
攈古 三・一・七二
愙齋 一一・一五・二
奇觚 四・一一
周金 三・三二・一
簠齋 三敦一
小校 八・六〇・二
大系 一
通考 二九八
斷代 一
銘文選 二三
綜覽・殷 九一
歷博 四八
美全 四・一四七
青全 五・五〇
辭典 三六二
出土 傳清道光年間（一八二一～一八五〇）陝西岐山出土（歷博）
流傳 舊藏陳介祺，一九五六年北京故宮博物院購自琉璃廠振寰閣
現藏 中國歷史博物館
來源 考古研究所藏

○四二六二 格伯殷
字數 七七（又重文二）
時代 西周中期
著録 總集 二七七八
三代 九・一四・一～二
筠清 三・二五・一～三・二六・一
攈古 三・一・七八～七九
奇觚 一六・三八・一（蓋）
敬吾下 五・一～六・一
周金 三・二八・一～二
大系 六四・二～六五・一
小校 八・六一・一～二
流傳 杭州朱彦甫舊藏（筠清）
來源 三代

○四二六三 格伯殷
字數 六三（又重文二）
時代 西周中期
著録 總集 二七七九
三代 九・一五・一
十六 二・一・一
懷米下 二八
攈古 三・一・八二
愙齋 九・一六・一
敬吾下 八
周金 三・三〇・一
大系 六六・二
小校 八・六四・二
故青 一五五
流傳 錢坫、曹秋舫舊藏
現藏 北京故宮博物院
來源 考古研究所藏

○四二六四 格伯殷
字數 七七（又重文二）
時代 西周中期
著録 總集 二七八〇
三代 九・一五・二～九・一六・一
攈古 三・一・八一・一～二
愙齋 九・一五・二（蓋）
敬吾下 七・一，下 八・二
周金 三・二九・一～二

大系 六五・二～六六・一
小校 八・六二～八六三・一
夢郼上 三三(器)
通考 三一七
銘文選 二一〇
蔭軒 一・二〇
綜覽・𣪘 三三九
辭典 三八五
青全 五・六二
上海(二〇〇四) 三一二

流行 蓋舊藏多智友、潘祖蔭(敬吾、周金)器舊藏方鐵珊、劉喜海、羅振玉(敬吾、夢郼),後歸李蔭軒
現藏 上海博物館
來源 考古研究所藏
備注 此器、蓋據上博藏品合而爲一

〇四二六五 格伯𣪘

字數 七七(又重文二)
時代 西周中期
著録 總集 二七八二
三代 九・一六・二
積古 七・一五
攈古 三・一・八〇
奇觚 一六・三六
周金 三・三七・二
大系 六四
小校 八・六三・二
流傳 阮元舊藏,後歸故宮
現藏 中國歷史博物館
來源 考古研究所拓

〇四二六六 趞𣪘(趞鼎)

字數 八〇
時代 西周中期
著録 總集 二七八三
三代 四・三三・二
愙齋 五・一〇
周金 二補
大系 二九
小校 三・二五・二
安徽金石 一・二〇・三
斷代 未一〇
彙編 三・七二
銘文選 一七二
綜覽・𣪘 二九四
流傳 李山農舊藏(愙齋)
現藏 日本東京書道博物館
來源 考古研究所藏
備注 三代等書誤作鼎,今依書道博物館器形照片改正

〇四二六七 申𣪘蓋

字數 八二(又重文二)
時代 西周中期
著録 總集 二七八四
考古與文物 一九八三年二期一八頁圖三
銘文選 一三二
現藏 江蘇鎮江市博物館
來源 鎮江市博物館提供

〇四二六八 王臣𣪘

字數 八五
時代 西周中期
著録 總集 二七八五
文物 一九八〇年五期六四頁(蓋)
銘文選 二四七(蓋)
出土 一九七七年陝西澄城縣南串業村墓葬
現藏 澄城縣文物管理所
來源 澄城縣文物管理所提供

〇四二六九 縣妃𣪘(穡伯彝、縣伯彝、媢妃彝)

字數 八六(又重文二)
時代 西周中期
著録 總集 二七八六
三代 六・五五・一
西甲 六・二六
積古 五・三六
古文審 五・一三
攈古 三・一・八六
愙齋 一一・一七
周金 三・一〇一
大系 三八
善齋 八・五〇
善彝 五七
安徽金石 一・二二
通考 二六八
故圖下下 一五七
彙編 三・六八
銘文選 一八九
綜覽・𣪘 二九〇
楘盛 二八二頁
周録 五三
流傳 清宮舊藏,後歸劉體智
現藏 臺北故宮博物院
來源 考古研究所藏劉體智拓本

〇四二七〇 同𣪘蓋

字數 八七(又重文四)
時代 西周中期
著録 總集 二七八九
三代 九・一七・二
西甲 六・二九
周金 三補
貞松 六・八
希古 三・二八
大系 七四
流傳 清宮舊藏
來源 陳邦懷先生藏

〇四二七一 同𣪘

字數 八七(又重文四)
時代 西周中期
著録 總集 二七九〇
三代 九・一八・一
周金 三補
貞松 六・七
希古 三・二七
大系 七三・二
斷代 一五七
銘文選 二三三
辭典 三九三
故青 一五二
流傳 劉鶚、方若舊藏
現藏 北京故宮博物院
來源 考古研究所拓

〇四二七二 朢𣪘

字數 蓋八七(又重文二) 器八一(又重文一)
時代 西周中期
著録 總集 二七八七・一
筠清 三・四八～四九
攈古 三・一・八三～八五
大系 六二
銘文選 二一二
來源 攈古

〇四二七三 静𣪘

字數 八八(又重文二)
時代 西周早期

著録 總集 二七八八，四九七八
三代 六・五五・二
西清 二七・一四
周金 三・二六
愙齋 一一・五
大系 二七
貞圖上 三三
通考 二七一
小校 八・六五・一
彙編 三・六七
銘文選 一七〇
綜覽・毁 三〇九
薩克勒(西周) 五三
流傳 清宫舊藏，後歸李山農、羅振玉
現藏 美國華盛頓薩克勒美術館
來源 考古研究所藏猗文閣拓本

〇四二七四 元年師兑毁
字數 八九(又重文二)
時代 西周晚期
著録 總集 二八三三
三代 九・三二・二~九・三三・一
貞松 六・一七・一(蓋)
希古 三・三三・二(器)
善齋 八・九五~九六
大系 一四七・一~二
小校 八・八一・二~三
善彝 七五
流傳 劉體智舊藏
來源 考古研究所藏
備注 容庚云「蓋僞」(通考上二一九)

〇四二七五 元年師兑毁
字數 八九(又重文二)
時代 西周晚期
著録 總集 二八三二
三代 九・三一・二~九・三二・一
貞松 六・一七・二~六・一八・二
周金 三補(蓋)
小校 八・八〇・二~八・八一・一
大系 一四六・一~二
希古 三・三二・二~三・三三・一
善齋 八・九三~九四
善彝 七四
通考 三三九
斷代 一七〇
銅玉 八六頁圖Fig 八四
銘文選 二七六
綜覽・毁 三九二
上海(二〇〇四) 三一九
流傳 溥倫、劉體智舊藏(貞松)
現藏 上海博物館
來源 考古研究所藏

〇四二七六 豆閉毁
字數 九二
時代 西周中期
著録 總集 二七九一
三代 九・一八・二
愙齋 一〇・一〇
奇觚 四・一五
周金 三・二六
大系 六〇
小校 八・六五・二
冠斝上 二五
斷代 一〇九
銘文選 二二九
辭典 三九二
綜覽・毁 三三二
故青 一五九
出土 傳出西安
流傳 潘祖蔭、盛昱、多智友、榮厚等舊藏(愙齋、奇觚、周金)
現藏 北京故宫博物院
來源 考古研究所拓

〇四二七七 師餘毁蓋
字數 九七
時代 西周中期
著録 總集 二七九二
三代 九・一九・一
攈古 三・二・一五
愙齋 九・一七
大系 一〇〇
小校 八・六六・一
斷代 一三五
銘文選 二八一
流傳 沈濤舊藏(斷代)
來源 陳邦懷先生藏

〇四二七八 鬲比毁蓋
字數 九七(又重文四)
時代 西周晚期
著録 未見
流傳 北京故宫博物院舊藏
現藏 中國歷史博物館
來源 考古研究所拓

〇四二七九 元年師旋毁
字數 蓋 九六、器 九七(又重文二)
時代 西周晚期
著録 總集 二七九三・二
銘文選 二七五
張家坡 圖版八(蓋)
學報 一九六二年一期五頁圖二(蓋)
斷代 一四五
銘文選 五・六四
青全 五・六四
出土 一九六一年陝西長安縣張家坡窖藏
現藏 陝西省博物館
來源 考古研究所拓

〇四二八〇 元年師旋毁
字數 蓋 九六、器 九七(又重文二)
時代 西周晚期
著録 總集 二七九五・一，二七九四(二七九三・一)
張家坡 圖版九(器)，圖版一〇(蓋)
學報 一九六二年一期圖版五(器)
出土 同〇四二七九
現藏 陝西省博物館
來源 陝西省博物館提供

〇四二八一 元年師旋毁
字數 九七(又重文二)
時代 西周晚期
著録 總集 二七九五・二
張家坡 圖版一一
出土 同〇四二七九
現藏 陝西省博物館
來源 陝西省博物館提供

〇四二八二 元年師旋毁
字數 蓋 九六、器 九七(又重文二)
時代 西周晚期
著録 未見
出土 同〇四二七九
現藏 陝西省博物館
來源 陝西省博物館提供

〇四二八三 師瘨毁蓋
字數 一〇〇(又重文三)
時代 西周中期

著録 總集 二七九八
文物 一九六四年七期二六頁
斷代 一一九
綜覽・段 三六六
陝青 四・一一八
出土 一九六三年陝西武功縣北坡村
現藏 陝西省博物館
來源 陝西省博物館提供

〇四二八四 師𤸰段蓋

字數 一〇〇（又重文三）
時代 西周中期
著録 總集 二七九九
文物 一九六四年七期二七頁
銘文選 二三八
綜覽・段 三六五
陝青 四・一一七
辭典 三七五
出土 同〇四二八三
現藏 陝西省博物館
來源 陝西省博物館提供

〇四二八五 諫段

字數 一〇〇（又重文二） 器銘少一字
時代 西周晚期
著録 總集 二七九六
三代 九・一九・二～九・二〇・一
陶齋 二・一〇
周金 三・二五
大系 一〇一
小校 八・六六・二～八・六七・一
斷代 一三六
銘文選 二八八
辭典 四一三
故青 一九二
出土 傳陝西扶風出土

流傳 端方、馮恕舊藏
現藏 北京故宮博物院
來源 考古研究所拓

〇四二八六 輔師𠭯段

字數 一〇〇（又重文二）
時代 西周晚期
著録 總集 二七九七
學報 一九五八年二期圖版 二
斷代 一四二
銘文選 三八七
綜覽・段 三〇二
辭典 四二一
青全 五・六一
出土 一九五七年陝西長安縣兆元坡
現藏 中國歷史博物館
來源 考古研究所拓

〇四二八七 伊段

字數 一〇二（又重文二）
時代 西周晚期
著録 總集 二八〇〇
三代 九・二〇・二
周金 三・二三
貞松 六・九
希古 三・二九
大系 一一六
小校 八・六七・二
日精華 四・三二六
彙編 三・四四
銘文選 二二二
綜覽・段 三七八
流傳 日本京都小川睦之輔氏舊藏
來源 考古研究所藏猗文閣拓本

〇四二八八 師酉段

字數 一〇四

時代 西周中期
著録 總集 二八〇三・一，二八〇四・
二
三代 九・二一・二～九・二三・一
積古 六・二三・一（蓋）
攈古 三・二・二八・二～二九・
一（器）
二百 三・一（器）
兩罍 六・一五・一（蓋）、六・
一七・一（器）
愙齋 九・一二・一（器）
奇觚 四・二二・一～二（蓋）
四・二四・二（器）
古文審 七・一一
周金 三・二〇・二（蓋）
大系 七六・一～七七・二
小校 八・六九・二～七〇・二
故青 一八九
流傳 阮元、吳雲、金香圃舊藏（兩罍）
現藏 北京故宮博物院
來源 考古研究所藏（器銘係吳雲拓本）

〇四二八九 師酉段

字數 一〇四（又重文二）
時代 西周中期
著録 總集 二八〇四・一，二八〇三・
二
三代 九・二二・二～九・二三・一
積古 六・二四・一（器）
攈古 三・二・二七・一～二
（器）三・二・三〇・二～三一・
一（蓋）
兩罍 六・一七・二（蓋）
愙齋 九・一三・二（蓋）
周金 三・二〇・一～三・二一・一

小校 八・七〇・一～八・七一・一
大系 七六・二～七七・一
斷代 一七三
銘文選 一九二（器）
流傳 阮元、吳雲、陳受笙、朱筱漚舊
藏（兩罍），後歸故宮
現藏 中國歷史博物館
來源 考古研究所藏

〇四二九〇 師酉段

字數 一〇四（又重文二）
時代 西周中期
著録 總集 二八〇五
三代 九・二三・二
積古 六・二六・一
攈古 三・二・三一・二～三三・一
周金 三・二二・二
陶齋 二・一四
奇觚 四・二三・二～二四・、一
大系 七八・一
小校 八・七二・一
流傳 端方、顧壽康、馮恕舊藏（周金）
現藏 北京故宮博物院
來源 考古研究所拓

〇四二九一 師酉段

字數 一〇四（又重文二）
時代 西周中期
著録 總集 二八〇六
三代 九・二四・一
攈古 三・二・三二・二～三三・一
周金 三・二二・一
大系 七八・二
小校 八・六九・一
癡盦 一六
流傳 朱筱漚、徐乃昌舊藏（小校）

現藏 北京故宮博物院
來源 考古研究所藏

〇四二九二 五年召伯虎𣪘(琱生𣪘)

字數 一〇四
時代 西周晚期
著録 總集 二八〇一
攈古 三・二・二五~二六
大系 一三三
盧氏(一九二四)一一
通考 三二一
美集録 R 四一九
彙編 三・三九
銘文選 二八九
綜覽・𣪘 三四三
美全 四・二三五
流傳 「見洛陽市中，後歸山西馬氏」(攈古録 三・一・八)。盧芹齋舊藏(美集録)
現藏 美國紐約穆爾處
來源 考古研究所藏

〇四二九三 六年召伯虎𣪘

字數 一〇四
時代 西周晚期
著録 總集 二八〇二
三代 九・二一・一
攈古 三・二・二四
大系 一三五
小校 八・六八
斷代 一六六
銘文選 二九〇
青全 六・一二九
辭典 三六九
流傳 多智友舊藏
現藏 中國歷史博物館
來源 考古研究所藏孫壯拓本

〇四二九四 揚𣪘

字數 一〇四(又重文三)
時代 西周晚期
著録 總集 二八一〇
三代 九・二四・二
攈古 三・二・三三・二
敬吾上 五三
周金 三・一九・二
大系 一〇二・二
斷代 一三八
流傳 葉志詵舊藏
來源 三代

〇四二九五 揚𣪘

字數 一〇四(又重文三)
時代 西周晚期
著録 總集 二八一一
三代 九・二五・一
愙齋 一一・一六
周金 三・二四・一
大系 一〇二・一
小校 八・七二・二
銘文選 二五七
辭典 四一四
故青 一九〇
現藏 北京故宮博物院
來源 考古研究所藏

〇四二九六 𨞾𣪘蓋(邾敦、毛伯敦)

字數 一〇四(又重文二)
時代 西周晚期
著録 總集 二八〇七
考古圖 三・一〇・一
薛氏 一三四
大系 一四八
出土 傳出于陝西扶風
流傳 劉原父舊藏
來源 A、薛氏石刻殘本；B、薛氏一三四

〇四二九七 𨞾𣪘

字數 一〇四(又重文二)
時代 西周晚期
著録 總集 二八〇八、二八〇九
考古圖 三・一〇・二
薛氏 一三四~一三五
大系 一四九
銘文選 四〇三
出土 同〇四二九六
流傳 「藏于京兆孫氏」(考古圖)
來源 A、薛氏石刻殘本；B、薛氏一三三~一三五

〇四二九八 大𣪘蓋

字數 一〇五(又重文二)
時代 西周晚期
著録 總集 二八一二
三代 九・二五・二
斷代 一八三
西甲 一二・四六
古文審 六・一
貞松 六・一〇~六・一一・一
周金 三・一九・一
大系 七四・一
小校 八・七四・一
希古 三・三〇
善齋 八・九七
安徽金石 一・二三
皇儲 一〇六
綜覽・𣪘 三九三
流傳 清宮舊藏、後歸劉鶚、劉體智
現藏 瑞典斯德哥爾摩王宮
來源 考古研究所藏

〇四二九九 大𣪘蓋

字數 一〇六(又重文二)
時代 西周晚期
著録 總集 二八一三
三代 九・二六・一
攈古 三・二・三五
筠清 三・三三・一~二
周金 三・一八・二
大系 七五・一
小校 八・七三・一
銘文選 三九二
流傳 孫星衍、多智友舊藏(攈古録)，後歸北京故宮
現藏 中國歷史博物館
來源 商承祚先生藏

〇四三〇〇 作册夨令𣪘

字數 一〇七(又重文二、合文一)
時代 西周早期
著録 總集 二八一四・一
三代 九・二六・二
貞松 六・一一
大系 二
小校 八・七四・二
歐精華 一・一二
通考 二九六
彙編 三・三四
銘文選 九四
綜覽・𣪘 二六七
青全 五・五三
出土 「一九二九年，出土于洛陽邙山的馬坡」(斷代)

流傳　法國巴黎威爾氏處
現藏　法國巴黎基美博物館
來源　三代
備注　「自來著録諸書误以兩銘爲一器一蓋，不知實是二器，并無蓋銘」（斷代）

〇四三〇一　作册夨令㲃
字數　一〇七（又重文二、合文一）
時代　西周早期
著録　總集　二八一四・二
三代　九・二七・一
貞松　六・一二
小校　八・七五・一
彙編　三・三五
斷代　一五
出土　同〇四三〇〇
流傳　法國巴黎威爾氏處
現藏　法國巴黎基美博物館
來源　三代

〇四三〇二　录伯𢦚㲃蓋
字數　一〇九（又重文二、合文一）
時代　西周中期
著録　總集　二八一六
三代　九・二七・二
攈古　三・二・五一
愙齋　一一・二
奇觚　四・一六
周金　三・一八・一
大系　三五
小校　八・七五・二
銘文選　一八〇
流傳　呂堯仙舊藏
來源　陳邦懷先生藏

〇四三〇三　此㲃
字數　一一〇（又重文二）
時代　西周晚期
著録　總集　二八一八
陝青　一・一九九（器）
銘文選　四三二
辭典　四〇二
出土　一九七五年陝西岐山縣董家村一號窖藏
現藏　岐山縣博物館
來源　岐山縣博物館提供

〇四三〇四　此㲃
字數　一一〇（又重文二）
時代　西周晚期
著録　總集　二八一九
陝青　一・二〇〇（器）
綜覽・㲃　三六三
出土　同〇四三〇三
現藏　岐山縣博物館
來源　岐山縣博物館提供

〇四三〇五　此㲃
字數　一一〇（又重文二）
時代　西周晚期
著録　總集　二八二〇
陝青　一・二〇一
出土　同〇四三〇三
現藏　岐山縣博物館
來源　岐山縣博物館提供

〇四三〇六　此㲃
字數　一一〇（又重文二）
時代　西周晚期
著録　總集　二八二一
陝青　一・二〇二
出土　同〇四三〇三
現藏　岐山縣博物館
來源　岐山縣博物館提供

〇四三〇七　此㲃
字數　一一〇（又重文二）
時代　西周晚期
著録　總集　二八二二
陝青　一・二〇三
文物　一九七六年五期四〇頁圖一七
出土　同〇四三〇三
現藏　岐山縣博物館
來源　岐山縣博物館提供

〇四三〇八　此㲃
字數　一一〇（又重文二）
時代　西周晚期
著録　總集　二八二三
陝青　一・二〇四
出土　同〇四三〇三
現藏　岐山縣博物館
來源　岐山縣博物館提供

〇四三〇九　此㲃
字數　一一〇（又重文二）
時代　西周晚期
著録　總集　二八二四
陝青　一・二〇五
出土　同〇四三〇三
現藏　岐山縣博物館
來源　岐山縣博物館提供

〇四三一〇　此㲃
字數　一〇七（又重文二）
時代　西周晚期
著録　總集　二八二五
陝青　一・二〇六
出土　同〇四三〇三
現藏　岐山縣博物館
來源　岐山縣博物館提供

〇四三一一　師𠭰㲃（㲃敦、伯龢父敦）
字數　一一〇（又重文二）
時代　西周晚期
著録　總集　二八一五
博古　一六・二七
薛氏　一三八
續考　五・六
嘯堂　五三
大系　九八
斷代　一六九
銘文選　三八四
流傳　「趙周臣所收」（續考）
來源　嘯堂

〇四三一二　師頯㲃
字數　一一〇（又重文二）
時代　西周晚期
著録　總集二八一七
斷代　未一七
彙編　二・三三
流傳　陳承修猗文閣舊藏
來源　考古研究所藏猗文閣拓本
備注　商承祚認爲此器乃翻砂僞作

〇四三一三　師寰㲃
字數　蓋　一一一（又重文二）
器　一一五（又重文二）
時代　西周晚期
著録　總集　二八二六
三代　九・二八・一～二
筠清　三・三五・一～三・三六
攈古　三・二・五二・一～五四
愙齋　九・一四
奇觚　四・二五・一～二六・二

敬吾下 一四・一～二
周金 三・一六・二～一七・一
大系 一三五・二；一三六・二
小校 八・七六
上海 五三
彙編 二・三〇
銘文選 四三九
綜覽・毀 三七七
辭典 四〇三
青全 五・六九
上海(二〇〇四) 三八四

流傳 葉志詵、三原許氏、潘祖蔭舊藏(窓齋、周金)
現藏 上海博物館
來源 考古研究所藏

〇四三一四 師寰毀

字數 一一五（又重文一）
時代 西周晚期
著録 總集 二八二七
三代 九・二九・一
陶齋 二・一二
周金 三・一七・二
大系 一三七
小校 八・七八・一
美集録 R 四一八
支古 二五
彙編 二・三二

流傳 端方舊藏
現藏 美國堪薩斯市納爾遜美術陳列館
來源 考古研究所藏

〇四三一五 秦公毀

字數 一二〇（又重文三）
時代 春秋早期
著録 總集 二八三三
三代 九・三三・二～九・三四・三
貞松 六・一三
大系 二八八～二八九
通考 三四四
小校 八・七八・二～八・七九
安徽金石 一・二四(又一八・八重出)
銅玉 八七頁圖Fig 八五
銘文選 九二〇
歷博 六〇
美全 五・九
青全 七・四〇
辭典 六四八

出土 「民國初，出于甘肅秦州」(通考)；「傳一九一九年甘肅天水西南鄉出土」(青全)
流傳 舊藏皖中張氏(貞松)
現藏 中國歷史博物館
來源 考古研究所藏

〇四三一六 師虎毀

字數 一二一（又重文三）
時代 西周中期
著録 總集 二八二九
三代 九・二九・二
攈古 三・二・五八
窓齋 一一・七・一
敬吾上 五八・一
周金 三・一六・一
小校 八・八〇・一
大系 五八
通考 三二二
上海 五一
斷代 一〇八
銘文選 二四〇
綜覽・毀 三三三
辭典 三七八
上海(二〇〇四) 三一五

流傳 潘祖蔭、丁麟年舊藏(周金)
現藏 上海博物館
來源 考古研究所藏潘祖蔭拓本

〇四三一七 㝬毀

字數 一二二（又重文一、合文一）
時代 西周晚期(厲王)
著録 總集 二八三四
文物 一九七九年四期九〇頁
陝青 三・一三八
銘文選 四〇四
綜覽・毀 三三八
美全 四・二二五
辭典 四〇四
青全 五・六八

出土 一九七八年陝西扶風縣齊家村窖藏
現藏 扶風縣博物館
來源 扶風縣博物館提供

〇四三一八 三年師兑毀

字數 器 一二四(又重文三、合文一)
蓋存 八四(又重文一、合文一)
時代 西周晚期
著録 總集 二八三〇
三代 九・三〇・一(器)九・三一・一(蓋)
貞松 六・一九(器)六・二〇・二～二一・一(蓋)
希古 三・三四・二(器)；三・三六・二(蓋)
大系 一五〇・二(蓋)
周金 三・一五・一(蓋)
小校 八・八二・一～二
斷代 一七一
銘文選 二七八
綜覽・毀 三九七
辭典 三九九
上海(二〇〇四) 三一八

流傳 丁樹楨、丁麟年舊藏(貞松、小校)
現藏 上海博物館
來源 考古研究所藏丁麟年拓本
備注 據上海博物館藏品合此器蓋爲一

〇四三一九 三年師兑毀

字數 一二四（又重文三、合文一）
時代 西周晚期
著録 三代 九・三〇・二
貞松 六・二〇・一
周金 三・一五・二
希古 三・三五・二～三六・一
大系 一五一・一

流傳 丁樹楨舊藏(貞松)
來源 三代

〇四三二〇 宜侯夨毀

字數 一二六（又合文二）
時代 西周早期
著録 總集 二八二八
文物 一九五五年五期六〇頁圖版三
録遺 一六七
五省 圖版一一
斷代 五
銘文選 五七
歷博 五一
綜覽・毀 一八七
美全 四・一八三

青全 六・一一八
辭典 三五三
出土 一九五四年江蘇丹徒縣煙墩山
流傳 原藏江蘇省文物管理委員會
現藏 中國歷史博物館
來源 考古研究所藏陳邦福手拓本

〇四三二一 訇𣪘
字數 一三一（又重文二）
時代 西周晚期
著録 總集 二八三五
文物 一九六〇年二期八頁
斷代 一九五
銘文選 二二〇
綜覽・𣪘 三二〇
出土 一九五九年陝西藍田縣寺坡村
現藏 藍田縣文物管理委員會
來源 考古研究所藏

〇四三二二 戜𣪘
字數 一三二（又重文二）
時代 西周中期
著録 總集 二八三六
文物 一九七六年六期五七頁
陝青 二・一〇四
綜覽・𣪘 三〇〇
銘文選 一七六
美全 四・二一一
辭典 三六八
青全 五・五九
吉鑄 四二
出土 一九七五年陝西扶風縣白家村
墓葬
現藏 扶風縣博物館
來源 扶風縣博物館提供

〇四三二三 敔𣪘
字數 一三四（又重文二、合文四）
時代 西周晚期
著録 總集 二八三七
博古 一六・三六
薛氏 一四一～一四二
嘯堂 五五
大系 九二
斷代 一六五
銘文選 四一一
來源 嘯堂

〇四三二四 師𢽾𣪘
字數 器一三八（又重文四）
蓋一二二（又重文四）
時代 西周晚期
著録 總集 二八三八
三代 九・三五・一～二
愙齋 九・一七
周金 三・一三
大系 一三八～一三九
通考 三三四
小校 八・八五～八六
銘文選 三八六
蔭軒 一・三四
綜覽・𣪘 三七六
辭典 三八〇
上海(二〇〇四) 三七八
流傳 潘祖蔭舊藏(周金)，後歸李蔭軒
現藏 上海博物館
來源 陳邦懷先生藏潘祖蔭拓本

〇四三二五 師𢽾𣪘
字數 器一三八（又重文四）
蓋一二二（又重文四）
時代 西周晚期
著録 總集 二八三九
三代 九・三六・一～二
愙齋 九・一九
周金 三・一四
大系 一三九～一四〇
小校 八・八三～八四
斷代 一六八
上海(二〇〇四) 三七八
流傳 吳大澂、費念慈舊藏(周金)
現藏 上海博物館
來源 陳邦懷先生藏

〇四三二六 番生𣪘蓋
字數 一三九（又重文一）
時代 西周晚期
著録 總集 二八四〇
三代 九・三七・一
陶齋 二・一六
周金 三・一二・二
大系 一三〇
小校 八・一〇二
美集録 R 四〇一
支古 二六
彙編 二・一二
銘文選 三一〇
綜覽・𣪘 三六一
流傳 吳雲、端方舊藏
現藏 美國堪薩斯市納爾遜美術陳列館
來源 考古研究所藏移林館拓本

〇四三二七 卯𣪘蓋
字數 一四八（又重文二、合文一）
時代 西周中期
著録 總集 二八四二
三代 九・三七・二
懷米下 二六
從古 六・三六
古文審 七・一四
攈古 三・三・八
周金 三・一一
大系 七三
小校 八・八八
斷代 一五八
銘文選 二四四
流傳 曹秋舫舊藏
來源 考古研究所藏移林館拓本

〇四三二八 不𡢁𣪘
字數 一四八（又重文二）
時代 西周晚期
著録 總集 二八五三
文物 一九八一年九期二六頁
圖三
辭典 三九七
青全 六・七九
出土 一九〇八年山東滕縣後荆溝西周殘墓
現藏 滕縣博物館
來源 考古研究所拓

〇四三二九 不𡢁𣪘蓋
字數 一四八（又重文三合文一）
時代 西周晚期
著録 總集 二八五二
三代 九・四八・二
從古 一〇・三六
攈古 三・三・二〇・一～二二・一
奇觚 四・三〇
周金 三・一
夢郼上 三四～三五
大系 八九
小校 八・一〇一

通考 三四一
斷代 二一二
銘文選 四四一
流傳 吳康甫、吳興陸氏、新昌俞氏、杭州鄒氏、羅振玉舊藏（夢郼、周金）
現藏 中國歷史博物館
來源 考古研究所藏

〇四三三〇 沈子它𣪘蓋
字數 一四九（又重文二）
時代 西周早期
著録 總集 二八四三
三代 九・三八・一
貞補上 二九
大系 二三
小校 八・八七・一
善齋 八・九八
善彝 八四
通考 二七六
安徽金石 一・二七
斷代 七七
銘文選 八一
綜覽・𣪘 二七四
出土 傳出洛陽
流傳 劉體智舊藏
現藏 比利時皇家藝術歷史博物館
來源 考古研究所藏
備注 斷代称此器「後歸中央博物館籌備處」，不確

〇四三三一 𦰡伯歸夆𣪘（𢍾伯𣪘、乖伯𣪘、羌伯𣪘）
字數 一四九（又合文一）
時代 西周晚期
著録 總集 二八四一
愙齋 一一・二二
周金 三・一一
大系 一三七
小校 八・八七
上海 五四
斷代 一九六
彙編 二・二一
銘文選 二〇六
辭典 四〇〇（四一二重）
流傳 潘祖蔭舊藏（愙齋），後歸上海博物館
現藏 中國歷史博物館
來源 考古研究所藏

〇四三三二 頌𣪘
字數 一五〇（又重文二）
時代 西周晚期
著録 總集 二八四四
三代 九・三八・二～九四〇・一
從古 六・二六・一；二八・一～三〇・二
攈古 三・三・一一～一三・二
愙齋 一〇・二三・二～二四・一
陶齋 二・七・二～九・二
周金 三・三・一～二
大系 四八
小校 八・九五～九六
美集録 R 二〇四
彙編 二・一五
銘文選 四三五
綜覽・𣪘 三八〇
流傳 張廷濟、沈仲復、端方舊藏
現藏 美國堪薩斯市納爾遜美術陳列館
來源 考古研究所藏猗文閣拓本

〇四三三三 頌𣪘
字數 一五〇（又重文二）
時代 西周晚期
著録 總集 二八四五
三代 九・四〇・二～九・四二・一
攈古 三・三・一三・二～一五・一
愙齋 一〇・二〇・一～二二・一
從古 一二・九・一～一三・一
周金 三・二・一～二；三・四・一～二
大系 四七、五五
小校 八・九三・一～二；八・九七・一～二
彙編 二・一六
流傳 方蓮卿、王夢麟、姚觀光舊藏（從古、周金）
來源 考古研究所藏猗文閣拓本

〇四三三四 頌𣪘
字數 一五〇（又重文二）
時代 西周晚期
著録 總集 二八四六
三代 九・四二・二～九・四三・一
攈古 三・三・九・二～一〇・一
金索 一・四五・一
敬吾下 四・一
周金 三・六・一～二
大系 五二
小校 八・九八・一～二
清愛 五
銘文選 四三五（器）
辭典 四〇一
山東藏品 五〇
山東精萃 一一六
流傳 劉喜海舊藏
現藏 山東省博物館
來源 考古研究所藏

〇四三三五 頌𣪘
字數 一五〇（又重文二）
時代 西周晚期
著録 總集 二八四七
三代 九・四三・二～九・四四・一
貞松 六・二一・二～二二・一
希古 三・三七
大系 五四
周金 三・九・一～二
小校 八・九九・一～二
故青 一九一
流傳 劉鶚舊藏（貞松）
現藏 北京故宮博物院
來源 考古研究所拓

〇四三三六 頌𣪘蓋
字數 一五〇（又重文二）
時代 西周晚期
著録 總集 二八四八
三代 九・四四・二～九・四五・一
貞松 六・二三・一～二
周金 三・一〇・一～二
大系 五三
彙編 二・一七
流傳 顧壽康、鄒安舊藏
現藏 日本岳庫縣黑川古文化研究所
來源 三代

〇四三三七 頌𣪘
字數 一五〇（又重文二）
時代 西周晚期
著録 總集 二八四九
三代 九・四五・二～九・四六・一
積古 六・二〇・一～二一・一
奇觚 四・二一・一～二

周金 三・五・一～二
小校 八・九一・一～二
大系 五〇
來源 三代

〇四三三八 頌毁蓋

字數 一五〇（又重文二）
時代 西周晚期
著録 總集 二八五〇
三代 九・四六・二～九・四七・一
攈古 三・三・一五・二～一六・一
愙齋 一〇・一八・二～三
簠齋 三敦三
奇觚 四・二〇・一～二
從古 一五・一二・一～一五・一三・二
周金 三・七・一～二
大系 五一
小校 八・一〇〇・一～二
善齋 八・九九・一
善彝 八六
流傳 陳介祺、姚觀光、劉體智舊藏
現藏 上海博物館
來源 考古研究所藏

〇四三三九 頌毁

字數 一五〇（又重文二）
時代 西周晚期
著録 總集 二八五一
三代 九・四七・二～九・四八・一
攈古 三・三・一六・二～一七・一
愙齋 一〇・二四・二～二五・一
奇觚 四・一八・一～一九・一
周金 三・八・一～二
大系 四九
小校 八・九四・一～二
銘文選 四三五（蓋）
上海（二〇〇四）三八二
流傳 吴式芬舊藏
現藏 上海博物館
來源 考古研究所藏

〇四三四〇 蔡毁（龙毁）

字數 一五七（又重文二）
時代 西周晚期
著録 總集 二八五四
薛氏 一三三
大系 八七
書道 七二
斷代 一三九
銘文選 三八五
來源 A、薛氏宋石刻殘本；
B、薛氏 一三三

〇四三四一 班毁（毛伯彝）

字數 一九五（又重文二）
時代 西周早期
著録 總集 二八五五
西清 三一・一二
古文審 五・一～六
大系 九
斷代 一二
文物 一九七二年九期二頁
綜覽・毁 二三三
銘文選 一六八
美全 四・二〇四
青全 五・五八
辭典 三六七
流傳 原藏清宮，一九七二年北京市物資回收公司有色金屬供應站從廢銅中揀出
現藏 首都博物館
來源 A、考古研究所拓已修復本；
B、傅大卣同志拓未修復本；
C、西清古鑑摹本

〇四三四二 師訇毁（師訇毁、師訇敦）

字數 二一〇（又重文三）
時代 西周晚期
著録 總集 二八五六
薛氏 一三七
大系 一五二
斷代 二〇七
銘文選 二四五
來源 薛氏

〇四三四三 牧毁

字數 存二一九（又重文二）
時代 西周中期
著録 總集 二八五七
考古圖 三・二四
薛氏 一三九～一四〇
大系 五九
銘文選 二六〇
出土 得於扶風
流傳 京兆范氏異之舊藏
來源 薛氏

盨類

〇四三四四～〇四四七〇

〇四三四四 攸斛盨

字數 五
時代 西周晚期
著録 總集 二九八八
三代 一〇・二七・一
西清 二九・二三
流傳 清宮、頤和園舊藏
現藏 北京故宮博物院
來源 考古研究所拓

〇四三四五 伯夲父盨

字數 六
時代 西周晚期
著録 總集 二九九二
文物 一九七三年一一期七八頁圖二
陜青 三・一三〇
綜覽・盨 一
出土 一九四九年陜西扶風縣七里橋
現藏 扶風縣博物館
來源 扶風縣博物館提供

〇四三四六 𩛥伯盨

字數 六
時代 西周晚期
著録 考古與文物 一九八三年三期一〇頁圖七
出土 一九八一年甘肅寧縣湘樂公社玉村墓葬
現藏 甘肅慶陽地區博物館
來源 考古與文物

〇四三四七 [illegible]伯盨

字數 六
時代 西周晚期
著録 總集 二九九〇
三代 一〇・二七・三
愙齋 一五・一七
綴遺 二五・一
小校 九・二四・二

流傳　吳大澂舊藏
現藏　上海博物館
來源　考古研究所藏吳大澂拓本

〇四三四八　師奐父盨
字數　六
時代　西周晚期
著録　考古圖　三・三六・一
　　　薛氏　一四九・一
出土　扶風
流傳　河南張景先舊藏
來源　薛氏

〇四三四九　師奐父盨
字數　六
時代　西周晚期
著録　考古圖　三・三六・三
　　　薛氏　一四九・二
流傳　開封劉伯玉舊藏
來源　薛氏

〇四三五〇　伯筍父盨
字數　六
時代　西周晚期
著録　總集　二九八九
　　　三代　一〇・二七・二
　　　愙齋　一五・一七・二
　　　小校　九・二四・三
來源　考古研究所藏

〇四三五一　叔倉父盨
字數　六
時代　西周晚期
著録　總集　二九九一
　　　三代　一〇・二七・四
　　　攈古　一・三・六三
　　　綴遺　九・五
　　　周金　三・一六四・一
　　　小校九・二四・四
　　　蔭軒　一・三三
　　　上海(二〇〇四)　三九九
流傳　吳式芬、潘祖蔭舊藏，後歸李蔭軒
來源　陳邦懷先生藏
備注　攈古、綴遺尚録有蓋銘

〇四三五二　昊女盨蓋
字數　七
時代　西周晚期
著録　考古與文物　一九八三年六期六頁圖二：三
出土　陝西寶鷄縣賈村塬上官村
現藏　寶鷄市博物館
來源　寶鷄市博物館提供

〇四三五三　矢賸盨
字數　八
時代　西周晚期
著録　考古與文物　一九八四年四期一〇七頁圖三
出土　一九八三年陝西寶鷄縣賈村塬扶托村墓葬
現藏　寶鷄市博物館
來源　寶鷄市博物館提供
備注　器形類似方鼎

〇四三五四　師望盨
字數　八
時代　西周晚期
著録　考古圖　三・三八
　　　博古　一八・九
　　　薛氏　一五〇
　　　嘯堂　六二
流傳　丹陽蘇子容舊藏
來源　嘯堂

〇四三五五　中伯盨
字數　八
時代　西周晚期
著録　總集　二九九三
　　　三代　一〇・二七・五
　　　西清　二九・一九
　　　愙齋　一五・一九・一
　　　小校　九・二四・六
流傳　清宮舊藏
來源　考古研究所藏

〇四三五六　中伯盨
字數　八
時代　西周晚期
著録　總集　二九九四
　　　三代　一〇・二七・六
　　　愙齋　一五・一九・二
　　　綴遺　九・八
　　　善齋　九・一一
　　　小校　九・二四・五
　　　善彝　八九
流傳　劉體智舊藏
來源　考古研究所藏劉體智拓本

〇四三五七　彔盨
字數　九
時代　西周晚期
著録　總集　二九九七
　　　考古與文物　一九八三年二期二四頁圖三：一(蓋)
出土　一九八二年西安市三店村西漢墓葬
現藏　陝西省博物館
來源　陝西省博物館提供

〇四三五八　彔盨
字數　九
時代　西周晚期
著録　總集　二九九八
　　　考古與文物　一九八三年二期圖版五：四(器)
出土　同〇四三五七
現藏　陝西省博物館
來源　陝西省博物館提供

〇四三五九　彔盨
字數　九
時代　西周晚期
著録　總集　二九九五
　　　考古與文物　一九八三年二期二四頁圖三：二(蓋)
出土　同〇四三五七
現藏　陝西省博物館
來源　陝西省博物館提供

〇四三六〇　彔盨
字數　九
時代　西周晚期
著録　總集　二九九六
　　　考古與文物　一九八三年二期二四頁圖三：三(器)
出土　同〇四三五七
現藏　陝西省博物館
來源　陝西省博物館提供

〇四三六一　伯鮮盨
字數　九
時代　西周晚期
著録　總集　三〇〇二(三〇〇四・二，三〇〇三・一)
　　　皮斯柏　四三
　　　美集録　R 四〇七ab
　　　斷代　一七四
　　　彙編　六・五一〇（蓋）～六・五

○九（器）
出土　傳一九三三年陝西岐山清化鎮
出土
現藏　美國米里阿波里斯美術館（皮斯
百藏品陳）
來源　美集録

○四三六二　伯鮮盨
字數　九
時代　西周晚期
著録　總集　三○○一（三○○三·二，
三○○四·一）
皮斯伯　四三
美集録　R　四○八 ab
彙編　六·五○九（蓋）～六·五
一○（器）
出土　同　○四三六一
現藏　美國米里阿波里斯美術館（皮斯
柏藏品）
來源　美集録

○四三六三　伯鮮盨
字數　九
時代　西周晚期
著録　日精華　四·三二九（蓋）
彙編　六·五○八（蓋器摹本）
出土　傳寶鷄出土
現藏　日本神户白鶴美術館
來源　日精華

○四三六四　伯鮮盨
字數　九
時代　西周晚期
著録　白鶴撰　圖二九（蓋）
彙編　六·五○七
綜覽·盨　五
出土　同　○四三六三

現藏　日本神户白鶴美術館
來源　彙編

○四三六五　立盨
字數　九
時代　西周晚期
著録　總集　三○一○
三代　一○·二八·四
積古　七·一一
十六　二·一一
攈古　二·一·六四
敬吾下　二○
周金　三·一六四
小校　九·二五·五
彙編　六·四六二
流傳　器在武林許氏（小校）
來源　考古研究所藏

○四三六六　史𡩜盨
字數　九
時代　西周晚期
著録　總集　三○○○
三代　一○·二八·一
攈古　二·一·四四·一
窓齋　一五·一三
綴遺　九·四
敬吾下　一九·一
小校　九·二四·七
流傳　葉東卿舊藏（攈古録）
來源　考古研究所藏葉東卿拓本

○四三六七　史𡩜盨
字數　九
時代　西周晚期
著録　總集　二九九九
積古　七·一三
攈古　二·一·四三·二～三

奇觚　一七·二九（蓋）
流傳　浙江嘉陳氏舊藏
來源　攈古

○四三六八　伯多父盨
字數　一○
時代　西周晚期
著録　總集　三○○六
陝青　三·八六（蓋）
辭典　四二八
青全　五·八○
出土　一九七六年陝西扶風縣雲塘村一
號窖藏
現藏　周原扶風縣文物管理所
來源　周原扶風縣文物管理所提供

○四三六九　伯多父盨
字數　一○
時代　西周晚期
著録　總集　三○○八
陝青　三·八八（器）
吉鑄　四七
出土　同　○四三六八
現藏　周原扶風縣文物管理所
來源　周原扶風縣文物管理所提供

○四三七○　伯多父盨
字數　一
時代　西周晚期
著録　總集　三○○七
文物　一九七八年一一期九頁
圖一六（蓋）
陝青　三·八七（蓋）
綜覽·盨　一五
出土　同　○四三六八
現藏　周原扶風縣文物管理所
來源　周原扶風縣文物管理所提供

○四三七一　伯多父盨
字數　一○
時代　西周晚期
著録　總集　三○○九
陝青　三·八九（蓋）
出土　同　○四三六八
現藏　周原扶風縣文物管理所
來源　周原扶風縣文物管理所提供

○四三七二　仲彡盨
字數　一○（又重文二）
時代　西周晚期
著録　總集　三○一六
考古與文物　一九八○年四期
一三頁圖八：四（器）
陝青　三·一三二（器）
辭典　四三○
出土　一九七三年陝西扶風縣五郡西村
窖藏
現藏　扶風縣博物館
來源　扶風縣博物館提供

○四三七三　仲彡盨
字數　一○（又重文二）
時代　西周晚期
著録　總集　三○一五
考古與文物　一九八○年四期
一三頁圖八：五（蓋）
陝青　三·一三二（蓋）
綜覽·盨　一二五
出土　同　○四三七二
現藏　扶風縣博物館
來源　扶風縣博物館提供

○四三七四　苗寏盨
字數　一○（又重文二）
時代　西周晚期

著録 西清 二九・二二
流傳 清宮舊藏
來源 西清

〇四三七五 叔譔父盨
字數 一〇
時代 西周晚期
著録 總集 三〇〇五
三代 一〇・二八・二~三
貞續中 三・二~三
小校 九・二五・一~二
蔭軒 一・四四
流傳 李蔭軒舊藏
現藏 上海博物館
來源 考古研究所藏

〇四三七六 叔譔父盨
字數 一〇
時代 西周晚期
著録 彙編 六・四七五
出土 傳一九二五年孟津出土
現藏 加拿大多倫多安大略博物館
來源 考古研究所藏陳夢家先生拓本

〇四三七七 叔賓父盨
字數 一〇（又重文二）
時代 西周晚期
著録 總集 三〇一九
三代 一〇・三〇・四
攈古 二・一・七七・三
綴遺 九・九・二
敬吾下 二一・三
周金 三・一六二・三
小校 九・二六・五
大系 二〇三・二
流傳 李山農、姚六榆舊藏（攈古録）
來源 考古研究所藏

〇四三七八 [illegible]叔盨
字數 一〇（又重文二）
時代 西周晚期
著録 總集 三〇二〇
三代 一〇・三〇・五
兩罍 七・一四
攈古 二・一・七七
窓齋 一五・二四
綴遺 九・四
周金 三・一六二・四
流傳 吴雲、何方毅舊藏（攈古録）
現藏 中國歷史博物館
來源 考古研究所藏

〇四三七九 𪀀姬小公子盨
字數 一〇
時代 春秋中期
著録 未見
現藏 上海博物館
來源 上海博物館提供

〇四三八〇 周駱盨
字數 一一（又重文二）
時代 西周晚期
著録 總集 三〇二九
三代 一〇・三一・三
窓齋 一五・二五・二
周金 三・一六二・一
小校 九・二八・一
來源 考古研究所藏

〇四三八一 京叔盨
字數 一一
時代 西周晚期
著録 博古 一八・一一
薛氏 一四九
嘯堂 六二・四
來源 嘯堂

〇四三八二 伯車父盨
字數 一二
時代 西周晚期
著録 總集 三〇二三
陝青 一・一六六
出土 一九七三年陝西岐山縣賀家村
現藏 陝西省博物館
來源 陝西省博物館提供

〇四三八三 伯車父盨
字數 一二
時代 西周晚期
著録 總集 三〇二二
考古 一九七六年一期三四頁圖五：三
陝青 一・一六五
綜覽・盨 三
出土 同〇四三八二
現藏 陝西省博物館
來源 陝西省博物館提供

〇四三八四 伯公父盨蓋
字數 一一
時代 西周晚期
著録 總集 三〇二五
文物 一九七八年一一期九頁圖一五
陝青 三・九一
銘文選 三〇二
出土 一九七六年陝西扶風縣雲塘村窖藏
現藏 周原扶風縣文物管理所
來源 周原扶風縣文物管理所提供

〇四三八五 弭叔盨
字數 一一
時代 西周晚期
著録 總集 三〇一四
文物 一九六〇年二期八頁
綜覽・盨 二二
出土 陝西藍田縣寺坡村
現藏 陝西省博物館
來源 考古研究所藏

〇四三八六 仲義父盨
字數 一一
時代 西周晚期
著録 總集 三〇一二
三代 一〇・二九・一~二
周金 三・一六三・三（蓋）
小校 九・二六・三~四
貞松 六・三五・一~二
希古 四・一一・二~四
流傳 吴大澂舊藏
來源 考古研究所藏

〇四三八七 仲義父盨
字數 一一（蓋一〇）
時代 西周晚期
著録 總集 三〇一三
三代 一〇・二九・三~四
小校 九・二六・一~二
希古 四・一二・一（器）
貞松 六・三五・三~四
斷代 一七六
來源 考古研究所藏

〇四三八八 叔姞盨
字數 一一
時代 西周晚期
著録 總集 三〇一一
三代 一〇・二八・五
窓齋 一〇・二五・一
周金 三・一六三・四

小校 九・二五・三

出土 山西吉州安平村
流傳 潘祖蔭舊藏
現藏 上海博物館
來源 考古研究所藏潘祖蔭拓本

○四三八九 虢叔盨

字數 一一（又重文二）
時代 西周晚期
著録 總集 三〇二八
三代 一〇・三一・二
攈古 二・一・八五・二
綴遺 九・一三・一
奇觚 一七・二八・一
周金 三・一六二・二
小校 九・二八・四
流傳 金蘭坡舊藏（周金）
來源 考古研究所藏

○四三九〇 昜叔盨

字數 一二（又重文二）
時代 西周晚期
著録 總集 三〇三三
三代 一〇・三二・二
攈古 二・二・一二・一
綴遺 九・九・一
敬吾下 二一・二
銘文選 三七〇
流傳 劉喜海舊藏（攈古録），後歸潘祖蔭、李蔭軒
現藏 上海博物館
來源 考古研究所藏

○四三九一 鄭義伯盨

字數 一二（又重文二）
時代 西周晚期
著録 總集 三〇三〇
三代 一〇・三一・四
小校 九・二七・一
貞松 六・三六・一
武英 八一
通考 三七四
故圖下下 二〇六
銘文選 四六一
綜覽・盨 二〇
周録 一一二
流傳 承德避暑山莊舊藏
現藏 臺北故宮博物院
來源 考古研究所藏

○四三九二 鄭義羌父盨

字數 一二（又重文二）
時代 西周晚期
著録 總集 三〇三二
三代 一〇・三一・五
筠清 三・一五
攈古 二・二・一二・二
窓齋 一五・二〇・二
綴遺 九・一六
奇觚 一七・三一・二
周金 三・一六一・二
小校 九・二九・五
銘文選 四六二
流傳 葉東卿舊藏（攈古録）
來源 考古研究所藏葉東卿拓本

○四三九三 鄭義羌父盨

字數 一二（又重文二）
時代 西周晚期
著録 總集 三〇三三
三代 一〇・三一・六
周金 三・一六一・三
小校 九・二九・四

夢郼上 一七
流傳 羅振玉舊藏
來源 三代

○四三九四 伯大師盨

字數 一二
時代 西周晚期
著録 總集 三〇一七
三代 一〇・三〇・一～二
綴遺 九・七・一～二
陶齋 二・四九・一～二
周金 三・一六三・一～二
小校 九・二七・二～三
美集録 R 四〇五
彙編 六・四三四
綜覽・盨 一三
銘文選 二九九
流傳 端方舊藏
現藏 美國西雅圖美術博物館
來源 考古研究所藏

○四三九五 伯大師盨

字數 二
時代 西周晚期
著録 總集 三〇一八
三代 一〇・三〇・三
筠清 三・一二
窓齋 一五・二三・二
攈古 二・一・七七・一
奇觚 一七・三〇・三
小校 九・二七・四
流傳 葉東卿舊藏（攈古録）
來源 考古研究所藏葉東卿拓本

○四三九六 鄭羿叔盨

字數 一二（又重文二）
時代 西周晚期
著録 總集 六七二九
三代 一〇・三二・一
周金 三補
小校 九・二九・六
貞松 六・三七・二
希古 四・一二・二
大系 二〇〇
彙編 五・四〇二（誤作盤）
銘文選 四六〇
來源 考古研究所藏

○四三九七 仲大師小子休盨

字數 一二（又合文一）
時代 西周晚期
著録 總集 三〇二四
文物 一九七八年一一期九頁
圖一八
陝青 二・一一七
出土 一九七六年陝西扶風縣莊白村二號窖藏
現藏 周原扶風縣文物管理所
來源 周原扶風縣文物管理所提供

○四三九八 仲閔父盨

字數 一二（又重文二）
時代 西周晚期
著録 小校 九・二九・一～二
來源 小校

○四三九九 仲鑠盨

字數 一三
時代 西周中期
著録 總集 三〇二七
三代 一〇・三一・一
綴遺 九・一・二
小校 九・二八・三
貞松 六・三六・二

希古 四・一二・四
流傳 李山農舊藏
現藏 北京故宮博物院
來源 考古研究所拓

〇四四〇〇 鄭井叔康盨
字數 一三（又重文二）
時代 西周晚期
著録 總集 三〇三六・一
三代 一〇・三三・三
從古 八・三五
攈古 二・二・二〇
綴遺 九・一五
敬吾下 二一
周金 三・一六〇・三
小校 九・三〇・三
大系 七一・二
流傳 瞿穎山舊藏（攈古録）
來源 三代

〇四四〇一 鄭井叔康盨
字數 一三（重文二）
時代 西周晚期
著録 總集 三〇三六・二
三代 一〇・三三・四
周金 三・一六〇・四
小校 九・三〇・四
大系 七一・三
斷代 一五二
銘文選 四一四
上海（二〇〇四） 三九四
現藏 上海博物館
來源 考古研究所藏

〇四四〇二 圃盨
字數 一三（又重文二）
時代 西周晚期
著録 故青一九八（蓋）
現藏 北京故宮博物院
來源 考古研究所拓

〇四四〇三 圃盨
字數 一三（又重文二）
時代 西周晚期
著録 故宮五十 八九
現藏 北京故宮博物院
來源 考古研究所拓

〇四四〇四 伯大師釐盨
字數 一三
時代 西周晚期
著録 上海（二〇〇四） 四〇二
現藏 上海博物館
來源 上海博物館提供

〇四四〇五 鬲叔興父盨
字數 一三（又重文二）
時代 西周晚期
著録 總集 三〇三八
三代 一〇・三二・三（器）
積古 七・一一・二～三
攈古 二・二・二一・一～二
奇觚 一七・二九・二～三
小校 九・三一・二（器）
周金 三補（器）
銘文選 三七三
流傳 南海李少韓舊藏
來源 考古研究所藏

〇四四〇六 爲甫人盨
字數 存一三
時代 春秋早期
著録 總集 三〇二六
三代 一〇・三〇・七
貞松 六・三七
善齋 九・一二
小校 九・二八・二
善彝 九二
頌續 四五
通考 三七一
綜覽・盨 二八
銘文選 五二〇
出土 西安（貞松）
流傳 劉體智、容庚舊藏
來源 考古研究所藏劉體智拓本
備注 銘文在蓋

〇四四〇七 伯孝鼓盨
字數 一四（又重文一）
時代 西周晚期
著録 總集 三〇三四
三代 一〇・三二・四～五
筠清 三・一三・二～三
從古 三・三一・二～一
窓齋 一五・二一・一～二
清儀 一・四五
攈古 二・二・三五・二～一
奇觚 一七・三〇・二～一
綴遺 九・二・一～二
周金 三・一六〇・二～一
小校 九・三二・二～一（又九・三三・一～二重出）
布倫戴奇 Fig 五五
彙編 五・三八七
綜覽・盨 一〇
流傳 張叔未、海寧蔣氏舊藏（窓古録、綴遺）
現藏 美國舊金山亞洲美術博物館（布倫戴奇藏品）
來源 考古研究所藏

〇四四〇八 伯孝鼓盨
字數 一四（又重文二）
時代 西周晚期
著録 小校 九・三三・三～四
善齋 九・一三
善彝 九一
故青 一九六
流傳 劉體智舊藏
現藏 北京故宮博物院
來源 考古研究所拓
備注 此器容庚先生疑僞

〇四四〇九 叔良父盨
字數 一四（又重文二）
時代 西周晚期
著録 考古圖 三・三二（器）
薛氏 一五〇・三～四
出土 得于扶風（考古圖）
流傳 臨江劉原父舊藏（考古圖）
來源 薛氏

〇四四一〇 伯庶父盨蓋
字數 一四（又重文二）
時代 西周晚期
著録 總集 三〇四〇
三代 一〇・三四・一
綴遺 九・六・二
陶續 一・四五
周金 三・一五九・四
夢郼上 一八
小校 九・二九・三
流傳 端方、羅振玉舊藏
來源 考古研究所藏

〇四四一一 瓊𤕌盨
字數 一四（又重文二）
時代 西周晚期

著録 總集 三〇四二
三代 一〇・三五・一
筠清 三・一四
攈古 二・二・三四・三
愙齋 一五・二〇・一
綴遺 九・六・一
奇觚 一七・三二・一
敬吾下 一九・二
小校 九・三三・三
流傳 葉東卿舊藏(筠清)
來源 考古研究所藏葉東卿拓本

〇四四一二 華季益盨

字數 一四(又重文二)
時代 西周晚期
著録 總集 三〇三七
三代七・三三・五
貞松 五・一九
武英 八三
小校 七・九一・五
藝展 三七
通考 三七三
故圖下下 二〇五
綜覽・盨 二四
染盛 三二頁
周録 六四
流傳 承德避暑山莊舊藏
現藏 臺灣北故宮博物院
來源 考古研究所藏

〇四四一三 諆季獻盨

字數 一四(又重文二)
時代 西周晚期
著録 總集 三〇四一
三代 一〇・三四・三~四
西甲 一三・六

貞松 六・三八・二~三
故宮 二期
藝展 三六
通考 三七二
故圖下上 九〇
綜覽・盨 二三
周録 一一
流傳 清宮舊藏
現藏 臺北故宮博物院
來源 考古研究所藏

〇四四一四 改盨

字數 一五(又重文二)
時代 西周晚期
著録 總集 三〇四七
三代 一〇・三五・四
攈古 二・二・五六
綴遺 九・一〇
斷代 未一六
流傳 吴式芬舊藏(攈古録)
來源 考古研究所藏

〇四四一五 魯嗣徒伯吴盨

字數 一五
時代 西周中期
著録 總集 三〇三五
三代 一〇・三三・二~一
貞松 五・一八
善齋 九・一四
小校 九・三〇・一
冠斝上 三〇
山東存魯 一四
銘文選 四八七
綜覽・盨 二六
流傳 劉體智、榮厚舊藏
現藏 中國歷史博物館

來源 考古研究所藏

〇四四一六 遣叔吉父盨

字數 一五(又重文二)
時代 西周中期
著録 總集 三〇四三
三代 一〇・三五・二
筠清 三・一三・一
攈古 二・二・三四・二
奇觚 五・三〇・一
周金 三・一五九・三
小校 九・三四・四
流傳 潘祖蔭舊藏(善彝),後歸李蔭軒
現藏 上海博物館
來源 考古研究所藏

〇四四一七 遣叔吉父盨

字數 一五(又重文二)
時代 西周中期
著録 總集 三〇四四
三代 一〇・三五・三
貞松 六・三九
小校 九・三四・二
善齋 九・一五
善彝 九〇
通考 三六七
故圖下下 二〇四
綜覽・盨 一七
周録 一一〇
流傳 劉體智舊藏
現藏 臺北故宮博物院
來源 考古研究所藏劉體智拓本

〇四四一八 遣叔吉父盨

字數 一五(又重文二)
時代 西周中期
著録 總集 三〇四五

録遺 一七五・一~二
銘文選 三六八
上海(二〇〇四) 三三六
現藏 上海博物館
來源 考古研究所藏

〇四四一九 伯多父作成姬盨

字數 一五
時代 西周晚期
著録 總集 三〇三九
三代 一〇・三四・二
綴遺 八・三
貞松 六・三八
希古 四・一二・三
小校 九・三二・一
流傳 丁彼農舊藏
來源 考古研究所藏

〇四四二〇 鮌孟延盨

字數 一六(又重文二)
時代 西周中期
著録 總集 三〇五二
三代 一〇・三六・四~五
奇觚 五・三一・一~二
小校 九・三五・二;九・三四・五
出土 「光緒辛卯七月汜水西五里虎牢東隅出土」(分域續 九・三二
引丁少山拓本題識)
現藏 北京故宮博物院
來源 考古研究所拓

〇四四二一 鮌孟延盨

字數 一六(又重文二)
時代 西周中期
著録 總集 三〇五三
三代 一〇・三七・一~二
奇觚 五・三〇・二;五・三一・三

周金 三・一五八・三〜四（又三補重出）
小校 九・三五・一〜九・三四・六
出土 同〇四四二〇
來源 考古研究所藏丁少山拓本

〇四四二二 筍伯大父盨

字數 一六（又重文一）
時代 西周晚期
著録 總集 三〇四六
三代 一〇・三五・六〜五
綴遺 九・一一・一〜二
周金 三・一五八・一〜二
貞松 六・四〇・一〜二
希古 四・一三・二〜三
小校 九・三四・一〜二
銘文選 三五二
蔭軒 一・四三
上海（二〇〇四）四〇四
流傳 金獻庭舊藏（綴遺），後歸李蔭軒
現藏 上海博物館
來源 考古研究所藏

〇四四二三 鑄子叔黑臣盨

字數 一六
時代 春秋早期
著録 總集 三〇四八
三代 一〇・三六・一
貞松 六・三九・一
希古 四・一四・一
小校 九・一二・一
山東存鑄 四・二
流傳 潘祖蔭舊藏
現藏 上海博物館
來源 唐蘭先生藏

〇四四二四 單子白盨

字數 一六（又重文二）
時代 春秋早期
著録 總集 三〇四九
三代 一〇・三六・二
積古 七・一二
奇觚 一七・三一
攈古 二・二・六六
周金 三・一五九・二
小校 九・三五・四
來源 陳邦懷先生藏

〇四四二五 隹叔盨

字數 一八
時代 西周晚期
著録 總集 三〇五〇
三代 一〇・三六・三
愙齋 一五・二四
攈古 二・二・六六
綴遺 九・一二
周金 三・一五九・一
小校 九・三五・三
銘文選 三六六
流傳 潘祖蔭舊藏
現藏 上海博物館
來源 考古研究所藏潘祖蔭拓本

〇四四二六 兮伯吉父盨

字數 一八（又重文二）
時代 西周晚期
著録 總集 三〇五一
巖窟下 一八
銘文選 四三八
出土 道光戊戌年間陝西寶鷄縣出土（陝西通志・金石志）
流傳 梁上椿舊藏
現藏 北京故宮博物院
來源 考古研究所拓

〇四四二七 食仲走父盨

字數 一八（又重文二）
時代 西周晚期
著録 周金 三補
貞松 六・四〇・四
小校 九・三六・二
現藏 上海博物館
來源 考古研究所藏

〇四四二八 滕侯穌盨

字數 一九（又重文一）
時代 春秋早期
著録 總集 三〇五四
三代 八・九・一
攈古 二・二・八六
周金 三補
大系 二一一
銘文選 三三七
流傳 吳式芬舊藏（攈古録），後歸李蔭軒
現藏 上海博物館
來源 考古研究所藏

〇四四二九 師趛盨

字數 二一（又重文一）
時代 西周中期
著録 總集 三〇五六
三代 一〇・三八・一〜二
小校 九・三六・三〜四
現藏 蘇州市博物館
來源 陳邦懷先生藏

〇四四三〇 弭叔作叔班盨蓋

字數 二一（又重文二）
時代 西周晚期
著録 總集 三〇六一
三代 一〇・三九・四
綴遺 九・一四
貞松 六・四一
希古 四・一四・二
銘文選 二七三
流傳 王錫棨舊藏（綴遺）
現藏 北京故宮博物院
來源 考古研究所拓

〇四四三一 曼龔父盨蓋

字數 二一（又重文二）
時代 西周晚期
著録 總集 三〇五八
三代 一〇・三九・一
愙齋 一五・一八・二
奇觚 五・三一・一
周金 三・一五 六・三
小校 九・三七・三
流傳 潘祖蔭舊藏，後歸孫壯、李蔭軒
現藏 上海博物館
來源 考古研究所藏

〇四四三二 曼龔父盨

字數 二〇（又重文二）
時代 西周晚期
著録 總集 三〇六〇
三代 一〇・三九・二
積古 七・一二
清愛 三二
懷米下 二五
兩罍 七・一二
攈古 二・三・一八・一
綴遺 九・一三
陶續 一・四四
周金 三・一五六・二

小校 九・三七・四
流傳 曹秋舫、吴雲、端方舊藏（綴遺）
來源 考古研究所藏曹秋舫拓本

○四四三三 曼龔父盨
字數 二〇（又重文二）
時代 西周晚期
著録 總集 三〇五九
三代 一〇・三九・三
攈古 二・三・一八・二
周金 三・一五七・一
小校 九・三八・一
流傳 劉喜海舊藏（攈古録）
來源 考古研究所藏

○四四三四 曼龔父盨
字數 二一（又重文二）
時代 西周晚期
著録 上海（二〇〇四）四〇一
現藏 上海博物館
來源 上海博物館提供

○四四三五 虢仲盨蓋
字數 二二
時代 西周晚期
著録 總集 三〇五五
三代 一〇・三七・三
貞松 六・四一
十二雪 一一
大系 一〇五
通考 三六九
斷代 二一一
銘文選 四一八
綜覽・盨 一一
流傳 孫壯、陳夢家舊藏
現藏 考古研究所
來源 考古研究所拓

○四四三六 遅盨
字數 二二（又重文一）
時代 西周晚期
著録 總集 三〇六三
三代 一〇・四〇・一～二
十六 二・九
積古 七・一三～一四
清愛 七
攈古 二・三・二四
愙齋 一五・二二
綴遺 九・三
奇觚 五・三二～三三（又一七・二八重出）
敬吾下 二〇
周金 三・一五七
簠齋 三簠一
小校 九・三七・二～一
山東藏品 五一
流傳 钱坫、劉喜海、陳介祺舊藏（攈古録）
來源 考古研究所藏陳介祺拓本
現藏 山東省博物館

○四四三七 乘父士杉盨
字數 二三
時代 西周晚期
著録 總集 三〇六二
山東選 四一頁圖九六上
綜覽・盨 一七
出土 山東泰安縣黄家嶺
現藏 泰安縣岱廟
來源 泰安地區文物考古研究室提供

○四四三八 伯寬父盨
字數 二五（又重文二）
時代 西周晚期
著録 總集 三〇六九
文物 一九七九年一一期一四頁圖一〇～一一
陝青 三・一〇（器）
綜覽・盨 七
辭典 四二九
出土 一九七八年岐山縣京當公社賀家大隊鳳雛村
現藏 周原岐山縣文物管理所
來源 周原岐山縣文物管理所提供

○四四三九 伯寬父盨
字數 二五（又重文二）
時代 西周晚期
著録 總集 三〇六八
文物 一九七九年一一期一四頁圖九（器）
陝青 三・一一（器）
出土 同〇四四三八
現藏 周原岐山縣文物管理所
來源 周原岐山縣文物管理所提供

○四四四〇 魯嗣徒仲齊盨
字數 二六（又重文二）
時代 西周晚期
著録 曲阜魯國故城 一四九頁圖九五・一～二
銘文選 三四三 乙
出土 一九七七年山東曲阜縣魯故城墓葬
現藏 曲阜縣文物管理委員會
來源 考古研究所拓

○四四四一 魯嗣徒仲齊盨
字數 二六（又重文二）
時代 西周晚期
著録 曲阜魯國故城 一四九頁圖三～四
銘文選 三四三 甲
出土 同〇四四四〇
現藏 曲阜縣文物管理委員會
來源 考古研究所拓

○四四四二 㠱伯子庭父盨
字數 二六
時代 西周晚期
著録 總集 三〇六四
録遺 一七六・一～二
黄縣㠱器 四七頁（器），四〇頁（蓋）
出土 一九五一年山東黄縣南埠村墓葬
現藏 山東省博物館
來源 王獻唐先生提供

○四四四三 㠱伯子庭父盨
字數 二六
時代 西周晚期
著録 總集 三〇六五・一，三〇六六・二
録遺 一七七・一～一七八・二
黄縣㠱器 二二頁（器），二〇頁（蓋）
斷代 二一七
綜覽・盨 三〇
辭典 六七七
山東藏品 五七
出土 同〇四四四二
現藏 山東省博物館
來源 王獻唐先生提供

○四四四四 㠱伯子庭父盨
字數 二六
時代 西周晚期
著録 總集 三〇六六・一，三〇六七・二

録遺 一七八・一～一七九・二
黄縣㠱器 四三頁(蓋)～四四頁
(器)
銘文選 八六八

出土 同 〇四四四二
現藏 山東省博物館
來源 王獻唐先生提供

〇四四四五 㠱伯子𡚬父盨

字數 二六
時代 西周晚期
著録 總集 三〇六七・一，三〇六五・
二
録遺 一七九・一～一七七・二
黄縣㠱器 四六頁(蓋)～四一頁
(器)

出土 同 〇四四四二
現藏 山東省博物館
來源 王獻唐先生提供

〇四四四六 伯汅其盨

字數 二九（又重文二）
時代 西周晚期
著録 總集 三〇七五
録遺 一八〇・一～二
斷代 一九一
銘文選 四〇〇
蔭軒 一・三五
青全 五・八一
上海(二〇〇四) 四〇〇

出土 一九四〇年陝西扶風縣法門寺任
村
流傳 李蔭軒舊藏
現藏 上海博物館
來源 録遺

〇四四四七 伯汅其盨

字數 二九（又重文二）
時代 西周晚期
著録 總集 三〇七六
上海 五七
綜覽・盨 一六
辭典 四三五
上海(二〇〇四) 四〇〇

出土 同 〇四四四六
現藏 上海博物館
來源 上海博物館提供

〇四四四八 杜伯盨

字數 三〇
時代 西周晚期
著録 總集 三〇七〇
三代 一〇・四〇・三
周金 三・一五四・一
小校 九・三八・二
貞續中 四・一
大系 一四五・四

出土 「光緒廿年出土于陝西韓城澄城交
界處」（陝西金石志）
來源 考古研究所藏移林館拓本

〇四四四九 杜伯盨

字數 二九
時代 西周晚期
著録 總集 三〇七一
三代 一〇・四一・一
周金 三・一五六・一
小校 九・三九・二
貞松 六・四 三・三
大系 一四五・三
銘文選 五二六 乙
上海(二〇〇四) 四〇三

出土 同 〇四四四八
流傳 丁樹楨舊藏（考古研究所拓本藏
器印）
現藏 上海博物館
來源 考古研究所藏

〇四四五〇 杜伯盨

字數 三〇
時代 西周晚期
著録 總集 三〇七二
三代 一〇・四二・一～一〇・四三・一
周金 三・一五五・一～二
小校 九・四〇・二～九・四一・一
貞松 六・四二・一～二
希古 四・一四・三(器)
尊古 二・一七
通考 三六八
大系 一四五・一～二
綜覽・盨 一四
故青 一九七

出土 同 〇四四四八
現藏 北京故宮博物館
來源 考古研究所拓

〇四四五一 杜伯盨

字數 三〇
時代 西周晚期
著録 總集 三〇七三
三代 一〇・四三・二
周金 三補
小校 九・四〇・一
貞松 六・四三
希古 四・一五・一
大系 一四四・二

出土 同 〇四四四八
流傳 徐乃昌舊藏（貞松）
現藏 上海博物館
來源 考古研究所藏移林館拓本

〇四四五二 杜伯盨

字數 三〇
時代 西周晚期
著録 總集 三〇七四
三代 一〇・四三・一
周金 三・一五四・二
小校 九・三〇・一
貞松 六・四三・二
希古 四・一五・二
大系 一四四・三
銘文選 五二六 甲

出土 同 〇四四四八
流傳 徐乃昌舊藏（貞松）
現藏 上海博物館
來源 考古研究所藏

〇四四五三 仲自父盨

字數 三三
時代 西周晚期
著録 總集 三〇五七
三代 一〇・三八・三
陶齋 二・五〇
周金 三・一五二・二

流傳 端方舊藏
來源 考古研究所藏

〇四四五四 叔尃父盨

字數 三七（又重文二）
時代 西周晚期
著録 總集 三〇七七
考古 一九六五年九期四四八頁
圖二（器），四四九頁圖一（蓋）
銘文選 四〇二
綜覽・盨 六

出土 一九六四年陝西長安縣張家坡村

墓葬
現藏 考古研究所西安研究室
來源 考古研究室所拓

〇四四五五 叔尃父盨
字數 三七（又重文二）
時代 西周晚期
著録 總集 三〇七八
考古 一九六五年九期四四九頁
圖三：四～五
出土 同〇四四五四
現藏 考古研究所西安研究室
來源 考古研究所拓

〇四四五六 叔尃父盨
字數 三七（又重文二）
時代 西周晚期
著録 總集 三〇七九
考古 一九六五年九期四四九頁
圖三：二（器）
出土 同〇四四五四
現藏 考古研究所西安研究室
來源 考古研究所拓

〇四四五七 叔尃父盨
字數 三七（又重文二）
時代 西周晚期
著録 總集 三〇八〇
考古 一九六五年九期四四九頁
圖三：三、六
出土 同〇四四五四
現藏 考古研究所西安研究室
來源 考古研究所拓

〇四四五八 魯伯悆盨
字數 三七
時代 春秋早期
著録 曲阜魯國故城 一四八頁圖九四
銘文選 三四〇
辭典 四三三
山東精萃 一一一
青全 六・六八
出土 一九七七年山東省曲阜縣魯國故
城墓葬
現藏 曲阜縣文物管理委員会
來源 考古研究所拓

〇四四五九 翏生盨
字數 五〇
時代 西周晚期
著録 總集 三〇八二
斷代 一五三
考古 一九七九年一期六一頁圖
一
銘文選 四一七
蔭軒 一・三七
綜覽・盨 二一
美全 四・二四〇
辭典 四三一
青全 五・八二
上海（二〇〇四）三九三
流傳 李蔭軒舊藏
現藏 上海博物館
來源 上海博物館提供

〇四四六〇 翏生盨
字數 五〇
時代 西周晚期
著録 總集 三〇八一
三代 一〇・四四・一
旅順 二六
現藏 旅順博物館
來源 考古研究室所拓

〇四四六一 翏生盨
字數 五〇
時代 西周晚期
著録 未見
現藏 鎮江市博物館
來源 鎮江市博物館提供

〇四四六二 痶盨
字數 六二（又重文二）
時代 西周中期
著録 總集 三〇八三
文物一九七八年三期五頁圖三
陝青 二・二七
綜覽・盨 四
辭典 四二七
青全 五・七八
出土 一九七六年陝西扶風縣莊白村一
號窖藏
現藏 周原扶風縣文物管理所
來源 周原扶風縣文物管理所提供

〇四四六三 痶盨
字數 六二（又重文二）
時代 西周中期
著録 總集 三〇八四
陝青 二・二八
銘文選 二八六
吉鑄 一六
出土 同〇四四六二
現藏 周原扶風縣文物管理所
來源 周原扶風縣文物管理所提供

〇四四六四 駒父盨蓋
字數 八一（又合文一）
時代 西周晚期
著録 總集 三〇八五
文物 一九七六年五期九四頁
圖二
陝青 四・一三三
銘文選 四四二
辭典 四三六
出土 一九七四年陝西武功縣回龍村
現藏 武功縣文化館
來源 武功縣文化館提供

〇四四六五 善夫克盨
字數 一〇〇（又重文二）
時代 西周晚期
著録 總集 三〇八六
三代 一〇・四四・二（器）～
一〇・四五・一（蓋）
銘文選 三〇五
愙齋 一五・一八（蓋）
周金 三・一五三・一～二
小校 九・四二・一～九・四一・二
大系 一一二
歐精華 二・一二二（蓋）
通考 三六六
美集録 R四〇三ab
柏景寒 P一五四
斷代 一八七
彙編 三・四〇
綜覽・盨 一二
青全 五・七九
出土 傳光緒十六年（一八九〇）陝西
扶風縣法門寺任村窖藏（貞松）
流傳 丁麟年、日本某氏舊藏
現藏 美國芝加哥美術館
來源 A、爲大系拓本；B、爲陳夢家先生
在美國收集的銘文照片

〇四四六六 ⿰鬲廾比盨
字數 存一二
時代 西周晚期

著録 總集 三〇八七
三代 一〇・四五・二
周金 三・一五二
小校 九・四三・一
銘文選 四二四
澂秋 二二
貞松 六・四四・一～二
希古 四・一六
大系 一一六
斷代 一八九
綜覽・盨 一九
辭典 四三一
故青 一九五
流傳 劉鶚、陳承裘舊藏
現藏 北京故宮博物院
來源 考古研究所藏陳承裘拓本

〇四四六七 師克盨
字數 一四一（又重文三）
時代 西周晚期
著録 總集 三〇八九
文物 一九五九年三期六四頁（器）
文物 一九六二年六期封裏上、下
斷代 二一〇
銘文選 三〇七
辭典 四三四
故青 一九四（器）
現藏 北京故宮博物院
來源 考古研究所藏

〇四四六八 師克盨蓋
字數 一四一（又重文三）
時代 西周晚期
著録 總集 三〇八八
文物 一九六二年六期八頁圖三
陝圖 一〇二
流傳 清代熊步龍舊藏
現藏 陝西省博物館
來源 陝西省博物館提供

〇四四六九 𡎺盨（寅簋）
字數 一五一（又重文二、合文一）
時代 西周晚期
著録 總集 三〇九〇
考古圖 三・三四
薛氏 一五一
大系 一三二
銘文選 四四三
出土 得于京兆（考古圖）
流傳 睢陽王仲至舊藏（考古圖）
來源 薛氏

簠類

〇四四七〇～〇四六三二

〇四四七〇 鑄簠
字數 一
時代 春秋
著録 總集 二八五八
三代 一〇・一・一
貞松 六・二四
流傳 徐蘭如舊藏（考古研究所藏拓題跋）
來源 考古研究所藏猗文閣拓本

〇四四七一 倗之簠
字數 三
時代 春秋晚期
著録 總集 二八五九（一九七五）
考古 一九八一年二期一一二頁
圖三：四
下寺 六六頁圖五五・四（器）
出土 一九七八年河南淅川縣下寺墓葬
（M一：四四）
來源 考古編輯部檔案

〇四四七二 □之簠蓋
字數 三
時代 春秋早期
著録 未見
現藏 上海博物館
來源 上海博物館提供

〇四四七三 史利簠
字數 四
時代 西周晚期
著録 考古圖 三・四五
薛氏 一四三・一
流傳 得于扶風乞伏氏
來源 薛氏

〇四四七四 史利簠
字數 四
時代 西周晚期
著録 薛氏 一四三・二
薛氏

〇四四七五 [illegible]簠
字數 四
時代 春秋晚期
著録 總集 二八六一
録遺 一六九
來源 陳邦懷先生藏

〇四四七六 大[illegible]簠
字數 四
時代 戰國晚期
著録 總集 二八六〇
三代 一〇・一・二
小校 九・一・一
安徽金石 一・二八・一
出土 安徽壽縣朱家集
流傳 安徽省立圖書館舊藏
現藏 安徽省博物館
來源 考古研究所藏

〇四四七七 左徒車工簠
字數 五
時代 戰國晚期
著録 中山王墓 四三一頁圖一八六・
五・六
出土 一九七七年河北平山中山王墓
（M一 西庫 一二三）
現藏 河北省文物研究所
來源 河北省文物研究所提供

〇四四七八 左徒车工簠
字數 五
時代 戰國晚期
著録 中山王墓 四三二頁圖一八七・
七～八
出土 同〇四四七七（M一 西庫 一二五）
現藏 河北省文物研究所
來源 河北省文物研究所提供

〇四四七九 射南簠
字數 六
時代 西周晚期
著録 總集 二八六九
考古 一九六五年一一期五四三頁
圖二：一
出土 一九六五年山東鄒縣七家峪
現藏 鄒縣文物管理所
來源 考古編輯部檔案

〇四四八〇 射南簠
字數 六

時代 西周晚期
著録 總集 二八六八
考古 一九六五年一一期五四三
頁圖二：二
出土 同 〇四四七九
現藏 鄠縣文物管理所
來源 考古編輯部檔案

〇四四八一 史頌簋

字數 六
時代 西周晚期
著録 總集 二八六三
三代 一〇・一・四
攈古 一・三・六二・四
澂秋 二二
小校 九・一・五
銘文選 四三二
流傳 陳承裘舊藏
現藏 北京故宮博物院
來源 考古研究所拓

〇四四八二 仲其父簋

字數 六
時代 西周晚期
著録 總集 二八七一
考古 一九七九年二期一二〇頁
圖五：一
出土 一九七四年陝西藍田縣指甲灣
現藏 藍田縣文物管理委員會
來源 考古編辑部档案

〇四四八三 仲其父簋

字數 六
時代 西周晚期
著録 總集 二八七二
考古 一九七九年二期一二〇頁
圖五：二
出土 同 〇四四八二
現藏 藍田縣文物管理委員會
來源 考古編輯部檔案

〇四四八四 劃伯簋

字數 六
時代 西周晚期
著録 總集 二八六二
三代 一〇・一・三
周金 三・一五一
夢續 二一
小校 九・一・四
流傳 羅振玉舊藏
來源 考古研究所藏

〇四四八五 般仲虡簋

字數 六
時代 西周晚期
著録 未見
現藏 上海博物館
來源 上海博物館提供

〇四四八六 [illegible]簋

字數 六
時代 春秋
著録 總集 二八七〇
三代 一〇・二・一
攈古 一・三・六三・一
小校 九・二・一
流傳 吳式芬舊藏
現藏 上海博物館
來源 考古研究所藏

〇四四八七 樊君簋

字數 六
時代 春秋
著録 總集 二八六六
三代 一〇・一・七
綴遺 八・六・一
周金 三・一五〇・二
貞松 六・二四・二
希古 四・四・一
十二居 二五
小校 九・一・三
通考 三五九
流傳 周季木、金蘭坡舊藏
現藏 上海博物館
來源 考古研究所藏

〇四四八八 曾子遝簋

字數 六
時代 戰國早期
著録 總集 二八六四
三代 一〇・一・五
貞松 六・二四・三
希古 四・四・二
山東存曾 七・二
大系 二〇九・四
彙編 七・六七八
來源 考古研究所藏

〇四四八九 曾子遝簋

字數 六
時代 戰國早期
著録 總集 二八六五
三代 一〇・一・六
小校 九・一・二
貞補上 三〇
山東存曾 七・三
安徽金石 一・二八・二
銘文選 六九九
現藏 蘇州市博物館
來源 考古研究所藏

〇四四九〇 蔡侯簋

字數 六
時代 春秋晚期
著録 總集 二八六七
蔡侯墓 圖版三二：二～三
五省 圖版四四 (蓋)
徽銅 七一
辭典 六七三
出土 一九五五年安徽壽縣西門內蔡侯墓
現藏 中國歷史博物館
來源 考古編輯部檔案

〇四四九一 蔡侯簋

字數 六
時代 春秋晚期
著録 學報 一九五六年一期圖版
五：二
出土 同 〇四四九〇
現藏 中國歷史博物館
來源 考古編輯部檔案

〇四四九二 蔡侯簋

字數 六
時代 春秋晚期
著録 未見
出土 同 〇四四九〇
現藏 安徽省博物館
來源 考古研究所藏

〇四四九三 蔡侯簋

字數 六
時代 春秋晚期
著録 文物 一九五五年八期二九頁
(器)
學報 一九五六年一期圖版
五：三(器)
出土 同 〇四四九〇
現藏 安徽省博物館

來源 考古研究所藏

〇四四九四 盛君縈簠

字數 六
時代 戰國早期
著録 文物 一九八五年一期二三頁圖一五
出土 一九八一年湖北隨州市擂鼓墩二號墓
現藏 隨州市博物館
來源 湖北省博物館提供

〇四四九五 曾侯乙簠

字數 七
時代 戰國早期
著録 總集 二八七三
曾侯乙墓 二二一頁圖一一〇・一(蓋)
銘文選 七〇三(蓋)
青全 一〇・一一九
出土 一九七七年湖北隨縣曾侯乙墓(中室 一二三)
現藏 湖北省博物館
來源 考古研究所藏
備注 曾侯乙簠共出四件，本書收其二

〇四四九六 曾侯乙簠

字數 七
時代 戰國早期
著録 青全一〇・一一九
出土 同〇四四九五(中室 三二)
現藏 湖北省博物館
來源 湖北省博物館提供

〇四四九七 凾交仲簠

字數 八
時代 西周晚期
著録 總集 二八七七
録遺 一七〇
陝圖 六六
斷代 一七七
出土 一九三三年陝西扶風縣康家村
現藏 陝西省博物館
來源 陝西省博物館提供

〇四四九八 虢叔作叔殷穀簠蓋

字數 八
時代 西周晚期
著録 總集 二八七四
三代 一〇・二・二
愙齋 一五・六・二
小校 九・二・二
上海(二〇〇四) 四〇六
流傳 潘祖蔭舊藏
現藏 上海博物館
來源 考古研究所藏

〇四四九九 衛子叔□父簠

字數 八
時代 春秋早期
著録 總集 二八七五
三代 一〇・二・三
長安 一・二三
攈古 二・一・二九・四
綴遺 八・一六・二
銘文選 四七九
流傳 劉喜海、王錫棨舊藏
來源 考古研究所藏

〇四五〇〇 蔡公子義工簠

字數 八
時代 春秋晚期
著録 文物 一九八〇年一期圖版五：五
銘文選 五九九
青全 七・六六
出土 一九六六年河南潢川縣隆古公社高稻場生產隊
現藏 河南省博物館
來源 河南省博物館提供

〇四五〇一 王孫霝簠

字數 八
時代 春秋晚期
著録 未見
出土 一九七四年湖北當陽縣趙家湖
現藏 宜昌地區博物館
來源 考古研究所拓

〇四五〇二 慶孫之子蛛簠

字數 八
時代 春秋晚期
著録 總集 二八七六
三代 一〇・二・四～一〇・三・一
十二遐 九～一〇
流傳 葉恭綽舊藏
來源 考古研究所藏

〇四五〇三 西替簠

字數 八
時代 戰國
著録 總集 二八七八
考古 一九六〇年三期二七頁圖二
江蘇省出土文物選集 圖九八：七
出土 一九五八年江蘇邳縣劉林村墓葬
現藏 南京博物院
來源 考古研究所拓

〇四五〇四 京叔姬簠

字數 九
時代 春秋早期
著録 寧壽 一一・二六
流傳 清宮舊藏
來源 寧壽

〇四五〇五 大嗣馬簠

字數 九
時代 春秋早期
著録 總集 二八七九
三代 一〇・三・二～三
尊古 二・一五
冠斝上 二七
流傳 榮厚舊藏
現藏 中國歷史博物館
來源 考古研究所拓

〇四五〇六 鑄客簠

字數 九
時代 戰國晚期
著録 總集 二八八〇
三代 一〇・三・四
十二寶 一一
銘文選 六七一(器)
出土 一九三三年安徽壽縣朱家集李三孤堆墓葬
流傳 方煥經舊藏
現藏 天津市歷史博物館
來源 考古研究所藏

〇四五〇七 鑄客簠

字數 九
時代 戰國晚期
著録 總集 二八八一
三代 一〇・四・一
十二寶 一〇
楚展 三
銘文選 六七一(蓋)
出土 一九三三年安徽壽縣朱家集李三孤堆墓葬

流傳　方焕經舊藏
現藏　天津市歷史博物館
來源　考古研究所藏

〇四五〇八　鑄客簋

字數　九
時代　戰國晚期
著録　總集　二八八二
三代　一〇・四・二
小校　九・三・二
倫敦 PL 九九
徽銅　八九
出土　一九三三年安徽壽縣米家集李三孤堆墓葬
流傳　安徽省立圖書館舊藏
現藏　安徽省博物館
來源　考古研究所藏

〇四五〇九　鑄客簋

字數　九
時代　戰國晚期
著録　總集　二八八三
三代　一〇・四・三
小校　九・二・三
徽銅　八九
出土　一九三三年安徽壽縣米家集李三孤堆墓葬
流傳　安徽省立圖書館舊藏
現藏　安徽省博物館
來源　考古研究所藏

〇四五一〇　鑄客簋

字數　九
時代　戰國晚期
著録　總集　二八八四
三代　一〇・四・四
小校　九・三・一

出土　一九三三年安徽壽縣米家集李三孤堆墓葬
流傳　安徽省立圖書館舊藏
現藏　安徽省博物館
來源　考古研究所藏

〇四五一一　鑄客簋

字數　九
時代　戰國晚期
著録　總集　二八八五
録遺　一七一・一~二
出土　一九三三年安徽壽縣米家集李三孤堆墓葬
現藏　北京故宫博物院
來源　考古研究所拓

〇四五一二　鑄客簋

字數　九
時代　戰國晚期
著録　總集　二八八六
録遺　一七二・一~二
出土　一九三三年安徽壽縣米家集李三孤堆墓葬
來源　録遺

〇四五一三　鑄客簋

字數　九
時代　戰國晚期
著録　上海(二〇〇四)　六〇五
出土　一九三三年安徽壽縣米家集李三孤堆墓葬
現藏　上海博物院
來源　考古研究所藏

〇四五一四　虢叔簋

字數　一〇
時代　西周中期
著録　總集　二八八八
三代　一〇・四・五
從古　一六・四・一
攈古　二・一・五六・二
窓齋　一五・六・一
綴遺　八・一一・二
奇觚　五・二〇
周金　三・一四九・二
簠齋　三簋四
小校　九・四・六
文物　一九六四年四期圖四
流傳　陳介祺舊藏
現藏　青島市博物館
來源　青島市博物館提供

〇四五一五　虢叔簋

字數　一〇
時代　西周中期
著録　總集　二八八七
三代　一〇・四・六
攈古　二・一・五六・三
綴遺　八・一一・一
周金　三・一五〇・一
小校　九・五・一
銘文選　三五六
上海(二〇〇四)　四〇五
流傳　曹秋舫、烏容高、鄒安舊藏
現藏　上海博物館
來源　三代

〇四五一六　[illegible]簋

字數　一〇（又重文二）
時代　西周晚期
著録　總集　二九〇五
齊家村　圖二〇
陝青　二・一六八
綜覽・簋　五

出土　一九六〇年陝西扶風县齊家村窖藏
現藏　陝西省博物館
來源　陝西省博物館提供

〇四五一七　魯士𡨦父簋

字數　一〇
時代　春秋晚期
著録　總集　二八八九
三代　一〇・五・一~二
窓齋　一五・九
綴遺　八・一二・二~八・一三・一
周金　三・一四七
小校　九・四・一
山東存魯　一八・三~四
流傳　孫春山、潘祖蔭舊藏（綴遺、周金）
現藏　南京博物院
來源　考古研究所藏潘祖蔭拓本

〇四五一八　魯士𡨦父簋

字數　一〇
時代　春秋晚期
著録　總集　二八九二
三代　一〇・五・三
銘文選　四八九
窓齋　一五・八・二
綴遺　八・一二・一
奇觚　五・二一・一
周金　三・一四九・一
小校　九・四・四
尊古　二・一六
山東存魯　一九・一
出土　器出兗州（綴遺）
流傳　潘祖蔭、博倫、李山農、丁樹

楨、劉體智舊藏
現藏　北京故宮博物院
來源　考古研究所拓

〇四五一九　魯士𠩺父簠
字數　一〇
時代　春秋晚期
著録　總集　二八九〇
三代　一〇・五・四
愙齋　一五・一〇・一
綴遺　八・一三・二
周金　三・一四八・二
善齋　九・二
小校　九・四・三
山東存魯　一九・二
流傳　劉鶚、許延暄、劉體智舊藏
來源　考古研究所藏

〇四五二〇　魯士𠩺父簠
字數　一〇
時代　春秋晚期
著録　總集　二八九一
三代　一〇・六・一
愙齋　一五・一〇・二
周金　三・一四八・一
善齋　九・一
小校　九・四・五
山東存魯　一八・二
流傳　許延暄、劉體智舊藏
來源　考古研究所藏

〇四五二一　陼侯⿺辶上逆簠
字數　一〇
時代　戰國早期
著録　總集　二八九三
三代　一〇・六・二
貞松　六・二四

貞圖上　三八
通考　三五八
流傳　羅振玉舊藏
現藏　旅順博物館
來源　考古研究所拓

〇四五二二　⿱穴乂姒簠
字數　一一（又重文二）
時代　西周晚期
著録　總集　二九一六
文物　一九七八年一一期九頁圖一七
陝青　二・一一四
綜覽・簠　七
出土　一九七六年陝西扶風縣莊白村二號窖藏
現藏　周原扶風縣文物管理所
來源　周原扶風縣文物管理所提供

〇四五二三　史⿱宀尃簠
字數　一一
時代　西周晚期
著録　總集　二九〇〇
日精華　四・三三〇
彙編　六・四六一
三代補　六七六 b
綜覽・簠　一
現藏　日本京都藤井有隣館
來源　日精華

〇四五二四　塞簠
字數　一一（又重文二）
時代　西周晚期
著録　總集　二九〇三
三代　一〇・八・一
積古　七・一
金索金　八

攈古　二・一・七六・三
愙齋　一五・一三・二
綴遺　八・一
奇觚　一七・一九
小校　九・五・六
彙編　六・四三三
流傳　乾隆三十六年欽頒孔府寶藏铜器十事之一（金索）
現藏　山東曲阜縣文物管理委員會
來源　考古研究所藏

〇四五二五　伯旅魚父簠
字數　一一
時代　春秋早期
著録　總集　二八九八
三代　一〇・七・二
貞松　六・二五
希古　四・四・三
善齋　九・三
小校　九・五・二
流傳　劉體智舊藏
現藏　北京故宮博物院
來源　考古研究所拓

〇四五二六　伯彊簠
字數　一一
時代　春秋
著録　總集　二八九七
三代　一〇・七・三
來源　三代

〇四五二七　吳王御士叔緐簠
字數　一一
時代　春秋
著録　總集　二八九九
西甲　一三・一
文物　一九五八年五期七二頁

銘文選　五四七
吳越　三七
流傳　原藏清宮，一九五七年於北京海淀區東北旺發現
現藏　首都博物館
來源　考古研究所拓

〇四五二八　曾子⿸尸焦簠
字數　一一
時代　春秋中期
著録　總集　二八九四、二八九五
三代　一〇・六・三～四
周金　三・一四五・二～三・一四六・一
小校　九・五・四～三
貞松　六・二五
大系　二〇九・一；二〇九・三
山東存曾　五
銘文選　六九六
現藏　中國歷史博物館
來源　考古研究所拓
備注　諸書皆將此簠器蓋分爲兩器，現依中國歷史博物館合而为一

〇四五二九　曾子⿸尸焦簠
字數　一一
時代　春秋中期
著録　總集　二八九五
三代　一〇・七・一
周金　三補
貞松　六・二五・三～二六・一
大系　二〇九・二
山東存曾　五・三（諸書著録皆爲蓋銘）
現藏　中國歷史博物館
來源　考古研究所拓

○四五三〇 善夫吉父簋
字數 一二
時代 西周晚期
著録 總集 二九〇四
錄遺 一七三
彙編 六・四三二
來源 録遺

○四五三一 内公簋
字數 一二
時代 西周晚期
著録 考古圖 三・四〇
薛氏 一四四・一
出土 咸平年同州民湯善德獲于河濱
流傳 宋代内府所藏
來源 薛氏

○四五三二 胄簋
字數 一二（又重文二）
時代 西周晚期
著録 總集 二九一七
考古 一九六五年一一期五四三頁
圖二：三
出土 一九六五年山東鄒縣七家峪
現藏 山東省鄒縣文物管理所
來源 考古編輯部檔案

○四五三三 □諆簋
字數 一二
時代 西周晚期
著録 考古學集刊三（一九八三年）一〇四
頁圖八
出土 一九七三年山東鄒縣匡莊公社灰城
子
現藏 鄒縣文物管理所
來源 考古研究所拓

○四五三四 嬉仲簋
字數 一二
時代 春秋早期
著録 曲阜魯國故城 一四五頁圖九三・
三
出土 山東曲阜魯故城墓葬
現藏 曲阜縣文物管理委員會
來源 考古研究所拓

○四五三五 伯□父簋
字數 一二
時代 春秋
著録 總集 二九〇一
三代 一〇・七・四
西甲 一三・三
愙齋 一五・一六
綴遺 八・二
周金 三・一四六・二
小校 九・五・五
流傳 清宮舊藏，後歸丁筱農
來源 考古研究所藏

○四五三六 伯嘯父簋
字數 一三
時代 西周晚期
著録 總集 二九〇六
考古與文物 一九八二年二期
一二頁圖八
綜覽・簋 八
出土 一九八一年陝西扶風縣黄堆公社
齊鎮村窖藏
現藏 周原扶風縣文物管理所
拓片 周原扶風縣文物管理所提供

○四五三七 内大子白簋蓋
字數 一三（又重文一）
時代 西周晚期
著録 總集 二九一八
三代 一〇・一〇・二
兩罍 七・九
攈古 二・二・一一・二
愙齋 一五・一三
綴遺 八・四・二
周金 三・一四三・一
小校 九・六・二
銘文選 九〇六（蓋）
故宮五十 八八
流傳 金蘭坡、吴雲、李眉生舊藏（綴遺）
現藏 北京故宮博物院
來源 考古研究所拓

○四五三八 内大子白簋蓋
字數 一三（又重文一）
時代 西周晚期
著録 三代 一〇・一〇・三
周金 三・一四三・二
銘文選 九〇六（器）
故青 一九九（器）
流傳 費念慈舊藏
現藏 北京故宮博物院
來源 考古研究所拓

○四五三九 奢虎簋
字數 一三（又重文一）
時代 春秋早期
著録 總集 二九一一、二九一二
三代 一〇・九・二～一
周金 三補
小校 九・七・二～一
貞松 六・二七・二～三
上海（二〇〇四）四五六
現藏 上海博物館
來源 考古研究所藏

○四五四〇 旅虎簋
字數 一三（又重文二）
時代 春秋早期
著録 總集 二九一三
三代 一〇・九・三
愙齋 一五・一五
奇觚 五・二
周金 三・一四二・二
小校 九・六・三
流傳 潘祖蔭舊藏
來源 陳邦懷先生藏

○四五四一 旅虎簋
字數 一三（又重文一）
時代 春秋早期
著録 總集 二九一四、二九一五
三代 一〇・九・四～一〇・
一〇・一
周金 三補（蓋）
貞松 六・二六・三（蓋）
小校 九・六・五～四
現藏 北京故宮博物院
來源 考古研究所拓

○四五四二 鄀于子斯簋
字數 八
時代 春秋早期
著録 薛氏 一四三・三
流傳 「藏宗室仲爰家」（薛氏）
來源 薛氏

○四五四三 鄀于子斯簋
字數 一三
時代 春秋早期
著録 薛氏 一四三・四
來源 薛氏

○四五四四 叔𡊣父簋蓋

字數 存一三
時代 春秋晚期
著錄 未見
現藏 上海博物館
來源 上海博物館提供

〇四五四五 鄦子簠

字數 一三
時代 春秋晚期
著錄 癡盦 二〇
流傳 李泰棻舊藏
現藏 遼寧省博物館
來源 考古研究所拓

〇四五四六 薛子仲安簠

字數 一四（又重文一）
時代 春秋早期
著錄 總集 二九二〇
　文物 一九七八年四期九六頁
　圖九
　銘文選 八二四
　綜覽・簠 六
　辭典 六六四
　青全 九・八二
出土 一九七三年山東滕縣官橋公社狄莊大隊薛城遺址
現藏 滕縣博物館
來源 考古研究所拓

〇四五四七 薛子仲安簠

字數 一四（又重文二）
時代 春秋早期
著錄 未見
出土 同〇四五四六
現藏 滕縣博物館
來源 考古研究所拓

〇四五四八 薛子仲安簠

字數 一四（又重文二）
時代 春秋早期
著錄 未見
出土 同〇四五四六
現藏 滕縣博物館
來源 考古研究所拓

〇四五四九 楚王酓肯簠

字數 一四
時代 戰國晚期（楚考烈王 公元前二六二～前二三八年）
著錄 總集 二九〇八
　三代 一〇・八・三
　十二尊 一九～二〇
　小校 九・七・三
　大系 補
　國學季刊 四卷一號圖七：一
　楚器 五
　銘文選 六六二
出土 一九三三年安徽壽縣朱家集李三孤堆墓葬
流傳 國立北平圖書館舊藏
現藏 北京故宮博物館
來源 考古研究所拓

〇四五五〇 楚王酓肯簠

字數 一三
時代 戰國晚期（楚考烈王 公元前二六二～前二三八年）
著錄 總集 二九〇九
　三代 一〇・八・四
　十二尊 一七
　小校 九・七・四
　大系 補
　國學季刊 四卷一號圖七：二
　通考 三六五
　楚器 六
出土 同〇四五四九
流傳 國立北平圖書館舊藏
現藏 北京故宮博物館
來源 考古研究所拓

〇四五五一 楚王酓肯簠

字數 一三
時代 戰國晚期（楚考烈王 公元前二六二～前二三八年）
著錄 總集 二九一〇
　三代 一〇・八・五
　十二尊 二一
　小校 九・七・五
　大系 補
　國學季刊 四卷一號圖七：三
　楚器 七
出土 同〇四五四九
流傳 國立北平圖書館舊藏
現藏 北京故宮博物館
來源 考古研究所拓

〇四五五二 ⿰豈夫叔簠

字數 一五（又重文一）
時代 西周晚期
著錄 總集 二九二二
　三代 一〇・一〇・四
　周金 三・一四二・一
　小校 九・八・三
　貞松 六・二八
　希古 四・六・二
　銘文選 六〇六
　上海（二〇〇四）四〇七
流傳 張鈞衡舊藏
現藏 上海博物館
來源 陳邦懷先生藏

〇四五五三 尹氏貯良簠

字數 一五（又重文二）
時代 西周晚期
著錄 總集 二九三〇
　三代 一〇・一三・一
　愙齋 一五・五
　綴遺 八・六
　奇觚 五・三四
　周金 三・一三八・一
　小校 九・一三・二
流傳 潘祖蔭舊藏
來源 考古研究所藏

〇四五五四 伯勇父簠

字數 一五（又重文二）
時代 西周晚期
著錄 貞松 六・三〇
流傳 羅振玉舊藏
來源 考古研究所藏

〇四五五五 師麻孝叔簠

字數 一五（又重文二）
時代 西周晚期
著錄 總集 二九二九
　三代 一〇・一三・二
　奇觚 五・三四
　周金 三・一三七・一
　小校 九・一二・四
流傳 吳大澂、劉體智舊藏
來源 考古研究所藏

〇四五五六 走馬薛仲赤簠

字數 一五（又重文二）
時代 春秋早期
著錄 總集 二九三六
　文物 一九七八年四期九六頁
　圖八

銘文選 八二三
辭典 六六五
出土 一九七三年山東滕縣官橋公社狄莊大隊薛城遺址
現藏 滕縣博物館
來源 考古研究所拓

〇四五五七 商丘叔簠

字數 一五（又重文二）
時代 春秋早期
著録 總集 二九二七・一
三代 一〇・一二・二
愙齋 一五・七・二
綴遺 八・一〇・二
周金 三・一三九・一
小校 九・一〇・二
銘文選 七八七(蓋)
蔭軒 一・五三
青全 七・一二七
上海(二〇〇四) 四五五
流傳 潘祖蔭舊藏(愙齋)，後歸李蔭軒
現藏 上海博物館
來源 考古研究所藏潘祖蔭拓本

〇四五五八 商丘叔簠

字數 一五（又重文二）
時代 春秋早期
著録 總集 二九二七・二
三代 一〇・一二・三
愙齋 一五・七・一
綴遺 八・一〇・一
奇觚 五・二二・二
周金 三・一三八・二
小校 九・一〇・三
銘文選 七八七(器)
蔭軒 一・五三
青全 七・一二七
上海(二〇〇四) 四五五
流傳 潘祖蔭舊藏(愙齋)，後歸李蔭軒
現藏 上海博物館
來源 考古研究所藏
備注 〇四五五七、〇四五五八實爲一件，原誤爲二

〇四五五九 商丘叔簠

字數 一五（又重文二）
時代 春秋早期
著録 總集 二九二八
三代 一〇・一二・四～五
陶齋 二・四六～四七
周金 三・一三九・二～三・一四〇・一
希古 四・七・二～一
小校 九・一一・一(九・一一・二重出)～九・一一・三
美集録 R 四二一 ab
彙編 五・三四六・二～一
流傳 端方舊藏
現藏 美國堪薩斯納爾遜美術陳列館
來源 考古研究所藏

〇四五六〇 鑄叔作嬴氏簠

字數 一五
時代 春秋早期
著録 總集 二九一九
録遺 一七四・一～二
銘文選 八三四
來源 考古研究所藏容庚先生拓本

〇四五六一 □侯簠

字數 一五（又重文二）
時代 春秋早期
著録 總集 二九三五
三代 一〇・一四・三
周金 三・一三四・二
夢續 一三
希古 四・七・二
小校 九・一一・五
彙編 五・三四七
流傳 羅振玉舊藏
現藏 歷史語言研究所
來源 考古研究所拓

〇四五六二 □侯簠

字數 一五（又重文二）
時代 春秋早期
著録 周金 三・一三三・二
小校 九・一一・四
現藏 旅順博物館
來源 考古研究所拓

〇四五六三 季良父簠

字數 一六（又重文二）
時代 西周晚期
著録 總集 二九三九
三代 一〇・一四・四
西清 二九・一
攈古 一・四六
恒軒下 九一
愙齋 一五・一一・一
綴遺 八・八
奇觚 五・二二
周金 三・一三二・一
小校 九・一三・三
流傳 清宫舊藏，後歸潘祖蔭(綴遺)，又歸李蔭軒
現藏 上海博物館
來源 考古研究所藏

〇四五六四 季良父簠

字數 一六（又重文二）
時代 西周晚期
著録 總集 二九四〇
三代 一〇・一五・一
愙齋 一五・一一・二
陶續 一・四二
周金 三・一三三・一
雙吉上 一一
通考 三五四
小校 九・一三・四
綜覽・簠 一三
流傳 端方舊藏
現藏 北京故宫博物院
來源 考古研究所拓

〇四五六五 交君子□簠

字數 一六
時代 西周晚期
著録 總集 二九二五(二九二六)
三代 一〇・一二・一～一〇・一一・四
周金 三・一四〇・二(蓋)
小校 九・八・一～二
貞松 六・二八・二～六・二九・一
希古 四・五・二～四・六・一(又四・五・三重出)
流傳 丁樹楨舊藏
現藏 中國歷史博物館
來源 考古研究所拓

〇四五六六 魯伯俞父簠

字數 一六
時代 春秋早期
著録 總集 二九二二
三代 一〇・一一・一

筠清 三・一一
攗古 二・二・三三
綴遺 八・一五・一
小校 九・九・一(又九・九・
二；九・九・四兩處重出)
善齋 八・四
山東存魯 一〇
流傳 馮晏海、張子絜、劉喜海、王
錫棨、劉體智等舊藏(綴遺、攗
古録)
現藏 中國歷史博物館
來源 考古研究所藏

〇四五六七 魯伯俞父簠
字數 一六
時代 春秋早期
著録 總集 二九二三
三代 一〇・一一・二
愙齋 一五・一二・二
綴遺 八・一五・一
周金 三・一四一・一
小校 九・八・三
山東存魯 一二・二
流傳 馮晏海、吳大澂舊藏(綴遺、
周金)
來源 考古研究所藏

〇四五六八 魯伯俞父簠
字數 一六
時代 春秋早期
著録 總集 二九二四
三代 一〇・一一・三
兩罍 七・一〇
攗古 二・二・三四
愙齋 一五・一二・一
綴遺 八・一四

二百 三・三
周金 三・一四一
小校 九・九・三 (又九・一
〇・一重出)
山東存魯 一一・一
銘文選 八一一
流傳 王子梅、汪慈喜、吳雲舊藏(攗
古録、綴遺)，後歸潘祖蔭、李
蔭軒
現藏 上海博物館
來源 三代

〇四五六九 鄀公簠蓋
字數 一六 (又重文三)
時代 春秋早期
著録 未見
流傳 上海博物館舊藏
現藏 中國歷史博物館
來源 考古研究所拓

〇四五七〇 鑄子叔黑𦣞簠
字數 一七
時代 春秋早期
著録 總集 二九三二(二九三三・二)
三代 一〇・一三・三～一〇・
一四・一
周金 三・一三五・一～二
希古 四・九・二～四・八・三
貞松 六・二九
十二雪 八～一〇
通考 三五二
小校 九・一一・七～八
山東存鑄 三・一；三・三
綜覽・簠 二
故青 二二二
出土 傳光緒初年山東桓臺出土

流傳 孫壯舊藏
現藏 北京故宮博物院
來源 考古研究所拓

〇四五七一 鑄子叔黑𦣞簠
字數 一七
時代 春秋早期
著録 總集 二九三一
三代 一〇・一四・二～一〇・
一三・四
愙齋 一五・一五・一
綴遺 八・一七・一
周金 三・一三六
希古 四・八・一
小校 九・一二・二～三
大系 二三八
山東存鑄 三・二
銘文選 八三六
上海(二〇〇四) 四五四
出土 同 〇四五七〇
流傳 潘祖蔭舊藏，後歸李蔭軒
現藏 上海博物館
來源 考古研究所藏

〇四五七二 季宮父簠
字數 一八
時代 西周晚期
著録 總集 二九四七
三代 一〇・一七・一
周金 三補
貞松 六・三〇
小校 九・一四・四
癡盦 一九
綜覽・簠 一二
流傳 李泰棻舊藏
來源 考古研究所藏

〇四五七三 曾子原彝簠
字數 一八
時代 春秋晚期
著録 總集 二九三四
江漢考古 一九八〇年一期七七
頁圖六
銘文選 六九八
出土 一九七五年湖北隨縣涢陽鰱魚嘴
現藏 湖北省博物館
來源 湖北省博物館

〇四五七四 鑄公簠蓋
字數 一九 (又重文二)
時代 春秋早期
著録 總集 二九五九
三代 一〇・一七・二
西清 二九・三
周金 三・一三〇・二
貞松 六・三一
希古 四・一〇・一
大系 二三七
小校 九・一五・一
山東存鑄 一
銘文選 八三五
上海(二〇〇四) 四五三
出土 傳出齊東縣(山東存)
現藏 上海博物館
來源 考古研究所藏

〇四五七五 楚子𣪕簠
字數 一九
時代 戰國早期
著録 總集 二九四二
三代 一〇・一五・二
陶齋 二・四四
周金 三・一三一・一

小校 九・一四・三
大系 一八三・二
銘文選 六五一（器）
流傳 端方舊藏
來源 考古研究所藏

〇四五七六 楚子𣪘簋
字數 一九
時代 戰國早期
著録 總集 二九四三
三代 一〇・一五・三
陶齋 二・四五
周金 三・一三
小校 九・一四・二
大系 一八三・三
美集録 R 四二五
彙編 五・三二五
銘文選 六五一（蓋）
流傳 端方舊藏
現藏 美國堪薩斯納爾遜美術陳列館
來源 考古研究所藏

〇四五七七 楚子𣪘簋
字數 一九
時代 戰國早期
著録 總集 二九四四
三代 一〇・一五・四
貞續中 一
貞圖上 三九
彙編 五・三二五
流傳 羅振玉舊藏
來源 考古研究所藏

〇四五七八 羌仲虎簋
字數 二〇（又重文二）
時代 西周晚期
著録 總集 二九四五

三代 一〇・一六・一
流傳 頤和園舊藏
現藏 北京故宮博物院
來源 考古研究所拓

〇四五七九 史免簋
字數 二〇（又重文二）
時代 西周晚期
著録 總集 二九五四
三代 一〇・一九・一～二
愙齋 一五・一六（器）
攈古 二・三・一六（器）
綴遺 八・二
陶續上 四三（蓋）
小校 九・一五・二～三
周金 三・一二七（蓋），三
補（器）
大系 七九（器）
銘文選 二五三（器）
流傳 金蘭坡舊藏
現藏 山東省博物館（器）
來源 考古研究所藏

〇四五八〇 叔邦父簋
字數 二〇（又重文二）
時代 西周晚期
著録 博古 一八・七
薛氏 一四四・二
嘯堂 六二
來源 嘯堂

〇四五八一 伯其父簋
字數 二〇（又重文二）
時代 春秋早期
著録 總集 二九五三
三代 一〇・一八・四
筠清 三・一〇

積古 七・三
攈古 二・三・一五
奇觚 一七・一九
周金 三・一二八
夢續 一四
小校 九・一七・二
通考 三五六
流傳 劉鏡古、劉喜海、羅振玉舊藏
來源 考古研究所藏

〇四五八二 番君召簋
字數 一九（又重文二）
時代 春秋早期
著録 總集 二九四八
三代 一〇・一七・四
積古 七・二・一
攈古 二・三・八・二
綴遺 八・九
奇觚 一七・二〇・一
敬吾下 二三・一
周金 三・一二九（三・一三〇重出）
希古 四・一〇・二
小校 九・一六・二
安徽金石 一・二八・四
流傳 阮元舊藏
來源 考古研究所藏猗文閣拓本

〇四五八三 番君召簋
字數 二〇（又重文二）
時代 春秋早期
著録 總集 二九四九
三代 一〇・一八・一
小校 九・一六・四
來源 考古研究所藏

〇四五八四 番君召簋
字數 二〇（又重文二）
時代 春秋早期
著録 總集 二九五〇（二九五二）
三代 一〇・一八・二
愙齋 一五・一四
小校 九・一六・三
流傳 許延暄舊藏
來源 考古研究所藏

〇四五八五 番君召簋蓋
字數 二〇（又重文二）
時代 春秋早期
著録 總集 二九五一
三代 一〇・一八・三
周金 三・一二八・二
小校 九・一六・一
貞松 六・三二
銘文選 六一九
現藏 北京故宮博物院
來源 考古研究所拓

〇四五八六 番君召簋
字數 二〇（又重文二）
時代 春秋早期
著録 未見
來源 考古研究所藏

〇四五八七 番君召簋
字數 存一一
時代 春秋早期
著録 積古 七・二・二
攈古 二・三・九・一
奇觚 一七・二〇・二
來源 積古

〇四五八八 曾子□簋
字數 二〇（又重文二）
時代 春秋早期

著録 總集 二九四六A
三代 一〇・一六・二
貞松 六・三二
武英 三八
小校 九・一四・五
通考 三六四
山東存曾 六
大系 二〇九
故圖下下 二〇三
粢盛 三七〇頁
流傳 承德避暑山莊舊藏
現藏 臺北故宮博物院
來源 考古研究所藏

〇四五八九 宋公䜌簠

字數 二〇
時代 春秋晚期(宋景公)
著録 侯古堆 五〇頁圖四八
銘文選 七九二(器)
美全 五・二九
青全 七・一二八
出土 一九七八～一九七九 河南固始縣侯古堆一號墓(M・P：三七～二)
現藏 河南省文物研究所
來源 河南省文物研究所提供
備注 此爲侯古堆之器蓋銘，銘文選稱器銘

〇四五九〇 宋公䜌簠

字數 二〇
時代 春秋晚期(宋景公)
著録 侯古堆 四八頁圖四六
銘文選 七九二(蓋)
美全 五・二九
青全 七・三八
辭典 六七一

出土 同〇四五八九(M・P：三七～一)
現藏 河南省文物研究所
來源 河南省文物研究所提供
備注 此爲侯右堆之器銘、銘文選稱蓋銘

〇四五九一 曾孫史夷簠

字數 二〇
時代 戰國早期
著録 上海(二〇〇四) 五〇〇
現藏 上海博物館
來源 上海博物館提供

〇四五九二 鼄叔豸父簠

字數 二一(又重文二)
時代 春秋早期
著録 未見
出土 一九七六年山東平邑縣東陽公社蔡莊墓葬
現藏 平邑縣文物管理站
來源 平邑縣文物管理站提供

〇四五九三 曹公簠

字數 二一(又重文二)
時代 春秋晚期
著録 中原文物 一九八一年二期五九頁圖三
出土 一九七三年河南淮陽縣堌堆李莊
現藏 淮陽縣太昊陵文物保管所
來源 考古研究所拓

〇四五九四 子季嬴青簠

字數 二二(又重文二)
時代 春秋晚期
著録 總集 二九五七
江漢考古 一九八三年二期八頁圖一一
青全 一〇・一二三

出土 一九七二年湖北襄陽縣山灣墓地
現藏 湖北省博物館
來源 考古研究所拓

〇四五九五 齊塦曼簠

字數 二二
時代 戰國早期
著録 總集 二九五五
三代 一〇・一九・三
西清 二九・六
貞松 六・三三
大系 二五八・一
故宮 七期
藝展 二六
山東存齊 二三・二
通考 三六三
故圖下上 八九
彙編 五・二八三
粢盛 三七四頁
流傳 清宮舊藏
現藏 臺北故宮博物院
來源 考古研究所藏

〇四五九六 齊塦曼簠

字數 二二
時代 戰國早期
著録 總集 二九五六
三代 一〇・二〇・一
攈古 二・三・一七・一
愙齋 一五・八・一
綴遺 八・二八・一
奇觚 五・二三・一
敬吾下 二四・二
周金 三・一二六・二
小校 九・一五・四
大系 二五八

山東存齊 二三・一
銘文選 八六一
蔭軒 一・五九
青全 九・一乙
上海(二〇〇四) 五六三
流傳 葉東卿、潘祖蔭舊藏(周金)，後歸李蔭軒
現藏 上海博物館
來源 考古研究所藏

〇四五九七 敶公子仲慶簠

字數 二三(又重文二)
時代 春秋中期
著録 總集 二九五八
文物 一九八〇年一期三五頁圖四
銘文選 五八一
辭典 六六六
出土 一九七九年湖北隨縣城郊季氏梁
現藏 隨州市博物館
來源 考古研究所拓

〇四五九八 曾侯簠(叔姬霝簠)

字數 二四(又重文二)
時代 西周晚期
著録 總集 二九六五
三代 一〇・二〇・二
周金 三・一二六・一
小校 九・一七・三
希古 四・一一・一
貞松 六・三三・二
大系 一七九
安徽金石 一・二九・一
銘文選 六八四
流傳 丁樹楨舊藏
來源 考古研究所藏

〇四五九九　鄴伯受簋
字數　二四（又重文二）
時代　春秋晚期
著録　文物　一九八二年一〇期一七頁
　圖二
　辭典　六六九
出土　一九七〇年湖北江陵縣紀南公社
　岳山大隊
現藏　荆州地區博物館
來源　考古研究所拓

〇四六〇〇　蛣公諆簠
字數　二五（又重文二）
時代　西周晚期
著録　總集　二九六六
　三代　一〇・二一・二
　擦古　二・三・四九
　愙齋　一五・五
　綴遺　八・一六
　奇觚　五・二四
　簠齋　三簠三
　周金　三・一二五・二
　小校　九・一八・四
　大系　一九一
　銘文選　六四〇
　蔭軒　一・五二
　上海（二〇〇四）四五二
流傳　李璋煜、陳介祺舊藏（綴遺），後
　歸李蔭軒
現藏　上海博物館
來源　考古研究所藏

〇四六〇一　召叔山父簠
字數　二六（又重文二）
時代　春秋早期
著録　總集　二九六八
　三代　一〇・二二・一
　筠清　三・七
　從古　一二・一九
　擦古　二・三・五三
　綴遺　八・二一
　奇觚　一七・二五
　周金　三・一二四・二
　小校　九・一九・一
　大系　二〇二・一
流傳　陳廣寧舊藏（周金）
來源　考古研究所藏

〇四六〇二　召叔山父簠
字數　二六（又重文二）
時代　春秋早期
著録　總集　二九六九
　三代　一〇・二二・二
　寧壽　一一・二四
　貞松　六・三四
　故宮　二一期
　藝展　二五
　通考　三五三
　大系　二〇二
　故圖下上　八八
　綜覽・簠　一〇
　粢盛　三四六頁
　周録　一〇九
流傳　清宮舊藏
現藏　臺北故宮博物院
來源　考古研究所藏

〇四六〇三　敶侯作王仲媯婦簠
字數　二六
時代　春秋中期
著録　總集　二九六三
　彙編　四・二四四
出土　傳出于洛陽、鞏縣之間
現藏　加拿大多倫多安大略博物館
來源　考古研究所藏陳夢家先生收集拓
　本

〇四六〇四　敶侯作王仲媯婦簠
字數　二六
時代　春秋中期
著録　總集　二九六一、二九六二
　三代　一〇・二〇・三～四
　貞續中　一・二～二・一
　善齋　九・八～九
　小校　九・一八・一～二
　銘文選　五八四
　辭典　六六七
　上海（二〇〇四）四五七
流傳　劉體智舊藏
現藏　上海博物館
來源　三代

〇四六〇五　嘉子伯昜□簠
字數　二六（又重文二）
時代　春秋晚期
著録　貞續中　二・二～三・一
來源　考古研究所藏

〇四六〇六　敶侯作孟姜嫂簠
字數　二七
時代　春秋中期
著録　總集　二九六七
　三代　一〇・二一・三
　愙齋　一五・三
　周金　三・一二五・一
　夢續　一五
　通考　三五七
　小校　九・一八・三
　大系　二〇四
　銘文選　五八三
　旅順　三二
流傳　李山農、丁樹楨、羅振玉舊藏
現藏　旅順博物館
來源　考古研究所拓

〇四六〇七　敶侯作孟姜嫂簠
字數　二七
時代　春秋中期
著録　西清　二九・五
流傳　清宮舊藏
來源　西清

〇四六〇八　考叔脂父簠
字數　二八（又重文二）
時代　春秋早期
著録　總集　二九七一
　文物　一九七二年三期六八頁
　圖八（蓋）
出土　一九六九年湖北枝江縣王家崗
現藏　湖北省博物館
來源　考古研究所拓

〇四六〇九　考叔脂父簠
字數　二八（又重文二）
時代　春秋早期
著録　總集　二九七〇
　文物　一九七二年三期六八頁圖
　七（蓋）
　江漢考古　一九八〇年二期圖版二
　下
出土　同〇四六〇八
現藏　湖北省博物館
來源　考古研究所拓

〇四六一〇　鄱公彭宇簠
字數　二九（又重文二）
時代　春秋早期

著録 未見

出土 一九七五年河南南陽市西關煤場墓葬
現藏 南陽市博物館
來源 南陽市博物館提供

〇四六一一 鄱公彭宇簠

字數 二九（又重文二）
時代 春秋早期
著録 中原文物 一九八二年一期四〇頁圖二
青全 一〇·二二
出土 一九七五年河南南陽市西關煤場墓葬
現藏 南陽市博物館
來源 南陽市博物館提供

〇四六一二 楚屈子赤角簠蓋

字數 二九（又重文二）
時代 春秋晚期
著録 總集 二九七三
江漢考古 一九八〇年二期圖版一下
銘文選 六五三
辭典 六七四
出土 一九七五年湖北隨縣鰱魚嘴
現藏 湖北省博物館
來源 考古研究所拓

〇四六一三 上鄀府簠

字數 二九（又重文二）
時代 春秋晚期
著録 總集 二九七四
江漢考古 一九八三年一期五一頁圖三·四
銘文選 六三五
辭典 六六八

出土 湖北襄陽縣山灣墓地
現藏 襄陽地區博物館
來源 考古研究所拓

〇四六一四 曾□□簠

字數 二九（又重文二）
時代 春秋晚期
著録 總集 二九六四
三代 一〇·二一·一
貞松 六·三四·一
現藏 日本某氏（羅表）
來源 三代

〇四六一五 叔家父簠

字數 三一
時代 春秋早期
著録 總集 二九七二
三代 一〇·二二·三
筠清 三·九
攈古 二·三·六三
綴遺 八·七
奇觚 一七·三四
周金 三·一二四·一
小校 九·一九·二
流傳 素夢蟾、丁麟年舊藏（攈古録、綴遺）
來源 考古研究所藏

〇四六一六 鄦子妝簠

字數 三一（又重文二）
時代 春秋晚期
著録 總集 二九七五
三代 一〇·二三·一
筠清 三·八
從古 一六·二
攈古 二·三·七六
愙齋 一五·四

綴遺 八·二四
奇觚 五·二五
敬吾 下二四·一
簠齋 三簠二
周金 三·一二三·二
善齋 九·一〇
善彝 五二
小校 九·一九·三
通考 三六一
大系 一九四
安徽金石 一·二九·二
銘文選 六一〇
上海（二〇〇四）四九八
流傳 陳介祺、劉體智舊藏
現藏 上海博物館
來源 考古研究所藏陳介祺拓本

〇四六一七 無公買簠

字數 三二（又重文二、合文一）
時代 春秋早期
著録 總集 二九七六（器）
江漢考古 一九八三年二期三七頁圖三
銘文選 六〇八
現藏 武漢市文物商店
來源 考古研究所拓

〇四六一八 樂子簠

字數 三二（又重文二）
時代 春秋晚期
著録 總集 二九七八
文物 一九六四年七期一六頁圖八
銘文選 七九五
現藏 上海博物館
來源 上海博物館提供

〇四六一九 孫叔左簠

字數 三二（又重文二）
時代 戰國早期
著録 總集 二九七七
頌續 四三
通考 三六二
流傳 容庚舊藏
來源 陳邦懷先生藏

〇四六二〇 叔朕簠

字數 三四（又重文二）
時代 春秋早期
著録 總集 二九七九
三代 一〇·二三·二
積古 七·四
張藏 四
攈古 三·一·六
愙齋 一五·一四
綴遺 八·五
奇觚 一七·二一
周金 三·一二三·一
十二居 二三
通考 三五五
大系 二六四
小校 九·二〇·一
銘文選 七八四
流傳 阮元、周季木舊藏（積古、十二）
現藏 上海博物館
來源 考古研究所藏阮元拓本

〇四六二一 叔朕簠

字數 三四（又重文二）
時代 春秋早期
著録 彙編 四·一九二
來源 彙編

〇四六二二 叔朕簠

字數 存二八
時代 春秋早期
著録 故青 一三四
現藏 北京故宮博物院
來源 考古研究所拓

○四六二三 奄大宰簠

字數 三七（又重文二）
時代 春秋早期
著録 總集 二九八一
三代 一〇・二四・一
筠清 三・五
擴古 三・一・一〇
綴遺 八・二三
奇觚 一七・二三
敬吾下 二三
周金 三・一二二・一
小校 九・二〇・二
大系 二三〇・一
山東存邾 一三・二
流傳 葉夢得、金蘭坡、徐壽衡舊藏（綴遺）
來源 商承祚先生藏

○四六二四 奄大宰簠

字數 三六（又重文二）
時代 春秋早期
著録 總集 二九八〇
三代 一〇・二四・二
擴古 三・一・一
綴遺 八・二二
周金 三・一二二・二
小校 九・二一・一
大系 二三〇・二
文物 一九五九年一〇期三六頁
圖一二

銘文選 八三〇
上海（二〇〇四）四九九
流傳 劉喜海舊藏（綴遺）
現藏 上海博物館
來源 陳邦懷先生藏

○四六二五 長子沫臣簠

字數 三七（又重文二）
時代 春秋晚期
著録 總集 二九八二
文物 一九六四年七期一七頁
圖九、一八頁圖一〇
銘文選 八九一
上海（二〇〇四）四九七
現藏 上海博物館
來源 上海博物館提供

○四六二六 免簠

字數 四四
時代 西周中期
著録 總集 二七〇三
三代 六・五二・四
積古 七・三
擴古 三・一・二五
奇觚 四・三（又一七・二三重出）
敬吾下 二三
周金 三・一二一・二
小校 九・二一・二
大系 七九
斷代 一二九
銘文選 二五二
流傳 阮元、丁樹楨舊藏
來源 考古研究所藏

○四六二七 弭仲簠

字數 五一
時代 西周晚期
著録 總集 二九八三
考古圖 三・四二
薛氏 一四五
復齋 一九
積古 七・五
擴古 三・一・三三
奇觚 一七・二三
出土 「得于驪山白鹿原」（薛氏）
流傳 劉原父舊藏
來源 薛氏

○四六二八 伯公父簠

字數 五九（又重文二）
時代 西周晚期
著録 總集 二九八四
文物 一九八二年六期八八頁
圖四～五
陝青 三・九四
銘文選 三〇一
綜覽・簠 四
辭典 四二六
青全 五・八三
吉鑄 四六
出土 一九七七年陝西扶風縣黄堆公社雲塘村二號窖藏
現藏 周原扶風縣文物管理所
來源 周原扶風縣文物管理所提供

○四六二九 陳逆簠

字數 七五（又重文二）
時代 戰國早期（齊平公）
著録 積古 七・九
擴古 三・一・七三
奇觚 一七・二六
大系 二五七
彙編 三・七六
綴遺 八・二六
彙編 三・七七
流傳 汪仲悫舊藏
來源 積古
備注 綴遺所録顯係另一拓本，然亦不便另行分出，姑附於此

○四六三〇 陳逆簠

字數 七五（又重文二）
時代 戰國早期（齊平公）
著録 總集 二九八五
三代 一〇・二五・二
周金 三・一二一
小校 九・二二・一
山東存齊 一七
彙編 三・八〇
銘文選 八五三
來源 考古研究所藏猗文閣拓本

○四六三一 曾伯霥簠

字數 八八（又重文四）
時代 春秋早期
著録 總集 二九八六
三代 一〇・二六・一
積古 七・七
擴古 三・二・一一
綴遺 八・一七
奇觚 一七・二五
周金 三・一一九
小校 九・二三・一
大系 二〇七・一
山東存曾 一
流傳 山東濰坊市古代文物管理委員會舊藏
現藏 山東省博物館

來源 考古研究所藏金蘭坡拓本

〇四六三二 曾伯霥簠

字數 八六（又重文二）
時代 春秋早期
著録 總集 二九八七
三代 一〇・二六・二
從古 二・一九
攈古 三・二・一二～一三
愙齋 一五・三
綴遺 八・二〇
奇觚 五・二六
周金 三・一二〇
簠齋 三簠一
小校 九・二二・二
大系 二〇七・二
山東存曾 二
銘文選 六九一
流傳 周小崖、陳介祺舊藏，後歸山東濰坊市古代文物管理委員會
現藏 山東省博物館
來源 考古研究所藏陳介祺拓本

敦 類

〇四六三三～〇四六四九

〇四六三三 右冶君敦

字數 三
時代 戰國晚期
著録 河北 一四九
青全 九・一一一
出土 一九五七年河北赤城縣龍關
現藏 河北省博物館
來源 河北省博物館提供

〇四六三四 大府盞

字數 五
時代 戰國晚期
著録 總集 七三二
小校 二・三八・二
安徽金石 一・八・二
故青 三二四
出土 一九三三年安徽壽縣朱家集李三孤堆墓葬
現藏 北京故宮博物院
來源 考古研究所拓

〇四六三五 滕侯敦

字數 六
時代 春秋晚期
著録 考古 一九八四年四期三三六頁
圖八：右
出土 一九八二年山東滕縣洪緒公社杜莊
現藏 滕縣博物館
來源 考古研究所拓

〇四六三六 ⿰貝兑于盞

字數 六
時代 春秋晚期
著録 總集 六八九八
江漢考古 一九八三年一期七五頁
圖二：右
出土 一九七六年湖北隨縣鰱魚嘴義地崗
現藏 湖北省博物館
來源 考古研究所拓

〇四六三七 楚子敦

字數 七
時代 春秋早期
著録 總集 三〇九一
江漢考古 一九八三年三期七頁
圖一二
出土 一九七二～一九七三年湖北襄陽縣山灣墓葬
現藏 湖北省博物館
來源 考古研究所拓

〇四六三八 齊侯敦

字數 一一
時代 春秋晚期
著録 總集 三〇九三
三代 七・二三・五
攈古 二・一・六〇・一
愙齋 八・八・一
敬吾下 二・二
周金 三・一一一・五
小校 七・七七・四
山東存齊 一・二
流傳 葉東卿舊藏（攈古録）
來源 考古研究所藏

〇四六三九 齊侯敦

字數 一一
時代 春秋晚期
著録 總集 三〇九二
三代 七・二四・一～二
周金 三・一一二・一
貞松 五・一五・一～二
希古 三・一五・三～二
山東存齊 一・三～四
流傳 中江李氏舊藏（周金）
來源 考古研究所藏

〇四六四〇 歸父敦

字數 一一
時代 春秋
著録 文物 一九八五年六期一五頁
圖三
出土 河北唐縣東尚龍村
流傳 滄州地區文化局文物組徵集
現藏 滄州地區文化局
來源 文物

〇四六四一 𨻰公克敦

字數 一一
時代 春秋晚期
著録 總集 三〇九四
金文叢考 三八三頁
彙編 六・四五三
銘文選 六四一
來源 考古研究所藏

〇四六四二 ⿰犭刪公孫敦

字數 一五
時代 春秋
著録 故青 二三九
現藏 北京故宮博物院
來源 考古研究所拓

〇四六四三 王子申盞

字數 一七
時代 春秋
著録 總集 六九〇六
三代 一八・一二・五（誤作盉）
積古 七・二六
兩罍 八・一
愙齋 一七・一九
綴遺 二八・三
奇觚 一八・二三・二
周金 三・一六九
小校 九・九九・六
大系 一八二
銘文選 六四七

流傳　阮元、吳雲舊藏
來源　考古研究所藏

〇四六四四　拍敦
字數　二六
時代　春秋
著録　總集　三〇九五
　　三代　一一・三三・三
　　積古　八・九・一（誤作盤）
　　攈古　二・三・四七・一（誤作尊蓋）
　　奇觚　八・一一・二（誤作盤）
　　周金　四・三三・一（誤作盤）
　　小校　五・三六（誤作尊）
流傳　吳式芬舊藏（奇觚）
來源　考古研究所藏金蘭坡拓本

〇四六四五　齊侯作孟姜敦
字數　三〇（又重文四）
時代　春秋晚期
著録　總集　三〇九六
　　三代　八・三五・一（誤作殷）
　　奇觚　三・二九
　　周金　四・二〇・二（誤作匜）
　　齊侯　四
　　小校　八・三五・一
　　山東存齊　二・二
　　大系　二五・四・一
　　歐精華　三・二〇三
　　通考　三九〇
　　美集録　R　四二二
　　銘文選　八六〇
出土　傳光緒十九年（一八九三）直隸易州出（大系）
流傳　盛昱、美國人福開森舊藏（美集録）

現藏　美國紐約市美術博物館
來源　考古研究所藏移林館拓本

〇四六四六　十四年墬侯午敦
字數　三六
時代　戰國晚期
著録　總集　三〇九七
　　攈古　三・一・七・一
　　武英　八〇
　　十二居　一三
　　通考　三七五
　　山東存齊　一八・一
　　大系　二五八・三（又二五九・一重出）
　　銅玉　八七頁Fig八六
　　銘文選　八六四
　　青全　九・一五
流傳　吳式芬、周季木舊藏（攈古録）
現藏　中國歷史博物館
來源　考古研究所拓

〇四六四七　十四年墬侯午敦
字數　三六
時代　戰國晚期
著録　總集　三〇九八
　　三代　八・四二・二
　　貞松　五・四二・一
　　武英　七九
　　小校　八・三二・二
　　陳侯　二
　　山東存齊　一八・二
　　大系　二五九・二
　　藝展　二二
　　通考　三七七
　　故圖下下　一九一
　　青全　九・一六

　　粢盛　三八〇頁
流傳　承德避暑山莊舊藏（貞松）
現藏　臺北故宮博物院
來源　考古研究所藏

〇四六四八　十年墬侯午敦
字數　三八
時代　戰國晚期
著録　總集　三〇九九
　　録遺　一六八
　　銘文選　八六三
流傳　容庚舊藏
來源　録遺

〇四六四九　墬侯因資敦
字數　七九（又重文二）
時代　戰國中期（齊威王因齊）
著録　總集　三一〇〇
　　三代　九・一七・一
　　從古　一五・三一
　　攈古　三・一・七五
　　愙齋　九・一一・二
　　奇觚　四・一三
　　敬吾下　三六・一
　　周金　三・三〇・二
　　簠齋　三敦二四
　　陳侯　四
　　善齋　二・八二
　　善彝　八八
　　通考　三七八
　　小校　三・二五・一
　　安徽金石　一・一四
　　大系　二六〇・二
　　銘文選　八六六
流傳　陳介祺、劉體智舊藏
來源　考古研究所藏陳介祺拓本

鉶類

〇四六五〇

〇四六五〇　哀成叔鉶
字數　五
時代　春秋晚期
著録　總集　七八七三
　　文物　一九八一年七期六五頁圖三
　　銘文選　七七九
出土　一九六六年河南洛陽市玻璃廠墓葬
現藏　洛陽博物館
來源　考古研究所拓

豆類

〇四六五一～〇四六九五

〇四六五一　[illegible]豆
字數　一
時代　殷
著録　故青　八五
現藏　北京故宮博物院
來源　考古研究所拓

〇四六五二　[illegible]䖒豆
字數　二
時代　殷
著録　文物　一九八二年九期三九頁圖一一

青全 四・四七
出土 傳山東費縣
流傳 一九八一年從廢銅中揀出
現藏 北京市文物工作隊
來源 考古研究所拓

〇四六五三 亞吴豆
字數 二
時代 殷
著録 總集 三二〇二・二
三代 一〇・四六・四
來源 唐蘭先生藏

〇四六五四 公豆
字數 二
時代 春秋中期
著録 文物 一九八四年九期五頁圖六
出土 一九七七年山東沂水縣劉家店子一號墓
現藏 山東省文物考古研究所
來源 考古研究所拓

〇四六五五 公豆
字數 二
時代 春秋中期
著録 未見
出土 同〇四六五四
現藏 山東省文物考古研究所
來源 考古研究所拓

〇四六五六 公豆
字數 二
時代 春秋中期
著録 未見
出土 同〇四六五四
現藏 山東省文物考古研究所
來源 考古研究所拓

〇四六五七 公豆
字數 二
時代 春秋中期
著録 未見
出土 同〇四六五四
現藏 山東省文物考古研究所
來源 考古研究所拓

〇四六五八 □□父丁豆
字數 四
時代 殷
著録 總集 三〇一三
三代 一〇・四六・五
積古 一・二二・二
攈古 一・二・五六・二
愙齋 一七・一八
綴遺 二五・二
殷存下 三五・五
小校 九・九三・四四
流傳 江寧司馬達夫、葉東卿、潘祖蔭舊藏(積古、攈古録、綴遺)
來源 考古研究所藏潘祖蔭拓本

〇四六五九 鮇貉簠
字數 四
時代 春秋早期
著録 總集 三一一四
上村嶺 三九頁圖三六：二
綜覽・豆 一三
出土 一九五六~一九五七年河南陝縣上村嶺墓葬
現藏 中國歷史博物館
來源 考古研究所拓

〇四六六〇 邵方豆
字數 四
時代 春秋晚期
著録 未見
出土 湖北隨縣
現藏 隨州市博物館
來源 湖北省博物館提供

〇四六六一 邵方豆
字數 四
時代 春秋晚期
著録 未見
出土 同〇四六六〇
現藏 隨州市博物館
來源 湖北省博物館提供

〇四六六二 訇方豆
字數 四
時代 春秋晚期
著録 侯古堆 五二頁圖五〇
出土 一九七九年河南固始侯古堆一號墓
現藏 河南省文物研究所
來源 河南省文物研究所提供

〇四六六三 哀成叔豆
字數 五
時代 春秋晚期
著録 總集 三一〇四
文物 一九八一年七期六五頁圖二
銘文選 七八〇
青全 七・一三六
出土 一九六六年河南洛陽市玻璃廠墓葬
現藏 洛陽博物館
來源 考古研究所拓

〇四六六四 左使車工豆
字數 五
時代 戰國晚期
著録 中山王墓 四三〇頁圖一八五・三・四
青全 九・一五一
出土 一九七七年河北平山縣中山王墓(M一西庫 一三)
現藏 河北省文物研究所
來源 A、河北省文物研究所提供；
B、考古研究所摹

〇四六六五 左使車工豆
字數 五
時代 戰國晚期
著録 未見
出土 同〇四六六四
現藏 河北省文物研究所
來源 A、河北省文物研究所提供；
B、考古研究所摹

〇四六六六 衛始豆
字數 六
時代 西周晚期
著録 總集 二一二三
録遺 一三七・一~二
故青 二〇〇(蓋)
辭典 四一六
現藏 北京故宮博物院
來源 考古研究所拓
備注 或稱「𣪕」

〇四六六七 衛始豆
字數 六
時代 西周晚期
著録 總集 二一二四
録遺 一三八・一~二
斷代 一七八
現藏 北京故宮博物院
來源 考古研究所拓

〇四六六八 蒦圜窑里豆

字數 六
時代 戰國晚期
著録 綴遺 二五・六・一
現藏 旅順博物館
來源 考古研究所拓

〇四六六九 𨱇叔簠

字數 七
時代 西周晚期
著録 西清 二九・四四
流傳 清宮舊藏
來源 西清

〇四六七〇 曾侯乙豆

字數 七
時代 戰國早期
著録 曾侯乙墓 二二三頁圖一一二・三
青全 一〇・一二〇～一二二
出土 一九七八年湖北隨縣曾侯乙墓（中室 一九四）
現藏 湖北省博物館
來源 湖北省博物館提供

〇四六七一 曾侯乙豆

字數 七
時代 戰國早期
著録 曾侯乙墓 二二三頁圖一一二・一
出土 同〇四〇七〇（中室 一九五）
現藏 湖北省博物館
來源 湖北省博物館提供
備注 另有C一九六，本書未收，見曾侯乙墓圖一一二・二

〇四六七二 单吴生豆（周疑生豆）

字數 八
時代 西周晚期
著録 博古 一八・一五
薛氏 一五二
嘯堂 六三
斷代 一四一附
銘文選 二三六
來源 嘯堂

〇四六七三 曾仲斿父簠

字數 八
時代 春秋早期
著録 總集 三一一五
文物 一九七二年二期五三頁圖一一
綜覽・豆 一二
辭典 六六一
青全 一〇・一〇三
出土 一九六六年湖北京山縣蘇家壠
現藏 湖北省博物館
來源 考古研究所拓

〇四六七四 曾仲斿父簠

字數 八
時代 春秋早期
著録 未見
出土 銘文選 六八八
現藏 湖北省博物館
來源 考古研究所拓

〇四六七五 鑄客豆

字數 九
時代 戰國晚期
著録 總集 三一〇五
三代 一〇・四六・六
十二寶 一二
壽縣 四
楚展 五
寶楚 豆甲
銘文選 六七二
出土 一九三三年安徽壽縣朱家集李三孤堆墓葬
流傳 方焕經舊藏
現藏 天津市歷史博物館
來源 考古研究所藏

〇四六七六 鑄客豆

字數 九
時代 戰國晚期
著録 總集 三一〇六
三代 一〇・四七・一
十二寶 一三
寶楚 豆乙
出土 同〇四六七五
流傳 方焕經舊藏
現藏 天津市歷史博物館
來源 考古研究所藏

〇四六七七 鑄客豆

字數 九
時代 戰國晚期
著録 總集 三一〇七
三代 一〇・四七・二
十二尊 二二
壽縣 六圖一五
通考 四〇二
楚器 三
小校 九・九四・二
故青 三二五
出土 同〇四六七五
流傳 國立北平圖書館金石部舊藏（楚器）
現藏 北京故宮博物院
來源 考古研究所藏

〇四六七八 鑄客豆

字數 九
時代 戰國晚期
著録 總集 三一〇八
三代 一〇・四七・三
十二尊 二三
壽縣六 一四一四
楚器 四
小校 九・九四・一
出土 同〇四六七五
流傳 國立北平圖書館金石部舊藏（楚器）
現藏 中國歷史博物館
來源 考古研究所藏

〇四六七九 鑄客豆

字數 九
時代 戰國晚期
著録 旅順 三五
出土 同〇四六七五
現藏 旅順博物館
來源 考古研究所拓

〇四六八〇 鑄客豆

字數 九
時代 戰國晚期
著録 未見
出土 同〇四六七五
來源 陳邦懷先生藏

〇四六八一 微伯𤼈簠

字數 一〇
時代 西周中期
著録 總集 三一一七
文物 一九七八年三期九頁圖九
陝青 二・五一
綜覽・豆 七
青全 五・七六

吉鑄 一七
出土 一九七六年陝西扶風縣莊白一號
窖藏
現藏 周原扶風縣文物管理所
來源 周原扶風縣文物管理所提供

〇四六八二 周生豆

字數 一〇
時代 西周晚期
著録 總集 三一〇九
文物 一九八〇年九期四頁圖
一〇
陝青 四・一〇六
綜覽・豆 三
辭典 四二一
青全 五・七五
出土 一九七八年陝西寶鷄縣西高泉
村墓葬
現藏 寶鷄縣圖博館
來源 考古研究所拓

〇四六八三 周生豆

字數 一〇
時代 西周晚期
著録 總集 三一一〇
三代 一〇・四七・四
清愛 一六
擷古 二・一・五六・一
愙齋 一七・一九
綴遺 二五・四
周金 三・一六六
小校 九・九四・三
流傳 劉喜海舊藏(擷古録)
來源 考古研究所藏

〇四六八四 □公簠(村嬬鋪)

字數 一〇
時代 西周晚期
著録 總集 三一一六
考古圖 三・四六
博古 一八・二〇
薛氏 一四三・五
嘯堂 六三・二
斷代 二〇〇
流傳 盧江李伯時舊藏(薛氏)
來源 嘯堂

〇四六八五 康生豆

字數 一〇
時代 西周中期
著録 青全 六・一三一
山西精華 四〇
流傳 從太原銅廠揀選出來(陳邦懷先
生拓本題跋)
現藏 山西省博物館
來源 陳邦懷先生藏

〇四六八六 黄君孟豆

字數 一三
時代 春秋早期
著録 考古 一九八四年四期三一一頁
圖一二：二
青全 七・八二
出土 一九八三年河南光山縣寶相寺上
官崗墓葬
現藏 信陽地區文物管理委員會
來源 考古編輯部檔案
備注 同墓出同銘豆兩件，現僅録其
中之一

〇四六八七 黄子豆

字數 一六
時代 春秋早期
著録 考古 一九八四年四期三一九頁
圖二〇：四
辭典 六五八
青全 七・八三
出土 一九八三年河南光山縣寶相寺上
官崗墓葬
現藏 信陽地區文物管理委員會
來源 考古編輯部檔案
備注 同墓出同銘豆兩件，現僅録其一

〇四六八八 上官豆(富子登)

字數 二一
時代 戰國
著録 綴遺 二五・八
周金 三・一六七・一
美全 五・二六
流傳 金蘭坡、顧子嘉舊藏(綴遺、周
金)
現藏 北京故宮博物院
來源 考古研究所拓

〇四六八九 魯大嗣徒厚氏元簠

字數 二三
時代 春秋早期
著録 總集 三一一八
三代 一〇・四八・一
山東存魯 一七・二
出土 一九三二年山東曲阜林前村(山
東存)
來源 考古研究所藏

〇四六九〇 魯大嗣徒厚氏元簠

字數 二三(又重文二)
時代 春秋早期
著録 總集 三一一九
三代 一〇・四八・二～一〇・
四九・一
冠斝上 二八
山東存魯 一五・二～一六・二
(又一六・一重出)
銘文選 八一五
故宮五十 二〇一
故青 二三三(蓋)
青全 九・五一
出土 同〇四六八九
流傳 榮厚舊藏
現藏 北京故宮博物院
來源 考古研究所拓

〇四六九一 魯大嗣徒厚氏元簠

字數 二三(又重文二)
時代 春秋早期
著録 總集 三一二〇
三代 一〇・四九・二～一〇・
五〇・一
冠斝上 二九
山東存魯 一七・一(器)
辭典 六六二
出土 同〇四六八九
流傳 榮厚舊藏
現藏 北京故宮博物院
來源 考古研究所拓

〇四六九二 大師盧豆

字數 二八
時代 西周晚期
著録 總集 三一一一
三代 一〇・四七・五
筠清 三・一
古文審 八・一〇
擷古 二・三・五二・二
綴遺 二五・三
奇觚 一八・二〇・一
周金 三・一六五・一

小校 九・九四・七
銘文選 三八九
流傳 吳榮光舊藏(筠清)
來源 三代

○四六九三 姬奐母豆(齊豆)
字數 三〇
時代 春秋
著録 考古圖 五・一五
薛氏 一五二・二
金索 一・七二
出土 「熙寧中得于扶風」(考古圖)
流傳 河南張景先舊藏(考古圖)
來源 薛氏

○四六九四 郳陵君王子申豆
字數 五三(豆盤口外壁 三〇字、外底 二三 字)
時代 戰國晚期
著録 總集 三一一二A
文物 一九八〇年八期三〇頁
圖一右上; 圖二右
銘文選 六八〇
出土 一九七三年江蘇無錫市前洲鄉高濱灣
現藏 南京博物院
來源 A、考古研究所拓; B、考古研究所摹

○四六九五 郳陵君王子申豆
字數 三〇
時代 戰國晚期
著録 總集 三一一三A
文物 一九八〇年八期三一頁
圖二左
銘文選 六八一
出土 同 ○四六九四
現藏 南京博物院
來源 A、考古研究所拓; B、考古研究所摹

卣類

○四七〇一～○五四三三

○四七〇一 戈卣
字數 一
時代 殷
著録 總集 五〇〇三
三代 一二・三七・五～六
貞補中 一・一～二
續殷上 六八・二～三
泉屋 二・七〇
海外吉 五七
通考 六四八
彙編 九・一五二七
綜覽・鳥獸形卣 三
泉屋博古 圖八八拓乙
現藏 日本京都泉屋博古館
來源 三代

○四七〇二 戈卣
字數 一
時代 殷
著録 總集 五〇〇四
三代 一二・三七・七～八
貞續中 一三・一～二
現藏 北京故宮博物院
來源 考古研究所拓

○四七〇三 戈卣
字數 一
時代 殷
著録 總集 五〇〇六
三代 一二・三七・九
綴遺 一〇・二一・三
殷存上 二七・八
小校 四・三・七
流傳 潘祖蔭舊藏(綴遺)
來源 考古研究所藏

○四七〇四 戈卣
字數 一
時代 西周早期
著録 博古 九・二一
薛氏 二三・七
嘯堂 三二・三
來源 嘯堂

○四七〇五 戈卣
字數 一
時代 殷
著録 總集 五〇〇五
三代 一二・三七・一〇～一一
愙齋 一八・一三・一～二
陶齋 二・二四
綴遺 一七・二・二(器)
殷存上 二七・六～七
夢郼上 三七
小校 四・三・五～六
出土 陝西鳳翔
流傳 端方、羅振玉舊藏
來源 考古研究所藏
備注 綴遺誤入尊類

○四七〇六 戈卣
字數 一
時代 西周早期
著録 故宮五十 一五二
現藏 北京故宮博物院
來源 考古研究所拓

○四七〇七 戈卣
字數 一
時代 殷
著録 文物 一九七二年一期六頁圖一
銅器選 二一
綜覽・卣 九三
辭典 一二八
青全 四・一六〇～一六三
出土 一九七〇年湖南寧鄉王家墳
現藏 湖南省博物館
來源 銅器選

○四七〇八 戈卣
字數 一
時代 西周早期
著録 總集 五〇〇七
美集録 R 二七〇
三代補 二七〇
現藏 美國紐約侯希蘭氏處
來源 考古研究所藏

○四七〇九 戈卣
字數 一
時代 西周早期
著録 總集 五〇〇八
彙編 九・一五三六
綜覽・卣 一一八
現藏 日本東京國立博物館
來源 東京國立博物館提供

○四七一〇 戈卣
字數 一
時代 西周早期

著録 綜覽・卣 一七八
現藏 日本兵庫縣黑川古文化研究所
來源 綜覽

〇四七一一 □卣
字數 一
時代 殷
著録 上海(二〇〇四) 一五三
現藏 上海博物館
來源 上海博物館提供
備注 此器爲鴞形卣

〇四七一二 □卣
字數 一
時代 殷
著録 總集 五〇二一
三代 一二・三九・六
殷存上 二八・三
來源 三代

〇四七一三 □卣
字數 一
時代 殷
著録 未見
來源 考古研究所藏

〇四七一四 □卣
字數 一
時代 殷
著録 總集 五〇二二
三代 一二・三九・七~八
西甲 八・二〇
貞松 八・二・四~五
來源 三代

〇四七一五 □卣
字數 一
時代 殷
著録 總集 五〇二三
三代 一二・三九・九~一〇
小校 四・一・五~六
善齋 四・四
雙古上 二七
流傳 劉體智舊藏
來源 考古研究所藏

〇四七一六 □卣
字數 一
時代 殷
著録 未見
現藏 北京故宮博物院
來源 考古研究所拓

〇四七一七 □卣
字數 一
時代 殷
著録 總集 五〇二六
日精華 一・三八
彙編 九・一四八五
三代補 六三〇
綜覽・卣 二
出土 河南安陽殷墟
現藏 日本神户廣海二三郎氏處
來源 彙編

〇四七一八 □卣
字數 一
時代 殷
著録 總集 五〇二四
陝青 一・二四
綜覽・卣 五三
青全 四・一六八~一六九
出土 一九七三年陝西岐山縣賀家村墓葬
現藏 岐山縣博物館
來源 陝青

〇四七一九 □卣
字數 一
時代 殷
著録 未見
來源 考古研究所藏

〇四七二〇 □卣
字數 一
時代 殷
著録 總集 五〇二五
文叢 三期圖版八・四
出土 一九七六年山西靈石縣旌介村
現藏 山西省博物館
來源 文叢

〇四七二一 史卣
字數 一
時代 殷
著録 殷青 六二・一
出土 一九七九年河南安陽殷墟西區墓葬(M二五七五:一三)
現藏 考古研究所安陽工作站
來源 考古研究所拓

〇四七二二 史卣
字數 一
時代 殷
著録 總集 四九九三
綴遺 一〇・二一・一~二
周金 五・一一四・一~二
續殷上 六八・八~九
小校 四・六・四~五
來源 續殷

〇四七二三 史卣
字數 一
時代 殷
著録 總集 四九九二
三代 一二・三六・七~八
西清 一六・二三
續殷上 六八・一〇~一一
故圖下上 一三二
流傳 清宮舊藏
現藏 臺北故宮博物院
來源 考古研究所藏

〇四七二四 史卣
字數 一
時代 殷
著録 未見
現藏 北京故宮博物院
來源 考古研究所拓

〇四七二五 史卣蓋
字數 一
時代 殷
著録 未見
現藏 北京故宮博物院
來源 考古研究所拓

〇四七二六 史卣
字數 一
時代 殷
著録 博古 一〇・一八
薛氏 二三・八
嘯堂 三六・二
來源 嘯堂

〇四七二七 □卣
字數 一
時代 殷
著録 未見
現藏 北京故宮博物院
來源 考古研究所拓

〇四七二八 □卣蓋
字數 一

時代 殷
著録 未見
現藏 北京故宮博物院
來源 考古研究所拓
備注 西甲八・一九似即此器

〇四七二九 □卣
字數 一
時代 殷
著録 總集 五〇二八，五〇二九
美集録 R 六三
彙編 九・一四五八
三代補 六三
現藏 加拿大多倫多斯通夫人處
來源 彙編

〇四七三〇 □卣
字數 一
時代 殷
著録 西清 一六・一四
流傳 清宮舊藏
來源 西清

〇四七三一 □卣
字數 一
時代 殷
著録 彙編 九・一四五九(摹)
綜覽・卣 九一
來源 綜覽

〇四七三二 子卣
字數 一
時代 殷
著録 總集 四九八六
三代 一二・三五・七
西乙 八・一一
貞松 八・一・三
續殷上 六六・一
寶蘊 九七
流傳 瀋陽故宮舊藏
現藏 中國歷史博物館
來源 考古研究所藏

〇四七三三 竝卣
字數 一
時代 殷
著録 總集 四九八三
三代 一二・三五・一～二
殷存上 二七・一〇 (蓋)
續殷 上 六九・三～四
貞補中 一・三～四
小校 四・四・四～五
善齋 四・一
來源 考古研究所藏

〇四七三四 奚卣
字數 一
時代 殷
著録 總集 四九八四
三代 一二・三五・三～四
銅玉 圖七八 Fig 七〇 H
夢郼續 二六
續殷上 六七・一～二
小校 四・四・七～八
彙編 八・一一六四
綜覽・卣 四九
流傳 羅振玉舊藏
來源 考古研究所藏

〇四七三五 □卣
字數 一
時代 殷
著録 總集 四九八七
三代 一二・三五・八～一二・三六・一
貞松 八・二・二～三
綜覽・卣 八一
出土 近年出土，見之津沽(貞松)
現藏 日本奈良天理參考館
來源 考古研究所藏

〇四七三六 □卣
字數 一
時代 殷
著録 鄴二上 一四
通考 六五〇
綜覽・卣 一
青全 三・一三八
出土 傳河南安陽(青全)
現藏 英國劍橋費茨威廉博物館(青全)
來源 鄴二

〇四七三七 受卣
字數 一
時代 殷
著録 總集 五〇四五
文物 一九七四年一一期九三頁
圖一一
河北 七二
綜覽・卣 一八
出土 一九六七年河北磁縣下七垣
現藏 河北省文物研究所
來源 河北省文物研究所提供

〇四七三八 爰卣
字數 一
時代 殷
著録 總集 四九八九
三代 一二・三六・二
西清 一六・二八
攀古上 三三
恒軒 六二
愙齋 一八・八・四
綴遺 一〇・三・二
陶續 一・三八
殷存上 二八・二
小校 四・六・三
獲古 八
美集録 R 二一九
彙編 八・一三九〇
三代補 二一九
流傳 美國納爾遜美術陳列館
來源 考古研究所藏
備注 西清有蓋，後失

〇四七三九 守卣
字數 一
時代 殷
著録 未見
現藏 上海博物館
來源 上海博物館提供

〇四七四〇 魚卣
字數 一
時代 殷
著録 未見
流傳 冀朝鼎舊藏
現藏 北京故宮博物院
來源 考古研究所拓
備注 銘在蓋內

〇四七四一 □卣
字數 一
時代 殷
著録 總集 四九九〇
三代 一二・三六・三～四
續殷上 六六・四～五
現藏 北京故宮博物院
來源 考古研究所拓

○四七四二　彝卣
字數　一
時代　殷
著録　總集　五〇四二
布倫戴奇　一三九頁圖一九（蓋）
彙編　八・一三七七
現藏　美國舊金山亞洲美術博物館（布倫戴奇藏品）
來源　彙編

○四七四三　□卣
字數　一
時代　殷
著録　總集　四九九一
三代　一二・三六・五〜六
貞松　八・三・三〜四
續殷上　六七・五〜六
流傳　諸城王氏舊藏（貞松）
來源　考古研究所藏

○四七四四　□卣
字數　一
時代　殷
著録　總集　四九九六
三代　一二・三六・一〇〜一一
窓齋　一八・一一・一〜二
綴遺　一〇・五・一〜二
殷存上　二七・九〜二八・一
小校　四・一〇・五〜六
現藏　上海博物館
來源　上海博物館提供

○四七四五　鼎卣
字數　一
時代　西周早期
著録　總集　五〇〇一
三代　一二・三七・一〜二
陶齋　一・三
續殷上　六七・七〜八
小校　四・一・三〜四
通考　六〇七
美集録　R二七五
彙編　九・一六一一a（蓋）
三代補　二七五
綜覽・卣　九四
出土　「光緒辛丑（一九〇一）秋陝西鳳翔府寶鷄縣三十里門鷄臺出土」（陶齋）
流傳　端方舊藏
現藏　美國紐約大都會美術博物館
來源　考古研究所藏

○四七四六　鼎卣
字數　一
時代　西周早期
著録　總集　五〇〇二
三代　一二・三七・三〜四
陶齋　一・四
續殷上　六七・九〜一〇
小校　四・一・一〜二
通考　六〇八
美集録　R二七四
彙編　九・一六一三
三代補　二七四
綜覽・卣　九五
出土　同〇四七四五
流傳　同〇四七四五
現藏　美國紐約大都會美術博物館
來源　考古研究所藏

○四七四七　□卣
字數　一
時代　殷
著録　總集　五〇〇〇
三代　一二・三八・一〜二
西清　一六・一一
貞松　八・三・一〜二
故宮　七
續殷上　六七・一一〜一二
藝展　六二
故圖下上　一二五
酒器　一一二頁
禮器　三五三頁
青全　四・一五八〜一五九
流傳　清宮舊藏
現藏　臺北故宮博物院
來源　陳邦懷先生藏

○四七四八　□卣
字數　一
時代　殷
著録　總集　四九九九
三代　一二・三七・一二
續殷上　六八・一
來源　三代

○四七四九　□卣
字數　一
時代　殷
著録　總集　五〇一三
三代　一二・三八・三
殷存上　二七・一一
小校　四・三・八
雙古上　二九
流傳　于省吾舊藏
來源　考古研究所藏
備注　失蓋

○四七五〇　禾卣
字數　一
時代　殷
著録　總集　四九八八
青山莊　一七
彙編　九・一七四九
現藏　日本東京根津美術館
來源　彙編

○四七五一　□卣
字數　一
時代　殷
著録　總集　五〇一〇
三代　一二・三八・四〜五
來源　考古研究所藏

○四七五二　萬卣
字數　一
時代　殷
著録　總集　五〇〇九
三代　一二・三八・七〜八
貞松　八・一・一〜二
善齋　四・三
續殷上　六七・三〜四
小校　四・三・一〜二
流傳　劉體智舊藏
現藏　瑞典斯德哥爾摩遠東古物館
來源　考古研究所藏
備注　羅福頤以爲可疑

○四七五三　敄卣
字數　一
時代　殷
著録　總集　五〇一五
三代　一二・三九・一〜二
續殷上　六八・一二（器）
現藏　首都博物館
來源　考古研究所拓

○四七五四　嫂卣

字數 一
時代 殷
著録 總集 五〇一六
三代 一二・三九・三~四
現藏 北京故宮博物院
來源 考古研究所藏

〇四七五五 嫂卣
字數 一
時代 殷
著録 總集 五〇一七
録遺 二三八
來源 録遺

〇四七五六 酋卣
字數 一
時代 殷或西周早期
著録 總集 五〇二〇
三代 一二・三九・五
貞松 八・一・四
續殷上 六九・一二
現藏 北京故宮博物院
來源 考古研究所拓
備注 失蓋，後配

〇四七五七 酋卣
字數 一
時代 殷或西周早期
著録 總集 五〇一九
積古 一・三二・二~三
攈古 一・一・四一・一~二
奇觚 一八・一・一~二
來源 攈古

〇四七五八 辜卣
字數 一
時代 殷
著録 未見
來源 考古研究所藏葉東卿手拓本

〇四七五九 巽卣
字數 一
時代 殷
著録 總集 五〇三二
三代 一二・四〇・七~八
攈古 一・四〇(蓋)，二・一七(器)
周金 五・一二・一~二
殷存上 三三・三~四
窓齋 七・一八・四(器)
小校 四・八・一~二(七・五六・三重器)
流傳 潘祖蔭舊藏
來源 考古研究所藏
備注 窓齋七・一八・四，小校七・五六・三 誤入段類

〇四七六〇 奄卣
字數 一
時代 殷
著録 總集 五〇七一
三代 一二・四二・一〇~一一
西甲 八・一五
綴遺 一〇・一〇・三(蓋)
殷存上 二九・九(蓋)
小校 四・七・四(蓋)
流傳 清宮舊藏，後歸潘祖蔭
現藏 中國歷史博物館(蓋)
來源 三代

〇四七六一 奄卣
字數 一
時代 殷
著録 總集 五〇七二
録遺 二四〇・一~二
現藏 北京故宮博物院
來源 陳邦懷先生藏

〇四七六二 嬬卣蓋
字數 一
時代 西周早期
著録 未見
現藏 北京故宮博物院
來源 考古研究所拓

〇四七六三 嬬卣
字數 一
時代 西周早期
著録 總集 五〇八四
三代 一二・四四・四
窓齋 一八・二一・一
綴遺 一一・一三・二
續殷上 六六・六
小校 四・八・五
來源 三代

〇四七六四 入卣
字數 一
時代 西周早期
著録 總集 五〇四一
陝圖 五一
陝青 一・一二
出土 一九五五年陝西岐山縣賀家村
現藏 陝西省博物館
來源 陝青

〇四七六五 入卣
字數 一
時代 西周早期
著録 上海(二〇〇四) 一五八
出土 陝西岐山賀家村
現藏 上海博物館
來源 上海博物館提供
備注 失蓋

〇四七六六 入卣
字數 一
時代 西周早期
著録 總集 五〇四〇
美集録 R 二五一
彙編 九・一四九八
三代補 二五一
現藏 美國紐約奧爾勃來特美術陳列館
來源 考古研究所藏

〇四七六七 舌卣
字數 一
時代 殷
著録 尊古 二・一〇
中國圖符 六八
倫敦 一二・一九九
美集録 R 一
三代補 一
現藏 美國烏士特美術博物館
來源 考古研究所藏

〇四七六八 舌卣
字數 一
時代 殷
著録 總集 五〇三九
青山莊 一五
彙編 九・一七三〇
出土 一九三三~一九三四年間，河南安陽附近
現藏 日本東京根津美術館
來源 彙編

〇四七六九 天卣
字數 一
時代 殷
著録 總集 五〇四八
考古 一九八一年二期一一四

頁圖五二
綜覽・卣 二〇
出土 一九七九年河南羅山蟒張墓葬
現藏 信陽地區文物管理委員會
來源 考古

〇四七七〇 天卣
字數 一
時代 殷
著録 總集 五〇四七
文物 一九七八年一〇期九四
頁圖七
綜覽・卣 九八
辭典 一三〇
青全 四・一六五～一六七
出土 一九七四年廣西武鳴勉嶺山麓
現藏 廣西壯族自治區博物館
來源 廣西壯族自治區博物館提供

〇四七七一 天卣
字數 一
時代 殷
著録 總集 四九八二
彙編 八・一一〇二
現藏 日本兵庫縣黑川古文化研究所
來源 彙編

〇四七七二 天卣
字數 一
時代 殷
著録 西甲 八・一二
來源 西甲

〇四七七三 卣
字數 一
時代 殷
著録 博古 一一・五五
薛氏 一〇四・一
嘯堂 四〇・五
來源 嘯堂

〇四七七四 丮卣
字數 一
時代 殷或西周初
著録 總集 五〇五〇
彙編 八・一二八四
現藏 美國紐約某氏處
來源 彙編

〇四七七五 卣
字數 一
時代 殷
著録 綜覽・卣 一九
薩克勒(商) 七〇
現藏 美國華盛頓薩克勒美術館
來源 綜覽

〇四七七六 卣
字數 一
時代 殷
著録 未見
出土 一九七三年山東濟南劉家莊
現藏 濟南市博物館
來源 考古研究所拓

〇四七七七 觥卣
字數 一
時代 殷
著録 總集 五〇三五
録遺 二三五・一～二
來源 陳邦懷先生藏

〇四七七八 卣
字數 一
時代 殷
著録 總集 五〇三七
録遺 二三九・一～二
現藏 中國歷史博物館
來源 録遺
備注 此器實爲方彝，見本書〇九八二九，重出

〇四七七九 衛卣
字數 一
時代 殷
著録 總集 五〇四四
學報 五册圖版四五・二
河南 一・二七五
綜覽・卣 四
美全 四・二七
青全 三・一一七
辭典 一〇九
出土 一九五〇年河南安陽武官村大墓E九
現藏 中國歷史博物館
來源 考古研究所拓
備注 或稱「北單壺」

〇四七八〇 匍卣
字數 一
時代 殷
著録 總集 五〇三六
録遺 二三六・一～二
來源 録遺

〇四七八一 匍卣
字數 一
時代 殷
著録 巴布選 六
綜覽・卣 五
現藏 法國巴黎基美博物館
來源 綜覽

〇四七八二 卣
字數 一
時代 殷
著録 總集 五〇一八
録遺 二三四
來源 考古研究所藏

〇四七八三 卣
字數 一
時代 殷
著録 學報 一九七九年一期八一頁
圖五八・一七
出土 一九六九～一九七七年河南安陽殷墟西區墓葬(M九〇七：一三)
現藏 考古研究所安陽工作站
來源 考古研究所拓
備注 殘碎

〇四七八四 卣
字數 一
時代 殷或西周早期
著録 總集 五〇四三
文物 一九七二年四期六三頁
圖四
山西 五八
綜覽・卣 一六
出土 一九七一年山西保德林遮峪
現藏 山西省考古研究所
來源 考古研究所藏

〇四七八五 卣
字數 一
時代 殷
著録 總集 五〇四六
山東選 三六頁圖八七右
綜覽・卣 四五
出土 一九五四年山東濱縣藍家村
現藏 山東省博物館
來源 考古研究所拓

○四七八六　弔卣
字數　一
時代　殷
著録　總集　五〇一四
三代　一二・三八・六
續殷上　六六・一二
小校　四・一四・二
善齋　四・一一
志存　三・二七
流傳　劉體智舊藏
來源　考古研究所藏
備注　器銘僞，未收

○四七八七　鳶卣
字數　一
時代　殷
著録　總集　五〇三三
美集録　R一五
弗里爾(一九四六)　一六
彙編　九・一六八〇
三代補　一五
綜覽・卣　四八
青全　三・一三一
現藏　美國華盛頓弗里爾美術陳列館
來源　考古研究所藏

○四七八八　隻卣
字數　一
時代　殷
著録　總集　五〇四九
青山莊　一六
彙編　九・一六七二
現藏　日本東京根津美術館
來源　彙編

○四七八九　〓卣
字數　一
時代　殷
著録　未見
現藏　北京故宮博物院
來源　考古研究所拓

○四七九〇　牛首形銘卣
字數　一
時代　殷
著録　總集　五〇三四
美集録　R一八四
中國圖符　五七
三代補　一八四
現藏　美國紐約杜克氏處
來源　考古研究所藏

○四七九一　〓卣
字數　一
時代　殷
著録　美集録　R二一七
中國圖符　六一
皮斯柏　二三
彙編　八・一三二一
三代補　二一七
現藏　美國米里阿波里斯美術館(皮斯柏氏藏品)
來源　考古研究所藏
備注　彙編誤作殷，美集録缺蓋銘

○四七九二　㕡卣
字數　一
時代　殷
著録　西清　一六・二二
來源　西清

○四七九三　〓卣
字數　一
時代　西周早期
著録　未見
現藏　上海博物館
來源　上海博物館提供

○四七九四　徙卣
字數　一
時代　殷
著録　總集　四四六三
三代　一一・一〇～一一
愙齋　一四・八・三～四
奇觚　六・二一～二
殷存上　二〇・八～九
小校　五・二一・一～二
上海(二〇〇四)　一五二
流傳　張筱農舊藏(奇觚)
現藏　上海博物館
來源　考古研究所藏
備注　鴞形。三代、殷存、小校誤爲尊，愙齋誤爲壺

○四七九五　得卣
字數　一
時代　殷
著録　未見
現藏　上海博物館
來源　上海博物館提供

○四七九六　東卣
字數　一
時代　殷
著録　未見
現藏　上海博物館
來源　上海博物館提供

○四七九七　丁卣
字數　一
時代　殷
著録　小校　四・四・二
來源　考古研究所藏

○四七九八　霝卣
字數　一
時代　殷
著録　懷履光(一九五六)　P・四〇・一〇
三代補　五六一
出土　河南安陽
現藏　加拿大多倫多安大略博物館
來源　考古研究所藏

○四七九九　〓卣
字數　一
時代　殷
著録　中國歷史博物館館刊　四期九四頁
現藏　中國歷史博物館
來源　考古研究所拓

○四八〇〇　〓卣
字數　一
時代　殷
著録　彙編　九・一五一七
綜覽・卣　六三
來源　綜覽
備注　彙編誤作方壺

○四八〇一　〓卣
字數　一
時代　殷
著録　總集　五〇三八
筠清　二・四六
攈古　一・一・一三・三
來源　攈古

○四八〇二　〓卣
字數　一
時代　殷
著録　西乙　八・九
故圖下下　二六四
流傳　清宮舊藏

現藏 臺北故宮博物院
來源 西乙

〇四八〇三 册卣

字數 一
時代 殷
著録 博古 九・三四
薛氏 二三・三～四
嘯堂 三三・六～七
復齋 二六
出土 畢良史得之盱眙榷場
來源 嘯堂

〇四八〇四 亖卣

字數 一
時代 西周早期
著録 博古 九・一七
薛氏 二四・一～二
嘯堂 三二・一～二
來源 嘯堂

〇四八〇五 亞伐卣

字數 二
時代 殷
著録 文叢 五輯一一八頁
辭典 一二七
出土 河北靈壽西木佛村
現藏 正定縣文物保管所
來源 正定縣文物保管所提供

〇四八〇六 亞醜卣

字數 二
時代 殷
著録 總集 五〇五三
三代 一二・四〇・四
攈古 一・二・七〇・四
綴遺 一〇・一二・一
小校 四・六・六
流傳 劉喜海舊藏(攈古)
來源 三代

〇四八〇七 亞醜卣

字數 二
時代 殷
著録 總集 五〇五六
三代 一二・四〇・五
攈古 一・二・七〇・三
綴遺 一〇・一二・二
殷存上 二八・六
續殷上 六六・九
小校 四・六・七
流傳 劉喜海舊藏(攈古)
現藏 上海博物館
來源 考古研究所藏
備注 失蓋

〇四八〇八 亞醜卣

字數 二
時代 殷
著録 總集 五〇五四
三代 一二・四〇・六
攈古 一・二・七一・一～二
綴遺 一〇・一三・二～三
殷存上 二八・七
善齋 四・五(蓋)
續殷上 六六・七・一〇
小校 四・七・三(蓋)
流傳 劉體智舊藏
來源 一、考古研究所藏；
二、續殷

〇四八〇九 亞醜卣

字數 二
時代 殷
著録 綴遺 一〇・一三・一(蓋)
故青 八二
流傳 冀朝鼎舊藏
現藏 北京故宮博物院
來源 考古研究所拓

〇四八一〇 亞醜卣

字數 二
時代 殷
著録 總集 五六一三
三代 一二・一・七
西乙 八・三九
寶蘊 八四
貞松 七・二三・一
通考 六四三
故圖下下 二七五
禮器 五四五頁
流傳 清宮舊藏
現藏 臺北故宮博物院
來源 考古研究所藏
備注 諸書均入壺類

〇四八一一 亞㪔卣

字數 二
時代 殷
著録 彙編 八・九九三
現藏 日本東京書道博物館
來源 彙編

〇四八一二 亞奚卣

字數 二
時代 殷
著録 總集 五〇五八
録遺 二三七・一～二
來源 録遺

〇四八一三 亞兵卣

字數 二
時代 殷
著録 彙編 八・一〇四〇(摹)
三代補 七七七(摹)
綜覽・卣 二四
青全 三・一三四
出土 河南安陽侯家莊西北崗
現藏 日本神户白鶴美術館
來源 綜覽

〇四八一四 亞丏卣

字數 二
時代 殷
著録 總集 五〇七七(四五三五)
三代 一二・四三・七～八
(一一・五・八重)
來源 三代

〇四八一五 亞屰卣

字數 二
時代 殷
著録 冠斝上 五三
流傳 榮厚舊藏
來源 冠斝

〇四八一六 亞屰卣

字數 二
時代 殷
著録 總集 五〇七六
三代 一二・四三・五～六
現藏 旅順博物館
來源 考古研究所拓

〇四八一七 亞㠱卣

字數 二
時代 殷
出土 一九四八年河南安陽
現藏 北京故宮博物院
來源 考古研究所拓
備注 同出有方尊和爵等

○四八一八 亞口卣
字數 二
時代 殷
著録 總集 五一〇二
文物 一九五七年一一期六七頁
圖五
出土 一九五六年河南上蔡田莊村墓葬
現藏 河南省文物研究所
來源 文物

○四八一九 亞□卣
字數 二
時代 殷
著録 殷青 六七・一
青全 三・一二三
出土 一九六三年河南安陽苗圃北地
一七二號墓
現藏 考古研究所安陽工作站
來源 考古研究所拓

○四八二〇 □亞卣
字數 二
時代 殷
著録 總集 五〇八〇
三代 一二・四三・一一
貞補中 二・一
海外吉 四二
續殷上 七〇・六
通考 六二六
現藏 日本京都川合定治郎氏處
來源 考古研究所藏
備注 彙編八・一〇五二與此相似，摹
本倒置

○四八二一 且辛卣
字數 二
時代 殷
著録 河南 一・三六七
中原文物 一九八五年一期三〇頁
圖二・三〇
辭典 一二六
出土 一九六五年河南輝縣褚邱
現藏 新鄉市博物館
來源 河南省文物研究所提供

○四八二二 父乙卣
字數 二
時代 殷或西周初
著録 總集 五〇五七
三代 一二・四〇・九
殷存上 二九・一〇
續殷下 五一・一〇
小校 四・八・三
來源 考古研究所藏
備注 續殷誤入觶類

○四八二三 □乙卣
字數 二
時代 殷
著録 總集 五〇六〇
三代 一二・四〇・一〇～一一
貞松 八・四・三～四
善齋 四・六
續殷上 六九・六～七
小校 四・八・六～七
流傳 劉體智舊藏
來源 考古研究所藏

○四八二四 □丙卣
字數 二
時代 殷
著録 總集 五〇五九
三代 一二・四一・三～四
貞松 八・五・一～二
續殷上 七〇・一～二
小校 四・九・三～四
現藏 上海博物館
來源 考古研究所藏

○四八二五 丁丰卣
字數 二
時代 殷
著録 總集 五〇六四・一A
三代 一二・四一・九
西清 一六・一二
流傳 清宮舊藏
現藏 北京故宮博物院
來源 考古研究所藏

○四八二六 丁犬卣
字數 二
時代 殷
著録 總集 五〇六二
三代 一二・四一・五～六
續殷上 七〇・九～一〇
來源 考古研究所藏

○四八二七 丁□卣
字數 二
時代 殷
著録 續考 二・一
來源 續考
備注 失蓋

○四八二八 丁□卣
字數 二
時代 殷
著録 總集 五〇六三
三代 一二・四一・七～八
窓齋 一八・一一・三～四
續殷上 六九・一〇～一一
小校 四・九・五～六
來源 三代

○四八二九 己□卣
字數 二
時代 殷
著録 綴遺 一〇・七・一～二
攈古 一・一・三九・四～四〇・一
流傳 葉志詵舊藏（攈古）
來源 綴遺
備注 二書著録器銘稍異

○四八三〇 己□卣蓋
字數 二
時代 殷
著録 總集 四五三〇（五〇六五）
三代 一二・四一・一〇
綴遺 一〇・九・一
奇觚 五・一・三
殷存上 二九・四
小校 四・九・七（五・五・三重）
流傳 方濬益舊藏
現藏 北京故宮博物院
來源 考古研究所藏
備注 小校以此與下器爲一

○四八三一 □己卣
字數 二
時代 殷
著録 總集 五〇六六
三代 一二・四二・一
窓齋 一八・八・三
續殷上 七一・七
小校 四・九・八
尊古 二・一一
通考 六一六
流傳 劉體智舊藏
現藏 歷史語言研究所

來源 考古研究所藏

〇四八三二 [illegible]己卣
字數 二
時代 殷
著録 總集 五〇六七
三代 一二・四二・二~三
續殷上 七〇・七~八
南大 一五
現藏 南京大學考古與藝術博物館
來源 考古研究所拓

〇四八三三 冈己卣
字數 二
時代 殷
著録 復齋 八・一
來源 復齋
備注 原署「商舉己卣二」，或以爲二器

〇四八三四 辛冈卣
字數 二
時代 殷
著録 總集 五一〇三
筠清 一・六
攈古 一・一・三九・三
綴遺 一〇・六・一
布倫戴奇 一四一・四七
彙編 九・一四七七
流傳 吳榮光舊藏
現藏 美國舊金山亞洲美術博物館（布倫戴奇藏品）
來源 彙編

〇四八三五 父辛卣
字數 二
時代 殷
著録 未見

現藏 中國歷史博物館
來源 考古研究所拓

〇四八三六 父癸卣
字數 二
時代 殷
著録 總集 五〇七三
美集録 R 二八六
彙編 七・九五六
三代補 二八六
流傳 曾在美國紐約盧芹齋
來源 考古研究所藏

〇四八三七 父癸卣
字數 二
時代 殷
著録 西甲 八・六
流傳 清宮舊藏
來源 西甲

〇四八三八 癸冈卣
字數 二
時代 殷
著録 總集 五一〇四
考古 一九六三年一二期六四六
頁圖一・二~三
綜覽・卣 五八
辭典 一二九
出土 一九六三年湖南寧鄉黄村
現藏 湖南省博物館
來源 考古編輯部檔案

〇四八三九 癸[illegible]卣
字數 二
時代 殷
著録 總集 五〇六八
三代 一二・四二・四~五
殷存上 二八・一〇~一一

書道 一八c
彙編 八・一二七二
三代補 八三〇（蓋）
薩克勒（商） 六八
現藏 美國紐約戴潤齋（三代補）
來源 三代

〇四八四〇 癸[illegible]卣
字數 二
時代 殷
著録 總集 五〇六九
三代 一二・四二・六~七
愙齋 一八・四・一~二
綴遺 一〇・一七・一~二
小校 四・一〇・一~二
來源 三代
備注 此與上器酷似，姑仍作二器處理

〇四八四一 豕癸卣
字數 二
時代 殷或西周早期
著録 薛氏 二三・一~二
嘯堂 三二・四~五
來源 嘯堂

〇四八四二 [illegible]女卣
字數 二
時代 殷
著録 總集 五〇二七
録遺 二三三
來源 録遺

〇四八四三 [illegible]母卣
字數 二
時代 殷
著録 白鶴撰 七
三代補 七八〇

綜覽・卣 四七
現藏 日本神户白鶴美術館
來源 白鶴撰

〇四八四四 [illegible]婦卣
字數 二
時代 殷
著録 總集 五〇九四
三代 一二・四五・七~八
愙齋 七・一九・一~二
綴遺 一一・一〇・一~二
殷存上 三五・九~一〇
小校 四・一四・四~五（七・五七・二重蓋）
流傳 潘祖蔭舊藏（綴遺）
來源 考古研究所藏
備注 愙齋誤入毁類

〇四八四五 婦[illegible]卣
字數 二
時代 殷或西周早期
著録 總集 五一八八
三代 一二・五八・三~四
從古 三・一三
攈古 一・二・三三・三~四
綴遺 一一・一四・一~二
敬吾下 六八・一~二
周金 五・一二・三~四
清儀 一・九
小校 四・一二・五~六
流傳 清宮舊藏，後歸張廷濟、梁小曙（綴遺）
來源 一、考古研究所藏；
二、三代

〇四八四六 婦[illegible]卣
字數 二

時代 殷或西周早期
著録 總集 五一八九
三代 一二・五八・五～六
奇觚 六・一・四（蓋）
善齋 四・一五（蓋）
小校 四・一三・一～二
流傳 潘祖蔭舊藏
來源 一、考古研究所藏；
二、三代
備注 西乙八・一四或即此，該器現藏臺北故宮博物院（故圖 上下一七〇頁）

〇四八四七 子侯卣
字數 二
時代 殷
著録 總集 四九八五
三代 一二・三五・五～六
攈古 一・一・四二・一～二
綴遺 一〇・四・二～三
續殷上 七一・三～四
流傳 吳式芬舊藏
現藏 北京故宮博物院
來源 考古研究所拓

〇四八四八 子□卣
字數 二
時代 殷
著録 總集 五〇七〇
三代 一二・四二・八～九
陶齋 二・二八
綴遺 一〇・一一・一～二
續殷上 七〇・四～五
小校 四・一〇・三～四
彙編 八・一二一七
流傳 端方舊藏
來源 三代

〇四八四九 子臭卣
字數 二
時代 殷或西周初
著録 總集 五一八二
三代 一二・五七・二
貞松 八・一一・二
來源 考古研究所藏

〇四八五〇 子犾卣
字數 二
時代 殷
著録 未見
現藏 上海博物館
來源 上海博物館提供

〇四八五一 女魚卣
字數 二
時代 殷
著録 巖窟上 二二
出土 一九四〇年河南安陽
現藏 上海博物館
來源 上海博物館提供

〇四八五二 竹□卣
字數 二
時代 殷
著録 總集 五〇七五
三代 一二・四三・一～二
殷存上 二九・七～八
小校 四・四・六～七
辭典 一三七
上海（二〇〇四） 一五六
現藏 上海博物館
來源 上海博物館提供

〇四八五三 魚從卣
字數 二
時代 西周早期
著録 總集 五〇七四
三代 一二・四三・三～四
貞續中 一三・四～一四・一
善齋 四・一〇
小校 四・一二・三～四
雙古上 三〇
綜覽・卣 一二四
流傳 劉體智舊藏
現藏 北京故宮博物院
來源 考古研究所拓

〇四八五四 戈⊠卣
字數 二
時代 西周早期
著録 總集 五〇九九
高家堡 二三頁圖一八・五～六
陝青 四・一三八
辭典 四九五
青全 六・一三四
出土 一九七一年陝西涇陽高家堡墓葬（M一：七）
現藏 陝西省博物館
來源 陝青

〇四八五五 □□卣
字數 二
時代 殷
著録 未見
現藏 上海博物館
來源 上海博物館提供

〇四八五六 □□卣
字數 二
時代 殷
著録 總集 五〇八二
三代 一二・四四・一～二
西清 一六・一六
攈古 二・一九
恒軒 五八
愙齋 一八・一一・五～一二・一
綴遺 一〇・六・二～三
殷存上 二九・二
小校 四・一一・一～二
蔭軒 一・一四
流傳 清宮舊藏，後歸潘祖蔭、李蔭軒
現藏 上海博物館
來源 考古研究所藏

〇四八五七 □□卣
字數 二
時代 殷
著録 未見
現藏 上海博物館
來源 上海博物館提供
備注 此與上器酷似，姑作二器處理

〇四八五八 田井卣
字數 二
時代 殷或西周初
著録 總集 五〇一一
三代 一二・三八・九～一〇
綴遺 一〇・一一・一～二
奇觚 六・一一・一～二
周金 五・一一三・三～四
續殷上 六八・四・六
小校 四・五・三～四
綜覽・卣 一〇〇
流傳 潘祖蔭、徐乃昌舊藏
來源 考古研究所藏

〇四八五九 田井卣
字數 二
時代 殷或西周初

著録 總集 五〇一二
三代 一二・三八・一一～一二
陶齋 二・二七
周金 五・一一三・五～六
續殷上 六八・五・七
小校 四・五・五～六
猷氏 Fig 二三
流傳 端方舊藏
來源 三代

〇四八六〇 㠯合卣
字數 二
時代 殷
著録 總集 五〇三〇
三代 一二・三九・一一～一二
筠清 一・八・一～二
攈古 一・一・四一・三～四
愙齋 一四・七・三～四
綴遺 一〇・一〇・一～二
殷存上 二九・五～六
小校 四・二・一～二
來源 三代
備注 愙齋誤入壺類

〇四八六一 㠯合卣
字數 二
時代 殷
著録 總集 五〇三一
三代 一二・四〇・一～二
小校 四・一・七～八
來源 三代

〇四八六二 㠯合卣
字數 二
時代 殷
著録 博古 九・一〇
薛氏 二六・一～二
嘯堂 三一・一～二
來源 嘯堂

〇四八六三 北戈卣
字數 二
時代 殷
著録 總集 五〇八五
三代 一二・四四・五～六
貞松 八・六・一～二
武英 一二九
續殷上 七一・一～二
通考 六四二
小校 四・一一・七～八
故圖下下 二六六(蓋)
流傳 承德避暑山莊舊藏
現藏 臺北故宮博物院
來源 考古研究所藏

〇四八六四 丫木卣
字數 二
時代 殷
著録 總集 五〇八六
三代 一二・四四・三
西清 一五・二六
攈古上 三五
恒軒上 六一
愙齋 一八・七・三
綴遺 一〇・九・二
陶續 一・三九
殷存上 二九・一
小校 四・一二・一
獲古 七
彙編 九・一七九五
流傳 清宮舊藏，後歸潘祖蔭、端方
來源 一、西清；
二、考古研究所藏
備注 西清有蓋，其餘均失

〇四八六五 井刀卣
字數 二
時代 殷
著録 總集 五〇九二
三代 一二・四五・三～四
冠斝上 五五
流傳 榮厚舊藏
現藏 北京故宮博物院
來源 考古研究所拓

〇四八六六 谷亘卣
字數 二
時代 殷
著録 總集 五〇八九
三代 一二・四四・九～一〇
貞松 八・六・三～四
小校 四・一一・五～六
倫敦 P 一・一四・No・一九六
荷、比 P 一・一四・No・一八
彙編 八・一三〇二
流傳 劉體智舊藏
現藏 荷蘭 W・Van der Mandele 氏處
來源 三代

〇四八六七 弓兄卣
字數 二
時代 殷
著録 總集 五〇八八
三代 一二・四四・一一～一二
西甲 八・二七
愙齋 一八・三・一～二
奇觚 六・二・三～四
殷存上 二八・八～九
小校 四・一一・三～四
流傳 清宮舊藏，後歸吴大澂
現藏 上海博物館
來源 考古研究所藏

〇四八六八 忌召卣
字數 二
時代 西周早期
著録 總集 五〇九〇
三代 一二・四五・一
貞續中 一三・三
續殷上 七〇・三
故宮 三二
通考 六一三
故圖下上 一二六
酒器 一四六
周録 三四
流傳 清宮舊藏
現藏 臺北故宮博物院
來源 考古研究所藏

〇四八六九 口戈卣
字數 二
時代 殷
著録 總集 五〇九一
三代 一二・四五・二
貞松 八・五・三
小校 四・一二・二
來源 三代

〇四八七〇 册徙卣
字數 二
時代 殷
著録 總集 五〇九五
録遺 二四一・一～二
來源 陳邦懷先生藏

〇四八七一 睘册卣
字數 二
時代 殷

著録 總集 五二一七
三代 一三・六・一～二
貞補中 六・一～二
彙編 九・一四二一
現藏 美國舊金山亞洲美術陳列館（布倫戴奇藏品）
來源 考古研究所藏

○四八七二 册告卣
字數 二
時代 殷
著録 總集 五○九八
美集録 R 四七五
三代補 四七五
綜覽・卣 七
薩克勒（商） 六二
青全 三・一一九
出土 傳河南安陽
現藏 美國華盛頓薩克勒美術館
來源 考古研究所藏

○四八七三 □卣
字數 二
時代 殷
著録 總集 四九九八
洛爾 P 一七 No. 一六（摹）
布倫戴奇 Fig 一八
彙編 九・一四○七
三代補 七六二
現藏 美國舊金山亞洲美術陳列館（布倫戴奇藏品）
來源 彙編

○四八七四 買車卣
字數 二
時代 殷
著録 總集 五○九六
録遺 二四二・一～二
巖窟上 二三
出土 河南安陽
現藏 北京故宮博物院
來源 考古研究所拓

○四八七五 □卣
字數 二
時代 殷或西周早期
著録 總集 五○九七
録遺 二四三・一～二
來源 陳邦懷先生藏

○四八七六 冀徹卣
字數 二
時代 殷
著録 未見
現藏 上海博物館
來源 上海博物館提供

○四八七七 戲冀卣
字數 二
時代 殷
著録 文物 一九八二年九期四一頁
圖三三
出土 山東費縣某地
現藏 北京市文物研究所
來源 考古研究所拓
備注 文物誤爲甗

○四八七八 戲冀卣
字數 二
時代 殷
著録 文物 一九八二年九期四一頁
圖三○
出土 同 ○四八七七
現藏 北京市文物研究所
來源 考古研究所拓

○四八七九 戲冀卣
字數 二
時代 殷
著録 文物 一九八二年九期四一頁
圖二九
出土 同 ○四八七七
現藏 北京市文物研究所
來源 考古研究所拓

○四八八○ □卣
字數 二
時代 殷
著録 録遺 二四四
來源 陳邦懷先生藏

○四八八一 □安卣
字數 二
時代 殷或西周早期
著録 未見
現藏 上海博物館
來源 上海博物館提供

○四八八二 匍貝卣
字數 二
時代 殷
著録 故青 五九
現藏 北京故宮博物院
來源 考古研究所拓

○四八八三 □卣
字數 二
時代 西周早期
著録 未見
現藏 北京故宮博物院
來源 考古研究所拓

○四八八四 用征卣
字數 二
時代 西周早期
著録 總集 五○七八
倫敦 四・九
彙編 七・九五九
綜覽・卣 一六八
現藏 日本兵庫縣黒川古文化研究所
來源 彙編

○四八八五 馬永卣
字數 二
時代 西周
著録 青銅器下 五八
歷博 三八
美全 四・五八
辭典 一六○
青全 三・一四六
現藏 中國歷史博物館
來源 考古研究所拓
備注 此卣有喙，或入盉類

○四八八六 作彝卣
字數 二
時代 西周早期
著録 貞松 八・五
來源 貞松

○四八八七 作旅卣
字數 二
時代 西周
著録 奇觚 六・四・二
小校 四・一三・四（七・五六・八重）
來源 考古研究所藏

○四八八八 旅彝卣
字數 二
時代 西周早期
著録 總集 五○九三（六三九四）

三代 一二・四五・五～六
貞松 八・五・四
小校 四・一三・五～六
希古 五・八・三～四
彙編 七・九六四
綜覽・卣 一六七
薩克勒(西周) 六六
流傳 劉鶚舊藏(貞松)
現藏 美國華盛頓薩克勒美術館
來源 考古研究所藏
備注 彙編作觶

〇四八八九 鳥且甲卣

字數 三
時代 殷
著録 總集 五一〇六
三代 一二・四五・九
殷存上 二九・一二
窓齋 一八・一三・三(七・一九重)
小校 四・一四・六(七・五二・二重)
來源 一、陳邦懷先生藏；二、考古研究所藏

〇四八九〇 □且乙卣

字數 三
時代 殷
著録 總集 五一〇八
三代 一二・四六・一～二
攈古上 三三
恒軒上 五七
窓齋 一八・五・三～六・一
綴遺 一〇・二一・一～二
陶齋 二・二五
殷存上 三〇・一～二

小校 四・二六・五～六
獲古 六
青山莊 三二
日精華 一・六〇(蓋)
彙編 八・一二二(蓋拓，器摹)
流傳 潘祖蔭、端方舊藏
現藏 日本東京根津美術館
來源 考古研究所藏

〇四八九一 子且丁卣蓋

字數 三
時代 殷
著録 總集 五一〇九
三代 一二・四六・三
陶齋 二・四一
殷存上 二一・一一
小校 四・一四・七
冠斝上 五四
流傳 端方、榮厚舊藏
來源 考古研究所藏
備注 殷存誤入尊類

〇四八九二 孳且戊卣

字數 三
時代 殷
著録 綴遺 一〇・二五・一
流傳 鳳陽柳西園舊藏(綴遺)
來源 綴遺

〇四八九三 □且戊卣

字數 三
時代 殷
著録 總集 五一一〇
三代 一二・四六・四～五
攈古 一・二・三四・一(蓋)
綴遺 一〇・二九・一～二
殷存上 三〇・三～四

日精華 一・六七(蓋)
彙編 九・一六八七
綜覽・卣 一二六
現藏 日本京都橫田正治郎氏處
來源 考古研究所藏

〇四八九四 子且己卣

字數 三
時代 殷
著録 總集 五一一一
三代 一二・四六・六～七
窓齋 一八・九・一～二
綴遺 一〇・三〇・三～四
殷存上 三〇・五～六
小校 四・一四・八～九
蔭軒 二・二
流傳 潘祖蔭舊藏(窓齋)，後歸李蔭軒
現藏 上海博物館
來源 考古研究所藏

〇四八九五 史且庚卣蓋

字數 三
時代 西周早期
著録 博古 一〇・二六・二
薛氏 二五・三
嘯堂 三六・九
來源 嘯堂

〇四八九六 竟且辛卣

字數 三
時代 西周早期
著録 總集 五一〇七
三代 一二・四六・八(蓋)
續殷上 七一・一(蓋)
賸稿 二五
歐精華 一・八五
通考 六三〇

美集録 R 八三
彙編 八・一二八二
三代補 八三
現藏 美國紐約大都會美術博物館
來源 三代
備注 彙編誤將日精華一・四〇同銘鴞卣(本書未收)，作爲此卣器銘

〇四八九七 鳶且辛卣

字數 三
時代 殷
著録 總集 五一一二
三代 一二・四七・一
西甲 八・一七
續殷上 七二・一
故青 五五
流傳 清宮舊藏
現藏 北京故宮博物院
來源 考古研究所拓
備注 器銘原未著録

〇四八九八 子且壬卣

字數 三
時代 西周早期
著録 美集録 R 二七二
三代補 二七二
現藏 美國紐約羅勃兹氏處
來源 考古研究所藏

〇四八九九 且癸□卣

字數 三
時代 殷
著録 總集 五一一五
三代 一二・四七・二～三
筠清 一・七・三～四
從古 七・七

擴古 一・二・三二・一～二
綴遺 一一・二・三～四
敬吾下 七二・五～六
續殷上 七二・二～三
小校 四・一五・一～二
流傳 夏松如舊藏(擴古)
來源 三代

○四九○○ 㠱且癸卣
字數 三
時代 殷
著録 總集 五一一六
筠清 一・七・一～二
從古 七・八
擴古 一・三・二六・一～二
綴遺 一一・八・三～四
流傳 夏松如舊藏(擴古)
來源 擴古

○四九○一 子且癸卣
字數 三
時代 殷或西周早期
著録 未見
來源 考古研究所藏

○四九○二 鳥父甲卣
字數 三
時代 殷
著録 總集 五一一四
三代 一二・四七・四
愙齋 一八・一四・一
殷存上 三○・七
小校 四・一五・三
流傳 李山農舊藏(愙齋)
來源 陳邦懷先生藏

○四九○三 甲父田卣
字數 三
時代 殷
著録 總集 五一一七
三代 一二・四七・五～六
貞松 八・七・三～四
董盦 三
山東下 二・五～六
彙編 九・一七○一
出土 一九一八年山東長清崮山驛(董盦)
現藏 日本大阪齋藤悦藏氏處(彙編)
來源 三代

○四九○四 [illegible]父甲卣
字數 三
時代 殷
著録 總集 五一一八
三代 一二・四七・七～八
貞補中 二・二～三
現藏 河南博物館(貞補)?
來源 三代

○四九○五 [illegible]父甲卣
字數 三
時代 殷
著録 彙編 九・一七五四
綜覽・卣 八九
現藏 日本京都某氏處
來源 彙編

○四九○六 敎父甲卣
字數 三
時代 殷
著録 總集 五一二○一
録遺 二四五
來源 陳邦懷先生藏

○四九○七 舟父甲卣
字數 三
時代 殷或西周早期
著録 總集 五一二五
文物 一九七七年一二期圖版
一・三
綜覽・卣 八八
出土 一九七四年遼寧喀左山灣子窖藏
現藏 遼寧省博物館
來源 考古研究所拓
備注 現與○五○六九合一，彼爲蓋

○四九○八 天父乙卣
字數 三
時代 殷或西周早期
著録 總集 五一一九
三代 一二・四八・一(蓋)
貞續中 一四・二(蓋)
小校 四・一六・二～三
來源 一、三代；
二、小校

○四九○九 天父乙卣
字數 三
時代 殷或西周早期
著録 總集 五一二三
文物 一九七八年一○期九四頁
圖六
出土 一九七六年廣西興安捒選
現藏 廣西壯族自治區博物館
來源 廣西壯族自治區博物館提供

○四九一○ 何父乙卣
字數 三
時代 殷
著録 總集 五一二○
三代 一二・四八・二
貞松 八・八・一
流傳 粤人某氏(貞松)
來源 考古研究所藏

○四九一一 [illegible]父乙卣
字數 三
時代 西周早期
著録 綜覽・卣 六九
現藏 瑞典斯德哥爾摩遠東古物館
來源 綜覽

○四九一二 束父乙卣
字數 三
時代 西周早期
著録 總集 五一二三
續殷上 七三・一
來源 考古研究所藏

○四九一三 册父乙卣
字數 三
時代 殷
著録 總集 五一二一
三代 一二・四八・三～四
積古 五・五・一(蓋)
金索 首 六
擴古 一・二・三四・二(蓋)
愙齋 一三・二一・三～四
綴遺 六・一四・二
續殷上 七二・九～一○
小校 四・一七・一～二(五・
七・七重)
流傳 「欽頒曲阜孔廟之器」(積古)
現藏 曲阜縣文物管理委員會
來源 陳邦懷先生藏
備注 愙齋作尊，綴遺作敦

○四九一四 魚父乙卣
字數 三
時代 殷或西周早期
著録 總集 五一二九

來源 録遺 二四八

○四九一五 魚父乙卣

字數 三
時代 殷或西周早期
著録 續殷上 七三・七
小校 四・一五・七
善齋 四・一二
流傳 劉體智舊藏
來源 考古研究所藏
備注 失蓋

○四九一六 魚父乙卣

字數 三
時代 殷或西周早期
著録 總集 五一二八
三代 一二・四八・六(蓋)
續殷上 七七・一(蓋)，七三・五(器)
小校 四・一五・五～六
流傳 劉體智舊藏
來源 一、三代；
二、續殷

○四九一七 魚父乙卣

字數 三
時代 殷或西周早期
著録 續殷上 七三・六
來源 續殷

○四九一八 □父乙卣

字數 三
時代 殷
著録 總集 五二〇四
録遺 二四七・一～二
來源 録遺

○四九一九 □父乙卣

字數 三
時代 殷
著録 總集 五一二二
山西 五〇
山西珍品 六二
山西精華 四二
出土 一九五八年山西洪趙縣坊堆村
現藏 山西省博物館
來源 山西

○四九二〇 □父乙卣蓋

字數 三
時代 殷
著録 未見
現藏 北京故宮博物院
來源 考古研究所拓

○四九二一 □父乙卣

字數 三
時代 西周早期
著録 總集 五一三四
美集録 R 二五四
彙編 九・一五〇二
三代補 二五四
綜覽・卣 一六七
現藏 美國哈佛大學福格美術館
來源 美集録

○四九二二 奄父乙卣

字數 三
時代 殷
著録 總集 五一二七
三代 一三・一・五～六
攈古 一・二・七三・一～二
殷存上 三四・一～二
來源 三代

○四九二三 奄父乙卣

字數 三
時代 殷
著録 總集 五一二八
三代 一三・一・七～八
貞松 八・一四・五～六
武英 一二七
續殷上 七七・二～三
通考 六四一
小校 四・一八・四～五
故圖下下 二六七(蓋)
流傳 承德避暑山莊舊藏
現藏 臺北故宮博物院
來源 考古研究所藏

○四九二四 奄父乙卣

字數 三
時代 殷
著録 總集 五一二九
三代 一三・二・一～二
續殷上 七七・四～五
來源 三代

○四九二五 □父乙卣

字數 三
時代 殷
著録 總集 五一二六
三代 一二・四九・五～六
西清 一六・一八
綴遺 一〇・二〇・一～二
殷存上 二九・三(蓋)
貞松 八・八・二～三
小校 四・一六・七～八
蔭軒 二・四
流傳 清宮舊藏，後歸潘祖蔭、李蔭軒
現藏 上海博物館
來源 考古研究所藏

○四九二六 冀父乙卣

字數 三
時代 殷
著録 總集 五一二七
三代 一二・四九・八
貞續中 一五・二
善齋 四・一三
續殷上 七三・二
小校 四・一八・六
善彝 一一五
故圖下下 二六八
流傳 盛昱、劉體智舊藏
現藏 臺北故宮博物院
來源 考古研究所藏

○四九二七 □父乙卣

字數 三
時代 殷
著録 巖窟上 二二
出土 一九四二年河南安陽
來源 巖窟
備注 失蓋

○四九二八 □父乙卣

字數 三
時代 殷
著録 總集 五一三〇
三代 一二・四九・七
貞續中 一五・一
小校 四・一五・四
來源 三代

○四九二九 史父乙卣

字數 三
時代 殷
著録 未見
現藏 北京故宮博物院

來源 考古研究所拓

〇四九三〇 □父乙卣
字數 三
時代 殷
著錄 總集 五一二四
三代 一二・四八・七～八
愙齋 一八・四・三～四
綴遺 一〇・二八・一～二
殷存上 三〇・一〇～三一・一
小校 四・一六・五～六
流傳 潘祖蔭舊藏
來源 考古研究所藏

〇四九三一 戣父乙卣
字數 三
時代 殷
著錄 總集 五二〇三
錄遺 二四六・一～二
來源 錄遺

〇四九三二 □父乙卣
字數 三
時代 殷
著錄 綴遺 一〇・一九・一～二
來源 綴遺

〇四九三三 亞父乙卣
字數 存三
時代 殷
著錄 博古 一一・一一
薛氏 二六・六～七
嘯堂 四〇・一～二
來源 嘯堂

〇四九三四 □父乙卣
字數 三
時代 殷
著錄 攈古 一・二・三四・四
筠清 一・四
來源 攈古

〇四九三五 膚父乙卣
字數 三
時代 西周早期
著錄 總集 五二〇六
文物 一九七二年一二期八頁
圖二〇
學報 一九七七年二期一〇八頁
圖八・一七
綜覽・卣 一〇七
出土 一九六七年甘肅靈臺白草坡墓
現藏 甘肅省博物館
來源 考古學報編輯部檔案
備注 僅蓋內有銘

〇四九三六 枚父丙卣
字數 三
時代 殷
著錄 總集 五一三六
三代 一二・五〇・五
殷存上 三四・四
澂秋 三二
小校 四・一八・七
流傳 陳承裘舊藏
來源 考古研究所藏

〇四九三七 牧父丙卣
字數 三
時代 殷
著錄 總集 五一二六
三代 一三・二・六
殷存上 三四・三
小校 四・二七・七
來源 考古研究所藏

〇四九三八 冀父丁卣
字數 三
時代 殷
著錄 總集 五一三九
三代 一二・五〇・七～八
攈古 一・三・二七・三～四
愙齋 一八・一六・三～四
綴遺 一一・八・一～二
奇觚 六・六・四～七・一
殷存上 三六・四～五
簠齋 二卣八
續殷上 七三・八～九
小校 四・一九・四～五
蔭軒 二・一
流傳 葉東卿、陳介祺舊藏(綴遺)，後歸李蔭軒
現藏 上海博物館
來源 考古研究所藏

〇四九三九 冀父丁卣
字數 三
時代 殷
著錄 總集 五一三八
三代 一四・四・三～四
貞松 八・四〇・四～五
澂秋 四九
流傳 陳承裘舊藏
來源 考古研究所藏
備注 三代誤入盉類

〇四九四〇 □父丁卣
字數 三
時代 西周早期
著錄 總集 五一三五
三代 六・一三・六
續殷上 七三・一〇(上 三七・六重)
歐精華 一・八二(蓋)
通考 六四〇
彙編 九・一五〇六
三代補 六一六
蘇黎世 六九・二八(蓋)
現藏 瑞士蘇黎世瑞列堡博物館
來源 一、續殷；
二、蘇黎世

〇四九四一 史父丁卣
字數 三
時代 殷
著錄 總集 五一三七(六四六三)
三代 一二・五〇・六(一四・四三・三重)
西甲 八・一〇
流傳 清宮舊藏
來源 三代
備注 西甲有蓋銘，未錄

〇四九四二 爵父丁卣
字數 三
時代 西周早期
著錄 博古 九・二四・二
薛氏 二四・五
嘯堂 三二・六
來源 嘯堂

〇四九四三 子父丁卣
字數 三
時代 殷
著錄 未見
現藏 上海博物館
來源 上海博物館提供

〇四九四四 束父丁卣
字數 三
時代 殷

著録 未見
現藏 北京故宮博物院
來源 考古研究所拓

〇四九四五 耒父丁卣

字數 三
時代 殷
著録 未見
現藏 北京故宮博物院
來源 考古研究所拓
備注 失蓋

〇四九四六 耒父丁卣

字數 三
時代 殷
著録 博古 一〇・一〇
薛氏 二四・三～四
嘯堂 三五・四～五
來源 嘯堂

〇四九四七 酉父丁卣

字數 三
時代 殷
著録 綴遺 一〇・二九・三～四
來源 綴遺

〇四九四八 父丁爻卣

字數 三
時代 殷
著録 總集 五二〇九
山東選 三〇頁圖七五
綜覽・卣 四二
出土 一九五八年山東滕縣井亭煤礦
現藏 山東省博物館
來源 山東選

〇四九四九 □父丁卣

字數 三
時代 殷

著録 西清 一五・一
流傳 清宮舊藏
來源 西清

〇四九五〇 黿父戊卣

字數 三
時代 殷
著録 總集 五二四一・一A
三代 一三・四・一
西清 一六・二七
愙齋 七・一九・四
殷存上 三四・八
小校 七・五九・二
流傳 清宮舊藏
來源 三代
備注 失蓋

〇四九五一 酉父己卣

字數 三
時代 殷或西周早期
著録 復齋 二七・一
出土 畢良史得之於盱眙榷場
來源 復齋

〇四九五二 酉父己卣

字數 三
時代 殷
著録 總集 五一四九
三代 一二・五二・四(器)
貞松 八・八・五(器)
小校 四・二〇・一～二
流傳 劉體智舊藏
來源 考古研究所藏
備注 羅福頤疑僞

〇四九五三 □父己卣

字數 三
時代 殷

著録 總集 五一四八
三代 一二・五二・一～二
愙齋 一八・一〇・一～二
綴遺 一〇・二七・二～三
殷存上 三一・四～五
小校 四・二〇・三～四
流傳 潘祖蔭舊藏(綴遺)
來源 考古研究所藏

〇四九五四 戈父己卣

字數 三
時代 殷或西周早期
著録 總集 五一五一
三代 一二・五二・三
綴遺 一〇・一八・一
貞松 八・八
來源 三代

〇四九五五 戈父己卣

字數 三
時代 殷或西周早期
著録 考古圖 四・三三
博古 一〇・五
薛氏 二五・五
嘯堂 三四・五
出土 「得於龍游」(考古圖)
來源 嘯堂

〇四九五六 □父己卣

字數 三
時代 殷
著録 總集 五一四四
三代 一二・五一・一～二
續殷下 四・二〇・五～六
小校 四・二〇・五～六
彙編 八・一一三一
來源 三代

備注 羅福頤以爲蓋真器僞

〇四九五七 犬父己卣

字數 三
時代 殷
著録 總集 五一四五
三代 一二・五一・三～四
綴遺 一〇・二六・一～二
奇觚 六・三・一(蓋)
殷存上 三一・六～七
小校 四・二一・一～二
流傳 李佐賢、潘祖蔭舊藏
來源 考古研究所藏李佐賢拓本

〇四九五八 受父己卣

字數 三
時代 殷
著録 總集 五一四六
三代 一二・五一・五～六
愙齋 一八・五・一～二
綴遺 一〇・三〇・一～二
殷存上 三一・八～九
小校 四・二一・五～六
流傳 潘季玉舊藏(綴遺)
來源 考古研究所藏

〇四九五九 遽父己卣

字數 三
時代 西周早期
著録 總集 五一四七
三代 一二・五一・七～八
貞松 八・九・一～二
續殷上 七四・七～八
小校 四・二一・三～四
綜覽・卣 一一九
流傳 劉體智舊藏
現藏 日本大阪市立博物館

來源 考古研究所藏

〇四九六〇 冀父己卣
字數 三
時代 殷
著錄 總集 五一五四
三代 一二・五二・六~七
寧壽 七・二
貞補中 三・三~四
續殷上 七四・九~一〇
故宮 六
故圖上下 一二八
流傳 清宮舊藏
現藏 臺北故宮博物院
來源 考古研究所藏

〇四九六一 冀父己卣
字數 三
時代 殷
著錄 考古圖 四・二四
薛氏 二〇・四~五
出土 「得于壽陽紫金山，其蓋得于維之硤石下」（考古圖）
流傳 廬江李氏舊藏
來源 薛氏

〇四九六二 □父己卣
字數 三
時代 殷或西周早期
著錄 總集 四三八四
積古 一・三三・三
求古 一・二
愙齋 一八・二〇・一
敬吾下 六七・一
殷存上 三一・一〇
續殷上 七四・三
小校 四・一九・七
流傳 陳抱之舊藏（敬吾）
來源 續殷
備注 此卣有喙，舊入盉類

〇四九六三 □父己卣
字數 三
時代 殷
著錄 總集 五一五三
彙編 九・一四七三
綜覽・卣 六七
薩克勒（西周） 六五
現藏 美國華盛頓薩克勒美術館
來源 彙編

〇四九六四 萬父己卣
字數 三
時代 西周早期
著錄 總集 五二一〇
文物 一九六三年四期五一頁
圖二（器）
考古 一九六三年四期二二五頁
圖二（蓋）
綜覽・卣 二七
山西珍品 五二
山西精華 四一
出土 一九六二年山西翼城鳳家坡墓葬
現藏 翼城縣博物館
來源 考古編輯部檔案

〇四九六五 □父己卣
字數 三
時代 殷
著錄 奇觚 六・三・二
貞補中 三・一~二
續殷上 七四・五（六重）
小校 四・一九・八
來源 一、貞補；
二、考古研究所藏
備注 除貞補外，他書但收器銘

〇四九六六 □父己卣
字數 三
時代 殷
著錄 總集 五一五二
三代 一二・五二・五
續殷上 七四・四
故宮 三三
通考 六一四
故圖下上 一二九
禮器 三五九頁
現藏 臺北故宮博物院
來源 考古研究所藏

〇四九六七 冀父庚卣
字數 三
時代 殷
著錄 總集 五一五九
三代 一四・五・四
貞松 八・四一・一
故宮 三
藝展 六三
倫敦 一四・二二
通考 六四四
故圖下上 一三〇
綜覽・卣 六八
現藏 臺北故宮博物院
來源 考古研究所藏
備注 此卣有喙，舊入盉類

〇四九六八 弓父庚卣
字數 三
時代 殷或西周早期
著錄 總集 五一五五
三代 一二・五三・一~二
長安 一・二二
攈古 一・二・三三・一~二
綴遺 一〇・一九・三~四
殷存上 三一・一二~三二・一
小校 四・二二・一（器）
薩克勒（西周） 六四
流傳 劉喜海舊藏
現藏 美國華盛頓薩克勒美術館
來源 考古研究所藏

〇四九六九 子父庚卣
字數 三
時代 殷
著錄 總集 五一五六
三代 一二・五三・三~四
貞補中 四・一~二
現藏 遼寧省博物館
來源 考古研究所拓

〇四九七〇 父庚誋卣
字數 三
時代 西周早期
著錄 未見
現藏 北京故宮博物館
來源 考古研究所拓

〇四九七一 責父辛卣
字數 三
時代 西周早期
著錄 總集 五一六七
三代 一二・五三・七~八
綴遺 一〇・三一・一~二
殷存上 三二・七~八
小校 四・二二・六~七
現藏 上海博物館
來源 考古研究所藏

〇四九七二 䣄父辛卣

字數 三
時代 殷
著録 總集 五一六二
三代 一二・五四・一～二
綴遺 一一・三・三～四
殷存上 三二・三～四
小校 四・二二・二～三
蔭軒 一・四
流傳 潘祖蔭舊藏（綴遺），後歸李蔭軒
現藏 上海博物館
來源 考古研究所藏

〇四九七三 □父辛卣
字數 三
時代 殷
著録 總集 五一六三
三代 一二・五四・三～四
殷存上 三二・五～六
來源 三代

〇四九七四 □父辛卣蓋
字數 三
時代 西周早期
著録 總集 五一六四
文物 一九七二年五期六頁圖一〇
出土 一九六九年山東黄縣歸城小劉莊
現藏 山東省博物館？
來源 文物
備注 原文又稱「盉蓋」，未見圖像，暫入卣類

〇四九七五 □父辛卣蓋
字數 三
時代 殷
著録 未見
現藏 北京故宮博物院
來源 考古研究所拓

〇四九七六 天父辛卣
字數 三
時代 殷
著録 總集 五一六八
三代 一二・五四・五～六
貞續中 一六・一～二
善齋 四・一四
續殷上 七五・四～五
小校 四・二二・四～五
流傳 劉體智舊藏
現藏 北京故宮博物院
來源 考古研究所拓

〇四九七七 帆父辛卣
字數 三
時代 殷
著録 總集 五二一一
文物 一九七五年三期七三頁圖二
陝青 四・一〇
綜覽・卣 三六
出土 一九七〇年陝西寶鷄峪泉村墓葬
現藏 寶鷄市博物館
來源 寶鷄市博物館提供

〇四九七八 □父辛卣
字數 三
時代 殷
著録 總集 五二七八
録遺 二五四・一～二
現藏 北京故宮博物院
來源 考古研究所拓

〇四九七九 父辛黽卣
字數 三
時代 殷
著録 總集 五一七〇
三代 一二・五五・四
攀古 一・四一
恒軒 六三
綴遺 一〇・二四・一
殷存上 三二・二
小校 四・二三・一
流傳 潘祖蔭舊藏，後歸李蔭軒
現藏 上海博物館
來源 考古研究所藏
備注 失蓋

〇四九八〇 冀父辛卣蓋
字數 三
時代 殷
著録 總集 五一七一
三代 一二・五五・六
殷存上 三六・七
澂秋 三五
小校 四・二三・三
流傳 陳承裘舊藏
現藏 北京故宮博物院
來源 考古研究所藏

〇四九八一 弔父辛卣
字數 三
時代 殷
著録 總集 五一六〇
三代 一二・五五・一～二
西甲 八・一三
積古 一・一七・二（器）
攈古 一・二・二九・一
貞松 八・一〇・一～二
故宮 四
故圖下上 一三三
流傳 清宮舊藏
現藏 臺北故宮博物院
來源 考古研究所藏
備注 積古誤爲尊

〇四九八二 □父辛卣
字數 三
時代 殷或西周早期
著録 上海（二〇〇四） 三四九
現藏 上海博物館
來源 上海博物館提供

〇四九八三 辛父□卣
字數 三
時代 殷
著録 博古 一〇・一七
薛氏 二五・四
嘯堂 三五・三
來源 嘯堂

〇四九八四 □父辛卣蓋
字數 三
時代 西周早期
著録 張家坡墓地 一五五頁圖一一五・四
出土 一九八四年陝西長安張家坡墓葬（M一六三：三八）
現藏 考古研究所西安研究室
來源 考古研究所拓

〇四九八五 □父辛卣
字數 三
時代 殷
著録 總集 五一六九
三代 一二・五三・五～六
西清 一二・二六
貞松 八・九・三～四
澂秋 三三
續殷上 七五・六～七
流傳 清宮舊藏，後歸陳承裘
現藏 北京故宮博物院
來源 考古研究所拓

○四九八六 □父辛卣
字數 三
時代 殷
著錄 總集 五一六六
貞補中 五・一～二
美集錄 R 六六
三代補 六六
綜覽・卣 七五
現藏 美國哈佛大學福格美術館
來源 考古研究所藏

○四九八七 父辛酉卣
字數 三
時代 殷
著錄 總集 五一五八・二
三代 一二・五五・四
鄴初上 一九
續殷上 七五・二
現藏 北京故宮博物院
來源 考古研究所拓
備注 此卣失蓋，後與○五○八二之蓋誤合爲一

○四九八八 爵父癸卣蓋
字數 三
時代 西周早期
著錄 總集 五一七二
三代 一二・五五・七
二百 一・六
兩罍 一・六
攈古 一・二・八・四
愙齋 一八・六・二
綴遺 一○・二七・一
續殷上 七五・八
小校 四・二三・五
流傳 吳雲舊藏

來源 考古研究所藏
備注 小校拓片與此稍異

○四九八九 □父癸卣
字數 三
時代 殷
著錄 總集 五二四五
三代 一三・五・一～二
恒軒上 五六
愙齋 一八・一二・二～三
續殷上 七九・一～二
小校 四・三一・一～二
流傳 三原劉氏舊藏(愙齋)
來源 三代

○四九九○ 史父癸卣
字數 三
時代 西周早期
著錄 總集 五一七四
美集錄 R 四七六
三代補 四七六
流傳 曾在美國紐約盧芹齋
來源 考古研究所藏

○四九九一 戉父癸卣
字數 三
時代 殷或西周早期
著錄 博古 九・八
薛氏 二六・八～九
嘯堂 三○・三～四
來源 嘯堂

○四九九二 串父癸卣
字數 三
時代 殷
著錄 西清 一六・九
流傳 清宮舊藏
來源 西清

○四九九三 黿父癸卣
字數 三
時代 殷
著錄 總集 五二四七
三代 一三・五・三
愙齋 一三・一九・五
奇觚 六・六・一
綴遺 一一・七・三
殷存上 三五・四
簠齋 二卣九
小校 四・二四・三(五・一一・七重)
流傳 陳介祺舊藏
來源 考古研究所藏
備注 愙齋誤爲尊

○四九九四 取父癸卣
字數 三
時代 殷
著錄 總集 五一七五
西清 一五・六
錄遺 二五○・一～二
流傳 清宮舊藏
現藏 北京故宮博物院
來源 考古研究所藏

○四九九五 □父癸卣
字數 三
時代 殷
著錄 總集 五一七三
三代 一二・五六・一～二
西清 一六・三四
愙齋 一八・八・一(器)
綴遺 一一・一一・一
殷存上 三三・一～二
小校 四・二四・二

流傳 清宮舊藏
現藏 北京故宮博物院
來源 考古研究所拓

○四九九六 □父癸卣
字數 三
時代 西周早期
著錄 博古 一○・一一・二
薛氏 二四・六
嘯堂 三五・六
來源 嘯堂

○四九九七 魚父癸卣
字數 三
時代 殷或西周早期
著錄 總集 五二○五
三代 一一・一一・六
綴遺 一○・二三・一
弗里爾(一九六七) P三一八
彙編 九・一六四四
現藏 美國華盛頓弗里爾美術陳列館
來源 弗里爾
備注 三代誤入尊類

○四九九八 □父癸卣
字數 三
時代 殷
著錄 總集 五一七六
錄遺 二五一

○四九九九 魚母乙卣
字數 三
時代 殷
著錄 西清 一六・三
流傳 清宮舊藏
來源 西清

〇五〇〇〇　冀母己卣
字數　三
時代　殷
著録　總集　五一七八
三代　一二・五六・四～五
綴遺　一一・九・一～二
敬吾下　七三・一～二
續殷上　七六・一～二
小校　四・二五・五～六
流傳　葉志詵舊藏（綴遺）
來源　一、陳邦懷先生藏；
二、三代

〇五〇〇一　[glyph]母辛卣
字數　蓋二器三
時代　西周早期
著録　博古　九・一五
薛氏　二五・一～二
嘯堂　三一・五～六
來源　嘯堂
備注　續考五・一與此同銘，蓋、器分
別多「[glyph]」和「[glyph]」

〇五〇〇二　[glyph]兄丁卣
字數　三
時代　殷或西周早期
著録　總集　五一四三
美集録　R二八一
彙編　八・一一三五
三代補　二八一
現藏　美國哈佛大學福格美術博物館

〇五〇〇三　[glyph]兄丁卣
字數　三
時代　殷或西周早期
著録　總集　五一四二
美集録　R二八〇
彙編　八・一一三四
三代補　二八〇
現藏　美國哈佛大學福格美術博物館
備注　缺器銘

〇五〇〇四　子辛[glyph]卣
字數　三
時代　殷
著録　總集　五一八〇
三代　一二・五六・八
殷存上　二九・一一
來源　陳邦懷先生藏

〇五〇〇五　子廟圖卣
字數　三
時代　西周早期
著録　總集　五一八三
三代　一二・五七・三～四
攈古　一・二・三二・三～四
愙齋　一九・二〇・三～四
綴遺　一〇・一六・一～二
續殷上　七六・五（蓋）
小校　四・二五・三～四
現藏　上海博物館
來源　三代

〇五〇〇六　劦册竹卣
字數　三
時代　殷或西周早期
著録　總集　五〇八七
三代　一二・四四・七～八
西清　一六・一五
貞松　八・七・一～二
善齋　四・七
續殷上　七六・七～八
小校　四・五・一～二
善彝　一一〇
通考　六一五
故圖下下　二六五（蓋）
綜覽・卣　八〇
酒器　一四四頁
商圖　四五
流傳　清宮舊藏，後歸劉體智
現藏　臺北故宮博物院
備注　故圖倒置

〇五〇〇七　西隻單卣
字數　三
時代　殷
著録　復齋　一八・二～三
積古　五・五・二
攈古　一・二・三一・二～三
奇觚　一八・一～二
來源　復齋

〇五〇〇八　秉田丁卣
字數　三
時代　殷或西周初
著録　總集　五一七九
三代　一二・五六・七
貞松　八・一一・一
綴遺　二三・一二・二
流傳　烏程周氏舊藏（貞松）
來源　三代

〇五〇〇九　丁[glyph][glyph]卣
字數　三
時代　殷
著録　總集　五〇八三（五一七七）
三代　一二・五六・六
綴遺　一〇・一一・三
貞松　八・一一・二
續殷上　七六・六
泉屋　二・七二
海外吉　四〇
彙編　九・一四六六
綜覽・卣　一五九
泉屋博古　圖九三拓一一
現藏　日本京都泉屋博古館
來源　三代

〇五〇一〇　[glyph][glyph]癸卣
字數　三
時代　殷
著録　總集　五一八一，四九九七
三代　一二・三六・一二，一
二・五七・一
續殷上　六九・五，七一・八
歐精華　一・七四
彙編　九・一四〇九
三代補　七四三
賽爾諾什　四八
現藏　法國巴黎賽爾諾什博物館
來源　三代

〇五〇一一　冀[glyph]卣
字數　蓋二器三
時代　殷
著録　總集　五二〇八
山東選　二四・六六
綜覽・卣　四〇
出土　山東長清興復河
現藏　山東省博物館
來源　考古研究所拓

〇五〇一二　詎其卣
字數　三
時代　殷
著録　未見
現藏　上海博物館
來源　上海博物館提供

〇五〇一三　林亞餘卣
字數　三
時代　殷
著録　續殷上　七〇・一一～一二
來源　續殷

〇五〇一四　亞壴衎卣
字數　三
時代　殷
著録　總集　五〇七九
三代　一二・四三・九～一〇
十二契　一二
續殷上　七一・五～六
綜覽・卣　七〇
流傳　商承祚舊藏
現藏　旅順博物館
來源　考古研究所藏

〇五〇一五　亞其卣
字數　三
時代　殷
著録　總集　五〇八一
三代　一二・四三・一二
奇觚　六・三・三
周金　五・一〇〇・一
殷存上　二八・一二
小校　四・一四・一
流傳　潘祖蔭舊藏(周金)
來源　考古研究所藏

〇五〇一六　□丁卣
字數　三
時代　殷
著録　未見
現藏　中國歷史博物館
來源　考古研究所拓

〇五〇一七　□卣
字數　三
時代　殷
著録　懷履光(一九五六)　九九・一～二
三代補　五七八
出土　傳河南安陽郭家灣北地
現藏　加拿大多倫多安大略博物館
來源　考古研究所藏

〇五〇一八　大保卣
字數　三
時代　西周早期
著録　總集　五一九九
銅玉　圖一〇二頁Fig七一e
三代補　七九九
綜覽・鳥獸形卣　一二
美全　四・一九八
青全　五・一七六
出土　傳河南濬縣
現藏　日本神户白鶴美術館
來源　綜覽(非原大)

〇五〇一九　七田舌卣
字數　三
時代　殷
著録　總集　五二〇七
賸稿　二四
流傳　安陽古物保存會舊藏(賸稿)
來源　賸稿

〇五〇二〇　□仲卣
字數　三
時代　西周早期
著録　西清　一五・三二
流傳　清宮舊藏
來源　西清

〇五〇二一　公作彝卣
字數　三
時代　西周早期
著録　總集　五二一二(五二一四)
考古與文物　一九八〇年一期
一五頁圖五(器)
陝青　四・三〇(器)
(蓋銘未著録)
出土　一九七一年陝西寶鷄茹家莊西周墓葬
現藏　寶鷄市博物館
來源　寶鷄市博物館提供

〇五〇二二　伯作彝卣
字數　三
時代　西周早期
著録　綴遺　一一・二八・一～二
流傳　吳大澂舊藏
來源　綴遺

〇五〇二三　伯寶彝卣
字數　三
時代　西周早期
著録　總集　五二八七
中銅　一五〇
三代補　七九四(摹)
出光　三九五・三九
綜覽・卣　一九一
中藝　圖六九拓五五a、b
流傳　日本東京出光美術館
來源　出光美術館提供
備注　缺蓋銘

〇五〇二四　員作夾卣
字數　三
時代　西周早期
著録　總集　五二〇二
美集録　R　三八七
録遺　二五二
三代補　三八七
綜覽・卣　一七五
現藏　美國紐約奧爾勃來特美術陳列館
來源　録遺

〇五〇二五　□作彝卣
字數　三
時代　西周早期
著録　總集　五一八六
三代　一二・五七・五～六
貞松　八・一二・一～二
小校　四・二五・五～六
流傳　劉體智舊藏(貞松)
來源　三代

〇五〇二六　從作彝卣
字數　三
時代　西周早期
著録　總集　五二〇〇
三代　一二・五九・八～六〇・一
貞松　八・一三・四～五
流傳　劉體智舊藏
來源　三代

〇五〇二七　作從彝卣
字數　三
時代　西周早期
著録　總集　五一九七
三代　一二・五九・五～六
貞松　八・一三・二～三
小校　四・二六・三～四
流傳　劉體智舊藏(貞松)
來源　三代

〇五〇二八　作從彝卣
字數　三
時代　西周早期
著録　未見

現藏　北京故宮博物院
來源　考古研究所拓

〇五〇二九　作旅彝卣

字數　三
時代　西周早期
著録　總集　五一九六
文物　一九八〇年四期四二頁
圖六・四
陝青　三・七〇
綜覽・卣　一四二
出土　一九七六年陝西扶風雲塘村二〇
號墓
現藏　周原扶風文物管理所
來源　周原扶風文物管理所提供

〇五〇三〇　作旅彝卣

字數　三
時代　西周早期
著録　總集　五一九四
美集録　R　三七一
彙編　七・九〇五
三代補　三七一
綜覽・卣　一九五
現藏　美國哈佛大學福格美術博物館
來源　考古研究所藏

〇五〇三一　作旅彝卣

字數　三
時代　西周早期
著録　總集　五一九三
三代　一二・五九・三~四
西清　一六・二五
貞松　八・一二・五~一三・一
武英　一三〇
通考　六六一
小校　四・二六・一~二
故圖下下　二七二(器)
酒器　一五〇頁
流傳　承德避暑山莊舊藏
現藏　臺北故宮博物院
來源　考古研究所藏

〇五〇三二　作旅彝卣

字數　三
時代　西周早期
著録　總集　五一九五
美集録　R　三六九(摹)
三代補　三六九(摹)
綜覽・卣　二〇八頁
現藏　美國紐約乃布氏處
來源　美集録

〇五〇三三　作旅弓卣

字數　三
時代　西周早期
著録　未見
現藏　北京故宮博物院
來源　考古研究所拓

〇五〇三四　作寶彝卣

字數　三
時代　西周早期
著録　總集　五一九〇
三代　一二・五八・七~八
恒軒上　六七
攈古　一・二・三五・一~二(三~
四重)
綴遺　一一・一五・一~二
希古　五・九・三~四
流傳　吴大澂舊藏
來源　考古研究所藏

〇五〇三五　作寶彝卣

字數　三
時代　西周早期
著録　琉璃河　一九一頁圖一一〇B
出土　北京房山琉璃河西周墓
(M二五三:五)
現藏　首都博物館
來源　考古研究所拓

〇五〇三六　作寶彝卣

字數　三
時代　西周早期
著録　未見
現藏　北京故宮博物院
來源　考古研究所拓

〇五〇三七　作寶彝卣

字數　三
時代　西周早期
著録　未見
現藏　北京故宮博物院
來源　考古研究所拓

〇五〇三八　作寶彝卣蓋

字數　三
時代　西周早期
著録　未見
現藏　北京故宮博物院
來源　考古研究所拓

〇五〇三九　作寶彝卣

字數　三
時代　西周早期
著録　西清　一七・五
流傳　清宮舊藏
來源　西清

〇五〇四〇　作障彝卣

字數　三
時代　西周早期
著録　文物　一九八六年一期一六頁
圖四三
出土　一九八一年陝西長安花園村一七
號墓
現藏　陝西省文物管理委員會
來源　陝西省文物管理委員會提供

〇五〇四一　作障彝卣

字數　三
時代　西周早期
著録　未見
現藏　北京故宮博物院
來源　考古研究所拓

〇五〇四二　酉作旅卣

字數　三
時代　西周早期
著録　總集　五一九八
三代　一二・五九・七
殷存上　三三・五
小校　四・二五・七
寶鼎　九八
彙編　七・九〇七
流傳　荷蘭萬孝臣氏舊藏
來源　三代

〇五〇四三　作宗彝卣

字數　三
時代　西周早期
著録　總集　五一九二
三代　一二・五九・一~二
周金　五・一〇・三~一一・一
貞松　八・一二・三~四
小校　四・二五・八~九
弗里爾(一九六七)　三三〇頁
綜覽・卣　二一三
流傳　四明周氏雪盦舊藏(貞松)
現藏　美國華盛頓弗里爾美術陳列館

來源 陳邦懷先生藏

〇五〇四四 且丁父己卣

字數 四

時代 西周早期

著録 總集 五二八一・一

陝青 三・一五七

出土 一九七七年陝西隴縣韋家莊墓葬

現藏 寶鷄市博物館

來源 寶鷄市博物館提供

〇五〇四五 [illegible]册且丁卣

字數 四

時代 殷

著録 考古圖 四・二二

來源 考古圖

〇五〇四六 [illegible]册且丁卣

字數 四

時代 殷

著録 博古 九・三〇

薛氏 二九・二~三

嘯堂 三三・四~五

來源 嘯堂

備注 此與上器銘同形異

〇五〇四七 戉[illegible]且乙卣

字數 四

時代 殷

著録 總集 五二二四

三代 一三・一・一~二

貞續中 一七・一~二

小校 四・二六・四

彙編 九・一五八六

來源 考古研究所藏

〇五〇四八 [illegible]且乙卣

字數 四

時代 殷

著録 敬吾下 六七・三~四

續殷上 七一・九~一〇

小校 四・二七・三~四

來源 續殷

〇五〇四九 亞冀父甲卣

字數 四

時代 殷

著録 三代 一四・五〇・六(器)

貞松 九・二五(器)

續殷上 七二・四~五

來源 續殷

備注 三代誤爲觶

〇五〇五〇 陸册父甲卣

字數 四

時代 殷

著録 總集 五五五

三代 一二・三七・三

貞松 二・二〇

續殷上 一八・六

流傳 丁樹楨舊藏(貞松)

現藏 天津師範大學歷史系

來源 考古研究所藏

備注 失蓋，後配蓋銘未收

〇五〇五一 父乙[illegible]尊

字數 四

時代 殷

著録 總集 五二二二

三代 一三・二・五

鄴初上 一八

續殷上 七二・八

來源 考古研究所藏

備注 失蓋

〇五〇五二 陸册父乙卣

字數 四

時代 殷

著録 總集 五二三〇

三代 一三・二・三~四

攈古 一・二・七三・三(蓋)

綴遺 一一・六・一(蓋)

小校 四・二七・六(蓋)

來源 陳邦懷先生藏

〇五〇五三 亞[illegible]父乙卣

字數 四

時代 殷

著録 總集 五一三二

三代 一二・五〇・一~二

綴遺 一〇・一四・二~三

奇觚 五・三・一~二

殷存上 三三・七~八

小校 五・八・四~五

流傳 潘祖蔭舊藏(綴遺)

來源 考古研究所藏

備注 小校誤爲尊

〇五〇五四 亞艅父乙卣

字數 四

時代 殷

著録 總集 五二一九

三代 一二・四九・三~四

續殷上 七三・三~四

小校 四・一八・一~二(三重)

山東下 四・三~四

來源 三代

〇五〇五五 亞厷父乙卣

字數 四

時代 殷

著録 綴遺 一〇・二八・三

綜覽・卣 六六

流傳 器見於蘇州(綴遺)

來源 一、綜覽；

二、考古研究所藏

〇五〇五六 田告父乙卣

字數 四

時代 西周早期

著録 總集 五二二一

三代 一三・一・三

貞續中 一七・三

來源 三代

〇五〇五七 子[illegible]父乙卣

字數 四

時代 殷

著録 出光 三九五・三五

綜覽・卣 三九

中藝 圖六六拓五二a、b

現藏 日本東京出光美術館

來源 出光美術館提供

備注 缺器銘

〇五〇五八 [illegible]日父乙卣

字數 四

時代 殷

著録 彙編 九・一四二六

現藏 日本神户白鶴美術館

來源 彙編

〇五〇五九 [illegible]父乙卣

字數 四

時代 殷

著録 總集 五一三三

録遺 二四九・一~二

現藏 北京故宮博物院

來源 考古研究所拓

〇五〇六〇 [illegible]父乙卣

字數 四

時代 殷

著録 總集 五一三二
三代 一二・五〇・三（蓋）、二・一九・六（器）
殷存上 三〇・八～九
貞補中 二・四（蓋）
旅順 二一
現藏 旅順博物館（蓋）
來源 考古研究所拓
備注 現此卣之蓋與「㓝父戊卣」（〇五〇七六）之器誤合爲一

〇五〇六一 幸旅父乙卣
字數 四
時代 西周早期
著録 總集 五一二五
三代 一二・四九・一～二
綴遺 一〇・二二・一
貞續中 一四・三～四
續殷上 七二・六～七
小校 四・一六・一～二
美集録 R 一五四
三代補 一五四
綜覽・卣 二二四
流傳 方濬益舊藏，曾在美國紐約盧芹齋
來源 考古研究所藏

〇五〇六二 豙馬父丁卣
字數 四
時代 殷或西周早期
著録 考古 一九八四年一二期一一三二頁圖一・三
出土 一九八二年安徽潁上王崗區鄭家灣
現藏 潁上縣文物工作組
來源 考古編輯部檔案

〇五〇六三 豙馬父丁卣
字數 四
時代 殷
著録 總集 五一四一
日精華 一・四九
彙編 八・一一七五
三代補 六三二
綜覽・卣 二八
現藏 日本奈良寧樂美術館
來源 彙編

〇五〇六四 立㽙父丁卣
字數 四
時代 殷
著録 總集 五二三四
三代 一三・三・一～二
懷米上 二六・一～二
攈古 一・三・二八・一～二
綴遺 一一・一・二～三
敬吾下 七二・一～二
殷存上 三四・五～六
續殷上 七七・六～七
小校 四・二八・一～二
美集録 R 九二
三代補 九二
綜覽・卣 一三〇
薩克勒（西周） 七〇
流傳 曹載奎舊藏
現藏 美國華盛頓薩克勒美術館
來源 考古研究所藏

〇五〇六五 立㽙父丁卣
字數 四
時代 殷
著録 總集 五二三五
三代 一三・三・三～四
陶齋 二・三〇
善齋 四・一六（蓋）
續殷上 七七・八～九
小校 四・二八・三
彙編 八・一一一二
流傳 端方、劉體智舊藏
現藏 美國納爾遜美術陳列館
來源 考古研究所藏
備注 美集録 A 五五八有圖像無拓片

〇五〇六六 追作父丁卣
字數 四
時代 西周早期
著録 總集 五二三七
三代 一三・三・八
陶齋 二・三二
續殷上 七八・三
小校 四・二七・八
流傳 端方舊藏
來源 三代

〇五〇六七 衍父丁卣
字數 四
時代 殷
著録 總集 五二三六
三代 一三・三・五～六
西清 一五・二
貞松 八・一五・一～二
善齋 四・一七
續殷上 七八・一～二
小校 四・二八・四～五
尊古 二・一二
蔭軒 二・三
流傳 清宮舊藏，後歸劉體智、李蔭軒
現藏 上海博物館
來源 上海博物館提供

〇五〇六八 串□父丁卣
字數 四
時代 殷
著録 續殷上 七八・四
來源 續殷

〇五〇六九 串□父丁卣蓋
字數 四
時代 殷
著録 總集 五二二六
文物 一九七七年一二期圖版一・三左
綜覽・卣 八八
出土 一九七四年遼寧喀左山灣子窖藏
現藏 遼寧省博物館
來源 考古研究所拓
備注 現與〇四九〇七合一，彼爲器

〇五〇七〇 子廟父丁卣
字數 四
時代 殷或西周早期
著録 西清 一五・三
流傳 清宮舊藏
來源 西清

〇五〇七一 □□父丁卣
字數 四
時代 西周早期
著録 總集 五二八二
文物 一九六四年七期一一頁
綜覽・卣 九九
上海（二〇〇四） 一五七
現藏 上海博物館
來源 上海博物館提供
備注 失蓋

〇五〇七二 □□父丁卣
字數 四

時代 西周早期
著録 總集 五二三二
學報 一九八〇年四期四六八頁
圖一六・五
出土 一九七六年陝西長安張家坡墓葬
現藏 考古研究所西安研究室
來源 考古研究所拓

〇五〇七三 舟丏父丁卣

字數 四
時代 殷
著録 總集 五二三八
三代 一三・三・七
攈古 一・二・七七・三
窓齋 一三・一八・二
綴遺 一〇・三二・二
奇觚 六・六・三
殷存上 三四・七
小校 四・二八・八
簠齋 二卣一〇
流傳 陳介祺舊藏
來源 考古研究所藏
備注 窓齋誤爲尊

〇五〇七四 帆公父丁卣

字數 四
時代 殷
著録 總集 五二三三
三代 一三・二・七～八
貞續中 一五・三～四
續殷上 七四・一(蓋)
小校 四・一九・一～二
首師大 三八
現藏 首都師範大學歷史博物館
來源 考古研究所拓

〇五〇七五 采作父丁卣

字數 四
時代 殷
著録 積古 五・六・一
攈古 一・二・七三・四
來源 攈古

〇五〇七六 □父戊卣

字數 四
時代 殷
著録 總集 五一三二・二
三代 一二・五〇・四
貞補中 二・四
旅順 二二
現藏 旅順博物館
來源 考古研究所
備注 失蓋，現與「□父乙卣之蓋」（〇五〇六〇・二）合一

〇五〇七七 又羖父己卣

字數 四
時代 殷
著録 總集 五二四〇
三代 一三・四・二～三
續殷上 七八・五～六
流傳 李蔭軒舊藏
現藏 上海博物館
來源 考古研究所藏

〇五〇七八 亞貝父己卣

字數 四
時代 西周早期
著録 文物 一九八三年一一期六六頁圖一六・一
出土 一九八二年北京順義牛欄山
現藏 北京市文物研究所
來源 考古研究所拓

〇五〇七九 亞□父己卣

字數 四
時代 西周早期
著録 考古圖 四・二五
薛氏 二〇・二～三
出土 得于京兆（考古圖）
來源 薛氏

〇五〇八〇 子刀父庚卣

字數 四
時代 殷或西周早期
著録 總集 五二五七
美集録 R 一〇九
柏景寒 一五二
三代補 一〇九
彙編 八・一二三一
綜覽・卣 一四〇
現藏 美國芝加哥美術館
來源 考古研究所藏

〇五〇八一 陸册父庚卣

字數 四
時代 殷
著録 總集 五二九八
三代 一三・一一・一～二
從古 六・一五
攈古 一・三・二六・三～四
窓齋 一九・二一・一～二
綴遺 一一・五・一～二
續殷上 七八・七～八
小校 四・三五・五～六
流傳 張廷濟舊藏(窓齋)
來源 考古研究所藏

〇五〇八二 家戈父庚卣

字數 四
時代 殷
著録 總集 五二四二
三代 一三・四・四（蓋）
西甲 八・一六
窓齋 一八・七・二(蓋)
綴遺 一〇・二四・二(蓋)
奇觚 六・五・三(蓋)
殷存上 三五・一(蓋)
小校 四・二九・一～二
西拾 一二(器)
流傳 清宮舊藏
現藏 北京故宮博物院(蓋)
來源 考古研究所拓
備注 此卣之蓋，現與〇四九八七誤合爲一

〇五〇八三 隻婦父庚卣蓋

字數 四
時代 殷
著録 總集 五一五八・一
三代 一二・五二・八
貞補中 四・三
鄴初上 一九・一
續殷上 七五・一
藝展 六三・一
現藏 北京故宮博物院
來源 考古研究所藏
備注 現此蓋與〇四九七九誤合爲一

〇五〇八四 幸父辛卣蓋

字數 四
時代 殷
著録 總集 四六六一
三代 一一・一五・二
續殷上 五六・八
弗里爾(一九六七) 五五
現藏 美國華盛頓弗里爾美術陳列館
來源 考古研究所藏

備注 三代、續殷誤爲尊

〇五〇八五 亞醜父辛卣
字數 四
時代 殷
著録 總集 五二二〇(器)
三代 一二・五五・六
西清 一六・三〇
綴遺 一〇・一四・一
貞松 八・一〇・三
小校 四・二三・二
流傳 清宮舊藏，後歸潘祖蔭
來源 一、西清；
二、考古研究所藏
備注 除西清外，諸書僅收器銘

〇五〇八六 亞獏父辛卣
字數 四
時代 殷
著録 西清 一六・二二
來源 西清

〇五〇八七 令□父辛卣
字數 四
流傳 總集 五二四三
三代 一三・四・五～六
殷存上 三五・二～三
澂秋 三四
小校 四・三〇・七(蓋)
流傳 陳承裘舊藏
現藏 北京故宮博物院
來源 考古研究所拓

〇五〇八八 □貝父辛卣
字數 四
時代 西周早期
著録 博古 一〇・八
薛氏 二七・四～五
來源 嘯堂 三五・一～二

〇五〇八九 □父辛卣
字數 四
時代 殷或西周早期
著録 首師大 三九
現藏 首都師範大學歷史博物館
來源 考古研究所拓

〇五〇九〇 㚔旅父辛卣
字數 四
時代 西周早期
著録 總集 五一六一
三代 一二・五四・七～八
貞續中 一六・三～四
皮斯柏 一八
美集録 R 一五九
彙編 八・一三二〇
三代補 一五九
現藏 美國米里阿波里斯美術館(皮斯柏藏品)
來源 三代

〇五〇九一 何父癸卣
字數 四
時代 殷
著録 總集 五二四六
三代 一三・五・三～四
貞松 八・一五・四～一六・一
善齋 四・二〇
續殷上 七九・三(蓋)
小校 四・三〇・五～六
流傳 劉體智舊藏
來源 考古研究所藏

〇五〇九二 作父癸□卣
字數 四
時代 殷
著録 總集 五二七九
録遺 二五五・一～二
來源 陳邦懷先生藏

〇五〇九三 行天父癸卣
字數 四
時代 殷
著録 西清 一六・七
來源 西清

〇五〇九四 亞得父癸卣
字數 四
時代 殷
著録 總集 五二二三
三代 一二・五六・三
西甲 八・九
續殷下 五九・一〇
現藏 北京故宮博物院
來源 A、西甲；
B、考古研究所拓
備注 失蓋。續殷誤爲觶

〇五〇九五 □冊父癸卣
字數 四
時代 殷
著録 薛氏 二八・一
來源 薛氏

〇五〇九六 □父癸卣
字數 四(蓋一 器三)
時代 殷
著録 總集 五六五六
録遺 二二二・一～二
現藏 北京故宮博物院
來源 考古研究所拓
備注 蓋、器或原非一器。録遺誤爲壺

〇五〇九七 亞醜杞婦卣
字數 四
時代 殷
著録 總集 五二二二
三代 一二・六〇・二～三
貞松 八・一四・三～四
續殷上 七六・三～四
故宮 三〇期
通考 六二四
故圖下上 一三一
酒器 一一四頁
禮器 五四頁
現藏 臺北故宮博物院
來源 考古研究所藏

〇五〇九八 □□婦敄卣
字數 四
時代 殷
著録 總集 五二一八
文物 一九七八年五期圖版八・二
河南 一・三五四
中原文物 一九八五年一期三〇頁圖二・一七
綜覽・卣 三七
出土 一九五二年河南輝縣褚邱
現藏 新鄉市博物館
來源 河南省文物研究所提供

〇五〇九九 婦聿㝊卣
字數 四
時代 殷
著録 總集 五一八五
三代 一二・五七・七～八
恒軒 六〇
攈古 一・三・二五・一(蓋，二重)

窓齋 一八・一八・一～二
綴遺 一一・七・一～二
奇觚 六・四・三～四
敬吾下 六八・三～四
續殷下 七九・五～六
小校 四・三三・六～七
青山莊 三三
流傳 吳大澂舊藏
現藏 日本東京根津美術館
來源 考古研究所藏

〇五一〇〇 亞㠱皇旛卣
字數 蓋三器四
時代 殷
著録 文物 一九八六年五期八九頁圖二
辭典 一四一
青全 四・一六四
出土 一九八五年江西遂川泉江鎮洪門村
現藏 遂川縣
來源 遂川縣

〇五一〇一 戉角卣
字數 蓋、器各二，字不同
時代 殷
著録 總集 五一〇〇、五一〇一
西清 一六・三九
上海 九
彙編 九・一五八二
三代補 八六二
綜覽・卣 五二
辭典 一三一
青全 四・一七〇
上海(二〇〇四) 一五四
流傳 清宮舊藏

現藏 上海博物館
來源 上海博物館提供

〇五一〇二 王作𢼊弄卣
字數 四
時代 殷
著録 總集 五二七六
美集録 R 一八八
三代補 一八八
綜覽・卣 一〇二
現藏 美國紐約乃布氏處
來源 考古研究所藏

〇五一〇三 伯壴父卣
字數 四
時代 西周早期
著録 總集 五二四八
美集録 R 二八六，四九〇(照)
三代補 二八六
綜覽・卣 九四
現藏 美國陀里多美術館
來源 考古研究所藏

〇五一〇四 伯作障彝卣
字數 四
時代 西周早期
著録 總集 五二八六
文物 一九七六年六期六五頁圖一四・一五
陝青 三・三二(器)
綜覽・卣 一八九
辭典 五〇五
青全 五・一七三
吉鑄 三五
出土 一九七五年陝西扶風召李村一號墓
現藏 扶風縣博物館

來源 扶風縣博物館提供

〇五一〇五 伯作寶彝卣
字數 四
時代 西周早期
著録 寧壽 七・七
流傳 清宮舊藏
來源 寧壽

〇五一〇六 伯作寶彝卣
字數 四
時代 西周早期
著録 未見
現藏 北京故宮博物院
來源 考古研究所拓
備注 失蓋後配

〇五一〇七 伯作寶彝卣
字數 四
時代 西周早期
著録 貞續中 一七・四
來源 貞續

〇五一〇八 叔作旅彝卣
字數 四
時代 西周早期
著録 總集 五二五三
三代 一三・六・五～六
貞松 八・一七・一～二
善齋 四・二三
小校 四・三三・二～三
善彝 一一〇
流傳 劉體智舊藏
來源 考古研究所藏

〇五一〇九 叔作寶彝卣
字數 四
時代 西周早期
著録 總集 五二四九
三代 一三・六・四
周金 五・一〇九・一
小校 四・三三・一
來源 三代
備注 失蓋

〇五一一〇 彭女卣
字數 四
時代 西周早期
著録 三代 一一・四一・二
貞松 一一・二四
續殷上 七九・八
雙古 二八
來源 雙古
備注 三代、貞松誤入鼎類，本書誤收(〇一九〇八)。雙古所收缺蓋，疑三代一一・四一・一或即其蓋

〇五一一一 𢆸母彝卣
字數 四
時代 殷
著録 總集 五一八七
三代 一三・五八・一～二
攈古 一・二・七四・一～二
窓齋 一八・一八・三～四
綴遺 一一・一二・二～三
殷存上 三五・七～八
小校 四・二五・一～二
流傳 葉志詵、潘祖蔭舊藏
現藏 上海博物館
來源 考古研究所藏

〇五一一二 戈咢卣
字數 四
時代 西周早期
著録 總集 五二五二・一A
三代 一三・六・三

懷米上 二五
攈古 一・二・七二・二～三
綴遺 一〇・一八・二～三
小校 四・三一・六～七
流傳 曹載奎舊藏
來源 考古研究所藏
備注 〇五一一二・一與〇三三九五重出

〇五一一三 李作隮彝卣
字數 四
時代 西周早期
著録 文物 一九五六年一〇期七九頁
現藏 洛陽市博物館
來源 文物

〇五一一四 商作隮彝卣
字數 四
時代 殷
著録 總集 五二五〇
三代 一三・五・六
貞松 八・一六・二
善齋 四・二一
小校 四・三二・四
善彝 一一二
頌續 五〇
流傳 劉體智、容庚舊藏
來源 考古研究所藏
備注 失蓋

〇五一一五 登作隮彝卣
字數 四
時代 西周早期
著録 總集 五二八八(器)
考古 一九七二年二期三六頁
圖二・一
綜覽・卣 一三四
出土 河南洛陽鐵路二中二六號墓

現藏 洛陽市博物館
來源 考古研究所拓

〇五一一六 辛作寶彝卣
字數 四
時代 西周早期
著録 攈古 一・二・七四
筠清 一・五
綴遺 一二・二一・一～二
小校 四・三二・一～二
流傳 葉志詵舊藏
來源 考古研究所藏
備注 羅福頤以爲蓋僞器真

〇五一一七 耒作寶彝卣
字數 四
時代 西周早期
著録 未見
現藏 上海博物館
來源 上海博物館提供

〇五一一八 騆作旅彝卣
字數 四
時代 西周早期
著録 總集 五二八三A
西清 一〇・一九
故宮 四五期
通考 六七一
録遺 二五七・一～二
現藏 北京故宮博物院
來源 考古研究所拓
備注 「騆」字後刻

〇五一一九 犾作旅彝卣
字數 四
時代 西周早期
著録 總集 五二五六
三代 一三・七・一～二

愙齋 一九・一八・三～四
周金 五・一〇七・三～四
小校 四・三三・七～八
日精華 一・七八
現藏 日本京都川合定治郎氏
來源 三代

〇五一二〇 戉作旅彝卣
字數 四
時代 西周早期
著録 總集 五二六〇
三代 一三・七・五～六
寧壽 七・一三
貞松 八・一八・二～三
故宮 八
通考 六六三
故圖下上 一四〇
流傳 清宮舊藏
現藏 臺北故宮博物院
來源 考古研究所藏

〇五一二一 作旅寶彝卣
字數 四
時代 西周早期
著録 總集 五二五七(五二五八)
三代 一三・七・三～四(六・二五・二重)
敬吾下 六七・七～八
攈古 一・二・七五・一～二
愙齋 一九・二～三
綴遺 一一・一八・二～三
貞松 四・三六
周金 五・一〇八・一～二
小校 四・三四・三～四
來源 考古研究所藏

〇五一二二 作宗寶彝卣

字數 四
時代 西周早期
著録 總集 五二八五
上海 四〇
彙編 七・八四三
三代補 八七八
綜覽・卣 一七一
辭典 四八七
現藏 上海博物館
來源 上海博物館提供

〇五一二三 作從彝卣
字數 四
時代 西周早期
著録 總集 五二六一
三代 一三・七・七～八
貞補中 五・三～四
流傳 河南博物館舊藏(貞補)
來源 三代

〇五一二四 丂作從彝卣
字數 四
時代 西周早期
著録 總集 五二六二(五三四九)
三代 一三・二一・六～七
倫敦 四・一一
彙編 七・八四四
綜覽・卣 一六九
現藏 日本兵庫縣黑川古文化研究所
來源 三代

〇五一二五 亞𠂤從彝卣
字數 四
時代 西周早期
著録 總集 五二五四
三代 一三・六・八
續殷上 七九・九

來源 考古研究所藏
備注 一拓未著録

〇五一二六 作寶障彝卣
字數 四
時代 西周早期
著録 總集 五二六九
三代 一三・九・三(器)
綴遺 一一・一六・一～二
貞松 八・一四・一～二
希古 五・九・一
海外吉 五一
泉屋 一・六六
彙編 七・九〇七
三代補 七七一
綜覽・卣 一八〇
泉屋博古 圖九九拓三〇(器)
流傳 丁筱農舊藏(綴遺)
現藏 日本京都泉屋博古館
來源 考古研究所藏

〇五一二七 作寶障彝卣
字數 四
時代 西周早期
著録 總集 五二六四
三代 一三・八・三～四
綴遺 一一・一五・三～四
奇觚 六・五・一～二
周金 五・一〇八・四(蓋)，五・一〇〇・二(器)
小校 四・三三・八～九
續殷上 七九・七
美集録 R 四七四
三代補 四七四
流傳 潘祖蔭舊藏，曾在美國紐約盧芹齋

來源 考古研究所藏

〇五一二八 作寶障彝卣
字數 四
時代 西周早期
著録 總集 五二六六、五二六七
三代 一三・八・七～八
貞松 八・一七・五～六
海外吉 五〇
泉屋 二・五九
通考 六五三
彙編 七・八四一a
泉屋博古 圖九七拓二九(器)
來源 三代
現藏 日本京都泉屋博古館

〇五一二九 作寶障彝卣
字數 四
時代 西周早期
著録 西清 一七・四
流傳 清宮舊藏
來源 西清

〇五一三〇 作寶障彝卣
字數 四
時代 西周早期
著録 總集 五二六五・二
三代 一三・八・六
來源 考古研究所藏

〇五一三一 作寶障彝卣
字數 四
時代 西周早期
著録 博古 九・二六・二
薛氏 二七・一
嘯堂 三三・一
來源 嘯堂

〇五一三二 作寶障彝卣
字數 四
時代 西周早期
著録 總集 五二七一
西清 一七・三
攈古 一・二・七六・一～二
綴遺 一一・一六・三～四
流傳 清宮舊藏
來源 攈古

〇五一三三 作寶障彝卣
字數 四
時代 西周早期
著録 博古 九・二八
薛氏 二七・二～三
嘯堂 三三・二～三
來源 嘯堂

〇五一三四 作寶障彝卣
字數 四
時代 西周早期
著録 總集 五二七三
文物 一九七九年一一期三頁圖四～五
陝青 三・一二三(器)
綜覽・卣 一二四
出土 一九七八年陝西扶風齊家村一九號墓
現藏 周原扶風縣文物管理所
來源 周原扶風縣文物管理所提供

〇五一三五 作寶障彝卣
字數 四
時代 西周早期
著録 總集 五二六三
三代 一三・八・一～二
攈古 一・二・七五・三～四
故圖下上 一三九
現藏 臺北故宮博物院
來源 考古研究所藏

〇五一三六 作寶障彝卣
字數 四
時代 西周早期
著録 貞松 八・一七・四
來源 貞松

〇五一三七 作寶障彝卣
字數 四
時代 西周早期
著録 總集 五二七四(五二七五)
考古與文物 一九八〇年四期一三頁圖八・二
陝青 三・五三
綜覽・卣 一一三
出土 一九四九年陝西扶風齊鎮
現藏 扶風縣博物館
來源 扶風縣博物館提供

〇五一三八 作寶障彝卣
字數 四
時代 西周早期
著録 綴遺 一一・一七・二
來源 綴遺

〇五一三九 作寶障彝卣
字數 四
時代 西周早期
著録 總集 五二七二
賽爾諸什 一七四
彙編 七・八三八
三代補 七四五
現藏 法國巴黎賽爾諸什博物館
來源 三代補

〇五一四〇 作寶障彝卣

字數 四
時代 西周早期
著録 總集 五二六五・一（五二七〇）
三代 一三・八・五
綴遺 一一・一七・一
貞松 八・一七・三
希古 五・九・五
小校 四・三四・一
流傳 潘祖蔭舊藏
來源 考古研究所藏

〇五一四一 戈作旅彝卣

字數 四
時代 西周早期
著録 總集 五二五九
美集録 R 三四九
三代補 三四九
出土 河南洛陽
現藏 美國斯坦福大學美術陳列館
來源 美集録
備注 同銘三器（段二、尊一），善齋舊藏，傳河南洛陽出土（美集録）

〇五一四二 朋子弓〓卣

字數 四
時代 殷
著録 總集 五六四七
三代 一二・五・二
續殷上 六四・一〇
日精華 一・四七
彙編 一四一六
薩克勒（商） 六一
現藏 美國華盛頓薩克勒美術館
備注 銘在外底，三代入壺類

〇五一四三 遽册卣

字數 四
時代 西周早期
著録 總集 五二八四
善齋 四・二六
小校 四・三六・一～二
善彝 一一四
綜覽・卣 一六二
流傳 劉體智舊藏
現藏 上海博物館
來源 上海博物館提供

〇五一四四 作戲卣

字數 四
時代 西周早期
著録 總集 五二五一
三代 一三・五・七～八
貞松 八・一六・三～四
善齋 四・二二
小校 四・三三・四～五
善彝 一一九
頌續 五一
流傳 劉體智、容庚舊藏
來源 考古研究所藏

〇五一四五 〓且己父己卣

字數 蓋器各四，字有差異
時代 殷
著録 總集 六二二一
三代 一四・二八・八（蓋），六・二一・六（器）
貞續中 二九・二（蓋）
續殷上 七六・九（蓋）
小校 七・一九・四～五
蘇黎世 六五・二六・一～二（摹）
彙編 八・一一二二（摹）
現藏 瑞士蘇黎世瑞列堡博物館
來源 考古研究所藏
備注 三代誤爲觚、彝，貞續誤爲觚，小校誤爲彝

〇五一四六 〓且己父辛卣

字數 五
時代 殷
著録 總集 五二八九
三代 一三・九・六～七
從古 一三・二四・一～二
攈古 一・三・二八・三～四
窓齋 一八・一五・二～三
綴遺 一一・三・一～二
奇觚 六・七・二～三
殷存上 三六・二～三
簠齋 二卣七
小校 四・三四・五～六
流傳 陳介祺舊藏
現藏 中國歷史博物館
來源 考古研究所藏

〇五一四七 枑父乙卣

字數 五
時代 殷
著録 總集 五六六二
三代 一二・六・三
續殷上 六五・一
現藏 北京故宮博物院
來源 考古研究所拓
備注 三代誤爲壺

〇五一四八 冀作父乙卣

字數 五
時代 殷
著録 總集 五二九二
三代 一三・一〇・三～四
窓齋 一八・一六・一～二
綴遺 一一・一〇・三～四
奇觚 六・九・一～二
殷存上 三七・五～六
簠齋 二卣六
小校 四・三五・一～二
日精華 一・六一（蓋）
彙編 七・七八二
綜覽・卣 一三六
流傳 陳介祺舊藏
現藏 日本京都小川睦之輔氏處
來源 考古研究所藏

〇五一四九 臣辰父乙卣

字數 五
時代 西周早期
著録 未見
出土 約一九二九年洛陽馬坡
現藏 北京故宮博物院
來源 考古研究所拓

〇五一五〇 臣辰父乙卣

字數 五
時代 西周早期
著録 總集 五二九一
三代 一三・一〇・一～二
十二尊 一六
通考 六五八
美集録 R 三〇六（蓋）
三代補 三〇六（蓋）
綜覽・卣 一〇八
出土 約一九二九年洛陽馬坡
現藏 美國梅葉爾氏處
來源 考古研究所藏

〇五一五一 臣辰父乙卣

字數 五
時代 西周早期
著録 上海（二〇〇四） 二六七

出土 約一九二九年洛陽馬坡
現藏 上海博物館
來源 上海博物館提供

〇五一五二 臣辰父乙卣
字數 五
時代 西周早期
著録 懷履光(一九五六) P一四〇·五
三代補 六〇一
出土 約一九二九年洛陽馬坡
現藏 加拿大多倫多安大略博物館
來源 懷履光(一九五六)

〇五一五三 父乙臣辰卣
字數 五
時代 西周早期
著録 總集 五二九〇·一
三代 一三·九·八
續殷上 八〇·一
賸稿 二六
歐精華 一·八四
通考 六五七
美集録 R三〇九
彙編 九·一四三六
三代補 三〇九
綜覽·卣 一一四
出土 約一九二九年洛陽馬坡
現藏 美國哈佛大學福格美術館
來源 三代

〇五一五四 競作父乙卣
字數 五
時代 西周早期
著録 總集 五二九三
三代 一三·一〇·五(器)
大系 三七·二
懷履光(一九五六) P一二三·六~七
斷代 七九 附
彙編 七·七八〇
三代補 五九六
綜覽·卣 二〇六
出土 約一九二六年洛陽廟溝
現藏 加拿大多倫多安大略博物館

〇五一五五 [illegible][illegible]父丁卣
字數 五
時代 殷
著録 總集 五二三九
美集録 R六九
彙編 九·一七二七
三代補 六九
綜覽·卣 五〇
現藏 美國哈佛大學福格博物館
來源 考古研究所藏

〇五一五六 西單中父丁卣
字數 五
時代 殷
著録 總集 五一四〇
美集録 R八〇
三代補 八〇
現藏 美國紐約侯希蘭氏處
來源 考古研究所藏

〇五一五七 □作旅父丁卣
字數 五
時代 西周早期
著録 總集 五二九六
三代 一三·一〇·六
陶齋 二·四二
續殷上 八〇·四
小校 四·三二·三
流傳 端方舊藏
來源 考古研究所藏

〇五一五八 冊劦竹父丁卣
字數 五
時代 西周早期
著録 陝青 三·二三
出土 一九七五年陝西扶風召李村一號墓
現藏 扶風縣博物館
來源 扶風縣博物館提供
備注 原稱壺，蓋無銘。壺類〇九五四六與此重出

〇五一五九 作父戊卣
字數 五
時代 西周早期
著録 倫敦 P一：一三·二〇三
流傳 德國 H·G·Oeder，Altmark 氏舊藏
來源 倫敦

〇五一六〇 作父戊卣
字數 五
時代 西周早期
著録 白鶴撰 二四(蓋)
三代補 七七四(摹)、七九八(拓)
綜覽·卣 一五四
出土 傳河南洛陽北窑鎮
現藏 日本神户白鶴美術館
來源 白鶴撰、綜覽

〇五一六一 [illegible]父戊卣
字數 五
時代 殷
著録 總集 五二七七
録遺 二五三·一~二
辭典 一三五
故青 五七
現藏 北京故宮博物院
來源 考古研究所拓

〇五一六二 亞雀父己卣
字數 五
時代 西周早期
著録 總集 五二九五
文物資料叢刊 三·三六頁圖三·六
綜覽·卣 一〇四
辭典 五〇九
青全 六·二二
出土 一九六一年河南鶴壁龐村
現藏 河南省博物館
來源 河南省博物館提供

〇五一六三 冀父己母癸卣蓋
字數 五
時代 殷
著録 總集 五二九七
三代 一三·一〇·八
西清 一六·三三
綴遺 一一·九·三
殷存上 三九·一
小校 四·三五·四
流傳 清宮舊藏，後歸潘祖蔭
來源 考古研究所藏
備注 西清將此與〇五三〇九合爲一器

〇五一六四 [illegible]作父己卣
字數 五
時代 西周早期
著録 總集 五二九四
三代 一三·一〇·七
窓齋 一九·一〇·三
敬吾下 七二·四
殷存上 三六·六

小校 四・三五・三(二・三二・五重)
流傳 朱善旂舊藏
來源 考古研究所藏
備注 小校二・三二・五誤作鼎

〇五一六五 北子冈父辛卣
字數 五(蓋五，器三)
時代 西周早期
著録 總集 五二四四，五一六五
三代 一三・四・七～八(一二・五五・三 重)
貞松 八・九・五(器)，八・一五・三(蓋)
貞補中 五(器)
續殷上 七五・三(器)
善齋 四・一九・一(蓋)，七・二・五一(器)
善彝 一一一(蓋)
小校 四・三〇・三～四
流傳 劉體智舊藏
現藏 歷史語言研究所
來源 考古研究所藏

〇五一六六 丙木父辛卣
字數 五
時代 殷
著録 總集 五三〇二
三代 一三・一一・五～六
來源 三代

〇五一六七 冀叔父辛卣
字數 五
時代 殷
著録 總集 五二九九
三代 一三・一一・三(蓋)
攈古 二・一・八・二～三
綴遺 一一・一一・一～二
現藏 中國歷史博物館
來源 考古研究所拓

〇五一六八 亞其戈父辛卣
字數 五
時代 殷
著録 善齋 四・一八
小校 四・三〇・一～二
流傳 劉體智舊藏
來源 考古研究所藏

〇五一六九 𠬝册戊父辛卣
字數 五
時代 殷
著録 綴遺 一一・六・二～三
來源 綴遺

〇五一七〇 守宮作父辛卣
字數 五
時代 西周早期
著録 總集 五三〇〇
三代 一三・一一・四
貞松 八・一八・四
小校 四・三五・八
彙編 七・七八六(摹)
流傳 劉體智舊藏
來源 考古研究所藏

〇五一七一 冀作父辛卣
字數 五
時代 殷
著録 復齋 二六・三
積古 一・三一・二
出土 畢良史得之於盱眙榷場(復齋)
來源 復齋
備注 此器爲殷，圖像見博古八・九，本書〇三四三四已收，此處誤收重出

〇五一七二 冀父癸母𠂤卣
字數 五
時代 殷
著録 總集 五三〇三
三代 一三・一一・七～八
貞補中 六・三～四
美集録 R 七〇
弗里爾(一九六七) R・三二三
彙編 八・一一六一
三代補 七〇
現藏 美國華盛頓弗里爾美術陳列館
來源 三代

〇五一七三 册父癸卣
字數 五
時代 殷
著録 總集 五三〇四
三代 一三・一二・一～二
續殷上 七五・九～一〇
來源 三代

〇五一七四 又羖癸卣
字數 五
時代 殷
著録 蔭軒 二・五
流傳 李蔭軒舊藏
現藏 上海博物館
來源 上海博物館提供

〇五一七五 小子作母己卣
字數 五
時代 殷
著録 總集 五三一三
録遺 二五八・一～二
來源 録遺

〇五一七六 小子作母己卣
字數 五
時代 殷
著録 總集 五三一四
美集録 R 一一一
盧氏(一九四一) 三〇
三代補 一一一
綜覽・卣 四四
現藏 美國舊金山亞洲美術博物館(布倫戴奇藏品)
來源 考古研究所藏

〇五一七七 雁公卣
字數 五
時代 西周早期
著録 西清 一六・一
來源 西清

〇五一七八 伯作寶隣彝卣
字數 五
時代 西周早期
著録 周金 五・一〇六・四～一〇七・一
小校 四・三六・八
流傳 潘祖蔭舊藏
來源 考古研究所藏

〇五一七九 伯作寶隣彝卣
字數 五
時代 西周早期
著録 綴遺 一一・二八・三～四
來源 綴遺

〇五一八〇 伯作寶隣彝卣
字數 五
時代 西周早期
著録 博古 一一・四
薛氏 一〇四・二～三
嘯堂 三九・二～三
續考 五・一〇

來源 嘯堂

〇五一八一 伯作寶障彝卣

字數 五
時代 西周早期
著録 博古 一一・六
薛氏 一〇四・四～一〇五・一
嘯堂 三九・四～五
來源 嘯堂

〇五一八二 伯作寶障彝卣

字數 五
時代 西周早期
著録 博古 一一・八
薛氏 一〇五・二～三
嘯堂 三九・六～七
來源 嘯堂

〇五一八三 伯作寶障彝卣

字數 五
時代 西周早期
著録 寧壽 七・六
流傳 清宮舊藏
來源 寧壽

〇五一八四 仲作寶障彝卣蓋

字數 五
時代 西周中期
著録 總集 五三〇一
三代 一三・一三・一
愙齋 一九・一九・三
綴遺 一二・二四・一
周金 五・一〇六・一
小校 四・三六・九
現藏 上海博物館
來源 考古研究所藏

〇五一八五 叔作寶障彝卣

字數 五
時代 西周早期
著録 總集 五三一一
美集録 R 二九六
三代補 二九六
現藏 美國紐約羅勃茲氏處
來源 考古研究所藏

〇五一八六 允冊卣

字數 五
時代 殷
著録 未見
現藏 上海博物館
來源 上海博物館提供

〇五一八七 亶卣

字數 五
時代 西周中期
著録 總集 五三〇五
三代 一三・一二・五～六
十六 二・一九
積古 五・六・二～三
兩罍 六・七
攈古 一・三・二五・一～二
愙齋 一九・一三・三～四
奇觚 一八・二・一～二
敬吾下 六七・五
周金 五・一〇五・二～三
泉屋 二・六五
海外吉 四七
小校 四・三六・三～四
彙編 七・七八三
綜覽・卣 一七〇
泉屋博古 圖一〇一拓三六
流傳 阮元舊藏
現藏 日本京都泉屋博古館
來源 考古研究所藏

〇五一八八 頮卣

字數 五
時代 西周早期
著録 總集 五三〇六
三代 一三・一二・七～八
寧壽 七・八
流傳 清宮舊藏
現藏 北京故宮博物院
來源 考古研究所拓

〇五一八九 韋卣

字數 五
時代 殷或西周早期
著録 總集 五三〇七
三代 一三・一三・二
愙齋 一九・九・二
綴遺 一一・二一・一
周金 五・一〇七・二
續殷上 八一・二
小校 四・三六・五
流傳 潘祖蔭舊藏
現藏 上海博物館
來源 考古研究所藏
備注 失蓋

〇五一九〇 曶卣蓋

字數 五
時代 西周中期
著録 總集 五三一五
青山莊 三五
彙編 七・七八四(摹)
綜覽・卣 一六五
現藏 日本東京根津美術館
來源 青山莊
備注 此爲蓋拓，綜覽有器拓

〇五一九一 豐卣

字數 五
時代 西周早期
著録 總集 五三〇九
三代 一三・一三・五～六
現藏 中國歷史博物館(蓋)
來源 三代

〇五一九二 □卣

字數 五
時代 西周早期
著録 總集 五三一〇
三代 一三・一三・八
愙齋 一九・六・一
綴遺 一一・一三・一
陶齋 二・四三
續殷上 八〇・七
小校 四・三七・三
山東下 三・二
出土 山東泰安泰山脚下(山東)
流傳 端方舊藏
現藏 中國歷史博物館
來源 考古研究所藏

〇五一九三 □娸卣

字數 五
時代 西周早期
著録 總集 五三〇八
三代 一三・一三・七
貞續中 一八・一
續殷上 八一・一
小校 四・三七・四
來源 考古研究所藏

〇五一九四 師隻卣蓋

字數 五
時代 西周早期
著録 總集 五三一二

出土 北窑 九三頁圖五〇·四
一九六三年河南洛陽北窑西周墓(M六：二)
現藏 洛陽市博物館
來源 考古研究所拓

〇五一九五 單子卣
字數 五
時代 西周早期
著録 琉璃河 一八三頁圖一〇八 A
出土 北京房山琉璃河西周墓(M二五一：六)
現藏 首都博物館
來源 考古研究所拓

〇五一九六 見作寶障彝卣
字數 五
時代 西周早期
著録 泉屋新 二四四
三代補 七七二(摹)
綜覽·卣 一三八
泉屋博古 圖九六拓三九
現藏 日本京都泉屋博古館
來源 泉屋新

〇五一九七 狽作寶障彝卣蓋
字數 五
時代 殷或西周早期
著録 未見
現藏 浙江省博物館
來源 考古研究所拓
備注 第一字疑爲後刻

〇五一九八 □作寶障彝卣
字數 五
時代 西周早期
著録 總集 五二六八
三代 一三·九·一～二
窓齋 一八·二一·三～四
周金 五·一〇八·三(器)，五·一一三·二(梁)
小校 四·三六·六～七
上海(二〇〇四) 二七五
流傳 許延暄舊藏(窓齋)，後歸葉恭綽
現藏 上海博物館
來源 三代

〇五一九九 亞共且乙父己卣
字數 六
時代 殷
著録 總集 五三一八
三代 一三·九·四～五
擄古 一·三·五二·一～二
綴遺 一一·二·一～二
殷存上 三五·一一～一二
來源 三代

〇五二〇〇 觥作且戊卣
字數 六
時代 西周中期
著録 寶鼎 一二
彙編 七·七〇〇
三代補 七一〇
綜覽·卣 二〇一
薩克勒(西周)七三
流傳 荷蘭萬孝臣氏舊藏
現藏 美國華盛頓薩克勒美術館
來源 彙編

〇五二〇一 龔且辛卣
字數 六
時代 殷
著録 總集 五三五八
文物 一九六四年四期四七頁
圖一三·一四

綜覽·雜 八
美全 四·八三～八四
辭典 一三六
山東藏品 三八
出土 一九五七年山東長清興復河
現藏 山東省博物館
來源 考古研究所拓

〇五二〇二 □作父乙卣
字數 六
時代 殷
著録 總集 五三六六
三代 六·三二·三
續殷下 七三·五
雙古上 一九
流傳 于省吾舊藏
來源 雙古
備注 三代作彝，續殷入盉，雙古稱壺。
除雙古外，均僅收蓋

〇五二〇三 亞□父乙卣
字數 六
時代 殷
著録 總集 五三三〇A
美集録 R 一三八
皮斯柏 一四
彙編 八·一〇八九
三代補 一三八
現藏 美國米里阿波里斯美術館(皮斯柏藏品)
來源 考古研究所藏

〇五二〇四 □作父乙卣
字數 六
時代 殷或西周早期
著録 總集 五三二一
美集録 R 二四〇
三代補 二四〇
現藏 美國紐約乃布氏處
來源 考古研究所藏

〇五二〇五 □作父乙卣
字數 六
時代 殷
著録 總集 五三一七
三代 一三·一四·一～二
西清 一五·二八
故宮 一
貞松 八·一八·五～一九·一
續殷上 八〇·二～三
通考 六一八
故圖下上 一二七
禮器 三六三頁
流傳 清宮舊藏
現藏 臺北故宮博物院
來源 考古研究所藏

〇五二〇六 亞矢望父乙卣
字數 六
時代 殷
著録 續殷下 六三·七
來源 考古研究所藏

〇五二〇七 □作父乙卣
字數 六
時代 西周早期
著録 博古 一一·一三
薛氏 一〇五·四～五
嘯堂 四〇·三～四
來源 嘯堂

〇五二〇八 父丙卣
字數 六
時代 殷
著録 博古 一〇·四

來源 薛氏 二八・四～五
嘯堂 三四・三～四

〇五二〇九 疐作父丁卣

字數 六
時代 西周早期
著録 總集 五三二七
三代 一三・一四・五
殷存上 三六・八～九
來源 考古研究所藏

〇五二一〇 作父丁卣

字數 六
時代 西周早期
著録 總集 五三五七
録遺 二五九・一，二六〇・二
現藏 北京故宮博物院
來源 考古研究所拓

〇五二一一 作丁珥卣

字數 六
時代 殷
著録 積古 一・三三・一～二
奇觚 一八・二・三～四
攈古 二・一・一〇・三～四
來源 攈古

〇五二一二 大中作父丁卣

字數 六
時代 西周早期
著録 博古 一一・一六・二
薛氏 一〇五・六
嘯堂 四〇・六
來源 嘯堂

〇五二一三 作父庚卣

字數 六
時代 西周早期
著録 總集 五三五六
文物 一九五五年八期二三頁圖版九右
五省 二五・二
録遺 二六一
綜覽・卣 七九
出土 一九五五年原熱河省(現屬遼寧)凌源縣海島營子
現藏 遼寧省博物館
來源 考古研究所拓
備注 蓋無銘

〇五二一四 齔作父戊卣

字數 六
時代 西周早期
著録 總集 五三三二
三代 一三・一四・六～七
貞松 八・一九・四～五
善齋 四・二七
續殷上 八一・三～四
小校 四・三七・七～八
善彝 一二三
出土 河南洛陽(善彝)
流傳 劉體智舊藏
現藏 上海博物館
來源 考古研究所藏

〇五二一五 亞古父己卣

字數 六
時代 殷
著録 總集 三六〇
上海 一〇
彙編 五・一〇〇八
三代補 八六三
綜覽・卣 一五七
美全 四・一二四
辭典 一三二
青全 六・一九〇
上海(二〇〇四) 二七三
現藏 上海博物館
來源 上海博物館提供

〇五二一六 考作父辛卣

字數 六
時代 西周早期
著録 總集 五三三三
三代 一三・一四・八～一五・一
奇觚 六・八・二(蓋)
殷存上 三七・二～三
小校 四・三八・三～四
彙編 七・七八五
來源 考古研究所藏

〇五二一七 作父辛卣

字數 六
時代 西周早期
著録 總集 五三三五
三代 一三・一五・二～三
攈古 一・二九
恒軒上 五九
窓齋 一九・一九・二
綴遺 一一・二一・一～二
殷存上 二五・三～四
小校 四・三一・二，四・三八・一
流傳 潘祖蔭舊藏
現藏 上海博物館
來源 考古研究所藏

〇五二一八 集作父癸卣

字數 六
時代 西周早期
著録 總集 五三三六
三代 一三・一五・四～五
求古 一・一
綴遺 一一・一九・一～二
貞補中 七・三～四
續殷上 八一・五～六
流傳 陳抱之舊藏
來源 三代

〇五二一九 作公障彝卣

字數 六
時代 西周早期
著録 美集録 R 二七三
彙編 七・六九九
三代補 二七三
現藏 美國紐約康恩氏處
來源 考古研究所藏

〇五二二〇 雁公卣

字數 六
時代 西周早期
著録 總集 五六七五
三代 一二・七・四～五
貞松 七・二六
故圖下上 一三八
酒器 一四八頁
周録 三八
現藏 臺北故宮博物院
來源 考古研究所藏
備注 諸書均入壺類

〇五二二一 龠伯卣

字數 六
時代 西周早期
著録 總集 五三三〇
三代 一三・一七・一～二
攈古 一・三・五三・一～二
窓齋 一九・一二・三～四
綴遺 一二・一四・一～二

奇觚 六・七・四～六・八・一
陶齋 二・三三
周金 五・一〇〇・三(蓋)
小校 四・四〇・一～二
流傳 「器舊在關中，李如山云鄧襄哉司馬所藏也，今歸姚彦侍方伯。」(綴遺)，後歸潘祖蔭(愙齋)
來源 考古研究所藏

〇五二二二　餘伯卣
字數 六
時代 西周早期
著録 總集 五三二四
三代 一三・一六・五～六
山東下 四・八～九
冠斝上 五六
録遺 二六三・一(二六三・二重出，蓋)
綜覽・卣 二〇〇
流傳 榮厚舊藏
來源 三代

〇五二二三　汪伯卣
字數 六
時代 西周早期
著録 總集 五三二九
三代 一三・一六・七～八
從古 三・一三
攗古 一・三・五二・四(器)
綴遺 一二・一六・一～二
敬吾下 七〇・一～二
周金 五・一〇一・一～二
清儀 一・二六
小校 四・三九・三～四
流傳 張廷濟舊藏
來源 考古研究所藏

〇五二二四　[阝爰]伯卣
字數 六
時代 西周早期
著録 總集 五三六一
學報 一九七七年二期一〇八頁圖八・五
綜覽・卣 一五五
出土 一九六七年甘肅靈臺白草坡二號墓
現藏 甘肅省博物館
來源 考古學報編輯部檔案

〇五二二五　[阝爰]伯卣
字數 六
時代 西周早期
著録 銘文選 一五五
青全 六・一九三
出土 同〇五二二四
現藏 甘肅省博物館
來源 甘肅省博物館提供

〇五二二六　潶伯卣
字數 六
時代 西周早期
著録 總集 五三六二(五三六三・一，四七五八・二)
文物 一九七二年一二期八頁圖一七・一八
銘文選 一五四
青全 六・一九二
出土 同〇五二二四
現藏 甘肅省博物館
來源 甘肅省博物館提供

〇五二二七　潶伯卣
字數 六
時代 西周早期
著録 總集 五三六三・二
文物 一九七二年一二期八頁圖一三
學報 一九七七年二期一〇八頁圖八・一八
綜覽・卣 一五六
辭典 四九七
出土 同〇五二二四
現藏 甘肅省博物館
來源 考古學報編輯部檔案

〇五二二八　伯矩卣
字數 六
時代 西周早期
著録 總集 五三三六・一，五三三五
三代 一三・一七・六～七
攗古 一・三・五四・三(器)
貞松 八・二一・二～三
希古 五・一〇・四～五
周金 五・一〇四・三～四
美集録 R 四四五
三代補 四四五
綜覽・卣 一〇九
流傳 李宗岱舊藏
現藏 美國紐約莫爾根圖書館
來源 考古研究所藏
備注 西清一六・四與此器相似

〇五二二九　伯矩卣蓋
字數 六
時代 西周早期
著録 總集 五三三三
三代 一三・一七・四
愙齋 一九・二〇・二
綴遺 一一・二九・二
小校 四・四一・五
流傳 潘祖蔭舊藏
來源 考古研究所藏

〇五二三〇　伯矩卣蓋
字數 六
時代 西周早期
著録 總集 二一七五
三代 六・三五・二
小校 七・二九・五
來源 考古研究所藏

〇五二三一　伯各卣
字數 六
時代 西周早期
著録 寶鷄 一一三頁圖九〇・一～二
美全 四・一四四
青全 六・一七三～一七四
出土 一九八〇年陝西寶鷄竹園溝西周墓(M七：七)
現藏 寶鷄市博物館
來源 寶鷄市博物館提供

〇五二三二　伯各卣
字數 六
時代 西周早期
著録 寶鷄 一一三頁圖九〇・三～四
辭典 四九九
出土 同〇五二三一(M七：六)
現藏 寶鷄市博物館
來源 寶鷄市博物館提供

〇五二三三　伯貉卣
字數 六
時代 西周早期
著録 總集 五三三七
三代 一三・一八・四～五
來源 三代

〇五二三四　伯魚卣

字數 六
時代 西周早期
著録 總集 五三三二
三代 一三・一七・三
西清 一六・二
窓齋 一九・二〇・一
綴遺 一一・二九・一
周金 五・一〇〇・四
小校 四・四二・一
流傳 丁筱農舊藏（綴遺），後歸李蔭軒
現藏 上海博物館
來源 陳邦懷先生藏
備注 除西清外，諸書僅存蓋銘

〇五二三五 ㄨ伯卣
字數 六
時代 西周早期
著録 出光 三九五・二五
綜覽・卣 一二一
中藝 圖六八拓五四
現藏 日本東京出光美術館
來源 出光美術館提供

〇五二三六 仲織卣
字數 六
時代 西周早期
著録 總集 五三三八
三代 一三・一八・七～八
攈古 一・三・五四・一～二
綴遺 一二・一六・三～四
敬吾下 七一・一～二
周金 五・一〇三・四～一〇四・一
貞松 八・二〇・三～四
希古 五・一一・三
小校 四・四二・三～四
美集録 R 三四二（蓋）
三代補 三四二（蓋）
現藏 美國羅賓生氏處
來源 考古研究所藏

〇五二三七 叔截卣
字數 六
時代 西周早期
著録 總集 五三三九
三代 一三・一九・一～二
窓齋 六・一六・一
綴遺 一二・一七・三～四
周金 五・一〇二・二（器）
貞補中 八・三～四
希古 五・一一・四～五
小校 四・四二・五～六
彙編 七・七〇三
流傳 潘祖蔭舊藏
來源 考古研究所藏
備注 窓齋誤爲鼎

〇五二三八 亞醜作季卣
字數 六
時代 殷
著録 三代 一三・一三・三～四
續殷上 八〇・五～六
現藏 中國歷史博物館
來源 考古研究所藏

〇五二三九 井季䲨卣
字數 六
時代 西周中期
著録 總集 五三四〇
三代 一三・一九・三～四
西清 一六・八
窓齋 一九・一四・三～四
綴遺 一二・一九・三～四
奇觚 六・八・三～四
周金 五・一〇一・三～四
小校 四・四二・七～八
泉屋 二・六七
海外吉 五二
通考 六六〇
彙編 七・七〇七
綜覽・卣 二〇九
青全 六・三五
泉屋博古 圖一〇四拓三八
流傳 清宮舊藏，後歸丁筱農（綴遺）
現藏 日本京都泉屋博古館
來源 考古研究所藏

〇五二四〇 嬴季卣
字數 六
時代 西周早期
著録 總集 五三四一
三代 一三・一九・五～六
寧壽 七・一〇
貞松 八・二〇・一～二
故宮 九期
通考 六六七
故圖下上 一三七
綜覽・卣 一六四
酒器 一五二頁
周録 七〇
流傳 清宮舊藏
現藏 臺北故宮博物院
來源 考古研究所藏

〇五二四一 𢐗季卣
字數 六
時代 西周中期
著録 總集 五三一六
寶鷄 一五〇頁圖一一六・一～二
辭典 五〇〇
美全 四・一四三
青全 六・一七五
出土 一九八〇年陝西寶鷄竹園溝西周墓葬（M四：一）
現藏 寶鷄市博物館
來源 寶鷄市博物館提供

〇五二四二 衛父卣
字數 六
時代 西周早期
著録 總集 五三四二
三代 一三・一九・七～八
西清 一五・二七
攀古上 三一
恒軒上 六六
窓齋 一九・一八・一～二
綴遺 一一・三一・一～二
周金 五・一〇二・三～四
小校 四・四〇・三～四
流傳 清宮舊藏，後歸潘祖蔭
現藏 北京故宮博物院
來源 考古研究所拓

〇五二四三 𩲃父卣
字數 六
時代 西周早期
著録 總集 五三四三
三代 一三・二〇・一～二
西甲 八・七
貞補中 七・一～二
故宮 一九
故圖下上 一三五
周録 三七
流傳 清宮舊藏
現藏 臺北故宮博物院
來源 考古研究所藏

○五二四四　正父卣
字數　(蓋)五(器)六
時代　西周早期
著録　中原文物　一九八二年四期圖版九・六～七
流傳　一九七六年由許昌廢品站選出
現藏　河南省文物商店
來源　考古研究所拓

○五二四五　夆莫父卣
字數　六
時代　西周早期
著録　總集　五三五九
上海　三九
文物　一九五九年一〇期三四頁
彙編　七・七〇五
三代補　八七七
綜覽・卣　二一〇
辭典　四九〇
上海(二〇〇四)　三四八
現藏　上海博物館
來源　上海博物館提供

○五二四六　仲自父卣
字數　六
時代　西周中期
著録　總集　五三五四
西清　一六・五
綜覽・卣　一九二
流傳　清宮舊藏
來源　綜覽

○五二四七　安父卣蓋
字數　六
時代　西周早期
著録　綴遺　一二・五・二
敬吾下　七三・五
小校　四・四三・五
流傳　葉志詵舊藏
來源　小校

○五二四八　[illegible]卣
字數　六
時代　西周早期
著録　總集　五三六四
辛村　六〇・三
綜覽・卣　一四四
出土　一九三三年河南濬縣辛村六〇號墓
現藏　歷史語言研究所
來源　考古研究所藏

○五二四九　[illegible]卣
字數　六
時代　西周早期
著録　總集　五三四七
三代　一三・二一・一～二
貞補中　八・一～二
現藏　遼寧省博物館
來源　考古研究所藏

○五二五〇　向卣
字數　六
時代　西周早期
著録　總集　五三四六
三代　一三・二〇・七～八
積古　五・三一・一(蓋)
筠清　二・四三・一～二
清愛　八・一～二(一四・一～二重)
攈古　二・一・二七・一～二
愙齋　一九・一四・一～二
綴遺　一一・二五・三～四
奇觚　六・一〇・三(器)
敬吾下　六九・三～四
周金　五・九八・一～二
續殷上　八二・四～五
小校　四・四四・一～二
彙編　七・七〇六
流傳　劉喜海、潘祖蔭舊藏
現藏　香港大學(彙編)
來源　考古研究所藏

○五二五一　[illegible]益卣
字數　六
時代　西周早期
著録　總集　五三四八
三代　一三・二一・三～四
貞續中　一八・二～三
小校　四・四一・三～四
歐精華　八三
通考　六五六
彙編　七・六九八
薩克勒(西周)　六七
流傳　美國華盛頓薩克勒美術館
來源　考古研究所藏

○五二五二　買王卣
字數　蓋五器六
時代　西周早期
著録　總集　五三五〇
三代　一三・二一・八～[illegible]・一
貞松　八・一九・二～三
善齋　四・二五
小校　四・三七・一～二
善彝　一一三
流傳　劉體智舊藏
來源　考古研究所藏

○五二五三　竟卣
字數　六
時代　西周早期
著録　總集　五三三二
三代　一三・二一・五
來源　三代

○五二五四　猷卣
字數　存六
時代　西周中期
著録　總集　五三五一
三代　一三・二二・二
貞補中　九・一
賸稿　二八
來源　三代
備注　失蓋

○五二五五　米宮卣
字數　六
時代　西周早期
著録　未見
現藏　上海博物館
來源　上海博物館提供

○五二五六　[illegible]子旅卣
字數　六
時代　西周中期
著録　總集　五三五二
白鶴撰　二六(蓋)
日精華　一・七四(照)
彙編　七・七〇八(摹)
三代補　六三四(摹)
綜覽・卣　一九八
現藏　日本神户白鶴美術館
來源　白鶴撰

○五二五七　[illegible]弘卣
字數　六
時代　西周早期
著録　攈古　一・三・五二・三

筠清 二・四五
敬吾下 七三・六
綴遺 一二・五・一
小校 四・三九・二
流傳 葉志詵舊藏
來源 小校

○五二五八 卿卣
字數 六
時代 西周早期
著録 總集 五三四四・一、五三四五・一
三代 一三・二〇・三(蓋)，五(器)
貞松 八・二二・一(蓋)
澂秋 三六・一～二
小校 四・四三・一～二
彙編 七・七〇一
綜覽・卣 一二〇
流傳 陳承裘舊藏
現藏 美國李察布氏處
來源 三代

○五二五九 卿卣
字數 蓋六，器七
時代 西周早期
著録 總集 五三四五・二、五三四四・二
三代 一三・二〇・四(蓋)，六(器)
愙齋 八・二・三(蓋)
貞松 八・二二・二(器)
澂秋 三七・一～二
小校 四・四三・三(四重)，七・三五・二(三重)
希古 五・一二・三(器)
美集録 R 三一九
彙編 六・六一九
三代補 三一九
流傳 陳承裘舊藏
現藏 美國哈佛大學福格美術館
來源 考古研究所藏
備注 愙齋八・二・三 誤爲敦，小校七・三五・二～三誤爲彝

○五二六〇 遺作且乙卣
字數 七
時代 西周中期
著録 總集 五三七〇
三代 一三・二一・三～四
貞松 八・二二・三～四
善齋 四・二八・一～二
小校 四・四五・一～二
美集録 R 三三一
三代補 三三一
綜覽・卣 一六六
流傳 劉體智舊藏
現藏 美國斯賓飛德爾美術博物館寄陳畢德威爾藏品
來源 考古研究所藏

○五二六一 鮦作且乙卣
字數 七
時代 西周中期
著録 總集 五四〇二
寶鷄 三〇八頁圖二一五・四～五
陝青 四・四四
綜覽・卣 一八二
出土 一九七五年陝西寶鷄茹家莊西周墓葬(M一乙：三)
現藏 寶鷄市博物館
來源 寶鷄市博物館提供

○五二六二 □作且乙卣
字數 七
時代 殷或西周早期
著録 博古 九・六
薛氏 二八・六～二九・一
嘯堂 三〇・一～二
來源 嘯堂

○五二六三 □作且丁卣
字數 七
時代 西周早期
著録 總集 五三七一
三代 一三・二二・五～六
綴遺 一一・二二・一～二
奇觚 五・七・二(蓋)
貞補中 九・二～三
殷存上 三七・四(蓋)
續殷上 五八・六(蓋)
小校 四・四五・四～五(三重)
美集録 R 三三三
三代補 三三三
流傳 潘祖蔭舊藏，曾在美國紐約盧芹齋
來源 考古研究所藏
備注 奇觚、續殷誤爲尊

○五二六四 □且辛卣
字數 七
時代 西周早期
著録 博古 九・一八
薛氏 二九・四
嘯堂 三一・七
來源 嘯堂

○五二六五 且丁父癸卣
字數 七
時代 殷
著録 總集 五三七二
三代 一三・二二・七～八
愙齋 一八・一七・一～二
殷存上 三九・七～八
十二尊 一五
小校 四・四四・五～六
鏡齋 一四a、c
通考 六一七
綜覽・卣 三四
現藏 德國科隆東洋博物館

○五二六六 輦作妣癸卣
字數 七
時代 殷或西周早期
著録 總集 五四〇〇
録遺 二六六・一～二
現藏 北京故宮博物院
來源 考古研究所拓

○五二六七 羊作父乙卣
字數 七
時代 西周早期
著録 總集 五三七四
三代 一三・二三・三～四
筠清 二・四一
攈古 二一・九・三～四
綴遺 一一・二五・一～二
續殷上 八三・一～二
來源 三代

○五二六八 小臣作父乙卣
字數 七
時代 西周早期
著録 文物 一九六三年二期五四頁(器)
考古 一九六三年四期二二四頁
綜覽・卣 二二八(器)
青全 六・一一五(蓋)

出土 一九六二年湖北江陵萬城墓葬
現藏 湖北省博物館
來源 考古編輯部檔案

〇五二六九 [illegible]作父乙卣
字數 七
時代 殷或西周早期
著録 總集 五三七五
美集録 R 五二二
三代補 五二二
現藏 美國某處
來源 考古研究所藏

〇五二七〇 [illegible]作父乙卣
字數 七
時代 西周早期
著録 總集 五四〇三
文物 一九五八年五期七三頁
出土 一九五一年河南魯山倉頭村
現藏 河南省博物館
來源 文物

〇五二七一 亞寠父丁卣
字數 七
時代 殷
著録 三代 一三・一二・三~四
鄴初 上 二〇
故青 六二
現藏 北京故宮博物院
來源 考古研究所拓

〇五二七二 戦作父丁卣
字數 七
時代 西周早期
著録 總集 五三七七
愙齋 一八・二〇・二
綴遺 一一・一九・三~四
殷存上 三七・七

小校 四・四六・一
流傳 潘祖蔭舊藏(綴遺)
來源 一、綴遺；
二、考古研究所藏

〇五二七三 田告父丁卣
字數 七
時代 西周早期
著録 未見
現藏 北京故宮博物院
來源 考古研究所拓

〇五二七四 子[illegible]作父丁卣
字數 七
時代 西周早期
著録 總集 五三九九
録遺 二六四・一~二
中銅 一五四
出光 三九五・三六
綜覽・卣 一一〇
中藝 圖七一拓五七
現藏 日本東京出光美術館
來源 出光美術館提供

〇五二七五 弜作父丁卣
字數 七
時代 西周早期
著録 復齋 二七・二
積古 一・三一・三
擴古 二・一・二六・二
來源 復齋
出土 畢良史得之於盱眙榷場

〇五二七六 [illegible]作父丁卣
字數 七
時代 西周早期
著録 總集 五四〇一
文物 一九六五年五期一七頁

圖一三
河北 七八
綜覽・卣 一二九
辭典 四九六
出土 傳河北束鹿
現藏 河北省博物館
來源 河北省博物館提供

〇五二七七 [illegible]作父戊卣
字數 七
時代 西周早期
著録 總集 二二四七、五三七八(五三七九)
三代 六・三八・八(蓋)，一三・二四・三(器)
筠清 二・四二・一(蓋)
長安 一・一九
擴古 二・一・二六・三~四
綴遺 一一・三三・一~二
周金 五・九九・四
殷存上 三八・五(器)
小校 四・四七・三(蓋)
流傳 劉喜海舊藏
現藏 臺北故宮博物院(器)
來源 考古研究所藏
備注 綴遺：「右惠卣并蓋銘各七字，器為劉燕庭方伯所藏，載長安獲古編，蓋則金蘭坡所藏也，本一器，出土時散佚，今據拓本合摹編入」

〇五二七八 狽元作父戊卣
字數 七
時代 殷或西周初
著録 總集 五三八〇
三代 一三・二四・一~二
積古 一・三二・四~三三・一

二百 一・五
兩罍 一・五
從古 一〇・一五
擴古 二・一・一一・三~四
奇觚 一八・四・一~二
殷存上 三八・二~三
小校 四・四七・一~二
流傳 阮元、吳雲舊藏
來源 考古研究所藏

〇五二七九 [illegible]作父乙卣
字數 七
時代 西周早期
著録 總集 五三八二
三代 一三・二五・一
愙齋 一九・七・一
綴遺 一一・二三・二
殷存上 三八・六(七重)
小校 四・四八・一
彙編 六・六二七
流傳 潘祖蔭舊藏(綴遺)
來源 考古研究所藏

〇五二八〇 尸作父己卣
字數 七
時代 殷
著録 總集 五三八一
三代 一三・二四・四~五
從古 一一・一〇
擴古 二・一・一〇・一~二
愙齋 一八・一九・一~二
綴遺 一一・四・一~二
殷存上 三六・一〇~三七・一
小校 四・四七・四~五
來源 考古研究所藏

〇五二八一 冀父己卣

字數 七
時代 殷
著録 總集 五三八三
三代 一三・二五・二～三
西清 一六・三七
陶續 一・四〇
續殷上 八三・五～六
彙編 六・六二〇
綜覽・卣 一一三
流傳 清宮舊藏，後歸端方、劉鶚(羅表)
來源 考古研究所藏

〇五二八二 仔作父己卣
字數 七
時代 殷或西周早期
著録 博古 一〇・二〇
薛氏 三〇・一～二
嘯堂 三六・七～八
來源 嘯堂

〇五二八三 責作父辛卣
字數 七
時代 西周早期
著録 總集 五三八四
三代 一三・二五・四～五
奇觚 六・九・四(器)
殷存上 三九・三～四
小校 四・四八・二(器)，五・二四・三(蓋)
流傳 潘祖蔭舊藏(羅表)
現藏 上海博物館
來源 考古研究所藏
備注 小校五・二四・三誤爲尊

〇五二八四 □作父辛卣
字數 七
時代 西周早期
著録 總集 五三八五
三代 一三・二五・六～七
貞補中 一〇・一～二
海外吉 四六
續殷上 四六・三、五九・三
泉屋 二・六四
通考 六三八
彙編 六・六二三
綜覽・卣 一八一
泉屋博古 圖一〇二拓四三(器)
現藏 日本京都泉屋博古館
來源 考古研究所藏
備注 續殷誤爲毁和尊

〇五二八五 □作父辛卣
字數 七
時代 殷
著録 總集 五三八六
三代 一三・二六・一
筠清 二・四二・二
金索 一・二二
攈古 二・一・一二・一
山東下 一五・五
出土 山東長山(山東)
流傳 馮雲鵬舊藏
來源 三代

〇五二八六 竟作父辛卣蓋
字數 七
時代 西周早期
著録 未見
現藏 上海博物館
來源 上海博物館提供

〇五二八七 敕作父辛卣
字數 七
時代 西周早期
著録 考古圖 四・一五(蓋)
博古 一〇・二五
薛氏 三〇・三～四
嘯堂 三七・三～四
流傳 宋秘閣舊藏(考古圖)
來源 嘯堂

〇五二八八 史戍作父壬卣
字數 七
時代 西周早期
著録 總集 五三九四
文物 一九五五年八期二二頁圖版八
五省 二五・一録二六五
綜覽・卣 一四五
出土 一九五五年遼寧喀左馬廠溝
現藏 遼寧省博物館
來源 一、考古研究所拓；二、五省

〇五二八九 作父壬卣
字數 七
時代 殷或西周早期
著録 上海(二〇〇四) 二六九
現藏 上海博物館
來源 上海博物館提供

〇五二九〇 責作父癸卣
字數 七
時代 西周早期
著録 中原文物 一九八四年三期七七頁圖二
現藏 洛陽市文物工作隊
來源 中原文物

〇五二九一 矢伯隻作父癸卣
字數 七
時代 西周早期
著録 總集 五三八九
三代 一三・二六・五～六
攈古 二・一・九・一～二
愙齋 一八・一四・二～一五・一
綴遺 一一・二四・二～三
奇觚 六・一〇・一～二
殷存上 三九・五～六
簠齋 二卣五
山東下 一四・五～六
小校 四・四八・三～四
聖路易 P 六六
彙編 六・六二四
綜覽・卣 八三
銘文選 三七八
出土 山東臨朐柳山寨(山左金石志)
流傳 陳介祺舊藏
現藏 美國聖路易市美術博物館
來源 考古研究所藏

〇五二九二 亞其吴作母辛卣
字數 七
時代 殷
著録 總集 五三六八
三代 一三・二五・六～七
綴遺 一一・一一・三(蓋)
陶齋 二・三四
續殷上 八一・七～八
小校 四・三八・五～六
美集録 R 一四四
弗里爾(一九六七) No・五三
彙編 七・七〇四
三代補 一四四
綜覽・卣 一五三
流傳 端方舊藏

現藏 美國華盛頓弗里爾美術陳列館
來源 三代

〇五二九三 亞其吴作母辛卣
字數 七
時代 殷
著録 總集 五三六七
三代 一三・一六・三～四
續殷上 八二・二～三
來源 三代

〇五二九四 亞其吴作母辛卣
字數 七
時代 殷
著録 總集 五三六九
三代 一三・一六・一～二
陶齋 二・三五
續殷上 八一・九～八二・一
中藝 圖七四拓六〇
流傳 端方舊藏
現藏 日本東京出光美術館
來源 考古研究所藏

〇五二九五 [illegible]作母癸卣
字數 七
時代 殷
著録 總集 五三九八
録遺 二六二・一～二
現藏 中國歷史博物館
來源 考古研究所藏

〇五二九六 尹舟作兄癸卣
字數 七
時代 西周早期
著録 總集 四三三七、四三三八
三代 一三・五三・二～三
積古 五・一七・二～三
攈古 二・一・一七・二，三〇・二
奇觚 七・三二(器)
綴遺 一一・四・三(器)
愙齋 一九・一〇(器)
殷存下 三一(器)
續殷下 六六(器)
小校 四・三九・一(器)
現藏 北京故宫博物院
來源 考古研究所拓
備注 除愙齋、綴遺、小校外，他書均誤爲斝

〇五二九七 閟作眘伯卣蓋
字數 七
時代 西周早期
著録 總集 五三九一・二
三代 一三・二六・八
積古 五・八・二
攈古 二・一・一二・二
周金 三・一一三・二
流傳 梁章鉅舊藏(攈古)
來源 三代

〇五二九八 閟作眘伯卣
字數 七
時代 西周早期
著録 總集 五三九一・一
綴遺 一二・二三・一
周金 五・九九・一
小校 四・四八・六
流傳 潘祖蔭舊藏(綴遺)
來源 周金
備注 此與〇五二九七或爲一器

〇五二九九 北伯戉卣
字數 七
時代 西周早期
著録 總集 五三九〇
三代 一三・二六・七
銘文選 一五〇
貞松 八・二三・四
希古 五・一二・二
歐精華 一・七七
通考 六六六
美集録 R三四一
彙編 六・六二二
三代補 三四一
綜覽・卣 一四一
出土 一八九〇年，河北淶水張家窪(貞松)
流傳 盛昱舊藏
現藏 美國波士頓美術博物館
來源 三代
備注 美集録A六一七 説明：「此器三代一一・二六・二 誤以爲尊，小校二・四六・四 誤以爲鼎。」諸書著録此器，均但收蓋銘，無法證實其説

〇五三〇〇 散伯卣蓋
字數 七
時代 西周早期
著録 總集 五三九三
録遺 二六七
來源 録遺

〇五三〇一 散伯卣
字數 七
時代 西周早期
著録 總集 五三九二
三代 一三・二七・一～二
貞松 八・二四・一～二
希古 五・一二・一～二
録遺 二六八・一～二
流傳 漢軍許氏舊藏(貞松)
現藏 北京故宫博物院
來源 考古研究所拓

〇五三〇二 叔夫册卣
字數 七
時代 西周早期
著録 總集 五三九七
三代 一三・二七・三～四
積古 七・二五・三
從古 八・一一
攈古 二・一・一一・一～二
綴遺 一二・一五・二～三
流傳 瞿穎山舊藏(攈古)
來源 三代

〇五三〇三 束叔卣
字數 七
時代 西周早期
著録 總集 五三九五
彙編 六・六二一
綜覽・卣 一二五
現藏 日本奈良寧樂美術館
來源 彙編

〇五三〇四 [illegible]矢卣
字數 七
時代 西周早期
著録 總集 五四〇五
文物 一九七七年八期一六頁
圖一四
綜覽・卣 八七
出土 一九七六年河南襄縣霍莊墓葬
現藏 河南省博物館
來源 河南省博物館提供
備注 此爲蓋銘。器銘銹蝕，未能施拓

〇五三〇五 史見卣

字數 七
時代 西周早期
著録 總集 五三七三
三代 一三・二三・一～二
善齋 四・二九
續殷上 八二・七～八
小校 四・四五・六～七
美集録 R 三三四
彙編 六・六二五
三代補 三三四
綜覽・卣 七一
流傳 劉體智舊藏
現藏 美國舊金山亞洲美術博物館（布倫戴奇藏品）
來源 考古研究所藏

〇五三〇六 乃子卣

字數 存七
時代 西周早期
著録 猷氏 二四
通考 六二二
三代補 六九五
綜覽・卣 八六
現藏 英國倫敦維多利亞和阿爾伯特博物館
來源 A、綜覽（非原大）；B、猷氏

〇五三〇七 □作且癸卣

字數 八
時代 西周早期
著録 總集 五四〇九
三代 一三・二七・五
窓齋 一三・一八・一
綴遺 一一・二四・一
奇觚 六・一一・一
殷存上 四〇・一
簠齋 二卣四
小校 四・四九・一
流傳 陳介祺舊藏
來源 考古研究所藏
備注 窓齋誤爲尊

〇五三〇八 蘊作父甲卣

字數 八
時代 西周早期
著録 總集 五四〇七・二
三代 一三・二七・六～七
西清 一五・一九
恒軒上 六九（蓋）
綴遺 一一・二六・三～四
周金 五・九九・二（蓋）
殷存上 四〇・二～三
善齋 四・三〇
小校 四・四九・二～三
善彝 一一七
通考 六一九
故圖下下 二七〇（器）
綜覽・卣 二〇四
周録 三六
流傳 清宮舊藏，後歸王錫棨、潘祖蔭、劉體智
現藏 臺北故宮博物院
來源 考古研究所藏

〇五三〇九 無憂作父丁卣

字數 八
時代 西周早期
著録 總集 五三七六
三代 一三・二三・六
西清 一六・三三
殷存上 三八・一
小校 四・四六・二
美集録 R 五一五
日精華 一・六三
三代補 五一五
流傳 清宮舊藏
現藏 日本大阪山中商會
來源 考古研究所藏
備注 除後三書外，餘僅著録器銘。西清將此合于〇五一六三卣蓋，或原非一件

〇五三一〇 枚家作父戊卣

字數 八
時代 西周早期
著録 總集 五四一〇
三代 一三・二九・一
綴遺 一一・二三・一
殷存上 三八・四
小校 四・四九・四
流傳 潘祖蔭舊藏（綴遺）
來源 考古研究所藏

〇五三一一 覨作父戊卣

字數 八
時代 西周早期
著録 總集 五四一一
三代 一三・二八・六～七
貞松 八・二六・一～二
出土 河南洛陽（貞松）
來源 陳邦懷先生藏

〇五三一二 鈇作父戊卣

字數 器七蓋一
時代 西周早期
著録 總集 五四一四
高家堡 一二三頁圖一八・二～三
陝青 四・一三七
綜覽・卣 一二七
辭典 四九四
美全 四・一三四
青全 六・一三六～一三七
出土 一九七一年陝西涇陽高家堡墓葬（M一：七）
現藏 陝西省博物館
來源 陝青

〇五三一三 寚作父辛卣

字數 八
時代 西周早期
著録 總集 五三八八
三代 一三・二六・二
西乙 八・八
貞松 八・二三・一
寶蘊 九八
故圖下下 二六九
商圖 一二
周録 三五
流傳 瀋陽故宮舊藏
現藏 臺北故宮博物院
來源 考古研究所藏
備注 蓋後配，未録

〇五三一四 夾作父辛卣

字數 八
時代 西周早期
著録 總集 五三八七
三代 一三・二六・三～四
貞松 八・二三・二～三
續殷上 八三・七～八
美集録 R 二六五（蓋）
現藏 美國華盛頓賽車爾氏處
來源 三代

〇五三一五 𣣏作父癸卣

字數 八
時代 西周早期
著録 未見
現藏 上海博物館
來源 上海博物館提供

○五三一六 伯作文公卣

字數 八
時代 西周早期
著録 總集 五四一五
三代 一三・二九・三〜四
窓齋 一九・一二・一〜二
周金 五・九八・三〜四（三・一一三・三重）
小校 四・五二・一〜二
彙編 六・五六九（蓋）
流傳 李山農、潘祖蔭舊藏
來源 考古研究所藏

○五三一七 杉伯罰卣

字數 八
時代 西周早期
著録 總集 五四一三
三代 一三・二九・二
攈古 二・一・二七・三
綴遺 一一・三二・一
奇觚 六・九・三
周金 五・九九・三
小校 四・五〇・二
流傳 丁筱農舊藏（綴遺）
來源 三代

○五三一八 𠂤丞卣

字數 八
時代 西周早期
著録 總集 五四〇八
三代 一三・二八・三〜四
西清 一五・二四
貞松 八・二五・四〜五
小校 四・五二・七〜八
美集録 R 一九一
彙編 六・五一七
三代補 一九一
綜覽・卣 一三八
流傳 清宮舊藏，後歸劉體智
現藏 美國波士頓美術博物館
來源 三代

○五三一九 [illegible]高卣

字數 八
時代 西周早期
著録 總集 五四一九
三代 一三・三〇・一（蓋）
彙編 六・五七〇
現藏 澳大利亞墨爾本國立維多利亞博物館
來源 彙編

○五三二〇 小夫卣

字數 八
時代 西周早期
著録 故青 一三六
現藏 北京故宮博物院
來源 考古研究所拓

○五三二一 交卣

字數 八
時代 殷
著録 未見
現藏 鎮江市博物館
來源 鎮江市博物館提供
備注 失蓋

○五三二二 [illegible]卣

字數 八
時代 西周早期
著録 總集 五四一六
文物 一九八〇年四期四二頁
圖六・五
陝青 三・七六
出土 一九七六年陝西扶風雲塘一三號墓
現藏 周原扶風文物管理所
來源 周原扶風文物管理所提供
備注 失蓋

○五三二三 衛卣

字數 八
時代 西周早期
著録 總集 五四〇六
歐精華 一・七八
通考 六六四
彙編 六・五七二
三代補 六一四
綜覽・卣 一七二
現藏 英國倫敦不列顛博物館
來源 不列顛博物館提供

○五三二四 戎佩玉人卣

字數 八
時代 西周早期
著録 文物 一九八六年一期一六頁
圖四一
出土 一九八一年陝西長安花園村一五號墓
現藏 陝西省文物管理委員會
來源 陝西省文物管理委員會提供
備注 銘文欠清晰，器名暫依發掘簡報

○五三二五 匽侯弟厝季卣

字數 八
時代 西周早期
著録 總集 五四二〇
文物 一九六四年七期一二頁
斷代 四七
綜覽・卣 一一二
銘文選 一五九
青全 六・一〇八
上海（二〇〇四）二七六
現藏 上海博物館
來源 上海博物館提供

○五三二六 伯[illegible]卣

字數 八
時代 西周早期
著録 總集 五四一七
三代 一三・二九・五〜六
攈古 一・二七
恒軒上 六五
窓齋 一九・一七・三〜四
綴遺 一二・一八・一〜二
小校 四・五一・一〜二
美集録 R 三二九
三代補 三二九
流傳 潘祖蔭舊藏，曾在美國紐約盧芹齋
來源 考古研究所藏

○五三二七 伯[illegible]卣

字數 蓋八，器九
時代 西周早期
著録 總集 五四一八
三代 一三・二九・七〜八
從古 一三・二六
攈古 二・一・三九・一〜二
窓齋 一九・一七・一〜二
綴遺 一二・一九・一〜二
奇觚 六・一一・二〜三

周金 五・九七・三～四
簠齋 二卣三
小校 四・五〇・三～四
美集録 R 三三〇
彙編 六・五二二
三代補 三三〇
薩克勒(西周) 七一
流傳 陳介祺、劉體智舊藏，曾在美國紐約盧芹齋
現藏 美國華盛頓薩克勒美術館
來源 考古研究所藏

○五三二八 對作父乙卣
字數 九
時代 西周早期
著録 總集 五四二二
三代 一三・二七・八～二八・一
貞松 八・二四・三～四
尊古 二・一三
彙編 六・五七三
綜覽・卣 一九六
流傳 劉體智舊藏(貞松)
現藏 日本大阪市立博物館(彙編)
來源 考古研究所藏

○五三二九 冒作父乙卣
字數 九
時代 西周早期
著録 白鶴 一三
通考 六三七
彙編 六・五二〇
現藏 日本神户白鶴美術館
來源 彙編

○五三三〇 奪作父丁卣
字數 九
時代 西周早期
著録 未見
現藏 北京故宫博物院
來源 考古研究所拓
備注 器殘甚，修復。器銘後刻，未録

○五三三一 奪作父丁卣
字數 九
時代 西周早期
著録 故青 一七〇
現藏 北京故宫博物院
來源 考古研究所拓

○五三三二 𢆉作父丁卣
字數 九
時代 西周早期
著録 總集 五四二三
三代 一三・二八・二～三
貞松 八・二五・一～二
小校 四・五二・五～六
日精華 一・八一
彙編 六・五七一
現藏 日本東京川合定治郎氏處
來源 三代

○五三三三 束作父辛卣
字數 九
時代 西周早期
著録 總集 五四二四
三代 一三・三〇・四～五
貞補中 一〇・三～四
山東下 一二・一～二
出土 「光緒二十二年黄縣萊陰出土」(山東)
流傳 丁樹楨舊藏(貞松)
來源 三代

○五三三四 屠作父癸卣
字數 九
時代 西周早期
著録 總集 五四二七
三代 一三・三〇・六
積古 一・三四・三
攈古 二・一・五一・一
窓齋 一九・一一・二
綴遺 一一・二二・三
奇觚 一八・三・二
敬吾下 六七・二
續殷上 八三・九
小校 四・五三・二
流傳 潘祖蔭舊藏
來源 考古研究所藏

○五三三五 [illegible]作文考癸卣
字數 九
時代 西周早期
著録 總集 五四二八
三代 一三・三一・一～二
貞續中 一八・四～一九・一
小校 四・五三・三～四
來源 考古研究所藏

○五三三六 述作兄日乙卣
字數 九
時代 西周早期
著録 彙編 六・五二一
綜覽・卣 一九七
現藏 日本東京某氏藏
來源 綜覽

○五三三七 屯作兄辛卣
字數 九
時代 西周早期
著録 總集 五四二一
三代 七・一八・五～六
續殷 上 四六・九
賸稿 二七
歐精華 一・八一
通考 六三九
美集録 R 三七七
三代補 三七七
綜覽・卣 二一二
現藏 美國底特律美術館
來源 三代
備注 三代誤入殷類

○五三三八 剌作兄日辛卣
字數 九
時代 殷
著録 總集 五四二六
三代 一三・三〇・七～八
西清 一五・二五
殷存上 四〇・四～五
小校 四・五一・三～五
中銅 一四四
彙編 六・五七四
出光 三九五・三二(蓋)
中藝 圖七二拓五八
綜覽・卣 一〇六
流傳 清宫舊藏
現藏 日本東京出光美術館
來源 考古研究所藏

○五三三九 狪作兄日壬卣
字數 九
時代 殷或西周早期
著録 總集 五四二五
綴遺 一一・三〇・一
續殷上 六〇・五(上 八四・三重)
敬吾下 七三・七～八
攈古 二・一・三八・一～二

流傳　吳式芬舊藏
來源　一、續殷；
二、敬吾

〇五三四〇　伯𨑥卣
字數　九
時代　西周中期
著録　總集　五四三一
三代　一三・三一・七～八
貞松　八・二七・一～二
來源　三代
備注　貞續中一二・三～四與此近似

〇五三四一　仲作好旅彝卣
字數　九
時代　西周中期
著録　總集　五四二九
三代　一三・三一・三～四
陶齋　二・三八
周金　五・九七・一～二(三・一
一二・五重出)
小校　四・五三・五～六
流傳　端方、馮恕舊藏(周金)
現藏　北京故宫博物院
來源　考古研究所藏

〇五三四二　仲作好旅彝卣
字數　九
時代　西周中期
著録　總集　五四三〇
三代　一三・三一・五～六
貞松　八・二七・三～四
貞圖上　四五
流傳　羅振玉舊藏
來源　考古研究所藏

〇五三四三　㕘卣蓋
字數　九
時代　西周早期
著録　總集　五四三二
三代　一三・三二・一
貞補中　一一・一
十二雪　一三
流傳　孫壯舊藏
現藏　北京故宫博物院
來源　考古研究所藏

〇五三四四　盩嗣土幽卣
字數　九
時代　西周早期
著録　總集　五四三三
三代　一三・三〇・二～三
貞松　八・二六・三～四
善齋　四・三一
小校　四・五二・三～四
流傳　劉體智舊藏
來源　三代

〇五三四五　令莽高卣
字數　九
時代　西周早期
著録　歐精華　一・八〇(照)
通考　六三六
三代補　六一五(摹)
彙編　六・五一九(摹)
現藏　法國巴黎王涅克(L・Wannieck)
氏處
來源　歐精華

〇五三四六　豐卣
字數　九
時代　西周早期
著録　未見
現藏　上海博物館
來源　上海博物館提供
備注　失蓋

〇五三四七　父乙告田卣
字數　蓋四，器六
時代　殷
著録　總集　五三一九
三代　一三・一四・三～四
貞圖上　四四
通考　六三三
續殷上　八三・三～四
流傳　羅振玉舊藏
來源　考古研究所藏
備注　此器、蓋原應非一

〇五三四八　鹿父卣
字數　九
時代　西周早期
著録　文物　一九八六年一期一六頁圖
四四～四五
出土　一九八一年陝西長安花園村一五
號墓
現藏　陝西省文物管理委員會
來源　陝西省文物管理委員會提供

〇五三四九　婦闖卣
字數　一〇
時代　殷
著録　總集　五四三五
三代　一三・三三・一～二
綴遺　一二・三・一～二
陶齋　二・三六
周金　五・九四・一～二
殷存上　四一・一～二
續殷上　八五・一～二
小校　四・五四・六～七
獲古　一〇
日精華　一・六四(蓋)
彙編　六・四八四
綜覽・卣　七二
流傳　端方舊藏
現藏　日本東京書道博物館
來源　考古研究所藏

〇五三五〇　婦闖卣
字數　一〇
時代　殷
著録　總集　五四三六
三代　一三・三二・六～七(一
三・三三・三～四重)
陶齋　二・三七
周金　五・九三・三～四
續殷上　八四・五～六
小校　四・五四・八～九
流傳　端方舊藏
來源　考古研究所藏

〇五三五一　小臣兒卣
字數　一〇
時代　殷
著録　總集　五四三七
三代　一三・三三・五
長安　一・二〇
攈古　二・一・七三・二
綴遺　一二・七・二
奇觚　六・一三・一
周金　五・九四・三
續殷上　八四・四
小校　四・五四・五
流傳　劉喜海、丁筱農舊藏
來源　考古研究所藏

〇五三五二　小臣豐卣
字數　一〇
時代　西周早期

著録　總集　五四三九
　　　録遺　二六九
來源　考古研究所藏
備注　「筒形卣失蓋」(陳夢家一九四八年七月一〇日批注)

〇五三五三　寗卣

字數　一〇
時代　殷
著録　總集　五四四五
　　　録遺　二七一・一～二
來源　陳邦懷先生藏

〇五三五四　對卣

字數　一〇
時代　西周早期
著録　總集　五四三八
　　　三代　一三・三三・六～七
　　　周金　五・九六・一～二
　　　貞續中　一九・四～二〇・一
　　　小校　四・五四・一～二
流傳　程洪溥舊藏(周金)
現藏　北京故宮博物院
來源　考古研究所藏

〇五三五五　鼂卣

字數　一〇
時代　西周早期
著録　總集　五四四八
　　　三代　一三・三四・一～二
　　　西清　一五・三四
　　　綴遺　一一・二六・一～二
　　　貞松　八・二八・二～三
　　　青山莊　三一
　　　彙編　六・四六六
　　　綜覽・卣　一八五
流傳　清宮舊藏

現藏　日本東京根津美術館
來源　考古研究所拓

〇五三五六　[illegible]伯卣

字數　一〇
時代　西周早期
著録　總集　五四四〇
　　　録遺　二七〇・一～二
現藏　北京故宮博物院
來源　考古研究所拓

〇五三五七　憻季遽父卣

字數　一〇
時代　西周早期
著録　總集　五四四一
　　　陝青　三・三五(器)
　　　綜覽・卣　七八(器)
出土　一九七二年陝西扶風劉家村墓葬
現藏　陝西省文物管理委員會
來源　吳鎮烽同志提供

〇五三五八　憻季遽父卣

字數　一〇
時代　西周早期
著録　總集(蓋)
　　　陝青　三・三六(蓋)
出土　同〇五三五七
現藏　陝西省文物管理委員會
來源　吳鎮烽同志提供

〇五三五九　守宮卣

字數　一〇
時代　西周早期
著録　總集　五四四四
　　　美集録　R　三二五
　　　三代補　三二五
　　　彙編　六・四八二
　　　綜覽・卣　一六〇

出土　傳一九二九年河南洛陽馬坡
現藏　美國哈佛大學福格美術館

〇五三六〇　寇典作父癸卣

字數　一一
時代　殷
著録　總集　五四三四
　　　三代　一三・三二・四～五
　　　從古　七・二八
　　　擴古　二・一・八〇・三～四
　　　綴遺　一三・三・二～三(二六・七重)
　　　續殷上　八四・一～二
　　　小校　五・三〇・一～二
流傳　海昌陳氏十三漢鏡齋舊藏(從古)
來源　續殷
備注　小校誤爲尊

〇五三六一　膉作父辛卣蓋

字數　一一
時代　西周早期
著録　總集　五四五〇
　　　三代　一三・三四・六
　　　西清　一六・二〇
　　　古文審　四・一五
　　　殷存上　四一・三
流傳　清宮舊藏
來源　陳邦懷先生藏

〇五三六二　態卣

字數　一一
時代　殷
著録　西清　一五・三五
來源　西清

〇五三六三　[illegible]濬伯逘卣

字數　一一
時代　西周早期

著録　總集　五四四六
　　　賸稿　二九
　　　使華　一一
　　　彙編　六・四八三
　　　三代補　七五七
　　　綜覽・卣　一一七
來源　賸稿

〇五三六四　[illegible]濬伯逘卣

字數　一一
時代　西周早期
著録　尊古　二・一四
　　　通考　六五九
　　　出光　二四二・一〇五六
　　　中藝　圖七〇拓五六
　　　青全　六・三一
出土　一九三二年河南濬縣辛村衛侯墓地
現藏　日本東京出光美術館
來源　尊古

〇五三六五　豚卣

字數　一一
時代　西周中期
著録　總集　五四五二
　　　三代　一三・三四・八
　　　擴古　二・一・八一・一
　　　愙齋　八・一二・一
　　　綴遺　一二・六・一二
　　　奇觚　六・一二・一(一八・五重)
　　　殷存上　四一・四
　　　簠齋　二卣一一
　　　小校　四・五五・五
流傳　陳介祺舊藏
來源　考古研究所藏

〇五三六六　倗卣

字數　一一

時代 西周中期
著録 總集 五四四九
三代 一三・三四・三~四
懷米上 二七
攈古 二・一・五九・三~四
窓齋 一九・一一・三~四
綴遺 一二・四・一~二
奇觚 一八・四・三~四
周金 五・九四・四~九五・一
小校 四・五五・一~二
流傳 曹載奎舊藏
現藏 北京故宮博物院
來源 考古研究所藏

〇五三六七 宓作母乙卣
字數 一二
時代 殷
著録 總集 五四五三
博古 一〇・二三
薛氏 三〇・五~三一・一
嘯堂 三七・一~二
來源 嘯堂

〇五三六八 [illegible]肇家卣
字數 一二
時代 西周早期
著録 日精華 一・七九(照)
彙編 五・三九〇(摹)
三代補 六三五(摹)
現藏 日本蘆屋某氏處
來源 日精華

〇五三六九 無仲卣
字數 一二
時代 西周晚期
著録 總集 五四五一
三代 一三・三四・七
從古 一三・二五
攈古 二・一・七三・一
窓齋 一九・一六・一
綴遺 一二・七・一
奇觚 六・一二・二
敬吾下 七一・三
簠齋 二卣二
續殷上 八五・六
小校 四・五五・三
流傳 陳介祺舊藏
現藏 上海博物館
來源 考古研究所藏

〇五三七〇 作文考父丁卣
字數 蓋二，器一〇
時代 西周早期
著録 總集 五四三四
三代 一三・三三・二~三
貞續中 一九・二~三
善齋 四・三二
續殷上 八五・三~四
小校 四・五四・三~四
善彝 一二二
巴洛 一五〇a
彙編 六・四八六
綜覽・卣 一一五
現藏 英國巴洛夫人處
來源 考古研究所藏

〇五三七一 伯卣
字數 一二
時代 西周早期
著録 彙編 六・四四五
布倫戴奇 Fig 五四
現藏 美國舊金山亞洲藝術博物館(布倫戴奇藏品)
來源 彙編

〇五三七二 異卣蓋
字數 一二
時代 西周中期
著録 北窑 二一三頁圖一一二・四
出土 洛陽北窑西周墓(M三六八：六)
現藏 洛陽市博物館
來源 考古研究所拓

〇五三七三 䖒霝卣
字數 一三
時代 西周早期
著録 總集 五四五五
積古 一・三四・四~三五・一
攈古 二・二・五・二
來源 攈古

〇五三七四 圉卣
字數 一四
時代 西周早期
著録 寶鷄 一八七頁圖一〇九B
銘文選 一二六
出土 一九七五年北京房山琉璃河西周墓(M二五三：四)
現藏 首都博物館
來源 考古研究所拓

〇五三七五 子作婦嫡卣
字數 一五
時代 殷
著録 總集 五四五六
三代 一三・三五・五~六
故青 六三
現藏 北京故宮博物院
來源 考古研究所拓

〇五三七六 虢季子緭卣
字數 一五
時代 西周晚期
著録 故青 二〇二
現藏 北京故宮博物院
來源 考古研究所拓
備注 失蓋

〇五三七七 孝卣(㚬卣)
字數 一五
時代 殷
著録 總集 五四四三
三代 一三・三四・五
貞松 八・二八・一
山東紀 六・三
現藏 北京故宮博物院
來源 考古研究所拓
備注 殘存器底

〇五三七八 小臣茲卣
字數 一六
時代 殷
著録 總集 五四五八
三代 一三・三五・四
綴遺 一二・八・一
貞續中 二〇・三
來源 三代

〇五三七九 小臣茲卣
字數 一六
時代 殷
著録 總集 五四五七
銘文選 〇一六
三代 一三・三五・二~三
攈古 二・二・二八・一(蓋)
窓齋 一八・二・一~二
續殷上 八六・二~三
小校 四・五六・二~三
日精華 一・五一(蓋)

彙編 五・三六九
流傳 吳大澂舊藏
現藏 日本東京某氏處
來源 考古研究所藏

〇五三八〇 駛卣
字數 一六
時代 殷
著録 總集 五四六〇
三代 一三・三六・一~二
從古 七・九
攈古 二・二・三九・一~二
綴遺 一一・二七・一~二
敬吾下 六九・一~二
周金 五・九三・一~二
續殷上 八五・七~八六・一
小校 四・五七・一~二(三・七七・一重)
流傳 夏松如舊藏
來源 考古研究所藏

〇五三八一 寓卣
字數 一六
時代 西周早期
著録 總集 五四六一
三代 一三・三六・三
積古 五・二九・一
攈古 二・二・二七・三
愙齋 一九・二二・一
綴遺 一二・二三・二
周金 五・九二・二(三・一一〇・二重)
小校 四・五六・一
流傳 葉志詵、潘祖蔭舊藏(綴遺)
現藏 上海博物館
來源 考古研究所藏

備注 殘存片銅

〇五三八二 縈叔卣
字數 一六
時代 西周中期
著録 總集 五四五九
彙編 五・三六八
現藏 美國火奴魯魯美術學院
來源 彙編

〇五三八三 岡刼卣
字數 一六
時代 西周早期
著録 斷代 一四附
布倫戴奇 Fig 四九
考古與文物 一九八二年五期封底
彙編 八・一〇九一
銘文選 三〇
現藏 美國舊金山亞洲藝術博物館(布倫戴奇藏品)
來源 布倫戴奇

〇五三八四 耳卣(寧史卣)
字數 一七
時代 西周早期
著録 總集 五四六四
三代 一三・三六・六~七
貞補中 一一・二~三
泉屋 二・六二
海外吉 四五
通考 六三五
斷代 六五
彙編 五・三四八
綜覽・卣 一七七
泉屋博古 圖一〇〇拓五四
現藏 日本京都泉屋博古館
來源 三代

〇五三八五 息伯卣蓋
字數 一七
時代 西周早期
著録 總集 五四六二
三代 一三・三六・四
積古 五・二七・二
筠清 五・三
從古 一・五
攈古 二・二・三九・三
綴遺 一二・六・一
奇觚 一八・三・一
敬吾下 六七・六
小校 四・五七・六
流傳 海鹽吾氏華館舊藏(從古)
來源 考古研究所藏
備注 積古、筠清誤作彝，綴遺標明卣蓋

〇五三八六 息伯卣
字數 一七
時代 西周早期
著録 總集 五四六三
三代 一三・三六・五
貞松 八・二八・四
善齋 四・三三
小校 四・五七・五
頌續 五二
斷代 四〇
流傳 劉體智、容庚舊藏
現藏 廣州市博物館
來源 考古研究所藏
備注 失蓋

〇五三八七 員卣
字數 一七
時代 西周早期
著録 總集 五四六五
三代 一三・三七・一~二
大系 一四・二~三
日精華 一・七三
有鄰 黃三
彙編 五・三四九
綜覽・卣 一八四
銘文選 一一〇
現藏 日本京都藤井有鄰館
來源 三代

〇五三八八 ⿰鼎頁卣
字數 一七
時代 西周早期
著録 總集 五四六六
銘文選 一四三
三代 一三・三七・三~四
貞續中 二一・一~二
小校 四・五七・三~四
上海(二〇〇四) 二七〇
現藏 上海博物館
來源 三代

〇五三八九 ⿰鼎頁卣
字數 一七
時代 西周早期
著録 總集 五四六七
録遺 二七二・一~二
故青 一三四
現藏 北京故宮博物院
來源 考古研究所拓

〇五三九〇 伯⿱冖冃父卣
字數 一七
時代 西周早期
著録 總集 五四六九
學報 一九五六年三期一二三

頁圖三
學報 一九五七年 期七九頁
圖二・五
陝圖 三九
出土 一九五四年陝西長安普渡村墓葬
現藏 陝西省博物館
來源 考古學報編輯部檔案

〇五三九一 軐卣
字數 一七
時代 殷或西周早期
著録 西清 一五・三〇
古文審 四・一二
吉文 四・一五
來源 西清

〇五三九二 寡子卣
字數 一八
時代 西周中期
著録 總集 五四六八
三代 一三・三七・五～六
西清 一六・六
攈古上 三七
古文審 四・一四
恒軒 六八(蓋)
愙齋 一九・二一・三(蓋)
綴遺 一二・三〇・一
奇觚 六・一三・二(蓋)
周金 五・九二・一(蓋)
貞續中 二〇・二(器)
小校 四・五八・一(蓋)
故宮 二四(器)
故圖下上 一三四(器)
周録 七三
流傳 清宮舊藏，後歸番祖蔭
現藏 上海博物館(蓋)，臺北故宮博物院
來源 考古研究所藏

〇五三九三 伯□作文考父辛卣
字數 蓋三，器一六
時代 西周早期
著録 未見
出土 一九八〇年東山滕縣莊裏西村
現藏 滕縣博物館
來源 考古研究所拓

〇五三九四 小子省卣
字數 二一
時代 殷
著録 總集 五四七一
三代 一三・三八・三～四
貞松 八・二九・一
續殷上 八六・四～五
上海 一一
彙編 五・二八四
綜覽・卣 二六
銘文選 一七
青全 四・一五一
辭典 一一二
上海(二〇〇四) 一五〇
現藏 上海博物館
來源 考古研究所藏
備注 或稱「壺」

〇五三九五 宰甫卣
字數 二三
時代 殷
著録 總集 二五九九
三代 八・一九・一～二
愙齋 一一・二六
周金 二補
續殷上 四八・五～四九・一
小校 八・一八・一
文物 一九八六年四期圖版
二・四
現藏 山東菏澤市文物展覽館
現藏 菏澤市文物展覽館提供
備注 舊著録均誤爲殷

〇五三九六 毓且丁卣
字數 二四
時代 殷
著録 三代 一三・三八・五～六
貞補上 三四(蓋)
貞續中 二二・一～二
小校 四・五九・一～二
出土 傳河南洛陽
現藏 北京故宮博物院
來源 考古研究所拓
備注 貞補誤爲尊

〇五三九七 □□作兄癸卣
字數 二四
時代 西周早期
著録 考古圖 四・五
博古 九・三一～三二
薛氏 三一・三～三二・一
嘯堂 三四・一～二
出土 「得于鄴」(考古圖)
來源 嘯堂

〇五三九八 同卣
字數 二五
時代 西周中期
著録 總集 五四七三
三代 一三・三九・一～二
攈古 二・三・三七・二(蓋)
愙齋 一二・五・一(器)
綴遺 一二・二四・二～三
周金 五・九一・一～二
殷存上 四一・五～六
小校 四・六〇・一～二(八・
二四・一重)
斷代 一〇二
銘文選 一四九
流傳 潘祖蔭舊藏
現藏 南京博物院
來源 考古研究所拓
備注 愙齋誤爲敦

〇五三九九 盂卣(兮公卣)
字數 蓋三，器二二
時代 西周早期
著録 總集 五四七〇
三代 一三・三八・一～二
貞補中 一一・四～一二・一
大系 二四・二～三
小校 四・五八・三～四
通考 六六九
雙吉上 三二
綜覽・卣 二〇二
銘文選 六五
出土 「出于陝西」(雙吉)
流傳 于省吾舊藏
現藏 旅順博物館(蓋)，北京故宮博物院(器)
來源 考古研究所藏

〇五四〇〇 作册䍙卣
字數 二六
時代 西周早期
著録 總集 五四七四
三代 一三・三九・三～四
貞松 八・二九・三～三〇・一
善齋 四・三四

大系 四・一～二
小校 四・六〇・三～四
善彝 一一八
通考 六六八
斷代 二〇
綜覽・卣 一四三
銘文選 一一五
辭典 五〇一
上海(二〇〇四) 二六六
出土 傳河南洛陽馬坡
流傳 劉體智舊藏
現藏 上海博物館
來源 考古研究所藏

〇五四〇一 壴卣
字數 二八
時代 西周早期
著録 總集 五四七七
考古圖 四・八(蓋)
博古 一〇・三五
薛氏 一〇七・一～二
嘯堂 三八・三～四
斷代 三九
出土 「得于河南河清」(考古圖)
來源 嘯堂

〇五四〇二 遣卣
字數 二八
時代 西周早期
著録 總集 五四七六
三代 一一・三四・二～三
奇觚 五・一三
周金 五・九〇・二～三
簠齋 尊六
貞松 七・一九
希古 五・一二・五～一三・一

小校 五・三八・一～二
大系 五・三～四
美集録 R 三一六
斷代 三〇
彙編 四・二三三
三代補 三一六
弗里爾(一九六七) P 三〇八
綜覽・卣 一四八
銘文選 八七
流傳 潘祖蔭舊藏(希古)
現藏 美國華盛頓弗里爾美術館
備注 三代等書多誤爲尊

〇五四〇三 豐卣
字數 二九
時代 西周中期
著録 總集 五四八〇
陝青 二・一九
綜覽・卣 二二一
銘文選 一六七
辭典 五〇三
青全 五・一七四
吉鑄 一〇
出土 一九七六年陝西扶風莊白一號窖藏
現藏 周原扶風縣文物管理所
來源 周原扶風縣文物管理所提供

〇五四〇四 商卣
字數 三〇(合文 二)
時代 西周早期
著録 總集 五四七九
陝青 二・四
綜覽・卣 一三一
銘文選 一四一
辭典 四九三

青全 五・一七〇
出土 同〇五四〇三
現藏 同〇五四〇三
來源 同〇五四〇三

〇五四〇五 次卣(㕚卣)
字數 三〇
時代 西周中期
著録 總集 五四七八
三代 一三・三九・五～六
積古 五・七・一～二
攈古 二・三・五九・一～二
愙齋 一九・二五・一～二
綴遺 一二・二一・三～二二・一
奇觚 六・一四・一(蓋)
周金 五・九〇・一(蓋)二・三
四・三(器)
小校 四・六一・一～二
故青 一七一
流傳 潘祖蔭舊藏(綴遺)
現藏 北京故宮博物院
來源 考古研究所藏

〇五四〇六 周乎卣
字數 三二(又重文 二)
時代 西周中期
著録 總集 五四八三
三代 一三・四〇・一～二
寧壽 七・四
藝展 六四
故宮 二七 期
通考 六六五
故圖下上 一三六
綜覽・卣 二一九
周録 七一
流傳 清宮舊藏

現藏 臺北故宮博物院
來源 考古研究所藏

〇五四〇七 作册睘卣
字數 三三(又重文 二)
時代 西周早期
著録 總集 五四八四
三代 一三・四〇・三～四
筠清 二・四四・一～二
古文審 四・八
攈古 二・三・八六・二～八七・一
愙齋 一九・二二・二～二三・一
綴遺 一二・九・三～四
周金 五・八九・一～二
大系 五・一～二
小校 四・六一・三～四
斷代 三一
綜覽・卣 一三九
銘文選 九二
流傳 吳式芬、潘祖蔭舊藏(綴遺)
來源 考古研究所藏

〇五四〇八 靜卣
字數 三四(又重文 二)
時代 西周早期
著録 總集 五四八七、五四八八
三代 一三・四一・五(器舊拓)，
一三・四二・四(器)
西清 一五・二〇
積古 五・三二・五
攈古 三・一・四・一
奇觚 一七・六・二
周金 五・八八・二
貞松 八・三〇・四(三〇・三重)
希古 五・一四・二
小校 四・六二・一

大系 二八・三(二八・二重)
善齋 四・三五
善彝 一一六
故圖下下 二七一
銘文選 一六九(器)
周録 七二
流傳 王懿榮、劉鶚、徐乃昌舊藏(希古，貞松)
現藏 臺北故宫博物院
來源 考古研究所藏劉鶚拓本
備注 西清一五・二〇有一静卣。劉鶚所藏爲殘存片銅，後經估人補綴成器，並僞刻蓋銘，形制花紋與西清有異。補綴成器者，見于善齋四・三五、善彝一一六、三代一三・四一・三~四、故圖下下二七一

〇五四〇九 貉子卣
字數 三六
時代 西周早期
著録 總集 五四八六、五四八五
三代 一三・四〇・五~四一・一
西清 一五・九
古文審 四・一八(蓋)
奇觚 六・一四・二(蓋)
綴遺 一二・一一・二~一二・一
周金 五・八六・一(蓋)，八八・一(器)
殷存上 四二・一(蓋)
希古 五・一三・三(蓋)
小校 四・六三・一(蓋)、三(器)
大系 二三四・一~二
山東存紀 二・一(器)
皮斯柏 一五(蓋)

通考 六七〇
美集録 R 三八九a
斷代 八二
彙編 四・一八六
三代補 三八九a
綜覽・卣 一四七
銘文選 三四七
流傳 清宫舊藏，原爲一真(西清一五・九)一僞(一五・一一)，流出宫後，李山農得真蓋僞器，潘祖蔭得真器(美集録)
現藏 美國米里阿波里斯美術館(皮斯柏氏藏品)(蓋)，上海博物館(器)
來源 考古研究所藏

〇五四一〇 啓卣
字數 三九
時代 西周早期
著録 總集 五四八九
文物 一九七二年五期六頁圖八~九
三代補 九〇二
綜覽・卣 一二五
銘文選 二八三
辭典 五〇六
山東藏品 四九
山東精萃 一一八
青全 六・九〇
出土 一九六九年山東黄縣歸城小劉莊
現藏 山東省博物館
來源 考古研究所拓

〇五四一一 稆卣
字數 四〇
時代 西周中期
著録 總集 五四九〇

博古 一〇・三三
薛氏 一〇六・一~二
復齋 一八・一(蓋)
嘯堂 三八・一~二
積古 五・七・三(蓋)
攈古 三・一・一五・一(蓋)
大系 三二
銘文選 一八二
來源 嘯堂

〇五四一二 二祀𠨘其卣
字數 三五(蓋、内底各四，外底三一)
時代 殷
著録 總集 五四九
録遺 二七四・一~三
鄴三 上三二
綜覽・卣 七六
銘文選 一二
辭典 一三三
美全 四・六六
青全 三・一二七
故青 六四
出土 河南安陽
流傳 章乃器舊藏
現藏 北京故宫博物院
來源 考古研究所拓

〇五四一三 四祀𠨘其卣
字數 四五(蓋、内底各四，外底四一)
時代 殷
著録 總集 五四九二
録遺 二七五・一~三
癡盦 一二
綜覽・卣 六五
銘文選 一三
美全 四・六七

青全 三・一二九~一三〇
辭典 一一三
故青 六五
出土 河南安陽
現藏 北京故宫博物院
來源 考古研究所拓

〇五四一四 六祀𠨘其卣
字數 二七
時代 殷
著録 總集 五四七五
録遺 二七三・一~二
綜覽・卣 七七
銘文選 一四
辭典 一三四
美全 四・六八
青全 三・一二八
故青 六六
出土 河南安陽
現藏 北京故宫博物院
來源 考古研究所拓

〇五四一五 保卣
字數 四六
時代 西周早期
著録 總集 五四九五
録遺 二七六・一~二
上海 三六
彙編 四・一四六
斷代 二
綜覽・卣 一三三
銘文選 三三
辭典 四八九
美全 四・一五九~一六〇
青全 五・一七二
上海(二〇〇四) 二六四

出土 一九四八年河南洛陽
現藏 上海博物館
來源 上海博物館提供

○五四一六 召卣

字數 四六
時代 西周早期
著録 總集 五四九六
錄遺 二七七・一～二
上海 三八
斷代 一六附
彙編 四・一四五
綜覽・卣 一六三
銘文選 一〇〇
辭典 五〇二
上海(二〇〇四) 二六五
現藏 上海博物館
來源 上海博物館提供

○五四一七 小子畬卣

字數 四八(蓋 四五，器 三)
時代 殷
著録 總集 五四九四
三代 一三・四二・二～三
綴遺 六・一八・二(器)
貞松 八・三二・一～二
續殷上 八六・六～七
小校 四・五四・一(蓋)七・
五九・八(器)
海外吉 四四
白鶴 一二
通考 六二二
日精華 一・六五
銅玉 八六頁Fig八二
彙編 四・一五〇
綜覽・卣 三五
銘文選 五
現藏 日本神户白鶴美術館
來源 一、考古研究所藏；
二、三代
備注 綴遺六・一八・二，小校七・五
九・八 誤爲敦

○五四一八 免卣

字數 四九
時代 西周中期
著録 總集 五五〇〇
三代 一三・四三・三
綴遺 一二・二九・一
周金 五・八三・一
大系 八〇・二
小校 七・四八・二
希古 四・三・二
流傳 金蘭坡舊藏(綴遺)
來源 考古研究所藏

○五四一九 彔𢦏卣

字數 四九
時代 西周中期
著録 總集 四八七九(五四九九)
三代 一一・三六・一
貞松 八・三二
善齋 四・九一
小校 五・三八・三
善彝 一二七
故圖下下 二二二
彙編 四・一三九
銘文選 一七四
周録 六六
流傳 劉體智舊藏
現藏 臺北故宫博物院
來源 考古研究所藏
備注 通考以爲，此乃卣之殘底，嵌
入無字尊内。據審視原器底，未
見嵌補痕跡，是容説不確(周録)

○五四二〇 彔𢦏卣

字數 四九
時代 西周中期
著録 總集 五四九八
三代 一三・四三・一～二
陶齋 二・三九
周金 五・八二・一～二
小校 四・六五・一～二
大系 三三・二～三四・一
日精華 一・七六(蓋)
彙編 四・一三八
綜覽・卣 一九九
薩克勒(西周) 七四
流傳 端方、馮恕舊藏
現藏 美國華盛頓薩克勒美術館
來源 考古研究所藏

○五四二一 士上卣(臣辰卣)

字數 五〇
時代 西周早期
著録 總集 五五〇一
三代 一三・四四・一～二
貞續中 二三・一～二
善齋 四・三七
小校 四・六五・三～四
善彝 一二三
通考 六五五
大系 一六・一～二
日精華 一・七二(器)
銅玉 圖一〇三頁四六頁Fig
四九
彙編 四・一三二
綜覽・卣 一五〇
銘文選 一一八
出土 一九二九年河南洛陽馬坡
現藏 日本神户白鶴美術館
來源 考古研究所藏

○五四二二 士上卣(臣辰卣)

字數 五〇
時代 西周早期
著録 總集 五五〇二
美集録 R 三〇四
彙編 四・一三三
三代補 三〇四
現藏 美國哈佛大學福格美術館
來源 考古研究所藏

○五四二三 匽卣

字數 五一
時代 西周中期
著録 總集 四八八二
三代 一〇・二五・一
攈古 三・一・三二
綴遺 一八・二一
周金 五・八四・一(三補遺重)
小校 四・六四・二
大系 六七 (六八重)
斷代 一二七
銘文選 二三九
流傳 姚觀光舊藏
來源 A、三代；
B、大系
備注 因銘中有甫字，曾被誤以爲簠。
綴遺名之爲尊。小校、大系、斷
代等名之爲卣。本書仍入卣類

○五四二四 農卣

字數 五一(蓋 四八，器 三)

時代 西周中期
著録 總集 五四九七
三代 一三・四二・四(蓋)
西清 一五・一三
古文審 四・一六
奇觚 六・一五・二(蓋)
周金 五・八四・二~三
小校 四・六四・三~四
斷代 未二三
彙編 四・一四〇(蓋)
流傳 清宮舊藏，後歸潘祖蔭、李山農
來源 考古研究所藏

〇五四二五 競卣
字數 五一
時代 西周早期
著録 總集 五五〇三
三代 一三・四四・三~四
貞補中 一二・二~一三・一
泉屋 二・六三
海外吉 四八
通考 六六二
斷代 七九
彙編 四・一三二
綜覽・卣 一九〇
銘文選 一八八
泉屋博古 圖一〇三拓五八
現藏 日本京都泉屋博古館
來源 三代

〇五四二六 庚贏卣
字數 五一(又重文二)
時代 西周早期
著録 總集 五五〇四
三代 一三・四五・一~二
二百三・一
兩罍 六・一
愙齋 一九・三・二~四・一
綴遺 一二・二五・二~二六・一
周金 五・一八・一~二
小校 四・六六・一~二
大系 二一・三~二二・一
美集録 R 三八〇
斷代 七三
彙編 四・一二九
三代補 三八〇
綜覽・卣 一七九
銘文選 六一
流傳 吳雲舊藏
現藏 美國哈佛大學福格美術館
來源 考古研究所藏

〇五四二七 作册益卣(作册休卣)
字數 六一
時代 西周早期
著録 總集 五五一〇A
三代 一三・四六・一
攀古 二・一八
恒軒上 六四
愙齋 一九・二三・二
綴遺 一二・三一・二
周金 五・八〇・一
大系 一三・二
小校 四・六七・一
斷代 八三
上海(二〇〇四) 二六八
銘文選 一四二
流傳 潘祖蔭舊藏
現藏 上海博物館
來源 考古研究所藏

〇五四二八 叔趯父卣
字數 六二
時代 西周早期
著録 總集 五五〇八
考古 一九七九年一期二四頁
圖三
三代補 九八七
綜覽・卣 一八三
銘文選 八五
辭典 四八八
出土 一九七八年河北元氏西張村墓葬
現藏 河北省文物研究所
來源 考古編輯部檔案
備注 出土二件，此其一。器銘與
〇五四二九重出

〇五四二九 叔趯父卣
字數 六二
時代 西周早期
著録 未見
出土 同〇五四二八
現藏 河北省文物研究所
來源 河北省文物研究所提供

〇五四三〇 繁卣
字數 六二
時代 西周中期
著録 上海博物館館刊 二期二四頁
銘文選 一九一
蔭軒 一・一九
辭典 六二
上海(二〇〇四) 三四六
流傳 李蔭軒舊藏
現藏 上海博物館
來源 上海博物館提供

〇五四三一 高卣
字數 六二(又重文二)
時代 西周早期
著録 總集 五五〇九
博古 一一・一八
薛氏 一〇六・三
續考 二・一七
嘯堂 四一・一
斷代 未二二
來源 嘯堂

〇五四三二 作册魖卣
字數 六三
時代 西周早期
著録 總集 五五〇七
斷代(二) 一一一頁圖一五
録遺 二七八・一~二
斷代 二九
綜覽・卣 一四六
銘文選 一三〇
故青 一七二
出土 河南洛陽附近
流傳 傳忠謨舊藏
現藏 北京故宮博物院
來源 考古研究所藏

〇五四三三 效卣
字數 六五(又重文二)
時代 西周中期
著録 總集 五五一一
三代 一三・四六・二~三
長安 一・一七
攈古 三・一・六六~六七・一
愙齋 一九・四・二~五・一
綴遺 一二・一二・二~一三・一
奇觚 六・一五・二~一六・一
周金 五・七八・一~二
簠齋 二卣一
小校 四・六八・一~二

大系　八六・一二
斷代　八〇附
彙編　三・一〇一
辭典　五〇七
銘文選　二二三
青全　五・一七五
上海（二〇〇四）三四七
出土　「器出洛陽」（攈古）
流傳　劉喜海、陳介祺舊藏
現藏　上海博物館
來源　A、考古研究所；
B、綴遺

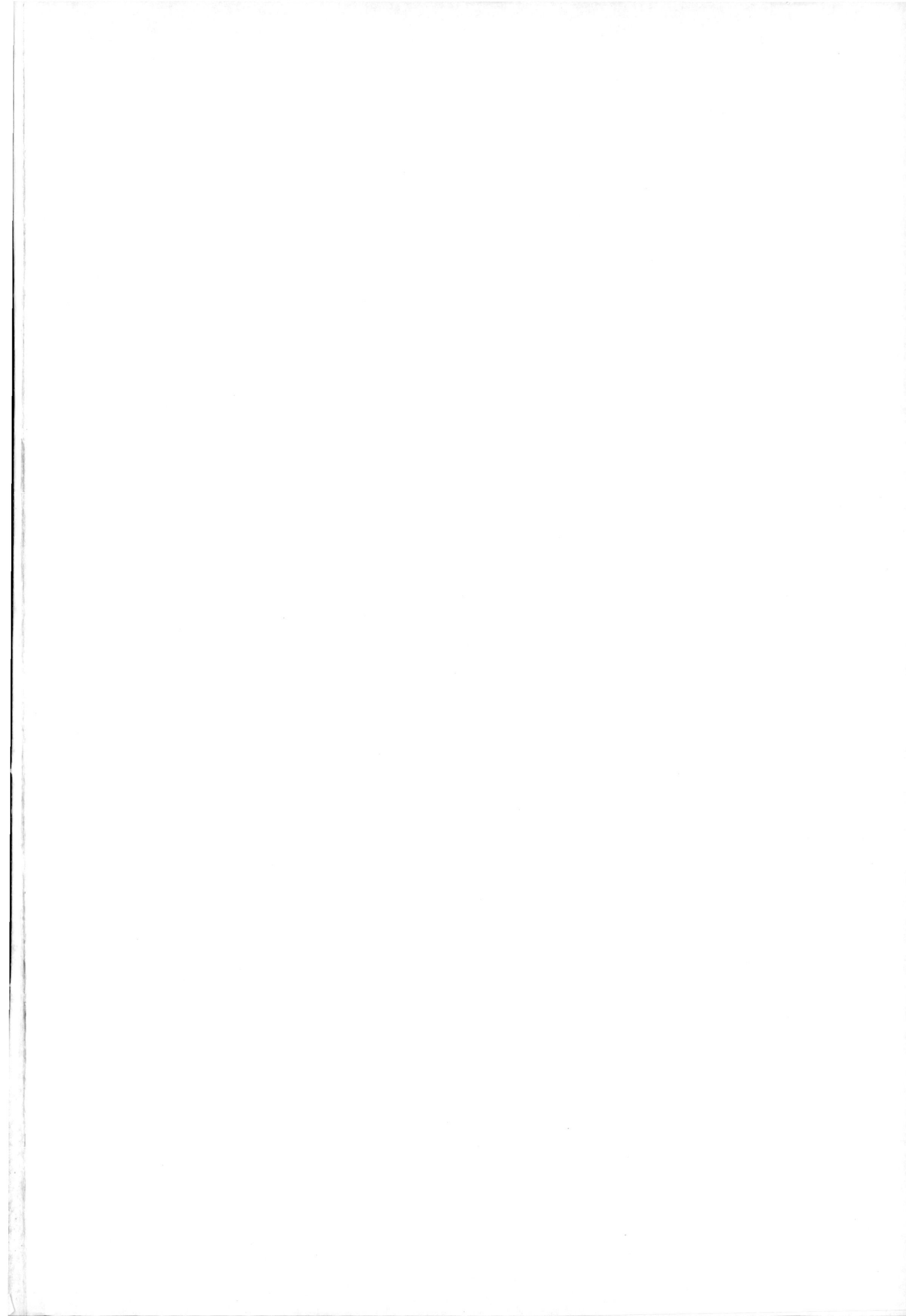